CB062693

IMITAÇÃO DO EVANGELHO SEGUNDO O ESPIRITISMO

EDIÇÃO HISTÓRICA BILÍNGUE

IMITAÇÃO DO EVANGELHO SEGUNDO O ESPIRITISMO

Contém
A explicação das máximas morais do Cristo, sua concordância com o Espiritismo e sua aplicação às diversas posições da vida

Fé inabalável é somente a que pode encarar a razão face a face, em todas as épocas da humanidade

Por
ALLAN KARDEC
Autor de *O livro dos espíritos*

[1864]

Tradução de Evandro Noleto Bezerra

FEB

Copyright © 2014 *by*
FEDERAÇÃO ESPÍRITA BRASILEIRA – FEB

1ª edição – 1ª impressão (Edição Histórica Bilíngue) – 3 mil exemplares – 4/2014

ISBN 978-85-7328-922-0

Título do original francês:
Imitation de l'évangile selon Le spiritisme
(Paris, abril 1864)

Todos os direitos reservados. Nenhuma parte desta publicação pode ser reproduzida, armazenada ou transmitida, total ou parcialmente, por quaisquer métodos ou processos, sem autorização do detentor do *copyright*.

FEDERAÇÃO ESPÍRITA BRASILEIRA – FEB
Av. L2 Norte – Q. 603 – Conjunto F (SGAN)
70830-030 – Brasília (DF) – Brasil
www.feblivraria.com.br
editorial@febnet.org.br
+55 61 2101 6198

Pedidos de livros à FEB
Gerência comercial – Rio de Janeiro
Tel.: (21) 2187 8272/ comercialrio@febnet.org.br
Gerência comercial – São Paulo
Tel.: (11) 2372 7033/ comercialsp@febnet.org.br
Livraria – Brasília
Tel.: (61) 2101 6161/ falelivraria@febnet.org.br

Texto revisado conforme o Novo Acordo Ortográfico.

Dados Internacionais de Catalogação na Publicação (CIP)
(Federação Espírita Brasileira – Biblioteca de Obras Raras)

K18i   Kardec, Allan, 1804–1869

    Imitação do evangelho segundo o espiritismo: contém a explicação das máximas morais do Cristo, sua concordância com o Espiritismo e sua aplicação às diversas posições da vida. / por Allan Kardec; [tradução de Evandro Noleto Bezerra da 1ª edição francesa]. – 1. ed. 1. imp. – Brasília: FEB, 2014.

    884 p.; 23 cm

    Tradução de: Imitation de l'évangile selon le spiritisme

    ISBN 978-85-7328-922-0

    1. Jesus Cristo – Interpretações espíritas. 2. Espiritismo. I. Bezerra, Evandro Noleto, 1949–. II. Federação Espírita Brasileira. III. Título.

CDD 133.9
CDU 133. 7
CDE 00.06.01

Sumário[1]

Aviso sobre esta edição *11*

Nota explicativa *13*

Prefácio *19*

Introdução *21*
        I – Objetivo desta obra. – II – Autoridade da Doutrina Espírita. Controle universal do ensino dos Espíritos. – III – Notícias históricas. – IV – Sócrates e Platão, precursores da ideia cristã e do Espiritismo. Resumo da doutrina de Sócrates e Platão.

CAPÍTULO I – NÃO VIM DESTRUIR A LEI 47
        As três Revelações: Moisés, o Cristo, o Espiritismo: 1 e seguintes. – *Instruções dos Espíritos:* A Nova Era: 9.

CAPÍTULO II – MEU REINO NÃO É DESTE MUNDO 57
        A vida futura: 12 e seguintes – O ponto de vista da vida terrena: 15, 16. – *Instruções dos Espíritos:* Uma ex-rainha: 17.

CAPÍTULO III – HÁ MUITAS MORADAS NA CASA DE MEU PAI 63
        Diferentes estados da alma na erraticidade; diferentes categorias de mundos; destinação da Terra; causa das misérias terrenas: 18 e seguintes. – *Instruções dos Espíritos:* Mundos superiores e mundos inferiores: 22 e seguintes. – Mundos de expiações e de provas: 27. – Mundos regeneradores: 28. – Progressão dos mundos: 29.

CAPÍTULO IV – NINGUÉM PODERÁ VER O REINO DE DEUS SE NÃO NASCER DE NOVO 73
        Reencarnação e ressurreição: 30 e seguintes. – Laços de família fortalecidos pela pluralidade das existências e desfeitos pela não reencarnação: 38. – *Instruções dos Espíritos:* Limites da encarnação: 39. – A encarnação é um castigo? 40.

CAPÍTULO V – BEM-AVENTURADOS OS AFLITOS 85
        Causas atuais e causas anteriores das aflições terrenas; objetivo

---

[1] N.E.: Os algarismos colocados ao longo do sumário dos capítulos correspondem aos números de ordem indicativos dos parágrafos.

e resultado das aflições; esquecimento do passado; motivos de consolação; remédio ao suicídio: 41 e seguintes. – *Instruções dos Espíritos*: Bem e mal sofrer: 55. – O mal e o remédio: 56. – A felicidade não é deste mundo: 57. – Perdas das pessoas amadas; mortes prematuras: 58. – Se fosse um homem de bem, teria morrido: 59. – Os tormentos voluntários: 60. – A desgraça real: 61. – A melancolia: 62. – Provas voluntárias; o verdadeiro cilício: 63. – Deve-se por termo às provas do próximo?: 64. – Será lícito abreviar a vida de um doente que sofra sem esperança de cura?: 65. – Sacrifício da própria vida: 67.

CAPÍTULO VI – O CRISTO CONSOLADOR 113
O Espiritismo vem cumprir a promessa do Cristo consolador: 68 e seguintes. – *Ensinos dos Espíritos:* Advento do Espírito de Verdade: 71 e seguintes.

CAPÍTULO VII – BEM-AVENTURADOS OS POBRES DE ESPÍRITO 119
O que se deve entender por pobres de espírito: 79. – Os maiores no reino dos céus. Quem quiser ser o maior seja o servo de todos; quem se elevar será rebaixado: 80. – Mistérios ocultos aos sábios e aos prudentes: 81. – *Instruções dos Espíritos:* O orgulho e a humildade: 82 e 83. – Missão do homem inteligente na Terra: 84.

CAPÍTULO VIII – BEM-AVENTURADOS OS QUE TÊM PURO O CORAÇÃO 131
Deixai vir a mim as criancinhas: 85, 86, 87. – Mãos não lavadas: 88 e seguintes. – Pecado por pensamento; adultério: 88, 89 . – Verdadeira pureza; mãos não lavadas: 88 e seguintes – Escândalos; se a vossa mão é motivo de escândalo, cortai-a: 93 e 94. – *Instruções dos Espíritos:* Deixai vir a mim as criancinhas: 95, 96. – Bem-aventurados os que têm fechados os olhos: 97.

CAPÍTULO IX – BEM-AVENTURADOS OS QUE SÃO MANSOS E PACÍFICOS 143
Injúrias e violências: 99. – *Instruções dos Espíritos:* A afabilidade e a doçura: 100. – A paciência: 101. – Obediência e resignação: 102. – A cólera: 103, 104.

CAPÍTULO X – BEM-AVENTURADOS OS QUE SÃO MISERICORDIOSOS 151
Qualidades do perdão; indulgência para as faltas alheias; aquele que estiver sem pecado lance a primeira pedra: 105 e seguintes. – Vedes o cisco no olho do vosso irmão e não conseguis ver a trave que está no vosso: 111, 115. – *Instruções dos Espíritos:* Perdão e esquecimento das

ofensas: 116 e seguintes. – A indulgência: 120 e 121. – Como ninguém é perfeito, seguir-se-á que ninguém tem o direito de repreender o seu próximo?: 122. – Será repreensível observar as imperfeições dos outros?: 123. – Haverá casos em que seja útil revelar o mal alheio?: 124.

Capítulo XI – Amar o próximo como a si mesmo 163

Caridade e amor ao próximo; fazer aos outros o que gostaríamos que os outros nos fizessem; parábola dos credores e dos devedores: 125 e seguintes. – Dai a César o que é de César: 128, 130. – *Instruções dos Espíritos:* A lei de amor: 131, 132, 133. – A fé e a caridade: 134, 135, 136. – Caridade para com os criminosos: 137. – Deve-se expor a vida para salvar a de um malfeitor em perigo de morte?: 138.

Capítulo XII – Amai os vossos inimigos 175

Retribuir o mal com o bem: 139 e seguintes. – Se alguém vos bater na face direita, apresentai-lhe também a outra: 140, 146. – *Instruções dos Espíritos:* A vingança: 147. – O duelo: 148 e seguintes.

Capítulo XIII – Não saiba a vossa mão esquerda o que dá a vossa mão direita... 187

Fazer o bem sem ostentação: 154, 155, 158. – O óbolo da viúva: 156, 160. – Convidar os pobres e os estropiados. Dar sem esperar retribuição: 157, 161. *Instruções dos Espíritos:* A caridade material e a caridade moral: 162, 163. – A beneficência: 164 e seguintes. – A piedade: 170. – Os órfãos: 171. – Benefícios pagos com ingratidão: 172. – Beneficência exclusiva: 173.

Capítulo XIV – Honrai a vosso pai e a vossa mãe 209

Piedade filial: 174, 177. – Texto do Decálogo: 175, 178. – Quem é minha mãe e quem são meus irmãos? – Laços de família: 176, 179, 180. *Instruções dos Espíritos:* A ingratidão dos filhos: 181.

Capítulo XV – Fora da caridade não há salvação 219

De que precisa o Espírito para se salvar: 182. – O mandamento maior: 183. – Parábola do Bom Samaritano: 184. – Necessidade da caridade, segundo Paulo: 185. – Fora da caridade não há salvação: 186. – Fora da verdade não há salvação: 187. – *Instruções dos Espíritos:* 188.

Capítulo XVI – Não se pode servir a Deus e a Mamon 227

Salvação dos ricos: 189, 190. – A riqueza na Terra e a riqueza perante Deus: 191. – Jesus na casa de Zaqueu: 192. – Parábola do mau rico: 193. – Parábola dos talentos: 194. – Utilidade providencial da riqueza;

provas da riqueza e da miséria: 195. Desigualdade das riquezas: 196. *Instruções dos Espíritos:* A verdadeira propriedade: 197. – Emprego da riqueza: 199, 200, 201. – Desprendimento dos bens terrenos: 202. – Transmissão da riqueza: 203.

CAPÍTULO XVII – SEDE PERFEITOS 245

Características da perfeição: 204, 205. – O homem de bem: 206. – Os bons espíritas: 207. – Parábola do Semeador: 208, 209. – *Instruções dos Espíritos:* O dever: 210. – A virtude: 211. – Os superiores e os inferiores: 212 – O homem no mundo: 213. – Cuidar do corpo e do espírito: 214.

CAPÍTULO XVIII – MUITOS OS CHAMADOS, POUCOS OS ESCOLHIDOS..................259

Parábola do Festim das Bodas: 215, 216. – A porta estreita: 217, 218, 219. – Nem todos os que dizem: "Senhor! Senhor!" entrarão no reino dos céus: 220, 221. – Dar-se-á ao que já tem – muito se pedirá a quem muito recebeu; quem vê é mais culpado do que quem é cego: 222 e seguintes. *Instruções dos Espíritos:* Tirar-se-á daquele que nada tem: 226. – Reconhece-se o cristão pelas suas obras: 227.

CAPÍTULO XIX – A FÉ TRANSPORTA MONTANHAS...271

Poder da fé; condições da fé inabalável: 228 e seguintes. – Parábola da figueira que secou: 234 e seguintes. – *Instruções dos Espíritos:* A fé, mãe da esperança e da caridade: 237. – A fé divina e a fé humana: 238.

CAPÍTULO XX – OS TRABALHADORES DA ÚLTIMA HORA...279

Parábola. Os últimos serão os primeiros: 239. *Instruções dos Espíritos:* Os trabalhadores da última hora: 240, 241. – Missão dos espíritas: 242. – Missão dos profetas. – Os obreiros do Senhor: 243.

CAPÍTULO XXI – HAVERÁ FALSOS CRISTOS E FALSOS PROFETAS.....................287

Conhece-se a árvore pelo seu fruto: 244. – Levantar-se-ão falsos cristos e falsos profetas: 245. – Não creiais em todos os Espíritos: 246. – Missão dos profetas: 247. Fatos milagrosos: 248. Fenômenos espíritas: 249. – *Instruções dos Espíritos:* Os falsos profetas: 250. – Características do verdadeiro profeta: 251. – Os falsos profetas da erraticidade: 252. – Jeremias e os falsos profetas: 253.

CAPÍTULO XXII – NÃO SEPAREIS O QUE DEUS UNIU...299

Indissolubilidade do casamento; divórcio: 254, 255.

CAPÍTULO XXIII – PEDI E OBTEREIS 303
    Qualidades da prece: 256 e seguintes. – Ação da prece: 261, 262. – Eficácia da prece: 263 e seguintes. – Prece pelos mortos e pelos Espíritos sofredores: 270 e seguintes.

CAPÍTULO XXIV – COLETÂNEA DE PRECES ESPÍRITAS 317
    Preâmbulo: 278. – Preces gerais: 279 e seguintes. – Preces pessoais: 293 e seguintes. – Preces por outrem: 323 e seguintes. – Preces pelos que já não são deste mundo: 355 e seguintes.

CAPÍTULO XXV – MÁXIMAS DIVERSAS 367
    Buscai e achareis: 371. – Considerai os pássaros do céu: 375. – Não vos inquieteis pela posse do ouro: 337. – Não procureis os gentios: 380. – Não são os sadios que precisam de médico: 383. – A lâmpada sob o alqueire: 386. – Dai de graça o que de graça recebestes: 392. – Quem ama a seu pai mais do que a mim: 403. – Não vim trazer a paz, mas a divisão: 412.

REPRODUCTION NUMÉRISÉE DE LA 1RE ÉDITION FRANÇAISE – (AVRIL 1864) 393
    Imitation de l'Évangile selon le Spiritisme 395
    Folha de rosto da 1ª edição francesa – 1864 873
    Folha de rosto da 2ª edição francesa – 1865 875
    Folha de rosto da 3ª edição francesa – 1866 877

    Nota explicativa 879
    Referências 885

Aviso sobre esta edição

A presente edição da FEB contém a reprodução eletrônica (digitalizada) da 1ª edição francesa da *Imitação do evangelho segundo o espiritismo*,[1] tal como surgiu em Paris em abril de 1864, bem como sua tradução integral em nossa língua, a fim de que os leitores possam conferir as diferenças existentes entre o texto primitivo e o da 3ª edição da obra, publicada em 1866, revista, corrigida e modificada por Allan Kardec sob o título de *O evangelho segundo o espiritismo*, versão que hoje utilizamos.

Com a publicação deste livro, a Federação Espírita Brasileira presta homenagem ao sesquicentenário de seu lançamento, comemorado em 2014, na expectativa de que as atuais e futuras gerações possam acompanhar, passo a passo, o cuidado de Allan Kardec na sistematização e aperfeiçoamento de suas obras, assistido, como sempre, pelos demais Espíritos da Codificação Espírita, tendo à frente o Espírito de Verdade.

A todos, pois, desejamos boa leitura!

A Editora

---

[1] N.T.: A Biblioteca de Obras Raras da FEB, em Brasília, dispõe de dois exemplares *originais* da 1ª edição francesa da *Imitação do evangelho segundo o espiritismo* (1864), um dos quais serviu de base para esta tradução.

Nota explicativa

Ao dar a lume à 1ª edição de *O livro dos espíritos*, não imaginava Allan Kardec que aquele seria o primeiro de uma série de obras que se comprometera a publicar,[2] e que marcaria, na Terra, juntamente com as demais obras da Codificação Espírita, o advento do Consolador prometido por Jesus quando de sua passagem entre nós.

A *O livro dos espíritos* e a *O livro dos médiuns* seguiu-se a *Imitação do evangelho segundo o espiritismo*, em cuja *Introdução*, ao tratar do objetivo da obra, Allan Kardec explica que elegeu a parte moral dos ensinos de Jesus, por ser este o terreno onde todos os cultos podem reunir-se, a bandeira sob a qual todos podem abrigar-se, quaisquer que sejam suas crenças, porque jamais constituiu objeto de disputas religiosas, sempre e por toda parte suscitadas pelas questões dogmáticas.[3] É que, por experiência própria, desde os longínquos tempos de Jan Huss,[4] ele já sabia que algumas partes do Evangelho, como os atos comuns da vida do Cristo, os milagres, as predições e, sobretudo, as palavras que serviram de base para o estabelecimento dos dogmas da Igreja foram e continuam sendo ainda hoje objeto de controvérsias, de divisão e de discórdia, a ponto de terem degenerado em guerras sanguinolentas e perseguições sem fim,

---

[2] N.T.: Veja-se a observação de Allan Kardec contida em *Obras póstumas*, 2ª parte, sobre *O livro dos espíritos*, p. 371, a respeito de uma comunicação que recebera do Espírito de Verdade: "Na época em que foi dada essa comunicação [17 de junho de 1856], eu apenas tinha em vista *O livro dos espíritos* e longe estava, como disse o Espírito, de imaginar as proporções que tomaria o conjunto do trabalho [...]".

[3] N.T.: *Imitação do evangelho segundo o espiritismo*, "Introdução", p. 21.

[4] N.T.: Allan Kardec, numa de suas vidas passadas, queimado vivo no século XV pela intolerância clerical.

responsáveis pelo surgimento das diversas seitas em que se fragmentou o Cristianismo ao longo dos séculos, cada uma das quais pretendendo invocar a si a posse exclusiva da verdade e o caminho único da salvação que conduz ao reino dos Céus. Quantas atrocidades já foram perpetradas em nome daquele que não tinha uma pedra onde repousar a cabeça? Como justificar tamanha impiedade diante de uma doutrina que nos recomenda amar os inimigos, fazer o bem aos que nos odeiam e orar pelos que nos perseguem e caluniam?[5] Nesse caso, cabe culpa à doutrina do Cristo? Não, decerto, pois ela condena formalmente toda violência. Disse Ele alguma vez a seus discípulos: "Ide, matai, massacrai, queimai os que não pensam como vós"? Ao contrário, o que lhes disse foi: "Quem matar com a espada com a espada perecerá".[6]

Em síntese, foram estas as razões que levaram o Codificador a dar preferência, na escolha dos temas de seu Evangelho, à parte moral dos ensinos de Jesus. Mas em que a 1ª edição desta obra, publicada em 1864, difere da edição definitiva, de 1866?

Comecemos pelo título inicial da obra: *Imitação do evangelho segundo o espiritismo*. Mais tarde, como informa Allan Kardec em *Obras póstumas*, o nome foi mudado para *O evangelho segundo o espiritismo*, em razão das reiteradas observações do Sr. Didier, seu editor, e de algumas outras pessoas, título que permanece até hoje e que tem servido de fonte para a tradução nas diferentes línguas faladas no planeta.[7]

Na *Revista espírita* de março de 1864, Allan Kardec, embora não citando o nome do livro, anuncia o aparecimento de uma nova obra, mais ou menos do volume de *O livro dos espíritos* e que deveria aparecer em março daquele ano, já no prelo desde dezembro do ano anterior, deixando transparecer que poderia anunciar sua venda em abril, o que de fato acontece. Como ele mesmo informa, abstém-se de qualquer reflexão sobre o conteúdo do livro, limitando-se a extrair da *Introdução* a parte

---

[5] N.T.: Mateus, 5:44.
[6] N.T.: *Imitação do evangelho segundo o espiritismo*, "Máximas diversas", p. 367.
[7] N.T.: *Obras póstumas*, 2ª parte, "Imitação do evangelho".

que indica seu objetivo, praticamente idêntico ao contido na edição definitiva da obra, de 1866.[8]

A segunda edição do livro não é anunciada por Allan Kardec em nenhum fascículo da *Revista espírita*, nem, provavelmente, em outro veículo de comunicação da época, o que é deveras surpreendente. O livro foi publicado em 1865 e nada mais é do que a *reimpressão* da 1ª edição, ou seja, sua cópia idêntica, exceto quanto ao título, que mudou para o que hoje conhecemos: *O evangelho segundo o espiritismo*, mas acompanhado do subtítulo *Parte moral*, que, por sua vez, foi excluído das demais edições, a partir da terceira. Trata-se de livro raríssimo, não existente na Biblioteca de Obras Raras da FEB, nem, ao que sabemos, em nenhuma outra localizada no Brasil. Recentemente, fomos agraciados com uma cópia integral do livro, obtida a partir da digitalização da obra original, arquivada na Biblioteca Nacional da França, em Paris. O leitor poderá confrontar as folhas de rosto da 1ª, 2ª e 3ª edições no final desta obra.

Em novembro de 1865, Allan Kardec anuncia oficialmente que está "no prelo, para aparecer em alguns dias", a 3ª edição do livro [edição definitiva], revista, corrigida e modificada,[9] mas que de fato só viria à luz da publicidade em 1866. O livro alcançou tamanho sucesso que começou a ser traduzido nas diferentes línguas faladas no mundo, inclusive em português [1876], graças à iniciativa pioneira do Dr. Joaquim Carlos Travassos, mais conhecido sob o pseudônimo de Confúcio.

Quanto às diferenças principais, além do título, já citada, a 1ª edição do livro compõe-se de 25 capítulos, em vez dos 28 que constituem a edição definitiva. Os parágrafos têm numeração corrida, de 1 a 420, o que os diferencia da 3ª edição, cuja numeração inicia e finaliza em cada um deles. Ao confrontar as duas edições, percebemos que ambas são idênticas até o capítulo XXII, mas incorporando-se como novos os capítulos XXIII e XXVI. O capítulo XXIV da 1ª edição, com algumas modificações, passa a ser o capítulo XXVIII da 3ª edição, com o mesmo título *Coletânea de preces espíritas*.[10] O que é de destacar-se nesse capítulo é

---

[8] N.T.: *Revista espírita*, abr. 1864, "Imitação do evangelho", p. 135.
[9] N.T.: *Revista espírita*, nov. 1865, "Notas bibliográficas", p. 469.
[10] N.T.: BARRERA, Florentino. *Resumo analítico das obras de Allan Kardec*, p. 56.

que Kardec desenvolve a *Oração dominical* versículo a versículo, o que não ocorria na *Imitação do evangelho*, no qual a prece era simplesmente transcrita sem qualquer comentário. Também desaparece o capítulo do livro, *Máximas diversas*, embora muito do que ali se achava contido fosse incorporado a outros capítulos do livro, notadamente os intitulados *Estranha moral* e *Buscai e achareis*, que passaram a fazer parte da edição de 1866 e que não existiam na edição *princeps* do livro.

Além disso, e logo na *Introdução* do livro, Allan Kardec revela, nas passagens evangélicas por ele citadas ao longo do texto, que respeitou escrupulosamente a tradução de Sacy, bem como a divisão em versículos,[11] o que significa dizer que nem todos os versículos da obra original coincidem com a numeração de seus correspondentes nas traduções mais utilizadas atualmente, antigas ou modernas, revistas ou corrigidas, católicas ou protestantes, o que talvez possa confundir o leitor ou fazê-lo imaginar que nos equivocamos algumas vezes ao transcrevê-los.

Outra diferença entre a 1ª e a 3ª edições do livro é que os parágrafos são bem mais longos na edição de 1864, em comparação com a de 1866, o que poderia tornar enfadonha a leitura e cansar o leitor, problema resolvido na 3ª edição, na qual eles são mais curtos e quase sempre relacionados aos subtítulos que lhes correspondem, ao passo que a edição original muitas vezes mistura assuntos diversos sob a mesma rubrica. Em suma, o que se nota principalmente foi o cuidado, o empenho de Allan Kardec em tornar a 3ª edição muito mais metódica, distribuindo as matérias contidas no livro de forma mais didática, fundindo as matérias contidas em alguns capítulos para formar outros, modificando e acrescentando três capítulos, o que torna sua leitura e as buscas muito mais fáceis, providência que, longe de lhe desvirtuar a essência, tornou mais leve e agradável a leitura da mensagem de Jesus.

Além das diferenças apontadas acima, chamamos a atenção dos leitores para as inúmeras notas de rodapé que enriquecem e complementam as informações contidas acerca de determinado assunto, distribuídas ao longo do texto desta obra, a fim de que possam perceber

---

[11] N.T.: *Imitação do evangelho segundo o espiritismo*, "Introdução".

suas diferenças e sutilezas, mesmo as aparentemente insignificantes, incluindo aqueloutras que a nossa perspicácia não foi capaz de descobrir.

E, como era previsível, tão logo foi publicado, a Igreja incluiu a *Imitação do evangelho segundo o espiritismo* e as demais obras espíritas de Allan Kardec em seu famoso *Index librorum prohibitorum*, interditando sua leitura aos fieis e lançando anátema a quem ousasse desrespeitar suas ordens.[12]

Finalmente, queremos registrar aqui nossa sincera gratidão ao companheiro de ideal espírita — José Jorge Leite de Brito — que, com notável paciência e incgável compctência, digitalizou as 444 páginas originais da *Imitation de l'évangile selon le spiritisme*, reproduzidas no final deste livro, a fim de que o leitor possa confrontar o texto em português com o seu homólogo francês, providência de que já se havia encarregado com igual dedicação e eficiência quando da publicação bilíngue de *O livro dos espíritos*, em 2013, pela editora da Federação Espírita Brasileira.

O Tradutor

---

[12] N.T.: A tal respeito, assim se pronunciou Allan Kardec na *Revista espírita* de junho de 1864, p. 259: "A data de 1º de maio de 1864 será marcada nos anais do Espiritismo, como a de 9 de outubro de 1861. Ela lembrará a decisão da sagrada congregação do *Index*, concernente às nossas obras sobre o Espiritismo. Se uma coisa surpreendeu os espíritas, é que tal decisão não tenha sido tomada mais cedo. [...] Quanto a nós, esta medida, que era uma das que esperávamos, é um sinal que aproveitaremos e que servirá de guia para os nossos trabalhos ulteriores".

Prefácio[13]

Os Espíritos do Senhor, que são as virtudes dos Céus, qual imenso exército que se movimenta ao receber as ordens do seu comando, espalham-se por toda a superfície da Terra e, semelhantes a estrelas cadentes, vêm iluminar os caminhos e abrir os olhos aos cegos. Eu vos digo, em verdade, que são chegados os tempos em que todas as coisas devem ser restabelecidas no seu verdadeiro sentido para dissipar as trevas, confundir os orgulhosos e glorificar os justos.

As grandes vozes do Céu ressoam como sons de trombetas, e o cântico dos anjos se lhes associam. Homens, nós vos convidamos ao divino concerto. Tomai da lira; que vossas vozes se unam e que, num hino sagrado, elas se estendam e vibrem de um extremo a outro do universo.

Homens, irmãos a quem amamos, estamos juntos de vós. Amai-vos, também, uns aos outros e dizei do fundo do coração, fazendo as vontades do Pai, que está no Céu: "Senhor! Senhor!" e podereis entrar no reino dos céus.

O Espírito de Verdade

---

[13] Nota de Allan Kardec: O autor julgou por bem inserir, como prefácio, a comunicação acima, assinada pelo Espírito de Verdade, porque resume, ao mesmo tempo, o verdadeiro caráter do Espiritismo e o objetivo desta obra.

Introdução

I – Objetivo desta obra

As matérias contidas nos Evangelhos podem ser divididas em quatro partes: *os atos comuns da vida do Cristo; os milagres; as predições e o ensino moral.*[14] Se as três primeiras partes têm sido objeto de controvérsias, a última permaneceu inatacável. Diante desse código divino, a própria incredulidade se curva. É o terreno onde todos os cultos podem reunir-se, a bandeira sob a qual todos podem abrigar-se, quaisquer que sejam suas crenças, porque jamais constituiu matéria das disputas religiosas, sempre e por toda parte suscitadas pelas questões dogmáticas. Aliás, se o discutissem, as seitas nele teriam encontrado sua própria condenação, visto que a maioria delas se agarra mais à parte mística do que à parte moral, que exige de cada um a reforma de si mesmo. Para os homens, em particular, aquele código é uma regra de conduta que abrange todas as circunstâncias da vida pública e privada, o princípio de todas as relações sociais que se fundam na mais rigorosa justiça. É, finalmente e acima de tudo, o roteiro infalível para a felicidade vindoura, o levantamento de uma ponta do véu que ocultava a vida futura. É essa parte que será o objeto exclusivo desta obra.

---

[14] N.T.: Na edição definitiva de 1866, Allan Kardec acrescentou um quinto elemento: *as palavras que serviram de base para o estabelecimento dos dogmas da Igreja.* Em resumo e segundo ele, são cinco, e não quatro, as matérias contidas nos Evangelhos.

Todo o mundo admira a moral evangélica; todos lhe proclamam a sublimidade e a necessidade, mas muitos o fazem por confiança, baseados no que ouviram dizer ou sobre a fé em algumas máximas, que se tornaram proverbiais. Poucos, no entanto, a conhecem a fundo e menos ainda são os que a compreendem e sabem deduzir suas consequências. A razão disso está, em grande parte, na dificuldade que apresenta a leitura do Evangelho, ininteligível para grande número de pessoas. A forma alegórica e o misticismo intencional da linguagem fazem com que a maioria o leia por desencargo de consciência e por dever, como leem as preces, sem as entender, isto é, sem proveito. Os preceitos de moral, disseminados aqui e ali, intercalados no conjunto das narrativas, passam despercebidos; torna-se, então, impossível compreendê-los inteiramente e deles fazer objeto de leitura e meditações especiais.

É verdade que já foram escritos tratados de moral evangélica; todavia, a apresentação em estilo literário moderno lhe tira a singeleza primitiva, que constitui, ao mesmo tempo, o seu encanto e autenticidade. Dá-se o mesmo com as sentenças isoladas do contexto, reduzidas à sua mais simples expressão proverbial; já não passam de aforismos, destituídos de parte do seu valor e interesse, pela ausência dos acessórios e das circunstâncias em que foram enunciadas.

Para prevenir esses inconvenientes, reunimos nesta obra os artigos que podem constituir, a bem dizer, um código de moral universal, sem distinção de culto. Nas citações, conservamos o que é útil ao desenvolvimento da ideia, suprimindo unicamente o que não dizia respeito ao assunto. Além disso, respeitamos escrupulosamente a tradução original de Sacy,[15] bem como a divisão em versículos. Mas, em vez de nos atermos a uma ordem cronológica impossível, e sem vantagem real em

---

[15] N.T.: Sacerdote, teólogo e humanista francês (1613-1684), Lemâitre ou Lemaistre de Sacy é mais conhecido por sua tradução francesa da chamada Bíblia de Port-Royal. Allan Kardec serviu-se da versão de Sacy nas citações bíblicas de seus livros doutrinários, razão por que a utilizamos também na tradução deste livro, a despeito da existência, hoje, de outras traduções mais fidedignas ao texto original, porque hauridas diretamente dos manuscritos gregos, dos quais promanam, inclusive daqueles descobertos entre 1780 e 1948, como é o caso da bem cuidada tradução do Novo Testamento e dos Atos dos Apóstolos, de Haroldo Dutra Dias, publicada recentemente pela editora da FEB.

semelhante assunto, as máximas foram agrupadas e classificadas metodicamente, segundo a natureza de cada uma, de modo que possam ser deduzidas umas das outras, tanto quanto possível. A indicação dos números de ordem dos capítulos e dos versículos permite que se recorra à classificação vulgar, caso seja necessário.

Esse, entretanto, seria um trabalho material que, por si só, teria apenas utilidade secundária. O essencial era colocá-lo ao alcance de todos, mediante a explicação das passagens obscuras e o desdobramento de todas as consequências, tendo em vista a aplicação dos ensinos às diversas situações da vida. Foi o que tentamos fazer, com a ajuda dos Espíritos bons que nos assistem.

Muitos pontos do Evangelho, da *Bíblia* e dos autores sacros em geral só são ininteligíveis, parecendo alguns até irracionais, por falta da chave que nos faculte compreender o seu verdadeiro sentido. Essa chave está completa no Espiritismo, como já puderam convencer-se os que o estudaram seriamente, e como todos o reconhecerão melhor ainda, mais tarde. O Espiritismo se encontra por toda parte na Antiguidade e nas diferentes épocas da humanidade. Em toda parte encontramos os seus vestígios: nos escritos, nas crenças e nos monumentos. É por isso que, se ele rasga horizontes novos para o futuro, projeta luz não menos viva sobre os mistérios do passado.

Como complemento de cada preceito, acrescentamos algumas instruções escolhidas dentre as que os Espíritos ditaram em vários países e por diferentes médiuns. Se essas instruções tivessem emanado de uma fonte única, poderiam ter sofrido uma influência pessoal ou do meio, ao passo que a diversidade das origens prova que os Espíritos dão seus ensinos por toda parte e que ninguém goza de qualquer privilégio a esse respeito.[16]

---

[16] Nota de Allan Kardec: Poderíamos dar, sem dúvida, sobre cada assunto, maior número de comunicações obtidas num grande número de cidades e centros espíritas, além das que citamos, mas quisemos, antes de tudo, evitar a monotonia das repetições inúteis e limitar a nossa escolha às que, tanto pelo fundo quanto pela forma, se enquadravam mais especialmente no contexto desta obra, reservando para publicações posteriores as que não puderam caber aqui.

Quanto aos médiuns, abstivemo-nos de nomeá-los. Na maioria dos casos, não os designamos a pedido deles próprios e, assim sendo, não convinha fazer exceções. Os nomes dos médiuns, ademais, não teriam acrescentado nenhum valor à obra dos Espíritos. Mencioná-los seria apenas satisfazer ao amor-próprio, coisa a que os médiuns verdadeiramente sérios não

Esta obra é para uso de todos. Dela cada um pode colher os meios de conformar sua conduta pessoal à moral do Cristo. Os espíritas nela encontrarão, além disso, as aplicações que lhes dizem respeito de modo especial. Graças às relações estabelecidas, daqui em diante e de maneira permanente, entre os homens e o mundo invisível, a lei evangélica, ensinada a todas as nações pelos próprios Espíritos, já não será letra morta, porque todos a compreenderão e serão incessantemente compelidos a pô-la em prática, a conselho de seus guias espirituais. As instruções dos Espíritos são verdadeiramente *as vozes do Céu* que vêm esclarecer os homens e convidá-los à *imitação do Evangelho*.

II – Autoridade da Doutrina Espírita
Controle universal do ensino dos Espíritos

Se a Doutrina Espírita fosse de concepção puramente humana, não teria como garantia senão as luzes daquele que a houvesse concebido. Ora, ninguém, neste mundo, poderia ter a pretensão de possuir, sozinho, a verdade absoluta. Se os Espíritos que a revelaram se tivessem manifestado a um só homem, nada lhe garantiria a origem, pois seria preciso acreditar, sob palavra, naquele que dissesse ter recebido deles os seus ensinos. Admitindo-se absoluta sinceridade de sua parte, quando muito poderia ele convencer as pessoas de suas relações; conseguiria sectários, mas nunca chegaria a congregar todo o mundo.

Quis Deus que a *Nova Revelação* chegasse aos homens por um caminho mais rápido e mais autêntico; por isso encarregou os Espíritos de irem levá-la de um polo a outro, manifestando-se por toda parte, sem conferir a ninguém o privilégio exclusivo de lhes ouvir a palavra. Um homem pode ser enganado, pode enganar-se a si mesmo; já não será assim, quando milhões de criaturas veem e ouvem a mesma coisa: é uma garantia para cada um e para todos. Além disso, pode fazer-se que

---

ligam a menor importância. Compreendem que o seu papel, por ser meramente passivo, o valor das comunicações em nada lhes realça o mérito pessoal, e que seria pueril envaidecerem-se de um trabalho intelectual a que prestam apenas o seu concurso mecânico.

desapareça um homem, mas não se pode fazer que desapareçam as coletividades; podem queimar-se os livros, mas não se podem queimar os Espíritos. Ora, ainda que se queimassem todos os livros nem por isso a fonte da Doutrina deixaria de conservar-se menos inesgotável, pela razão mesma de não estar na Terra, de surgir em toda parte e de poderem todos dessedentar-se nela. Na falta de homens para difundi-la, haverá sempre os Espíritos, que atingem a todos e aos quais ninguém pode atingir.

São, pois, os próprios Espíritos que fazem a propaganda, com o auxílio dos inúmeros médiuns que eles vão suscitando de todos os lados. Se tivesse havido apenas um intérprete, por mais favorecido que fosse, o Espiritismo mal seria conhecido. E mesmo esse intérprete, qualquer que fosse a classe a que pertencesse, teria sido objeto das prevenções de muita gente e nem todas as nações o teriam aceitado, ao passo que os Espíritos, comunicando-se em toda parte, a todas as seitas e a todos os partidos, são aceitos por todos. O Espiritismo não tem nacionalidade, não faz parte de nenhum culto particular, nem é imposto por nenhuma classe social, visto que qualquer pessoa pode receber instruções de seus parentes e amigos de além-túmulo. Era preciso que fosse assim, para que ele pudesse conclamar todos os homens à fraternidade. Se não se mantivesse em terreno neutro, teria alimentado as dissensões, em vez de apaziguá-las.

Essa universalidade no ensino dos Espíritos faz a força do Espiritismo; aí reside também a causa de sua tão rápida propagação. Ao passo que a palavra de um só homem, mesmo com o concurso da imprensa, levaria séculos para chegar ao conhecimento de todos, eis que milhares de vozes se fazem ouvir simultaneamente em todos os pontos da Terra, proclamando os mesmos princípios e transmitindo-os aos mais ignorantes, como aos mais sábios, a fim de que ninguém seja deserdado. É uma vantagem de que não havia gozado ainda nenhuma das doutrinas surgidas até hoje. Se o Espiritismo, portanto, é uma verdade, não teme o malquerer dos homens nem as revoluções morais, nem as perturbações físicas do globo, porque nada disso pode atingir os Espíritos.

Não é essa, porém, a única vantagem que resulta da sua excepcional posição. O Espiritismo nela encontra poderosa garantia contra os cismas que pudessem ser suscitados, quer pela ambição de alguns, quer pelas contradições de certos Espíritos. Tais contradições, certamente, são um escolho, mas que traz consigo o remédio ao lado do mal.

Sabe-se que os Espíritos, em consequência da diferença entre suas capacidades, acham-se longe de possuir individualmente toda a verdade; que não é dado a todos penetrar certos mistérios; que o saber de cada um deles é proporcional à sua depuração; que os Espíritos vulgares não sabem mais que os homens, e até menos que certos homens; que há entre eles, como entre os homens, presunçosos e pseudossábios, que julgam saber o que ignoram; cultores de sistemas, que tomam por verdades as suas ideias; enfim, que só os Espíritos da categoria mais elevada, os que já estão completamente desmaterializados, se encontram libertos das ideias e preconceitos terrenos. Mas também é sabido que os Espíritos enganadores não têm escrúpulo em tomar nomes que não lhes pertencem, a fim de tornarem aceitas suas utopias. Daí resulta que, com relação a tudo que esteja fora do âmbito do ensino exclusivamente moral, as revelações que cada um possa receber terão caráter individual, sem cunho de autenticidade; que devem ser consideradas como opiniões pessoais de tal ou qual Espírito e que seria imprudente aceitá-las e propagá-las levianamente como verdades absolutas.

O primeiro controle é, incontestavelmente, o da razão, ao qual é preciso submeter, sem exceção, tudo o que venha dos Espíritos. Toda teoria em notória contradição com o bom senso, com uma lógica rigorosa e com os dados positivos que se possui, deve ser rejeitada, por mais respeitável que seja o nome que traga como assinatura. Esse controle, porém, em muitos casos ficará incompleto, em razão da insuficiência de conhecimentos de certas pessoas e da tendência de muitos a tomar a própria opinião como juízes únicos da verdade. Em semelhante caso, o que fazem os homens que não depositam absoluta confiança em si mesmos? Vão buscar o parecer da maioria e tomar por guia a opinião desta. Assim se deve proceder com relação ao ensino dos Espíritos, que nos fornecem, eles mesmos, os meios de consegui-lo.

A concordância no que ensinam os Espíritos é, pois, o melhor controle, mas é preciso ainda que ocorra em determinadas condições. A menos segura de todas é quando o próprio médium interroga vários Espíritos acerca de um ponto duvidoso. Evidentemente, se ele estiver sob o império de uma obsessão ou lidando com um Espírito mistificador, este lhe pode dizer a mesma coisa sob diferentes nomes. Também não há garantia suficiente na conformidade que apresente o que se possa obter por diversos médiuns, num mesmo Centro, pois eles podem estar todos sob a mesma influência. *A única garantia séria*[17] *está na concordância que exista entre as revelações que eles façam espontaneamente, por meio de grande número de médiuns estranhos uns aos outros, e em diversos lugares.* Compreende-se que não se trata aqui das comunicações relativas a interesses secundários, mas das que se referem aos próprios princípios da Doutrina. Prova a experiência que, quando um princípio novo deve ser revelado, ele é ensinado *espontaneamente* em diversos pontos ao mesmo tempo e de modo idêntico, se não quanto à forma, pelo menos quanto ao fundo. Se, portanto, aprouver a um Espírito formular um sistema excêntrico, baseado unicamente nas suas ideias e fora da verdade, pode ter-se a certeza de que tal sistema ficará *circunscrito* e cairá diante da unanimidade das instruções dadas de todas as partes, como já demonstraram numerosos exemplos. Foi essa unanimidade que fez tombar todos os sistemas parciais que surgiram na origem do Espiritismo, quando cada um explicava os fenômenos à sua maneira, e antes que se conhecessem as leis que regem as relações entre o mundo visível e o mundo invisível.

Tal é a base sobre a qual nos apoiamos, quando formulamos um princípio da Doutrina. Não é porque esteja de acordo com nossas ideias que o temos por verdadeiro. Não nos colocamos, absolutamente, como árbitro supremo da verdade e a ninguém dizemos: "Crede em tal coisa, porque somos nós que vo-lo dizemos". Aos nossos próprios olhos, nossa

---

[17] N.T: Na edição definitiva de 1866, Allan Kardec redigiu esta frase do seguinte modo: *A única garantia séria do Ensino dos Espíritos está na concordância que exista entre as revelações que eles façam espontaneamente, por meio de grande número de médiuns estranhos uns aos outros, e em diversos lugares.* Tal acréscimo, que sublinhamos, torna mais claro e objetivo o enunciado da frase.

opinião não passa de uma opinião pessoal, que pode ser verdadeira ou falsa, visto não nos considerarmos mais infalível do que qualquer outro. Também não é porque um princípio nos foi ensinado que o consideramos verdadeiro, mas porque recebeu a sanção da concordância.

Na posição em que nos encontramos, recebendo comunicações de perto de mil centros espíritas sérios, disseminados pelos mais diversos pontos do globo, estamos em condições de observar sobre que princípio se estabelece a concordância. Essa observação é que nos tem guiado até hoje e é também ela que nos guiará nos novos campos que o Espiritismo é chamado a explorar. É assim que, estudando atentamente as comunicações vindas de diversos lados, tanto da França quanto do estrangeiro, reconhecemos, pela natureza toda especial das revelações, que ele tende a entrar por um novo caminho e que lhe chegou o momento de dar um passo para adiante. Essas revelações, formuladas às vezes com palavras veladas, frequentemente têm passado despercebidas a muitos dos que as obtiveram. Outros se julgaram os únicos a possuí-las. Tomadas isoladamente, não teriam para nós nenhum valor; só a coincidência lhes confere gravidade. Depois, chegado o momento de serem entregues à publicidade, cada um se lembrará de haver obtido instruções no mesmo sentido. É esse movimento geral que observamos e estudamos, com a assistência dos nossos guias espirituais, que nos auxilia a julgar da oportunidade de fazermos ou não alguma coisa.

Esse controle universal é uma garantia para a unidade futura do Espiritismo e anulará todas as teorias contraditórias. É aí que, no futuro, se encontrará o critério da verdade. O que determinou o êxito da Doutrina formulada em *O livro dos espíritos* e em *O livro dos médiuns* foi que em toda parte todos puderam receber diretamente dos Espíritos a confirmação do que esses livros contêm. Se de todos os lados os Espíritos tivessem vindo contradizê-la, há muito tempo esses livros já teriam experimentado a sorte de todas as concepções fantásticas. Nem o apoio da imprensa os salvaria do naufrágio, ao passo que, mesmo privados desse apoio, não deixaram eles de abrir caminho e de avançar rapidamente. É que tiveram o apoio dos Espíritos, cuja boa vontade não só compensou como também superou o malquerer dos homens. Assim sucederá a todas as ideias que, emanando dos Espíritos ou dos homens, não possam suportar a prova desse controle, cujo poder ninguém pode contestar.

Suponhamos, portanto, que alguns Espíritos queiram ditar, sob qualquer título, um livro em sentido contrário; suponhamos mesmo que, com intenção hostil, visando desacreditar a Doutrina, a malevolência suscitasse comunicações apócrifas; que influência poderiam exercer tais escritos, se, de todos os lados, eles fossem desmentidos pelos Espíritos? É da adesão destes últimos que nos devemos garantir, antes de lançar, em seu nome, um sistema qualquer. Do sistema de um só ao de todos, há a distância que vai da unidade ao infinito. Que poderão conseguir os argumentos dos detratores, sobre a opinião das massas, quando milhões de vozes amigas, oriundas do Espaço, chegam de todas as partes do universo, combatendo-os tenazmente no seio de cada família? A esse respeito, já não foi a teoria confirmada pela experiência? Que é feito de todas essas publicações que deveriam, pretensamente, aniquilar o Espiritismo? Qual é a que ao menos lhe detêve a marcha? Até agora não se tinha encarado a questão sob esse ponto de vista, um dos mais graves, incontestavelmente. Cada um contou consigo, sem contar com os Espíritos.[18]

De tudo isso ressalta uma verdade capital: a de que aquele que quisesse opor-se à corrente de ideias, estabelecida e sancionada, poderia, certamente, causar uma pequena perturbação local e momentânea; nunca, porém, dominar o conjunto, mesmo no presente, e menos ainda no futuro.

Também ressalta que as instruções dadas pelos Espíritos sobre os pontos ainda não elucidados da Doutrina não constituirão lei, enquanto essas instruções permanecerem isoladas; que elas não devem, por conseguinte, ser aceitas senão sob todas as reservas e a título de informação.

---

[18] N.T.: Após este parágrafo, Allan Kardec acrescentou mais outro na edição de 1866, não contemplado na presente edição, de 1864, a saber: "O princípio da concordância é também uma garantia contra as alterações que, em proveito próprio, pretendessem introduzir no Espiritismo as seitas que dele quisessem apoderar-se, acomodando-o à sua vontade. Quem tentasse desviá-lo do seu fim providencial fracassaria, pela razão muito simples de que os Espíritos, em virtude da universalidade de seus ensinos, farão cair por terra qualquer modificação que se afaste da verdade".

Daí a necessidade da maior prudência em dar-lhes publicidade; e, caso se julgue conveniente publicá-las, só devem ser apresentadas como opiniões individuais, mais ou menos prováveis, mas necessitando, em todos os casos, de confirmação. É essa confirmação que se deve aguardar, antes de apresentar um princípio como verdade absoluta, a menos que se queira ser acusado de leviandade ou de credulidade irrefletida.

Os Espíritos superiores procedem em suas revelações com extrema sabedoria. Não abordam as grandes questões da Doutrina senão gradualmente, à medida que a inteligência está apta a compreender verdades de ordem mais elevada e quando as circunstâncias são propícias à emissão de uma ideia nova. É por isso que eles não disseram tudo desde o começo, e ainda não o disseram até hoje, jamais cedendo à impaciência de pessoas muito apressadas que querem colher os frutos antes que amadureçam. Seria, pois, supérfluo querer avançar o tempo designado a cada coisa pela Providência, porque, então, os Espíritos realmente sérios negariam o seu concurso. Os Espíritos levianos, porém, pouco se preocupando com a verdade, respondem a tudo; é por isso que, sobre todas as questões prematuras, há sempre respostas contraditórias.

Os princípios acima não resultam de uma teoria pessoal: são a consequência obrigatória das condições em que os Espíritos se manifestam. É evidente que, se um Espírito diz uma coisa num lugar, enquanto milhões de outros dizem o contrário em outro lugar, a presunção de verdade não pode estar com aquele que é o único ou quase o único a ter tal opinião. Ora, pretender alguém ter razão contra todos seria tão ilógico da parte de um Espírito quanto da parte dos homens. Os Espíritos verdadeiramente sábios, se não se sentem suficientemente esclarecidos sobre uma questão, *nunca* a resolvem de modo absoluto; declaram que apenas a tratam do seu ponto de vista e aconselham que se aguarde a confirmação.

Por grande, justa e bela que seja uma ideia, é impossível que congregue, desde o início, todas as opiniões. Os conflitos que daí decorrem são consequência inevitável do movimento que se opera; eles são mesmo necessários para maior realce da verdade e convém que se produzam desde logo, para que as ideias falsas prontamente sejam postas de lado. Os espíritas que alimentarem quaisquer temores a esse respeito podem, portanto, ficar perfeitamente tranquilos. Todas as pretensões isoladas cairão, pela força das coisas, diante do grande e poderoso critério do controle universal. *Não será à opinião de um homem que se aliarão os outros*, mas à voz unânime dos Espíritos; não será um homem *nem nós, nem qualquer outro* que fundará a ortodoxia espírita; tampouco será um Espírito que venha impor-se a quem quer que seja: será a universalidade dos Espíritos que se comunicam em toda a Terra, por ordem de Deus. Esse o caráter essencial da Doutrina Espírita; essa a sua força, a sua autoridade. Quis Deus que sua lei se assentasse em base inabalável, e foi por isso que não lhe deu por fundamento a cabeça frágil de um só.

Diante de tão poderoso areópago, que não conhece manobras nem rivalidades ciosas, nem seitas, nem nações, é que virão se quebrar todas as oposições, todas as ambições, todas as pretensões à supremacia individual; é que nos quebraríamos nós mesmos se quiséssemos substituir os seus decretos soberanos pelas nossas próprias ideias. Só Ele decidirá todas as questões litigiosas, imporá silêncio às dissidências e dará razão a quem a tenha. Diante desse imponente acordo de todas *as vozes do Céu*, que pode a opinião de um homem ou de um Espírito? Menos do que a gota d'água que se perde no oceano, menos do que a voz da criança que a tempestade abafa.

A opinião universal, eis o juiz supremo, o que se pronuncia em última instância. Ela se forma de todas as opiniões individuais. Se uma destas é verdadeira, apenas tem na balança o seu peso relativo. Se for falsa, não pode prevalecer sobre todas as demais. Nesse imenso concurso, as individualidades se apagam, o que constitui novo insucesso para o orgulho humano.

O conjunto harmonioso já se esboça. Este século não passará sem que ele resplandeça em todo o seu brilho, de modo a dissipar todas as incertezas, porque, daqui até lá, potentes vozes terão recebido a missão de se fazerem ouvir para congregar os homens sob a mesma bandeira, uma vez que o campo se ache suficientemente lavrado. Enquanto isso não se dá, aquele que flutua entre dois sistemas opostos pode observar em que sentido se forma a opinião geral: é o indício certo do sentido em que se pronuncia a maioria dos Espíritos, nos diversos pontos em que se comunicam, e um sinal não menos certo de qual dos dois sistemas prevalecerá.

III – Notícias históricas

Para bem se compreenderem certas passagens dos evangelhos, é necessário que se conheça o valor de várias palavras neles frequentemente empregadas e que caracterizam o estado dos costumes e da sociedade judia naquela época. Já não tendo para nós o mesmo sentido, essas palavras muitas vezes têm sido mal-interpretadas, causando isso uma espécie de incerteza. A compreensão de seu significado explica, além disso, o verdadeiro sentido de certas máximas que, à primeira vista, parecem singulares.

Samaritanos – Após o cisma das dez tribos, Samaria tornou-se a capital do reino dissidente de Israel. Destruída e reconstruída várias vezes, ela foi, sob o domínio romano, a sede administrativa da Samaria, uma das quatro divisões da Palestina. Herodes, chamado o Grande, a embelezou com suntuosos monumentos e, para lisonjear Augusto, deu-lhe o nome de *Augusta*, em grego *Sebaste*.

Os samaritanos estiveram quase sempre em guerra com os reis de Judá. Aversão profunda, datando da época da separação, perpetuou-se entre os dois povos que evitavam todas as relações recíprocas. Os samaritanos, para tornarem mais profunda a cisão e não terem de vir a Jerusalém pela celebração das festas religiosas, construíram para si um templo particular e adotaram algumas reformas. Somente admitiam o Pentateuco, que continha a lei de Moisés, e rejeitavam todos os outros livros, que a esse foram depois anexados. Seus livros sagrados eram escritos em caracteres hebraicos da mais alta antiguidade. Aos olhos dos judeus ortodoxos, eles eram heréticos e, portanto, desprezados, anatematizados e perseguidos. O antagonismo das duas nações tinha, pois, por único princípio a divergência das opiniões religiosas, embora suas crenças tivessem a mesma origem. Eram os *protestantes* daquele tempo.

Ainda hoje se encontram samaritanos em algumas regiões do Mediterrâneo oriental, particularmente em Nablus e em Jaffa. Observam a lei de Moisés com mais rigor que os outros judeus e só se casam entre si.

Nazarenos – Nome dado, na antiga lei, aos judeus que faziam voto ou perpétuo ou temporário de guardar perfeita pureza. Eles se comprometiam a observar a castidade, a abster-se de bebidas alcoólicas e a conservar a cabeleira. Sansão, Samuel e João Batista eram nazarenos.

Mais tarde, os judeus deram esse nome aos primeiros cristãos, por alusão a Jesus de Nazaré.

Esse foi também o nome de uma seita herética dos primeiros séculos da Era Cristã, a qual, do mesmo modo que os ebionitas,[19] de quem adotava certos princípios, misturava as práticas mosaicas com os dogmas cristãos. Essa seita desapareceu no século quarto.

Publicanos – Assim eram chamados, na antiga Roma, os cavalheiros arrendatários das taxas públicas, encarregados da cobrança dos impostos e das rendas de toda natureza, quer na própria Roma, quer nas outras partes do Império. Assemelhavam-se aos arrendatários gerais e arrematadores de taxas do antigo regime na França e que ainda existem em algumas regiões. Os riscos que eles corriam faziam que se fechassem os olhos para as riquezas que muitas vezes adquiriam e que, da parte de muitos, eram fruto de exações e de lucros escandalosos. O nome *publicano* se estendeu mais tarde a todos os que administravam o dinheiro público e aos agentes subalternos. Hoje esse termo se emprega em sentido pejorativo para designar os financistas e os agentes pouco escrupulosos de negócios. Diz-se às vezes: "Ávido como um *publicano*, rico como um *publicano*", com referência a uma fortuna de má procedência.

De toda a dominação romana, o imposto foi o que os judeus aceitaram com mais dificuldade e o que causou mais irritação entre eles. Dele resultaram várias revoltas, fazendo-se do caso uma questão religiosa, por ser considerado contrário à lei. Formou-se até um partido poderoso, em

---

[19] N.E.: Membros de uma seita judaica da Palestina e Síria.

cuja chefia estava um certo Judá, apelidado o Gaulonita, que estabelecera como princípio o não pagamento do imposto. Os judeus tinham, portanto, horror ao imposto e, em consequência, a todos os que se encarregavam de arrecadá-lo. Daí a aversão que votavam aos publicanos de todas as categorias, entre os quais podiam encontrar-se pessoas muito estimáveis, mas que, em virtude de suas funções, eram desprezadas, assim como as pessoas de suas relações e confundidos na mesma reprovação. Os judeus de destaque consideravam um comprometimento ter intimidade com eles.

Portageiros – Eram os arrecadadores de baixa categoria, incumbidos principalmente dos direitos de entrada nas cidades. Suas funções correspondiam mais ou menos à dos empregados de alfândega e recebedores de direitos de barreira. Compartilhavam da repulsa dirigida aos publicanos em geral. Essa a razão por que, no Evangelho, encontra-se frequentemente o nome de *publicano* associado à expressão *gente de má vida*. Tal qualificação não implicava a de debochados ou vagabundos; era um termo de desprezo, sinônimo de *gente de má companhia*, indignas de conviver com *pessoas distintas*.

Fariseus – (Do hebreu *parasch* = divisão, separação.) – A tradição constituía parte importante da teologia dos judeus. Consistia numa compilação das interpretações sucessivas dadas sobre o sentido das Escrituras e tornadas artigos de dogma. Entre doutores, constituía assunto de discussões intermináveis, na maioria das vezes sobre simples questões de palavras ou de formas, no gênero das disputas teológicas e das sutilezas da escolástica da Idade Média. Daí nasceram diferentes seitas, cada uma das quais pretendia ter o monopólio da verdade, detestando-se cordialmente entre si, como acontece quase sempre. Entre essas seitas, a mais influente era a dos *fariseus*, que teve por chefe *Hillel*, doutor judeu nascido na Babilônia, fundador de uma escola célebre, onde se ensinava que só se devia depositar fé nas Escrituras. Sua origem remonta a 180 ou 200 anos antes de Jesus Cristo. Os fariseus foram perseguidos em diversas épocas, especialmente sob Hircano[20] — soberano pontífice e rei dos judeus —,

---

[20] N.E.: Hircano I ou João Hircano, sumo sacerdote e rei dos judeus (134-104 a.C.). Expandiu e levou a sua terra — a Judeia — à independência.

Aristóbulo[21] e Alexandre, rei da Síria. No entanto, como este último lhes restituiu as honras e os bens, os fariseus recobraram seu poder e o conservaram até a *ruína de Jerusalém*, no ano 70 da Era Cristã, quando então o seu nome desapareceu, em consequência da dispersão dos judeus.

Os fariseus tomavam parte ativa nas controvérsias religiosas. Servis observadores das práticas exteriores do culto e das cerimônias, cheios de um zelo ardente de proselitismo, inimigos dos inovadores, afetavam grande severidade de princípios, mas, sob as aparências de meticulosa devoção, ocultavam costumes dissolutos, muito orgulho e, acima de tudo, excessiva ânsia de dominação. Para eles, a religião era mais um meio de chegarem a seus fins, do que objeto de fé sincera. Da virtude só guardavam a ostentação e as exterioridades, embora exercessem, com isso, grande influência sobre o povo, a cujos olhos passavam por santas criaturas. Essa a razão por que eram muito poderosos em Jerusalém.

Acreditavam, ou, pelo menos, fingiam acreditar na Providência, na imortalidade da alma, na eternidade das penas e na ressurreição dos mortos (item 36). Jesus, que prezava sobretudo a simplicidade e as qualidades do coração, e que, na lei, preferia o *espírito, que vivifica, à letra, que mata*, se aplicou, durante toda sua missão, a lhes desmascarar a hipocrisia, transformando-os, em consequência disso, em seus inimigos obstinados. É por isso que eles se ligaram aos príncipes dos sacerdotes para amotinar o povo contra Jesus e eliminá-lo.

Escribas – Nome dado, a princípio, aos secretários dos reis de Judá e a certos intendentes dos exércitos judeus. Mais tarde, foi aplicado especialmente aos doutores que ensinavam a lei de Moisés e a interpretavam para o povo. Faziam causa comum com os fariseus, de cujos princípios partilhavam, bem como da antipatia que aqueles votavam aos inovadores. Por isso Jesus os confundia na mesma reprovação.

Sinagoga – (Do grego *synagogé* = assembleia, congregação.) – Só havia na Judeia um único templo, o de Salomão, em Jerusalém, onde se celebravam as grandes cerimônias do culto. Os judeus para lá se dirigiam todos os anos, em peregrinação para as festas principais, como as

---

[21] N.E.: Rei da Judeia (67-63 a.C.). Foi envenenado por partidários do general romano Pompeu.

da Páscoa, da Dedicação e dos Tabernáculos. Por ocasião dessas festas é que Jesus viajou algumas vezes para lá. As outras cidades não possuíam templos, mas sinagogas, edifícios nos quais os judeus se reuniam aos sábados para fazer preces públicas, sob a chefia dos anciães, dos escribas ou doutores da lei. Nelas também se faziam leituras tiradas dos livros sagrados, seguidas de explicações e comentários, a que cada um podia tomar parte. É por isso que Jesus, sem ser sacerdote, ensinava aos sábados nas sinagogas.

Desde a ruína de Jerusalém e a dispersão dos judeus, as sinagogas, nas cidades por eles habitadas, servem-lhes de templos para a celebração do culto.

Saduceus – Seita judia, que se formou por volta do ano 248 antes de Jesus Cristo, assim chamada por causa de *Sadoque*, seu fundador. Os saduceus não acreditavam na imortalidade da alma nem na ressurreição, nem nos anjos bons e maus. Entretanto, acreditavam em Deus, mas, nada esperando após a morte, só o serviam tendo em vista recompensas temporais, ao que, segundo eles, se limitava sua providência. Assim, a satisfação dos sentidos constituía para eles o objetivo essencial da vida. Quanto às Escrituras, atinham-se ao texto da lei antiga, não admitindo nem a tradição, nem qualquer interpretação. Colocavam as boas obras e a observância pura e simples da lei acima das práticas exteriores do culto. Eram, como se vê, os materialistas, os deístas e os sensualistas da época. Essa seita era pouco numerosa, embora contasse em seu seio importantes personagens; tornou-se um partido político oposto constantemente aos fariseus.

Essênios ou Esseus – Seita judia, fundada por volta do ano 150 antes de Jesus Cristo, ao tempo dos macabeus, e cujos membros, habitando uma espécie de mosteiro, formavam entre si um tipo de associação moral e religiosa. Distinguiam-se pelos costumes brandos e pelas virtudes austeras, ensinavam o amor a Deus e ao próximo, a imortalidade da alma e acreditavam na ressurreição. Viviam em celibato, condenavam a escravidão e a guerra, punham em comunhão os seus bens e se entregavam à agricultura. Contrários aos saduceus sensuais, que negavam a imortalidade, bem como aos fariseus de rígidas práticas exteriores e de virtudes apenas aparentes, nunca os essênios tomaram parte nas querelas que dividiram essas duas seitas. Seu gênero de vida se assemelhava ao dos primeiros cristãos, e os princípios da moral que professavam levaram algumas pessoas a supor que Jesus fizera parte dessa seita, antes do começo de sua missão pública. É certo que o Mestre deve tê-la conhecido, mas nada prova que se houvesse filiado a ela, sendo, pois, hipotético tudo quanto se escreveu a esse respeito.[22]

Terapeutas – (Do grego *therapeutés*, formado de *therapeuein*, servir, cuidar, isto é: servidores de Deus ou curadores.) – Eram sectários judeus contemporâneos do Cristo, estabelecidos principalmente em Alexandria, no Egito. Tinham muita relação com os essênios, cujos princípios adotavam, aplicando-se, como esses últimos, à prática de todas as virtudes. Sua alimentação era extremamente frugal. Devotados ao celibato, à contemplação e à vida solitária, constituíam uma verdadeira ordem religiosa. Fílon, filósofo judeu platônico, de Alexandria, foi o primeiro a falar dos terapeutas; considerou-a uma seita do Judaísmo. Eusébio, Jerônimo e outros Pais da Igreja pensam que eles eram cristãos. Fossem judeus ou cristãos, o que é evidente é que, do mesmo modo que os essênios, eles representam o traço de união entre o Judaísmo e o Cristianismo.

IV – Sócrates e Platão, precursores da ideia cristã e do Espiritismo

Do fato de haver Jesus conhecido a seita dos essênios, seria errôneo concluir-se que Ele colheu nessa seita a sua doutrina e que, se tivesse vivido noutro meio, teria professado outros princípios. As grandes ideias jamais irrompem de súbito. As que se baseiam na verdade sempre têm precursores que lhes preparam parcialmente os caminhos. Depois, quando é chegado o tempo, Deus envia um homem com a missão de

---

[22] Nota de Allan Kardec: *A morte de Jesus*, supostamente escrita por um irmão essênio, é uma obra completamente apócrifa, escrita para servir a determinada opinião. Ela traz em si mesma a prova da sua origem moderna.

resumir, coordenar e completar os elementos esparsos e, com eles, formar um corpo de doutrina. Desse modo, não surgindo bruscamente, a ideia, ao aparecer, encontra Espíritos predispostos a aceitá-la. Assim aconteceu com a ideia cristã que foi pressentida muitos séculos antes de Jesus e dos essênios, e da qual Sócrates e Platão foram os principais precursores.

Sócrates, assim como o Cristo, nada escreveu, ou, pelo menos, não deixou nenhum escrito. Como Ele, teve a morte dos criminosos, vítima do fanatismo, por ter atacado as crenças estabelecidas e colocado a virtude real acima da hipocrisia e do simulacro das formas; numa palavra, por ter combatido os preconceitos religiosos. Do mesmo modo que Jesus foi acusado pelos fariseus de corromper o povo com os ensinamentos que lhe ministrava, Sócrates também foi acusado pelos fariseus do seu tempo — já que sempre os houve em todas as épocas — de corromper a juventude, por proclamar o dogma da unidade de Deus, da imortalidade da alma e da vida futura. E assim como só conhecemos a doutrina de Jesus pelos escritos de seus discípulos, só conhecemos a de Sócrates pelos escritos de seu discípulo Platão. Julgamos conveniente resumir aqui os pontos de maior relevo, para mostrar a concordância deles com os princípios do Cristianismo.

Aos que considerarem esse paralelo uma profanação e pretendam que não pode haver paridade entre a doutrina de um pagão e a do Cristo, responderemos que a doutrina de Sócrates não era pagã, pois tinha como objetivo combater o paganismo; que a doutrina de Jesus, mais completa e mais depurada que a de Sócrates, nada tem a perder com a comparação; que a grandeza da missão divina do Cristo não pode ser diminuída com isso; que, além disso, se trata de um fato da História, que não pode ser suprimido. O homem chegou a um ponto em que a luz emerge por si mesma de sob o alqueire. Está maduro bastante para encará-la. Tanto pior para os que não ousem abrir os olhos. É chegado o tempo de se considerarem as coisas de modo amplo e elevado, não mais do ponto de vista mesquinho e acanhado dos interesses de seitas e de castas.

Além disso, essas citações provarão que, se Sócrates e Platão pressentiram a ideia cristã, também se encontram em sua doutrina os princípios fundamentais do Espiritismo.

Resumo da doutrina de Sócrates e Platão

I. O homem é uma *alma encarnada*. Antes da sua encarnação, existia unida aos tipos primordiais, às ideias do verdadeiro, do bem e do belo; separa-se deles, encarnando e, recordando o seu passado, é mais ou menos atormentada pelo desejo de voltar a ele.

Não se pode enunciar mais claramente a distinção e a independência entre o princípio inteligente e o princípio material. É, além disso, a doutrina da preexistência da alma; da vaga intuição que ela guarda de um outro mundo, a que aspira; da sua sobrevivência ao corpo; da sua saída do mundo espiritual, para encarnar, e da sua volta a esse mesmo mundo, após a morte. É, finalmente, o germe da doutrina dos anjos decaídos.

II. A alma se transvia e se perturba, quando se serve do corpo para considerar qualquer objeto; tem vertigem, como se estivesse ébria, porque se prende a coisas que estão, por sua natureza, sujeitas a mudanças; ao passo que, quando contempla sua própria essência, dirige-se para o que é puro, eterno, imortal, e, sendo ela da mesma natureza, permanece aí ligada, por tanto tempo quanto possa. Cessam então seus transviamentos, pois que está unida ao que é imutável e a esse estado da alma é que se chama *sabedoria*.

Assim, o homem que considera as coisas de baixo, terra a terra, do ponto de vista material, vive iludido. Para apreciá-las com justeza, é preciso vê-las do alto, isto é, do ponto de vista espiritual. O verdadeiro sábio deve, portanto, de algum modo, isolar a alma do corpo, para ver com os olhos do Espírito. É o que ensina o Espiritismo (item 15).

III. Enquanto tivermos o nosso corpo e a alma se achar mergulhada nessa corrupção, nunca possuiremos o objeto dos nossos desejos: a verdade. Com efeito, o corpo nos suscita mil obstáculos pela necessidade em que nos achamos de cuidar dele. Além disso, ele nos enche de desejos, de apetites, de temores, de mil quimeras e de mil tolices, de maneira que, com ele, é impossível sermos sábios, ainda que por um instante. Mas se não nos é possível conhecer puramente coisa alguma, enquanto a alma nos está ligada ao corpo, de duas uma: ou jamais conheceremos a verdade ou só a conheceremos após a morte. Libertos da loucura do corpo, conversaremos então, é lícito esperar, com homens igualmente libertos e conheceremos, por nós mesmos, a essência das coisas. Essa a razão por que os verdadeiros filósofos se exercitam em morrer, e a morte não lhes parece terrível de modo algum.

Está aí o princípio das faculdades da alma obscurecidas em razão dos órgãos corpóreos, e o da expansão dessas faculdades depois da morte. Mas não se trata aqui senão de almas de escol, já depuradas, o que não se dá com as almas impuras.

IV. A alma impura, nesse estado, encontra-se oprimida e se vê de novo arrastada para o mundo visível, pelo horror do que é invisível e imaterial. Erra, então, em torno dos monumentos e dos túmulos, junto aos quais já se têm visto tenebrosos fantasmas, como devem ser as imagens das almas que deixaram o corpo sem estarem ainda inteiramente puras, que ainda conservam alguma coisa da forma material, o que faz com que a vista humana possa percebê-las. Não são as almas dos bons, mas as dos maus, que se veem forçadas a vagar nesses lugares, onde arrastam consigo a pena da primeira vida que tiveram e onde continuam a vagar até que os apetites inerentes à forma material de que se revestiram as reconduzam a um corpo. Então, sem dúvida, retomam os mesmos costumes que durante a primeira vida constituíam o objeto de suas predileções.

Não somente o princípio da reencarnação se acha aí claramente expresso, mas também o estado das almas que ainda se mantêm sob o jugo da matéria é descrito tal qual o mostra o Espiritismo nas evocações. Mais ainda: é dito que a reencarnação num corpo material é consequência da impureza da alma, enquanto as almas purificadas se encontram isentas de reencarnar. O Espiritismo não diz outra coisa, acrescentando apenas que a alma, que tomou boas resoluções na erraticidade e que possui conhecimentos adquiridos, traz, ao renascer, menos defeitos, mais virtudes e ideias intuitivas do que tinha na sua existência precedente. Assim, cada existência marca para ela um progresso intelectual e moral.

V. Após a nossa morte, o gênio (*daïmon, demônio*) que nos fora designado durante a vida, leva-nos a um lugar onde se reúnem todos os que têm de ser conduzidos ao *Hades*, para serem julgados. As almas, depois de haverem estado no Hades o tempo necessário, são reconduzidas a esta vida *em múltiplos e longos períodos*.

É a doutrina dos anjos da guarda ou Espíritos protetores, e das reencarnações sucessivas, após intervalos mais ou menos longos de erraticidade.

VI. Os demônios ocupam o espaço que separa o céu da Terra; constituem o laço que une o Grande Todo a si mesmo. Não entrando nunca a Divindade em comunicação direta com o homem, é por intermédio dos demônios que os deuses se relacionam e conversam com ele, quer durante a vigília, quer durante o sono.

A palavra *daïmon*, da qual fizeram o termo *demônio*, não era, na Antiguidade, tomada em mau sentido, como nos tempos modernos. Não designava exclusivamente seres malfazejos, mas todos os Espíritos em geral, dentre os quais se destacavam os Espíritos superiores, chamados *deuses*, e os menos elevados ou demônios propriamente ditos, que se comunicavam diretamente com os homens. O Espiritismo também afirma que os Espíritos povoam o Espaço; que Deus só se comunica com os homens por intermédio dos Espíritos puros, encarregados de transmitir suas vontades; que os Espíritos se comunicam com eles durante a vigília e durante o sono. Substituí a palavra *demônio* pela palavra *Espírito* e tereis a Doutrina Espírita; ponde a palavra *anjo* e tereis a doutrina cristã.

VII. A preocupação constante do filósofo (tal como o compreendiam Sócrates e Platão) é a de tomar o maior cuidado com a alma, menos pelo que respeita a esta vida, que não dura mais que um instante, do que tendo em vista a eternidade. Se a alma é imortal, não será prudente viver visando à eternidade?

O Cristianismo e o Espiritismo ensinam a mesma coisa.

VIII. Se a alma é imaterial, ela deve passar, após esta vida, para um mundo igualmente invisível e imaterial, do mesmo modo que o corpo, decompondo-se, volta à matéria. Importa somente distinguir bem a alma pura, verdadeiramente imaterial, que se alimente, como Deus, de ciência e pensamentos, da alma *mais ou menos* maculada de impurezas materiais, que a impedem de elevar-se para o divino e a retêm nos lugares de sua passagem pela Terra.

Como se vê, Sócrates e Platão compreendiam perfeitamente os diferentes graus de desmaterialização da alma. Insistem na diversidade de situação que resulta para elas da sua *maior* ou *menor* pureza. O que eles diziam, por intuição, o Espiritismo o prova com os inúmeros exemplos que nos põe sob as vistas.

IX. Se a morte fosse a dissolução completa do homem, seria muito vantajosa para os maus, pois se veriam livres, ao mesmo tempo, do corpo, da alma e dos vícios. Aquele que adornou sua alma, não de ornatos estranhos, mas com os que lhe são próprios, só esse poderá aguardar tranquilamente a hora da sua partida para o outro mundo.

Em outros termos, equivale a dizer que o materialismo, que proclama o nada para depois da morte, anula toda responsabilidade moral posterior e, por conseguinte, é um estímulo ao mal; que o mau tem tudo a ganhar do nada. Somente o homem que se despojou dos vícios e se enriqueceu de virtudes pode esperar com tranquilidade o despertar na outra vida. O Espiritismo nos mostra, por meio de exemplos que diariamente nos põe sob os olhos, quanto é penoso para o mau o passar desta à outra vida, a entrada na vida futura.

X. O corpo conserva bem impressos os vestígios dos cuidados de que foi objeto e dos acidentes que sofreu. Dá-se o mesmo com a alma. Quando despojada do corpo traz evidentes os traços do seu caráter, de suas afeições e as marcas que lhe deixaram todos os atos de sua vida. Assim, a maior desgraça que pode acontecer ao homem é ir para o outro mundo com a alma carregada de crimes. Vês, Cálicles, que nem tu, nem Pólux, nem Górgias podereis provar que devamos levar outra vida que nos seja útil quando estivermos do outro lado. De tantas opiniões diversas, a única que permanece inabalável é a de que *mais vale receber do que cometer uma injustiça* e que, acima de tudo, devemos cuidar, não de parecer, mas de ser homem de bem. (Colóquios de Sócrates com seus discípulos, na prisão.)

Encontramos aqui outro ponto capital confirmado hoje pela experiência: o de que a alma não depurada conserva as ideias, as tendências, o caráter e as paixões que teve na Terra. Esta máxima: *mais vale receber do que cometer uma injustiça*, não é inteiramente cristã?[23]

XI. De duas uma: ou a morte é uma destruição absoluta ou é a passagem da alma para outro lugar. Se tudo deve extinguir-se, a morte será como uma dessas raras noites que passamos sem sonhar e sem nenhuma consciência de nós mesmos. Todavia, se a morte é apenas uma mudança de morada, a passagem para um lugar onde os mortos devem reunir-se, que felicidade a de lá encontrarmos aqueles a quem conhecemos! O meu maior prazer seria examinar de perto os habitantes dessa outra morada e de distinguir lá, como aqui, os que são dignos dos que se julgam como tais e não o são. Mas é tempo de nos separarmos, eu para morrer, vós para viverdes. (Sócrates aos seus juízes.)

Segundo Sócrates, os homens que viveram na Terra se encontram após a morte e se reconhecem. Mostra o Espiritismo que continuam as relações que se estabeleceram entre eles, de sorte que a morte não é nem uma interrupção nem a cessação da vida, mas uma transformação, sem solução de continuidade.

Se Sócrates e Platão tivessem conhecido os ensinos que o Cristo daria quinhentos anos mais tarde e os que agora dão os Espíritos, não teriam falado de outro modo. Não há nisto nada que deva surpreender, se considerarmos que as grandes verdades são eternas e que os Espíritos adiantados devem tê-las conhecido antes de virem à Terra para onde as trouxeram; que Sócrates, Platão e os grandes filósofos daqueles tempos bem podem, depois, ter sido dos que secundaram o Cristo na sua missão divina, e que foram escolhidos para esse fim precisamente por se acharem, mais do que outros, em condições de lhe compreenderem as

---

[23] N.T.: Na edição definitiva de 1866, Allan Kardec conclui este parágrafo informando que Jesus exprimiu o mesmo pensamento por meio desta figura: "Se alguém vos bater numa face, apresentai-lhe a outra".

sublimes lições; que, finalmente, podem hoje fazer parte da plêiade dos Espíritos encarregados de ensinar aos homens as mesmas verdades.

XII. *Nunca se deve retribuir uma injustiça com outra injustiça, nem fazer mal a ninguém, seja qual for o mal que nos tenham causado.* Poucos, no entanto, admitirão esse princípio, e os que se desentenderem a tal respeito devem apenas desprezar-se mutuamente.

Não está aí o princípio da caridade que prescreve não se retribua o mal com o mal e se perdoe aos inimigos?

XIII. É pelos frutos que se conhece a árvore. É preciso qualificar toda ação segundo o que ela produz: qualificá-la de má, quando dela provenha o mal; de boa, quando dê origem ao bem.[24]

XIV. A riqueza é um grande perigo. Todo homem que ama a riqueza não ama a si mesmo nem ao que é seu; ama a uma coisa que lhe é ainda mais estranha do que o que lhe pertence.

XV. As mais belas preces e os mais belos sacrifícios agradam menos à Divindade do que uma alma virtuosa que faz esforços para se lhe assemelhar. Seria grave se os deuses dispensassem mais atenção a essas oferendas, do que à nossa alma. Dessa maneira, os maiores culpados poderiam conquistar os seus favores. Mas não: só os verdadeiramente justos e retos, por suas palavras e atos, cumprem seus deveres para com os deuses e para com os homens.

XVI. Chamo homem vicioso a esse amante vulgar, que ama o corpo mais do que a alma. O amor está por toda parte na natureza, convidando-nos ao exercício da nossa inteligência; nós o encontramos até mesmo no movimento dos astros. É o amor que enfeita a natureza com seus ricos tapetes; ele se orna e fixa morada onde encontra flores e perfumes. É ainda o amor que dá paz aos homens, calma ao mar, silêncio aos ventos e sono à dor.

---

[24] N.T.: Depois do item XIII da primeira edição, de 1864, estão faltando os comentários de Allan Kardec sobre o assunto, que aparecem a partir da 3ª edição, a saber: "Esta máxima, 'É pelos frutos que se conhece a árvore', encontra-se muitas vezes repetida textualmente no Evangelho".

O amor, que há de unir os homens por um laço fraternal, é uma consequência dessa teoria de Platão sobre o amor universal, como lei da natureza. Tendo dito Sócrates que "o amor não é nem um deus, nem um mortal, mas um grande demônio", isto é, um grande Espírito que preside ao amor universal, essa proposição lhe foi imputada como crime.

XVII. A virtude não pode ser ensinada; vem por dom de Deus aos que a possuem.

É quase a doutrina cristã sobre a graça, mas, se a virtude é um dom de Deus, é um favor e, então, pode perguntar-se por que não é concedida a todos. Por outro lado, se é um dom, não há mérito para aquele que a possui. O Espiritismo é mais explícito, dizendo que aquele que possui virtude a adquiriu por seus esforços, em existências sucessivas, despojando-se pouco a pouco de suas imperfeições. A graça é a força que Deus concede a todo homem de boa vontade para se livrar do mal e fazer o bem.

XVIII. Há uma disposição natural em todos nós: a de nos apercebermos muito menos dos nossos defeitos, do que dos alheios.

Diz o Evangelho: "Vedes o cisco no olho do vosso vizinho, e não vedes a trave que está no vosso".

XIX. Se os médicos são malsucedidos na maior parte das doenças, é que tratam do corpo, sem tratarem da alma. Ora, não se achando o todo em bom estado, é impossível que uma parte dele passe bem.[25]

XX. Todos os homens, a partir da infância, fazem muito mais mal do que bem.

Essa sentença de Sócrates toca na grave questão da predominância do mal na Terra, questão insolúvel sem o conhecimento da pluralidade dos mundos e da destinação da Terra, habitada apenas por uma fração

---

[25] N.T.: Entre os itens XIX e XX, constituindo outro parágrafo (edição de 1866), existe o seguinte comentário de Allan Kardec, não contemplado na presente edição, de 1864: "O Espiritismo fornece a chave das relações existentes entre a alma e o corpo e prova que um reage incessantemente sobre o outro. Abre, assim, um novo caminho à Ciência; ao lhe mostrar a verdadeira causa de certas afecções, faculta-lhe os meios de combatê-las. Quando levar em conta a ação do elemento espiritual na economia, a Ciência fracassará menos".

mínima da humanidade. Somente o Espiritismo lhe dá solução, desenvolvida logo adiante, nos capítulos II, III e V.

XXI. Há sabedoria em não acreditares que sabes o que ignoras.

Isso vai endereçado às pessoas que criticam aquilo de que desconhecem até mesmo os primeiros termos. Platão completa esse pensamento de Sócrates, dizendo: "Tentemos, primeiro, torná-las, se for possível, mais honestas nas palavras; se não o forem, *não nos preocupemos com elas* e não procuremos senão a verdade. Tratemos de instruir-nos, mas *não nos injuriemos*". É assim que devem proceder os espíritas com relação aos seus contraditores de boa ou má-fé. Se Platão revivesse hoje, encontraria as coisas mais ou menos como no seu tempo e poderia usar da mesma linguagem. Sócrates também se depararia com pessoas que zombariam da sua crença nos Espíritos e que o qualificariam de louco, assim como ao seu discípulo Platão.

Foi por haver professado esses princípios que Sócrates se viu ridicularizado, depois acusado de impiedade e condenado a beber cicuta. Tanto é certo que, as grandes verdades novas, ao levantarem contra si os interesses e os preconceitos que ferem, não podem estabelecer-se sem luta e sem fazer mártires.

CAPÍTULO I

Não vim destruir a Lei

As três Revelações: Moisés, o Cristo, o Espiritismo[26]

1. Não penseis que Eu tenha vindo destruir a lei ou os profetas: não os vim destruir, mas cumpri-los: porque, em verdade vos digo que o céu e a Terra não passarão, sem que tudo o que se acha na lei esteja perfeitamente cumprido, enquanto reste um único iota e um único ponto. (MATEUS, 5:17 e 18.)

2. Há duas partes distintas na lei mosaica: a Lei de Deus, promulgada no monte Sinai, e a lei civil ou disciplinar, estabelecida por Moisés. Uma é invariável; a outra, apropriada aos costumes e ao caráter do povo, se modifica com o tempo.

A Lei de Deus está formulada nos dez mandamentos seguintes:

I. Eu sou o Senhor, vosso Deus, que vos tirei do Egito, da casa da servidão. Não tereis diante de mim outros deuses estrangeiros. Não fareis imagem esculpida, nem figura alguma do que está acima no céu, nem embaixo, na Terra. Não os adorareis e nem lhes prestareis culto soberano.[27]

---

[26] N.T.: Na edição definitiva de 1866, Allan Kardec distribui de forma mais didática as matérias contidas neste capítulo. Por outro lado, embora alguns subtítulos não façam parte do cabeçalho, são, todos, desenvolvidos ao longo deste volume, seja pelo Codificador, seja pelos demais Espíritos da Codificação. Dá-se a mesma coisa com os subtítulos de todos os demais capítulos, de modo que julgamos dispensável a inserção de outras notas de rodapé semelhantes, que tratem do mesmo assunto ao longo desta obra.

[27] N.T.: Temos aqui a expressão correta do 1º mandamento da lei de Deus. Infelizmente, a Igreja, com vistas a acomodar o culto das imagens e conquistar para si o apoio das massas, deu-lhe nova e simplificada redação, desnaturando-lhe completamente o sentido.

II. Não pronunciareis em vão o nome do Senhor, vosso Deus.

III. Lembrai-vos de santificar o dia do sábado.

IV. Honrai a vosso pai e a vossa mãe, a fim de viverdes longo tempo na terra que o Senhor vosso Deus vos dará.

V. Não matareis.

VI. Não cometereis adultério.

VII. Não roubareis.

VIII. Não prestareis falso testemunho contra o vosso próximo.

IX. Não desejareis a mulher do vosso próximo.

X. Não cobiçareis a casa do vosso próximo, nem o seu servo, nem a sua serva, nem o seu boi, nem o seu jumento, nem qualquer das coisas que lhe pertençam.

Essa Lei é de todos os tempos e de todos os países, e tem, por isso mesmo, caráter divino. Todas as outras são leis que Moisés estabeleceu, obrigado a manter, pelo temor, um povo naturalmente turbulento e indisciplinado, no qual tinha ele de combater arraigados abusos e preconceitos, adquiridos durante a escravidão do Egito. Para imprimir autoridade às suas leis houve de lhes atribuir origem divina, assim como fizeram todos os legisladores dos povos primitivos. A autoridade do homem precisava apoiar-se na autoridade de Deus, mas só a ideia de um Deus terrível podia impressionar homens ignorantes, nos quais o senso moral e o sentimento de uma justiça reta estavam ainda pouco desenvolvidos. É evidente que aquele que incluíra, entre os seus mandamentos, este: "Não matareis; não fareis mal ao próximo", não poderia contradizer-se, fazendo da exterminação um dever. As leis mosaicas, propriamente ditas, tinham, pois, um caráter essencialmente transitório.

3. Jesus não veio destruir a Lei, isto é, a Lei de Deus; veio cumpri-la, ou seja, desenvolvê-la, dar-lhe o verdadeiro sentido e adaptá-la ao grau de adiantamento dos homens. É por isso que se encontra, nessa lei, o princípio dos deveres para com Deus e para com o próximo, que constitui a base da sua doutrina. Quanto às leis de Moisés propriamente ditas, Ele, ao contrário, as modificou profundamente, quer na substância quer na forma. Combatendo constantemente o abuso das práticas exteriores e as falsas interpretações, não podia fazê-las passar por uma reforma mais radical, do que as reduzindo a esta única prescrição: *"Amar a Deus acima de todas as coisas e ao próximo como a si mesmo"*, e acrescentando: *"aí estão toda a lei e os profetas"*.

Por estas palavras: "O céu e a Terra não passarão sem que tudo esteja cumprido até o último iota", Jesus quis dizer que era necessário que a Lei de Deus fosse cumprida, isto é, praticada na Terra inteira, em toda a sua pureza, com todos os seus desdobramentos e consequências. Realmente, de que serviria haver estabelecido aquela lei, se ela devesse constituir privilégio de alguns homens ou mesmo de um só povo? Sendo todos os homens filhos de Deus, todos, sem distinção, são objeto da mesma solicitude.

4. Mas o papel de Jesus não foi o de um simples legislador moralista, sem outra autoridade que a sua palavra. Ele veio dar cumprimento às profecias que haviam anunciado o seu advento. Sua autoridade decorria da natureza excepcional do seu Espírito e da sua missão divina. Veio ensinar aos homens que a verdadeira vida não é a que transcorre na Terra, e sim no reino dos céus; veio ensinar-lhes o caminho que conduz a esse reino, os meios de eles se reconciliarem com Deus e de pressentirem esses meios na marcha das coisas por vir, para a realização dos destinos humanos. Entretanto, não disse tudo, limitando-se, a respeito de muitos pontos, a lançar o germe de verdades que, segundo Ele próprio declarou, ainda não podiam ser compreendidas. Falou de tudo, mas em termos mais ou menos explícitos. Para apanhar o sentido oculto de certas palavras suas, era necessário que novas ideias e novos conhecimentos lhes trouxessem a chave, e essas ideias não podiam surgir antes que o espírito humano houvesse alcançado certo grau de maturidade. A Ciência tinha de contribuir poderosamente para a eclosão e o desenvolvimento de tais ideias. Era preciso, pois, dar tempo à Ciência para progredir.

5.[28] A Ciência e a Religião são as duas alavancas da inteligência humana; uma revela as leis do mundo material, e a outra, as do mundo moral. *Ambas, porém, tendo o mesmo princípio, que é Deus*, não podem contradizer-se. Se fossem a negação uma da outra, uma necessariamente estaria em erro e a outra com a verdade, porque Deus não pode querer destruir sua própria obra. A incompatibilidade que se julgou existir entre essas duas ordens de ideias provém apenas de uma observação defeituosa e de um excesso de exclusivismo, de um lado e de outro. Daí um conflito que deu origem à incredulidade e à intolerância.

São chegados os tempos em que os ensinamentos do Cristo hão de receber o seu complemento; em que o véu lançado intencionalmente sobre algumas partes desse ensino tem de ser levantado; em que a Ciência, deixando de ser exclusivamente materialista, tem de levar em conta o elemento espiritual; em que a Religião, deixando de ignorar as leis orgânicas e imutáveis da matéria, essas duas forças — Ciência e Religião — apoiando-se uma na outra, marcharão combinadas e se prestarão mútuo concurso. Então, não mais desmentida pela Ciência, a Religião adquirirá inabalável poder, porque estará de acordo com a razão e já não se lhe poderá opor a irresistível lógica dos fatos.

A Ciência e a Religião não puderam entender-se até hoje porque cada uma, encarando as coisas do seu ponto de vista exclusivo, repeliam-se mutuamente. Era preciso alguma coisa para preencher o vazio que as separava, um traço de união que as aproximasse. Esse traço de união está no conhecimento das leis que regem o mundo espiritual e suas relações com o mundo corpóreo, leis tão imutáveis quanto as que regem o movimento dos astros e a existência dos seres. Uma vez constatadas pela experiência essas relações, fez-se uma nova luz: a fé dirigiu-se à razão, a razão nada encontrou de ilógico na fé, e o materialismo foi vencido. Mas nisso, como em todas as coisas, há pessoas que ficam atrás, até serem arrastadas pelo movimento geral que as esmaga, se tentam resistir-lhe, em vez de o acompanharem. É toda uma revolução moral que neste momento

---

[28] N.T.: Na presente edição de 1864, o item 5 deste capítulo, embora sem ter sofrido qualquer alteração, corresponde, na ordem, ao item 8 da edição definitiva de 1866.

se opera e trabalha os Espíritos. Após uma elaboração que durou mais de dezoito séculos, chega ela à sua plena realização e vai marcar uma Nova Era para a humanidade. As consequências dessa revolução são fáceis de prever; deve produzir inevitáveis modificações nas relações sociais, às quais ninguém terá força para opor-se, porque estão nos desígnios de Deus e resultam da lei do progresso, que é uma Lei de Deus.

6. O *Espiritismo* é a ciência nova que vem revelar aos homens, por meio de provas irrecusáveis, a existência e a natureza do mundo invisível[29] e suas relações com o mundo visível.[30] Ele no-lo mostra não mais como coisa sobrenatural, mas, ao contrário, como uma das forças vivas e sem cessar atuantes da natureza, como a fonte de uma multidão de fenômenos até hoje incompreendidos e, por isso mesmo, relegados para o domínio do fantástico e do maravilhoso. É a essas relações que o Cristo faz alusão em muitas circunstâncias, e é por isso que muitas coisas que Ele disse permaneceram ininteligíveis ou foram falsamente interpretadas. O Espiritismo é a chave com o auxílio da qual tudo se explica com facilidade.

7. A lei do *Antigo Testamento* está personificada em Moisés; a do *Novo Testamento* está personificada no Cristo. O Espiritismo é a Terceira Revelação da Lei de Deus, mas não tem a personificá-la nenhuma individualidade, porque é fruto do ensino dado, não por um homem, mas pelos Espíritos, que são *as vozes do Céu*, em todos os pontos da Terra, e por uma multidão inumerável de intermediários. É, de certa maneira, um ser coletivo, formado pelo conjunto dos seres do mundo invisível,[31] cada um dos quais traz aos homens o tributo de suas luzes, para lhes tornar conhecido esse mundo e a sorte que os espera.

8. Assim como o Cristo disse: "Não vim destruir a Lei, mas cumpri-la", o Espiritismo diz igualmente: "Não venho destruir a lei cristã,

---

[29] N.T.: O vocábulo *invisível*, que aparece na 1ª edição desta obra (1864), foi substituído pelo termo *espiritual* na edição definitiva de 1866.
[30] N.T.: O termo *visível*, tal como aparece nesta edição, foi substituído pelo termo *corpóreo* na 3ª edição de *O evangelho segundo o espiritismo*.
[31] N.T.: A expressão "mundo *invisível*", que aparece nesta edição de 1864, foi substituída por "mundo *espiritual*" na edição definitiva de 1866. Como sempre, é Kardec se empenhando mais uma vez em aperfeiçoar sua obra.

mas dar-lhe cumprimento". Nada ensina em contrário ao que ensinou o Cristo, mas desenvolve, completa e explica, em termos claros para todo mundo, o que foi dito apenas sob forma alegórica. Vem cumprir, nos tempos preditos, o que o Cristo anunciou e preparar a realização das coisas futuras. Portanto, o Espiritismo é obra do Cristo, que Ele mesmo preside, assim como preside, conforme igualmente o anunciou, à regeneração que se opera e prepara o reino de Deus na Terra.

Instruções dos Espíritos

A Nova Era

9. Deus é único, e Moisés é o Espírito que Ele enviou em missão para torná-lo conhecido não só dos hebreus como também dos povos pagãos. O povo hebreu foi o instrumento de que Deus se serviu para se revelar por Moisés e pelos profetas, e as vicissitudes por que passou esse povo destinavam-se a impressionar os olhos dos homens e a fazer cair o véu que lhes ocultava a Divindade.

Os mandamentos de Deus, dados por intermédio de Moisés, contêm o germe da mais ampla moral cristã. Os comentários da *Bíblia*, porém, restringiam-lhe o sentido, porque, praticada em toda a sua pureza, não a teriam então compreendido. Mas nem por isso, os dez mandamentos de Deus deixavam de ser uma espécie de frontispício brilhante, qual farol destinado a iluminar a estrada que a humanidade devia percorrer.

A moral ensinada por Moisés era apropriada ao estado de adiantamento em que se encontravam os povos que ela se propunha regenerar, e esses povos, semisselvagens quanto ao aperfeiçoamento da alma, não teriam compreendido que se pudesse adorar a Deus de outro modo que não por meio de holocaustos nem que se devesse perdoar a um inimigo. A inteligência deles, notável do ponto de vista da matéria e mesmo das artes e das ciências, era muito atrasada em moralidade e não se teria convertido sob o império de uma religião inteiramente espiritual. Era-lhes necessária uma representação semimaterial, tal como então a oferecia a religião hebraica. Os sacrifícios, pois, lhes falavam aos sentidos, enquanto a ideia de Deus lhes falava ao espírito.

O Cristo foi o iniciador da moral mais pura, da mais sublime: a moral evangélico-cristã, que há de renovar o mundo, aproximar os homens e torná-los irmãos; que há de fazer brotar de todos os corações humanos a caridade e o amor do próximo e estabelecer entre os homens uma solidariedade comum; de uma moral, enfim, que há de transformar a Terra, tornando-a morada de Espíritos superiores aos que hoje a habitam. É a lei do progresso, à qual a natureza está submetida, que se cumpre, e o *Espiritismo* é a alavanca de que Deus se utiliza para fazer com que a humanidade avance.

São chegados os tempos em que as ideias morais hão de desenvolver-se para que se realizem os progressos que estão nos desígnios de Deus. Têm elas de seguir a mesma rota que percorreram as ideias de liberdade, suas precursoras. Porém, não se deve acreditar que esse desenvolvimento se faça sem lutas. Não, aquelas ideias precisam para atingirem a maturidade, de abalos e discussões, a fim de que atraiam a atenção das massas. Uma vez isso conseguido, a beleza e a santidade da moral tocarão os Espíritos, e eles se dedicarão a uma ciência que lhes dá a chave da vida futura e lhes abre as portas da felicidade eterna. Moisés abriu o caminho; Jesus continuou a obra; o Espiritismo a concluirá. – *Um Espírito israelita.* (Mulhouse, 1861.)

10. Um dia, Deus, em sua inesgotável caridade, permitiu que o homem visse a verdade transpor as trevas. Esse dia foi o do advento do Cristo. Depois da luz viva, as trevas voltaram. Após alternativas de verdade e obscuridade, o mundo novamente se perdia. Então, semelhantes aos profetas do *Antigo Testamento*, os Espíritos se puseram a falar e a vos advertir. O mundo está abalado em seus alicerces; o trovão ribombará. Sede firmes!

O Espiritismo é de ordem divina, pois se assenta sobre as próprias leis da natureza e, crede, tudo o que é de ordem divina tem um objetivo grande e útil. O vosso mundo se perdia; a Ciência, desenvolvida à custa do que é de ordem moral, mas conduzindo-vos ao bem-estar material, revertia-se em proveito do Espírito das trevas. Como sabeis, cristãos, o coração e o amor devem marchar unidos à Ciência. O reino do Cristo, ah! passados dezoito séculos e apesar do sangue de tantos mártires, ainda não veio. Cristãos, voltai para o Mestre, que vos quer salvar. Tudo é fácil àquele que crê e ama; o amor o enche de inefável alegria. Sim, meus filhos, o mundo está abalado; os Espíritos bons já vo-lo disseram bastante. Curvai-vos ao sopro precursor que anuncia a tempestade, a fim de não serdes derrubados, isto é, preparai-vos e não vos assemelheis às virgens loucas,[32] que foram apanhadas desprevenidas à chegada do esposo.

A revolução que se prepara é antes moral do que material. Os grandes Espíritos, mensageiros divinos, sopram a fé, a fim de que todos vós, obreiros esclarecidos e ardorosos, façais ouvir a vossa humilde voz, pois sois o grão de areia, mas, sem grãos de areia, não haveria montanhas. Assim, pois, que estas palavras — "Somos pequenos" — não tenham sentido para vós. A cada um sua missão, a cada um seu trabalho. A formiga não constrói seu formigueiro e animálculos não elevam continentes? Começou a nova cruzada. Apóstolos da paz universal, e não de uma guerra, modernos São Bernardos, olhai e marchai para frente; a lei dos mundos é a lei do progresso. – *Fénelon*. (Poitiers, 1861.)

11. Santo Agostinho é um dos maiores vulgarizadores do Espiritismo. Manifesta-se quase por toda parte, e encontramos a razão disso na vida desse grande filósofo cristão. Ele pertence à vigorosa falange dos Pais da Igreja, aos quais a cristandade deve os seus mais sólidos alicerces. Como vários outros, foi arrancado ao paganismo, ou melhor, à impiedade mais profunda, pelo fulgor da verdade. Quando, entregue aos maiores excessos, sentiu em sua alma aquela estranha vibração que o fez voltar a si e compreender que a felicidade não estava alhures nem nos prazeres enervantes e fugidios; quando, afinal, no seu caminho de Damasco, ele também ouviu a santa voz que lhe clamava: "Saulo, Saulo, por que me persegues?", exclamou: "Meu Deus! Meu Deus! Perdoai-me, eu creio, sou cristão!" e desde então se tornou um dos mais firmes sustentáculos do Evangelho. Podemos ler, nas notáveis confissões que esse

---

[32] N.E.: Ver Mateus, 25:1 a 13.

eminente Espírito nos deixou, as palavras ao mesmo tempo características e proféticas que pronunciou após ter perdido Santa Mônica: *Estou convencido de que minha mãe virá visitar-me e me dar conselhos, revelando-me o que nos espera na vida futura.* Que ensinamento nessas palavras e que brilhante previsão da futura doutrina! É por isso que, hoje, vendo chegada a hora da divulgação da verdade que ele outrora já havia pressentido, se constituiu seu ardoroso propagador e, por assim dizer, se multiplica para responder a todos os que o chamam. – *Erasto*, discípulo de Paulo. (Paris, 1863.)

Nota – Será que Santo Agostinho vem demolir o que edificou? Certamente que não, mas, como tantos outros, ele vê com os olhos do espírito o que não via como homem. Desprendida, sua alma entrevê novas claridades; compreende o que antes não compreendia. Novas ideias lhe revelaram o verdadeiro sentido de certas palavras. Na Terra, julgava as coisas de acordo com os conhecimentos que possuía, mas, quando uma nova luz brilhou para ele, pôde apreciá-las mais judiciosamente. Por isso teve de abandonar a crença que alimentara, nos Espíritos íncubos e súcubos, e o anátema que havia lançado contra a teoria dos antípodas. Agora, que o Cristianismo lhe aparece em toda sua pureza, pode ele, sobre alguns pontos, pensar de modo diverso do que pensava quando vivo, sem deixar de ser um apóstolo cristão. Pode, sem renegar sua fé, fazer-se propagador do Espiritismo, porque nele vê o cumprimento do que fora predito. Proclamando-o hoje, nada mais faz do que conduzir-nos a uma interpretação mais acertada e lógica dos textos. Dá-se o mesmo com outros Espíritos que se encontram em posição semelhante.

CAPÍTULO II

Meu reino não é deste mundo

A vida futura – O ponto de vista da vida terrena

12. Tendo Pilatos entrado de novo no palácio e feito vir Jesus à sua presença, perguntou-lhe: "És o rei dos judeus?" Respondeu-lhe Jesus: "*Meu reino não é deste mundo*. Se o meu reino fosse deste mundo, os meus súditos teriam combatido para impedir que Eu caísse nas mãos dos judeus, mas o meu reino ainda não é aqui". Disse-lhe então Pilatos: "Logo, Tu és rei?" Jesus lhe respondeu: "Tu o dizes; sou rei; não nasci e não vim a este mundo senão para dar testemunho da verdade. Aquele que pertence à verdade escuta a minha voz". (João, 18:33, 36 e 37.)

13. Por essas palavras, Jesus se refere claramente à *vida futura*, que Ele apresenta, em todas as circunstâncias, como a meta que se destina a humanidade e como devendo constituir objeto das principais preocupações do homem na Terra. Todas as suas máximas se reportam a esse grande princípio. Com efeito, sem a vida futura, a maior parte de seus preceitos de moral não teria nenhuma razão de ser. Por isso, os que não creem na vida futura, pensando que Ele apenas falava na vida presente, não os compreendem ou os consideram pueris.

Esse dogma pode ser considerado, portanto, como o ponto central do ensino do Cristo, razão pela qual está colocado num dos primeiros lugares à frente desta obra, pois deve ser o alvo de todos os homens. Só ele pode justificar as anomalias da vida terrena e harmonizar-se com a Justiça de Deus.

14. Os judeus tinham ideias muito imprecisas acerca da vida futura. Acreditavam nos anjos, considerando-os como seres privilegiados da Criação; mas não sabiam que os homens podem um dia tornar-se anjos e partilhar da felicidade angélica. Segundo eles, a observância das Leis de Deus era recompensada com os bens terrenos, a supremacia de sua nação e com as vitórias sobre seus inimigos. As calamidades públicas e as derrotas eram o castigo da desobediência àquelas leis. Moisés não pudera dizer mais do que isso a um povo pastor e ignorante que precisava ser tocado, antes de tudo, pelas coisas deste mundo. Mais tarde, Jesus viria revelar a esse povo que existe outro mundo, no qual a Justiça de Deus segue o seu curso; por isso, lhe disse: Os que fizerem o bem irão para o reino de meu Pai, que está no céu, e os que fizerem o mal irão para regiões onde há choro e ranger de dentes.[33]

Jesus, porém, conformando seu ensino com o estado dos homens de sua época, não julgou conveniente dar-lhes luz completa, que os deslumbraria sem os esclarecer, pois não a compreenderiam. Limitou-se, de algum modo, a apresentar a vida futura apenas como um princípio, como uma lei da natureza, da qual ninguém pode escapar. Todo cristão, pois, crê necessariamente na vida futura, mas a ideia que muitos fazem dela é ainda vaga, incompleta e, por isso mesmo, falsa em diversos pontos. Para grande número de pessoas, é apenas uma crença, sem nenhuma certeza absoluta; daí as dúvidas e mesmo a incredulidade.

O Espiritismo veio completar, nesse ponto, como em vários outros, o ensino do Cristo, quando os homens se mostraram bastante maduros para compreender a verdade. Com o Espiritismo, a vida futura não é mais um simples artigo de fé, uma hipótese; torna-se uma realidade material demonstrada pelos fatos, pois são as testemunhas oculares que a descrevem em todas as suas fases e em todas as suas peripécias, de

---

[33] N.T.: Em continuidade a esse parágrafo, Allan Kardec acrescentou o seguinte trecho na edição de 1866: "É esse o mundo que Ele promete aos que cumprem os mandamentos de Deus e onde os bons acharão sua recompensa. Esse mundo é o seu reino; lá Ele se encontra em toda a sua glória e para lá voltaria quando deixasse a Terra".

sorte que não somente a dúvida não é mais possível, como a inteligência mais vulgar é capaz de imaginá-la sob seu verdadeiro aspecto, como imagina um país quando lê sua descrição detalhada. Ora, a descrição da vida futura é de tal forma circunstanciada, as condições de existência feliz ou infeliz dos que nela se encontram são tão racionais, que cada um aqui é obrigado a reconhecer que não pode ser de outro modo, e que ela representa realmente a Justiça de Deus.[34]

15. A ideia clara e precisa que se faça da vida futura dá uma fé inabalável no porvir, e essa fé tem consequências enormes sobre a moralização dos homens, porque muda completamente *o ponto de vista sob o qual eles encaram a vida terrena*. Para quem se coloca, pelo pensamento, na vida espiritual, que é indefinida, a vida corpórea se torna simples passagem, breve estação num país ingrato. As vicissitudes e tribulações dessa vida não passam de incidentes que ele suporta com paciência, pois sabe que são de curta duração e devem ser seguidas por um estado mais feliz. A morte nada mais terá de assustador; deixa de ser a porta que se abre para o nada para ser a porta da libertação que faculta ao exilado a entrada numa morada de felicidade e de paz. Sabendo que está num lugar temporário, e não definitivo, o homem encara as preocupações da vida com mais indiferença, resultando-lhe daí uma calma de espírito que abranda suas amarguras.

Pelo simples fato de duvidar da vida futura, o homem dirige todos os seus pensamentos para a vida terrena. Incerto quanto ao futuro, dá

---

[34] N.T.: Logo após a expressão "justiça de Deus", Allan Kardec julgou por bem acrescentar um longo parágrafo na edição de 1866, ausente nesta *Imitação do evangelho*, a saber: "Que o reino de Jesus não é deste mundo todos compreendem; mas, também na Terra, não terá Ele uma realeza? Nem sempre o título de rei implica o exercício do poder temporal. Ele é dado, por consenso unânime, aos que, por seu gênio, se colocam em primeiro lugar em alguma atividade, dominando o seu século e influindo sobre o progresso da humanidade. É nesse sentido que se diz: o rei ou príncipe dos filósofos, dos artistas, dos poetas, dos escritores etc. Essa realeza, que nasce do mérito pessoal, consagrada pela posteridade, não revela muitas vezes preponderância bem maior do que a conferida pela coroa real? A primeira é imperecível, enquanto a outra é joguete das vicissitudes; aquela é sempre abençoada pelas gerações futuras, ao passo que a outra muitas vezes é amaldiçoada. A realeza terrestre acaba com a vida; a realeza moral continua governando, sobretudo após a morte. Sob esse aspecto, Jesus não é um rei mais poderoso do que muitos potentados da Terra? Foi com razão, portanto, que Ele disse a Pilatos: 'Sou rei, mas o meu reino não é deste mundo.'"

tudo ao presente. Não entrevendo bens mais preciosos que os da Terra, porta-se qual criança, que nada mais vê além de seus brinquedos e tudo faz para obtê-los. A perda do menor deles causa-lhe pungente mágoa; um engano, uma decepção, uma ambição insatisfeita, uma injustiça de que seja vítima, o orgulho ou a vaidade feridos são outros tantos tormentos que transformam sua existência numa angústia perpétua, *infligindo-se a si próprio verdadeira tortura de todos os instantes*. Sob o ponto de vista da vida terrena, em cujo centro se coloca, tudo assume ao seu redor vastas proporções. O mal que o atinja, como o bem que toque aos outros, adquire aos seus olhos grande importância. Dá-se o mesmo com aquele que se encontra no interior de uma cidade: tudo lhe parece grande, tanto os homens que ocupam altas posições, como os monumentos. Contudo, se ele subir a uma montanha, homens e coisas lhe parecerão bem pequenos. É o que acontece ao que encara a vida terrena do ponto de vista da vida futura: a humanidade, assim como as estrelas do firmamento, perde-se na imensidade. Percebe então que grandes e pequenos estão confundidos como formigas sobre um montículo de terra; que proletários e potentados são da mesma estatura, e lamenta que essas criaturas efêmeras se fatiguem tanto para conquistar um lugar que as elevará tão pouco e que por tão pouco tempo conservarão. A importância, pois, dada aos bens terrenos está sempre em razão inversa da fé que se tenha no futuro.

16. Dir-se-ia que se todos pensassem dessa maneira, tudo periclitaria na Terra, pois ninguém mais iria ocupar-se com as coisas terrenas. Não; o homem, instintivamente, procura seu bem-estar, e mesmo estando certo de que só por pouco tempo permanecerá no lugar em que se encontra, ainda assim cuida de estar aí o melhor ou o menos mal que lhe seja possível. Não existe ninguém que, encontrando um espinho debaixo de sua mão, não o retire, para não se picar. Ora, o desejo do bem-estar força o homem a tudo melhorar, impelido que é pelo instinto do progresso e da conservação, que está nas leis da natureza. Ele, pois, trabalha por necessidade, por gosto e por dever, obedecendo, desse modo, aos desígnios da Providência, que o pôs na Terra para tal fim. Simplesmente, aquele que considera o futuro não liga ao presente mais do que relativa importância e facilmente se consola de seus insucessos, pensando no destino que o aguarda. Deus não condena, portanto, os gozos terrenos, mas o abuso desses gozos em detrimento das coisas da alma; é contra tais abusos que se previnem os que aplicam a si próprios estas palavras de Jesus: *Meu reino não é deste mundo*. Aquele que se identifica com a vida futura assemelha-se ao rico que perde sem emoção uma pequena soma; aquele que concentra seus pensamentos na vida terrena assemelha-se ao pobre que perde tudo o que possui e se desespera.[35]

Instruções dos Espíritos[36]

17. Quem melhor do que eu pode compreender a verdade destas palavras de nosso Senhor: *Meu reino não é deste mundo*? O orgulho perdeu-me na Terra. Quem, pois, compreenderia o vazio dos reinos da Terra, se eu não o compreendia? Que trouxe eu comigo da minha realeza terrena? Nada, absolutamente nada. E, como que para tornar a lição mais amarga, ela nem mesmo me acompanhou até o túmulo! Rainha entre os homens, como rainha julguei que penetrasse no reino dos céus! Que desilusão! Que humilhação, quando, em vez de ser recebida aqui qual soberana, vi acima de mim, mas muito acima, homens que eu julgava insignificantes e aos quais desprezava, por não terem sangue nobre! Oh! só então compreendi a esterilidade das honras e grandezas

---

[35] N.T.: Esta edição da *Imitação do evangelho* não contempla o parágrafo seguinte, que se segue ao anterior, acrescentado por Allan Kardec na edição de 1866, a saber: "O Espiritismo alarga o pensamento e lhe rasga novos horizontes. Em vez dessa visão acanhada e mesquinha, que se concentra na vida atual e faz do instante que vivemos na Terra o único e frágil eixo do futuro eterno, o Espiritismo mostra que essa vida não passa de um elo no conjunto harmonioso e grandioso da obra do Criador. Mostra a solidariedade que religa todas as existências do mesmo ser, todos os seres de um mesmo mundo, dando assim uma base e uma razão de ser à fraternidade universal, enquanto a doutrina da criação da alma por ocasião do nascimento de cada corpo torna os seres estranhos uns aos outros. Essa solidariedade entre as partes de um mesmo todo explica o que é inexplicável, desde que se considere apenas um ponto. Esse conjunto, ao tempo do Cristo, os homens não o teriam podido compreender, razão pela qual Ele reservou esse conhecimento para mais tarde".

[36] A partir de 1866, Allan Kardec acrescenta, logo abaixo do título *Instruções dos Espíritos*, o subtítulo *Uma realeza terrestre*, ao qual se segue a mensagem assinada *Uma rainha de França*, já presente em sua *Imitação do evangelho segundo o espiritismo*, de 1864.

que se buscam com tanta avidez na Terra! Para se conquistar um lugar neste reino, são necessárias a abnegação, a humildade, a caridade em toda a sua celeste prática, a benevolência para com todos. Não se vos pergunta o que fostes nem que posição ocupastes, mas o bem que fizestes e as lágrimas que enxugastes. Ó Jesus, Tu o disseste, teu reino não é deste mundo, porque é preciso sofrer para chegar ao Céu e os degraus do trono não nos aproximam dele. A ele só conduzem os atalhos mais penosos da vida. Procurai, pois, o caminho do Céu, através das sarças e dos espinhos, e não por entre as flores. Os homens correm atrás dos bens terrenos como se pudessem guardá-los para sempre. Aqui, porém, já não há ilusões. Logo eles percebem que se agarraram a uma sombra e desprezaram os únicos bens reais e duradouros, os únicos que lhes aproveitam na morada celeste, os únicos que lhes podem abrir as portas do Céu. Tende piedade dos que não ganharam o reino dos céus; ajudai--os com vossas preces, pois a prece aproxima o homem do Altíssimo; é o traço de união entre o Céu e a Terra: não o esqueçais. *Uma rainha de França.* (Le Havre, 1863.)

CAPÍTULO III

Há muitas moradas na casa de meu Pai

Diferentes estados da alma na erraticidade – Diferentes categorias de mundos –Destinação da Terra. Causa das misérias terrenas – Mundos superiores e mundos inferiores – Mundos de expiações e de provas – Mundos regeneradores – Progressão dos mundos

18. Não se turbe o vosso coração. Credes em Deus, crede também em mim. *Há muitas moradas na casa de meu Pai; se* assim não fosse, Eu já vo-lo teria dito, pois me vou para vos preparar o lugar. Depois que me tenha ido e que vos houver preparado o lugar, *voltarei* e vos levarei comigo, a fim de que, onde Eu estiver, também aí estejais. (João, 14:1 a 3.)

19. A casa do Pai é o universo. As diferentes moradas são os mundos que circulam no Espaço infinito e oferecem, aos Espíritos que neles encarnam, estações apropriadas ao seu adiantamento.

Independentemente da diversidade dos mundos, essas palavras também podem ser entendidas como se referindo ao estado feliz ou infeliz do Espírito na erraticidade. Conforme se ache este mais ou menos depurado e desprendido dos laços materiais, o meio em que ele se encontre, o aspecto das coisas e as sensações que experimente variarão ao infinito. Enquanto uns não podem afastar-se da esfera onde viveram, outros se elevam e percorrem o espaço e os mundos; enquanto alguns Espíritos culpados vagueiam nas trevas, os bem-aventurados gozam de resplendente claridade e do espetáculo sublime do infinito; finalmente, enquanto o mau, atormentado de remorsos e pesares, muitas vezes isolado, sem consolação, separado dos objetos de sua afeição, geme sob a opressão dos sofrimentos morais, o justo, em convívio com aqueles a quem ama, frui as delícias de uma felicidade indizível. Essas, também, são outras tantas moradas, embora não circunscritas nem localizadas.

20. Do ensino dado pelos Espíritos, resulta que as condições dos mundos são muito diferentes, em relação ao grau de adiantamento ou de inferioridade de seus habitantes. Entre eles há os em que estes últimos são ainda inferiores aos da Terra, física e moralmente; outros, da mesma categoria que o nosso; e outros que lhe são mais ou menos superiores sob todos os aspectos. Nos mundos inferiores a existência é toda material, as paixões reinam soberanas, a vida moral é quase nula. À medida que esta se desenvolve, diminui a influência da matéria, de tal maneira que, nos mundos mais adiantados, a vida é, a bem dizer, toda espiritual.

Nos mundos intermediários, misturam-se o bem e o mal, predominando um ou outro, conforme o grau de adiantamento das criaturas que os habitam. Embora não se possa fazer, dos diferentes mundos, uma classificação absoluta, pode-se, todavia, em virtude do estado em que se acham e da destinação que trazem, tomando por base os matizes mais salientes, dividi-los, de modo geral, como se segue: mundos primitivos, destinados às primeiras encarnações da alma humana; mundos de expiação e de provas, onde predomina o mal; mundos de regeneração, nos quais as almas que ainda têm que expiar haurem novas forças, repousando das fadigas da luta; mundos felizes, onde o bem sobrepuja o mal; mundos celestes ou divinos, morada dos Espíritos depurados, no qual reina exclusivamente o bem. A Terra pertence à categoria dos mundos de expiação e de provas, razão por que aí o homem está exposto a tantas misérias.

Os Espíritos que encarnam em um mundo não se acham presos a ele indefinidamente nem nele realizam todas as fases do progresso que lhes cumpre percorrer, para atingir a perfeição. Quando, em um mundo, eles alcançaram o grau de adiantamento que esse mundo comporta, passam para outro mais adiantado, e assim por diante, até que cheguem ao estado de Espíritos puros. São outras tantas estações, em cada uma das quais eles encontram elementos de progresso proporcionais ao seu adiantamento. Para os Espíritos, é uma recompensa passarem a um mundo de ordem mais elevada, como é um castigo prolongarem sua permanência em um mundo infeliz ou serem relegados para outro ainda mais desventurado do que aquele que são forçados a deixar, quando se obstinaram no mal.

21. Muitos se admiram de que haja tanta maldade na Terra e tantas paixões grosseiras, tantas misérias e enfermidades de toda natureza, e daí concluem que a espécie humana é uma coisa muito triste. Esse julgamento provém do ponto de vista acanhado em que se colocam os que o emitem e que lhes dá uma falsa ideia do conjunto. Deve-se considerar que na Terra não está a humanidade toda, mas apenas uma pequena fração. Com efeito, a espécie humana compreende todos os seres dotados de razão que povoam os inumeráveis mundos do universo. Ora, que é a população da Terra, em face da população total desses mundos? Muito menos que a de um lugarejo em relação à de um grande império. A situação material e moral da humanidade terrena nada tem que espante, desde que se leve em conta a destinação da Terra e a natureza dos seres que a habitam.

Faria dos habitantes de uma grande cidade ideia completamente falsa quem os julgasse pela população de seus bairros mais ínfimos e sórdidos. Num hospital, só se veem doentes e estropiados; numa penitenciária, veem-se reunidas todas as torpezas, todos os vícios; nas regiões insalubres, a maioria dos habitantes são pálidos, franzinos e enfermiços. Pois bem: figure-se a Terra como um subúrbio, um hospital, uma penitenciária, uma região insalubre, pois ela é simultaneamente tudo isso, e compreender-se-á por que as aflições sobrepujam os prazeres, já que não se mandam para o hospital os que se acham com boa saúde nem para as casas de correção os que não praticaram mal algum, visto que nem os hospitais nem as casas de correção são lugares de delícias.

Ora, assim como numa cidade, a população não se encontra toda nos hospitais ou nas prisões, também na Terra não está a humanidade inteira. E, do mesmo modo que saímos do hospital quando estamos curados, e da prisão quando cumprimos a pena, o homem deixa a Terra por mundos mais felizes, quando está curado de suas enfermidades morais.

Instruções dos Espíritos

Mundos inferiores e mundos superiores

22. A qualificação de mundos inferiores e mundos superiores é mais relativa do que absoluta. Tal mundo é inferior ou superior com relação aos que lhe estão acima ou abaixo, na escala progressiva.

Tomando a Terra como ponto de comparação, pode-se fazer ideia do estado de um mundo inferior, supondo os seus habitantes na condição das raças selvagens ou das nações bárbaras que ainda se encontram na sua superfície, e que são resquícios do estado primitivo do nosso globo. Nos mais atrasados, os seres que os habitam são de certo modo rudimentares. Têm a forma humana, mas sem nenhuma beleza. Seus instintos não são abrandados por qualquer sentimento de delicadeza ou de benevolência nem pelas noções do justo e do injusto. A força bruta constitui sua única lei. Sem indústrias e invenções, os habitantes passam a vida na conquista de alimentos. Deus, todavia, não abandona nenhuma de suas criaturas; no fundo das trevas da inteligência jaz, latente e mais ou menos desenvolvida, a vaga intuição de um Ser supremo. Esse instinto é suficiente para torná-los superiores uns aos outros e lhes preparar a ascensão a uma vida mais completa, visto que não são seres degradados, mas crianças em crescimento.

Entre os degraus inferiores e os mais elevados, há inúmeros outros, sendo difícil reconhecer, entre os Espíritos puros, desmaterializados e resplandecentes de glória, aqueles que animaram os seres primitivos, do mesmo modo que no homem adulto custamos a reconhecer o embrião.[37]

---

[37] N.E.: Ver "Nota explicativa", p. 491.

23..Nos mundos que chegaram a um grau superior, as condições da vida moral e material são muito diferentes das que encontramos na Terra. A forma do corpo é sempre, como por toda parte, a humana, mas embelezada, aperfeiçoada e, sobretudo, purificada. O corpo nada tem da materialidade terrestre e não está, por conseguinte, sujeito às necessidades, nem às doenças ou deteriorações decorrentes da predominância da matéria. Mais apurados, os sentidos têm percepções que a natureza dos nossos órgãos sufoca. A leveza específica do corpo permite locomoção mais rápida e fácil: em vez de se arrastar penosamente pelo solo, desliza, a bem dizer, na superfície ou plana na atmosfera, sem outro esforço que o da vontade, conforme são representados os anjos ou como os Antigos imaginavam os manes[38] nos Campos Elíseos. Os homens conservam, a seu bel-prazer, os traços de suas migrações passadas e se mostram a seus amigos tais quais estes os conheceram, mas iluminados por uma luz divina, transfigurados pelas impressões interiores, então sempre elevadas. Em lugar de semblantes descorados, abatidos pelos sofrimentos e pelas paixões, a inteligência e a vida irradiam esse brilho que os pintores traduziram pelo nimbo ou auréola dos santos.

A pouca resistência que a matéria oferece a Espíritos já muito adiantados torna rápido o desenvolvimento dos corpos e curta ou quase nula a infância. A vida, isenta de cuidados e de angústias, é proporcionalmente muito mais longa do que na Terra. Em princípio, a longevidade guarda proporção com o grau de adiantamento dos mundos. A morte nada tem dos horrores da decomposição; longe de causar pavor, é considerada uma transformação feliz, porque em tais mundos não existe a dúvida sobre o futuro. Durante a vida, a alma, já não estando encerrada na matéria compacta, irradia e goza de uma lucidez que a coloca em estado quase permanente de emancipação, permitindo a livre transmissão do pensamento.

24. Nesses mundos felizes, as relações, sempre amistosas, entre os povos, jamais são perturbadas pela ambição de subjugar o vizinho, nem

---
[38] N.E.: Entre os romanos, as almas dos mortos, consideradas como divindades (*Dictionnaire Larousse*).

pela guerra, que é a sua consequência. Não há senhores nem escravos, nem privilegiados pelo nascimento; só a superioridade moral e intelectual estabelece diferença entre as condições e dá a supremacia. A autoridade é sempre respeitada, porque somente é conferida pelo mérito e se exerce sempre com justiça. *O homem não procura elevar-se acima do homem, mas acima de si mesmo, aperfeiçoando-se.* Seu objetivo é alcançar a classe dos Espíritos puros, não lhe constituindo um tormento esse desejo, mas uma nobre ambição que o faz estudar com ardor para igualar-se a eles. Todos os sentimentos delicados e elevados da natureza humana lá se encontram engrandecidos e purificados. Os ódios, os ciúmes mesquinhos, as baixas cobiças da inveja são desconhecidos; um laço de amor e fraternidade une todos os homens; os mais fortes ajudam aos mais fracos. Possuem bens, em maior ou menor quantidade, conforme os tenham adquirido, mais ou menos por meio da inteligência, mas ninguém sofre pela falta do necessário, porque ninguém se encontra ali em expiação. Numa palavra, o mal não existe nesses mundos.

25. No vosso mundo, precisais do mal para sentirdes o bem; da noite, para admirardes a luz; da doença, para apreciardes a saúde. Naqueles outros, não há necessidade desses contrastes. A eterna luz, a eterna beleza, a paz eterna da alma proporcionam eterna alegria, que não é perturbada nem pelas angústias da vida material nem pelo contato dos maus, que lá não têm acesso. Eis o que o espírito humano tem maior dificuldade em compreender. Ele foi engenhoso para pintar os tormentos do inferno, mas nunca foi capaz de imaginar as alegrias do Céu. Por quê? Porque, sendo inferior e só tendo experimentado dores e misérias, jamais entreviu as claridades celestes; só pode falar do que conhece. Porém, à medida que se eleva e se depura, o horizonte se lhe dilata e ele compreende o bem que está diante de si, como compreendeu o mal que deixou para trás.

26. Entretanto, esses mundos afortunados não são mundos privilegiados, visto que Deus não é parcial com nenhum de seus filhos; a todos dá os mesmos direitos e as mesmas facilidades para chegarem a tais mundos. Faz que partam todos do mesmo ponto e a nenhum dota

melhor do que aos outros; os primeiros postos são acessíveis a todos, cumprindo a eles conquistá-los pelo trabalho, alcançá-los o mais cedo possível ou permanecer inativos durante séculos e séculos no lodaçal da humanidade. (*Resumo do ensino de todos os Espíritos superiores.*)

Mundos de expiações e de provas

27. Que vos direi dos mundos de expiações que já não saibais, pois basta considereis a Terra em que habitais? A superioridade da inteligência, em grande número dos seus habitantes, indica que ela não é um mundo primitivo, destinado à encarnação dos Espíritos que acabaram de sair das mãos do Criador. As qualidades inatas que eles trazem consigo constituem a prova de que já viveram e realizaram certo progresso. Mas também os numerosos vícios a que se mostram inclinados representam indício de grande imperfeição moral. Por isso, Deus os colocou num mundo ingrato para expiarem aí suas faltas, por meio de trabalhos penosos e misérias da vida, até que mereçam passar para um mundo mais feliz.

Entretanto, nem todos os Espíritos encarnados na Terra aqui se acham em expiação. As raças a que chamais selvagens são formadas de Espíritos que apenas saíram da infância e que na Terra se encontram, a bem dizer, em curso de educação, para se desenvolverem pelo contato com Espíritos mais adiantados. Vêm depois as raças semicivilizadas, formadas por esses mesmos Espíritos em via de progresso. São elas, de certo modo, raças indígenas da Terra, que aí se desenvolveram pouco a pouco em longos períodos seculares, conseguindo, algumas delas, atingir o aperfeiçoamento intelectual dos povos mais esclarecidos.

Os Espíritos em expiação, se nos podemos exprimir desse modo, são exóticos na Terra; já viveram em outros mundos, dos quais foram excluídos em consequência de sua obstinação no mal e por se constituírem em causa de perturbação para os bons. Tiveram de ser degredados, por algum tempo, para o meio de Espíritos mais atrasados, com a missão de fazer que estes últimos avançassem, pois que levam consigo inteligências desenvolvidas e o germe dos conhecimentos que adquiriram. É por isso que os Espíritos em punição se encontram no seio das raças mais inteligentes. São para estas, também, que as misérias da vida se revestem de maior amargura, por haver nelas maior sensibilidade e por serem mais provadas pelas contrariedades e desgostos do que as raças primitivas, cujo senso moral se acha mais embotado.[39]

A Terra nos oferece, pois, um dos tipos de mundos expiatórios, cuja variedade é infinita, mas que têm, como caráter comum, o fato de servirem de lugar de exílio para Espíritos rebeldes à Lei de Deus. Esses Espíritos têm aí de lutar, ao mesmo tempo, com a perversidade dos homens e com a inclemência da natureza, duplo e árduo trabalho que simultaneamente desenvolve as qualidades do coração e as da inteligência. É assim que Deus, em sua bondade, faz que o próprio castigo reverta em proveito do progresso do Espírito. – *Santo Agostinho*. (Paris, 1862.)

Mundos regeneradores

28. Entre as estrelas que cintilam na abóbada azulada, quantos mundos não haverá como o vosso, destinados pelo Senhor à expiação e à provação! Mas também há entre eles mundos mais miseráveis e melhores, como há mundos transitórios, que podemos chamar de regeneradores. Cada turbilhão planetário, a deslocar-se no Espaço em torno de um centro comum, arrasta consigo seus mundos primitivos, de exílio, de provas, de regeneração e de felicidade. Já vos foi falado desses mundos onde a alma recém-nascida é colocada, quando ainda ignorante do bem e do mal, mas com a possibilidade de caminhar para Deus, senhora de si mesma, na posse do livre-arbítrio. Também já vos foi revelado de que amplas faculdades a alma é dotada para praticar o bem. Mas, oh! há as que sucumbem, e Deus, não as querendo aniquilar, lhes permite irem para esses mundos onde, de encarnação em encarnação, elas se depuram, regeneram e voltam dignas da glória que lhes fora destinada.

---

[39] N.E.: Ver "Nota explicativa", p. 491.

Capítulo III
Há muitas moradas na casa de meu Pai

Os mundos regeneradores servem de transição entre os mundos de expiação e os mundos felizes. A alma que se arrepende neles encontra a calma e o repouso e acaba por depurar-se. Certamente, em tais mundos, o homem ainda se acha sujeito às leis que regem a matéria; a humanidade experimenta as vossas sensações e desejos, mas liberta das paixões desordenadas de que sois escravos. Neles não há mais o orgulho que emudece o coração nem a inveja que o tortura, nem o ódio que o sufoca. A palavra amor está escrita em todas as frontes; perfeita equidade preside às relações sociais, todos reconhecem Deus e tentam caminhar para Ele, cumprindo suas leis.

Nesses mundos, todavia, ainda não existe a felicidade perfeita, mas a aurora da felicidade. Aí o homem ainda é de carne e, por isso mesmo, sujeito a vicissitudes das quais só estão isentos os seres completamente desmaterializados. Ainda há provas a sofrer, porém, sem as pungentes angústias da expiação. Comparados à Terra, esses mundos são bastante felizes e muitos dentre vós se alegrariam de habitá-los, pois que representam a calma após a tempestade, a convalescença após a moléstia cruel. Neles o homem, menos absorvido pelas coisas materiais, entrevê o futuro melhor do que vós; compreende que há outras alegrias que o Senhor promete aos que dele se mostrem dignos, quando a morte lhes houver novamente ceifado os corpos para lhes dar a verdadeira vida. É então que, liberta, a alma planará acima de todos os horizontes. Não mais haverá sentidos materiais e grosseiros, somente os sentidos de um perispírito puro e celeste, a aspirar as emanações do próprio Deus nos aromas de amor e de caridade que emanam do seu seio.

Mas, ah! nesses mundos o homem ainda é falível e o espírito do mal não perdeu completamente o seu império. Não avançar é recuar, e se o homem não se houver firmado bastante na senda do bem, pode recair nos mundos de expiação, onde o aguardam novas e mais terríveis provas.

Contemplai, pois, à noite, à hora do repouso e da prece, a abóbada azulada e, das inúmeras esferas que brilham sobre vossas cabeças, indagai de vós mesmos quais as que conduzem a Deus e pedi-lhe que um mundo regenerado vos abra seu seio, após a expiação na Terra. – *Santo Agostinho.* (Paris, 1862.)

Progressão dos mundos

29. O progresso é uma das leis da natureza. Todos os seres da Criação, animados e inanimados, estão submetidos a ele pela bondade de Deus, que deseja que tudo se engrandeça e prospere. A própria destruição, que parece aos homens o termo das coisas, é apenas um meio de se chegar, pela transformação, a um estado mais perfeito, visto que tudo morre para renascer e nada sofre o aniquilamento.

Ao mesmo tempo que os seres vivos progridem moralmente, os mundos que eles habitam progridem materialmente. Quem pudesse acompanhar um mundo em suas diversas fases, desde o instante em que se aglomeraram os primeiros átomos destinados à sua construção, vê-lo-ia percorrer uma escala incessantemente progressiva, mas de degraus imperceptíveis para cada geração, e a oferecer aos seus habitantes uma morada cada vez mais agradável, à medida que eles próprios avançam na estrada do progresso. Marcham, assim, paralelamente, o progresso do homem, o dos animais, seus auxiliares, o dos vegetais e o da habitação, porque nada permanece estacionário na natureza. Quão grandiosa e digna é essa ideia da majestade do Criador! Quanto, ao contrário, é mesquinha e indigna do seu poder a que concentra sua solicitude e sua providência no imperceptível grão de areia, que é a Terra, e restringe a humanidade aos poucos homens que a habitam!

Segundo essa lei, a Terra esteve material e moralmente num estado inferior ao em que hoje se acha, e atingirá, sob esse duplo aspecto, um grau mais elevado. Ela chegou a um dos seus períodos de transformação, em que, de mundo expiatório, tornar-se-á mundo regenerador. Os homens, então, serão felizes na Terra, porque nela reinará a Lei de Deus. – *Santo Agostinho.* (Paris, 1862.)

CAPÍTULO IV

Ninguém poderá ver o reino de Deus se não nascer de novo

Reencarnação e ressurreição – A pluralidade das existências fortalece os laços de família, enquanto a não reencarnação os desfaz – Limites da encarnação – A encarnação é um castigo?

30. Jesus, tendo vindo às cercanias de Cesareia de Filipe, interrogou assim seus discípulos: "Que dizem os homens, com relação ao Filho do Homem? Quem dizem que Eu sou?" Eles lhe responderam: "Dizem uns que és João Batista; outros, que Elias; outros, ainda, que Jeremias ou algum dos profetas". Perguntou-lhes Jesus: "E vós, quem dizeis que Eu sou?" Simão Pedro, tomando a palavra, respondeu: "Tu és o Cristo, o Filho do Deus vivo". Replicou-lhe Jesus: "Bem-aventurado és, Simão, filho de Jonas, porque não foram a carne nem o sangue que isso te revelaram, mas meu Pai, que está nos Céus". (MATEUS, 16:13 a 17; MARCOS, 8:27 a 30.)

31. O tetrarca Herodes, porém, ouvira falar de tudo o que fazia Jesus e seu espírito se achava em suspenso, porque uns diziam que João Batista ressuscitara entre os mortos; outros, que Elias havia aparecido; e outros, ainda, que um dos antigos profetas havia ressuscitado. Disse então Herodes: "Mandei cortar a cabeça de João Batista; quem é então esse de quem ouço dizer tão grandes coisas?" E tinha muita vontade de vê-lo. (MARCOS, 6:14 e 15; LUCAS, 9:7 a 9.)

32. (Após a transfiguração.) Seus discípulos então o interrogaram dessa forma: "Por que dizem os escribas ser preciso que Elias venha primeiro?" Jesus lhes respondeu: "É verdade que Elias há de vir e restabelecer todas as coisas, mas Eu vos declaro que Elias já veio e eles não o conheceram e o trataram como bem lhes aprouve. É assim que farão sofrer o Filho do Homem". Então os discípulos compreenderam que fora de João Batista que Ele lhes falara. (MATEUS, 18:10 a 13; MARCOS, 9:10 a 12.)

33. Ora, havia um homem entre os fariseus, chamado Nicodemos, senador dos judeus que veio à noite encontrar com Jesus e lhe disse: "Mestre, sabemos que vieste da parte de Deus para nos instruir como um doutor, porque ninguém poderia fazer os milagres que fazes se Deus não estivesse com ele".

Jesus lhe respondeu: "Em verdade, em verdade, Eu te digo: *Ninguém pode ver o reino de Deus se não nascer de novo*".

Disse-lhe Nicodemos: "Como pode nascer um homem, já sendo velho? Pode tornar a entrar no ventre de sua mãe para nascer uma segunda vez?"

Jesus lhe respondeu: "Em verdade, em verdade, Eu te digo: Se um homem não renasce da água e do Espírito, não pode entrar no reino de Deus. O que é nascido da carne é carne e o que é nascido do Espírito é Espírito. Não te admires de que Eu te haja dito ser preciso que nasças de novo. O Espírito sopra onde quer, e ouves a sua voz, mas não sabes de onde ele vem nem para onde vai; o mesmo se dá com todo homem que é nascido do Espírito".

Respondeu-lhe Nicodemos: "Como pode isso acontecer?" Disse-lhe Jesus: "Pois quê! és Mestre em Israel e ignoras estas coisas? Em verdade, em verdade, Eu te digo que dizemos apenas o que sabemos e só damos testemunho do que temos visto. Entretanto, não aceitas o nosso testemunho. Mas, se não me credes quando vos falo das coisas da Terra, como me crereis, quando vos falar das coisas do Céu?" (João, 3:1 a 12.)

34. Ora, desde o tempo de João Batista até o presente, o reino dos céus é tomado pela violência e são os violentos que o arrebatam; pois, até João, todos os profetas, assim como a lei, profetizaram. Se quiserdes compreender o que vos digo, *ele mesmo é o Elias que há de vir*. Ouça quem tiver ouvidos de ouvir. (Mateus, 11:12 a 15.)

35. Aqueles do vosso povo a quem a morte foi dada, *viverão de novo*; aqueles que estavam mortos em meio a mim ressuscitarão. Despertai do vosso sono e entoai louvores a Deus, vós que habitais no pó; porque o orvalho que cai sobre vós é um orvalho de luz e porque arruinareis a Terra e o reino dos gigantes. (Isaías, 26:19.)

36. A reencarnação fazia parte dos dogmas dos judeus, sob o nome de *ressurreição*. Somente os saduceus, que pensavam que tudo acabava com a morte, não acreditavam nisso. As ideias dos judeus sobre esse ponto, como sobre muitos outros, não eram claramente definidas, porque só tinham noções vagas e incompletas acerca da alma e da sua ligação com o corpo. Acreditavam que um homem que vivera podia reviver, sem saberem precisamente de que maneira o fato poderia dar-se. Designavam pelo termo *ressurreição* o que o Espiritismo, mais judiciosamente, chama *reencarnação*. Com efeito, a *ressurreição* pressupõe o retorno à vida do corpo que já está morto, o que a Ciência demonstra ser materialmente impossível, sobretudo quando os elementos desse corpo já se acham, desde muito tempo, dispersos e absorvidos. A *reencarnação* é a volta da alma ou Espírito à vida corpórea, mas em outro corpo, novamente formado para ele e que nada tem de comum com o antigo. A palavra *ressurreição* podia assim aplicar-se a Lázaro, mas não a Elias, nem aos outros profetas. Se, portanto, segundo a crença deles, João Batista era Elias, o corpo de João não podia ser o de Elias, pois que João fora visto criança e seus pais eram conhecidos. João, pois, podia ser Elias *reencarnado*, mas não *ressuscitado*.

A ideia de que João Batista era Elias e de que os profetas podiam reviver na Terra se encontra em muitas passagens do Evangelho, notadamente nas acima reproduzidas (itens 30, 31, 32). Se fosse errônea essa crença, Jesus não teria deixado de combatê-la, como combateu tantas outras. Longe disso, Ele a sanciona com toda a sua autoridade e a põe por princípio e como condição necessária, quando diz (item 33): *Ninguém pode ver o reino de Deus se não nascer de novo*. E insiste, acrescentando: *Não te admires de que Eu te haja dito ser preciso que nasças de novo*.

Estas palavras: *Se um homem não renasce da água e do Espírito* foram interpretadas no sentido da regeneração pela água do batismo. O texto primitivo, porém, dizia simplesmente: *não renasce da água e do Espírito*, ao passo que em algumas traduções as palavras — *do Espírito* — foram substituídas pelas seguintes: *do Santo Espírito*, o que já não corresponde ao mesmo pensamento. Esse ponto capital ressalta dos primeiros comentários feitos sobre o Evangelho, como se comprovará um dia, sem possibilidade de equívoco.[40] Para se compreender o sentido verdadeiro dessas palavras, é preciso igualmente se atentar na significação do termo água, que ali não fora empregado na acepção que lhe é própria. Os conhecimentos dos Antigos sobre as ciências físicas eram muito imperfeitos. Acreditavam que a Terra havia saído das águas e, por isso, consideravam a água como o elemento gerador absoluto. Assim é que no *Gênesis* se lê: "O Espírito de Deus era levado sobre as águas; flutuava sobre as águas. Que o firmamento seja feito no meio das águas. Que as águas que estão debaixo do céu se reúnam em um só lugar e que apareça o elemento árido. Que as águas *produzam* animais vivos que nadem na água e pássaros que voem sobre a terra e sob o firmamento". Segundo essa crença, a água se tornara o símbolo da natureza material, como o Espírito era o símbolo da natureza inteligente. Estas palavras: "Se o homem não renasce da água e do Espírito, ou em água e em Espírito", significam, pois: "Se o homem não renasce com seu corpo e sua alma". É nesse sentido que foram compreendidas inicialmente.

---

[40] Nota de Allan Kardec: A tradução de Osterwald está conforme o texto primitivo. Diz: *Não renasce da água e do Espírito;* a de Sacy diz: *do Santo Espírito;* a de Lamennais: *do Espírito Santo*.

Tal interpretação se justifica, ademais, por estas outras palavras: *O que é nascido da carne é carne e o que é nascido do Espírito é Espírito*. Jesus estabelece aí uma distinção positiva entre o Espírito e o corpo. *O que é nascido da carne é carne* indica claramente que só o corpo procede do corpo e que o Espírito é independente do corpo.

O Espírito sopra onde quer, e ouves a sua voz, mas não sabes de onde ele vem nem para onde vai, pode-se entender que se trata do *Espírito de Deus*, que dá a vida a quem Ele quer ou da *alma do homem*. Nesta última acepção — "não sabes de onde ele vem, nem para onde vai" — significa que ninguém sabe o que foi, nem o que será o Espírito. Se o Espírito, ou alma, fosse criado ao mesmo tempo que o corpo, saber-se-ia de onde ele veio, pois conheceríamos o seu começo. Em todo caso, essa passagem é a consagração do princípio da preexistência da alma e, por conseguinte, o da pluralidade das existências.

37. Se o princípio da reencarnação expresso em João podia, a rigor, ser interpretado em sentido puramente *moral*,[41] o mesmo já não acontece com esta passagem de Mateus, reportada no item 34, em que não há equívoco possível: *ele mesmo é o Elias que há de vir*. Não há aí figura nem alegoria: é uma afirmação positiva. — "Desde o tempo de João Batista até o presente, o reino dos céus é tomado pela violência". Que significam essas palavras, uma vez que João Batista ainda vivia naquele momento? Jesus as explica, dizendo: "Se quiserdes compreender o que digo, ele mesmo é o Elias que há de vir". Ora, sendo João o próprio Elias, Jesus se refere à época em que João vivia com o nome de Elias. "Até o presente, o reino dos céus é tomado pela violência" é outra alusão à violência da lei mosaica, que ordenava o extermínio dos infiéis para se ganhar a Terra Prometida, Paraíso dos Hebreus, ao passo que, conforme a nova lei, o Céu se ganha pela caridade e pela brandura.

Depois acrescenta: *Ouça quem tiver ouvidos de ouvir*. Essas palavras, que Jesus tanto repetiu, dizem claramente que nem todos estavam em condições de compreender certas verdades.

---

[41] N.T.: Allan Kardec substituiu, na edição definitiva de seu Evangelho, a palavra *moral* pelo vocábulo *místico*, o que torna mais fácil a compreensão do assunto ali tratado (grifos nossos).

Esta passagem de Isaías, reportada no item 35, é também muito explícita: "Aqueles do vosso povo a quem a morte foi dada, *viverão de novo*". Se o profeta tivesse querido falar da vida espiritual, se houvesse pretendido dizer que aqueles que tinham sido executados não estavam mortos em Espírito, teria dito: *ainda vivem,* e não: *viverão de novo.* Do ponto de vista espiritual, essas palavras seriam um contrassenso, pois que implicariam uma interrupção na vida da alma. No sentido de *regeneração moral,* seriam a negação das penas eternas, pois que estabelecem, em princípio, *que todos os que estão mortos reviverão.*[42]

Não há, pois, razão para duvidar que, sob o nome de *ressurreição*, o princípio da reencarnação era uma das crenças fundamentais dos judeus, e que foi confirmado por Jesus e pelos profetas de maneira formal; donde se segue que negar a reencarnação é renegar as palavras do Cristo. Um dia suas palavras constituirão autoridade quanto a esse ponto, bem como em relação a muitos outros, quando forem meditadas sem ideias preconcebidas.

Mas a essa autoridade religiosa vem juntar-se, do ponto de vista filosófico, à das provas que resultam da observação dos fatos. Quando se

---

[42] N.T.: Após o término deste parágrafo, Allan Kardec acrescentou o seguinte texto à edição definitiva de 1866, a saber: "Mas quando o homem há morrido *uma vez,* quando seu corpo, separado do seu espírito, foi consumido, que é feito dele? — Tendo morrido *uma vez,* poderia o homem *reviver de novo?* Nesta guerra em que me acho todos os dias da minha vida, *espero que chegue a minha mutação".* (Jó, 14:10 e 14. Tradução de Lemaistre de Sacy.)

"Quando o homem morre, perde toda a sua força, expira. Depois, onde está ele? Se o homem morre, *viverá de novo?* Esperarei todos os dias do meu combate, até que sobrevenha alguma mutação?" (Jó, 14:10 e 14. Tradução protestante de Osterwald.)

"Quando o homem está morto, vive sempre; acabando os dias da *minha existência terrestre,* esperarei, porque *a ela voltarei de novo.*" (Jó, 14:10 e 14. Versão da Igreja grega.)

O princípio da pluralidade das existências se acha claramente expresso nessas três versões. Ninguém poderá supor que Jó haja querido falar da regeneração pela água do batismo, que certamente ele não conhecia. "Tendo o homem morrido *uma vez,* poderia *reviver de novo?*". A ideia de morrer *uma vez* e de reviver implica a de morrer e reviver muitas vezes. A versão da Igreja grega é ainda mais explícita, se é que isso é possível: "Acabando os dias da minha *existência terrestre,* esperarei, porque *a ela voltarei de novo",* isto é, voltarei à existência terrena. Isso é tão claro, como se alguém dissesse: "Saio da minha casa, mas a ela voltarei". "Nesta guerra em que me encontro todos os dias da minha vida, *espero* que chegue a minha mutação". Jó, evidentemente, pretendeu referir-se à luta que sustentava contra as misérias da vida. Espera a sua mutação, isto é, resigna-se. Na versão grega, *esperarei* parece aplicar-se, de preferência, a uma nova existência. "Quando a minha existência estiver acabada, *esperarei,* porque a ela voltarei". Jó parece colocar-se, após a morte, no intervalo que separa uma existência de outra e diz que lá aguardará o momento de voltar.

quer remontar dos efeitos às causas, a reencarnação aparece como uma necessidade absoluta, como condição inerente à humanidade; numa palavra: como Lei da natureza. Pelos seus resultados, ela se evidencia, de modo a bem dizer material, da mesma forma que o motor oculto se revela pelo movimento. Só ela pode dizer ao homem *de onde ele vem, para onde vai, por que está na Terra*, e justificar todas as anomalias e todas as aparentes injustiças que a vida apresenta.[43]

Sem o princípio da preexistência da alma e da pluralidade das existências, a maioria das máximas do Evangelho é ininteligível, razão pela qual deram origem a tantas interpretações contraditórias. Esse princípio é a chave que lhes restituirá o verdadeiro sentido.

38. Os laços de família não são destruídos pela reencarnação, como pensam certas pessoas. Ao contrário, tornam-se mais fortalecidos e apertados: é o princípio oposto que os destrói.

No Espaço, os Espíritos formam grupos ou famílias unidos pela afeição, pela simpatia e pela semelhança das inclinações. Felizes por se encontrarem juntos, esses Espíritos se buscam uns aos outros. A encarnação apenas os separa momentaneamente, porque, ao regressarem à erraticidade, reúnem-se novamente como amigos que voltam de uma viagem. Muitas vezes, até, seguem juntos na mesma encarnação, vindo aqui reunir-se numa mesma família ou num mesmo círculo, a fim de trabalharem pelo seu mútuo adiantamento. Se uns encarnam e outros não, nem por isso deixam de estar unidos pelo pensamento. Os que estão livres velam pelos que se acham em cativeiro. Os mais adiantados se esforçam por fazer que os retardatários progridam. Após cada existência, deram mais um passo no caminho da perfeição. Cada vez menos apegados à matéria, seu afeto é mais vivo, justamente por ser mais depurado e não ser perturbado pelo egoísmo, nem pelas sombras das paixões. Podem, portanto, percorrer assim ilimitado número de existências corpóreas, sem que nenhum golpe fira a estima mútua que os liga. Fique bem claro que aqui se trata de afeição real, de alma a alma, única que sobrevive à

---

[43] Nota de Allan Kardec: Vejam-se, para os desenvolvimentos do dogma da reencarnação, *O livro dos espíritos*, cap. IV e V; *O que é o espiritismo*, cap. II, por Allan Kardec; *Pluralidade das existências*, por André Pezzani.

destruição do corpo, porque os seres que neste mundo se unem apenas pelos sentidos, não têm nenhum motivo para se procurarem no mundo dos Espíritos. Somente as afeições espirituais são duráveis; as de natureza carnal se extinguem com a causa que lhes deu origem. Ora, essa causa não existe mais no mundo dos Espíritos, enquanto a alma existe sempre. Quanto às pessoas que se unem exclusivamente por motivo de interesse, essas realmente nada são umas para as outras: a morte as separa na Terra e no Céu.

A união e a afeição que existem entre parentes são um indício da simpatia anterior que os aproximou. É por isso que se costuma dizer, referindo-se a alguém cujo caráter, gostos e pendores não apresentam nenhuma semelhança com os dos seus parentes mais próximos, que ela não é da família. Dizendo-se isso, enuncia-se uma verdade maior do que se supõe. Deus permite, nas famílias, essas encarnações de Espíritos antipáticos ou estranhos, com o duplo objetivo de servir de prova para uns, e de progresso para outros. Assim, os maus se melhoram pouco a pouco, ao contato dos bons e por efeito dos cuidados que destes recebem. O caráter deles se abranda, seus costumes se apuram, as antipatias se apagam. É desse modo que se estabelece a fusão entre as diferentes categorias de Espíritos, como se dá na Terra com as raças e os povos.[44]

O temor de que a parentela aumente indefinidamente, em consequência da reencarnação, é um temor egoísta, provando, naquele que o sente, falta de amor bastante amplo para abranger grande número de pessoas. Um pai, que tem muitos filhos, ama-los-ía menos do que amaria um deles, se fosse único? Mas tranquilizem-se os egoístas, pois esse temor não tem fundamento. O fato de um homem ter tido dez encarnações não significa que vá encontrar, no mundo dos Espíritos, dez pais, dez mães, dez mulheres e um número proporcional de filhos e de parentes novos. Lá encontrará sempre os que foram objeto de sua afeição, os que foram ligados a ele na Terra, a títulos diversos e, talvez, sob o mesmo título.

Vejamos agora as consequências da doutrina da não reencarnação. Essa doutrina anula necessariamente a preexistência da alma.

---

[44] N.E.: Ver "Nota explicativa", p. 491.

Capítulo IV
Ninguém poderá ver o reino de Deus se não nascer de novo

Sendo estas criadas ao mesmo tempo que os corpos, não existe entre elas nenhum laço anterior; são completamente estranhas umas às outras. O pai é estranho a seu filho. A filiação das famílias fica assim reduzida apenas à filiação corpórea, sem qualquer laço espiritual. Não há, pois, nenhum motivo para alguém se vangloriar de haver tido por antepassados tais ou tais personagens ilustres. Com a reencarnação, ascendentes e descendentes podem já se terem conhecido, vivido juntos, amado, e podem reunir-se mais tarde, a fim de apertarem seus laços de simpatia.

Isso quanto ao passado. Quanto ao futuro, segundo um dos dogmas fundamentais que resultam da não reencarnação, a sorte das almas se acha irrevogavelmente fixada após uma única existência. A fixação definitiva da sorte implica a cessação de todo progresso, porque, desde que haja qualquer progresso, já não há sorte definitiva. Conforme tenham vivido bem ou mal, elas vão imediatamente para a mansão dos bem-aventurados ou para o inferno eterno. *Ficam, assim, imediatamente separadas e para sempre, sem esperança de jamais tornarem a juntar-se*, de forma que pais, mães e filhos, maridos e mulheres, irmãos, irmãs e amigos nunca podem estar certos de se verem novamente; é a ruptura absoluta dos laços de família. Com a reencarnação, e o progresso, que é sua consequência, todos os que se amaram tornam a encontrar-se na Terra e no Espaço, gravitando juntos para chegarem a Deus. Se alguns fraquejam no caminho, retardam o seu adiantamento e a sua felicidade, mas a esperança não está de todo perdida. Ajudados, encorajados e amparados pelos que os amam, um dia sairão do lodaçal em que se enterraram. Com a reencarnação, finalmente, há perpétua solidariedade entre os encarnados e os desencarnados, e, portanto, estreitamento dos laços de afeição.[45]

---

[45] N.T.: Após este parágrafo, Allan Kardec acrescentou mais outro na edição definitiva de 1866, ausente nesta versão de 1864, a saber: "Em resumo, quatro alternativas se apresentam ao homem, para o seu futuro de além-túmulo: 1ª, o nada, de acordo com a doutrina materialista; 2ª, a absorção no todo universal, de acordo com a doutrina panteísta; 3ª, a individualidade, com fixação definitiva da sorte, segundo a doutrina da Igreja; 4ª, a individualidade, com progressão indefinida, conforme a Doutrina Espírita. Segundo as duas primeiras, os laços de família se desfazem por ocasião da morte, não havendo nenhuma esperança de as almas se encontrarem futuramente. Com a terceira, há para elas a possibilidade de se tornarem a ver, desde que sigam para a mesma região, que tanto pode ser o inferno como o paraíso. Com a pluralidade

Instruções dos Espíritos

39. *Quais são os limites da encarnação?*

A bem dizer, a encarnação não tem limites nitidamente traçados, se por isso nos referimos ao envoltório que constitui o corpo do Espírito, tendo em vista que a materialidade desse envoltório diminui à proporção que o Espírito se purifica. Em certos mundos mais adiantados do que a Terra, o corpo já é menos compacto, menos pesado e menos grosseiro e, por conseguinte, menos sujeito a vicissitudes. Em grau mais elevado, é diáfano e quase fluídico. Vai se desmaterializando de grau em grau e acaba por se confundir com o perispírito. Conforme o mundo em que é levado a viver, o Espírito toma um envoltório apropriado à natureza desse mundo. O próprio perispírito passa por transformações sucessivas. Torna-se cada vez mais etéreo, até à depuração completa, que constitui os Espíritos puros. Se mundos especiais são destinados a Espíritos muito adiantados, estes últimos não lhes ficam presos, como nos mundos inferiores. O estado de desprendimento em que se encontram lhes permite ir a toda parte onde os chamem as missões que lhes sejam confiadas.

Se se considerar a encarnação do ponto de vista material, tal como acontece na Terra, poder-se-á dizer que ela se limita aos mundos inferiores. Depende, portanto, de o Espírito libertar-se dela mais ou menos rapidamente, trabalhando pela sua purificação.

É de se considerar também que, no estado errante, isto é, no intervalo das existências corpóreas, a situação do Espírito guarda relação com a natureza do mundo a que está ligado pelo seu grau de evolução. Assim, na erraticidade, ele é mais ou menos feliz, livre e esclarecido, conforme seja mais ou menos desmaterializado. – São Luís. (Paris, 1859.)

40. *A encarnação é uma punição, e somente os Espíritos culpados estão sujeitos a sofrê-la?*

---

das existências, inseparável da progressão gradativa, há a certeza na continuidade das relações entre os que se amaram, e é isso o que constitui a verdadeira família".

A passagem dos Espíritos pela vida corpórea é necessária para que eles possam cumprir, por meio de uma ação material, os desígnios cuja execução Deus lhes confia. É-lhes necessária, a bem deles, porque a atividade que são obrigados a exercer lhes auxilia o desenvolvimento da inteligência. Sendo soberanamente justo, Deus tem de distribuir tudo igualmente por todos os seus filhos. Por isso, dá a todos o mesmo ponto de partida, a mesma aptidão, *as mesmas obrigações a cumprir e a mesma liberdade de agir*. Qualquer privilégio seria uma preferência, e toda preferência uma injustiça. Mas a encarnação, para todos os Espíritos, é apenas um estado transitório; é uma tarefa que Deus lhes impõe, quando iniciam a vida, como primeira experiência do uso que farão do livre-arbítrio. Os que desempenham com zelo essa tarefa transpõem rapidamente e menos penosamente os primeiros degraus da iniciação e gozam mais cedo do fruto de seus labores. Os que, ao contrário, usam mal da liberdade que Deus lhes concede retardam o seu progresso, podendo, pela obstinação que demonstrem, prolongar indefinidamente a necessidade de reencarnar, e é então que a encarnação se torna um castigo. – *São Luís*. (Paris, 1859.)

Nota – Uma comparação vulgar fará que se compreenda melhor essa diferença. O estudante só chega aos graus superiores da Ciência depois de haver percorrido a série das classes que até lá o conduzirão. Essas classes, seja qual for o trabalho que exijam, são um meio de o estudante chegar ao objetivo, e não uma punição. O aluno esforçado abrevia o caminho e nele encontra menos espinhos. Acontece outra coisa com aquele cuja negligência e preguiça o obrigam a repetir certas classes. Não é o trabalho da classe que constitui uma punição, mas a obrigação de recomeçar o mesmo trabalho.

Dá-se o mesmo com o homem na Terra. Para o Espírito do selvagem, que está apenas no início da vida espiritual, a encarnação é um meio de ele desenvolver sua inteligência. Contudo, para o homem esclarecido, em quem o senso moral se acha largamente desenvolvido, e que é obrigado a percorrer de novo as etapas de uma vida corpórea cheia de angústias, quando já poderia ter chegado ao fim, a encarnação é um castigo, pela necessidade que ele tem de prolongar sua estada nos mundos inferiores e infelizes. Aquele, ao contrário, que trabalha ativamente pelo seu progresso moral, pode não apenas abreviar a duração da encarnação material, como também transpor de uma só vez os degraus intermediários que o separam dos mundos superiores.[46]

---

[46] N.T.: Na edição de 1866 e seguintes, Allan Kardec finaliza este capítulo com a inserção de mais um parágrafo, a saber: "Os Espíritos não poderiam encarnar uma única vez em determinado globo, e cumprir suas diferentes existências em esferas diferentes? Essa opinião só seria admissível se todos os homens da Terra estivessem exatamente no mesmo nível intelectual e moral. As diferenças que há entre eles, desde o selvagem até o homem civilizado, mostram os degraus que ele deve transpor. A encarnação, ademais, precisa ter um fim útil. Ora, qual seria o das encarnações efêmeras das crianças que morrem em tenra idade? Teriam sofrido sem proveito para si e para os outros. Deus, cujas leis são todas soberanamente sábias, nada faz de inútil. Pela reencarnação no mesmo globo, quis Ele que os mesmos Espíritos, ao se encontrarem novamente, tivessem oportunidade de reparar seus erros recíprocos. Por meio de suas relações anteriores, quis, além disso, estabelecer os laços de família sobre base espiritual, apoiando numa Lei da natureza os princípios da solidariedade, da fraternidade e da igualdade".

CAPÍTULO V

Bem-aventurados os aflitos

Causas atuais e causas anteriores das aflições terrenas – Objetivo e resultado das aflições – Esquecimento do passado – Motivos de consolação – Remédio ao suicídio – Bem e mal sofrer – O mal e o remédio – A felicidade não é deste mundo – Perda de pessoas amadas. Mortes prematuras – Se fosse um homem de bem, teria morrido – Os tormentos voluntários – A desgraça real – A melancolia – Provas voluntárias. O verdadeiro cilício – Dever-se-á pôr termo às provas do próximo? – Será lícito abreviar a vida de um doente que sofra sem esperança de cura? – Sacrifício da própria vida.

41. Bem-aventurados os que choram, porque serão consolados. Bem-aventurados os famintos e os que têm sede de justiça, porque serão saciados. Bem-aventurados os que sofrem perseguição pela justiça, porque deles é o reino dos céus. (Mateus, 5:5, 6 e 10.)

42. Bem-aventurados vós, que sois pobres, porque vosso é o reino dos céus. Bem-aventurados vós, que agora tendes fome, porque sereis saciados. Felizes sois vós, que agora chorais, porque rireis. (Lucas, 6:20 e 21.)

Mas ai de vós, ricos! que tendes no mundo a vossa consolação. Ai de vós que estais saciados, porque tereis fome. Ai de vós que agora rides, porque gemereis e chorareis. (Lucas, 6:24 e 25.)

43. As compensações que Jesus promete aos aflitos da Terra só podem efetivar-se na vida futura. Sem a certeza do futuro, estas máximas seriam um contrassenso; mais ainda: seriam um engodo. Mesmo

com essa certeza, dificilmente se compreende a utilidade de sofrer para ser feliz. É, dizem, para se ter mais mérito. Mas, então, pergunta-se: por que uns sofrem mais do que outros? Por que alguns nascem na miséria e outros na opulência, sem nada terem feito para justificar essa situação? Por que uns nada conseguem, ao passo que a outros tudo parece sorrir? Mas o que se compreende menos ainda é ver os bens e os males tão desigualmente repartidos entre o vício e a virtude; e que os homens virtuosos sofram, ao lado dos maus que prosperam. A fé no futuro pode consolar e dar paciência, mas não explica essas anomalias, que parecem desmentir a Justiça de Deus.

Entretanto, desde que se admita Deus, não se pode concebê-lo sem o infinito das perfeições. Ele deve ser todo poder, todo justiça, todo bondade, sem o que não seria Deus. Se é soberanamente justo e bom, não pode agir por capricho nem com parcialidade. *As vicissitudes da vida têm, pois, uma causa e, visto que Deus é justo, justa há de ser essa causa.* Eis o de que cada um deve bem compenetrar-se. Deus encaminhou os homens na compreensão dessa causa pelos ensinos de Jesus, e hoje, julgando-os suficientemente maduros para compreendê-la, revela-a inteiramente pelo *Espiritismo*, isto é, pela *voz dos Espíritos*.

44. As vicissitudes da vida são de duas espécies, ou se quisermos, têm duas fontes bem diferentes que importa distinguir. Umas têm sua causa na vida presente; outras, fora desta vida.

Remontando-se à origem dos males terrestres, reconhecer-se-á que muitos são consequência natural do caráter e da conduta dos que os suportam. Quantos homens caem por sua própria culpa! Quantos são vítimas de sua imprevidência, de seu orgulho e de sua ambição! Quantos se arruínam por falta de ordem, de perseverança, pelo mau proceder ou por não terem sabido limitar seus desejos! Quantas uniões infelizes, porque resultaram de um cálculo de interesse ou de vaidade, e nas quais o coração não tomou parte alguma! Quantas dissensões e disputas funestas se teriam evitado com mais moderação e menos suscetibilidade! Quantas doenças e enfermidades decorrem da intemperança e dos excessos de todo gênero! Quantos pais são infelizes com seus filhos, porque não lhes combateram as más tendências desde o princípio! Por fraqueza ou indiferença deixaram que neles se desenvolvessem os germes do orgulho, do egoísmo e da tola vaidade que produzem a secura do coração; depois, mais tarde, quando colhem o que semearam, admiram-se e se afligem com sua falta de respeito e sua ingratidão. Que todos os que são feridos no coração pelas vicissitudes e decepções da vida interroguem friamente suas consciências; que remontem passo a passo à origem dos males que os afligem e verifiquem se, na maior parte das vezes, não poderão dizer: *Se eu tivesse feito, ou deixado de fazer tal coisa, não estaria em semelhante situação.* A quem, portanto, deve o homem responsabilizar por todas essas aflições, senão a si mesmo? O homem, pois, em grande número de casos, é o causador de seus próprios infortúnios, mas, em vez de reconhecê-lo, acha mais simples, menos humilhante para a sua vaidade, acusar a sorte, a Providência, a chance desfavorável, a má estrela, quando sua má estrela está na sua própria incúria.

Os males dessa natureza fornecem, seguramente, um notável contingente nas vicissitudes da vida. O homem as evitará quando trabalhar pelo seu aprimoramento moral, tanto quanto o faz pelo seu melhoramento intelectual.

A lei humana atinge certas faltas e as pune. O condenado pode então dizer que sofre a consequência do que fez. Mas a lei não alcança, nem pode alcançar todas as faltas; incide especialmente sobre as que trazem prejuízo à sociedade, e não sobre as que só prejudicam os que as cometem. *Deus, portanto, não deixa impune qualquer desvio do caminho reto.*[47] Não há uma só falta, por mais leve que seja, nenhuma infração da sua lei, que não acarrete consequências forçosas e inevitáveis. Daí se segue que, nas pequenas coisas, como nas grandes, o homem é sempre punido por aquilo em que pecou. Os sofrimentos que decorrem do pecado são-lhe uma advertência de que procedeu mal. Dão-lhe experiência, fazem-lhe sentir a diferença entre o bem e o mal e a necessidade

---

[47] N.T.: Na edição definitiva de 1866, a frase acima, que grifamos, recebeu a seguinte redação: "Deus, porém, *quer que todas as suas criaturas progridam* e, portanto, não deixa impune qualquer desvio do caminho reto". Tal sutileza, que talvez não tenha sido notada, tornou a frase mais consentânea com a Justiça e a Misericórdia divinas.

de se melhorar, a fim de evitar, futuramente, o que redundou para ele numa fonte de amarguras; se não fosse assim, não haveria motivo algum para que se emendasse. Confiante na impunidade, retardaria seu adiantamento e, por conseguinte, sua felicidade futura.

Algumas vezes, no entanto, a experiência chega um pouco tarde. Quando a vida já foi desperdiçada e turbada, quando as forças já estão gastas e o mal é irremediável, o homem põe-se a dizer: "Se no começo da vida eu soubesse o que sei agora, quantos passos em falso teria evitado! *Se tivesse que recomeçar, eu me portaria de maneira inteiramente diversa.* No entanto, já não há mais tempo!". Como o operário preguiçoso, que diz: "Perdi o meu dia", também ele diz: "Perdi a minha vida". Mas assim como para o operário o Sol se levanta no dia seguinte, dando início a uma nova jornada que lhe permite reparar o tempo perdido, também para o homem, após a noite do túmulo, brilhará o sol de uma nova vida, em que lhe será possível aproveitar a experiência do passado e suas boas resoluções para o futuro.

45. É em vão que se objeta que o esquecimento constitui um obstáculo para que se possa aproveitar da experiência de vidas anteriores. Se Deus julgou conveniente lançar um véu sobre o passado, é que isso devia ser útil. Com efeito, essa lembrança traria gravíssimos inconvenientes. Poderia, em certos casos, humilhar-nos excessivamente, ou, então, exaltar nosso orgulho, entravando assim nosso livre-arbítrio. Em todo caso, provocaria inevitável perturbação nas relações sociais.[48] Deus nos deu para nos melhorarmos, justamente o que nos é necessário e nos basta: a voz da consciência e as tendências instintivas, mas Ele nos tira o que poderia prejudicar-nos. O homem traz consigo, ao nascer, aquilo que adquiriu; nasce como se fez. Cada existência é, para ele, um novo ponto de partida. Pouco lhe importa saber o que foi antes: se é punido, é porque fez o mal. Suas atuais tendências más indicam o que

---

[48] N.T.: Após este parágrafo, Allan Kardec acrescentou outro em 1866, não contemplado na edição de 1864, a saber: "Frequentemente, o Espírito renasce no mesmo meio em que já viveu, estabelecendo de novo relações com as mesmas pessoas, a fim de reparar o mal que lhes tenha feito. Se reconhecesse nelas as pessoas a quem havia odiado, talvez o ódio despertasse outra vez no seu íntimo. De qualquer modo, ele se sentiria humilhado em presença daquelas a quem tivesse ofendido".

lhe resta corrigir em si próprio e é nisso que deve concentrar-se toda a sua atenção, pois, daquilo de que se corrigiu completamente, não restará mais nenhum sinal. As boas resoluções que tomou são a voz da consciência, que o adverte do que é bem e do que é mal, dando-lhe forças para resistir às tentações. Ademais, o esquecimento ocorre apenas durante a vida corpórea. Retornando à vida espiritual, o Espírito recobra a lembrança do passado. Trata-se, portanto, apenas de uma interrupção temporária, semelhante à que se dá na vida terrena durante o sono, e que não nos impede de lembrar, no dia seguinte, o que fizemos na véspera e nos dias precedentes.[49]

46. Mas se há males nesta vida, de que o homem é a causa principal, há outros para os quais ele é, pelo menos na aparência, completamente estranho e que parecem atingi-lo como que por fatalidade. Tal, por exemplo, a perda de entes queridos e a dos que são o amparo da família. Tais, ainda, os acidentes que nenhuma previdência poderia impedir; os reveses da fortuna, que frustram todas as medidas de prudência; os flagelos naturais, as enfermidades de nascença, sobretudo as que tiram a tantos infelizes os meios de ganhar a vida pelo trabalho; as deformidades, a idiotia, o cretinismo etc. Os que nascem em semelhantes condições certamente nada fizeram na existência atual para merecer, sem compensação, tão triste sorte, que não podiam evitar, que são impotentes para mudar por si mesmos e que os põe à mercê da comiseração pública. Por que, pois, seres tão infelizes, enquanto, ao lado deles, sob o mesmo teto, na mesma família, outros são favorecidos em todos os sentidos? Que dizer, enfim, dessas crianças que morrem em tenra idade e da vida só conheceram sofrimentos? Problemas que ainda nenhuma filosofia pôde resolver, anomalia que nenhuma religião pôde justificar e que seriam a negação da bondade,

---

[49] N.T.: Após este parágrafo, Allan Kardec inseriu outro na edição de 1866, ausente na edição de 1864, a saber: "Não é somente depois da morte que o Espírito recobra a lembrança do passado. Pode-se dizer que jamais a perde, pois a experiência demonstra que, mesmo encarnado, o Espírito goza de certa liberdade durante o sono e tem consciência de seus atos anteriores; sabe por que sofre e que sofre justamente. A lembrança somente se apaga no curso da vida exterior de relação. Mas, na falta de uma recordação exata, que lhe poderia ser penosa e prejudicar suas relações sociais, ele haure novas forças nesses instantes de emancipação da alma, se souber aproveitá-los".

da justiça e da providência de Deus, na hipótese de a alma ser criada ao mesmo tempo que o corpo e de estar sua sorte fixada irrevogavelmente após a permanência de alguns instantes na Terra. Que fizeram essas almas que acabam de sair das mãos do Criador, para sofrerem tantas misérias neste mundo e para merecerem no futuro uma recompensa ou uma punição qualquer, já que não puderam praticar nem o bem nem o mal?

Todavia, em virtude do axioma segundo o qual *todo efeito tem uma causa*, tais misérias são efeitos que hão de ter uma causa e, desde que se admita um Deus justo, essa causa também deve ser justa. Ora, como a causa sempre precede o efeito, se a causa não se encontrar na vida atual, há de ser anterior a essa vida, isto é, deve estar numa existência precedente. Por outro lado, não podendo Deus punir alguém pelo bem que fez nem pelo mal que não fez, se somos punidos, é que fizemos o mal; se não fizemos esse mal na vida presente, é que o fizemos em outra. É uma alternativa a que ninguém pode escapar e em que a lógica decide de que lado está a Justiça de Deus.

O homem, portanto, nem sempre é punido ou punido completamente, na sua existência atual, mas não escapa jamais às consequências de suas faltas. A prosperidade do mau é apenas momentânea; se não expiar hoje, expiará amanhã, ao passo que aquele que sofre está expiando o seu passado. O infortúnio que, à primeira vista, parece imerecido, tem sua razão de ser, e aquele que sofre pode sempre dizer: "Perdoai-me, Senhor, porque pequei".

47. Os sofrimentos devidos a causas anteriores são sempre, como os decorrentes das faltas atuais, a consequência dos erros cometidos, isto é, pela ação de uma rigorosa justiça distributiva, o homem sofre o que fez sofrer aos outros. Se foi duro e desumano, poderá, por sua vez, ser tratado duramente e com desumanidade; se foi orgulhoso, poderá nascer em condição humilhante; se foi avaro, egoísta ou se empregou mal sua fortuna, poderá ver-se privado do necessário; se foi mau filho, poderá sofrer pelo procedimento de seus filhos etc.

Assim se explicam, pela pluralidade das existências e pela destinação da Terra como mundo expiatório, as anomalias que apresenta a distribuição da felicidade e da infelicidade entre os bons e os maus neste mundo. Semelhante anomalia é apenas aparente, porque considerada somente do ponto de vista da vida presente. Aquele que se elevar, pelo pensamento, de modo a abranger toda uma série de existências, verá que cada um recebe a parte que merece, sem prejuízo da que lhe tocará no mundo dos Espíritos, e que a Justiça de Deus nunca se interrompe.[50]

48. As tribulações da vida podem ser impostas a Espíritos endurecidos ou muito ignorantes, para levá-los a fazer uma escolha com conhecimento de causa; porém, são livremente escolhidas e aceitas por Espíritos *arrependidos*, que querem reparar o mal que fizeram e tentar proceder melhor. Tal ocorre com aquele que, havendo desempenhado mal sua tarefa, pede para recomeçá-la, a fim de não perder o fruto de seu trabalho. Essas tribulações, portanto, são, ao mesmo tempo, expiações do passado, que elas punem, e provas para o futuro, que elas preparam. Rendamos graças a Deus, que, em sua bondade, concede ao homem a faculdade da reparação e não o condena irrevogavelmente por uma primeira falta.

49. Não se deve crer, no entanto, que todo sofrimento suportado neste mundo seja necessariamente indício de determinada falta. Muitas vezes são simples provas escolhidas pelo Espírito para concluir sua depuração e acelerar seu adiantamento. Assim, a expiação serve sempre de prova, mas nem sempre a prova é uma expiação. Contudo, provas e expiações são sempre sinais de relativa inferioridade, porque o que é perfeito não precisa ser provado. Um Espírito pode, pois, ter adquirido certo grau de elevação, mas, desejando adiantar-se mais, solicita uma missão, uma tarefa a executar, pela qual será tanto mais recompensado, se sair vitorioso, quanto mais penosa haja sido a luta. Tais são, especialmente, essas pessoas de instintos naturalmente bons, de alma elevada, de nobres sentimentos inatos, que parecem nada haver trazido de mau das

---

[50] N.T.: A presente edição de 1864 não contempla um parágrafo inteiro, acrescentado por Allan Kardec na edição definitiva de 1866 e que aparece logo antes do item 48: "O homem jamais deve esquecer que se acha num mundo inferior, ao qual somente é retido pelas suas imperfeições. A cada vicissitude deve lembrar-se de que, se pertencesse a um mundo mais adiantado, isso não aconteceria e que só depende dele não mais voltar a esse mundo, desde que trabalhe por se melhorar".

existências anteriores e que sofrem, com resignação cristã, as maiores dores, somente pedindo a Deus para suportá-las sem murmurar. Pode-se, ao contrário, considerar como expiações as aflições que provocam queixas e impelem o homem à revolta contra Deus.[51]

50. Os Espíritos não podem aspirar à completa felicidade até que se tenham tornado puros: qualquer mácula lhes interdita a entrada nos mundos bem-aventurados. São como os passageiros de um navio atingido pela peste, aos quais se impede a entrada em uma cidade até que se hajam expurgado. É nas diversas existências corpóreas que os Espíritos se despojam pouco a pouco de suas imperfeições. As provações da vida, quando bem suportadas, os fazem adiantar-se. Como expiações, elas apagam as faltas e purificam; são o remédio que limpa as chagas e cura o doente. Quanto mais grave é o mal, tanto mais enérgico deve ser o remédio. Aquele, pois, que sofre muito, deve reconhecer que muito tinha a expiar e alegrar-se à ideia de ser logo curado. Depende dele, pela resignação, tornar proveitoso o seu sofrimento e não lhe estragar o fruto com suas impaciências, pois, do contrário, terá de recomeçar.

51. Por estas palavras: *Bem-aventurados os aflitos, porque serão consolados*, Jesus indica, ao mesmo tempo, a compensação que espera os que sofrem e a resignação que abençoa o sofrimento como prelúdio da cura.

Essas palavras também podem ser traduzidas assim: deveis considerar-vos felizes por sofrerdes, porque as vossas dores deste mundo são o pagamento da dívida das vossas faltas passadas, e essas dores, quando suportadas pacientemente na Terra, vos poupam séculos de sofrimentos na vida futura. Deveis, pois, sentir-vos felizes por Deus haver reduzido a vossa dívida, permitindo que a saldeis agora, o que vos garantirá tranquilidade no futuro.

O homem que sofre é semelhante a um devedor de grande quantia, a quem o credor diz: "Se me pagares hoje mesmo a centésima parte

---

[51] N.T.: Na presente edição de 1864 está faltando um parágrafo inteiro, localizado antes do item 50, acrescentado por Allan Kardec na edição de 1866 com o seguinte teor: "Sem dúvida, o sofrimento que não provoca queixumes pode ser uma expiação, mas é indício de que foi escolhido voluntariamente, e não imposto, e constitui prova de forte resolução, o que é sinal de progresso".

do teu débito, dar-te-ei a quitação do restante e ficarás livre; se não o fizeres, eu te perseguirei até que pagues o último centavo". O devedor não se sentiria feliz por suportar toda espécie de privações para se libertar, pagando apenas a centésima parte do que deve? Em vez de queixar-se do seu credor, não lhe ficará agradecido?

Tal é o sentido destas palavras: "Bem-aventurados os aflitos, porque serão consolados". São felizes porque pagam suas dívidas, e após o pagamento estarão livres. Mas se, saldando a dívida de um lado, endividam-se de outro, jamais se libertarão. Ora, cada nova falta aumenta a dívida, porque não há uma só delas, qualquer que seja, que não traga consigo a própria punição, necessária e inevitável. Se não for hoje, será amanhã; se não for nesta vida, será em outra. Entre essas faltas, devemos colocar em primeiro lugar a falta de submissão à vontade de Deus. Logo, se murmurarmos nas aflições, se não as aceitarmos com resignação e como algo que devemos ter merecido, se acusarmos a Deus de ser injusto, contraímos nova dívida, que nos faz perder o fruto que devíamos colher do sofrimento. É por isso que teremos de recomeçar, absolutamente como se, a um credor que nos atormente, pagássemos uma quantia e a tomássemos de novo por empréstimo.[52]

52. O homem pode amenizar ou aumentar o amargor de suas provas, conforme a maneira pela qual encare a vida terrena. Tanto mais sofre quanto mais longa ele considera a duração do sofrimento. Ora, aquele que se coloca do ponto de vista da vida espiritual, abarca a vida corpórea num piscar de olhos. Ele a vê como um ponto no infinito, compreende sua brevidade e reconhece que esse momento penoso passará bem depressa. A certeza de um futuro próximo mais feliz o sustenta e encoraja e, em vez de se queixar, agradece ao Céu as dores que o fazem avançar. Para aquele, ao contrário, que apenas vê a vida corpórea, esta

---

[52] N.T.: Eis mais um parágrafo acrescentado por Allan Kardec à edição de 1866, o qual, se existisse na edição de 1864, estaria colocado logo abaixo do último parágrafo do item 51: "Ao entrar no mundo dos Espíritos, o homem ainda está como o operário que comparece no dia do pagamento. A uns, dirá o patrão: 'Eis o prêmio dos teus dias de trabalho'; a outros, aos felizes da Terra, aos que hajam vivido na ociosidade, que puseram sua felicidade nas satisfações do amor-próprio e nos gozos mundanos, dirá: 'Nada tendes a receber, porque já recebestes o vosso salário na Terra. Ide e recomeçai a tarefa'".

lhe parece interminável e a dor o oprime com todo o seu peso. O resultado daquela maneira de encarar a vida nos leva a dar menos importância às coisas deste mundo, compelindo o homem a moderar seus desejos e a contentar-se com sua posição, sem invejar a dos outros, atenuando a impressão moral dos reveses e das decepções que experimenta. Daí ele haure uma calma e uma resignação tão úteis à saúde do corpo quanto à da alma, ao passo que, com a inveja, o ciúme e a ambição, se entrega voluntariamente à tortura e aumenta as misérias e as angústias da sua curta existência.

53. Essa calma e resignação dão ao Espírito uma serenidade que é o melhor preservativo contra *a loucura e o suicídio*.[53] Com efeito, é certo que a maioria desses casos de loucura se deve à comoção produzida pelas vicissitudes que o homem não tem coragem de suportar. Se, portanto, pela maneira com que o Espiritismo o faz encarar as coisas deste mundo, o homem recebe com indiferença, mesmo com alegria, os reveses e as decepções que o teriam desesperado em outras circunstâncias, é evidente que essa força, que o coloca acima dos acontecimentos, preserva-lhe a razão dos abalos que, se não fora isso, o teriam perturbado.

Dá-se a mesma coisa com o suicídio. Se excetuarmos os que se dão em estado de embriaguez e de loucura, aos quais se pode chamar de inconscientes, é evidente que tem ele sempre por causa um descontentamento, sejam quais forem os motivos particulares apontados. Ora, aquele que está certo de que só é infeliz por um dia, e de serem melhores os dias seguintes, enche-se facilmente de paciência. Só se desespera quando não vê nenhum termo aos seus sofrimentos. E que é a vida humana, com relação à eternidade, senão bem menos que um dia? Mas para o que não crê na eternidade e julga que tudo se acaba com a vida, que se deixa abater pelo desgosto e pelo infortúnio, só vê na morte a solução para suas amarguras. Nada esperando, acha muito natural, muito lógico mesmo, abreviar suas misérias pelo suicídio.

---

[53] N.T.: Na edição de 1866, o primeiro período desta frase recebeu a seguinte redação: "A calma e a resignação adquiridas na maneira de considerar a vida terrestre e a confiança no futuro dão ao espírito uma serenidade que é o melhor preservativo contra *a loucura e o suicídio*".

Capítulo V
Bem-aventurados os aflitos

A incredulidade, a simples dúvida sobre o futuro, as ideias materialistas, numa palavra, são os maiores incitantes ao suicídio: produzem a *covardia moral*. Quando se veem homens de ciência, apoiados na autoridade do seu saber, se esforçarem por provar aos que os ouvem ou leem que estes nada têm a esperar depois da morte, não estão tentando convencê-los de que, se são infelizes, o melhor que podem fazer é se matarem? Que lhes poderiam dizer para desviá-los dessa consequência? Que compensação podem oferecer-lhes? Que esperança lhes podem dar? Nenhuma, a não ser o nada. Daí se deve concluir que, se o nada é o único remédio heroico, a única perspectiva, mais vale cair nele imediatamente, e não mais tarde, para sofrer por menos tempo. A propagação das ideias materialistas é, pois, o veneno que inocula a ideia do suicídio na maioria dos que se suicidam, e os que se fazem seus defensores assumem terrível responsabilidade. Com o Espiritismo a dúvida já não é possível, modificando-se, portanto, a visão que se tem da vida. O crente sabe que a existência se prolonga indefinidamente para além do túmulo, mas em condições muito diversas. Daí a paciência e a resignação que o afastam muito naturalmente de pensar no suicídio; daí, numa palavra, a *coragem moral*.

O Espiritismo ainda produz, sob esse aspecto, outro resultado igualmente positivo e talvez mais decisivo. Ele nos mostra que os próprios suicidas nos informam sobre a situação infeliz em que se encontram, e provando que ninguém viola impunemente a Lei de Deus, que proíbe ao homem abreviar sua vida. Entre os suicidas, encontramos aqueles cujos sofrimentos, mesmo sendo temporários em vez de eternos, não deixam de ser menos terríveis, levando-os a refletir que não vale a pena sair daqui antes do tempo ordenado por Deus. O espírita tem, assim, vários motivos para contrapor à ideia do suicídio: a *certeza* de uma vida futura, na qual ele *sabe* que será tanto mais feliz quanto mais infeliz e mais resignado haja sido na Terra; a *certeza* de que, abreviando sua vida, chega a um resultado inteiramente oposto ao que esperava; que se liberta de um mal para cair noutro ainda pior, mais longo e mais terrível; que se engana, ao se matar, que vai mais depressa para o Céu; que o suicídio é um obstáculo à reunião, no outro mundo, com aqueles que foram objeto de suas afeições e aos quais esperava encontrar. A consequência de tudo isso é que o suicídio, só lhe trazendo decepções, é contrário aos seus próprios interesses. Por isso mesmo, é considerável o número dos que têm sido impedidos de suicidar-se, graças ao Espiritismo, sendo justo concluir-se que, quando todos os homens forem espíritas, não haverá mais suicídios conscientes. Comparando-se, pois, os resultados das doutrinas materialistas e espíritas, sob o ponto de vista do suicídio, verifica-se que a lógica das primeiras conduz a ele, enquanto a lógica espírita o evita, o que é confirmado pela experiência.

54. O Espiritismo dilata o pensamento e lhe abre novos horizontes. Em vez da visão acanhada e mesquinha que o concentra na vida presente, que faz do instante em que passamos na Terra o centro único e frágil do futuro eterno, ele nos mostra que esta vida não passa de um elo no conjunto harmonioso e grandioso da obra do Criador; também nos mostra a solidariedade que liga todas as existências de um mesmo ser, todos os seres de um mesmo mundo, bem como os seres de todos os mundos, dando assim uma base e uma razão de ser à fraternidade universal, ao passo que a doutrina da criação da alma no momento do nascimento de cada corpo torna estranhos entre si todos os seres. Essa solidariedade das partes de um mesmo todo explica o que é inexplicável se o consideramos somente de um único ponto. É o conjunto de tais conhecimentos que, na época do Cristo, os homens não teriam podido compreender, razão por que Ele os reservou para outros tempos.[54]

Instruções dos Espíritos

Bem e malsofrer

55. Quando o Cristo disse: "Bem-aventurados os aflitos, porque deles é o reino dos céus", não se referia de modo geral aos que sofrem, visto que sofrem todos os que se encontram na Terra, estejam no trono

---

[54] N.T.: O texto correspondente ao item 54 da 1ª edição de 1864 não foi incluído na edição definitiva de 1866.

ou sobre a palha. Mas, ah! poucos sofrem bem; poucos compreendem que somente as provas bem suportadas podem conduzi-los ao reino de Deus. O desânimo é uma falta. Deus vos recusa consolações, quando vos falta coragem. A prece é um sustentáculo para a alma, mas não é suficiente: é preciso que se apoie numa fé viva na bondade de Deus. Ele já vos disse muitas vezes que não coloca fardos pesados em ombros fracos. O fardo é proporcional às forças, como a recompensa guardará proporção com a resignação e a coragem. A recompensa será tanto maior quanto mais penosa é a aflição. Mas essa recompensa deve ser merecida, e é por isso que a vida está cheia de tribulações. O militar que não é mandado para as linhas de fogo fica descontente, porque o repouso no campo não lhe faculta nenhuma promoção. Sede, pois, como o militar e não desejeis um repouso em que o vosso corpo se entrevaria e vossa alma se entorpeceria. Alegrai-vos, quando Deus vos enviar para a luta. Essa luta não consiste no fogo da batalha, mas nas amarguras da vida, em que, às vezes, é preciso mais coragem do que num combate sangrento, pois aquele que se mantém firme em presença do inimigo pode fraquejar sob o choque de uma pena moral. O homem não recebe nenhuma recompensa por essa espécie de coragem, mas Deus lhe reserva a palma da vitória e um lugar glorioso. Quando vos advenha uma causa de sofrimento ou de contrariedade, sobreponde-vos a ela, e quando houverdes conseguido dominar os ímpetos da impaciência, da cólera ou do desespero, dizei para vós mesmos, com justa satisfação: "Fui o mais forte".

Bem-aventurados os aflitos pode, então, traduzir-se assim: Bem-aventurados os que têm ocasião de provar sua fé, sua firmeza, sua perseverança e sua submissão à vontade de Deus, pois terão centuplicada a alegria que lhes falta na Terra, porquanto, após o trabalho virá o repouso. – *Lacordaire*. (Le Havre, 1863.)

O mal e o remédio

56. Será a Terra um lugar de alegrias, um paraíso de delícias? A voz do profeta não ressoa ainda aos vossos ouvidos? Não proclamou Ele que haveria choro e ranger de dentes para os que nascessem nesse vale de dores? Vós, que nele viestes viver, esperai, pois, lágrimas ardentes e sofrimentos amargos, e por mais agudas e profundas sejam as vossas dores, volvei os olhos para o Céu e bendizei o Senhor por vos ter querido experimentar... Ó homens! Então só reconheceis o poder do vosso Senhor quando Ele vos haja curado as chagas do corpo e coroado vossos dias de beatitude e felicidade? Então só reconheceis o seu amor quando vos tenha adornado o corpo de todas as glórias e lhe haja restituído o brilho e a alvura? Imitai aquele que vos foi dado para exemplo. Tendo chegado ao último grau da abjeção e da miséria, deitado sobre um monturo,[55] disse ele [Jó] a Deus: "Senhor, conheci todas as alegrias da opulência e me reduzistes à mais absoluta miséria; obrigado, obrigado, meu Deus, por haverdes querido experimentar o vosso servo!" Até quando vossos olhares se deterão nos horizontes que a morte limita? Quando, afinal, vossa alma quererá lançar-se para além dos limites de um túmulo? Mas ainda que chorásseis e sofrêsseis a vida inteira, que representa isso ao lado da eterna glória reservada ao que tenha sofrido a prova com fé, amor e resignação? Buscai, pois, consolações para os vossos males no futuro que Deus vos prepara e a causa dos vossos males no passado; e vós, que mais sofreis, considerai-vos os bem-aventurados da Terra.

Como desencarnados, quando planáveis no Espaço, escolhestes vossas provas, por vos julgardes bastante fortes para suportá-las. Por que murmurar agora? Vós, que pedistes a riqueza e a glória, queríeis sustentar a luta com a tentação e vencê-la. Vós, que pedistes para lutar de corpo e espírito contra o mal moral e físico, já sabíeis que quanto mais forte fosse a prova, tanto mais gloriosa seria a vitória e que, se triunfásseis, mesmo que vosso corpo fosse lançado num monturo, dele, ao morrer, se desprenderia uma alma de resplendente alvura, purificada pelo batismo da expiação e do sofrimento!

Que remédio, então, prescrever aos que são acometidos por obsessões cruéis e males cruciantes? Só um é infalível: a fé, o apelo ao Céu. Se, no auge dos vossos mais cruéis sofrimentos, entoardes hinos ao Senhor,

---

[55] N.E.: Lugar onde se depositam dejeções, lixo, ou imundícies; lixeira (*Aurélio*).

o anjo, à vossa cabeceira, vos apontará com a mão o sinal da salvação e o lugar que um dia ocupareis... A fé é o remédio certo para o sofrimento; mostra sempre os horizontes do infinito diante dos quais se esvaem os poucos dias sombrios do presente. Não nos pergunteis, portanto, qual o remédio que curará tal úlcera ou tal chaga, para tal tentação ou tal prova. Lembrai-vos de que aquele que crê se fortalece com o remédio da fé e que aquele que duvida um instante da sua eficácia é punido imediatamente, porque logo sente as pungentes angústias da aflição.

O Senhor marcou com seu selo a todos os que nele creem. O Cristo vos disse que com a fé se transportam montanhas e eu vos digo que aquele que sofre e tem a fé como amparo, será colocado sob sua proteção e não mais sofrerá. Os momentos das mais fortes dores lhe serão as primeiras notas alegres da eternidade. Sua alma se desprenderá de tal maneira do corpo que, enquanto este se contorce em convulsões, ela plana nas regiões celestes, entoando, com os anjos, hinos de reconhecimento e de glória ao Senhor.

Felizes os que sofrem e choram! Que suas almas se alegrem, porque Deus as cumulará de bem-aventuranças. – *Santo Agostinho*. (Paris, 1863.)

A felicidade não é deste mundo

57. Não sou feliz! A felicidade não foi feita para mim! Exclama geralmente o homem em todas as posições sociais. Isso, meus caros filhos, prova, melhor do que todos os raciocínios possíveis, a verdade desta máxima do *Eclesiastes*: "A felicidade não é deste mundo". Com efeito, nem a riqueza, nem o poder, nem mesmo a juventude em flor são condições essenciais à felicidade. Digo mais: nem mesmo a reunião dessas três condições tão desejadas, porque incessantemente se ouvem, no seio das classes mais privilegiadas, pessoas de todas as idades se queixarem amargamente da situação em que se encontram. Diante de tal resultado, é inconcebível que as classes laboriosas e militantes invejem com tanta avidez as condições das que parecem favorecidas pela fortuna. Neste mundo, por mais que se faça, cada um tem sua parte

de labor e de miséria, sua cota de sofrimentos e de decepções, pelo que é fácil chegar-se à conclusão de que a Terra é um lugar de provas e expiações. Assim, pois, os que pregam que a Terra é a única morada do homem e que somente nela e numa só existência lhe é permitido alcançar o mais alto grau das felicidades que sua natureza comporta, iludem-se e enganam os que os escutam, considerando-se que está demonstrado, por experiência multissecular, que só excepcionalmente este globo apresenta as condições necessárias à completa felicidade do indivíduo. Em tese geral, pode-se afirmar que a felicidade é uma utopia a cuja conquista as gerações se lançam sucessivamente, sem jamais conseguirem alcançá-la. Se o homem ajuizado é uma raridade neste mundo, o homem absolutamente feliz jamais foi encontrado. Aquilo em que consiste a felicidade na Terra é coisa tão efêmera para aquele que não se deixa guiar pela ponderação, que, por um ano, um mês, uma semana de satisfação completa, todo o resto da existência é uma série de amarguras e de decepções. E notai, meus caros filhos, que falo dos felizes da Terra, dos que são invejados pela multidão.

Consequentemente, se a morada terrena se distingue por ser um local de provas e expiações, há que se admitir a existência, em algum lugar, de moradas mais favorecidas, em que o Espírito do homem, embora ainda aprisionado num corpo de carne, desfrute dos prazeres inerentes à vida humana em toda sua plenitude. É por isso que Deus semeou, no vosso turbilhão, esses belos planetas superiores, para os quais vossos esforços e vossas tendências vos farão gravitar um dia, quando estiverdes suficientemente purificados e aperfeiçoados. Todavia, não deduzais das minhas palavras que a Terra esteja destinada para sempre a ser uma penitenciária. Não, certamente! Dos progressos realizados podeis facilmente deduzir os progressos futuros e, dos melhoramentos sociais conquistados, novos e mais fecundos melhoramentos. Essa é a tarefa imensa que será realizada pela nova doutrina que os Espíritos vos revelaram.

Assim, pois, meus queridos filhos, que uma santa emulação vos anime e que cada um de vós se despoje do homem velho. Consagrai-vos todos à propagação do Espiritismo que já deu início à vossa própria regeneração. É um dever fazer que os vossos irmãos participem dos raios dessa luz sagrada. Mãos, pois, à obra, meus queridos filhos! Que nesta reunião solene todos os vossos corações aspirem a esse grandioso objetivo de preparar para as futuras gerações um mundo em que a felicidade não seja mais palavra vã. – *François-Nicolas-Madeleine*. (Paris, 1863.)

Perda de pessoas amadas. Mortes prematuras

58. Quando a morte ceifa nas vossas famílias, arrebatando, sem restrições, os mais jovens antes dos velhos, costumais dizer: Deus não é justo, pois sacrifica o que está forte e tem grande futuro e conserva os que já viveram longos anos cheios de decepções; pois leva os que são úteis e deixa os que já não servem para nada; pois despedaça o coração de uma mãe, privando-a da inocente criatura que era toda a sua alegria. Humanos, é nesse ponto que precisais elevar-vos acima do terra a terra da vida, a fim de compreenderdes que o bem, muitas vezes, está onde julgais ver o mal, e a sábia previdência onde acreditais ver a cega fatalidade do destino. Por que medir a Justiça divina pela medida da vossa? Podeis supor que o Senhor dos mundos queira, por simples capricho, infligir-vos penas cruéis? Nada se faz sem um fim inteligente e, seja o que for que aconteça, tudo tem sua razão de ser. Se perscrutásseis melhor todas as dores que vos atingem, nelas encontraríeis sempre a razão divina, razão regeneradora, e os vossos miseráveis interesses mereceriam uma consideração tão secundária que os relegaríeis para o último plano.

Crede-me, a morte é preferível, numa encarnação de vinte anos, a esses desregramentos vergonhosos que desolam as famílias respeitáveis, ferem um coração de mãe e fazem que os cabelos dos pais embranqueçam antes do tempo. Quase sempre a morte prematura é um grande benefício que Deus concede àquele que se vai e que assim se preserva das misérias da vida ou das seduções que talvez o arrastassem à perdição. Aquele que morre na flor da idade não é vítima da fatalidade; é que Deus julga não convir que ele permaneça por mais tempo na Terra. É uma terrível desgraça, dizeis, que uma vida tão cheia de esperanças seja cortada tão cedo! De que esperanças quereis falar? Das da Terra, onde aquele que se foi podia brilhar, abrir caminho e enriquecer? Sempre essa visão acanhada, incapaz de elevar-se acima da matéria. Sabeis qual teria sido a sorte dessa vida, tão cheia de esperanças em vossa opinião? Quem vos diz que ela não estaria saturada de amarguras? Então não levais em conta as esperanças da vida futura, a ponto de preferirdes as da vida efêmera que arrastais na Terra? Supondes então que mais vale uma posição elevada entre os homens, do que entre os Espíritos bem-aventurados? Em vez de vos queixardes, alegrai-vos quando for agradável a Deus retirar um de seus filhos deste vale de misérias. Não seria egoísmo desejardes que ele aí continuasse para sofrer convosco? Ah! essa dor se concebe naquele que não tem fé e que vê na morte uma separação eterna. Mas vós, espíritas, sabeis que a alma vive melhor quando desembaraçada do seu invólucro corpóreo. Mães, sabei que vossos filhos bem-amados estão perto de vós; sim, estão muito perto; seus corpos fluídicos vos envolvem, seus pensamentos vos protegem e a lembrança que deles guardais os transporta de alegria, mas as vossas dores desarrazoadas também os afligem, porque denotam falta de fé e constituem uma revolta contra a vontade de Deus. Vós que compreendeis a vida espiritual, escutai as pulsações do vosso coração a chamar esses entes bem-amados e, se pedirdes a Deus que os abençoe, sentireis fortes consolações, dessas que secam as lágrimas; sentireis aspirações grandiosas que vos mostrarão o futuro prometido pelo soberano Senhor. – *Sanson*, antigo membro da Sociedade Espírita de Paris. (1863.)

Se fosse um homem de bem, teria morrido

59. Muitas vezes dizeis, ao falar de um homem mau que escapa de um perigo: *Se fosse um homem de bem, teria morrido*. Pois bem, assim falando, enunciais uma verdade, pois realmente acontece, e com muita frequência, que Deus dê a um Espírito, ainda jovem na senda do progresso, uma prova mais longa do que a um bom, que receberá, por recompensa do seu mérito, a graça de sua provação ser tão curta quanto possível. Por conseguinte, quando vos utilizais daquele axioma, não suspeitais de que proferis uma blasfêmia. Se morre um homem de bem, vizinho de um malvado, logo dizeis: *Antes fosse este*. Cometeis um grande erro, porque aquele que parte concluiu sua tarefa e o que fica talvez não haja começado a sua. Por que, então, quereríeis que o mau não tivesse tempo para terminá-la e que o outro permanecesse preso à gleba terrestre? Que diríeis de um prisioneiro que tivesse cumprido sua pena, e que fosse retido na prisão, enquanto se restituísse a liberdade a um que não tinha esse direito? Ficai sabendo, pois, que a verdadeira liberdade, para o Espírito, consiste no rompimento dos laços que o prendem ao corpo e que, enquanto vos achardes na Terra, estareis em cativeiro.

Habituai-vos a não censurar o que não podeis compreender e crede que Deus é justo em todas as coisas. Muitas vezes, o que vos parece um mal é um bem. Vossas faculdades, no entanto, são tão limitadas que o conjunto do grande todo escapa aos vossos sentidos obtusos. Esforçai-vos por sair, pelo pensamento, da vossa acanhada esfera e, à medida que vos elevardes, diminuirá para vós a importância da vida material. Esta, então, vos aparecerá como simples incidente no curso infinito da vossa existência espiritual, única existência verdadeira. – *Fénelon*. (Sens, 1861.)

Os tormentos voluntários

60. O homem vive incessantemente em busca da felicidade, que lhe escapa a todo instante, porque a felicidade sem mescla não existe na Terra. Entretanto, apesar das vicissitudes que formam o cortejo inevitável da vida terrena, poderia ele, pelo menos, gozar de relativa felicidade, se não a procurasse nas coisas perecíveis e sujeitas às mesmas vicissitudes, isto é, nos gozos materiais, em vez de procurá-la nos prazeres da alma, que são um gozo antecipado das alegrias celestes, imperecíveis; em vez de procurar a *paz do coração*, única felicidade real neste mundo, ele se mostra ávido de tudo que o possa agitar e perturbar e, coisa curiosa! o homem parece criar para si, propositadamente, tormentos que está nas suas mãos evitar. Haverá maiores tormentos do que os causados pela inveja e pelo ciúme? Para o invejoso e o ciumento, não há repouso; estão perpetuamente febris. O que não têm e os outros possuem lhes causa insônias; os sucessos dos rivais lhes dão vertigem; são movidos apenas pela vontade de sobrepujar seus vizinhos; toda sua alegria consiste em excitar, nos insensatos como eles, a raiva e o ciúme que os devora. Pobres insensatos, com efeito, não pensam que amanhã, talvez, terão de deixar todas essas futilidades, cuja cobiça lhes envenena a vida! Certamente, não é a eles que se aplicam estas palavras: "Bem-aventurados os aflitos, porque serão consolados", já que suas preocupações não são as que têm no Céu suas compensações. Quantos tormentos, ao contrário, consegue evitar aquele que sabe contentar-se com o que tem, que vê sem inveja o que não possui, que não procura parecer mais do que é! Esse é sempre rico, porque, se olha para baixo de si, e não para cima, vê sempre criaturas que têm menos do que ele. É calmo, porque não cria para si necessidades quiméricas. E a calma, em meio às tempestades da vida, já não será uma felicidade? – *Fénelon.* (Lyon, 1860.)

A desgraça real

61. Todos falam da desgraça, todos já a experimentaram e acreditam conhecer o seu caráter múltiplo. Venho dizer-vos que quase todo o mundo se engana e que a desgraça real não é, absolutamente, o que os homens, ou seja, os infelizes, supõem. Eles a veem na miséria, no fogão sem lume, no credor que ameaça, no berço vazio do anjo que antes sorria, nas lágrimas, na urna mortuária que se acompanha com a cabeça descoberta e com o coração despedaçado, na angústia da traição, no desnudamento do orgulho, que desejava vestir-se de púrpura e mal oculta sua nudez sob os andrajos da vaidade. A tudo isso, e muitas coisas mais, dá-se o nome de desgraça, na linguagem humana. Sim, é desgraça para os que só veem o presente; a verdadeira desgraça, porém, está nas consequências de um fato, mais do que no próprio

fato. Dizei-me se o acontecimento mais feliz do momento, mas que acarreta consequências funestas, não é, realmente, mais desditoso do que outro que a princípio causa viva contrariedade e acaba produzindo o bem. Dizei-me se a tempestade que vos arranca as árvores, mas que saneia o ar, dissipando os miasmas insalubres que causariam a morte, não é antes uma felicidade do que uma infelicidade. Para julgarmos uma coisa, precisamos ver suas consequências. Assim, para bem apreciarmos o que é realmente feliz ou infeliz para o homem, precisamos transportar-nos para além desta vida, porque é lá que as consequências se fazem sentir. Ora, tudo o que se chama infelicidade, segundo a curta visão humana, cessa com a vida corpórea e encontra sua compensação na vida futura. Vou revelar-vos a infelicidade sob uma nova forma, sob a forma bela e florida que acolheis e desejais com todas as forças de vossas almas iludidas. A infelicidade é a alegria, é o prazer, é o tumulto, é a vã agitação, é a satisfação da vaidade, que fazem calar a consciência, que comprimem a ação do pensamento, que atordoam o homem com relação ao seu futuro. A infelicidade é o ópio do esquecimento que buscais com o mais ardente desejo.

Esperai, vós que chorais! Tremei, vós que rides, pois vosso corpo está satisfeito! A Deus não se engana; não se foge ao destino; e as provações, credoras mais impiedosas do que a matilha que a miséria desencadeia, espreitam vosso repouso ilusório para vos mergulhar de súbito na agonia da verdadeira infelicidade, daquela que surpreende a alma enfraquecida pela indiferença e pelo egoísmo.

Que, pois, o Espiritismo vos esclareça e recoloque, para vós, sob sua verdadeira luz, a verdade e o erro, tão estranhamente desfigurados pela vossa cegueira! Agireis então como bravos soldados que, longe de fugirem ao perigo, preferem as lutas dos combates arriscados à paz que não lhes pode dar nem glória, nem promoção. Que importa ao soldado perder na luta as armas, bagagens e uniforme, desde que saia vencedor e com glória? Que importa ao que tem fé no futuro deixar no campo de batalha da vida a riqueza e o manto de carne, contanto que sua alma entre radiosa no reino celeste? – *Delfina de Girardin*. (Paris, 1861.)

A melancolia

62. Sabeis por que, às vezes, uma vaga tristeza se apodera dos vossos corações e vos faz achar a vida tão amarga? É que vosso Espírito, aspirando à felicidade e à liberdade, mas, ligado ao corpo que lhe serve de prisão, esgota-se em vãos esforços para dele sair. Porém, reconhecendo que são inúteis esses esforços, cai no desânimo e, como o corpo lhe sofre a influência, sois tomados pela lassidão, pelo abatimento e por uma espécie de apatia; por isso vos julgais infelizes.

Crede-me, resisti com energia a essas impressões que vos enfraquecem a vontade. Essas aspirações a um mundo melhor são inatas no espírito de todos os homens, mas não as busqueis neste mundo e, agora, quando Deus vos envia os Espíritos que lhe pertencem, para vos instruírem acerca da felicidade que Ele vos reserva, aguardai pacientemente o anjo da libertação para vos ajudar a desatar os laços que vos mantêm cativo o Espírito. Lembrai-vos de que, durante vossa prova na Terra, tendes uma missão de que não suspeitais, quer vos dedicando à vossa família, quer cumprindo as diversas obrigações que Deus vos confiou. E se, no curso dessa provação, ao cumprirdes vossa tarefa, virdes caírem sobre vós os cuidados, as inquietações e tribulações, sede fortes e corajosos para suportá-los. Afrontai-os resolutos; duram pouco e vos conduzirão para junto dos amigos por quem chorais, que se alegrarão com vossa chegada entre eles e vos estenderão os braços, a fim de guiar-vos a uma região inacessível às aflições da Terra. – *François de Genève.* (Bordeaux.)

Provas voluntárias. O verdadeiro cilício[56]

63. Perguntais se é permitido ao homem abrandar suas próprias provas. Esta questão equivale a esta outra: É permitido ao que se afoga tentar salvar-se? àquele em quem um espinho entrou, retirá-lo? ao que está doente chamar o médico? As provas têm por fim exercitar a inteligência, tanto quanto a paciência e a resignação. Um homem pode nascer

---

[56] N.E.: Sacrifício voluntário (*Aurélio*).

em posição penosa e difícil, justamente para ser obrigado a procurar os meios de vencer as dificuldades. O mérito consiste em sofrer, sem murmurar, as consequências dos males que não se podem evitar, em perseverar na luta, em não se desesperar, se não é bem-sucedido; nunca, porém, numa negligência que seria mais preguiça do que virtude.

Essa questão dá lugar naturalmente a outra. Visto que Jesus disse: "Bem-aventurados os aflitos", haverá mérito em alguém buscar aflições que lhe agravem as provas, por meio de sofrimentos voluntários? A isso responderei claramente: sim, há grande mérito quando os sofrimentos e as privações têm por fim o bem do próximo, porque é a caridade pelo sacrifício; não, quando os sofrimentos e as privações só têm por objetivo o bem próprio, porque aí só há egoísmo por fanatismo. Há que se fazer aqui uma grande distinção. No que vos diz respeito pessoalmente, contentai-vos com as provas que Deus vos manda e não lhes aumenteis o volume, já de si por vezes tão pesado; aceitai-as sem queixumes e com fé; eis tudo o que Ele vos pede. Não enfraqueçais vosso corpo com privações inúteis e macerações sem objetivo, pois necessitais de todas as vossas forças para cumprirdes vossa missão de trabalho na Terra. Torturar e martirizar voluntariamente vosso corpo é transgredir a Lei de Deus, que vos dá meios de o sustentar e fortalecer. Enfraquecê-lo sem necessidade é verdadeiro suicídio. Usai, mas não abuseis, tal é a lei. O abuso das melhores coisas traz sua punição nas inevitáveis consequências que acarreta.

Muito diferente é a situação, quando o homem impõe a si próprio sofrimentos para o alívio do próximo. Se suportardes o frio e a fome para aquecer e alimentar os necessitados, e se vosso corpo disso se ressente, fazeis um sacrifício que Deus abençoa. Vós, que deixais vossos aposentos perfumados para irdes à mansarda infecta levar a consolação; vós que sujais as mãos delicadas curando chagas; vós que vos privais do sono para velar à cabeceira de um doente que é apenas vosso irmão em Deus; vós, enfim, que consumis vossa saúde na prática das boas obras, eis em tudo isso o vosso cilício, verdadeiro e abençoado cilício, porque as alegrias do mundo não ressecaram vosso coração nem adormecestes no seio das volúpias enervantes da riqueza, antes vos constituístes anjos consoladores dos pobres deserdados.

Vós, porém, que vos retirais do mundo para evitar suas seduções e viver no isolamento, que utilidade tendes na Terra? Onde está vossa coragem nas provações, já que fugis da luta e desertais do combate? Se quereis um cilício, aplicai-o às vossas almas, e não aos vossos corpos; mortificai vosso Espírito, e não vossa carne; fustigai vosso orgulho, recebei sem murmurar as humilhações; afligi o vosso amor-próprio; enrijecei-vos contra a dor da injúria e da calúnia, mais pungente do que a dor física. Eis o verdadeiro cilício cujas feridas vos serão contadas, porque atestarão vossa coragem e vossa submissão à vontade de Deus.[57] – *Um anjo da guarda. (Paris, 1863.)*

64. *Deve-se pôr termo às provas do próximo, quando possível ou se deve, para respeitar os desígnios de Deus, deixar que sigam seu curso?*

Já vos temos dito e repetido muitas vezes que estais nessa Terra de expiação para concluirdes as vossas provas e que tudo que vos acontece é consequência das vossas existências anteriores, são os juros da dívida que tendes de pagar. Mas esse pensamento provoca em certas pessoas reflexões que devem ser combatidas, pois poderiam acarretar funestas consequências.

Pensam alguns que, uma vez que se está na Terra para expiar, é preciso que as provas sigam seu curso. Há outros que chegam ao ponto de acreditar que não só não devem fazer coisa alguma para as atenuar, como, ao contrário, devem contribuir para que sejam mais proveitosas, tornando-as mais vivas. Grande erro. Sim, vossas provas devem seguir o curso que Deus lhes traçou, mas conheceis esse curso? Sabeis até onde elas devem ir e se vosso Pai misericordioso não terá dito ao sofrimento de tal ou qual dos vossos irmãos: "Não irás mais longe?" Sabeis se a Providência não vos escolheu, não como instrumento de suplício para agravar os sofrimentos do culpado, mas como o bálsamo de consolação que deve cicatrizar as chagas que a sua justiça abrirá? Não digais, pois,

---

[57] N.T.: É possível que este e outros parágrafos hajam contribuído para a interdição em bloco dos livros espíritas de Allan Kardec, publicados antes e depois da *Imitação do evangelho segundo o espiritismo*, incluídos pela igreja católica em 1864 no seu famoso *index* de livros proibidos.

quando virdes atingido um dos vossos irmãos: "É a Justiça de Deus, e importa que siga seu curso". Dizei, ao contrário: "Vejamos que meios o Pai misericordioso me pôs ao alcance para suavizar o sofrimento do meu irmão. Vejamos se as minhas consolações morais, o meu amparo material ou meus conselhos não poderão ajudá-lo a vencer essa prova com mais energia, paciência e resignação. Vejamos mesmo se Deus não pôs em minhas mãos os meios de fazer que cesse esse sofrimento; se não me deu, também como prova, como expiação talvez, deter o mal e substituí-lo pela paz".

Ajudai-vos sempre, mutuamente, nas vossas provas, e nunca vos considereis instrumentos de tortura. Essa ideia deve revoltar todo homem de coração, principalmente todo espírita, porque este, melhor do que qualquer outro deve compreender a extensão infinita da bondade de Deus. O espírita tem de pensar que sua vida inteira deve ser um ato de amor e de devotamento e que, faça ele o que fizer para se opor às decisões do Senhor, sua justiça seguirá seu curso. Pode, pois, sem receio, empregar todos os esforços para atenuar o amargor da expiação, cabendo, no entanto, somente a Deus detê-la ou prolongá-la, conforme julgar conveniente.

Não haveria imenso orgulho, da parte do homem, acreditar-se no direito de, por assim dizer, revolver a arma na ferida? de aumentar a dose do veneno no peito daquele que está sofrendo, sob o pretexto de que tal é a sua expiação? Oh! considerai-vos sempre como instrumento para fazê-la cessar. Resumindo: todos estais na Terra para expiar, mas todos, sem exceção, deveis esforçar-vos por abrandar a expiação dos vossos irmãos, de acordo com a lei de amor e caridade. – *Bernardin*, Espírito protetor. (Bordeaux, 1863.)

65. *Um homem está agonizante, vítima de cruéis sofrimentos. Sabe-se que seu estado é desesperador. Será lícito lhe pouparmos alguns instantes de angústias apressando-lhe o fim?*

Quem vos daria o direito de prejulgar os desígnios de Deus? Não pode Ele conduzir o homem até à beira do sepulcro, para daí o retirar, a fim de fazê-lo voltar a si e modificar-lhe os pensamentos? Ainda que um moribundo haja chegado ao último extremo, ninguém pode afirmar com segurança que lhe tenha soado a última hora. A Ciência não se terá enganado alguma vez em suas previsões? Sei bem haver casos que se podem, com razão, considerar desesperadores, mas, se não há nenhuma esperança fundada de um regresso definitivo à vida e à saúde, não há inúmeros exemplos em que o doente, no momento mesmo de exalar o último suspiro, reanima-se e recobra suas faculdades por alguns instantes? Pois bem! Essa hora de graça, que lhe é concedida, pode ser-lhe de grande importância, pois ignorais as reflexões que seu Espírito poderá fazer nas convulsões da agonia e quantos tormentos lhe podem poupar um lampejo de arrependimento. O materialista, que apenas vê o corpo e não leva em nenhuma conta a alma, não pode compreender essas coisas, mas o espírita, que já sabe o que se passa no além-túmulo, conhece o valor de um último pensamento. Minorai os derradeiros sofrimentos, tanto quanto puderdes; guardai-vos, porém, de abreviar a vida, ainda que de um minuto, porque esse minuto pode poupar muitas lágrimas no futuro.[58] – *São Luís* (Paris, 1860.)

66. *Aquele que se acha desgostoso da vida, mas não querendo abreviá-la com as próprias mãos, será culpado se procurar a morte num campo de batalha, com o propósito de tornar útil a sua morte?*

Que o homem se mate ele próprio ou permita que outrem o mate, o objetivo é sempre o de abreviar a vida, havendo, por conseguinte, suicídio intencional, se não de fato. É ilusória a ideia de que sua morte servirá para alguma coisa; isso não passa de pretexto para colorir sua ação e desculpá-lo aos seus próprios olhos. Se desejasse seriamente servir ao seu país, procuraria viver para defendê-lo, e não morrer, visto que, morto, de nada mais lhe serviria. O verdadeiro devotamento consiste em não temer a morte, quando se trate de ser útil, em afrontar o perigo, em fazer, de antemão e sem pesar, o sacrifício da vida, se for necessário, mas buscar a morte com *intenção premeditada*, expondo-se a um perigo, ainda que para prestar serviço, anula o mérito da ação. – *São Luís.* (Paris, 1860.)

---

[58] N.T.: Haverá maior libelo do que este contra a eutanásia, praticada *legalmente* em alguns países ditos civilizados?

67. Se um homem se expõe a um perigo iminente para salvar a vida a um de seus semelhantes, sabendo previamente que sucumbirá, pode o seu ato ser considerado suicídio?

Desde que não haja intenção de buscar a morte, não há suicídio, mas apenas devotamento e abnegação, mesmo com a certeza de que morrerá. Mas quem pode ter essa certeza? Quem poderá dizer que a Providência não reserva um meio inesperado de salvação para o momento mais crítico? Não poderia ela salvar mesmo aquele que se achasse diante da boca de um canhão? Muitas vezes a Providência quer levar a prova da resignação até o último limite e, então, uma circunstância inesperada desvia o golpe fatal. – (*São Luís* – Paris, 1860.) [59]

---

[59] N.T.: Após o item 67 desta *Imitação do evangelho*, Allan Kardec acrescentou a seguinte questão e respectiva resposta na edição definitiva de 1866, a saber: *"Os que aceitam seus sofrimentos com resignação, por submissão à vontade de Deus e tendo em vista a felicidade futura, não trabalham apenas para si mesmos? Poderão tornar seus sofrimentos proveitosos para outros?* – Esses sofrimentos podem ser de proveito para outros, material e moralmente. Materialmente se, pelo trabalho, pelas privações e pelos sacrifícios que tais criaturas se imponham, contribuem para o bem-estar material de seus semelhantes; moralmente, pelo exemplo que elas oferecem de sua submissão à vontade de Deus. Esse exemplo do poder da fé espírita pode induzir os infelizes à resignação e salvá-los do desespero e de suas funestas consequências". – *São Luís*. (Paris, 1860).

CAPÍTULO VI

O Cristo Consolador

68. Vinde a mim, todos vós que estais aflitos e sobrecarregados, que Eu vos aliviarei. Tomai sobre vós o meu jugo e aprendei comigo que sou brando e humilde de coração e achareis repouso para vossas almas, pois suave é o meu jugo e leve o meu fardo. (MATEUS, 11:28 a 30.)

69. Se me amais, guardai os meus mandamentos; e Eu rogarei a meu Pai e Ele vos enviará outro Consolador, a fim de que fique eternamente convosco: O *Espírito de Verdade*, que o mundo não pode receber, porque não o vê e absolutamente não o conhece. Mas quanto a vós, conhecê-lo-eis, porque ficará convosco e estará em vós. Mas o Consolador, que é o Santo Espírito, que meu Pai enviará em meu nome, vos ensinará todas as coisas e vos fará lembrar de tudo o que vos tenho dito. (JOÃO, 14:15 a 17 e 26.)[60]

70. Todos os sofrimentos: misérias, decepções, dores físicas, perda de seres amados, encontram sua consolação na fé no futuro, na confiança na Justiça de Deus, que o Cristo veio ensinar aos homens. Sobre aquele, ao contrário, que nada espera após esta vida, ou que simplesmente duvida, as aflições caem com todo o seu peso e nenhuma esperança vem amenizar seu amargor. Foi isso que levou Jesus a dizer: "Vinde a mim todos vós que estais fatigados, que Eu vos aliviarei".

Entretanto, Jesus estabelece uma condição para a sua assistência e a felicidade que promete aos aflitos. Essa condição está na lei por Ele

---

[60] N.T.: Na 1ª edição deste livro, Allan Kardec julgou por bem agrupar os itens 68 e 69, para só em seguida (item 70) desenvolver seus comentários, o que não ocorre na edição definitiva de 1866.

ensinada. Seu jugo é a observância dessa lei, mas esse jugo é leve e a lei é suave, pois que apenas impõe, como dever, o amor e a caridade.

Jesus promete outro Consolador: o *Espírito de Verdade*, que o mundo ainda não conhece, por não estar maduro para o compreender, Consolador que o Pai enviará para ensinar todas as coisas e relembrar o que o Cristo havia dito. Se, portanto, o Espírito de Verdade devia vir mais tarde ensinar todas as coisas, é que o Cristo não dissera tudo; se vem relembrar o que o Cristo disse, é que seu ensino foi esquecido ou malcompreendido.

O Espiritismo vem no tempo previsto cumprir a promessa do Cristo: preside ao seu advento o Espírito de Verdade. Ele chama os homens à observância da Lei; ensina todas as coisas fazendo compreender o que o Cristo só disse por parábolas. Disse o Cristo: "Ouçam os que têm ouvidos para ouvir". O Espiritismo vem abrir os olhos e os ouvidos, porque fala sem figuras e sem alegorias; levanta o véu intencionalmente lançado sobre certos mistérios. Vem, finalmente, trazer a suprema consolação aos deserdados da Terra e a todos os que sofrem, atribuindo causa justa e fim útil a todas as dores.

Disse o Cristo: "Bem-aventurados os aflitos, porque serão consolados". Mas como pode a criatura sentir-se feliz, se não sabe por que sofre? O Espiritismo mostra a causa dos sofrimentos nas existências anteriores e na destinação da Terra, em que o homem expia seu passado. Mostra o objetivo dos sofrimentos como crises salutares que levam à cura e como meio de depuração que garante a felicidade nas existências futuras. O homem compreende que mereceu sofrer e acha justo o sofrimento. Sabe que esse sofrimento lhe auxilia o adiantamento e o aceita sem murmurar, como o operário aceita o trabalho que lhe assegurará o salário. O Espiritismo lhe dá fé inabalável no futuro e a dúvida pungente não mais se apossa de sua alma. Fazendo-lhe ver as coisas do alto, a importância das vicissitudes terrenas se perde no vasto e esplêndido horizonte que ele o faz descortinar, e a perspectiva da felicidade que o espera lhe dá a paciência, a resignação e a coragem de ir até o fim do caminho.

Assim, o Espiritismo realiza o que Jesus disse do Consolador prometido: conhecimento das coisas, fazendo que o homem saiba de onde vem, para onde vai e por que está na Terra; um chamamento aos verdadeiros princípios da Lei de Deus e consolação pela fé e pela esperança.

Instruções dos Espíritos

71. Venho, como outrora, aos transviados filhos de Israel, trazer-vos a verdade e dissipar as trevas. Escutai-me. O Espiritismo, como antigamente o fez minha palavra, tem de lembrar aos incrédulos que acima deles reina a imutável verdade: o Deus bom, o Deus grande, que faz germinem as plantas e se levantem as ondas. Revelei a divina doutrina. Como um ceifeiro, reuni em feixes o bem esparso no seio da humanidade e disse: "Vinde a mim, todos vós que sofreis!".

Mas, ingratos, os homens se afastaram do caminho largo e reto que conduz ao reino de meu Pai, perdendo-se nos ásperos atalhos da impiedade. Meu Pai não quer aniquilar a raça humana; quer que, ajudando-vos uns aos outros, mortos e vivos, isto é, mortos segundo a carne, já que a morte não existe, vos socorrais mutuamente, e que se faça ouvir não mais a voz dos profetas e dos apóstolos, mas a dos que já não vivem na Terra, a clamar: Orai e crede! pois a morte é a ressurreição, sendo a vida a prova escolhida, durante a qual as virtudes que houverdes cultivado crescerão e se desenvolverão como o cedro.

Homens fracos, que compreendeis as trevas das vossas inteligências, não afasteis o archote que a clemência divina vos coloca nas mãos para vos clarear o caminho e reconduzir-vos, filhos perdidos, ao regaço de vosso Pai.

Sinto-me tomado de muita compaixão pelas vossas misérias, pela vossa imensa fraqueza para não deixar de estender a mão em socorro aos infelizes transviados que, vendo o céu, caem nos abismos do erro. Crede, amai, meditai sobre as coisas que vos são reveladas; não mistureis o joio com a boa semente, as utopias com as verdades.

Espíritas! amai-vos, este o primeiro ensinamento; instruí-vos, este o segundo. Todas as verdades se encontram no Cristianismo; os erros que nele se arraigaram são de origem humana. E eis que do além-túmulo, que julgáveis o nada, vozes vos clamam: "Irmãos! nada perece. Jesus Cristo é o vencedor do mal, sede os vencedores da impiedade". – *O Espírito de Verdade*. (Paris, 1860.)

72. Venho ensinar e consolar os pobres deserdados. Venho dizer-lhes que elevem sua resignação ao nível de suas provas; que chorem, pois a dor foi consagrada no Jardim das Oliveiras, mas que esperem, pois os anjos consoladores também lhes virão enxugar as lágrimas.

Obreiros, traçai vosso sulco; recomeçai no dia seguinte a rude jornada da véspera; o trabalho das vossas mãos vos fornece aos corpos o pão terrestre, mas vossas almas não estão esquecidas; e Eu, o divino jardineiro, as cultivo no silêncio dos vossos pensamentos. Quando soar a hora do repouso; quando a teia da vida escapar de vossas mãos e vossos olhos se fecharem à luz, sentireis surgir e germinar em vós minha preciosa semente. Nada fica perdido no reino de nosso Pai e os vossos suores e misérias formam o tesouro que vos tornará ricos nas esferas superiores, onde a luz substitui as trevas e onde o mais desprovido dentre todos vós será talvez o mais resplandecente.

Em verdade vos digo: os que carregam seus fardos e assistem seus irmãos são meus bem-amados. Instruí-vos na preciosa doutrina que dissipa o erro das revoltas e vos ensina o objetivo sublime da provação humana. Assim como o vento varre a poeira, que também o sopro dos Espíritos dissipe a vossa inveja dos ricos do mundo, que são, muitas vezes, bem miseráveis, porque se acham sujeitos a provas mais perigosas do que as vossas. Estou convosco e meu apóstolo vos instrui.[61] Bebei na fonte viva do amor e preparai-vos, cativos da vida, para vos lançar um dia, livres e alegres, no seio daquele que vos criou fracos para vos tornar perfectíveis e deseja que modeleis vós mesmos a vossa maleável argila, a fim de serdes os artífices da vossa imortalidade. – *O Espírito de Verdade*. (Paris, 1861.)

73. Sou o grande médico das almas e venho trazer o remédio que vos há de curar. Os fracos, os sofredores e os enfermos são meus filhos

---

[61] N.T.: Estaria o Espírito de Verdade se referindo a Allan Kardec, ao dizer que seu apóstolo nos instrui? Pois corre a notícia, nos meios espíritas, de que o Codificador teria sido a reencarnação de Tomé.

prediletos, e Eu venho salvá-los. Vinde, pois, a mim, todos vós que sofreis e estais sobrecarregados e sereis aliviados e consolados. Não procureis em outro lugar a força e a consolação, pois o mundo é impotente para dá-las. Deus dirige um supremo apelo aos vossos corações, por meio do Espiritismo. Escutai-o. Que a impiedade, a mentira, o erro e a incredulidade sejam extirpados de vossas almas doloridas. São monstros que sugam vosso mais puro sangue e vos abrem chagas quase sempre mortais. Que, no futuro, humildes e submissos ao Criador, pratiqueis sua Lei divina. Amai e orai; sede dóceis aos Espíritos do Senhor; invocai-o do fundo de vossos corações. Ele, então, vos enviará o seu Filho bem-amado, para vos instruir e dizer estas boas palavras: "Eis-me aqui; venho até vós, porque me chamastes". – *O Espírito de Verdade*. (Bordeaux, 1861.)[62]

---

[62] N.T.: Após esta mensagem, a última do capítulo VI da 1ª edição, Allan Kardec incluiu mais outra na 3ª edição do Evangelho, também do Espírito de Verdade, a saber: "Deus consola os humildes e dá forças aos aflitos que a pedem. Seu poder cobre a Terra e, por toda parte, ao lado de uma lágrima Ele colocou um bálsamo consolador. O devotamento e a abnegação são uma prece contínua e encerram profundo ensinamento. A sabedoria humana reside nessas duas palavras. Possam todos os Espíritos sofredores compreender essa verdade, em vez de clamarem contra suas dores, contra os sofrimentos morais que são o vosso quinhão neste mundo. Tomai, pois, por divisa estas duas palavras: *devotamento* e *abnegação*, e sereis fortes, porque elas resumem todos os deveres que a caridade e a humildade vos impõem. O sentimento do dever cumprido vos dará repouso ao espírito e resignação. O coração bate melhor, a alma se asserena e o corpo já não sente desfalecimentos, porque sofre tanto mais, quanto mais profundamente o espírito é golpeado". – *O Espírito de Verdade*. (Le Havre, 1863.)

CAPÍTULO VII

Bem-aventurados os pobres de espírito

O que se deve entender por pobres de espírito – Os maiores no reino dos céus – Aquele que quiser tornar-se o maior, seja o servo dos outros – Quem se eleva será rebaixado – Mistérios ocultos aos sábios e aos prudentes – O orgulho e a humildade – Missão do homem inteligente na Terra

74. Bem-aventurados os pobres de espírito, porque deles é o reino dos céus. (MATEUS, 5:3.)

75. Nessa mesma ocasião, os discípulos se aproximaram de Jesus e lhe perguntaram: "Quem é o maior no reino dos céus?" Jesus, chamando a si um menino, o colocou no meio deles e respondeu: "Digo-vos em verdade, que, se não vos converterdes e tornardes quais crianças, não entrareis no reino dos céus. *Aquele, portanto, que se humilhar e se tornar pequeno como esta criança será o maior no reino dos céus* e aquele que recebe em meu nome a uma criança, tal como acabo de dizer, é a mim mesmo que recebe". (MATEUS, 18:1 a 5.)

76. Então, a mãe dos filhos de Zebedeu aproximou-se dele com seus dois filhos e o adorou, dando a entender que queria pedir alguma coisa. Disse-lhe Ele: "Que queres?" "Manda", disse ela, "que estes meus dois filhos tenham assento no teu reino, um à tua direita e o outro à tua esquerda". Mas Jesus lhe respondeu: "Não sabeis o que pedis; podeis beber o cálice que Eu vou beber?" Eles responderam:

"Podemos". Jesus lhes replicou: "É certo que bebereis o cálice que Eu beber, mas, pelo que respeita a vos sentardes à minha direita ou à minha esquerda, não cabe a mim vo-lo conceder, mas para aqueles a quem meu Pai o tem preparado". Ouvindo isso, os dez outros apóstolos se encheram de indignação contra os dois irmãos. Jesus, chamando-os para perto de si, lhes disse: "Sabeis que os príncipes das nações as dominam e que os grandes as tratam com império. Assim não deve ser entre vós; ao contrário, *aquele que quiser tornar-se o maior, seja vosso servo; e aquele que quiser ser o primeiro entre vós seja vosso escravo;* do mesmo modo que o Filho do Homem não veio para ser servido, mas para servir e dar a vida pela redenção de muitos". (MATEUS, 20:20 a 28.)

77. Jesus entrou em dia de sábado na casa de um dos principais fariseus para aí fazer sua refeição. Os que lá estavam o observaram. Então, notando que os convidados escolhiam os primeiros lugares, propôs-lhes uma parábola, dizendo: "Quando fordes convidados para bodas, não tomeis o primeiro lugar, para que não aconteça que, havendo entre os convidados uma pessoa mais importante do que vós, aquele que vos haja convidado venha a dizer-vos: dai o vosso lugar a este, e vos vejais constrangidos a ocupar, cheios de vergonha, o último lugar. Quando fordes convidados, ide colocar-vos no último lugar, a fim de que, quando aquele que vos convidou chegar, vos diga: 'Meu amigo, venha mais para cima'. Isso então será para vós um motivo de glória, diante de todos os que estiverem convosco à mesa; *porque todo aquele que se eleva será rebaixado e todo aquele que se abaixa será elevado*". (LUCAS, 14:1 e 7 a 11.)

78. Disse, então, Jesus estas palavras: "Graças te rendo, meu Pai, Senhor do Céu e da Terra, por haveres ocultado estas coisas aos sábios e aos prudentes e por as teres revelado aos simples e aos pequenos". (MATEUS, 11:25.)[63]

---

[63] N.T.: Mais uma vez Allan Kardec reúne, uma após a outra, *todas* as mensagens evangélicas aqui citadas, para só depois comentá-las em bloco, o que já não acontece na edição definitiva de 1866, em que cada passagem evangélica é transcrita separadamente, intercalando-se entre elas os comentários pertinentes que lhes dizem respeito, da lavra do Codificador do Espiritismo.

Capítulo VII
Bem-aventurados os pobres de espírito

79. A incredulidade zombou desta máxima: *Bem-aventurados os pobres de espírito*, como tem zombado de muitas outras coisas que não compreende. Por pobres de espírito Jesus não se refere aos homens desprovidos de inteligência, mas aos humildes, e diz que o reino dos céus é para estes, e não para os orgulhosos.

Os homens de saber e de espírito, no entender do mundo, formam geralmente tão alto conceito de si mesmos e da sua superioridade, que consideram as coisas divinas como indignas de sua atenção. Concentrando sobre si próprios os seus olhares, não os podem elevar até Deus. Essa tendência de se acreditarem superiores a tudo, com muita frequência os leva a negar aquilo que, estando acima deles, poderia rebaixá-los, a negar até mesmo a Divindade. Ou, se consentem em admiti-la, contestam um de seus mais belos atributos: sua ação providencial sobre as coisas deste mundo, convencidos de que são suficientes para bem governá-lo. Tomando a inteligência que possuem para medida da inteligência universal, e julgando-se aptos a tudo compreender, não podem crer na possibilidade do que não compreendem. Consideram sem apelação as sentenças que proferem. Se se recusam a admitir o mundo invisível e uma potência extra-humana, não é que isso lhes esteja fora do alcance, mas porque seu orgulho se revolta à ideia de uma coisa acima da qual não possam colocar-se e que os faria descer do pedestal. Esta a razão por que só têm sorrisos de desdém para tudo o que não pertence ao mundo visível e tangível. Atribuem-se muito espírito e saber para acreditar em coisas, segundo eles, boas para as pessoas *simples*, tendo por *pobres de espírito* os que as tomam a sério.

Entretanto, digam o que disserem, terão que entrar, como os outros, nesse mundo invisível de que tanto escarnecem. É lá que seus olhos serão abertos e que reconhecerão seus erros. Deus, porém, que é justo, não pode receber da mesma forma aquele que não reconheceu seu poder e aquele que humildemente se submeteu às suas leis, nem aquinhoá-los em partes iguais. Dizendo que o reino dos céus é dos simples, Jesus deu a entender que ninguém é admitido nesse reino sem a *simplicidade do coração e a humildade de espírito*; que o ignorante, que possui essas qualidades, será preferido ao sábio que mais crê em si do que em Deus. Em todas as circunstâncias, Jesus põe a humildade na categoria das virtudes que aproximam de Deus e o orgulho entre os vícios que dele afastam a criatura, e isso por uma razão muito natural: a de ser a humildade um ato de submissão a Deus, ao passo que o orgulho é a revolta contra Ele. Mais vale, pois, para a felicidade futura, que o homem seja *pobre em espírito*, no sentido mundano, e rico em qualidades morais.

80. As outras máximas (itens 75, 76, 77) resultam do princípio de humildade que Jesus não cessa de apresentar como condição essencial da felicidade prometida aos eleitos do Senhor, e que Ele formulou assim: "Bem-aventurados os pobres de espírito, porque deles é o reino dos céus". Ele toma uma criança como o tipo da simplicidade de coração e diz: "Será o maior no reino dos céus aquele que se humilhar e *se fizer pequeno como uma criança*", isto é, que não alimentar nenhuma pretensão à superioridade ou à infalibilidade.

Deparamos com a mesma ideia fundamental nesta outra máxima: *Aquele que quiser tornar-se o maior seja o vosso servo*, e nesta outra: *Aquele que se humilhar será exaltado e aquele que se elevar será rebaixado*.

O Espiritismo vem sancionar a teoria pelo exemplo, mostrando-nos na posição de grandes no mundo dos Espíritos os que eram pequenos na Terra, e bem pequenos, muitas vezes, os que na Terra eram os maiores e os mais poderosos. É que os primeiros, ao morrerem, levaram consigo aquilo que faz a verdadeira grandeza no Céu e que jamais se perde: as virtudes, ao passo que os outros tiveram de deixar aqui o que constituía sua grandeza terrena e que não se leva para a outra vida: a riqueza, os títulos, a glória, a nobreza do nascimento. Nada mais possuindo senão isso, chegam ao outro mundo privados de tudo, como náufragos que tudo perderam, até as próprias roupas. Conservam apenas o orgulho, que torna sua nova posição ainda mais humilhante, pois veem acima deles, resplandecentes de glória, aqueles a quem espezinharam na Terra.

O Espiritismo nos mostra outra aplicação desse princípio nas encarnações sucessivas, mediante as quais os que ocuparam as mais elevadas posições numa existência descem, em existência seguinte, às mais ínfimas condições, caso tenham sido dominados pelo orgulho e pela ambição. Não procureis, pois, na Terra, os primeiros lugares, nem vos colocar acima dos outros, se não quiserdes ser obrigados a descer. Buscai, ao contrário, o lugar mais humilde e mais modesto, pois Deus saberá dar-vos outro mais elevado no Céu, se o merecerdes.

81. Pode parecer singular que Jesus renda graças a Deus, por haver revelado estas coisas *aos simples e aos pequenos (item 78)*, que são os pobres de espírito, e por as ter ocultado *aos sábios e aos prudentes*, mais aptos, na aparência, a compreendê-las. É que se deve entender, pelos primeiros, *os humildes*, aqueles que se humilham diante de Deus e não se consideram superiores a todo o mundo; e, pelos segundos, *os orgulhosos*, envaidecidos do seu saber mundano, que se julgam prudentes porque negam e tratam a Deus de igual para igual, quando não se recusam a admiti-lo, porque, na Antiguidade, *sábio* era sinônimo de *douto*. É por isso que Deus lhes deixa a pesquisa dos segredos da Terra e revela os do Céu aos simples e aos humildes que se inclinam diante dele.

Assim ocorre hoje com as grandes verdades reveladas pelo Espiritismo. Alguns incrédulos se admiram de que os Espíritos façam tão poucos esforços para convencê-los; é que estes últimos se ocupam dos que procuram a luz com boa-fé e com humildade, de preferência aos que se supõem na posse de toda a luz e imaginam, talvez, que Deus deveria ficar muito feliz de os conduzir a Ele, provando-lhes sua existência. O poder de Deus se manifesta nas pequeninas coisas, como nas maiores. Ele não põe a luz debaixo do alqueire, mas a derrama em ondas por toda parte, de modo que só os cegos não a veem. *Deus não quer abrir os olhos deles à força, já que lhes apraz mantê-los fechados*. Chegará sua vez, mas antes é preciso que sintam as angústias das trevas e *reconheçam Deus, e não o acaso, na mão que lhes fere o orgulho*. Para vencer a incredulidade, Deus emprega os meios mais convincentes, conforme os indivíduos. Não cabe ao incrédulo prescrever-lhe o que deva fazer nem dizer: "Se queres me convencer, deves proceder dessa ou daquela maneira, em tal ocasião e não em tal outra, porque essa ocasião é a que mais me convém".

Não se espantem, pois, os incrédulos de que nem Deus nem os Espíritos, que são os agentes da sua vontade, se submetam às suas exigências. Perguntem a si mesmos o que diriam, se o último de seus servidores quisesse impor-se a eles; Deus impõe condições, mas não se submete às dos outros; escuta com bondade os que se dirigem a Ele com humildade, e não os que se julgam mais do que Ele.

Dir-se-á: Deus não poderia tocá-los pessoalmente, por meio de sinais retumbantes, diante dos quais se inclinassem os incrédulos mais endurecidos? Sem dúvida que o poderia, mas, nesse caso, onde estaria o mérito deles e, ademais, para que serviria isso? Não se veem todos os dias criaturas que recusam a evidência, chegando até mesmo a dizer: "Ainda que eu visse, não acreditaria, porque *sei* que é impossível?". Se esses se recusam a reconhecer a verdade, é porque seu espírito ainda não está maduro para compreendê-la nem o coração para senti-la. O *orgulho é a venda que lhes obscurece a visão*. De que vale apresentar a luz a um cego? É preciso, pois, que se cure antes a causa do mal. É por isso que, médico hábil que é, Deus castiga primeiramente o orgulho. Não abandona seus filhos perdidos, por saber que, cedo ou tarde, seus olhos se abrirão, mas quer que o façam de livre vontade, quando, vencidos pelos tormentos da incredulidade, atirar-se-ão por si mesmos em seus braços, a pedir-lhe perdão, quais filhos pródigos.

Instruções dos Espíritos

O orgulho e a humildade

82. Que a paz do Senhor esteja convosco, meus caros amigos! Venho até vós para vos encorajar a seguir o bom caminho.

Aos pobres Espíritos que outrora habitaram a Terra, Deus conferiu a missão de vos esclarecer. Bendito seja Ele, pela graça que nos concede de podermos auxiliar o vosso aperfeiçoamento. Que o Espírito Santo me ilumine e ajude a tornar compreensível minha palavra, concedendo-me a graça de pô-la ao alcance de todos! Vós encarnados, todos que vos achais em prova e buscais a luz, que a vontade de Deus venha em meu auxílio para fazê-la brilhar aos vossos olhos!

A humildade é uma virtude muito esquecida entre vós. Os grandes exemplos que vos foram dados pouco são seguidos. Entretanto, sem humildade, podeis ser caridosos com o vosso próximo? Oh! não, pois este sentimento nivela os homens, dizendo-lhes que todos são irmãos, que se devem auxiliar mutuamente e os conduz ao bem. Sem a humildade, apenas vos adornais de virtudes que não possuís, como se trouxésseis um vestuário para ocultar as deformidades do vosso corpo. Lembrai-vos daquele que nos salvou; lembrai-vos da sua humildade, que o fez tão grande e o colocou acima dos profetas.

O orgulho é o terrível adversário da humildade. Se o Cristo prometia o reino dos céus aos mais pobres, é porque os grandes da Terra imaginam que os títulos e as riquezas são recompensas devidas aos seus méritos, e que sua essência é mais pura que a do pobre. Julgam que têm direito a tais coisas, razão pela qual, quando Deus as retira, o acusam de injustiça. Oh! zombaria e cegueira! Deus vos distingue pelos corpos? O envoltório do pobre não é da mesma essência que o do rico? Porventura o Criador terá feito duas espécies de homens? Tudo o que Deus faz é grande e sábio. Nunca lhe atribuais as ideias concebidas por vossos cérebros orgulhosos.

Ó rico! Enquanto dormes em teus aposentos dourados, ao abrigo do frio, não sabes que milhares de irmãos teus, que valem tanto quanto tu, jazem sobre a palha? O infeliz que passa fome não é teu igual? Ao ouvires isso, bem o sei, revolta-se o teu orgulho. Concordarás em dar-lhe uma esmola, mas em lhe apertar fraternalmente a mão, jamais! O quê! dirás, eu, de sangue nobre, grande da Terra, serei igual a este miserável coberto de andrajos? Vã utopia de pretensos filósofos! Se fôssemos iguais, por que Deus o teria colocado tão baixo e a mim tão alto? É verdade que as vossas vestes não se assemelham, mas, se ambos vos despissem, que diferença haveria entre vós? A nobreza do sangue, dirás. A Química, porém, ainda não encontrou nenhuma diferença entre o sangue de um grão-senhor e o de um plebeu; entre o do senhor e o do escravo. Quem te garante que também já não tenhas sido miserável e infeliz como ele? Que também não hajas pedido esmola? Que não a pedirás um dia a esse mesmo a quem hoje desprezas? Serão eternas as riquezas? Não se acabam com a extinção do corpo, envoltório perecível do teu espírito? Oh! lança um pouco de humildade sobre ti mesmo! Procura atentar sobre a realidade das coisas deste mundo, sobre o que dá lugar ao engrandecimento e ao rebaixamento no outro; lembra-te de que a morte não te poupará, como a nenhum homem; que os títulos não te preservarão do seu golpe; que ela te poderá ferir amanhã, hoje, a qualquer hora. Se te enterras no teu orgulho, oh! quanto então eu te lamento, pois que serás digno de piedade.

Orgulhosos! Que éreis antes de serdes nobres e poderosos? Talvez estivésseis abaixo do último dos vossos criados. Curvai, portanto, vossas frontes altaneiras, que Deus pode abaixar no momento em que mais as elevardes. Todos os homens são iguais na balança divina; só as virtudes os distinguem aos olhos de Deus. Todos os Espíritos são da mesma essência e todos os corpos são formados com a mesma massa; vossos títulos e vossos nomes não os modificam absolutamente; ficam no túmulo e não são eles que darão a felicidade prometida aos eleitos. A caridade e a humildade são seus títulos de nobreza.

Pobre criatura! És mãe, teus filhos sofrem; sentem frio, têm fome, e tu vais, curvada ao peso da tua cruz, humilhar-te, para lhes conseguires um pedaço de pão. Oh! eu me inclino diante de ti. Como és nobre, santa e grande aos meus olhos! Espera e ora; a felicidade ainda não é deste mundo. Aos pobres e oprimidos que nele confiam, Deus concede o reino dos céus.

E tu, minha jovem, pobre criança lançada ao trabalho, às privações, por que esses tristes pensamentos? Por que choras? Que teus olhos se voltem, piedosos e serenos, para Deus: Ele dá alimento aos passarinhos. Confia nele; Ele não te abandonará. O ruído das festas, dos prazeres do mundo faz bater teu coração; também desejavas adornar de flores os teus cabelos e misturar-te aos venturosos da Terra. Dizes a ti mesma que poderias, como essas mulheres que vês passar, levianas e risonhas, ser rica também. Oh! cala-te criança! Se soubésseis quantas

Capítulo VII
Bem-aventurados os pobres de espírito

lágrimas e dores indescritíveis se ocultam sob esses vestidos bordados, quantos soluços são abafados pelo ruído dessa orquestra feliz, preferirias teu humilde retiro e tua pobreza. Conserva-te pura aos olhos de Deus, se não queres que teu anjo da guarda volte para Ele, cobrindo o semblante com suas brancas asas e deixando-te com teus remorsos, sem guia, sem amparo, neste mundo, onde ficarias perdida, enquanto esperas a punição no outro.

Todos vós que sofreis as injustiças dos homens, sede indulgentes para as faltas dos vossos irmãos, refletindo que vós mesmos não vos achais isentos de culpas: isso é caridade e, também, humildade. Se sofreis pelas calúnias, curvai a cabeça sob essa prova. Que vos importam as calúnias do mundo? Se vossa conduta é pura, Deus não pode vos recompensar por isso? Suportar com coragem as humilhações dos homens é ser humilde e reconhecer que somente Deus é grande e poderoso.

Oh! meu Deus, será preciso que o Cristo volte novamente à Terra para ensinar aos homens as tuas leis, que eles esquecem? Deverá Ele expulsar ainda os vendilhões do templo, que corrompem tua casa, destinada unicamente à oração? E, quem sabe? ó homens! se Deus vos concedesse essa graça, talvez o renegaríeis como outrora! talvez o chamaríeis de blasfemador, porque abateria o orgulho dos modernos fariseus! É bem possível que o fizésseis percorrer novamente o caminho do Gólgota.

Quando Moisés subiu ao Monte Sinai para receber os mandamentos de Deus, o povo de Israel, entregue a si mesmo, abandonou o verdadeiro Deus. Homens e mulheres deram o ouro e as joias que possuíam para que se fizesse um ídolo que passaram a adorar. Homens civilizados, estais agindo como eles. O Cristo vos deixou sua Doutrina; deu-vos o exemplo de todas as virtudes e tudo abandonastes, exemplos e preceitos. Absorvidos pelas vossas paixões, fizestes um Deus de acordo com a vossa vontade; segundo uns, terrível e sanguinário; segundo outros, indiferente aos interesses do mundo. O Deus que fabricastes é ainda o bezerro de ouro que cada um adapta aos seus gostos e às suas ideias.

Despertai, meus irmãos, meus amigos. Que a voz dos Espíritos vos toque os corações. Sede generosos e caridosos, sem ostentação, isto é, fazei o bem com humildade. Que cada um vá demolindo aos poucos os altares erguidos ao orgulho. Numa palavra, sede verdadeiros cristãos e tereis o reino da verdade. Não duvideis mais da bondade de Deus, quando dela Ele vos dá tantas provas. Vimos preparar os caminhos para que as profecias se cumpram. Quando o Senhor vos der uma manifestação mais retumbante da sua clemência, que o enviado celeste já vos encontre formando uma grande família; que vossos corações, mansos e humildes, sejam dignos de ouvir a palavra divina que Ele vos vem trazer; que o eleito não encontre em seu caminho senão as palmas que aí tenhais deposto pelo vosso retorno ao bem, à caridade, à fraternidade, quando, então, vosso mundo se tornará o paraíso terrestre. No entanto, se permanecerdes insensíveis à voz dos Espíritos enviados para depurar e renovar vossa sociedade civilizada, rica em ciências e, contudo, tão pobre de bons sentimentos, ah! então só nos restará chorar e gemer pela vossa sorte. Mas, não, assim não será. Voltai para Deus, vosso Pai, e todos nós que houvermos contribuído para o cumprimento da sua vontade entoaremos o cântico de ação de graças, a fim de agradecer ao Senhor por sua inesgotável bondade e glorificá-lo por todos os séculos dos séculos. Assim seja. – *Lacordaire*. (Constantina, 1863.)

83. Homens, por que vos queixais das calamidades que vós mesmos amontoastes sobre vossas cabeças? Desprezastes a santa e divina moral do Cristo; não vos espanteis, pois, de que a taça da iniquidade haja transbordado de todos os lados. Generaliza-se o mal-estar. A quem incriminar, senão a vós que incessantemente procurais esmagar-vos uns aos outros? Não podeis ser felizes, sem mútua benevolência, mas como pode a benevolência coexistir com o orgulho? O orgulho, eis a fonte de todos os vossos males. Aplicai-vos, portanto, em destruí-lo, se não quiserdes perpetuar suas funestas consequências. Tendes um só meio para isso, mas infalível: tomardes para regra invariável do vosso proceder a Lei do Cristo, lei que tendes repelido ou falseado em sua interpretação. Por que tendes em tão grande estima o que brilha e encanta os olhos, em vez daquilo que toca o coração? Por que fazeis do vício na opulência objeto das vossas adulações, enquanto só tendes um olhar de desdém

Capítulo VII
Bem-aventurados os pobres de espírito

para o verdadeiro mérito, que se oculta na obscuridade? Apresente-se em qualquer parte um rico debochado, perdido de corpo e alma, e todas as portas lhe serão abertas, todas as considerações voltam-se para ele, ao passo que mal se dignam saudar o homem de bem, que vive do seu trabalho. Quando a consideração dispensada aos outros é medida pelo peso do ouro que possuem ou pelo nome que usam, que interesse eles podem ter em se corrigirem de seus defeitos? Outra seria a situação, se a opinião geral fustigasse o vício dourado tanto quanto o vício em andrajos, mas o orgulho é indulgente para tudo que o lisonjeia. Século de cupidez e de dinheiro, dizeis. Sem dúvida, mas por que deixastes que as necessidades materiais sobrepujassem o bom senso e a razão? Por que cada um quer elevar-se acima de seu irmão? Hoje a sociedade sofre as consequências desse fato. Não esqueçais que tal estado de coisas é sempre um sinal de decadência moral. Quando o orgulho chega ao extremo, tem-se um indício de queda próxima, porque Deus sempre castiga os soberbos. Se por vezes deixa que subam, é para lhes dar tempo à reflexão e a que se emendem, sob os golpes que de vez em quando lhes desfere no orgulho para os advertir. Mas, em vez de se humilharem, eles se revoltam. Então, quando a medida está cheia, Deus a revira completamente, sendo-lhes a queda tão mais terrível quanto mais alto hajam subido.

Pobre raça humana, cujo egoísmo corrompeu todos os caminhos, toma novamente coragem, apesar de tudo. Em sua misericórdia infinita, Deus te envia poderoso remédio para teus males, um inesperado socorro à tua miséria. Abre os olhos à luz: aqui estão as almas dos que já não vivem na Terra e que te vêm chamar ao cumprimento dos teus verdadeiros deveres. Eles te dirão, com a autoridade da experiência, quanto as vaidades e as grandezas da vossa passageira existência são mesquinhas em face da eternidade. Dir-te-ão que, no Além, o maior é aquele que haja sido o mais humilde entre os pequenos deste mundo; que aquele que mais amou seus irmãos será também o mais amado no Céu; que os poderosos da Terra, se abusaram da sua autoridade, ver-se-ão obrigados a obedecer aos seus servos; que, finalmente, a caridade e a humildade, irmãs que andam sempre de mãos dadas, são os títulos mais eficazes para se obter graça diante do Eterno. – *Adolfo*, bispo de Argel. (Marmande, 1862.)

Missão do homem inteligente na Terra

84. Não vos envaideçais do que sabeis, porque esse saber tem limites muito estreitos no mundo em que habitais. Mesmo supondo que sejais uma das sumidades inteligentes desse globo, não tendes nenhum direito de envaidecer-vos. Se Deus, em seus desígnios, vos fez nascer num meio em que pudestes desenvolver a inteligência, é que deseja que a utilizeis para o bem de todos; é uma missão que Ele vos dá, pondo em vossas mãos o instrumento com que podeis desenvolver, por vossa vez, as inteligências retardatárias e conduzi-las a Ele. A natureza do instrumento não indica o uso a que deve prestar-se? A enxada que o jardineiro põe nas mãos do seu ajudante não indica que este último deve cavar a terra? E que diríeis, se esse ajudante, em vez de trabalhar, erguesse a enxada para ferir seu patrão? Diríeis que é horrível e que ele merece ser expulso. Pois bem: não se dá a mesma coisa com aquele que se serve da sua inteligência para destruir a ideia de Deus e da Providência entre seus irmãos? Não levanta contra seu patrão a enxada que lhe foi dada para desbravar o terreno? Tem ele direito ao salário prometido? Não merece, ao contrário, ser expulso do jardim? Ele o será, não duvideis, e arrastará existências miseráveis e cheias de humilhações, até que se curve diante daquele a quem tudo deve.

A inteligência é rica de méritos para o futuro, mas sob a condição de ser bem empregada. Se todos os homens que a possuem dela se servissem de conformidade com a vontade de Deus, a tarefa dos Espíritos, de fazer progredir a humanidade, seria bem mais fácil. Infelizmente, muitos a tornam um instrumento de orgulho e de perdição contra si mesmos. O homem abusa de sua inteligência como de todas as outras faculdades e, no entanto, não lhe faltam ensinamentos que o advirtam de que uma mão poderosa pode retirar o que lhe concedeu. – *Ferdinand*, Espírito protetor (Bordeaux, 1862.)

CAPÍTULO VIII

Bem-aventurados os que têm puro o coração

Deixai vir a mim as criancinhas – Pecado por pensamento. Adultério – Verdadeira pureza. Mãos não lavadas – Escândalos. Se a vossa mão é motivo de escândalo, cortai-a

85. Bem-aventurados os que têm puro o coração, porque verão a Deus. (MATEUS, 5:8.)

86. Apresentaram-lhe então algumas crianças, a fim de que Ele as tocasse; e, como seus discípulos afastassem com palavras ásperas os que as apresentavam, Jesus, vendo isso, zangou-se e lhes disse: "*Deixai que venham a mim as criancinhas,* e não as impeçais, porque o reino dos céus é para os que se assemelham a elas. Digo-vos, em verdade, que aquele que não receber o reino de Deus como uma criança, nele não entrará". E, depois de as abraçar, abençoou-as, impondo-lhes as mãos. (MARCOS, 10:13 a 16.)

87. A pureza de coração é inseparável da simplicidade e da humildade. Exclui toda ideia de egoísmo e de orgulho. É por isso que Jesus toma a infância como emblema dessa pureza, do mesmo modo que a tomou como o da humildade.

Essa comparação poderia parecer injusta, considerando-se que o Espírito da criança pode ser muito antigo, e traz, ao renascer para a vida corpórea, as imperfeições de que não se tenha despojado em suas precedentes existências. Só um Espírito chegado à perfeição nos poderia oferecer o tipo da verdadeira pureza. Mas a comparação é exata do ponto de vista da vida presente, porque a criancinha, não havendo ainda podido manifestar nenhuma tendência perversa, nos apresenta a imagem da inocência e da candura. Além disso, Jesus não disse de modo absoluto que o reino dos céus é para elas, mas *para os que se lhes assemelhem.*

Considerando-se que o Espírito da criança já viveu, por que não se mostra, desde o nascimento, tal qual é? Tudo é sábio nas obras de Deus. A criança necessita de cuidados delicados, que somente a ternura materna lhe pode dispensar, ternura que se acresce da fraqueza e da ingenuidade da criança. Para uma mãe, seu filho é sempre um anjo e assim deveria ser, para cativar sua solicitude. Talvez não lhe dispensasse o mesmo devotamento se, em vez da graça ingênua, deparasse nele, sob os traços infantis, um caráter viril e as ideias de um adulto e, ainda menos, se viesse a conhecer seu passado. É necessário, aliás, que a atividade do princípio inteligente seja proporcional à fraqueza do corpo, que não poderia resistir a uma atividade muito grande do Espírito, como se vê em indivíduos muito precoces. É por isso que o Espírito, ao se aproximar da reencarnação, entra em estado de perturbação e perde pouco a pouco a consciência de si mesmo, ficando, por certo tempo, numa espécie de sono, durante o qual todas suas faculdades permanecem em estado latente. É necessário esse estado de transição para que o Espírito tenha novo ponto de partida e para que esqueça, em sua nova existência terrestre, tudo aquilo que a possa entravar. Seu passado, no entanto, reage sobre ele; renasce melhor, mais forte, moral e intelectualmente, sustentado e secundado pela intuição que conserva da experiência adquirida. A partir do nascimento, suas ideias retomam gradualmente seu impulso, à medida que os órgãos se desenvolvem, podendo-se dizer que, no curso dos primeiros anos, o Espírito é verdadeiramente criança, porque as ideias que formam o fundo de seu caráter ainda estão adormecidas. Durante o tempo em que seus instintos se conservam sonolentos, ele é mais flexível e, por isso mesmo, mais acessível às impressões que podem modificar sua natureza e fazê-lo progredir, o que torna mais fácil a tarefa imposta aos pais.

O Espírito, pois, enverga temporariamente a túnica da inocência e, assim, Jesus está com a verdade, quando, a despeito da anterioridade da alma, toma a criança por símbolo da pureza e da simplicidade.

> **88.** Ouvistes o que foi dito aos Antigos: "Não cometereis adultério". Eu, porém, vos digo que aquele que houver olhado uma mulher, com mau desejo para com ela, já em seu coração cometeu adultério. (MATEUS, 5:27 e 28.)

89. A palavra *adultério* não deve ser aqui entendida no sentido exclusivo da acepção que lhe é própria, mas num sentido mais geral. Muitas vezes Jesus a empregou por extensão, para designar o mal, o pecado, todo e qualquer pensamento mau, como, por exemplo, nesta passagem: "Porque se alguém se envergonhar de mim e das minhas palavras, dentre esta raça *adúltera e pecadora*, o Filho do Homem também se envergonhará dele, quando vier acompanhado dos santos anjos, na glória de seu Pai". (MARCOS, 8:38.)

A verdadeira pureza não está somente nos atos; está também no pensamento, porque aquele que tem puro o coração, nem sequer pensa no mal. Foi o que Jesus quis dizer: Ele condena o pecado, mesmo em pensamento, porque é sinal de impureza.

Esse princípio nos leva naturalmente à seguinte questão: *Sofrem-se as consequências de um pensamento mau, embora não tenha produzido qualquer efeito?*

Há aqui importante distinção a fazer. À medida que a alma, comprometida no mau caminho, avança na vida espiritual, pouco a pouco se esclarece e se despoja de suas imperfeições, conforme a maior ou menor boa vontade que demonstre, em virtude do seu livre-arbítrio. Todo pensamento mau resulta, pois, da imperfeição da alma, mas, de acordo com o desejo que alimenta de depurar-se, mesmo esse mau pensamento se torna para ela uma ocasião de adiantar-se, porque o repele com energia. É indício de esforço para apagar uma mancha. Não cederá, caso se apresente ocasião de satisfazer a um mau desejo. Depois que haja resistido, sentir-se-á mais forte e contente com sua vitória. Aquela, ao contrário, que não tomou boas resoluções, procura ocasião de praticar o mau ato e, se não o fizer, não é por efeito da sua vontade, mas por falta de oportunidade. É, pois, tão culpada quanto o seria se o cometesse. Em resumo, naquele que nem concebe a ideia do mal, já há progresso realizado; naquele em quem surge essa ideia, mas a repele, há progresso em vias de realizar-se; naquele, finalmente, que pensa no mal e nele se compraz o mal ainda existe em toda sua plenitude. Num, o trabalho está feito; no outro, está por fazer-se. Deus, que é justo, leva em conta todas essas gradações na responsabilidade dos atos e dos pensamentos do homem.

> 90. Então os escribas e os fariseus, que tinham vindo de Jerusalém, aproximaram-se de Jesus e lhe disseram: "Por que violam os teus discípulos a tradição dos Antigos, já que não lavam as mãos quando fazem suas refeições?"
>
> Jesus lhes respondeu: "Por que violais vós outros o mandamento de Deus, para seguir a vossa tradição? Porque Deus pôs este mandamento: Honrai a vosso pai e a vossa mãe; e este outro: Seja punido de morte aquele que disser a seu pai ou a sua mãe palavras ultrajantes; e vós outros, no entanto, dizeis: Aquele que haja dito a seu pai ou a sua mãe: Toda oferenda que faço a Deus vos é proveitosa, satisfaz à Lei, ainda que depois não honre nem assista a seu pai ou a sua mãe. Tornam assim inútil o mandamento de Deus, pela vossa tradição. Hipócritas, bem profetizou de vós Isaías, quando disse: Este povo me honra com os lábios, mas seu coração está longe de mim; é em vão que me honram ensinando máximas e ordenações humanas".
>
> Depois, tendo chamado o povo, disse: "Escutai e compreendei bem isto: Não é o que entra na boca que macula o homem; o que sai da boca do homem é que o macula. O que sai da boca procede do coração e é o que torna impuro o homem; porque é do coração que partem os maus pensamentos, os assassínios, os adultérios, as fornicações, os latrocínios, os falsos testemunhos, as blasfêmias e as

maledicências. Essas são as coisas que tornam impuro o homem, mas comer sem haver lavado as mãos não é o que o torna impuro".

Então, aproximando-se dele, disseram-lhe seus discípulos: "Sabeis que, ouvindo o que acabais de dizer, os fariseus se escandalizaram?" Ele, porém, respondeu: "Toda planta que meu Pai celestial não plantou será arrancada. Deixai-os, são cegos que conduzem cegos; se um cego conduz outro, ambos caem no fosso". (MATEUS, 15:1 a 20.)

91. Enquanto Ele falava, um fariseu lhe pedia que fosse jantar em sua companhia. Jesus foi e sentou-se à mesa. O fariseu começou então a dizer consigo mesmo: "Por que Ele não lavou as mãos antes de jantar?" Disse-lhe, porém, o Senhor: "Vós outros, fariseus, tendes grande cuidado em limpar o exterior do copo e do prato; entretanto, o interior dos vossos corações está cheio de rapinas e de iniquidades. Insensatos que sois! Aquele que fez o exterior não é o que faz também o interior?" (LUCAS, 11:37 a 40.)

92. Os judeus haviam desprezado os verdadeiros mandamentos de Deus para se apegarem à prática dos regulamentos estabelecidos pelos homens e da rígida observância desses regulamentos faziam casos de consciência. O fundo, muito simples, acabara por desaparecer debaixo da complicação da forma. Como era mais fácil observar atos exteriores do que se reformar moralmente, *lavar as mãos do que limpar o coração*, os homens iludiram-se a si próprios, julgando-se quites para com Deus por se conformarem com aquelas práticas, mantendo-se tais quais eram, já que lhes haviam ensinado que Deus não exigia mais do que isso. Esta a razão de haver dito o profeta: É em vão que esse povo me honra com os lábios, ensinando máximas e ordenações humanas. Assim também aconteceu com a doutrina moral do Cristo, que acabou sendo relegada a segundo plano, levando assim muitos cristãos, a exemplo dos antigos judeus, a considerarem mais garantida a salvação por meio das práticas exteriores, do que pelas da moral. É a essas adições, feitas pelos homens à Lei de Deus, que Jesus faz alusão, quando diz: *Toda árvore que meu Pai celestial não plantou será arrancada.*

O objetivo da religião é conduzir o homem a Deus. Ora, o homem só chega a Deus quando se torna perfeito. Logo, toda religião que não torna melhor o homem, não alcança seu objetivo. Toda aquela em que o homem julgue apoiar-se para fazer o mal, ou é falsa, ou está falseada em seu princípio. Tal é o resultado de todas as religiões em que a forma supera o fundo. A crença na eficácia dos sinais exteriores é nula, se não impede que se cometam assassínios, adultérios, espoliações, que se levantem calúnias, que se causem dano ao próximo, seja no que for. Semelhantes religiões fazem supersticiosos, hipócritas e fanáticos; nunca, porém, homens de bem.

Não basta, pois, ter as aparências da pureza; é preciso, acima de tudo, ter a pureza do coração.

> **93.** Ai do mundo por causa dos escândalos; pois é necessário que venham escândalos, mas ai do homem por quem o escândalo venha.
>
> Se alguém escandalizar a um destes pequenos que creem em mim, fora melhor que lhe atassem ao pescoço uma dessas mós[64] que um asno faz girar e que o lançassem no fundo do mar.
>
> Tende muito cuidado em não desprezar um destes pequenos. Declaro-vos que seus anjos no Céu veem incessantemente a face de meu Pai que está nos Céus, porque o Filho do Homem veio salvar o que estava perdido.
>
> Se a vossa mão ou o vosso pé é objeto de escândalo, cortai-os e lançai-os longe de vós; melhor será para vós que entreis na vida tendo um só pé ou uma só mão, do que terdes dois e serdes lançados no fogo eterno. Se o vosso olho vos é objeto de escândalo, arrancai-o e lançai-o longe de vós; melhor para vós será que entreis na vida tendo um só olho, do que terdes dois e serdes precipitados no fogo do inferno. (Mateus, 18:6 a 10; 5:27 a 30.)

94. No sentido vulgar, *escândalo* se diz de toda ação que, de modo ostensivo, choca a moral ou a decência. O escândalo não está na ação

---

[64] N.E: Pedra grande dura, circular, de altura pequena, com que se trituram os grãos nos moinhos, girando-a sobre outra pedra.

em si mesma, mas na repercussão que possa ter. A palavra escândalo implica sempre a ideia de um certo arruído. Muitas pessoas se contentam em evitar o *escândalo*, porque seu orgulho sofreria com ele e a consideração de que desfrutam ficaria diminuída entre os homens. Desde que suas torpezas fiquem ignoradas, é quanto lhes basta para que sua consciência permaneça em paz. Segundo palavras de Jesus, são "Sepulcros brancos por fora, mas cheios de podridão por dentro; vasos limpos no exterior, e sujos no interior".

No sentido evangélico, a acepção da palavra escândalo, tão frequentemente empregada, é muito mais geral, razão pela qual, em certos casos, não se compreende seu significado. Já não é somente o que choca a consciência alheia, é tudo o que resulta dos vícios e das imperfeições dos homens, toda reação má de indivíduo a indivíduo, com ou sem repercussão. *O escândalo, neste caso, é o resultado efetivo do mal moral.*

É preciso que haja escândalo no mundo, disse Jesus, porque os homens, em razão da sua imperfeição, mostram-se inclinados a praticar o mal, e porque as más árvores dão maus frutos.[65]

É necessário que o escândalo venha, porque, estando em expiação na Terra, os homens se punem a si mesmos pelo contato de seus vícios, cujas primeiras vítimas são eles próprios e cujos inconvenientes acabam por compreender. Quando estiverem cansados de sofrer devido ao mal, buscarão o remédio no bem. A reação desses vícios serve, pois, ao mesmo tempo, de castigo para uns e de provas para outros. É assim que do mal Deus faz emergir o bem e que os próprios homens utilizam as coisas más ou sem valor.

Mas ai daquele por quem venha o escândalo. Quer dizer que o mal sendo sempre o mal, aquele que serviu, sem o saber, de instrumento à Justiça divina, aquele cujos maus instintos foram utilizados, nem por isso deixou de praticar o mal e de merecer punição. É assim, por exemplo, que um filho ingrato é uma punição ou uma prova para o pai que sofre com isso, porque esse pai talvez tenha sido também um mau filho

---

[65] N.T.: No final deste parágrafo da edição de 1864, Allan Kardec acrescentou mais esta passagem na edição definitiva de 1866: "Deve-se, pois, entender por essas palavras que o mal é uma consequência da imperfeição dos homens e não que haja, para estes, obrigação de praticá-lo".

que fez seu pai sofrer. Passa ele pela pena de talião.[66] Mas mesmo essa circunstância não pode servir de desculpa ao filho que, por sua vez, terá de ser castigado em seus próprios filhos ou de outra maneira.[67]

Sendo assim, dirão, o mal é necessário e durará sempre, porque, se desaparecesse, Deus se veria privado de um poderoso meio de corrigir os culpados. Logo, é inútil tentar melhorar os homens. Mas se não houvesse mais culpados, já não haveria necessidade de castigos. Suponhamos que a humanidade se transforme e passe a ser constituída por homens de bem: nenhum pensará em fazer mal ao seu próximo e todos serão felizes por serem bons. Tal é o estado dos mundos adiantados, dos quais o mal foi excluído; tal virá a ser o da Terra, quando houver progredido bastante. Mas enquanto alguns mundos se adiantam, outros se formam povoados de Espíritos primitivos e que, além disso, servem de habitação, de exílio e de lugar de expiação para os Espíritos imperfeitos, rebeldes, obstinados no mal, expulsos de mundos que se tornaram felizes.

Se a vossa mão é causa de escândalo, cortai-a. Figura enérgica, que seria absurda se tomada ao pé da letra, e que apenas significa que cada um deve destruir em si toda causa de escândalo, isto é, de mal; arrancar do coração todo sentimento impuro e todo princípio vicioso. Quer dizer também que, para o homem, mais vale ter cortada uma das mãos, do que servir essa mão de instrumento para uma ação má; ficar privado da vista do que lhe servirem os olhos para conceber maus pensamentos. Jesus não disse nenhum absurdo, para quem saiba compreender o sentido alegórico e profundo de suas palavras. Entretanto, muitas coisas não podem ser compreendidas sem a chave que o Espiritismo faculta.

---

[66] N.E.: Do latim *lex talionis* (*lex* = lei;.*talionis, talis* = tal, igual). Princípio penal pelo qual se vingava o delito, infligindo ao infrator o mesmo dano ou mal que ele praticara. O Código de Hamurabi (1750 a.C.) e a Lei Mosaica (séc. XIII a.C.) são os mais antigos conjuntos de leis conhecidos a aplicarem esse princípio.

[67] N.T.: Houve pequena inversão na ordem do parágrafo aqui inserido, em relação à inserção do mesmo parágrafo na edição de 1866, que o leitor poderá constatar facilmente ao cotejar o texto francês, localizado no final deste livro, com a edição definitiva de *O evangelho segundo o espiritismo*.

Instruções dos Espíritos

Deixai vir a mim as criancinhas

95. Disse o Cristo: "Deixai vir a mim as criancinhas". Profundas em sua simplicidade, essas palavras não continham um simples chamamento dirigido às crianças, mas também o das almas que gravitam nas regiões inferiores, em que o infortúnio desconhece a esperança. Jesus chamava a si a infância intelectual da criatura formada: os fracos, os escravizados, os viciosos. Ele nada podia ensinar à infância física, presa à matéria, submetida ao jugo do instinto, ainda não incluída na categoria superior da razão e da vontade que se exercem em torno dela e por ela.

Jesus queria que os homens fossem a Ele com a confiança desses seres pequeninos de passos vacilantes, cujo apelo conquistaria para si o coração das mulheres, que são todas mães. Submetia assim as almas à sua terna e misteriosa autoridade. Ele foi o facho que ilumina as trevas, o clarim matinal que toca o despertar; foi o iniciador do Espiritismo, que por sua vez atrairá a Ele, não as criancinhas, mas os homens de boa vontade. A ação viril está empenhada; já não se trata de crer instintivamente nem de obedecer maquinalmente; é preciso que o homem siga a lei inteligente, que se lhe revela na sua universalidade.

Meus bem-amados: são chegados os tempos em que, explicados, os erros se transformarão em verdades. Ensinar-vos-emos o sentido exato das parábolas e vos mostraremos a forte correlação que existe entre o que foi e o que é. Digo-vos, em verdade: a manifestação espírita se expande no horizonte, e aqui está o seu enviado, que vai resplandecer como o Sol no cume dos montes. – *João Evangelista*. (Paris, 1863.)

96. Deixai que venham a mim as criancinhas, pois tenho o leite que fortalece os fracos. Deixai que venham a mim todos os que, tímidos e débeis, necessitam de amparo e consolação. Deixai que venham a mim os ignorantes, para que Eu os esclareça; deixai que venham a mim todos os que sofrem, a multidão dos aflitos e dos infortunados: Eu lhes ensinarei o grande remédio que suaviza os males da vida e lhes

revelarei o segredo da cura de suas feridas! Qual é, meus amigos, esse bálsamo soberano, que possui tão grande virtude, que se aplica a todas as chagas do coração e as cicatriza? É o amor, é a caridade! Se possuis esse fogo divino, o que podereis temer? Direis em todos os instantes da vossa vida: Meu Pai, que tua vontade se faça, e não a minha; se te apraz experimentar-me pela dor e pelas tribulações, bendito sejas, porque é para o meu bem, eu o sei, que tua mão se abate sobre mim. Se é do teu agrado, Senhor, ter piedade da tua frágil criatura, dar-lhe ao coração as alegrias puras, bendito sejas ainda. Mas faze que o amor divino não adormeça em sua alma, e que incessantemente faça subir aos teus pés a voz do seu reconhecimento!

Se tendes amor, possuís tudo o que se pode desejar na Terra; possuís a pérola por excelência, que nem os acontecimentos, nem as maldades dos que vos odeiam e perseguem poderão arrebatar. Se tendes amor, tereis colocado vosso tesouro lá onde os vermes e a ferrugem não o podem atacar e vereis apagar-se insensivelmente da vossa alma tudo o que possa conspurcar sua pureza. Sentireis diminuir dia a dia o peso da matéria e, qual pássaro que voeja nos ares e já não se lembra da Terra, subireis continuamente, subireis sempre, até que vossa alma, inebriada, possa saciar-se do seu elemento de vida no seio do Senhor. – *Um Espírito protetor.* (Bordeaux, 1861.)

Bem-aventurados os que têm fechados os olhos[68]

97. Meus bons amigos, para que me chamastes? Terá sido para que eu imponha as mãos sobre a pobre sofredora que está aqui e a cure? Ah! que sofrimento, bom Deus! Ela perdeu a vista e as trevas a envolveram. Pobre filha! Que ore e espere. Não sei fazer milagres sem que o bom Deus o queira. Todas as curas que pude realizar e que vos foram assinaladas não as atribuais senão àquele que é o Pai de todos nós. Nas vossas aflições, olhai sempre para o céu e dizei do fundo do coração:

---

[68] Nota de Allan Kardec: Esta comunicação foi dada a respeito de uma pessoa cega, em favor da qual havia sido evocado o Espírito J.-B. Vianney, cura d'Ars.

Capítulo VIII
Bem-aventurados os que têm puro o coração

"Meu pai, curai-me, mas fazei que minha alma enferma se cure antes que o meu corpo; que minha carne seja castigada, se necessário, para que minha alma se eleve até vós com a brancura que possuía quando a criastes". Após essa prece, meus bons amigos, que o bom Deus ouvirá sempre, a força e a coragem vos serão dadas e, quem sabe? A cura que timidamente pedistes, em recompensa da vossa abnegação.

Mas já que aqui me encontro, numa assembleia onde principalmente se trata de estudos, dir-vos-ei que os que são privados da vista deveriam considerar-se os bem-aventurados da expiação. Lembrai-vos de que o Cristo disse que era preciso que arrancásseis vosso olho se fosse mau, e que mais valeria lançá-lo ao fogo, do que deixar que se torne causa da vossa condenação. Ah! quantos há na Terra que um dia, nas trevas, maldirão o fato de terem visto a luz. Oh! sim, como são felizes os que, por expiação, vêm a ser atingidos na vista! Seus olhos não serão causa de escândalo ou de queda; podem viver inteiramente da vida das almas; podem ver mais do que vós, que vedes claramente... Quando Deus me permite descerrar as pálpebras a algum desses pobres sofredores e lhes restituir a luz, digo a mim mesmo: "Alma querida, por que não conheces todas as delícias do Espírito que vive de contemplação e de amor? Não pedirias, então, que te fosse concedido ver imagens menos puras e menos suaves, do que as que te é dado entrever na tua cegueira!".

Oh! sim, bem-aventurado o cego que quer viver com Deus. Mais feliz do que vós que estais aqui, ele sente a felicidade, toca-a, vê as almas e pode alçar-se com elas às esferas espirituais que nem mesmo os predestinados da Terra conseguem divisar. O olho aberto está sempre pronto a causar a falência da alma; o olho fechado, ao contrário, está sempre pronto a fazê-la subir para Deus. Crede-me, meus bons e caros amigos, a cegueira dos olhos é, muitas vezes, a verdadeira luz do coração, ao passo que a vista é, com frequência, o anjo tenebroso que conduz à morte.

Agora, algumas palavras dirigidas a ti, minha pobre sofredora. Espera e tem ânimo! Se eu te dissesse: Minha filha, teus olhos vão abrir-se, como ficarias contente! Mas quem sabe se esse contentamento não ocasionaria tua perda! Confia no bom Deus, que fez a felicidade e permite a tristeza! Farei tudo o que me for permitido em teu favor, mas, por tua vez, ora e, sobretudo, pensa em tudo quanto acabo de te dizer.

Antes que eu me afaste, recebei todos vós, que vos achais aqui reunidos, a minha bênção. – *Vianney*, cura d'Ars. (Paris, 1863.)[69]

---

[69] N.T.: na edição definitiva de 1866, Allan Kardec incluiu a seguinte Nota, logo após a comunicação do Cura d'Ars, ausente da presente edição de 1864: "NOTA – Quando uma aflição não é consequência dos atos da vida presente, deve-se buscar sua causa numa vida anterior. Tudo aquilo a que se dá o nome de 'caprichos da sorte' nada mais é do que efeito da Justiça de Deus, que não inflige punições arbitrárias, pois quer que a pena esteja sempre em correlação com a falta. Se, em sua bondade, lançou um véu sobre os nossos atos passados, por outro lado nos aponta o caminho, dizendo: 'Quem matou à espada, pela espada perecerá', palavras que se podem traduzir assim: 'Sempre se é punido por aquilo em que se pecou'. Portanto, se alguém é atormentado pela perda da visão, é que esta lhe foi causa de queda. Talvez tenha sido também causa de que outro perdesse a vista; de que alguém haja perdido a vista em consequência do excesso de trabalho que aquele lhe impôs, ou de maus-tratos, falta de cuidados etc., passando, então, pela pena de talião. É possível que ele próprio, ao arrepender-se, haja escolhido essa expiação, aplicando a si estas palavras de Jesus: 'Se o teu olho for motivo de escândalo, arranca-o'".

CAPÍTULO IX

Bem-aventurados os que são mansos e pacíficos

Injúrias e violências – A afabilidade e a doçura – A paciência –
Obediência e resignação – A cólera

98. Bem-aventurados os que são mansos, porque possuirão a Terra. (Mateus, 5:4.)

Bem-aventurados os pacíficos, porque serão chamados filhos de Deus. (Mateus, 5:9.)

Ouvistes o que foi dito aos Antigos: Não matareis e quem quer que mate merecerá ser condenado pelo juízo. Eu, porém, vos digo que quem quer que se puser em cólera contra seu irmão merecerá ser condenado no juízo; que aquele que disser a seu irmão: "Raca", merecerá ser condenado pelo conselho; e aquele que lhe disser: "És louco", *merecerá ser condenado ao fogo do inferno.* (Mateus, 5:21 e 22.)

99. Por estas máximas, Jesus faz da brandura, da moderação, da mansuetude, da afabilidade e da doçura uma lei. Condena, por conseguinte, a violência, a cólera e até toda expressão descortês para com os semelhantes. *Raca,* entre os hebreus, era um termo desdenhoso que significava *homem que não vale nada* e se pronunciava cuspindo e virando a cabeça para o lado. Vai mesmo mais longe, pois ameaça com o fogo do inferno aquele que disser a seu irmão: "És louco".

É evidente que aqui, como em todas as circunstâncias, a intenção agrava ou atenua a falta, mas em que pode uma simples palavra revestir-se de tamanha gravidade para merecer tão severa reprovação? É que toda palavra ofensiva exprime um sentimento contrário à lei de amor e de caridade, que deve presidir às relações entre os homens e manter entre eles a concórdia e a união; é que constitui um atentado à benevolência recíproca e à fraternidade; é que entretém o ódio e a animosidade; é, enfim, que, depois da humildade para com Deus, a caridade para com o próximo é a primeira lei de todo cristão.

Que queria Jesus dizer por estas palavras: "Bem-aventurados os que são mansos, porque possuirão a Terra", visto que Ele mesmo havia recomendado aos homens que renunciassem aos bens deste mundo, e lhes tendo prometido os do Céu? Enquanto aguarda os bens do Céu, o homem tem necessidade dos da Terra para viver. Jesus apenas lhe recomenda que não ligue a estes últimos mais importância do que aos primeiros. Por aquelas palavras, o Cristo quis dizer que até agora os bens da Terra são tomados à força pelos violentos, em prejuízo dos que são mansos e pacíficos; que a estes falta muitas vezes o necessário, ao passo que outros têm o supérfluo. Promete que justiça lhes será feita, *assim na Terra como no Céu*, porque serão chamados filhos de Deus. Quando a humanidade se submeter à lei de amor e de caridade, deixará de haver egoísmo; o fraco e o pacífico já não serão explorados nem esmagados pelo forte e pelo violento. Tal será a condição da Terra, quando, de acordo com a lei do progresso e a promessa de Jesus, ela se houver transformado em mundo feliz, em virtude do afastamento dos maus.

Instruções dos Espíritos

A afabilidade e a doçura

100. A benevolência para com seus semelhantes, fruto do amor ao próximo, produz a afabilidade e a doçura, que são suas formas de manifestar-se. Entretanto, nem sempre se deve confiar nas aparências. A educação e as relações mundanas podem dar ao homem o verniz dessas qualidades. Quantos existem cuja fingida bonomia não passa de máscara para o exterior, de uma roupagem cujo talhe primoroso dissimula as deformidades interiores! O mundo está cheio dessas criaturas que têm o sorriso nos lábios e o veneno no coração; *que são brandas, desde que nada as aborreça, mas que mordem* à menor contrariedade; cuja língua, de ouro quando falam pela frente, transforma-se em dardo peçonhento, quando estão por detrás. A essa classe também pertencem esses homens, de exterior benigno que, tiranos domésticos, fazem que suas famílias e seus subordinados lhes sofram o peso do orgulho e do despotismo, como se quisessem compensar o constrangimento que, fora de casa, se impõem a si mesmos. Não se atrevendo a usar de autoridade para com os estranhos, que os chamariam à ordem, querem pelo menos fazer-se temidos daqueles que não lhes podem resistir. Envaidecem-se de poderem dizer: "Aqui mando e sou obedecido", sem se darem conta de que poderiam acrescentar: "E sou detestado".

Não basta que dos lábios manem leite e mel. Se o coração de modo algum lhes está associado, só há hipocrisia. Aquele cuja afabilidade e doçura não são fingidas nunca se desmente; é o mesmo tanto em sociedade, como na intimidade. Esse, além disso, sabe que, se consegue enganar os homens pelas aparências, a Deus ninguém engana. – *Lázaro*. (Paris, 1861.)

A paciência

101. A dor é uma bênção que Deus envia a seus eleitos. Não vos aflijais, pois, quando sofrerdes; antes, bendizei de Deus Onipotente que, pela dor, neste mundo, vos marcou para a glória no Céu.

Sede pacientes. A paciência também é uma caridade e deveis praticar a lei de caridade ensinada pelo Cristo, enviado de Deus. A caridade que consiste na esmola dada aos pobres é a mais fácil de todas. Todavia, existe outra muito mais penosa e, por conseguinte, muito mais meritória: *a de perdoarmos àqueles que Deus colocou em nosso caminho para serem instrumentos do nosso sofrer e para provarem nossa paciência.* A vida é difícil, bem o sei. Compõe-se de mil nadas, que são outras tantas alfinetadas, mas que acabam por ferir. Se, porém, atentarmos nos deveres que nos são impostos, nas consolações e compensações que, por outro lado, recebemos, havemos de reconhecer que as bênçãos são muito mais numerosas do que as dores. O fardo parece menos pesado, quando se olha para o alto, do que quando se curva a fronte para a terra. Coragem, amigos; o Cristo é o vosso modelo. Ele sofreu mais do que qualquer um de vós, embora nada tivesse de que se censurar, ao passo que tendes de expiar o vosso passado e de vos fortalecer para o futuro. Sede, pois, pacientes, sede cristãos. Essa palavra resume tudo. – *Um Espírito amigo.* (Le Havre, 1862.)

Obediência e resignação

102. A doutrina de Jesus ensina, em todos os seus pontos, a obediência e a resignação, duas virtudes companheiras da doçura e muito ativas, embora os homens erradamente as confundam com a negação do sentimento e da vontade. *A obediência é o consentimento da razão; a resignação é o consentimento do coração.* As duas constituem forças ativas, porque carregam o fardo das provações que a revolta insensata deixa cair. O covarde não pode ser resignado, do mesmo modo que o orgulhoso e o egoísta não podem ser obedientes. Jesus foi a encarnação dessas virtudes que a antiguidade material desprezava. Ele veio no momento em que a sociedade romana perecia nos desfalecimentos da corrupção. Veio fazer que brilhassem, no seio da humanidade deprimida, os triunfos do sacrifício e da renúncia carnal. Assim, cada época é marcada pelo cunho da virtude ou do vício que a devem salvar ou perder. A virtude da vossa geração é a atividade intelectual; seu vício é a indiferença moral. Digo, apenas, atividade, porque o gênio se eleva de repente e descobre, por si só, horizontes que a multidão somente verá mais tarde, enquanto a atividade é a reunião dos esforços de todos para atingir um fim menos brilhante, mas que prova a elevação intelectual de uma época. Submetei-vos

ao impulso que vimos dar aos vossos espíritos; obedecei à grande lei do progresso, que é a palavra da vossa geração. Ai do Espírito preguiçoso, daquele que fecha seu entendimento! Ai dele! porque nós, que somos os guias da humanidade em marcha, açoitá-lo-emos e forçaremos sua vontade rebelde, por meio da dupla ação do freio e da espora. Toda resistência orgulhosa terá de ceder, cedo ou tarde. Bem-aventurados, no entanto, os que são mansos, pois prestarão ouvidos dóceis aos ensinamentos. – *Lázaro.* (Paris, 1863.)

A cólera

103. O orgulho vos leva a julgar-vos mais do que sois; a não suportardes uma comparação que vos possa rebaixar; a vos considerardes, ao contrário, tão acima dos vossos irmãos, quer em espírito, quer em posição social, que o menor paralelo vos irrita e aborrece. Que acontece então? Entregai-vos à cólera. Procurai a origem desses acessos de demência passageira que vos assemelham ao bruto, fazendo-vos perder o sangue-frio e a razão; procurai e, quase sempre, encontrareis como base o orgulho ferido. Não é o orgulho ferido por uma contradição que vos faz repelir as mais justas observações e rejeitar, encolerizados, os mais sábios conselhos? Até mesmo as impaciências, que se originam de contrariedades muitas vezes pueris, decorrem da importância que cada um liga à sua personalidade, diante da qual julgais que todos devem curvar-se. Em seu frenesi, o homem colérico se atira a tudo: à natureza bruta, aos objetos inanimados, quebrando-os porque não lhe obedecem. Ah! se nesses momentos ele se pudesse observar a sangue-frio, teria medo de si mesmo, ou se acharia muito ridículo! Que julgue por isso a impressão que deve causar aos outros. Mesmo que não fosse pelo respeito que deve a si próprio, deveria esforçar-se por vencer uma tendência que o torna objeto de piedade.

Se pensasse que a cólera nada resolve, que lhe altera a saúde e compromete até a vida, reconheceria ser ele próprio sua primeira vítima. Mas outra consideração, sobretudo, deveria contê-lo: a de que torna infelizes todos os que o cercam. Se tem coração, não lhe será motivo de remorso fazer que sofram os seres a quem mais ama? E que pesar mortal se, num acesso de fúria, praticasse um ato que houvesse de deplorar por toda sua vida!

Em suma, a cólera não exclui certas qualidades do coração, mas impede que se faça muito bem e pode levar à prática de muito mal. Isto deve ser suficiente para induzir o homem a esforçar-se por dominá-la. O espírita, ademais, é instigado a isso por outro motivo: o de que a cólera é contrária à caridade e à humildade cristãs. – *Um Espírito protetor*. (Bordeaux, 1863.)

104. Segundo a ideia muito falsa de que não lhe é possível reformar sua própria natureza, o homem se julga dispensado de fazer esforços para se corrigir dos defeitos em que se compraz voluntariamente ou que exigiriam muita perseverança [para serem extirpados]. É assim, por exemplo, que o indivíduo inclinado à cólera quase sempre se desculpa com o seu temperamento. Em vez de se confessar culpado, lança a culpa ao seu organismo, acusando a Deus, dessa forma, de suas próprias faltas. É ainda uma consequência do orgulho que se encontra mesclado a todas as suas imperfeições. Certamente, há temperamentos que se prestam mais que outros a atos violentos, como há músculos mais flexíveis que se prestam melhor aos atos de força. Não acrediteis, porém, que aí esteja a causa principal da cólera e convencei-vos de que um Espírito pacífico, ainda que num corpo bilioso, será sempre pacífico, e que um Espírito violento, mesmo num corpo linfático, não será brando; somente a violência tomará outro caráter. Não dispondo de um organismo apropriado a lhe favorecer a violência, a cólera será concentrada, enquanto no outro caso será expansiva.

O corpo não dá cólera àquele que não a tem, do mesmo modo que não dá os outros vícios. Todas as virtudes e todos os vícios são inerentes ao Espírito. A não ser assim, onde estariam o mérito e a responsabilidade? O homem deformado não pode endireitar-se, porque o Espírito não tem nenhuma ação sobre isso, mas pode modificar o que é do Espírito, quando tem vontade firme para isso. A experiência não vos mostra, espíritas, até onde é capaz de ir o poder da vontade, pelas transformações verdadeiramente miraculosas que se operam aos vossos olhos? Dizei, pois, que *o homem só se conserva vicioso porque quer permanecer vicioso;* que aquele que queira corrigir-se sempre o pode. De outro modo, a lei do progresso não existiria para o homem. – *Hahnemann*. (Paris, 1863.)

CAPÍTULO X

Bem-aventurados os que são misericordiosos

Perdão e esquecimento das ofensas – Indulgência para com as faltas alheias. Aquele que estiver sem pecado lance a primeira pedra – Vedes o cisco no olho do vosso irmão e não conseguis ver a trave que está no vosso

105. Bem-aventurados os que são misericordiosos, porque alcançarão misericórdia. (MATEUS, 5:7.)

106. Se perdoardes aos homens as faltas que cometerem contra vós, também vosso Pai celestial vos perdoará os pecados, mas, se não perdoardes aos homens quando vos tenham ofendido, vosso Pai celestial também não vos perdoará os pecados. (MATEUS, 6:14 e 15.)

107. Se vosso irmão pecou contra vós, cobrai-lhe a falta em particular, a sós com ele; se vos atender, ganhastes vosso irmão. Então, aproximando-se dele, disse-lhe Pedro: "Senhor, quantas vezes perdoarei a meu irmão, quando houver pecado contra mim? Até sete vezes?" Respondeu-lhe Jesus: "Não vos digo que perdoeis até sete vezes, mas até setenta vezes sete vezes". (MATEUS, 18:15; 21 e 22.)

108. Se, portanto, quando fordes colocar vossa oferenda no altar, vos lembrardes de que vosso irmão tem qualquer coisa contra vós, deixai vossa dádiva junto ao altar e ide, antes, reconciliar-vos com vosso irmão; depois, então, voltai a oferecê-la. (MATEUS, 5:23 e 24.)

109. Reconciliai-vos o mais depressa possível com o vosso adversário, enquanto estais a caminho com ele, a fim de que ele não vos entregue ao juiz, o juiz não vos entregue ao ministro da justiça e não sejais mandado para a prisão. Digo-vos, em verdade, que daí não saireis enquanto não houverdes pago o último centavo. (Mateus, 5:25 e 26.)

110. Então os escribas e os fariseus lhe trouxeram uma mulher que fora apanhada em adultério e, pondo-a de pé no meio do povo, disseram a Jesus: Mestre, esta mulher acaba de ser surpreendida em adultério; ora, Moisés, pela Lei, ordena que se lapidem as adúlteras. Qual é tua opinião sobre isso? Assim diziam para o tentar e terem de que o acusar. Jesus, porém, abaixando-se, pôs-se a escrever na terra com o dedo. Como continuassem a interrogá-lo, Ele se levantou e disse: *Aquele dentre vós que estiver sem pecado, atire a primeira pedra.* Em seguida, abaixando-se de novo, continuou a escrever no chão. Ouvindo Jesus falar daquele modo, os que o interrogavam se retiraram um após outro, afastando-se primeiro os velhos. E ficou Jesus a sós com a mulher, colocada no meio da praça. Então, levantando-se, perguntou-lhe Jesus: Mulher, onde estão os que te acusaram? Ninguém te condenou? Ela respondeu: Não, Senhor. Disse-lhe Jesus: Também não te condenarei. Vai, e não peques mais. (João, 8:1 a 11.)[70]

111. Não julgueis, a fim de não serdes julgados; porque sereis julgados conforme houverdes julgado os outros; empregar-se-á convosco a mesma medida de que vos tenhais servido para com os outros. (Mateus, 7:1 e 2.)

Como é que vedes um cisco no olho do vosso irmão, e não conseguis ver a trave no vosso olho? Ou, como é que dizeis ao vosso irmão: Deixa-me tirar um cisco do teu olho, vós que tendes no vosso uma trave? Hipócritas, tirai primeiro a trave do vosso olho e depois, então, vede como podereis tirar o cisco do olho do vosso irmão. (Mateus, 7:3 a 5.)

---

[70] N.T.: No item 13, capítulo 10 da edição de 1866, Allan Kardec comenta demoradamente esta passagem evangélica, o que não ocorre na presente edição de 1864.

112. A misericórdia é o complemento da brandura, porque aquele que não for misericordioso não poderá ser brando, nem pacífico. Consiste no esquecimento e no perdão das ofensas. O ódio e o rancor denotam alma sem elevação nem grandeza. O esquecimento das ofensas é próprio da alma elevada, que paira acima dos golpes que lhe possam desferir. Uma é sempre ansiosa, de sombria suscetibilidade e cheia de fel; a outra é calma, plena de mansidão e caridade.

Ai daquele que diz: nunca perdoarei. Esse, se não for condenado pelos homens, certamente o será por Deus. Com que direito reclamaria o perdão de suas próprias faltas, se ele mesmo não perdoa as dos outros? Jesus nos ensina que a misericórdia não deve ter limites, quando diz que cada um perdoe ao seu irmão, não sete vezes, mas setenta vezes sete vezes.

Há, porém, duas maneiras bem diferentes de perdoar: uma é grande, nobre, verdadeiramente generosa, sem segunda intenção, que evita, com delicadeza, ferir o amor-próprio do adversário, ainda que a este caiba inteiramente a culpa; a segunda é quando o ofendido, ou aquele que assim se julga, impõe ao outro condições humilhantes e lhe faz sentir o peso de um perdão que irrita, em vez de acalmar; se estende a mão ao ofensor, não o faz com benevolência, mas com ostentação, a fim de poder dizer a todos: vede como sou generoso! Em tais circunstâncias, é impossível uma reconciliação sincera de parte a parte. Não, aí não há generosidade, mas apenas uma forma de satisfazer ao orgulho. Em toda contenda, aquele que se mostra mais conciliador, que prova mais desinteresse, caridade e verdadeira grandeza de alma conquistará sempre a simpatia das pessoas imparciais.

113. Quando Jesus diz: "Ide reconciliar-vos com o vosso irmão, antes de apresentardes a vossa oferenda no altar", está ensinando que o sacrifício mais agradável ao Senhor é o que o homem faça do seu próprio ressentimento; que, antes de se apresentar a Ele para ser perdoado, é preciso haver perdoado e reparado os males que tenha feito a algum de seus irmãos. Só então a oferenda será aceita, porque virá de um coração puro, isento de todo e qualquer pensamento mau. Ele materializou o preceito, porque os judeus ofereciam sacrifícios materiais e era necessário conformar suas palavras aos costumes do povo. O cristão não oferece dons materiais, já que espiritualizou o sacrifício; mesmo assim, o preceito ganha ainda mais força. Ele oferece sua alma a Deus e essa alma tem de ser purificada. *Entrando no templo do Senhor, deve deixar de fora todo sentimento de ódio e de animosidade, todo mau pensamento contra seu irmão.* Só então os anjos levarão sua prece aos pés do Eterno. Eis o que ensina Jesus por estas palavras: "Deixai vossa oferenda junto do altar e ide primeiro reconciliar-vos com vosso irmão, se quiserdes ser agradável ao Senhor".

114. Na prática do perdão, assim como na do bem em geral, há mais do que um efeito moral: há também um efeito material. Como sabemos, a morte não nos livra dos nossos inimigos; os Espíritos vingativos perseguem, muitas vezes, com seu ódio, no além-túmulo, aqueles contra os quais guardam rancor. É por isso que o provérbio que diz: "Morto o animal, morto o veneno", é falso quando aplicado ao homem. O Espírito mau espera que o outro, a quem ele quer mal, esteja preso ao seu corpo e, assim, menos livre, para mais facilmente o atormentar, feri-lo nos seus interesses ou nas suas mais caras afeições. Devemos ver nesse fato a causa da maioria dos casos de obsessão, sobretudo dos que apresentam certa gravidade, como a subjugação e a possessão. O obsidiado e o possesso são, pois, quase sempre, vítimas de uma vingança anterior, à qual provavelmente deram motivo pelo seu proceder. Deus o permite para puni-los do mal que eles mesmos fizeram, ou, se tal não ocorreu, por terem faltado com a indulgência e a caridade, não perdoando. Importa, pois, do ponto de vista da tranquilidade futura, que cada um repare, quanto antes, os males que haja causado ao próximo, que perdoe aos seus inimigos, a fim de que se apague, antes que a morte lhe chegue, toda causa fundada de animosidade posterior. Por essa forma, de um inimigo obstinado neste mundo se pode fazer um amigo no outro, ou, pelo menos, ficar do lado justo, e Deus não admite que aquele que perdoou sofra qualquer vingança. Quando Jesus recomenda que nos reconciliemos o mais cedo possível com o nosso adversário, não é somente com o

fito de apaziguar as discórdias no curso da atual existência, mas para evitar que elas se perpetuem nas existências futuras. Não saireis da prisão, diz Ele, enquanto não houverdes pago o último centavo, isto é, enquanto não houverdes satisfeito completamente a Justiça de Deus.

115. Uma das imperfeições da humanidade consiste em vermos o mal de outrem antes de vermos o mal que está em nós. Para julgar-se a si mesmo, seria preciso que o homem pudesse ver seu interior num espelho e, de certo modo, transportar-se para fora de si próprio, considerar-se como outra pessoa e perguntar: Que pensaria eu se visse alguém fazer o que faço? Incontestavelmente, é o orgulho que leva o homem a disfarçar para si os próprios defeitos, tanto morais quanto físicos. Essa imperfeição é essencialmente contrária à caridade, porque a verdadeira caridade é modesta, simples e indulgente. Caridade orgulhosa é um contrassenso, visto que esses dois sentimentos se neutralizam um ao outro. Com efeito, como poderá um homem, bastante presunçoso para acreditar na importância da sua personalidade e na supremacia das suas qualidades, ter ao mesmo tempo abnegação bastante para fazer ressaltar em outrem o bem que o eclipsaria, em vez do mal que o exaltaria? Se o orgulho é a fonte de tantos vícios, é também a negação de muitas virtudes. Ele se encontra na base e como causa geradora de quase todas as ações humanas. Foi por isso que Jesus se empenhou tanto em combatê-lo, como principal obstáculo ao progresso.

Instruções dos Espíritos

Perdão e esquecimento das ofensas

116. Quantas vezes perdoarei a meu irmão? Perdoar-lhe-eis, não sete vezes, mas setenta vezes sete vezes. Eis um desses ensinos de Jesus que devem tocar vossa inteligência e falar mais alto ao coração. Comparai essas palavras de misericórdia com a oração tão simples, tão resumida e tão grande em suas aspirações, que Jesus ensinou a seus discípulos, e encontrareis sempre o mesmo pensamento. Ele, o justo por

excelência, responde a Pedro: Perdoarás, mas ilimitadamente; perdoarás cada ofensa tantas vezes quantas ela te for feita; ensinarás a teus irmãos esse esquecimento de si mesmo, que torna uma criatura invulnerável ao ataque, aos maus procedimentos e às injúrias; serás brando e humilde de coração, sem medir tua mansuetude; farás, enfim, o que desejas que o Pai celestial faça por ti. Não está Ele a te perdoar frequentemente? Conta, porventura, as vezes que seu perdão desce para te apagar as faltas?

Prestai atenção, pois, a essa resposta de Jesus e, como Pedro, aplicai-a a vós mesmos. Perdoai, usai de indulgência, sede caridosos, generosos, pródigos até do vosso amor. Dai, que o Senhor vos restituirá; perdoai, que o Senhor vos perdoará; abaixai-vos, que o Senhor vos elevará; humilhai-vos, que o Senhor fará que vos assenteis à sua direita.

Ide, meus bem-amados, estudai e comentai estas palavras que vos dirijo da parte daquele que, do alto dos esplendores celestes, tem sempre os olhos voltados para vós e prossegue com amor na tarefa ingrata que começou há dezoito séculos. Perdoai aos vossos irmãos, como precisais que vos perdoem. Se seus atos vos prejudicaram pessoalmente, tendes um motivo a mais para serdes indulgentes, pois o mérito do perdão é proporcional à gravidade do mal. Não teríeis nenhum merecimento em desculpar os erros dos vossos irmãos, desde que não passassem de simples arranhões.

Espíritas, jamais vos esqueçais de que, tanto por palavras como por atos, o perdão das injúrias não deve ser um termo vão. Já que vos dizeis espíritas, sede-o. Esquecei o mal que vos hajam feito e não penseis senão numa coisa: no bem que podeis fazer. Aquele que enveredou por esse caminho não tem que se afastar daí, ainda que por pensamento, pois sois responsáveis pelos vossos pensamentos, que Deus conhece. Fazei, portanto, que eles sejam desprovidos de todo sentimento de rancor. Deus sabe o que permanece no fundo do coração de cada um. *Feliz, pois, daquele que pode todas as noites adormecer, dizendo: Nada tenho contra meu próximo. – Simeão.* (Bordeaux, 1862.)

117. Sede indulgentes com as faltas alheias, quaisquer que elas sejam; não julgueis com severidade senão vossas próprias ações e o

Senhor usará de indulgência para convosco, assim como houverdes usado de indulgência para com os outros.

Sustentai os fortes: animai-os à perseverança. Fortalecei os fracos, mostrando-lhes a bondade de Deus, que leva em conta o menor arrependimento; mostrai a todos o anjo da penitência estendendo suas brancas asas sobre as faltas dos humanos e velando-as assim aos olhares daquele que não pode tolerar o que é impuro. Compreendei todos a Misericórdia infinita de vosso Pai e não esqueçais nunca de lhe dizer, pelos pensamentos, mas, sobretudo, pelos atos: "Perdoai nossas ofensas, como perdoamos aos que nos têm ofendido". Compreendei bem o valor destas sublimes palavras; não só a letra é admirável, mas também o ensinamento que encerra. Que é o que pedis ao Senhor, quando implorais para vós o seu perdão? Será unicamente o esquecimento das vossas ofensas? Esquecimento que vos deixaria no nada, porque se Deus se contentasse em esquecer vossas faltas, Ele não puniria, *mas também não recompensaria*. A recompensa não pode ser o prêmio do bem que não foi feito e, ainda menos, do mal que se haja praticado, embora esse mal fosse esquecido. Pedindo perdão para vossas transgressões, o que lhe pedis é o favor de suas graças, para não cairdes de novo, é a força necessária para enveredardes por outros caminhos, os da submissão e do amor, nos quais podereis aliar a reparação ao arrependimento.

Quando perdoardes aos vossos irmãos, não vos contenteis em estender o véu do esquecimento sobre suas faltas, pois esse véu muitas vezes é bem transparente aos vossos olhos. Levai-lhes simultaneamente, com o perdão, o amor; fazei por eles o que pediríeis que o Pai celestial fizesse por vós. Substituí a cólera que macula pelo amor que purifica. Pregai pelo exemplo essa caridade ativa, infatigável, que Jesus vos ensinou; pregai-a como Ele mesmo o fez durante todo o tempo em que viveu na Terra, visível aos olhos do corpo e como ainda prega incessantemente, desde que se tornou visível tão somente aos olhos do espírito. Segui esse Modelo divino; caminhai em suas pegadas; elas vos conduzirão ao refúgio onde encontrareis repouso após a luta. Como

Ele, carregai vós todos as vossas cruzes e subi penosamente, mas com coragem, o vosso calvário, em cujo cimo está a glorificação. – *João*. (bispo de Bordeaux, 1862.)

118. Amai-vos uns aos outros e sereis felizes. Esforçai-vos sobretudo por amar os que vos inspiram indiferença, ódio ou desprezo. O Cristo, que deveis considerar modelo, deu-vos o exemplo desse devotamento. Missionário do amor, Ele amou até dar o sangue e a vida por amor. O sacrifício que vos obriga a amar os que vos ultrajam e perseguem é penoso, mas é precisamente esse sacrifício que vos torna superiores a eles. Se os odiásseis, como vos odeiam, não valeríeis mais do que eles. Amá-los é a hóstia[71] sem mácula que ofereceis a Deus no altar dos vossos corações, hóstia de agradável aroma e cujo perfume sobe até o seu seio. Embora a lei de amor mande que cada um ame indistintamente a todos os seus irmãos, ela não resguarda o coração contra os maus procederes; esta é, ao contrário, a prova mais angustiosa, bem o sei, pois que durante a minha última existência terrena experimentei essa tortura, mas Deus lá está e pune, nesta vida e na outra, os que violam a lei de amor. Não vos esqueçais, meus queridos filhos, de que o amor aproxima de Deus a criatura e o ódio a distancia dele. – *Fénelon*. (Bordeaux, 1861.)[72]

119. Perdoar aos inimigos é pedir perdão para si próprio; perdoar aos amigos é dar-lhes uma prova de amizade; perdoar as ofensas é mostrar-se melhor do que era. Perdoai, pois, meus amigos, a fim de que Deus vos perdoe, porque, se fordes duros, exigentes, inflexíveis, se usardes de rigor até por uma ofensa leve, como querereis que Deus esqueça de que cada dia tendes maior necessidade de indulgência? Oh! ai daquele que diz: "Nunca perdoarei", porque pronuncia sua própria condenação. Quem sabe, aliás, se descendo ao fundo de vós mesmos, não reconhecereis que fostes o agressor? Quem sabe se, nessa luta que começa com uma alfinetada e acaba por uma ruptura, não fostes vós quem desferiu o primeiro golpe? Se não vos escapou alguma palavra injuriosa? Se

---

[71] N.T.: Nesta mensagem, Fénelon, antigo sacerdote, escritor, orador, filósofo, teólogo e pedagogo francês, ainda se serve de alguns termos que fazem parte do vocabulário da igreja a que serviu.
[72] N.T.: Na edição definitiva de 1866, esta mensagem de Fénelon encontra-se no capítulo XII, item 10, e não no capítulo X, item 118, como acontece na edição de 1864.

não procedestes com toda a moderação necessária? Sem dúvida, vosso adversário está errado ao se mostrar excessivamente suscetível; essa, porém, é mais uma razão para serdes indulgentes e para não vos tornardes merecedores da censura que lhe lançastes. Admitamos que, em dada circunstância, fostes realmente ofendido; quem dirá que não envenenastes as coisas por meio de represálias e que não fizestes degenerar em querela grave o que facilmente poderia ter caído no esquecimento? Se dependia de vós impedir as consequências do fato, e não as impedistes, sois culpados. Admitamos, finalmente, que nada tendes a reprovar na vossa conduta: mesmo assim, mostrai-vos clemente, pois maior será o vosso mérito.

Há, porém, duas maneiras bem diferentes de perdoar: o perdão dos lábios e o perdão do coração. Muitas pessoas dizem, com referência ao adversário: "Eu lhe perdoo", ao passo que, interiormente, sentem secreto prazer pelo mal que lhe advém, comentando que ele tem o que merece. Quantos não dizem: "Perdoo", e acrescentam: "mas não me reconciliarei nunca; não quero tornar a vê-lo em toda a minha vida". Será esse o perdão, segundo o Evangelho? Não; o verdadeiro perdão, o perdão cristão é aquele que lança um véu sobre o passado; é o único que vos será levado em conta, visto que Deus não se satisfaz com as aparências; sonda o fundo dos corações e os mais secretos pensamentos. Ninguém se impõe a Ele por meio de palavras vãs e de simulacros. O esquecimento completo e absoluto das ofensas é próprio das grandes almas; o rancor é sempre sinal de baixeza e de inferioridade. Não vos esqueçais de que o verdadeiro perdão é reconhecido muito mais pelos atos do que pelas palavras. – *Paulo*, apóstolo. (Lyon, 1861.)

A indulgência

120. Espíritas, hoje queremos vos falar da indulgência, sentimento doce e fraternal que todo homem deve ter para com seus irmãos, mas do qual bem poucos fazem uso.

A indulgência não vê os defeitos dos outros, ou, se os vê, evita falar deles, divulgá-los. Ao contrário, oculta-os, a fim de que não se tornem conhecidos senão dela unicamente e, se a malevolência os descobre, tem sempre uma desculpa à mão para os disfarçar, isto é, uma desculpa plausível, séria, e não das que, com aparência de atenuar a falta, mais a evidenciam com pérfida habilidade.

A indulgência jamais se ocupa com os maus atos alheios, a menos que seja para prestar um serviço, mas, mesmo neste caso, tem o cuidado de atenuá-los tanto quanto possível. Não faz observações chocantes nem tem censuras nos lábios, apenas conselhos e quase sempre velados. Quando criticais, que consequência se deve tirar das vossas palavras? A de que vós, que censurais, não faríeis o que reprovais; que valeis mais do que o culpado. Ó homens! Quando será que julgareis vossos próprios corações, vossos próprios pensamentos, vossos próprios atos, sem vos ocupardes com o que fazem vossos irmãos? Quando abrireis vossos olhos severos apenas para vós mesmos?

Sede, pois, severos para convosco, indulgentes para com os outros. Lembrai-vos daquele que julga em última instância, que vê os secretos pensamentos de cada coração e que, por conseguinte, desculpa muitas vezes as faltas que censurais ou condena as que desculpais, porque conhece a razão de ser de todos os atos. Lembrai-vos de que vós, que clamais em altas vozes: anátema! talvez tenhais cometido faltas mais graves.

Sede indulgentes, meus amigos, porque a indulgência atrai, acalma, ergue, ao passo que o rigor desanima, afasta e irrita. – *José*, Espírito protetor. (Bordeaux, 1863.)

121. Caros amigos, sede severos convosco, indulgentes para as fraquezas dos outros. Esta é uma prática de santa caridade, que bem poucas pessoas observam. Todos vós tendes maus pendores a vencer, defeitos a corrigir, hábitos a modificar; todos tendes um fardo mais ou menos pesado a alijar, para subirdes ao cume da montanha do progresso. Por que, então, vos mostrais tão clarividentes com relação ao próximo, e tão cegos com relação a vós mesmos? Quando deixareis de perceber, nos olhos dos vossos irmãos, o cisco que os incomoda, em vez da trave

que vos cega e vos faz caminhar de queda em queda? Crede nos vossos irmãos, os Espíritos. Todo homem, bastante orgulhoso para se julgar superior, em virtude e mérito, aos seus irmãos encarnados, é insensato e culpado, e Deus o castigará no dia da sua justiça. O verdadeiro caráter da caridade é a modéstia e a humildade, que consistem em não ver, senão superficialmente, os defeitos alheios e esforçar-se por fazer que prevaleça o que nele há de bom e virtuoso, porquanto, embora o coração humano seja um abismo de corrupção, sempre há, em algumas de suas dobras mais ocultas, o germe de bons sentimentos, centelha viva da essência espiritual.

Espiritismo! Doutrina consoladora e bendita! Felizes os que te conhecem e tiram proveito dos salutares ensinamentos dos Espíritos do Senhor! Para esses, o caminho está iluminado, ao longo do qual podem ler estas palavras que lhes indicam o meio de atingirem o alvo: caridade prática, caridade do coração, caridade para com o próximo, como para si mesmo; numa palavra, caridade para com todos e amor a Deus acima de todas as coisas, porque o amor de Deus resume todos os deveres e porque é impossível amar realmente a Deus, sem praticar a caridade, da qual Ele fez uma lei para todas as criaturas. – *Dufêtre*, bispo de Nevers. (Bordeaux.)

122. *Como ninguém é perfeito, seguir-se-á que ninguém tem o direito de repreender o próximo?*

Certamente que não [é essa a conclusão a tirar-se], pois cada um de vós deve trabalhar pelo progresso de todos e, sobretudo, daqueles cuja tutela vos foi confiada. Mas, por isso mesmo, deveis fazê-lo com moderação, para um fim útil, e não pelo prazer de denegrir, como se faz na maioria das vezes. Neste último caso, a repreensão é uma maldade; no primeiro, é um dever que a caridade manda cumprir com todo o cuidado possível. Mais ainda: a censura que alguém faça a outrem deve ser dirigida também a si próprio, procurando saber se não a terá merecido. – *São Luís*. (Paris, 1860.)

123. *Será repreensível observar as imperfeições dos outros, quando daí não resulte nenhum proveito para eles, mesmo que não as divulguemos?*

Tudo depende da intenção. Certamente não é proibido que se veja o mal, quando ele existe. Seria mesmo inconveniente ver em toda parte somente o bem, pois essa ilusão prejudicaria o progresso. O erro consiste em fazer que essa observação redunde em prejuízo do próximo, desacreditando-o, sem necessidade, na opinião pública. Também seria repreensível fazê-lo apenas para dar expansão a um sentimento de malevolência e de satisfação em apanhar os outros em falta. Dá-se inteiramente o contrário quando, lançando um véu sobre o mal, para ocultá-lo do público, limitamo-nos a observá-lo para proveito pessoal, isto é, para nos exercitarmos em evitar o que reprovamos nos outros. Essa observação, aliás, não é proveitosa ao moralista? Como ele pintaria os defeitos da humanidade, se não estudasse os modelos? – *São Luís*. (Paris, 1860.)

124. *Haverá casos em que seja útil revelar o mal alheio?*

Esta questão é muito delicada, e aqui se deve fazer um apelo à caridade bem compreendida. Se as imperfeições de uma pessoa só prejudicam a ela mesma, não haverá nenhuma utilidade em divulgá-la. No entanto, se podem acarretar prejuízo a terceiros, deve-se preferir o interesse do maior número ao interesse de um só. Conforme as circunstâncias, desmascarar a hipocrisia e a mentira pode constituir um dever, pois mais vale cair um homem do que muitos virem a ser suas vítimas. Em tal caso, deve-se pesar a soma das vantagens e dos inconvenientes. – *São Luís* (Paris, 1860.)

CAPÍTULO XI

Amar o próximo como a si mesmo

Caridade e amor ao próximo – Fazermos aos outros o que gostaríamos que os outros nos fizessem – Dai a César o que é de César

125. Mas os fariseus, tendo sabido que Ele fechara a boca dos saduceus, reuniram-se; e um deles, que era doutor da lei, propôs-lhe esta questão, para o tentar: Mestre, qual é o maior mandamento da lei? Jesus respondeu: Amarás o Senhor teu Deus de todo o teu coração, de toda a tua alma e de todo o teu espírito; este é o maior e o primeiro mandamento. E aqui tendes o segundo, semelhante a esse: *Amarás o teu próximo, como a ti mesmo.* Toda a lei e os profetas se acham contidos nesses dois mandamentos. (MATEUS, 22:34 a 40.)

126. Fazei aos homens o que gostaríeis que eles vos fizessem, pois é nisto que consistem a lei e os profetas. (MATEUS, 7:12.)

Tratai todos os homens como gostaríeis que eles vos tratassem. (LUCAS, 6:31.)

127. O reino dos céus é comparável a um rei que quis tomar contas aos seus servidores. Tendo começado a fazê-lo, apresentaram-lhe um que lhe devia dez mil talentos. Mas como não tinha meios de os pagar, mandou seu senhor que o vendessem a ele, sua mulher, seus filhos e tudo que lhe pertencesse, para pagamento da dívida. O

servidor, lançando-se aos seus pés, o conjurava, dizendo: "Senhor, tem um pouco de paciência e te pagarei tudo". Então o senhor, tocado de compaixão, deixou-o ir e lhe perdoou a dívida. Esse servidor, porém, ao sair encontrou um de seus companheiros, que lhe devia cem dinheiros, o segurou pela goela e, quase a estrangulá-lo, dizia: "Paga-me o que me deves". O companheiro, lançando-se aos seus pés, o conjurava, dizendo: "Tem um pouco de paciência e eu te pagarei tudo". Mas o outro não quis escutá-lo; foi-se e o mandou prender, para tê-lo preso até pagar o que lhe devia.

Os outros servidores, seus companheiros, vendo o que se passava, foram, extremamente aflitos, e informaram o senhor do que acontecera. Então, o senhor, tendo mandado vir à sua presença aquele servidor, lhe disse: "Mau servo, eu te havia perdoado tudo o que me devias porque me pediste. Não estavas desde então no dever de também ter piedade do teu companheiro, como eu tive de ti?" E o senhor, tomado de cólera, o entregou aos verdugos, para que o retivessem, até que ele pagasse tudo o que devia.

É assim que meu Pai, que está no Céu, vos tratará se não perdoardes, do fundo do coração, as faltas que vossos irmãos houverem cometido contra cada um de vós. (MATEUS, 18:23 a 35.)

128. Os fariseus, tendo-se retirado, entenderam-se entre si para comprometê-lo com suas próprias palavras. Mandaram então seus discípulos, em companhia dos herodianos, dizer-lhe: "Mestre, sabemos que és verdadeiro e que ensinas o caminho de Deus pela verdade, sem levares em conta a quem quer que seja, porque, nos homens, não consideras as pessoas". Dize-nos, pois, qual a tua opinião sobre isto: É-nos permitido pagar ou deixar de pagar a César o tributo?

Jesus, porém, que lhes conhecia a malícia, respondeu: "Hipócritas, por que me tentais? Apresentai-me uma das moedas que se dão em pagamento do tributo". E, tendo-lhe eles apresentado um denário, perguntou Jesus: "De quem são esta imagem e inscrição?" "De

César" responderam eles. Então, observou-lhes Jesus: *"Dai, pois, a César o que é de César e a Deus o que é de Deus"*.

Ouvindo-o falar dessa maneira, admiraram-se eles da sua resposta e, deixando-o, se retiraram. (MATEUS, 22:15 a 22; MARCOS, 12:13 a 17.)

129. "Amar o próximo como a si mesmo; fazer pelos outros o que gostaríamos que os outros fizessem por nós", é a expressão mais completa da caridade, porque resume todos os deveres do homem para com o próximo. Não podemos encontrar guia mais seguro, a tal respeito, do que tomar, como medida do que devemos fazer aos outros, aquilo que desejamos para nós mesmos. Com que direito exigiríamos dos nossos semelhantes melhor proceder, mais indulgência, mais benevolência e devotamento, do que os temos para com eles? A prática dessas máximas tende à destruição do egoísmo. Quando os homens as adotarem como regra de conduta e como base de suas instituições, compreenderão a verdadeira fraternidade e farão que entre eles reinem a paz e a justiça. Não mais haverá ódios nem dissensões, mas apenas união, concórdia e benevolência mútua.

130. Esta sentença, "Dai a César o que é de César", não deve ser entendida de modo restritivo e absoluto. Como em todos os ensinos de Jesus, trata-se de um princípio geral, resumido sob forma prática e usual e deduzido de uma circunstância particular. Esse princípio é consequente daquele segundo o qual devemos proceder para com os outros como gostaríamos que os outros procedessem para conosco. Ele condena todo prejuízo material e moral que se possa causar a outrem, toda violação de seus interesses. Prescreve o respeito aos direitos de cada um, como cada um deseja que se respeitem os seus. Estende-se mesmo aos deveres contraídos para com a família, a sociedade, a autoridade tanto quanto para os indivíduos em geral.

A questão proposta a Jesus era motivada pela circunstância de que os judeus, abominando o tributo que os romanos lhes impunham, haviam feito do pagamento desse tributo uma questão religiosa. Numeroso partido se fundara contra o imposto. O pagamento do tributo, portanto, era para eles uma questão de irritante atualidade, sem o que nenhum sentido teria a pergunta feita a Jesus: "É-nos lícito pagar ou deixar de pagar a César o tributo?". Havia nessa pergunta uma armadilha, porque, conforme a resposta dada por Jesus, os fariseus esperavam excitar contra Ele a autoridade romana, ou os judeus dissidentes. Mas Jesus, "que lhes conhecia a malícia", contornou a dificuldade, dando-lhes uma lição de justiça, ao dizer que a cada um seja dado o que lhe é devido. (Veja-se, na *Introdução*, o item *Publicanos*.)[73]

Instruções dos Espíritos

A lei de amor

131. O amor resume a doutrina de Jesus inteira, porque é o sentimento por excelência, e os sentimentos são os instintos elevados à altura do progresso feito. Em sua origem, o homem só tem instintos; mais avançado e corrompido, só tem sensações; mais instruído e purificado, tem sentimentos. E o ponto delicado do sentimento é o amor, não o amor no sentido vulgar do termo, mas esse sol interior que condensa e reúne em seu ardente foco todas as aspirações e todas as revelações sobre-humanas. A lei de amor substitui a personalidade pela fusão dos seres; extingue as misérias sociais. Feliz aquele que, ultrapassando sua humanidade, ama com amplo amor seus irmãos em sofrimento! Feliz aquele que ama, porque não conhece a miséria da alma nem a do corpo; seus pés são ligeiros e vive como que transportado, fora de si mesmo. Quando Jesus pronunciou a divina palavra — amor, os povos estremeceram e os mártires, ébrios de esperança, desceram ao circo.

O Espiritismo, por sua vez, vem pronunciar uma segunda palavra do alfabeto divino. Ficai atentos, pois essa palavra ergue a lápide dos túmulos vazios, e a *reencarnação*, triunfando da morte, revela às criaturas deslumbradas o seu patrimônio intelectual. Já não é ao suplício que ela conduz os homens, mas à conquista do seu ser, elevado e transfigu-

---

[73] N.T.: Estes dois parágrafos que compõem o item 130 da edição de 1864 encontram-se em ordem invertida na edição de 1866, correspondendo, nesta última, aos itens 7 e 6 do capítulo XI.

rado. O sangue resgatou o Espírito e hoje o Espírito tem que resgatar o homem da matéria.

Eu disse que o homem, em sua origem, só tem instintos. Aquele, pois, em quem predominam os instintos ainda se acha mais próximo do ponto de partida, do que da meta. A fim de avançar para a meta, é preciso vencer os instintos, em proveito dos sentimentos, isto é, aperfeiçoar estes últimos, sufocando os germes latentes da matéria. Os instintos são a germinação e os embriões do sentimento; trazem consigo o progresso, como a bolota encerra em si o carvalho e os seres menos adiantados são os que, emergindo pouco a pouco de suas crisálidas, se conservam escravizados aos instintos. O Espírito precisa ser cultivado como um campo. Toda a riqueza futura depende do labor atual que, muito mais que os bens terrenos, vos fará conquistar a elevação gloriosa. É então que, compreendendo a lei de amor que liga todos os seres, nela buscareis os suaves gozos da alma, que são o prelúdio das alegrias celestes. – *Lázaro*. (Paris, 1862.)

132. O amor é de essência divina e todos vós, do primeiro ao último, tendes no fundo do coração a centelha desse fogo sagrado. É um fato que muitas vezes pudestes constatar: por mais abjeto, vil e criminoso que possa ser, o homem dispensa, a um ser ou a um objeto qualquer, uma afeição viva e ardente, à prova de tudo quanto tendesse a diminuí-la, alcançando, muitas vezes, sublimes proporções.

Eu disse *a um ser ou um objeto qualquer*, porque existem, entre vós, indivíduos que dispensam tesouros de amor, cujos corações estão transbordantes desse sentimento em relação a animais, plantas e, até, a coisas materiais: espécies de misantropos a se lamentarem da humanidade em geral e a resistirem ao pendor natural de suas almas, que buscam em torno de si a afeição e a simpatia, rebaixam a lei de amor à condição de instinto. Entretanto, por mais que façam, não conseguem sufocar o germe vivaz que Deus depositou em seus corações ao criá-los. Esse germe se desenvolve e cresce com a moralidade e a inteligência e, embora oprimido muitas vezes pelo egoísmo, torna-se a fonte de santas e doces virtudes que constituem as afeições sinceras e duráveis e vos ajudam a transpor o caminho escarpado e árido da existência humana.

Para algumas pessoas, a prova da reencarnação causa verdadeira repugnância, em razão da possibilidade de que outras venham a partilhar das afetuosas simpatias de que são ciosas. Pobres irmãos! vosso afeto vos torna egoístas; vosso amor se restringe a um círculo íntimo de parentes e de amigos, sendo-vos indiferentes os demais. Pois bem! para praticardes a lei de amor, tal como Deus o entende, é preciso que chegueis passo a passo a amar a todos os vossos irmãos indistintamente. A tarefa é longa e difícil, mas será realizada: Deus o quer e a lei de amor constitui o primeiro e o mais importante preceito da vossa nova doutrina, porque é ela que um dia matará o egoísmo, seja qual for a forma sob a qual ele se apresente, visto que, além do egoísmo pessoal, há também o egoísmo de família, de casta, de nacionalidade. Disse Jesus: "Amai vosso próximo como a vós mesmos". Ora, qual é o limite com relação ao próximo? Será a família, a seita, a nação? Não; é a humanidade inteira. Nos mundos superiores, é o amor mútuo que harmoniza e dirige os Espíritos adiantados que os habitam, e o vosso planeta, destinado a um progresso que se aproxima, verá seus habitantes, em virtude da transformação social por que passará, a praticar essa lei sublime, reflexo da Divindade.

Os efeitos da lei de amor são o melhoramento moral da raça humana e a felicidade durante a vida terrestre. Os mais rebeldes e os mais viciosos se reformarão, quando observarem os benefícios resultantes da prática desta sentença: Não façais aos outros o que não gostaríeis que os outros vos fizessem; fazei, ao contrário, todo o bem que puderdes fazer-lhes.

Não acrediteis na esterilidade e no endurecimento do coração humano; ele cederá, a despeito de si mesmo, ao amor verdadeiro. É um ímã a que não lhe é possível resistir. O contato desse amor vivifica e fecunda os germes dessa virtude, que está em vossos corações em estado latente. A Terra, morada de exílio e de provas, será então purificada por esse fogo sagrado e nela se praticarão a caridade, a humildade, a paciência, o devotamento, a abnegação, a resignação e o sacrifício, isto é, todas as virtudes que são filhas do amor. Não vos canseis, pois, de escutar as palavras de João, o Evangelista. Como sabeis, quando a enfermidade e a velhice o obrigaram a suspender o curso de suas pregações, ele se limitava a repetir estas doces palavras: "Meus filhos, amai-vos uns aos outros".

Amados irmãos, aproveitai essas lições; sua prática é difícil, mas a alma retira delas um bem imenso. Crede-me, fazei o sublime esforço que vos peço: "Amai-vos", e logo vereis a Terra transformada num paraíso em que as almas dos justos virão repousar. – *Fénelon*. (Bordeaux, 1861.)

133. Meus caros condiscípulos, os Espíritos aqui presentes vos dizem, por meu intermédio: Amai muito, a fim de serdes amados. Esse pensamento é tão justo que nele encontrareis tudo o que consola e acalma as penas de cada dia; ou melhor: praticando esse sábio conselho, elevar-vos-eis de tal modo acima da matéria que vos espiritualizareis antes de deixardes o vosso envoltório terrestre. Havendo os estudos espíritas desenvolvido em vós a compreensão do futuro, já tendes uma certeza: a de caminhardes para Deus, vendo realizadas todas as promessas que correspondem às aspirações de vossa alma. Por isso, deveis elevar-vos bem alto para julgardes sem as constrições da matéria, e não condenardes o vosso próximo, antes de terdes dirigido o pensamento a Deus.

Amar, no sentido profundo do termo, é ser leal, probo, consciencioso, para fazer aos outros aquilo que se desejaria para si mesmo; é procurar em torno de si o sentido íntimo de todas as dores que acabrunham vossos irmãos, para suavizá-las; é considerar como sua a grande família humana, porque essa família todos a encontrareis, dentro de certo período, em mundos mais adiantados, já que os Espíritos que a compõem são, como vós, filhos de Deus, marcados na fronte para se elevarem ao infinito. É por isso que não podeis recusar aos vossos irmãos o que Deus vos dá com tanta prodigalidade, porque, de vossa parte, muito vos alegraria que vossos irmãos vos dessem aquilo de que necessitais. Para todos os sofrimentos, tende, pois, sempre uma palavra de esperança e de amparo, a fim de que sejais todo amor, toda justiça.

Crede que esta sábia exortação, "Amai bastante, para serdes amados", abrirá caminho; ela é revolucionária e segue uma rota firme e invariável. Mas já ganhastes muito, vós que me ouvis; sois infinitamente melhores do que éreis há cem anos. Mudastes tanto, em proveito vosso, que aceitais sem contestação uma porção de ideias novas sobre a liberdade e a fraternidade, que outrora teríeis rejeitado. Ora, daqui a cem anos, aceitareis com a mesma facilidade as que ainda não puderam entrar no vosso cérebro. Hoje, quando o Movimento Espírita tem dado tão grandes passos, vede com que rapidez as ideias de justiça e renovação, contidas nos ditados dos Espíritos, são aceitas pela parte mediana do mundo inteligente. É que essas ideias correspondem a tudo o que há de divino em vós; é que estais preparados para uma sementeira fecunda: a do século passado, que implantou no seio da sociedade as grandes ideias de progresso. E, como tudo se encadeia sob a direção do Altíssimo, todas as lições recebidas e aceitas virão a encerrar-se na permuta universal do amor ao próximo. Graças a Ele, os Espíritos encarnados, melhor apreciando e sentindo, se estenderão as mãos, de todos os confins do vosso planeta. Reunir-se-ão para se entenderem e amarem, para destruírem todas as injustiças, todas as causas de malquerença entre os povos.

Grandes ideias de renovação pelo Espiritismo, tão bem descritas em *O livro dos espíritos*, produzirão o grande milagre do século vindouro, o de conciliar todos os interesses materiais e espirituais dos homens, pela aplicação deste preceito bem compreendido: Amai bastante, para serdes amados. – *Sanson*, antigo membro da Sociedade Espírita de Paris. (1863.)

A fé e a caridade

134. Disse-vos há pouco, meus queridos filhos, que a caridade, sem a fé, não basta para manter entre os homens uma ordem social capaz de torná-los felizes. Deveria ter dito que a caridade é impossível sem a fé. É certo que podeis encontrar impulsos generosos em pessoas sem religião. Mas essa caridade austera, que só se pratica com a abnegação, por um constante sacrifício de todo interesse egoístico, somente a fé pode inspirá-la, porque só ela nos faz carregar com coragem e perseverança a cruz desta vida. Sim, meus filhos, é em vão que o homem ávido de prazeres procure iludir-se sobre seu destino na Terra, pretendendo que deva ocupar-se unicamente com sua felicidade. Certamente, Deus nos criou para sermos felizes na eternidade; entretanto, a vida terrena deve servir apenas ao nosso aperfeiçoamento moral, que se adquire mais facilmente com o auxílio dos órgãos físicos e do mundo material. Sem levar em conta as vicissitudes ordinárias da vida, a diversidade dos gostos, dos pendores e das necessidades, é também um meio de vos aperfeiçoardes, exercitando-vos na caridade. Com efeito, só a poder de concessões e sacrifícios mútuos podeis manter a harmonia entre elementos tão diversos. No entanto, tereis razão se afirmardes que a felicidade se acha destinada ao homem nesse mundo, desde que a busqueis no bem, e não nos prazeres materiais. A história da cristandade fala de mártires que se encaminhavam alegres para o suplício. Hoje, na vossa sociedade, para serdes cristãos, não há necessidade do holocausto do martírio nem do sacrifício da vida, mas única e exclusivamente o sacrifício do vosso egoísmo, do vosso orgulho e da vossa vaidade. Triunfareis, se a caridade vos inspirar e a fé vos sustentar. – *Espírito protetor*. (Cracóvia, 1861.)

135. O egoísmo, esta chaga da humanidade, tem que desaparecer da Terra, porque impede seu progresso moral. É ao Espiritismo que está reservada a tarefa de fazê-la elevar-se na hierarquia dos mundos. O egoísmo é, pois, o alvo para o qual todos os verdadeiros crentes devem apontar suas armas, sua força, sua coragem. Digo: coragem, porque é preciso mais coragem para vencer a si mesmo do que para vencer os outros. Que cada um, portanto, empregue todos os esforços a combatê-lo em si, certo de que esse monstro devorador de todas as inteligências, esse filho do orgulho é a fonte de todas as misérias terrenas. É a negação da caridade e, por conseguinte, o maior obstáculo à felicidade dos homens.

Jesus vos deu o exemplo da caridade e Pôncio Pilatos o do egoísmo, pois quando o Justo vai percorrer as santas estações do seu martírio, Pilatos lava as mãos, dizendo: "Que me importa!" E diz aos judeus: "Este homem é justo; por que quereis crucificá-lo?" Entretanto, deixa que o conduzam ao suplício.

É a esse antagonismo entre a caridade e o egoísmo, à invasão do coração humano por essa chaga moral que se deve atribuir o fato de não haver ainda o Cristianismo desempenhado, por completo, sua missão. Cabe a vós, novos apóstolos da fé, que os Espíritos superiores esclareçam, o encargo e o dever de extirpar esse mal, a fim de dar ao Cristianismo toda a sua força e desobstruir o caminho dos obstáculos que lhe embaraçam a marcha. Expulsai o egoísmo da Terra, para que ela possa gravitar na escala dos mundos, pois já é tempo de a humanidade envergar sua veste viril; e, para isso, é preciso que primeiro o expulseis do vosso coração. – *Emmanuel*. (Paris, 1861.)[74]

136. Se os homens se amassem com mútuo amor, a caridade seria mais bem praticada, mas, para isso, seria preciso que vos esforçásseis por vos livrar dessa couraça que cobre vossos corações, a fim de se tornarem eles mais sensíveis aos sofrimentos alheios. A rigidez mata os bons sentimentos; o Cristo não se escusava; não repelia aquele que o buscasse, fosse quem fosse: socorria tanto a mulher adúltera como o criminoso; nunca temeu que sua reputação sofresse com isso. Quando, pois, o tomareis por modelo de todas as vossas ações? *Se a caridade reinasse na Terra, o mau não imperaria nela; fugiria envergonhado; ocultar-se-ia, visto que em toda parte se acharia deslocado.* O mal então desapareceria, ficai bem certos. Começai vós mesmos por dar o exemplo; sede caridosos para com todos indistintamente, esforçai-vos por não atentar nos que vos olham com desdém e deixai a Deus o encargo de fazer toda justiça, porque a cada dia, em seu reino, Ele separa o joio do trigo. O egoísmo é a negação da caridade. Ora, sem a caridade não haverá descanso para a sociedade humana. Digo mais, não haverá segurança. Com o egoísmo e o orgulho, que andam de mãos dadas, a vida será sempre uma carreira em que vencerá o mais esperto, uma luta de interesses, em que as mais santas afeições serão espezinhadas, em que nem os sagrados laços da família são respeitados. – *Pascal*. (Sens, 1862.)

---

[74] N.T.: Os itens 134 e 135 estão com a ordem invertida em relação à edição de 1866. Correspondem, nesta última, aos itens 13 e 11, respectivamente.

Caridade para com os criminosos

137. A verdadeira caridade é um dos mais sublimes ensinamentos que Deus deu ao mundo. Completa fraternidade deve existir entre os verdadeiros discípulos da sua doutrina. Deveis amar os infelizes, os criminosos, como criaturas de Deus, às quais o perdão e a misericórdia serão concedidos, se se arrependerem, como também a vós, pelas faltas que cometeis contra sua Lei. Considerai que sois mais repreensíveis, mais culpados do que aqueles a quem recusardes perdão e comiseração, visto que, na maioria das vezes, eles não conhecem Deus como o conheceis, sendo-lhes pedido muito menos do que a vós. Não julgueis, oh! não julgueis absolutamente, meus caros amigos, porque o juízo que proferirdes vos será aplicado com mais severidade ainda e precisais de indulgência para os pecados que incorreis a todo instante. Ignorais que há muitas ações que são crimes aos olhos do Deus de pureza e que o mundo nem sequer considera como faltas leves? A verdadeira caridade não consiste apenas na esmola que dais nem, mesmo, nas palavras de consolação que lhe acrescentais. Não, não é apenas isso o que Deus exige de vós. A caridade sublime ensinada por Jesus também consiste na benevolência de que useis sempre e em todas as coisas para com o vosso próximo. Podeis ainda exercitar essa virtude sublime com relação a seres que não necessitam das vossas esmolas, mas que algumas palavras de amor, de consolo e de encorajamento conduzirão ao Senhor. Os tempos estão próximos, repito, em que a grande fraternidade reinará nesse globo, em que os homens obedecerão à Lei do Cristo, única Lei que será freio e esperança e conduzirá as almas às moradas bem-aventuradas. Amai-vos, pois, como filhos de um mesmo Pai; não estabeleçais diferenças entre os outros infelizes, porque Deus quer que todos sejam iguais; não desprezeis a ninguém. Deus permite que haja grandes criminosos entre vós, a fim de que vos sirvam de ensinamento. Em breve, quando os homens estiverem submetidos às verdadeiras Leis de Deus, já não haverá necessidade desses ensinos: *todos os Espíritos impuros e revoltados serão banidos para mundos inferiores, de acordo com suas inclinações.*

Deveis àquele de quem falo o socorro das vossas preces: é a verdadeira caridade. Nunca digais de um criminoso: "É um miserável; deve-se expurgar a Terra da sua presença; a morte que lhe infligem é muito branda para um ser de tal espécie". Não, não é assim que deveis falar. Observai vosso modelo, Jesus. Que diria Ele se visse esse infeliz junto de si? Lamentá-lo-ia; considerá-lo-ia como um doente bem digno de piedade; estender-lhe-ia a mão. Na verdade, não podeis fazer o mesmo, mas, pelo menos, podeis orar por ele, assistir seu Espírito durante os breves instantes que ainda lhe restem passar na Terra. O arrependimento pode tocar seu coração, se orardes com fé. É tanto vosso próximo, quanto o melhor dos homens; sua alma, transviada e revoltada, foi criada, como a vossa, para se aperfeiçoar; ajudai-o, pois, a sair do lamaçal e orai por ele. – *Elizabeth de França*. (Le Havre, 1862.)

138. *Um homem se acha em perigo de morte; para salvá-lo, outro tem que expor a vida por ele. Sabe-se, porém, que aquele homem é um malfeitor e que, se escapar, poderá cometer novos crimes. Apesar disso, o outro deve arriscar-se para o salvar?*

Esta é uma questão muito grave e que naturalmente se pode apresentar ao espírito. Responderei de acordo com meu adiantamento moral, já que se trata de saber se se deve expor a vida, mesmo por um malfeitor. O devotamento é cego; socorre-se um inimigo; deve-se, portanto, socorrer o inimigo da sociedade, numa palavra, a um malfeitor. Julgais que é somente à morte que se arranca esse infeliz? É, talvez, a toda sua vida passada. Imaginai que nos rápidos instantes que lhe arrebatam os derradeiros minutos de vida, o homem perdido volta ao seu passado ou que, antes, este se ergue diante dele. A morte, talvez, lhe chegue cedo demais; a reencarnação poderá ser terrível. Lançai-vos, então, ó homens, vós a quem a ciência espírita esclareceu; lançai-vos, arrancai-o à sua danação e talvez esse homem, que teria morrido a blasfemar, se lançará nos vossos braços. Todavia, não deveis indagar se o fará, ou não; socorrei-o, porque, salvando-o, obedeceis a essa voz do coração, que vos diz: "Podes salvá-lo, salva-o!" – *Lamennais*. (Paris, 1862.)

CAPÍTULO XII

Amai os vossos inimigos

Retribuir o mal com o bem – Se alguém vos bater na face direita, apresentai-lhe também a outra – A vingança – O duelo

139. Ouvistes o que foi dito: "Amareis o vosso próximo e odiareis os vossos inimigos". Eu, porém, vos digo: "*Amai os vossos inimigos; fazei o bem aos que vos odeiam e orai pelos que vos perseguem e caluniam, a fim de serdes filhos do vosso Pai que está nos Céus e que faz se levante o Sol para os bons e para os maus e que chova sobre os justos e os injustos. Porque, se só amardes os que vos amam, que recompensa tereis? Os publicanos também não procedem dessa maneira? E se saudardes apenas os vossos irmãos, o que é que com isso fazeis mais do que os outros? Os pagãos não fazem a mesma coisa?*" "Digo-vos que, se a vossa justiça não for mais abundante que a dos escribas e dos fariseus, não entrareis no reino dos céus". (Mateus, 5:20; e 43 a 47.)

140. Se somente amardes os que vos amam, que recompensa tereis, uma vez que as pessoas de má vida também amam os que as amam? Se somente fizerdes o bem aos que vo-lo fazem, que recompensa tereis, já que as pessoas de má vida fazem a mesma coisa? Se só emprestardes àqueles de quem possais esperar o mesmo favor, que recompensa tereis, visto que as pessoas de má vida se entreajudam dessa maneira, para obter a mesma vantagem? Mas quanto a vós, *amai os vossos inimigos, fazei o bem a todos e emprestai sem esperar coisa alguma*. Então, muito grande será a vossa recompensa e sereis filhos do Altíssimo, que é bom para os ingratos e até para os maus.

Sede, pois, cheios de misericórdia, como cheio de misericórdia é o vosso Deus. (Lucas, 6:32 a 36.)

141. Ouvistes o que foi dito: olho por olho e dente por dente. Eu, porém, vos digo que não resistais ao mal que vos queiram fazer; que *se alguém vos bater na face direita, apresenteis também a outra*; e que se alguém quiser pleitear contra vós, para vos tomar a túnica, também lhe entregueis o manto; e que se alguém vos obrigar a caminhar mil passos com ele, caminheis mais dois mil. Dai àquele que vos pedir, e não repilais quem vos queira tomar emprestado. (Mateus, 5:38 a 42.)

142. Se o amor do próximo constitui o princípio da caridade, amar os inimigos é a mais sublime aplicação desse princípio, porque a posse dessa virtude é uma das maiores vitórias alcançadas contra o egoísmo e o orgulho.

Entretanto, geralmente há equívoco quanto ao sentido da palavra *amar*, nesta circunstância. Jesus não pretendeu, por essas palavras, que se tenha para com o inimigo a ternura que se dispensa a um irmão ou amigo. A ternura pressupõe confiança; ora, ninguém pode ter confiança numa pessoa, sabendo que esta lhe quer mal; ninguém pode ter para com ela expansões de amizade, já que ela pode abusar dessa atitude. Entre pessoas que desconfiam umas das outras, não pode haver essas manifestações de simpatia que existem entre as que comungam das mesmas ideias. Enfim, ninguém pode sentir, em estar com um inimigo, prazer igual ao que sente na companhia de um amigo. Esse sentimento resulta de uma lei física: a da assimilação e a da repulsão dos fluidos. O pensamento malévolo determina uma corrente fluídica, cuja impressão é penosa. O pensamento benévolo nos envolve num eflúvio agradável. Daí a diferença das sensações que se experimenta à aproximação de um amigo ou de um inimigo. Amar os inimigos, não pode, pois, significar que não devamos estabelecer diferença alguma entre eles e os amigos. Esse preceito só parece difícil, impossível mesmo de praticar, por entender-se, falsamente, que ele prescreve se dê o mesmo lugar no coração, tanto ao amigo quanto ao inimigo. Se a pobreza da linguagem humana obriga a que nos sirvamos do mesmo termo para exprimir diversos matizes de um sentimento, cabe à razão estabelecer as diferenças, conforme os casos.

Amar os inimigos não é, portanto, ter por eles uma afeição que não está na natureza, visto que o contato de um inimigo nos faz bater o coração de modo muito diverso do seu bater, ao contato de um amigo. Amar os inimigos é não lhes guardar ódio nem rancor, nem desejo de vingança; é perdoar-lhes, *sem segundas intenções e incondicionalmente* o mal que nos causem; é não opor nenhum obstáculo à reconciliação; é desejar-lhes o bem, e não o mal; é regozijar-se, em vez de afligir-se, com o bem que lhes advenha; é estender-lhes a mão que socorre, em caso de necessidade; é abster-se, *quer por palavras, quer por atos*, de tudo que os possa prejudicar; é, finalmente, restituir-lhes todo o mal com o bem, *sem intenção de os humilhar*. Quem age dessa forma preenche as condições do mandamento: Amai os vossos inimigos.

143. Amar os inimigos é, para o incrédulo, um contrassenso. Aquele para quem a vida presente é tudo, só vê no seu inimigo um ser nocivo, que lhe perturba o repouso e do qual acredita que unicamente a morte o pode livrar. Daí, o desejo de vingar-se. Não tem nenhum interesse em perdoar, senão para satisfazer seu orgulho aos olhos do mundo. Em certos casos, perdoar parece-lhe mesmo uma fraqueza indigna de si. Se não se vingar nem por isso deixará de conservar rancor e um secreto desejo de mal para o outro.

Para o crente e, sobretudo, para o espírita, a maneira de ver é totalmente diferente, porque lança os olhos sobre o passado e sobre o futuro, entre os quais a vida presente não passa de um ponto. Sabe ele, pela própria destinação da Terra, que deve esperar encontrar aí com homens maus e perversos; que as maldades com que defronta fazem parte das provas que deve suportar e o elevado ponto de vista em que se coloca lhe torna menos amargas as vicissitudes, quer procedam dos homens, quer das coisas. *Se não se queixa das provas, também não deve queixar--se dos que lhe servem de instrumento.* Se, em vez de se queixar, agradece a Deus por experimentá-lo, *deve igualmente agradecer a mão que lhe dá ocasião de demonstrar sua paciência e sua resignação.* Esta ideia o predispõe naturalmente ao perdão. Sente, além disso, que, quanto mais generoso for, tanto mais se engrandece aos seus próprios olhos e se põe fora do alcance das setas maléficas do seu inimigo. O homem que ocupa uma posição elevada no mundo não se julga ofendido pelos insultos daquele a quem considera seu inferior. Dá-se o mesmo com o que, no mundo moral, se eleva acima da humanidade material. Este compreende que o ódio e o rancor o aviltariam e rebaixariam. Ora, para ser superior ao seu adversário, é preciso que tenha a alma maior, mais nobre e mais generosa.

144. O espírita tem ainda outros motivos para ser indulgente com seus inimigos. Em primeiro lugar, ele sabe que a maldade não é um estado permanente dos homens; que ela se deve a uma imperfeição momentânea e que, assim como a criança se corrige dos seus defeitos, o homem mau reconhecerá um dia seus erros e se tornará bom. Sabe também que a morte apenas o livra da presença material do seu inimigo, já que este pode persegui-lo com seu ódio, mesmo depois de haver deixado a Terra; que, assim, a vingança falha ao seu objetivo, visto que, ao contrário, tem por efeito produzir maior irritação, capaz de passar de uma existência a outra. Cabia ao Espiritismo provar, por meio da experiência e da lei que rege as relações entre o mundo visível e o mundo invisível, que a expressão *extinguir o ódio com o sangue* é radicalmente falsa, que a verdade é que o sangue alimenta o ódio, mesmo no além-túmulo. Cabia-lhe, por conseguinte, dar uma razão de ser positiva e uma utilidade prática ao perdão e ao sublime preceito do Cristo: *Amai os vossos inimigos*. Não há coração tão perverso que, mesmo sem se dar conta, não se mostre sensível ao bom proceder. Mediante o bom procedimento, tira-se, pelo menos, todo pretexto às represálias; de um inimigo pode-se fazer um amigo, antes e depois de sua morte. Com um mau proceder, o homem irrita seu inimigo, *que então serve de instrumento à Justiça de Deus para punir aquele que não perdoou*.

145. Podemos, pois, ter inimigos entre os encarnados e os desencarnados. Os inimigos do mundo invisível manifestam sua malevolência pelas obsessões e subjugações, que têm vitimado tanta gente e que

Capítulo XII
Amai os vossos inimigos

representam uma variedade nas provações da vida. Tais provações, como as demais, concorrem para o adiantamento do ser e devem ser aceitas com resignação e como consequência da natureza inferior do globo terrestre. Se não houvesse homens maus na Terra, não haveria Espíritos maus à sua volta. Se, portanto, devemos usar de benevolência com os inimigos encarnados, assim também devemos proceder com relação aos que estão desencarnados.

Antigamente, sacrificavam-se vítimas sangrentas para aplacar os deuses infernais, que não eram senão os Espíritos maus. Aos deuses infernais sucederam os demônios, que são a mesma coisa. O Espiritismo vem provar que esses demônios nada mais são do que as almas dos homens perversos, que ainda não se despojaram dos instintos materiais; *que ninguém consegue aplacá-los a não ser pelo sacrifício do seu ódio, isto é, pela caridade*; que a caridade não tem por efeito, unicamente, impedi-los de praticar o mal, e sim o de os reconduzir ao caminho do bem, contribuindo para a salvação deles. É assim que a sentença: *Amai os vossos inimigos* não se circunscreve ao círculo acanhado da Terra e da vida presente, mas também faz parte da grande lei da solidariedade e da fraternidade universais.

146. Os preconceitos do mundo sobre o que se convencionou chamar "ponto de honra" produzem essa suscetibilidade sombria, nascida do orgulho e da exaltação da personalidade, que leva o homem a retribuir uma injúria com outra injúria, uma ofensa com outra, o que é tido como justiça por aquele cujo senso moral não se eleva acima das paixões terrenas. É por isso que a lei mosaica prescrevia: olho por olho, dente por dente, lei em harmonia com a época em que Moisés vivia. Veio o Cristo e disse: "Retribuí o mal com o bem". E disse ainda: "Não resistais ao mal que vos queiram fazer; *se alguém vos bater numa face, apresentai-lhe a outra*". Ao orgulhoso, este preceito parecerá uma covardia, pois ele não compreende que haja mais coragem em suportar um insulto do que em se vingar, em virtude de sua visão ser incapaz de ultrapassar o presente. Dever-se-á, entretanto, tomar ao pé da letra aquela sentença? Não, como também não se deve tomar ao pé da letra a outra que manda se arranque o olho, quando for causa de escândalo. Levado o ensino às suas últimas consequências, equivaleria a condenar toda repressão, mesmo legal e deixar o campo livre aos maus, que assim se veriam isentos de todo motivo de temor. Se não se pusesse um freio às suas agressões, bem depressa os bons seriam suas vítimas. O próprio instinto de conservação, que é uma Lei da natureza, impede que alguém estenda o pescoço ao assassino. Por essas palavras Jesus não pretendeu interdizer toda defesa, mas *condenar a vingança*. Dizendo que apresentemos a outra face àquele que nos haja batido numa, disse, sob outra forma, que não se deve pagar o mal com o mal; que o homem deve aceitar com humildade tudo quanto possa abater seu orgulho; que haverá mais glória para ele em ser ofendido do que em ofender, em suportar pacientemente uma injustiça do que em cometer ele mesmo outra injustiça; que mais vale ser enganado do que enganar, ser arruinado do que arruinar os outros. É, ao mesmo tempo, a condenação do duelo, que não passa de uma manifestação do orgulho. Somente a fé na vida futura e na Justiça de Deus, que jamais deixa o mal impune, pode nos dar forças para suportarmos com paciência os golpes desferidos nos nossos interesses e no nosso amor-próprio. É por isso que dizemos incessantemente: Lançai o olhar para diante; quanto mais vos elevardes pelo pensamento, acima da vida material, tanto menos vos magoarão as coisas da Terra.

Instruções dos Espíritos

A vingança

147. A vingança é um dos últimos resquícios dos costumes bárbaros que tendem a desaparecer dentre os homens. É, como o duelo, um dos derradeiros vestígios dos hábitos selvagens sob os quais se debatia a humanidade, no começo da Era Cristã. É por isso que a vingança constitui indício certo do estado de atraso dos homens que a ela se entregam e dos Espíritos que ainda as inspiram. Portanto, meus amigos, esse sentimento jamais deve fazer vibrar o coração de quem quer que se diga e proclame espírita. Vingar-se é, bem o sabeis, tão contrário àquela prescrição do Cristo, "Perdoai aos vossos inimigos", que aquele que se nega a perdoar não somente não é espírita como também não é cristão. A vingança é uma inspiração tanto mais funesta quanto mais tiver por companheiras assíduas a falsidade e a baixeza. Com efeito, aquele que se entrega a essa fatal e cega paixão quase nunca se vinga a céu aberto. Quando é ele o mais forte, cai qual fera sobre o outro a quem chama seu inimigo, desde que a presença deste último lhe inflame a paixão, a cólera, o ódio. Entretanto, na maioria das vezes assume aparências hipócritas, ocultando nas profundezas do coração os maus sentimentos que o animam. Toma caminhos escusos, segue na sombra o inimigo, que de nada desconfia, e espera o momento propício para o ferir sem perigo. Esconde-se do outro, espreitando-o sem cessar; prepara-lhe odiosas armadilhas e derrama--lhe no copo o veneno, caso encontre ocasião para isso. Quando seu ódio não chega a tais extremos, ataca-o então na honra e nas afeições; não recua diante da calúnia, e suas insinuações pérfidas, habilmente espalhadas a todos os ventos, se vão avolumando pelo caminho. Desse modo, quando o perseguido se apresenta nos lugares por onde passou o sopro envenenado do perseguidor, espanta-se ao deparar com semblantes frios, em vez de fisionomias amigas e benévolas que outrora o acolhiam. Fica estupefato quando mãos que se lhe estendiam agora se recusam a apertar as suas. Enfim, sente-se aniquilado, ao verificar que seus amigos mais caros e parentes se afastam e o evitam. Ah! o covarde que assim se vinga é cem vezes mais culpado do que o que enfrenta seu inimigo e o insulta em plena face.

Fora, pois, com esses costumes selvagens! Fora com esses hábitos de outros tempos! Todo espírita que ainda hoje pretendesse ter o direito de se vingar seria indigno de figurar por mais tempo na falange que tem, como divisa, *Fora da caridade não há salvação!* Mas, não, não posso deter-me a pensar que um membro da grande família espírita seja capaz, no futuro, de ceder ao impulso da vingança, a não ser para perdoar. – *Jules Olivier.* (Paris, 1862.)

148. Só é verdadeiramente grande aquele que, considerando a vida como uma viagem que o deve conduzir a determinado ponto, faz pouco caso das asperezas da jornada e não deixa que seus passos se desviem do caminho reto. Com o olhar constantemente dirigido para o termo a alcançar, pouco lhe importa que as urzes e os espinhos ameacem produzir-lhe arranhaduras; ambos lhe roçam a epiderme, sem o ferirem nem impedirem de prosseguir na caminhada. Expor seus dias para vingar-se de uma injúria é recuar diante das provações da vida; é sempre um crime aos olhos de Deus. E se não fôsseis, como sois, iludidos pelos vossos prejuízos, tal coisa seria ridícula e uma suprema loucura aos olhos dos homens.

Há crime no homicídio pelo duelo; a vossa própria legislação o reconhece. Ninguém tem o direito, em caso algum, de atentar contra a vida de seu semelhante: é um crime aos olhos de Deus, que vos traçou a linha de conduta que deveis seguir. Aqui, mais do que em qualquer outra circunstância, sois juízes em causa própria. Lembrai-vos de que somente vos será perdoado, conforme perdoardes; pelo perdão vos acercais da Divindade, pois a clemência é irmã do poder. Enquanto uma gota de sangue humano correr na Terra pela mão dos homens, o verdadeiro reino de Deus ainda não se terá implantado aí, reino de paz e de amor, que há de banir para sempre do vosso globo a animosidade, a discórdia, a guerra. Então, a palavra duelo somente existirá na vossa linguagem como recordação longínqua e vaga de um passado que se foi. Os homens não conhecerão outro antagonismo, a não ser a nobre rivalidade do bem. – *Adolfo*, bispo de Argel. (Marmande, 1861.)

149. Não há dúvida de que o duelo, em certos casos, pode constituir uma prova de coragem física, de desprezo pela vida, mas também é, incontestavelmente, uma prova de covardia moral, como o suicídio. O suicida não tem coragem de enfrentar as vicissitudes da vida; o duelista não tem a de suportar as ofensas. Não vos disse o Cristo que há mais honra e coragem em apresentar a face esquerda àquele que bateu na direita, do que em vingar uma injúria? Não disse Ele a Pedro, no Jardim das Oliveiras: "Embainha a tua espada, porque

aquele que matar com a espada perecerá pela espada?". Por essas palavras, não condenou, para sempre, o duelo? Efetivamente, meus filhos, que é essa coragem oriunda de um temperamento violento, sanguíneo e colérico, que ruge à primeira ofensa? Onde a grandeza de alma daquele que, à menor injúria, quer lavá-la com sangue? Ah! que ele trema, porque, no fundo da sua consciência, uma voz lhe bradará sempre: "Caim! Caim! que fizeste de teu irmão?". "Foi-me necessário derramar sangue para salvar a minha honra", responderá ele a essa voz. Ela, porém, retrucará: "Quiseste salvá-la diante dos homens, por alguns instantes que te restavam de vida na Terra, e não pensaste em salvá-la perante Deus! Pobre louco! Quanto sangue exigiria de vós o Cristo, por todos os ultrajes que recebeu! Não só o feristes com os espinhos e a lança, não só o pregastes num madeiro infamante, como também o fizestes ouvir, em meio a sua agonia atroz, as zombarias que lhe prodigalizastes. Que reparação a tantos insultos Ele vos pediu? O último brado do Cordeiro foi uma prece em favor dos seus algozes! Oh! como Ele, perdoai e orai pelos que vos ofendem".

Amigos, lembrai-vos deste preceito: "Amai-vos uns aos outros" e, então, a um golpe desferido pelo ódio respondereis com um sorriso, e ao ultraje com o perdão. O mundo, sem dúvida, se levantará furioso e vos tratará de covardes; erguei bem alto a fronte e mostrai que também ela não temeria cingir-se de espinhos, a exemplo do Cristo, mas que a vossa mão não quer ser cúmplice de um assassínio autorizado por falsos ares de honra, que, entretanto, não passa de orgulho e amor-próprio. Ao vos criar, terá Deus vos concedido o direito de vida e de morte, uns sobre os outros? Não, somente à natureza Ele conferiu esse direito, para se reformar e se reconstruir; quanto a vós, não permite, sequer, que disponhais de vós mesmos. Como o suicida, o duelista se achará marcado com sangue, quando comparecer perante Deus, e a um e outro o Soberano Juiz reserva rudes e longos castigos. Se Ele ameaçou com sua justiça aquele que disser *raca* a seu irmão, quão mais severa não será a pena para quem chegar à sua presença com as mãos sujas do sangue de seu irmão! – *Santo Agostinho*. (Paris, 1862.)

150. O duelo, como outrora o que se denominava o Juízo de Deus,[75] é uma das instituições bárbaras que ainda regem a sociedade. Que diríeis, no entanto, se vísseis dois adversários mergulhados em água fervente ou submetidos ao contato de um ferro em brasa para resolver a contenda entre eles, reconhecendo-se estar a razão naquele que melhor sofresse a prova? Qualificaríeis esses costumes de insensatez. O duelo é coisa pior do que tudo isso. Para o duelista experiente, é um assassínio cometido a sangue-frio, com toda premeditação possível, pois ele está certo da eficácia do golpe que desfechará. Para o adversário, quase certo de sucumbir em virtude de sua fraqueza e inabilidade, é um suicídio cometido com a mais fria reflexão. Sei que muitas vezes se procura evitar essa alternativa igualmente criminosa, confiando ao acaso a questão; mas, então, isso não é voltar, sob outra forma, ao Juízo de Deus, da Idade Média? E, nessa época, a culpa era infinitamente menor. A própria denominação de *Juízo de Deus* indica a fé, ingênua, é verdade, mas, afinal, fé na Justiça de Deus, que não podia deixar que um inocente sucumbisse, ao passo que, no duelo, tudo se resume à força bruta, de tal sorte que não raro é o ofendido que sucumbe.

Ó estúpido amor-próprio, tola vaidade e louco orgulho, quando sereis substituídos pela caridade cristã, pelo amor ao próximo e pela humildade que o Cristo ensinou e exemplificou? Só então desaparecerão esses preconceitos monstruosos que ainda governam os homens, e que as leis são impotentes para reprimir, porque não basta interditar o mal e prescrever o bem; é preciso que o princípio do bem e o horror ao mal estejam no coração do homem. – *Um Espírito protetor.* (Bordeaux, 1861.)

151. Que juízo farão de mim, costumais dizer, se eu recusar a reparação que me é exigida ou se não a reclamar de quem me ofendeu? Os loucos, como vós, os homens atrasados vos censurarão, mas os que se acham esclarecidos pelo facho do progresso intelectual e moral dirão que procedeis de acordo com a verdadeira sabedoria. Refleti um pouco. Por motivo de uma palavra dita às vezes impensadamente ou inofensiva, vinda de um dos vossos irmãos, o vosso orgulho se sente ferido, respondeis de modo

---

[75] N.E.: Quando faltavam as provas materiais para comprovar a inocência e a culpabilidade de um acusado, recorria-se a essa prova judicial, como era usada antigamente.

áspero e daí uma provocação. Antes que chegue o momento decisivo, inquiris de vós mesmos se procedeis como cristãos? Que contas ficareis devendo à sociedade, se a privardes de um de seus membros? Pensastes no remorso que vos assaltará por haverdes roubado o marido a uma mulher, o filho a uma mãe ou o pai que servia de amparo aos filhos? Certamente, o autor da ofensa deve uma reparação; porém, não lhe será mais honroso dá-la espontaneamente, reconhecendo suas faltas, do que expor a vida daquele que tem o direito de se queixar? Quanto ao ofendido, convenho em que, algumas vezes, por ele achar-se gravemente ferido, quer em sua pessoa, quer nas dos que lhe são mais caros, não está em jogo somente o amor-próprio: o coração se acha magoado, sofre. Mas, além de ser estúpido arriscar a vida contra um miserável capaz de praticar uma infâmia, dar-se-á que a afronta, seja ela qual for, morto o ofensor, deixa de existir? O sangue derramado não dará mais destaque a um fato que, se falso, cairia por si mesmo, e que, se verdadeiro, deve ficar esquecido no silêncio? Nada mais restará, pois, senão a satisfação da sede de vingança. Ah! triste satisfação que quase sempre dá lugar, já nesta vida, a causticantes remorsos. E se é o ofendido que sucumbe, onde a reparação?

Quando a caridade regular a conduta dos homens, eles conformarão seus atos e palavras a esta máxima: "Não façais aos outros o que não gostaríeis que vos fizessem". Então, desaparecerão todas as causas de dissensões e, com elas, as dos duelos e das guerras, que são os duelos de povo a povo. – *Francisco Xavier*.[76] (Bordeaux, 1861.).

152. O homem do mundo, o homem feliz, que por uma palavra chocante, uma coisa ligeira, despreza a vida que lhe veio de Deus, despreza a vida de seu semelhante, que só pertence a Deus, esse é cem vezes mais culpado do que o miserável que, impelido pela cupidez, se introduz numa habitação para roubar e matar os que se opõem aos seus desígnios. Este último é quase sempre uma criatura sem educação, com noções imperfeitas do bem e do mal, ao passo que o duelista pertence, quase

---

[76] N.E.: Francisco Xavier (1506-1552), dito Francisco de Jassu, cognominado Apóstolo das Índias, jesuíta espanhol, pioneiro e cofundador da Companhia de Jesus, cujos membros são conhecidos como *jesuítas*. Exerceu sua atividade missionária no Oriente e evangelizou o sudeste da Ásia (Índia, Malásia e Japão).

sempre, à classe mais esclarecida. Um mata brutalmente, enquanto o outro age com método e polidez, o que faz que a sociedade o desculpe. Acrescentarei mesmo que o duelista é infinitamente mais culpado do que o infeliz que, cedendo a um sentimento de vingança, mata num momento de exasperação. O duelista não tem como desculpa o arrebatamento da paixão, porque entre o insulto e a reparação, sempre dispõe de tempo para refletir. Age, portanto, friamente e com desígnio premeditado. Tudo é calculado e estudado para matar com mais segurança o adversário. É certo que também expõe a vida e é isso que reabilita o duelo aos olhos do mundo, que nele então só vê um ato de coragem e de desprezo à própria vida. Mas haverá coragem por parte daquele que está seguro de si? O duelo, resquício dos tempos de barbárie, em que o direito do mais forte constituía lei, desaparecerá por efeito de uma melhor apreciação do verdadeiro ponto de honra e à medida que o homem for depositando fé mais viva na vida futura. – *Agostinho* (Bordeaux, 1861.)

153. *Nota.* Os duelos vão se tornando cada vez mais raros e, se de vez em quando, ainda se veem alguns exemplos dolorosos, o número deles não se pode comparar com o dos que ocorriam antigamente. Outrora, um homem não saía de casa sem prever um encontro, o que o levava a tomar as necessárias precauções. Um sinal característico dos costumes do tempo e dos povos consiste no porte habitual, ostensivo ou oculto, de armas ofensivas ou defensivas. A abolição de semelhante uso demonstra o abrandamento dos costumes e é curioso acompanhar-lhes a gradação, desde a época em que os cavaleiros só cavalgavam protegidos por armaduras e munidos de lança, até a em que o porte de uma simples espada à cintura constituía mais um adorno e um acessório do brasão que uma arma de agressão. Outro sinal da modificação dos costumes é que outrora os combates singulares se davam em plena rua, diante da turba que se afastava para deixar livre o campo aos combatentes, ao passo que estes hoje se ocultam. Presentemente, a morte de um homem é um acontecimento que causa emoção, ao passo que, em tempos passados, ninguém dava atenção a isso. O Espiritismo apagará esses últimos vestígios da barbárie, incutindo nos homens o espírito de caridade e de fraternidade.

CAPÍTULO XIII

❦

Não saiba a vossa mão esquerda o que dá a vossa mão direita

Fazer o bem sem ostentação – O óbolo da viúva – Convidar os pobres e os estropiados. – Dar sem esperar retribuição – A caridade material e a caridade moral – A beneficência – A piedade – Os órfãos – Benefícios pagos com ingratidão – Beneficência exclusiva

154. Tende cuidado em não praticar as boas obras diante dos homens para serem vistas, pois, do contrário, não recebereis recompensa de vosso Pai que está nos Céus. Assim, quando derdes esmola, não façais tocar a trombeta diante de vós, como fazem os hipócritas nas sinagogas e nas ruas para serem louvados pelos homens. Digo-vos, em verdade, que eles já receberam sua recompensa. Mas *quando derdes esmola, não saiba a vossa mão esquerda o que faz a vossa mão direita*; a fim de que a esmola fique em segredo, e vosso Pai, que vê o que se passa em segredo, vos recompensará. (Mateus, 6:1 a 4.)

155. Tendo Jesus descido do monte, grande multidão o seguiu. Ao mesmo tempo, um leproso[77] veio ao seu encontro e o adorou, dizendo: "Senhor, se quiseres, poderás curar-me". Jesus, estendendo

---

[77] N.E.: Na época em que esta obra foi escrita, esse termo era comum, mas atualmente é considerado pejorativo e/ou preconceituoso. Hanseníase, morfeia, mal de Hansen ou mal de Lázaro é uma doença infecciosa causada pela bactéria *Mycobacterium leprae* (também conhecida como *bacilo de hansen*) que afeta os nervos e a pele, podendo provocar danos severos.

a mão, o tocou e disse: "Quero-o, fica curado"; no mesmo instante desapareceu a lepra. Disse-lhe então Jesus: "*Olha, não o digas a ninguém*, mas vai mostrar-te aos sacerdotes e oferece o dom prescrito por Moisés, a fim de que lhes sirva de testemunho". (Mateus, 7:1 a 4.)

156. Estando Jesus sentado defronte do gazofilácio,[78] a observar de que modo o povo lançava ali o dinheiro, viu que muitas pessoas ricas o depositavam em abundância. Nisso, veio também uma pobre viúva que só colocou duas moedinhas do valor de dez centavos cada uma. Chamando então seus discípulos, disse-lhes Jesus: "Em verdade vos digo que esta pobre viúva deu muito mais do que todos os que antes puseram suas dádivas no cofre; porque todos os outros deram do que lhes sobra, ao passo que ela deu do que lhe faz falta, deu mesmo tudo o que tinha para o seu sustento". (Marcos, 12:41 a 44; Lucas, 21:1 a 4.)

157. Disse também àquele que o convidara: "Quando derdes um jantar ou uma ceia, não convideis nem os vossos amigos, nem os vossos irmãos, nem os vossos parentes, nem os vossos vizinhos que forem ricos, para que em seguida não vos convidem a seu turno e assim retribuam o que de vós receberam. Quando derdes um banquete, convidai para ele os pobres, os estropiados, os coxos e os cegos. E sereis felizes por eles não terem meios de vo-lo retribuir, pois isso será retribuído na ressurreição dos justos".

Um dos que se achavam à mesa, ouvindo essas palavras, disse-lhe: "Feliz do que comer do pão no reino de Deus!" (Lucas, 14:12 a 15.)

158. Há grande mérito em fazer o bem sem ostentação; ocultar a mão que dá é ainda mais meritório; constitui sinal incontestável de grande superioridade moral, porque, para encarar as coisas de mais alto do que faz o vulgo, é preciso fazer abstração da vida presente e identificar-se com a vida futura; numa palavra, é necessário colocar-se acima da humanidade, para renunciar à satisfação que resulta do testemunho dos homens e esperar a aprovação de Deus. Aquele que prefere o sufrágio

---

[78] N.T.: Local, em um templo, em que eram recolhidos e conservados os vasos e as oferendas (*Houaiss*).

Capítulo XIII
Não saiba a vossa mão esquerda o que dá a vossa mão direita

dos homens ao sufrágio divino prova que tem mais fé nos homens do que em Deus e que dá mais valor à vida presente do que à vida futura ou mesmo que não crê na vida futura. Se diz o contrário, age como se não acreditasse no que diz. Quantos há que só dão na expectativa de que o que recebe irá bradar por toda parte o benefício recebido! que, publicamente, dariam grandes somas e que, às ocultas, não dariam uma única moeda! Foi por isso que Jesus declarou: "Os que fazem o bem com ostentação já receberam a sua recompensa". Com efeito, aquele que procura sua própria glorificação na Terra, pelo bem que pratica, já pagou a si mesmo; Deus não lhe deve mais nada; só lhe resta receber a punição do seu orgulho.

Não saber a mão esquerda o que dá a mão direita é uma imagem que caracteriza admiravelmente a beneficência modesta. Mas se há a modéstia real, também há a falsa modéstia, o simulacro da modéstia. Há pessoas que ocultam a mão que dá, tendo, porém, o cuidado de deixar aparecer um pedacinho, olhando em volta para verificar se alguém não o terá visto ocultá-la. Indigna paródia das máximas do Cristo! Se os benfeitores orgulhosos são depreciados entre os homens, que não será perante Deus! Também esses já receberam sua recompensa na Terra. Foram vistos; estão satisfeitos por terem sido vistos. É tudo o que terão.

Qual será, então, a recompensa daquele que faz pesar seus benefícios sobre quem os recebe, que lhe impõe, de certo modo, testemunhos de reconhecimento, que lhe faz sentir sua posição, exaltando o preço dos sacrifícios a que se impõe para beneficiá-lo? Oh! para esse, nem mesmo a recompensa terrestre existe, porque se vê privado da doce satisfação de ouvir bendizer-lhe o nome e é esse o primeiro castigo do seu orgulho. As lágrimas que seca por vaidade, em vez de subirem ao Céu, caíram sobre o coração do aflito e o ulceraram. O bem que praticou não resulta em nenhum proveito para ele, pois que o deplora, e todo benefício deplorado é moeda falsa e sem valor.

A beneficência praticada sem ostentação tem duplo mérito. Além de ser caridade material, é caridade moral, visto que resguarda a suscetibilidade do beneficiado, faz-lhe aceitar o benefício sem que seu amor-próprio se ressinta e salvaguardando-lhe a dignidade de homem, porque aceitar um serviço é coisa bem diversa de receber uma esmola. Ora, converter o serviço em esmola, pela maneira de prestá-lo, é humilhar o que o recebe, e há sempre orgulho e maldade em humilhar os outros. A verdadeira caridade, ao contrário, é delicada e engenhosa em dissimular o benefício, em evitar até as simples aparências capazes de melindrar, visto que todo atrito moral aumenta o sofrimento que se origina da necessidade. Sabe encontrar palavras brandas e afáveis que colocam o beneficiado à vontade em presença do benfeitor, ao passo que a caridade orgulhosa o esmaga. A verdadeira generosidade torna-se sublime quando o benfeitor, invertendo os papéis, acha meios de figurar como beneficiado diante daquele a quem presta serviço. Eis o que significam estas palavras: "Não saiba vossa mão esquerda o que dá a direita".

159. Nas grandes calamidades, a caridade se emociona e observam-se impulsos generosos, no sentido de reparar os desastres; porém, a par desses desastres gerais, há milhares de desastres particulares que passam despercebidos, como o das pessoas que jazem sobre um catre[79] sem se queixarem. São esses infortúnios discretos e ocultos que a verdadeira generosidade sabe descobrir, sem esperar que peçam assistência.

Quem é esta mulher de ar distinto, de traje tão simples, embora bem cuidado, que se faz acompanhar de uma mocinha tão modestamente vestida? Entra numa casa de sórdida aparência, onde sem dúvida é conhecida, pois que à entrada a saúdam respeitosamente. Aonde ela vai? Sobe até a mansarda, onde jaz uma mãe de família cercada de crianças. À sua chegada, brilha alegria naqueles rostos emagrecidos. É que vem acalmar todas as dores. Traz o de que necessitam, acompanhado de meigas e consoladoras palavras, que fazem que seus protegidos, que não são profissionais da mendicância, aceitem o benefício sem corar. O pai está no hospital e, enquanto lá permanece, a mãe não consegue prover às suas necessidades. Graças à boa senhora, aquelas crianças não mais sentirão frio, nem fome; irão à escola agasalhadas, e, para as menores, o seio que as amamenta não secará. Se entre elas alguma adoece, não repug-

---

[79] N.E.: Leito rústico e pobre (*Houaiss*).

narão à boa dama os cuidados materiais de que essa necessite. Dali vai ao hospital levar ao pai algum reconforto e tranquilizá-lo sobre a sorte da família. No canto da rua, um carro a espera, verdadeiro armazém de tudo o que destina aos seus protegidos, que lhe recebem sucessivamente a visita. Não lhes pergunta qual a crença que professam nem quais as suas opiniões, visto que para ela todos os homens são irmãos e filhos de Deus. Terminada sua jornada, diz de si para consigo: "Comecei bem o meu dia". Qual o seu nome? Onde mora? Ninguém o sabe. Para os infelizes, é um nome que nada indica, mas é o anjo da consolação. À noite, um concerto de bênçãos se eleva em seu favor ao Criador: católicos, judeus, protestantes, todos a bendizem.

Por que esse traje tão singelo? Para não insultar a miséria com o seu luxo. Por que se faz acompanhar da filha? Para lhe ensinar como se deve praticar a beneficência. Sua filha também quer fazer caridade, mas a mãe lhe diz: "Que podes dar, minha filha, quando nada tens de teu? Se eu te passar alguma coisa às mãos para que dês a outrem, qual será o teu mérito? Em realidade, serei eu quem faz a caridade; que merecimento terias nisto? Não é justo. Quando visitamos os doentes, tu me ajudas a tratá-los. Ora, dispensar cuidados é dar alguma coisa. Isto não te parece suficiente? Nada mais simples. Aprende a fazer obras úteis e confeccionarás roupas para essas criancinhas. Desse modo, darás alguma coisa que vem de ti". É assim que aquela mãe verdadeiramente cristã prepara a filha para a prática das virtudes ensinadas pelo Cristo. É espírita? Que importa!

Em casa, é mulher do mundo, porque sua posição o exige. Ignoram, porém, o que faz, porque ela não deseja outra aprovação além da de Deus e da sua consciência. Certo dia, no entanto, uma circunstância imprevista leva-lhe à casa uma de suas protegidas, que andava a vender trabalhos executados por suas mãos. Esta última, ao vê-la, reconheceu nela a sua benfeitora. "Silêncio!" — ordena-lhe a senhora — "*não o digas a ninguém.*" — Assim falava Jesus.

160. Muitas pessoas lamentam não poder fazer todo o bem que gostariam, por falta de recursos suficientes, e, se desejam possuir riquezas, dizem, é para lhes dar boa aplicação. É sem dúvida louvável a intenção e pode até ser sincera em alguns. Será, porém, completamente desinteressada em todos? Não haverá quem, desejando fazer o bem aos outros, prefira poder começar por fazê-lo a si próprio, proporcionar a si mesmo alguns gozos mais, usufruir de um pouco do supérfluo que lhe falta, destinando aos pobres o restante? Esta segunda intenção, que talvez dissimulem, mas que encontrariam no fundo de seus corações, se os procurassem cuidadosamente, anula o mérito do intento, porque a verdadeira caridade pensa nos outros antes de pensar em si. O sublime da caridade, nesse caso, estaria em procurar o homem no seu trabalho, pelo emprego de suas forças, de sua inteligência, de seus talentos, os recursos que lhe faltam para realizar seus generosos propósitos. Aí estaria o sacrifício mais agradável ao Senhor. Infelizmente, a maioria vive a sonhar com os meios mais fáceis e mais rápidos de enriquecer, correndo atrás de quimeras, como a descoberta de tesouros, uma chance aleatória favorável, o recebimento de heranças inesperadas etc. Que dizer dos que esperam encontrar nos Espíritos auxiliares que os secundem em pesquisas dessa natureza? Certamente não conhecem nem compreendem a sagrada finalidade do Espiritismo e, ainda menos, a missão dos Espíritos a quem Deus permite que se comuniquem com os homens. São, assim, punidos pelas decepções. (*O livro dos médiuns*, itens 294 e 295.)

    Aqueles cuja intenção está livre de qualquer ideia pessoal devem consolar-se da impossibilidade em que se encontram de fazer todo o bem que desejariam, lembrando-se de que o óbolo do pobre, do que dá privando-se do necessário, pesa mais na balança de Deus do que o ouro do rico que dá sem se privar de coisa alguma. A satisfação seria grande, sem dúvida, em poder socorrer em larga escala a indigência, mas, se essa satisfação lhe é negada, submeta-se e se limite a fazer o que possa. Aliás, será só com dinheiro que se podem secar lágrimas? Deve-se ficar inativo quando não se tenha dinheiro? Aquele que sinceramente deseja ser útil a seus irmãos encontrará mil ocasiões de realizar seu desejo. Procure--as e as encontrará; se não for de um modo, será de outro, porque não há ninguém, no pleno gozo de suas faculdades, que não possa prestar um serviço qualquer, dar um consolo, minorar um sofrimento físico ou moral, fazer um esforço útil. Na falta de dinheiro, não dispõem todos do seu trabalho, do seu tempo, do seu repouso, para de tudo isso dar uma parte ao próximo? Também aí está a dádiva do pobre, o óbolo da viúva.

161. "Quando derdes um banquete", disse Jesus, "não convideis para ele os vossos amigos, mas os pobres e os estropiados". Estas palavras, absurdas se tomadas ao pé da letra, são sublimes, se lhes buscarmos o espírito. Não é possível que Jesus tenha pretendido dizer que, em vez de seus amigos, alguém reúna em sua mesa os mendigos da rua. Sua linguagem era quase sempre figurada e, para os homens incapazes de apanhar os delicados matizes do pensamento, precisava servir-se de imagens fortes, que produzissem o efeito de um colorido vivo. O fundo do seu pensamento se revela nestas palavras: "E sereis felizes por não terem eles meios de vo-lo retribuir", isto é, não se deve fazer o bem tendo em vista uma retribuição, mas tão só pelo prazer de praticá-lo. Usando de uma comparação admirável, disse: "Convidai os pobres para os vossos banquetes, pois sabeis que eles nada vos podem retribuir". Por *banquetes* deveis entender não os repastos propriamente ditos, mas a participação na abundância de que desfrutais.[80]

Instruções dos Espíritos

A caridade material e a caridade moral

162. "Amemo-nos uns aos outros e façamos aos outros o que gostaríamos que eles nos fizessem". Toda a religião e toda a moral se acham encerradas nesses dois preceitos. Se fossem observados na Terra, todos

---

[80] N.T.: Após este parágrafo, e como complementação, Allan Kardec acrescenta o seguinte, na edição definitiva de 1866: "Entretanto, aquelas palavras podem, também, ser aplicadas em sentido mais literal. Quantos não convidam para suas mesas apenas os que podem, como dizem, fazer-lhes a honra, ou, por sua vez, convidá-los! Outros, ao contrário, sentem-se satisfeitos em receber os parentes e amigos menos felizes. Ora, quem não os conta entre os seus? Dessa forma lhes prestamos grandes serviços, sem que o percebam. Aqueles, sem irem recrutar os cegos e os estropiados, praticam a máxima de Jesus, se o fazem por benevolência, sem ostentação, e sabem dissimular o benefício, por meio de sincera cordialidade".

seríeis perfeitos: nada de ódios, nem de ressentimentos. Direi ainda: nada de pobreza, porque, do supérfluo da mesa de cada rico, muitos pobres se alimentariam e não mais veríeis, nos quarteirões sombrios onde habitei durante minha última encarnação, pobres mulheres arrastando consigo miseráveis crianças a quem tudo faltava.

Ricos! pensai nisto um pouco. Auxiliai os infelizes o melhor que puderdes. Dai, para que Deus, um dia, vos retribua o bem que houverdes feito, para que encontreis, ao sair do vosso envoltório terreno, um cortejo de Espíritos agradecidos, que vos receberão no limiar de um mundo mais feliz.

Se pudésseis saber a alegria que experimentei ao encontrar no Além aqueles a quem pude servir na minha última existência!...

Amai, portanto, o vosso próximo; amai-o como a vós mesmos, pois já sabeis, agora, que repelindo um infeliz estareis, talvez, afastando de vós um irmão, um pai, um amigo, que repelis para longe de vós; e, então, qual não será vosso desespero ao reconhecê-lo no mundo dos Espíritos!

Desejo que compreendais bem o que seja a *caridade moral*, que todos podem praticar, que *nada custa*, do ponto de vista material e que, no entanto, é a mais difícil de praticar.

A caridade moral consiste em vos suportardes uns aos outros e é o que menos fazeis nesse mundo inferior, onde, no momento, vos achais encarnados. Crede-me que há grande mérito em um homem saber calar-se para deixar falar outro mais tolo do que ele. É um gênero de caridade isso. Saber ser surdo quando uma palavra zombeteira escapa de uma boca habituada a escarnecer; não ver o sorriso de desdém com que vos recebem pessoas que, muitas vezes erradamente, se julgam acima de vós, quando na vida espiritual, *a única real*, estão, não raro, muito abaixo; eis aí o merecimento, não do ponto de vista da humildade, mas do da caridade, porque não dar atenção ao mau proceder alheio é caridade moral.

Entretanto, essa caridade não deve impedir a outra; cuidai, sobretudo, de não desprezar vosso semelhante. Lembrai-vos sem cessar de tudo o que já vos tenho dito: ao repelirdes um pobre, talvez repilais um Espírito que vos foi caro e que se acha momentaneamente em posição inferior à vossa. Encontrei aqui um dos pobres da Terra, a quem, por felicidade, eu pudera auxiliar algumas vezes, e ao qual, por minha vez, *tenho agora de implorar auxílio.*

Lembrai-vos de que Jesus disse que todos somos irmãos e pensai sempre nisso, antes de repelirdes o leproso ou o mendigo. Adeus. Pensai nos que sofrem e orai. – *Irmã Rosália.* (Paris, 1860.)

163. Meus amigos, já ouvi muitos de vós a se perguntarem: "Como poderei fazer caridade, se muitas vezes não possuo nem mesmo o necessário?"

A caridade, meus amigos, se faz de muitas maneiras. Podeis fazê-la por pensamentos, por palavras e por ações. Por pensamentos, orando pelos pobres abandonados, que morreram sem sequer terem visto a luz. Uma prece feita de coração os alivia. Por palavras, dirigindo aos vossos companheiros de todos os dias alguns bons conselhos; dizei aos que o desespero, as privações azedaram o ânimo e levaram a blasfemar o nome do Altíssimo: "Eu era como vós; sofria, era infeliz, mas acreditei no Espiritismo e, vede, agora sou feliz". Aos velhos que vos disserem: "É inútil; estou no fim da minha jornada; morrerei como vivi", dizei: "A Justiça de Deus é a mesma para todos nós; lembrai-vos dos trabalhadores da última hora". Às crianças, já viciadas pelas más companhias e que vagam pelo mundo, prestes a sucumbir às más tentações, dizei: "Deus vos vê, meus caros pequenos", e não temais lhes repetir essas brandas palavras. Elas acabarão por lhes germinar nas inteligências infantis e, em vez de pequenos vagabundos, fareis deles homens. Isso também é caridade.

Muitos dentre vós também dizem: "Ora! somos tão numerosos na Terra que Deus não nos pode ver a todos". Escutai bem isto, meus amigos: Quando estais no cume da montanha não abrangeis com o olhar os bilhões de grãos de areia que a cobrem? Pois bem! Deus vos vê do mesmo modo. Ele vos deixa usar do vosso livre-arbítrio, como vós deixais que esses grãos de areia se movam ao sabor do vento que os dispersa. Apenas, em sua infinita misericórdia, Deus vos pôs no fundo do coração uma sentinela vigilante, que se chama *consciência*. Escutai-a; ela só vos dará bons conselhos. Às vezes, conseguis entorpecê-la, opondo-lhe o espírito do mal. Ela, então, se cala. Mas ficai certos de que a pobre escorraçada se fará ouvir, logo que lhe deixardes aperceber-se da sombra do remorso. Ouvi-a, interrogai-a, e com frequência vos achareis consolados com o conselho que dela houverdes recebido.

Meus amigos, a cada regimento novo o general entrega um estandarte. Eu vos dou por divisa esta máxima do Cristo: "Amai-vos uns aos outros". Praticai essa máxima, reuni-vos todos em torno dessa bandeira e tereis felicidade e consolação. – *Um Espírito protetor*. (Lyon, 1860.)

A beneficência

164. A beneficência, meus amigos, vos dará nesse mundo os mais puros e suaves deleites, as alegrias do coração, que não são perturbados pelo remorso nem pela indiferença. Oh! se pudésseis compreender tudo o que encerra de grande e de agradável a generosidade das almas belas, esse sentimento que faz a criatura olhar as outras como olha a si mesma, despindo-se, jubilosa, para cobrir seu irmão! Pudésseis, meus amigos, ter por única ocupação tornar felizes os outros! Quais as festas mundanas que podeis comparar a essas festas alegres quando, como representantes da Divindade, levais a alegria a essas pobres famílias que da vida apenas conheceram as vicissitudes e as amarguras, quando nelas vedes os semblantes macerados irradiarem subitamente de esperança, porque, não tendo pão, esses infelizes ouviam seus filhinhos, ignorando que viver é sofrer, gritando, repetidamente, a chorar, estas palavras, a se enterrarem nos corações maternos como agudo punhal: Estou com fome!... Oh! compreendei como são deliciosas as impressões de quem vê renascer a alegria onde, um momento antes, só havia desespero! Compreendei as obrigações que tendes para com vossos irmãos! Ide, ide ao encontro do infortúnio; ide em socorro, principalmente das misérias ocultas, por serem as mais dolorosas! Ide, meus bem-amados, e recordai-vos destas palavras do Salvador: "Quando vestirdes a um destes pequeninos, lembrai-vos de que é a mim que o fazeis!".

Capítulo XIII
Não saiba a vossa mão esquerda o que dá a vossa mão direita

Caridade! Sublime palavra que resume todas as virtudes, és tu que hás de conduzir os povos à felicidade. Ao te praticarem, eles criarão para si infinitos gozos no futuro e, quando se acharem exilados na Terra, tu serás sua consolação, o gozo antecipado das alegrias que fruirão mais tarde, quando se encontrarem reunidos no seio do Deus de amor. Foste tu, virtude divina, que me proporcionaste os únicos momentos de felicidade de que desfrutei na Terra. Possam meus irmãos encarnados crer na palavra do amigo que lhes fala: É na caridade que deveis buscar a paz do coração, o contentamento da alma, o remédio contra as aflições da vida. Oh! quando estiverdes a ponto de acusar a Deus, lançai um olhar para baixo de vós; vede quantas misérias a aliviar, quantas pobres crianças sem família, quantos velhos sem qualquer mão amiga que os ampare e lhes feche os olhos quando a morte os reclame! Quanto bem a fazer! Oh! não vos queixeis; ao contrário, agradecei a Deus e prodigalizai em profusão a vossa simpatia, o vosso amor, o vosso dinheiro por todos os que, deserdados dos bens desse mundo, definham na dor e no isolamento. Colhereis na Terra bem doces alegrias e, mais tarde... só Deus o sabe!... – *Adolfo*, bispo de Argel. (Bordeaux, 1861.)

165. Sede bons e caridosos, pois essa é a chave dos Céus, chave que tendes em vossas mãos. Toda a eterna felicidade se acha contida neste preceito: Amai-vos uns aos outros. A alma só pode elevar-se às altas regiões espirituais pelo devotamento ao próximo e só encontra consolação e ventura nos arroubos da caridade. Sede bons, amparai vossos irmãos, deixai de lado a horrenda chaga do egoísmo. Cumprido esse dever, o caminho da vida eterna se vos abrirá. Além disso, qual dentre vós ainda não sentiu o coração pulsar de júbilo, de íntima alegria, à narrativa de um ato de bela dedicação, de uma obra verdadeiramente caridosa? Se buscásseis somente a volúpia que uma ação boa proporciona, permaneceríeis sempre no caminho do progresso espiritual. Não vos faltam exemplos; rara é apenas a boa vontade. Vede a multidão de homens de bem, cuja lembrança é guardada piedosamente pela vossa História.

O Cristo não vos disse tudo o que tem relação com as virtudes da caridade e do amor? Por que deixar de lado seus divinos ensinamentos?

Por que fechar os ouvidos às suas divinas palavras, o coração a todas as suas suaves sentenças? Gostaria que dispensassem mais interesse, mais fé às leituras evangélicas. Desprezam, porém, esse livro, consideram-no repositório de palavras ocas, uma carta fechada; deixam no esquecimento esse código admirável. Vossos males provêm apenas do abandono voluntário a que relegais esse resumo das Leis divinas. Lede-lhe as páginas cintilantes do devotamento de Jesus e meditai-as.

Homens fortes, armai-vos; homens fracos, fazei da vossa brandura, da vossa fé, as vossas armas. Sede mais persuasivos, tende mais constância na propagação da vossa nova doutrina. Apenas para estimular vosso zelo e vossas virtudes é que Deus permite que nos manifestemos entre vós. Mas, se cada um o quisesse, bastaria sua própria vontade e a ajuda de Deus; as manifestações espíritas só se produzem para os que têm os olhos fechados e os corações indóceis.

A caridade é a virtude fundamental que há de sustentar todo o edifício das virtudes terrestres. Sem ela não existem as outras. Sem a caridade não há esperança de melhor sorte, não há interesse moral que nos guie; sem a caridade não há fé, pois a fé não passa de um raio muito puro que torna brilhante uma alma caridosa.

A caridade é, em todos os globos, a eterna âncora de salvação; é a mais pura emanação do próprio Criador; é a sua própria virtude, dada por Ele à criatura. Como desprezar essa suprema bondade? Qual o coração, disso compenetrado, bastante perverso para recalcar e expulsar esse sentimento todo divino? Qual o filho bastante mau para se rebelar contra essa doce carícia: a caridade?

Não ouso falar do que fiz, porque os Espíritos também têm o pudor de suas obras; considero, porém, a que iniciei como uma das que mais devem contribuir para o alívio dos vossos semelhantes. Vejo com frequência Espíritos a pedirem que lhes seja dado, por missão, continuar minha tarefa. Vejo-os, minhas bondosas e caras irmãs, no seu piedoso e divino ministério; vejo-os praticando a virtude que vos recomendo, com toda a alegria que provém de uma existência de dedicação e sacrifícios. Para mim é uma grande felicidade observar quanto lhes honra o caráter, quão estimada e protegida é a missão que desempenham. Homens de bem, de boa e firme vontade, uni-vos para continuar amplamente a obra de propagação da caridade; encontrareis vossa recompensa no próprio exercício dessa virtude; não há alegria espiritual que ela não proporcione já na vida presente. Uni-vos; amai-vos uns aos outros, segundo os preceitos do Cristo. Assim seja. – *São Vicente de Paulo*. (Paris, 1858.)

166. Chamo-me caridade; sou o caminho principal que conduz a Deus. Acompanhai-me, pois sou a meta a que todos deveis visar.

Dei esta manhã o meu passeio habitual e, com o coração amargurado, venho dizer-vos: Oh! meus amigos, quantas misérias, quantas lágrimas, quanto tendes a fazer para secá-las todas! Em vão, procurei consolar algumas pobres mães, dizendo-lhes ao ouvido: Coragem! há corações bons que velam por vós; não sereis abandonadas; paciência! Deus lá está; sois suas amadas, suas eleitas. Elas pareciam ouvir-me e voltavam para o meu lado os olhos arregalados de espanto; eu lhes lia no semblante que seus corpos, tiranos do Espírito, tinham fome e que, se minhas palavras lhes serenavam um pouco os corações, não lhes enchiam os estômagos. Eu continuava a repetir-lhes: Coragem! Coragem! Então uma pobre mãe, ainda muito jovem, que amamentava uma criancinha, tomou-a nos braços e a estendeu no espaço vazio, como a pedir-me que protegesse aquele entezinho que só encontrava, num seio estéril, alimentação insuficiente.

Vi em outros locais, meus amigos, pobres velhos sem trabalho e quase sem abrigo, vítimas de todos os sofrimentos da penúria e, envergonhados de sua miséria, sem ousarem, já que nunca mendigaram, implorar a piedade dos transeuntes. Com o coração cheio de compaixão, eu, que nada tenho, me fiz mendiga para eles e vou, por toda parte, estimular a beneficência, inspirar bons pensamentos aos corações generosos e compassivos. É por isso que venho aqui, meus amigos, e vos digo: Há por aí infelizes, em cujas choupanas falta o pão, os fogões estão sem lume e os leitos sem coberta. Não vos digo o que deveis fazer; deixo a iniciativa aos vossos bons corações. Se vos ditasse a linha de conduta, nenhum mérito vos traria vossa boa ação. Digo-vos apenas: Sou a caridade e vos estendo as mãos pelos vossos irmãos que sofrem.

Mas se peço, também dou e dou bastante. Convido-vos para um grande banquete e forneço a árvore em que todos vos saciareis! Vede quanto é bela, como está carregada de flores e de frutos! Ide, ide, colhei, apanhai todos os frutos dessa linda árvore que se chama beneficência. No lugar dos ramos que lhe tirardes, atarei todas as boas ações que praticardes e levarei a árvore a Deus, que a carregará de novo, visto que a beneficência é inesgotável. Acompanhai-me, pois, meus amigos, a fim de que vos conte entre os que se recrutam sob a minha bandeira. Nada temais; eu vos conduzirei pelo caminho da salvação, porque sou a Caridade. – *Cárita*, martirizada em Roma. (Lyon, 1861.)

167. Há várias maneiras de fazer a caridade, que muitos dentre vós confundem com a esmola. No entanto, existe grande diferença de uma para outra. A esmola, meus amigos, algumas vezes é útil, porque dá alívio aos pobres, mas é quase sempre humilhante, tanto para o que dá como para o que a recebe. A caridade, ao contrário, liga o benfeitor ao beneficiado e se disfarça de mil maneiras. Pode-se ser caridoso, mesmo com os parentes e com os amigos, sendo indulgentes uns para com os outros, perdoando-se mutuamente as fraquezas, tendo o cuidado de não ferir o amor-próprio de ninguém. Vós, espíritas, podeis ser caridosos na vossa maneira de proceder para com os que não pensam como vós, induzindo os menos esclarecidos a crer, mas sem os chocar, sem atentar contra suas convicções, e sim os atraindo discretamente às nossas reuniões, em que poderão ouvir-nos e em que saberemos descobrir a brecha nos seus corações, a fim de neles penetrarmos. Eis aí um dos aspectos da caridade.

Escutai agora o que é a caridade para com os pobres, esses deserdados da Terra, mas recompensados de Deus, se souberem aceitar sem queixumes as suas misérias, o que só depende de vós. Vou fazer-me compreender por um exemplo.

Vejo, várias vezes, durante a semana, uma reunião de senhoras, de todas as idades; para nós, como sabeis, são todas irmãs. Que fazem? Trabalham depressa, muito depressa; os dedos são ágeis. Vede como trazem alegres os semblantes e como lhes batem em uníssono os corações. Mas com que fim trabalham? É que veem aproximar-se o inverno que

Capítulo XIII
Não saiba a vossa mão esquerda o que dá a vossa mão direita

será rude para os lares pobres. As formigas não puderam juntar durante o verão as provisões necessárias e a maior parte de suas utilidades está empenhada. As pobres mães se inquietam e choram, pensando nos filhinhos que, durante a estação invernosa, sentirão frio e fome! Tende paciência, pobres mulheres, Deus inspirou a outras mais afortunadas que vós; elas se reuniram e estão confeccionando roupinhas; depois, um destes dias, quando a terra se achar coberta de neve e vos lamentardes, dizendo "Deus não é justo", que são as vossas palavras habituais sempre que sofreis, vereis surgir um dos filhos dessas boas trabalhadoras que se constituíram obreiras dos pobres; sim, é para vós que elas trabalham, e vossos lamentos se transmudarão em bênçãos, porque no coração do infeliz o amor caminha bem perto do ódio.

Como essas trabalhadoras precisam de encorajamento, as comunicações espíritas lhes chegam de todos os lados. Os homens que fazem parte dessa sociedade lhes trazem também seu concurso, fazendo-lhes uma dessas leituras que agradam tanto. E nós, para recompensarmos o zelo de todos e de cada um em particular, prometemos às laboriosas obreiras boa clientela, que lhes pagará à vista, em bênçãos, única moeda que tem curso no Céu, garantindo-lhes, além disso, sem receio de errar, que essa moeda não lhes faltará. – (*Cárita* – Lyon, 1861.)

168. Meus caros amigos, ouço todo dia algum de vós a dizer: "Sou pobre, não posso fazer caridade", e todos os dias vejo que faltais com a indulgência aos vossos semelhantes. Nada lhes perdoais e vos arvorais em juízes muitas vezes severos, sem quererdes saber se ficaríeis satisfeitos, caso procedessem convosco do mesmo modo. A indulgência não é também caridade? Vós, que apenas podeis fazer caridade praticando a indulgência, fazei-a ao menos, mas fazei-a largamente. No que respeita à caridade material, vou contar-vos uma história do outro mundo.

Dois homens acabavam de morrer. Deus havia dito: "Enquanto esses dois homens viverem, colocar-se-ão em sacos diferentes as boas ações de cada um, a fim de que sejam pesados por ocasião da morte deles". Quando ambos chegaram aos últimos momentos, Deus ordenou que lhe trouxessem os dois sacos. Um era volumoso e estava cheio, deixando ressoar o metal que o enchia; o outro era pequenino e tão vazio que se podiam contar as moedas que continha. "Este é meu", disse um, "reconheço-o, fui rico e dei muito". "Eis o meu", disse o outro, "sempre fui pobre, oh! quase nada tinha para repartir". Mas, oh! surpresa, postos os dois sacos na balança, o mais volumoso se revelou leve, mostrando-se mais pesado o pequeno, tanto que se elevou muito o primeiro no prato da balança. Deus, então, disse ao rico: "Deste muito, é certo, mas deste por ostentação e para que teu nome figurasse em todos os templos do orgulho e, ademais, dando, de nada te privaste. Vai para a esquerda e fica satisfeito por te serem contadas as tuas esmolas para alguma coisa". Depois, disse ao pobre: "Deste pouco, meu amigo, mas cada uma das moedas que estão nesta balança representa uma privação para ti; não deste esmolas, entretanto, praticaste a caridade e, o que vale muito mais, fizeste a caridade naturalmente, sem refletir que isso te fosse levado em conta; foste indulgente; não julgaste teu semelhante; ao contrário, desculpaste todas as suas ações: passa à direita e vai receber tua recompensa". – *Um Espírito protetor.* (Lyon, 1861.)

169. A mulher rica, feliz, que não precisa empregar o tempo nos trabalhos de casa, não pode consagrar algumas horas a trabalhos úteis aos semelhantes? Que ela compre, com o que lhe sobre dos prazeres, agasalhos para o infeliz que treme de frio; confeccione, com suas mãos delicadas, roupas grosseiras, mas quentes; auxilie a mãe a cobrir o filho que vai nascer. Se por isso seu filho ficar com algumas rendas de menos, o do pobre terá mais com que se aqueça. Trabalhar para os pobres é trabalhar na vinha do Senhor.

E tu, pobre operária, que não tens o supérfluo, mas que, cheia de amor aos teus irmãos, também queres dar do pouco que possuis, dá algumas horas do teu dia, do teu tempo, que é teu único tesouro; faze alguns desses trabalhos elegantes que tentam os felizes; vende o produto das tuas vigílias e poderás igualmente oferecer aos teus irmãos a tua parte de auxílios. Terás, talvez, algumas fitas de menos, mas darás calçado a um que anda descalço.

Capítulo XIII
Não saiba a vossa mão esquerda o que dá a vossa mão direita

E vós, mulheres que vos devotastes a Deus, trabalhai também na sua obra, mas que os vossos trabalhos delicados não se destinem apenas a adornar vossas capelas, para chamar atenção sobre vossa habilidade e paciência. Trabalhai, minhas filhas, e que o produto de vossas obras seja consagrado ao alívio de vossos irmãos em Deus. Os pobres são seus filhos bem-amados; trabalhar para eles é glorificá-lo. Sede a Providência dos pobres, que diz: "Deus dá o alimento aos pássaros do céu". Que o ouro e a prata que se tecem em vossas mãos se transformem em roupas e alimentos para os que não os têm. Fazei isto e o vosso trabalho será abençoado.

Todos vós, que podeis produzir, dai; dai o vosso gênio, dai as vossas inspirações, dai o vosso coração, que Deus vos abençoará. Poetas, literatos, que não sois lidos senão pelas pessoas mundanas, satisfazei os seus lazeres, mas que o produto de algumas de vossas obras seja consagrado ao socorro dos infelizes. Pintores, escultores, artistas de todos os gêneros, venha também a vossa inteligência em auxílio dos vossos irmãos; nem por isso será menor a vossa glória e haverá alguns sofrimentos de menos.

Todos vós podeis dar. Qualquer que seja a classe a que pertençais, tendes alguma coisa que podeis dividir. Seja o que for que Deus vos tenha concedido, deveis uma parte do que Ele vos deu àquele a quem falta o necessário, porque, em seu lugar, muito gostaríeis que outro dividisse convosco. Os vossos tesouros da Terra serão um pouco menores, mas os vossos tesouros do Céu serão mais abundantes. Lá colhereis pelo cêntuplo o que houverdes semeado em benefícios neste mundo. – *João*. (Bordeaux, 1861.)

A piedade

170. A piedade é a virtude que mais vos aproxima dos anjos; é a irmã da caridade, que vos conduz a Deus. Ah! deixai que vosso coração se enterneça ante o espetáculo das misérias e dos sofrimentos dos vossos semelhantes. Vossas lágrimas são um bálsamo que derramais em suas feridas, e quando, por uma doce simpatia, chegais a lhes proporcionar esperança e resignação, que encanto não experimentais! É verdade que esse encanto tem certo amargor, porque nasce ao lado da desgraça, mas, não tendo o sabor amargo dos gozos mundanos, também não traz as pungentes decepções do vazio que estes últimos deixam após si; tem uma suavidade penetrante que enche a alma de júbilo. A piedade, uma piedade bem sentida, é amor; amor é devotamento; devotamento é o esquecimento de si mesmo e esse esquecimento, essa abnegação em favor dos infelizes, é a virtude por excelência, aquela que o divino Messias praticou em toda a sua vida e ensinou na sua doutrina tão santa e tão sublime. Quando esta doutrina for restabelecida na sua pureza primitiva, quando for admitida por todos os povos, tornará feliz a Terra, fazendo que reinem aí a concórdia, a paz e o amor.

 O sentimento mais apropriado para vos fazer progredir, domando em vós o egoísmo e o orgulho, aquele que predispõe vossa alma à humildade, à beneficência e ao amor do próximo, é a piedade! Piedade que vos comove até as entranhas à vista dos sofrimentos de vossos irmãos, que vos impele a lhes estender a mão para socorrê-los e vos arranca lágrimas de simpatia. Nunca, portanto, abafeis nos vossos corações essas emoções celestes, nem procedais como esses egoístas endurecidos que se afastam dos aflitos, porque o espetáculo de suas misérias lhes perturbaria por alguns instantes a alegre existência. Temei conservar-vos indiferentes, quando puderdes ser úteis. A tranquilidade comprada a custo de uma indiferença culposa é a tranquilidade do Mar Morto, que oculta no fundo de suas águas a lama fétida e a corrupção.

 Quão longe, no entanto, se acha a piedade de causar a perturbação e o aborrecimento de que se apavora o egoísta! É certo que a alma experimenta, ao contato da desgraça alheia, um constrangimento natural e profundo que faz vibrar todo o ser e o abala penosamente, fazendo que se volte para si mesma. Grande, porém, é a compensação, quando conseguis dar coragem e esperança a um irmão infeliz que se enternece ao aperto da mão amiga, e cujo olhar, por vezes úmido de emoção e reconhecimento, se dirige para vós docemente, antes de se fixar no céu em agradecimento por lhe ter enviado um consolador, um amparo. A piedade é o melancólico, mas celeste precursor da caridade, primeira das virtudes que a tem por irmã e cujos benefícios ela prepara e enobrece. – *Miguel*. (Bordeaux, 1862.)

Os órfãos

171. Meus irmãos, amai os órfãos. Se soubésseis como é triste ser só e abandonado, sobretudo na infância! Deus permite que haja órfãos para vos estimular a servir-lhes de pais. Que divina caridade amparar uma pobre criancinha abandonada, evitar que sofra fome e frio, dirigir-lhe a alma, a fim de que não se desgarre para o vício! Quem estende a mão a uma criança abandonada agrada a Deus, porque compreende e pratica sua Lei. Ponderai também que muitas vezes a criança que socorreis vos foi cara em outra encarnação, mas, se pudésseis vos lembrar, já não seria caridade, mas um dever. Assim, pois, meus amigos, todo sofredor é vosso irmão e tem direito à vossa caridade, não, porém, a essa caridade que magoa o coração, não a essa esmola que queima a mão em que cai, pois frequentemente os vossos óbolos são bem amargos. Quantas vezes seriam recusados, se na choupana a enfermidade e a miséria não os estivessem esperando! Dai delicadamente, juntai ao benefício que fizerdes o mais precioso de todos: uma boa palavra, uma carícia, um sorriso amigo. Evitai esse ar de proteção, que equivale a revolver a lâmina no coração que sangra e considerai que, fazendo o bem, trabalhai por vós mesmos e pelos outros. – *Um Espírito familiar*. (Paris, 1860.)

172. *Que se deve pensar dos que, tendo sido pagos com ingratidão pelos benefícios que fizeram, deixam de praticar o bem para não topar com os ingratos?*

Nesses, há mais egoísmo do que caridade, visto que fazer o bem apenas para receber demonstrações de reconhecimento é não o fazer com desinteresse, e o bem, feito desinteressadamente, é o único agradável a Deus. Há também orgulho, porque os que assim procedem se comprazem na humildade com que o beneficiado lhes vem depor aos pés o testemunho do seu reconhecimento. Aquele que procura, na Terra, a recompensa ao bem que pratica não a receberá no Céu. Deus, contudo, levará em conta aquele que não a busca no mundo.

Deveis sempre ajudar os fracos, embora saibais de antemão que aqueles a quem fizerdes o bem não vos agradecerão por isso. Ficai certos de que, se a pessoa a quem prestais um serviço o esquece, Deus o levará mais em conta do que se o beneficiado vos houvesse pago com gratidão. *Deus permite que às vezes sejais pagos com ingratidão, para experimentar vossa perseverança em praticar o bem.*

E quem sabe, aliás, se esse benefício, esquecido momentaneamente, não produzirá mais tarde bons frutos? Tende certeza de que, ao contrário, é uma semente que com o tempo germinará. Infelizmente, só vedes o presente; trabalhai para vós, e não pelos outros. Os benefícios acabam por abrandar os corações mais endurecidos; podem ser esquecidos neste mundo, mas quando o Espírito se desembaraçar do seu envoltório carnal, lembrar-se-á deles e essa lembrança será seu castigo. Lamentará sua ingratidão; desejará reparar a falta, pagar a dívida em outra existência, muitas vezes buscando até mesmo uma vida de dedicação ao seu benfeitor. É assim que, sem o suspeitardes, tereis contribuído para o seu adiantamento moral e vireis a reconhecer, mais tarde, toda a veracidade deste preceito: um benefício jamais se perde. Além disso, também tereis trabalhado por vós mesmos, porque conquistareis o mérito de haver feito o bem desinteressadamente, sem vos deixardes desanimar pelas decepções.

Ah! meus amigos, se conhecêsseis todos os laços que prendem vossa vida atual às vossas existências anteriores; se pudésseis apanhar num golpe de vista a imensidade das relações que ligam os seres uns aos outros, em benefício do progresso mútuo, admiraríeis mais ainda a sabedoria e a bondade do Criador, que vos permite reviver para chegardes a Ele. – *Guia protetor.* (Sens, 1862.)

173. É lícita a beneficência, quando praticada exclusivamente entre pessoas da mesma opinião, da mesma crença ou do mesmo partido?

Não, porque é justamente o espírito de seita e de partido que precisa ser abolido, visto que todos os homens são irmãos. O verdadeiro cristão vê somente irmãos nos semelhantes e, antes de socorrer o necessitado, não procura saber qual sua crença ou sua opinião, seja sobre o que for. Obedeceria ao preceito de Jesus Cristo, que prescreve devamos amar até os inimigos, alguém que repelisse um infeliz, por professar crença diferente da sua? Que o socorra, portanto, sem lhe pedir contas à consciência, porque, se for um inimigo da religião, será esse o meio de fazer que ele a ame; repelindo-o, faria que a odiasse. – *São Luís*. (Paris, 1860.)

CAPÍTULO XIV

Honrai a vosso pai e a vossa mãe

Piedade filial – Quem é minha mãe e quem são meus irmãos? – Laços de família – A ingratidão dos filhos

174. Sabeis os mandamentos: não cometereis adultério; não matareis; não roubareis; não prestareis falso-testemunho; não fareis mal a ninguém; *honrai a vosso pai e a vossa mãe*. (Marcos, 10:19; Lucas, 18:20; Mateus, 19:19.)

175. Honrai a vosso pai e a vossa mãe, a fim de viverdes longo tempo na terra que o Senhor vosso Deus vos dará. (Decálogo; Êxodo, 20:12.)

176. O mandamento "Honrai a vosso pai e a vossa mãe" é uma consequência da lei geral de caridade e de amor ao próximo, visto que não pode amar o seu próximo quem não ama a seu pai e a sua mãe. Mas o termo *honrai* encerra um dever a mais para com eles: o da piedade filial. Deus, desta forma, quis mostrar que ao amor se devem juntar o respeito, as atenções, a submissão e a condescendência, o que implica a obrigação de cumprir-se para com eles, de modo ainda mais rigoroso, tudo que a caridade ordena em relação ao próximo em geral. Esse dever se estende naturalmente às pessoas que fazem as vezes de pai e de mãe, e que têm tanto mais mérito quanto menos obrigatório é seu devotamento. Deus pune sempre com rigor toda violação desse mandamento.

Honrar a seu pai e a sua mãe, não consiste apenas em respeitá-los; é também assisti-los na necessidade; é proporcionar-lhes repouso na velhice; é cercá-los de cuidados como fizeram conosco, na infância. É sobretudo para com os pais sem recursos que se demonstra a verdadeira piedade filial. Satisfarão a esse mandamento os que julgam fazer grande esforço porque dão a seus pais o estritamente necessário para não morrerem de fome, enquanto eles de nada se privam? Em relegá-los aos mais ínfimos cômodos da casa, apenas para não os deixarem na rua, reservando para si o que há de melhor, de mais confortável? Ainda bem quando não o fazem de má vontade e não os obrigam a comprar caro o que lhes resta a viver, descarregando sobre eles todo o peso do trabalho doméstico! Caberá aos pais, velhos e fracos, servir a filhos jovens e fortes? Ter-lhes-á a mãe mercadejado o leite, quando os amamentava? Contou suas vigílias, quando estavam doentes, os passos dados para lhes obter o de que necessitavam? Não, os filhos não devem a seus pais pobres só o estritamente necessário; devem-lhes também, na medida de suas possibilidades, as pequenas doçuras do supérfluo, as solicitudes, os cuidados amáveis, que são apenas o juro do que receberam, o pagamento de uma dívida sagrada. Esta é a única piedade filial aceita por Deus.

Ai, pois, daquele que esquece o que deve aos que o ampararam em sua fraqueza, que com a vida material lhe deram a vida moral, que muitas vezes se impuseram duras privações para garantir seu bem-estar. Ai do ingrato, porque será punido pela ingratidão e pelo abandono; será ferido nas suas mais caras afeições, *algumas vezes já na vida presente*, mas com certeza em outra existência, em que sofrerá o que houver feito aos outros.

É verdade que alguns pais menosprezam seus deveres e não são para os filhos o que deviam ser, mas é a Deus que compete puni-los, e não a seus filhos. Não cabe a estes censurá-los, porque talvez hajam merecido que seus pais fossem assim. Se a lei da caridade manda se pague o mal com o bem, se seja indulgente para as imperfeições de outrem, não se diga mal do próximo, se esqueçam e perdoem suas faltas, se ame até os inimigos, quão maiores não hão de ser essas obrigações em relação aos pais! Os filhos devem, pois, tomar como regra de conduta para com estes últimos todos os preceitos de Jesus relativos ao próximo e ter em mente que todo procedimento censurável, com relação aos estranhos, é ainda mais censurável em relação aos pais, e que aquilo que não passe de simples falta no primeiro caso, pode tornar-se um crime, no segundo, porque, aqui, à falta de caridade se junta a ingratidão.

177. Disse Deus: "Honrai a vosso pai e a vossa mãe, a fim de viverdes longo tempo na terra que o Senhor vosso Deus vos dará". Por que Ele promete como recompensa a vida na Terra, e não a vida celeste? A explicação se encontra nestas palavras: "que Deus vos dará", as quais, suprimidas na moderna fórmula do Decálogo, lhe alteram o sentido. Para compreendermos aquela expressão, é preciso que nos reportemos à situação e às ideias dos hebreus naquela época. Eles ainda não compreendiam a vida futura; sua visão não se estendia além da vida corpórea. Tinham, pois, que ser impressionados mais pelo que viam, do que pelo que não viam, razão pela qual Deus lhes fala numa linguagem que estava mais ao alcance deles, tal como se se dirigisse a crianças, pondo-lhes em perspectiva o que os pode satisfazer. Achavam-se eles ainda no deserto; a terra que Deus lhes *dará* é a Terra Prometida, alvo de suas aspirações. Nada mais desejavam do que isso, e Deus lhes diz que viverão nela longo tempo, isto é, que a possuirão por muito tempo, se observarem seus mandamentos.

No entanto, com o advento de Jesus, suas ideias já estavam mais desenvolvidas. Chegada a ocasião de receberem alimentação menos grosseira, o Mestre os inicia na vida espiritual, dizendo: "Meu reino não é deste mundo; é lá, e não na Terra, que recebereis a recompensa das vossas boas obras". Por força dessas palavras, a Terra Prometida material se transforma numa pátria celeste. Por isso, quando os chama à observância daquele mandamento, "Honrai a vosso pai e a vossa mãe", já não é a Terra que lhes promete, e sim o Céu. (Cap. II e III.)

> **178.** E, tendo vindo para casa, reuniu-se aí tão grande multidão, que eles nem podiam fazer sua refeição. Sabendo disso, vieram seus parentes para se apoderarem dele, pois diziam *que perdera o juízo*.

Entretanto, tendo vindo sua mãe e seus irmãos e conservando-se do lado de fora, mandaram chamá-lo. Ora, o povo se assentara em torno dele e lhe disseram: Tua mãe e teus irmãos estão lá fora e te chamam. Ele lhes respondeu: *Quem é minha mãe e quem são meus irmãos?* E, perpassando o olhar pelos que estavam assentados à sua volta, disse: Eis aqui minha mãe e meus irmãos; pois todo aquele que faz a vontade de Deus, esse é meu irmão, minha irmã e minha mãe. (MARCOS, 3:20 e 21; 31 a 35; MATEUS, 12:46 a 50.)

179. Causa justa admiração que, nesta circunstância, Jesus mostrasse tanta indiferença para com seus parentes e, de certo modo, renegasse sua mãe. Em relação a seus irmãos, sabe-se que jamais tiveram simpatia por Ele. Espíritos pouco adiantados, não lhe compreendiam a missão. Aos olhos deles, a conduta de Jesus era estranha e seus ensinamentos não os tocavam, já que nenhum o seguiu como discípulo. Parece mesmo que partilhavam, até certo ponto, das prevenções de seus inimigos. O que é certo, afinal, é que o acolhiam mais como um estranho do que como um irmão, quando aparecia à família. João diz, positivamente (cap. XII, v. 5), *que eles não acreditavam nele.* Quanto à sua mãe, ninguém ousaria contestar a ternura que lhe dedicava. Mas é preciso convir igualmente em que também ela não fazia ideia muito exata da missão do filho, pois jamais a viram seguir seus ensinos, nem dado testemunho dele, como fez João Batista. O que nela predominava era a solicitude maternal. Quanto a Jesus, supor que Ele haja renegado sua mãe seria desconhecer-lhe o caráter. Tal pensamento não podia animar aquele que disse: *Honrai a vosso pai e a vossa mãe.* Deve-se, pois, buscar outro sentido para suas palavras, quase sempre veladas sob a forma alegórica.

Jesus não desprezava nenhuma ocasião de dar um ensino; aproveitou, portanto, a que lhe oferecia a chegada de sua família para estabelecer a diferença que existe entre a parentela corpórea e a parentela espiritual.

Os laços do sangue não estabelecem necessariamente vínculos entre os Espíritos. O corpo procede do corpo, mas o Espírito não procede do Espírito, porque o Espírito já existia antes da formação do corpo. Não é o pai que cria o Espírito de seu filho; apenas lhe fornece o invólucro corpóreo, cumprindo-lhe, no entanto, auxiliar o desenvolvimento intelectual e moral do filho, para fazê-lo progredir. Os Espíritos que encarnam numa mesma família, sobretudo como parentes próximos, são, na maioria das vezes, Espíritos simpáticos, ligados por relações anteriores, que se traduzem por uma afeição recíproca na vida terrena. Mas também pode acontecer que sejam completamente estranhos uns aos outros, divididos por antipatias igualmente anteriores, a se expressarem na Terra por mútuo antagonismo, a fim de lhes servir de provação. Os verdadeiros laços de família não são, pois, os da consanguinidade, e sim os da simpatia e da comunhão de pensamentos, que prendem os Espíritos *antes*, *durante* e *depois* de suas encarnações. Consequentemente, dois seres nascidos de pais diferentes podem ser mais irmãos pelo Espírito, do que se o fossem pelo sangue. Podem atrair-se, buscar-se, sentir prazer quando juntos, ao passo que dois irmãos consanguíneos podem repelir-se, conforme se vê todos os dias, problema moral que só o Espiritismo podia resolver pela pluralidade das existências (item 38).

Há, pois, duas espécies de famílias: *as famílias pelos laços espirituais e as famílias pelos laços corpóreos*. As primeiras são duráveis e se fortalecem pela purificação, perpetuando-se no mundo dos Espíritos através das várias migrações da alma; as segundas, frágeis como a matéria, se extinguem com o tempo e muitas vezes se dissolvem moralmente, já na existência atual. Foi o que Jesus quis tornar compreensível, dizendo de seus discípulos: Aqui estão minha mãe e meus irmãos, isto é, minha família pelos laços do Espírito, pois todo aquele que faz a vontade de meu Pai que está nos Céus é meu irmão, minha irmã e minha mãe.

A hostilidade com que seus irmãos o tratavam se acha claramente expressa no relato de Marcos, que diz que era propósito deles se apoderarem do Mestre, sob o pretexto de que *havia perdido o espírito*. Informado da chegada dos irmãos, conhecendo os sentimentos que nutriam a seu respeito, era natural que Jesus dissesse, referindo-se a seus discípulos, do ponto de vista espiritual: "Eis aqui meus verdadeiros irmãos". Embora sua mãe estivesse na companhia deles, generaliza o ensino, o que não implica de maneira alguma que haja pretendido declarar que sua mãe segundo o corpo, nada lhe era como Espírito nem que só lhe merecia indiferença. Sua conduta, em outras circunstâncias, provou suficientemente o contrário.

180. Certas palavras parecem estranhas na boca de Jesus, por contrastarem com sua bondade e sua inalterável benevolência para com todos. Os incrédulos não deixaram de tirar daí uma arma, pretendendo que Ele se contradizia. Um fato irrecusável é que sua doutrina tem por base essencial, por pedra angular, a lei de amor e de caridade; Ele não podia, pois, destruir de um lado o que estabelecia do outro. Daí esta consequência rigorosa: se certas proposições suas se acham em contradição com aquele princípio básico, é que as palavras que lhe atribuem foram malreproduzidas, malcompreendidas ou não são suas.

Instruções dos Espíritos

A ingratidão dos filhos e os laços de família

181. A ingratidão é um dos frutos mais imediatos do egoísmo. Revolta sempre os corações honestos, mas a dos filhos para com os pais apresenta caráter ainda mais odioso. É especialmente desse ponto de vista que a vamos considerar, para analisar suas causas e seus efeitos. Nesse ponto, como em todos os outros, o Espiritismo projeta luz sobre um dos grandes problemas do coração humano.

Quando deixa a Terra, o Espírito leva consigo as paixões ou as virtudes inerentes à sua natureza e se aperfeiçoa no Espaço, ou permanece estacionário, até que deseje ver a luz. Muitos, portanto, se vão cheios de ódios violentos e de desejos de vingança não saciados, mas é permitido que alguns dentre eles, mais adiantados do que os outros, entrevejam uma partícula da verdade; reconhecem então as funestas consequências de suas paixões e são induzidos a tomar boas resoluções. Compreendem que, para chegarem a Deus, só há uma senha: *caridade*. Ora, não há caridade sem esquecimento dos ultrajes e das injúrias; não há caridade sem perdão nem com o coração tomado de ódio. Então, mediante esforço extraordinário, tais Espíritos conseguem observar aqueles a quem odiaram na Terra. Ao vê-los, porém, a animosidade desperta no íntimo de cada um; revoltam-se à ideia de perdoar e, ainda mais, à de abdicarem de si mesmos, principalmente à de amarem os que talvez lhes tenham destruído a fortuna, a honra, a família. Entretanto, o coração desses infelizes está abalado. Eles hesitam, vacilam, agitados por sentimentos contrários. Se predomina a boa resolução, oram a Deus, imploram aos Espíritos bons que lhes deem forças no momento mais decisivo da prova. Finalmente, após anos de meditações e preces, o Espírito se aproveita de um corpo em preparo na família daquele a quem detestou, e pede aos Espíritos incumbidos de transmitir as ordens supremas permissão para preencher na Terra os destinos daquele corpo que acaba de formar-se. Qual será seu procedimento na família escolhida? Dependerá da sua maior ou menor persistência nas boas resoluções que tomou. O contato incessante com os seres a quem odiou constitui prova terrível, sob a qual sucumbe algumas vezes, se não tiver ainda a vontade bastante forte. Assim, conforme prevaleça ou não a resolução boa, ele será o amigo ou o inimigo daqueles entre os quais foi chamado a viver. É assim que se explicam esses ódios, essas repulsões instintivas que se notam em certas crianças e que nenhum ato anterior parece justificar. Nada, com efeito, naquela existência pôde provocar semelhante antipatia; para compreender-lhe a causa, é preciso que se lance o olhar sobre o passado.

Ó espíritas! Compreendei agora o grande papel da humanidade; compreendei que, quando produzis um corpo, a alma que nele encarna vem do Espaço para progredir; inteirai-vos dos vossos deveres e ponde todo o vosso amor em aproximar de Deus essa alma: esta é a missão que vos está confiada e cuja recompensa recebereis, se a cumprirdes fielmente. Os vossos cuidados e a educação que lhe dareis auxiliarão seu aperfeiçoamento e seu bem-estar futuro. Lembrai-vos de que Deus perguntará a cada pai e a cada mãe: Que fizestes do filho confiado à vossa guarda? Se ele se conservou atrasado por culpa vossa, tereis como castigo vê-lo entre os Espíritos sofredores, quando dependia de vós que fosse feliz. Então, vós mesmos, torturados de remorsos, pedireis para reparar vossa falta; solicitareis, para vós e para ele, uma nova encarnação, na qual o cercareis de melhores cuidados e em que ele, cheio de reconhecimento, vos envolverá com seu amor.

    Não desprezeis, pois, a criancinha que repele sua mãe nem a que vos paga com ingratidão; não foi o acaso que a fez assim e que vo-la deu. Uma intuição imperfeita do passado se revela, pelo que podeis deduzir que um ou outro já odiou muito, ou foi muito ofendido; que um ou outro veio para perdoar ou para expiar. Mães, abraçai o filho que vos dá desgostos e dizei convosco mesmas: Um de nós dois é culpado. Fazei por merecer os gozos divinos que Deus associou à maternidade, ensinando aos vossos filhos que eles estão na Terra para se aperfeiçoar, amar e bendizer. Mas oh! muitas dentre vós, em vez de eliminar pela educação os maus princípios inatos de existências anteriores, alimentam e desenvolvem esses mesmos princípios, por uma culposa fraqueza, ou por descuido, e, mais tarde, o vosso coração, ulcerado pela ingratidão dos filhos, será para vós, já nesta vida, um começo de expiação.

    A tarefa não é tão difícil quanto poderíeis imaginar. Não exige o saber do mundo; tanto o sábio quanto o ignorante podem desempenhá-la, e o Espiritismo vem facilitar seu desempenho, dando a conhecer a causa das imperfeições do coração humano. Desde o berço, a criança manifesta os instintos bons ou maus que traz da existência anterior, devendo os pais aplicar-se em estudá-los. Todos os males têm seu princípio no egoísmo e no orgulho. Espreitem, pois, os pais os menores sinais que revelam o germe de tais vícios e tratem de combatê-los, sem esperar que lancem raízes profundas. Façam como o bom jardineiro, que arranca os brotos defeituosos à medida que os vê apontar na árvore. Se deixarem que se desenvolvam o egoísmo e o orgulho, não se espantem de serem pagos mais tarde com ingratidão. Os pais que fizeram tudo pelo adiantamento moral de seus filhos, e não lograram o êxito desejado, não têm por que se inculpar a si mesmos e podem conservar tranquila a consciência. Em compensação à amargura muito natural que então experimentam pelo insucesso de seus esforços, Deus reserva grande e imensa consolação, na *certeza* de que se trata apenas de um retardamento, de que lhes

Capítulo XIV
Honrai a vosso pai e a vossa mãe

será concedido concluir em outra existência a obra agora começada e de que um dia o filho ingrato os recompensará com seu amor. (item 172.)

Deus não dá prova superior às forças daquele que a pede; só permite as que podem ser cumpridas. Se alguém não consegue cumpri-las, não é que lhe falte possibilidade: falta a vontade. De fato, quantos há que, em vez de resistirem às más inclinações, nelas se comprazem! É a esses que ficam reservados o pranto e os gemidos em existências posteriores. Admirai, no entanto, a bondade de Deus, que nunca fecha a porta ao arrependimento. Chegará o dia em que o culpado se cansa de sofrer e em que seu orgulho é finalmente abatido; Deus, então, abre os braços paternais ao filho pródigo que se lança a seus pés. *As provas rudes, ouvi-me bem, são quase sempre indício de um fim de sofrimento e de um aperfeiçoamento do Espírito, quando aceitas com o pensamento em Deus.* É um momento supremo, no qual, sobretudo, o que importa é o Espírito não falir murmurando, se não quiser perder o fruto de tais provas e ter de recomeçar. Em vez de vos queixardes, agradecei a Deus a oportunidade que vos proporciona de vencerdes, a fim de vos outorgar o prêmio da vitória. Então, saireis do turbilhão do mundo terrestre para entrardes no mundo dos Espíritos e aí serdes aclamados como o soldado que sai triunfante da luta.

De todas as provas, as mais penosas são as que afetam o coração. Alguém que suporta com coragem a miséria e as privações materiais sucumbe ao peso das amarguras domésticas, torturado pela ingratidão dos seus. Oh! que pungente angústia essa! Mas quem pode, em tais circunstâncias, restabelecer melhor a coragem moral, senão o conhecimento das causas do mal e a certeza de que não há desesperos eternos, apesar dos dilaceramentos da alma? Pois não é possível que seja da vontade de Deus que sua criatura sofra indefinidamente. Que há de mais reconfortante, de mais animador do que a ideia de que depende dos esforços de cada um abreviar o sofrimento, mediante a destruição, em si, das causas do mal? Para isso, porém, é preciso que o homem não detenha o olhar na Terra e só veja uma existência; que se eleve, a pairar no infinito do passado e do futuro. Só então, a Justiça infinita de Deus se vos revela, e esperais com paciência, porque encontrais explicação para o que na Terra vos parecia verdadeiras monstruosidades. As feridas que aí recebeis não vos parecem mais do que simples arranhaduras. Nesse golpe de vista lançado sobre o conjunto, os laços de família aparecem sob sua verdadeira luz; já não são apenas os laços frágeis da matéria a ligar seus membros, mas os laços duradouros do Espírito, que se perpetuam e consolidam ao se depurarem, em vez de se desfazerem pela reencarnação.

Os Espíritos que a analogia dos gostos, a identidade do progresso moral e a afeição induzem a reunir-se formam famílias. Esses mesmos Espíritos, em suas migrações terrenas, se buscam, para se gruparem como o fazem no Espaço, originando-se daí as famílias unidas e homogêneas. Se, nas suas peregrinações, acontece ficarem temporariamente separados, mais tarde tornam a encontrar-se, felizes pelos novos progressos que realizaram. Mas como não devem trabalhar apenas para si, Deus permite que Espíritos menos adiantados encarnem entre eles, a fim de receberem conselhos e bons exemplos, a bem de seu progresso. Por vezes esses Espíritos se tornam causa de perturbação, mas aí é que está a prova, aí é que está a tarefa. Acolhei-os, portanto, como irmãos, auxiliai-os e, mais tarde, no mundo dos Espíritos, a família se felicitará de ter salvado náufragos que, por sua vez, poderão salvar outros. – *Santo Agostinho*. (Paris, 1862.)

CAPÍTULO XV

Fora da caridade não há salvação

De que precisa [o Espírito] para se salvar – O mandamento maior – Parábola do bom samaritano – Necessidade da caridade, segundo Paulo

182. Ora, quando o Filho do Homem vier em sua majestade, acompanhado de todos os anjos, sentar-se-á no trono de sua glória; reunidas diante dele todas as nações, separará uns dos outros, como o pastor separa as ovelhas dos bodes, e colocará as ovelhas à sua direita e os bodes à sua esquerda.

Então, dirá o Rei aos que estiverem à sua direita: Vinde, benditos de meu Pai, tomai posse do reino que vos foi preparado desde o princípio do mundo; porque tive fome e me destes de comer; tive sede e me destes de beber; não tinha teto e me hospedastes; estive nu e me vestistes; achei-me doente e me visitastes; estive preso e fostes ver-me.

Então, os justos lhe responderão: Senhor, quando foi que te vimos com fome e te demos de comer, ou com sede e te demos de beber? Quando foi que te vimos sem teto e te hospedamos; ou despido e te vestimos? E quando foi que te soubemos doente ou preso e fomos visitar-te? O Rei lhes responderá: Em verdade vos digo, todas as vezes que fizestes isso a um destes mais pequeninos dos meus irmãos, foi a mim mesmo que o fizestes.

Dirá em seguida aos que estiverem à sua esquerda: Afastai-vos de mim, malditos; ide para o fogo eterno, que foi preparado para o diabo e seus anjos; porque tive fome, e não me destes de comer; tive sede, e não me destes de beber; precisei de teto, e não me agasalhastes; estive sem roupa, e não me vestistes; estive doente e no cárcere, e não me visitastes.

Eles, também, replicarão: Senhor, quando foi que te vimos com fome, com sede, sem teto ou sem roupa, doente ou na prisão, e não te assistimos? Ele então lhes responderá: Em verdade vos digo: todas as vezes que faltastes com a assistência a um destes mais pequeninos, deixastes de tê-la para comigo mesmo.

E esses irão para o suplício eterno, e os justos para a vida eterna. (MATEUS, 25:31 a 46.)

183. Mas os fariseus, tendo sabido que Ele fechara a boca aos saduceus, se reuniram; e um deles, que era doutor da lei, foi propor-lhe esta questão para o tentar: Mestre, qual o grande mandamento da Lei? Jesus lhe respondeu: Amarás o Senhor teu Deus, de todo o teu coração, de toda a tua alma, de todo o teu espírito. Esse o maior e o primeiro mandamento. E aqui está o segundo, que é semelhante ao primeiro: Amarás o teu próximo, como a ti mesmo. Toda a lei e os profetas se acham contidos nesses dois mandamentos. (MATEUS, 22:34 a 40.)

184. Então, levantando-se, disse-lhe um doutor da lei, para o tentar: Mestre, que preciso fazer para possuir a vida eterna? Respondeu-lhe Jesus: Que é o que está escrito na lei? Que é o que lês nela? Ele respondeu: Amarás o Senhor teu Deus de todo o coração, de toda a tua alma, com todas as tuas forças e de todo o teu espírito e a teu próximo como a ti mesmo. Disse-lhe Jesus: Respondeste muito bem; faze isso e viverás.

Mas o homem, querendo parecer que era um justo, diz a Jesus: Quem é o meu próximo? Jesus, tomando a palavra, lhe diz:

Um homem, que descia de Jerusalém para Jericó, caiu em poder de ladrões, que o despojaram, cobriram de ferimentos e se foram, deixando-o semimorto. Aconteceu em seguida que um sacerdote, descendo pelo mesmo caminho, o viu e passou adiante. Um levita, que também veio àquele lugar, tendo-o observado, passou igualmente adiante. Mas um samaritano que viajava, chegando ao lugar onde jazia aquele homem e tendo-o visto, foi tocado de compaixão. Aproximou-se dele, derramou-lhe óleo e vinho nas feridas e as tratou; depois, pondo-o no seu cavalo, levou-o a uma hospedaria e cuidou dele. No dia seguinte tirou dois denários e os deu ao hospedeiro, dizendo: 'Trata muito bem deste homem e tudo o que gastares a mais, eu te pagarei quando regressar.

Qual desses três te parece ter sido o próximo daquele que havia caído em poder dos ladrões? O doutor respondeu: Aquele que usou de misericórdia para com ele. Então, vai, diz Jesus, e faze o mesmo. (Lucas, 10:25 a 37.)

185. Ainda que eu falasse as línguas dos homens e a língua dos próprios anjos, se eu não tiver caridade, serei como o bronze que soa ou como o címbalo que retine; ainda que tivesse o dom da profecia, que penetrasse todos os mistérios e tivesse perfeita ciência de todas as coisas; ainda que tivesse toda a fé possível, a ponto de transportar montanhas, *se não tiver caridade, nada sou*; e mesmo que houvesse distribuído os meus bens para alimentar os pobres e houvesse entregado meu próprio corpo para ser queimado, se não tiver caridade, tudo isso de nada me serviria.

A caridade é paciente; é branda e benfazeja; a caridade não é invejosa; não é temerária, nem precipitada; não se enche de orgulho; não é desdenhosa; não cuida de seus interesses; não se agasta, nem se azeda com coisa alguma; não suspeita mal; não se rejubila com a injustiça, mas se rejubila com a verdade; tudo suporta, tudo crê, tudo espera, tudo sofre.

Agora, pois, permanecem estas três virtudes: a fé, a esperança e a caridade, mas, dentre elas, a mais excelente é *a caridade*. (Paulo, I Coríntios, 13:1 a 7; 13.)

186. Toda a moral de Jesus se resume na caridade e na humildade, isto é, nas duas virtudes contrárias ao egoísmo e ao orgulho. Em todos os seus ensinos, Ele aponta essas duas virtudes como as que conduzem à eterna felicidade: Bem-aventurado, disse, os pobres de espírito, isto é, os humildes, porque deles é o reino dos céus; bem-aventurados os que têm puro o coração; bem-aventurados os que são mansos e pacíficos; bem-aventurados os que são misericordiosos; amai o vosso próximo como a vós mesmos; fazei aos outros o que gostaríeis que vos fizessem; amai os vossos inimigos; perdoai as ofensas, se quiserdes ser perdoados; fazei o bem sem ostentação; julgai-vos a vós mesmos, antes de julgardes os outros. Humildade e caridade, eis o que não cessa de recomendar e o de que dá, Ele mesmo, o exemplo. Orgulho e egoísmo, eis o que não se cansa de combater. Jesus, porém, não se limita a recomendar a caridade: põe-na claramente e em termos explícitos como a condição absoluta da felicidade futura.

No quadro que traçou do juízo final, deve-se, como em muitas outras coisas, separar a figura da alegoria. A homens como os a quem falava, ainda incapazes de compreender as coisas puramente espirituais, tinha Ele de apresentar imagens materiais, chocantes e capazes de impressionar. Para melhor ser aceito, tinha mesmo que não se afastar muito das ideias correntes, quanto à forma, reservando sempre para o futuro a verdadeira interpretação de suas palavras e dos pontos sobre os quais não podia explicar-se claramente. Mas, ao lado da parte acessória ou figurada do quadro, há uma ideia dominante: a da felicidade reservada ao justo e da infelicidade que espera o mau.

Naquele julgamento supremo, quais os considerandos da sentença? Sobre o que se baseia o libelo? Pergunta o juiz se foi preenchida tal ou qual formalidade, observada mais ou menos tal ou qual prática exterior? Não; inquire tão somente de uma coisa: a prática da caridade, e se pronuncia assim: Passai à direita, vós que assististes os vossos irmãos; passai à esquerda, vós que fostes duros para com eles. Informa-se, por acaso, da ortodoxia da fé? Faz qualquer distinção entre o que crê de um modo e o que crê de outro? Não, pois Jesus coloca o samaritano, considerado

Capítulo XV
Fora da caridade não há salvação

herético, mas que pratica o amor ao próximo, acima do ortodoxo que falta com a caridade. Jesus, portanto, não faz da caridade apenas uma das condições para a salvação, mas a única condição. Se houvessem outras a serem preenchidas, Ele as teria apresentado. Já que coloca a caridade em primeiro lugar no rol de todas as virtudes, é porque ela abrange implicitamente todas as outras: a humildade, a brandura, a benevolência, a indulgência, a justiça etc., e porque é a negação absoluta do orgulho e do egoísmo.

Caridade e humildade, tal o único caminho da salvação. Egoísmo e orgulho, tal o da perdição. Este princípio se acha formulado em termos precisos nas seguintes palavras: "Amarás a Deus de toda a tua alma e a teu próximo como a ti mesmo; *toda a Lei e os profetas se acham contidos nesses dois mandamentos*". E, para que não haja equívoco sobre a interpretação do amor de Deus e do próximo, acrescenta: "E aqui está o segundo mandamento, que é semelhante ao primeiro", isto é, que não se pode verdadeiramente amar a Deus sem amar o próximo nem amar o próximo sem amar a Deus. Logo, tudo o que se faça contra o próximo é o mesmo que fazê-lo contra Deus. Não podendo amar a Deus sem praticar a caridade para com o próximo, todos os deveres do homem se encontram resumidos nesta máxima: *Fora da caridade não há salvação*.

Paulo compreendeu de tal modo essa grande verdade que disse: *Ainda que eu tivesse a linguagem dos anjos; que tivesse o dom da profecia, que penetrasse todos os mistérios; que tivesse toda a fé possível, a ponto de transportar montanhas, se não tiver caridade, nada sou. Dentre estas três virtudes: a fé, a esperança e a caridade, a mais excelente é a caridade.* Coloca, assim, sem equívoco, a caridade acima até da fé. É que a caridade está ao alcance de todos, do ignorante, como do sábio, do rico, como do pobre, e porque independe de qualquer crença particular.[81] Enquanto a máxima — *Fora da caridade não há salvação* — se apoia num princípio universal e abre a todos os filhos de Deus acesso à suprema felicidade, o

---

[81] N.T.: Entre os trechos "crença particular" e "Enquanto a máxima...", Allan Kardec intercalou, na edição de 1866, o seguinte parágrafo, ausente na edição de 1864: "[Paulo] faz mais: define a verdadeira caridade; mostra-a não só na beneficência, como também no conjunto de todas as qualidades do coração, na bondade e na benevolência para com o próximo".

dogma — *Fora da Igreja não há salvação* — se baseia não na fé fundamental em Deus e na imortalidade da alma, fé comum a todas as religiões, mas numa *fé especial, em dogmas particulares*; é exclusivo e absoluto. Em vez de unir os filhos de Deus, separa-os; em vez de incitá-los ao amor de seus irmãos, alimenta e sanciona a irritação entre sectários dos diferentes cultos que se consideram reciprocamente malditos na eternidade, embora sejam parentes e amigos esses sectários. Desprezando a grande lei de igualdade perante o túmulo, ele os separa uns dos outros até no campo de repouso. A máxima — *Fora da caridade não há salvação* — é a consagração do princípio da igualdade perante Deus e da liberdade de consciência. Tendo esta máxima por regra, todos os homens são irmãos e, qualquer que seja a maneira por que adorem o Criador, eles se estendem as mãos e oram uns pelos outros. Com o dogma — *Fora da Igreja não há salvação* — anatematizam-se e se perseguem mutuamente, vivendo como inimigos; o pai não pede pelo filho nem o filho pelo pai, nem o amigo pelo amigo, já que mutuamente se consideram condenados sem remissão. É, pois, um dogma essencialmente contrário aos ensinamentos do Cristo e à lei evangélica.

187. *Fora da verdade não há salvação* equivaleria ao *fora da Igreja não há salvação* e seria igualmente exclusivo, porque não existe uma única seita que não pretenda ter o privilégio da verdade. Que homem se pode vangloriar de possuí-la integralmente, quando o círculo dos conhecimentos se alarga sem cessar e as ideias se retificam a cada dia? A verdade absoluta é prerrogativa exclusiva de Espíritos da categoria mais elevada e a humanidade terrena não poderia pretender possuí-la, porque não lhe é dado saber tudo. Ela somente pode aspirar a uma verdade relativa e proporcional ao seu adiantamento. Se Deus houvesse feito da posse da verdade absoluta a condição expressa da felicidade futura, teria proferido uma sentença de proscrição geral, ao passo que a caridade, mesmo na sua mais ampla acepção, pode ser praticada por todos. O Espiritismo, de acordo com o Evangelho, admitindo a salvação para todos, independentemente de qualquer crença, desde que a Lei de Deus seja observada, não diz: *Fora do Espiritismo não há salvação*; e,

como não pretende ensinar ainda toda a verdade, também não diz: *Fora da verdade não há salvação*, máxima que dividiria em lugar de unir e perpetuaria os antagonismos.

Instruções dos Espíritos

188. Meus filhos, na máxima: *Fora da caridade não há salvação*, estão contidos os destinos dos homens, na Terra e no Céu; na Terra, porque à sombra dessa bandeira eles viverão em paz; no Céu, porque os que a tiverem praticado acharão graça diante do Senhor. Essa divisa é o facho celeste, a coluna luminosa que guia o homem no deserto da vida para conduzi-lo à Terra Prometida. Ela brilha no Céu, como auréola santa, na fronte dos eleitos, e, na Terra, se acha gravada no coração daqueles a quem Jesus dirá: Passai à direita, benditos de meu Pai. Reconhecê-los-eis pelo perfume de caridade que espalham em torno de si. Nada exprime melhor o pensamento de Jesus, nada resume tão bem os deveres do homem do que essa máxima de ordem divina. O Espiritismo não poderia provar melhor a sua origem do que a apresentando como regra, pois ela é o reflexo do mais puro Cristianismo. Com semelhante guia, o homem nunca se transviará. Dedicai-vos, assim, meus amigos, a compreender-lhe o sentido profundo e as consequências, a buscar, por vós mesmos, todas as suas aplicações. Submetei todas as vossas ações ao controle da caridade e a consciência vos responderá. Não só ela evitará que pratiqueis o mal, como também vos levará a praticar o bem, já que não basta uma virtude negativa: é necessária uma virtude ativa. Para se fazer o bem, é preciso sempre a ação da vontade; para não se praticar o mal, basta muitas vezes a inércia e a indiferença.

Meus amigos, agradecei a Deus por haver permitido que pudésseis gozar da luz do Espiritismo. Não porque somente os que a possuem hajam de ser salvos, e sim porque, ajudando-vos a compreender melhor os ensinos do Cristo, ela vos faz melhores cristãos. Esforçai-vos, pois, para que os vossos irmãos, ao vos observarem, possam dizer que o verdadeiro espírita e o verdadeiro cristão são uma só e a mesma coisa, visto que todos quantos praticam a caridade são discípulos de Jesus, seja qual for o culto a que pertençam. – *Paulo*, o apóstolo. (Paris, 1860.)

CAPÍTULO XVI

Não se pode servir a Deus e a Mamon

Salvação dos ricos – A riqueza na Terra e a riqueza perante Deus – Jesus em casa de Zaqueu – Parábola do mau rico – Parábola dos talentos – Utilidade providencial da riqueza – Provas da riqueza e da miséria – Desigualdade das riquezas – A verdadeira propriedade – Emprego da riqueza – Desprendimento dos bens terrenos – Transmissão da riqueza

189. Ninguém pode servir a dois senhores, porque ou odiará a um e amará a outro ou se prenderá a um e desprezará o outro. Não podeis servir simultaneamente a Deus e a Mamon. (Lucas, 16:13.)

190. Então, aproximou-se dele um jovem e disse: "Bom Mestre, que bem devo fazer para conquistar a vida eterna?" Respondeu-lhe Jesus: "Por que me chamas bom? Bom, só Deus o é. Se queres entrar na vida, observa os mandamentos". "Que mandamentos?", retrucou o jovem. Disse Jesus: "Não matarás; não cometerás adultério; não furtarás; não darás falso testemunho. Honra a teu pai e a tua mãe e ama a teu próximo como a ti mesmo".

O moço lhe replicou: "Tenho guardado todos esses mandamentos desde que cheguei à mocidade. O que é que ainda me falta?" Disse Jesus: "Se queres ser perfeito, vai, vende tudo o que tens, dá-o aos pobres e terás um tesouro no Céu. Depois, vem e segue-me".

Ouvindo essas palavras, o moço se foi todo tristonho, porque possuía grandes haveres. Jesus disse então a seus discípulos: "Digo-vos em verdade que é bem difícil a um rico entrar no reino dos céus. Ainda uma vez vos digo: É mais fácil um camelo p*assar pelo buraco de uma agulha do que um rico entrar no reino dos céus*".[82] (MATEUS, 19:16 a 24; LUCAS, 18:18 a 27; MARCOS, 10:17 a 27.)

191. Então, no meio da turba, um homem lhe disse: "Mestre, dize a meu irmão que divida comigo a herança que nos tocou". Mas Jesus lhe disse: "Ó homem! quem me designou para vos julgar ou para fazer as vossas partilhas?" E acrescentou: "Tende o cuidado de preservar-vos de toda a avareza, porque, seja qual for a abundância em que o homem se encontre, sua vida não depende dos bens que ele possua".

Disse-lhes a seguir esta parábola: "Havia um homem rico cujas terras tinham produzido extraordinariamente e que se entretinha a pensar consigo mesmo, assim: 'Que hei de fazer, pois já não tenho lugar onde possa encerrar tudo o que vou colher? Aqui está'", disse, "'o que farei: Demolirei os meus celeiros e construirei outros maiores, onde porei toda a minha colheita e todos os meus bens. E direi a minha alma: Minha alma, tens de reserva muitos bens para longos anos; repousa, come, bebe e goza'. Mas Deus, ao mesmo tempo, disse ao homem: 'Como és insensato! Esta noite mesmo te tomarão a alma; para que servirá o que acumulaste?'"

É o que acontece àquele que acumula tesouros para si e que não é rico diante de Deus. (LUCAS, 12:13 a 21.)

192. Tendo Jesus entrado em Jericó, passava pela cidade; e havia ali um homem chamado Zaqueu, chefe dos publicanos e muito rico, o qual, desejoso de ver a Jesus, para conhecê-lo, não o conseguia

---

[82] Nota de Allan Kardec: Esta arrojada figura pode parecer um pouco forçada, porque não se percebe a relação que possa existir entre um camelo e uma agulha. Isto decorre do fato de que, em hebreu, a mesma palavra serve para designar um *cabo* e um *camelo*. Na tradução, deram-lhe o último desses significados. É provável que Jesus a tenha empregado na acepção de *cabo*. É, pelo menos, mais natural.

devido à multidão, por ser ele de estatura muito baixa. Por isso, correu à frente da turba e subiu a um sicômoro,[83] para o ver, já que Jesus devia passar por ali. Chegando a esse lugar, Jesus dirigiu o olhar para o alto e, vendo-o, disse-lhe: "Zaqueu, apressa-te em descer, porque preciso que me hospedes hoje em tua casa". Zaqueu desceu imediatamente e o recebeu jubiloso. Vendo isso, todos murmuravam, a dizer: "Ele foi hospedar-se em casa de um homem de má vida". (Veja-se, na Introdução, o item *Publicanos*.)

Entretanto, Zaqueu, pondo-se diante do Senhor, lhe disse: "Senhor, dou a metade dos meus bens aos pobres e, se causei dano a alguém, seja no que for, indenizo-o quatro vezes mais". Ao que Jesus lhe disse: "Esta casa recebeu hoje a salvação, porque também este é filho de Abraão; visto que o Filho do Homem veio para procurar e salvar o que estava perdido". (LUCAS, 19:1 a 10.)

193. Havia um homem rico, que vestia púrpura e linho e se tratava magnificamente todos os dias. Havia também um pobre chamado Lázaro, deitado à sua porta, todo coberto de úlceras, que muito gostaria de poder saciar a fome com as migalhas que caíam da mesa do rico, mas ninguém lhe dava e os cães vinham lamber-lhe as chagas. Ora, aconteceu que esse pobre morreu e foi levado pelos anjos ao seio de Abraão. O rico também morreu e teve por sepultura o inferno. Quando se achava nos tormentos, levantou os olhos e viu de longe Abraão e Lázaro em seu seio; e exclamando, disse estas palavras: Pai Abraão, tem piedade de mim e manda-me Lázaro, a fim de que molhe a ponta do dedo na água para me refrescar a língua, pois sofro horrível tormento nestas chamas.

Mas Abraão lhe respondeu: "Meu filho, lembra-te de que recebeste em vida teus bens e de que Lázaro só teve males; por isso, ele agora está na consolação e tu nos tormentos".

---

[83] N.E.: Figueira nativa de regiões tropicais e meridionais da África, introduzida no Mediterrâneo e cultivada pelos figos comestíveis e pela madeira, muito usada, no antigo Egito, em estátuas e sarcófagos.

Além disso, existe para sempre um grande abismo entre nós e vós, de sorte que os que queiram passar daqui para aí não o podem, como também ninguém pode passar do lugar onde estás para aqui.

Disse o rico: "Eu então te suplico, pai Abraão, que o mandes à casa de meu pai, onde tenho cinco irmãos, a fim de dar-lhes testemunho destas coisas, para que não venham também eles para este lugar de tormento". Abraão lhe retrucou: "Eles têm Moisés e os profetas; que os escutem". "Não, meu pai Abraão", disse o rico: "Se algum dos mortos for ter com eles, farão penitência". Respondeu-lhe Abraão: "Se eles não ouvem a Moisés nem aos profetas, também não acreditarão, ainda mesmo que algum dos mortos ressuscite". (LUCAS, 16:19 a 31.)

194. O Senhor age como um homem que, tendo de fazer longa viagem fora do seu país, chamou seus servidores e lhes entregou seus bens. Depois de dar cinco talentos a um, dois a outro e um a outro, a cada um segundo sua capacidade, partiu imediatamente. Então, o que recebeu cinco talentos foi-se, negociou com aquele dinheiro e ganhou cinco outros. O que recebera dois ganhou, do mesmo modo, outros tantos. Mas o que apenas recebeu um, cavou um buraco na terra e aí escondeu o dinheiro de seu amo. Passado longo tempo, o amo daqueles servidores voltou e os chamou a prestar contas. Veio o que recebera cinco talentos e lhe apresentou outros cinco, dizendo: "Senhor, entregaste-me cinco talentos: aqui estão, além desses, mais cinco que ganhei". Respondeu-lhe o amo: "Servidor bom e fiel; pois que foste fiel em pouca coisa, confiar-te-ei muitas outras; compartilha da alegria do teu senhor". O que recebera dois talentos apresentou-se a seu turno e lhe disse: "Senhor, entregaste-me dois talentos; aqui estão, além desses, dois outros que ganhei". O amo lhe respondeu: "Bom e fiel servidor, pois que foste fiel em pouca coisa, confiar-te-ei muitas outras; compartilha da alegria do teu senhor". Veio em seguida o que recebeu apenas um talento e disse: "Senhor, sei que és homem severo, que ceifas onde não semeaste e colhes de onde nada puseste; por isso, como te temia, escondi o teu talento na terra; aqui o tens: restituo o que te pertence". O homem, porém, lhe respondeu: "Servidor mau e preguiçoso; se sabias que ceifo onde não semeei e colho onda nada coloquei, devias pôr o meu dinheiro nas mãos dos banqueiros, a fim de que, regressando, eu tirasse com juros o que me pertence". "Tirem-lhe, pois, o talento que está com ele e deem-no ao que tem dez talentos; porquanto, dar-se-á a todos os que já têm e esses ficarão cumulados de bens; quanto àquele que nada tem, tirar-se-lhe-á mesmo o que pareça ter; e seja esse servidor inútil lançado nas trevas exteriores, onde haverá prantos e ranger de dentes". (MATEUS, 25:14 a 30.)

Utilidade providencial da riqueza

195. Se a riqueza houvesse de constituir obstáculo absoluto à salvação dos que a possuem, conforme se poderia deduzir de certas palavras de Jesus, interpretadas segundo a letra, e não conforme o espírito, Deus, que a concede, teria posto nas mãos de alguns um instrumento de perdição, sem apelação nenhuma, ideia que repugna à razão. Sem dúvida a riqueza é uma prova muito arriscada, mais perigosa do que a miséria, em virtude dos arrastamentos a que dá causa, pelas tentações que gera e pela fascinação que exerce. É o supremo excitante do orgulho, do egoísmo e da vida sensual. É o laço mais poderoso que prende o homem à Terra e lhe desvia do Céu o pensamento. Produz tal vertigem que, muitas vezes, aquele que passa da miséria à riqueza esquece depressa sua primeira condição, os que com ele a partilharam, os que o ajudaram, e faz-se insensível, egoísta e vão. Mas, pelo fato de a riqueza tornar difícil a jornada, não significa que a torne impossível e não possa vir a ser um meio de salvação nas mãos de quem sabe servir-se dela, como certos venenos podem restituir a saúde, se empregados a propósito e com discernimento.

Quando Jesus disse ao jovem que o interrogava sobre os meios de ganhar a vida eterna: "Desfaze-te de todos os teus bens e segue-me", não pretendeu estabelecer como princípio absoluto que cada um deva despojar-se do que possui e que a salvação só se obtém por esse preço, mas apenas mostrar que *o apego aos bens terrenos* é um obstáculo à salvação. Aquele jovem, com efeito, se julgava quite porque observara certos mandamentos e, no entanto, recuava à ideia de abandonar seus bens. Seu desejo de conquistar a vida eterna não chegava até esse sacrifício.

O que Jesus lhe propunha era uma prova decisiva, destinada a descobrir o âmago do seu pensamento. Ele podia, sem dúvida, ser um homem perfeitamente honesto na opinião do mundo, não causar dano a ninguém, não maldizer o próximo, não ser vão nem orgulhoso, honrar a seu pai e a sua mãe, mas não tinha a verdadeira caridade, pois sua virtude não chegava até a abnegação. Foi isso que Jesus quis demonstrar. Era uma aplicação do princípio: Fora da caridade não há salvação.

A consequência dessas palavras, tomadas em sua acepção rigorosa, seria a abolição da riqueza como prejudicial à felicidade futura e como causa de uma imensidade de males na Terra; seria, além disso, a condenação do trabalho que a pode proporcionar, consequência absurda, que reconduziria o homem à vida selvagem e que, por isso mesmo, estaria em contradição com a lei do progresso, que é Lei de Deus.

Se a riqueza é a fonte de tantos males, se exacerba tanto as más paixões, se provoca mesmo tantos crimes, não é a ela que devemos inculpar, mas ao homem, que dela abusa, como de todos os dons de Deus. Pelo abuso, ele torna pernicioso o que lhe poderia ser da maior utilidade. É a consequência do estado de inferioridade do mundo terrestre. Se a riqueza só produzisse males, Deus não a teria posto na Terra. Compete ao homem fazê-la produzir o bem. Se não é um elemento direto de progresso moral, é, sem contestação, poderoso elemento de progresso intelectual.

Com efeito, o homem tem por missão trabalhar pela melhoria material do globo. Cabe-lhe desbravá-lo, saneá-lo, dispô-lo para receber um dia toda a população que sua extensão comporta. Para alimentar essa população que cresce sem cessar, é preciso aumentar a produção. Se a produção de um país é insuficiente, será necessário buscá-la fora. Por isso mesmo, as relações entre os povos constituem uma necessidade. A fim de torná-las mais fáceis, é preciso destruir os obstáculos materiais que os separam e tornar mais rápidas as comunicações. Para trabalhos que são obra dos séculos, o homem teve de extrair os materiais até das entranhas da Terra; procurou na Ciência os meios de executá-los com maior segurança e rapidez. Mas, para realizá-los, precisa de recursos: a necessidade o levou a criar a riqueza, como o fez descobrir a Ciência. A atividade imposta por esses mesmos trabalhos amplia e desenvolve sua inteligência, e essa inteligência que ele concentra, primeiro, na satisfação das necessidades materiais, o ajudará mais tarde a compreender as grandes verdades morais. Sendo a riqueza o principal meio de execução, sem ela deixará de haver grandes trabalhos, não mais haverá atividades nem estímulos, nem pesquisas. É, pois, com razão que a riqueza é considerada elemento de progresso.

Desigualdade das riquezas

196. A desigualdade das riquezas é um dos problemas que inutilmente se procurará resolver, desde que se considere apenas a vida atual. A primeira questão que se apresenta é esta: Por que nem todos os homens são igualmente ricos? Não o são por uma razão muito simples: *por não serem igualmente inteligentes, ativos e laboriosos para adquirir, nem sóbrios e previdentes para conservar.* É, aliás, ponto matematicamente demonstrado que a riqueza, repartida com igualdade, daria a cada um parcela mínima e insuficiente; que, supondo-se efetuada essa divisão, o equilíbrio estaria desfeito em pouco tempo, pela diversidade dos caracteres e das aptidões; que, supondo-a possível e durável, tendo cada um somente com que viver, o resultado seria o aniquilamento de todos os grandes trabalhos que concorrem para o progresso e para o bem-estar da humanidade; que, admitindo que ela desse a cada um o necessário, já não haveria o aguilhão que impele os homens às grandes descobertas e aos empreendimentos úteis. Se Deus a concentra em certos pontos, é para que daí se expanda em quantidade suficiente, de acordo com as necessidades.

Admitido isso, pergunta-se por que Deus a concede a pessoas incapazes de fazê-la frutificar para o bem de todos. Ainda aí está uma prova da sabedoria e da bondade de Deus. Dando ao homem o livre-arbítrio, quis Deus que ele chegasse, por experiência própria, a distinguir o bem do mal e que a prática do bem resultasse de seus esforços e da sua vontade. O homem não deve ser conduzido fatalmente ao bem nem ao mal, sem o que não passaria de instrumento passivo e irresponsável, como os animais. A riqueza é um meio de o experimentar moralmente, mas como é, ao mesmo tempo, poderoso meio de ação para o progresso, Deus não quer que ela permaneça longo tempo improdutiva, razão pela qual Ele *incessantemente a desloca*. Cada um tem de possuí-la, para se exercitar em utilizá-la e demonstrar que uso sabe fazer dela. Como, porém, é materialmente impossível que todos a possuam ao mesmo tempo e, além disso, que se todos a possuíssem, ninguém trabalharia, comprometendo assim o melhoramento do globo, *cada um a possui por sua vez*. Quem não a tem hoje, já a teve ou terá noutra existência; quem a tem agora, talvez não a tenha amanhã. Há ricos e pobres, porque sendo Deus justo, cada um deve trabalhar por sua vez. Para uns, a pobreza é a prova da paciência e da resignação; para outros, a riqueza é a prova da caridade e da abnegação.

É de lamentar-se, e com razão, o péssimo hábito que algumas pessoas fazem de suas riquezas, as ignóbeis paixões que a cobiça provoca, perguntando-se se Deus será justo, dando riqueza a tais criaturas. É certo que, se o homem só tivesse uma única existência, nada justificaria semelhante repartição dos bens da Terra; se, entretanto, em vez de levarmos em conta apenas a vida atual, considerarmos o conjunto das existências, veremos que tudo se equilibra com justiça. O pobre não tem, assim, motivo algum para acusar a Providência nem para invejar os ricos, como estes não têm razão para se vangloriar do que possuem. Se abusam, não será com decretos ou leis suntuárias que se remediará o mal. As leis podem mudar momentaneamente o exterior, mas não conseguem mudar o coração. É por isso que têm duração temporária e são quase sempre seguidas de uma reação mais desenfreada. A fonte do mal reside no egoísmo e no orgulho; os abusos de toda ordem cessarão quando os homens se regerem pela lei da caridade.

Instruções dos Espíritos

A verdadeira propriedade

197. O homem só possui em plena propriedade aquilo que lhe é dado levar deste mundo. Do que encontra ao chegar e deixa ao partir, goza ele enquanto aqui permanece. Desde, porém, que é forçado a abandonar tudo isso, não tem a posse real das suas riquezas, mas, simplesmente, o usufruto. Que possui ele, então? Nada do que é de uso do corpo; tudo o que é de uso da alma: a inteligência, os conhecimentos, as qualidades morais. Isso é o que ele traz e leva consigo, o que ninguém lhe pode arrebatar, o que lhe será de muito mais utilidade no outro mundo do que neste. Depende dele ser mais rico ao partir do que ao chegar, porque, daquilo que tiver adquirido em bem, resultará sua posição futura. Quando um homem vai a um país distante, constitui sua bagagem de objetos utilizáveis nesse país; não se preocupa com os que ali lhe seriam inúteis. Procedei do mesmo modo com relação à vida futura e fazei provisão de tudo quanto ali vos possais servir.

Ao viajante que chega a um albergue, é-lhe oferecido bom alojamento, desde que o possa pagar. A outro, de recursos mais modestos, toca um menos agradável. Quanto ao que nada tenha de seu, vai dormir sobre a palha. Assim acontece com o homem, à sua chegada ao mundo dos Espíritos: seu lugar ali está subordinado aos seus haveres. Não será, todavia, com seu ouro que ele o pagará. Ninguém lhe perguntará: "Quanto tinhas na Terra? Que posição ocupavas? Eras príncipe ou operário?" Perguntar-lhe-ão: "Que trazes contigo?" Não se avaliarão seus bens nem seus títulos, mas a soma das virtudes que possua. Ora, sob esse aspecto, o operário pode ser mais rico do que o príncipe. Em vão alegará que antes de partir da Terra pagou a peso de ouro sua entrada no outro mundo. Responder-lhe-ão: Os lugares aqui não se compram: conquistam-se por meio da prática do bem. Com a moeda terrena pudeste comprar campos, casas, palácios; aqui, tudo se paga com as qualidades do coração. És rico dessas qualidades? Sê bem-vindo e vai para um dos lugares da primeira categoria, onde te esperam todas as venturas. És pobre delas? Vai para um dos da última, onde serás tratado de acordo com teus haveres. – (*Pascal* – Genebra, 1860.)

198. Os bens da Terra pertencem a Deus, que os distribui à vontade, não sendo o homem senão o usufrutuário, o administrador mais ou menos íntegro e inteligente desses bens. Tanto eles não constituem propriedade individual do homem, que Deus anula frequentemente todas as previsões, o que faz a riqueza escapar daquele que se julga com os melhores títulos para possuí-la.

Direis, talvez, que isso se aplica aos bens hereditários, porém, não relativamente aos que são adquiridos pelo trabalho. Sem dúvida alguma, se há riquezas legítimas, são estas últimas, quando adquiridas honestamente, visto que *uma propriedade só é legitimamente adquirida quando, da sua aquisição, não resulta dano para ninguém*. Serão pedidas contas até mesmo de um único centavo mal ganho, isto é, com prejuízo de outrem. Mas, pelo fato de um homem dever a si próprio a riqueza que possua, seguir-se-á que, ao morrer, lhe resulte alguma vantagem desse fato? As precauções que ele toma para transmiti-la aos descendentes não são inúteis muitas vezes? Ora, se Deus não quiser que ela lhes seja transmitida, nada prevalecerá contra sua vontade. O homem poderá usar e abusar de seus haveres durante a vida, sem ter de prestar contas? Não. Ao permitir-lhe que os adquirisse, é possível que Deus tivesse em vista recompensar-lhe, no curso da existência atual, os esforços, a coragem, a perseverança. Se, porém, ele só os utilizou na satisfação dos sentidos ou do orgulho; se tais haveres se tornaram causa de falência em suas mãos, melhor seria não os ter possuído, visto que perde de um lado o que ganhou do outro, anulando o mérito de seu trabalho. Quando deixar a Terra, Deus lhe dirá que já recebeu a sua recompensa. – *M.*, Espírito protetor. (Bruxelas, 1861.)

Emprego da riqueza

199. Não podeis servir a Deus e a Mamon. Guardai bem isso, vós a quem o amor do ouro domina, vós que venderíeis a alma para

possuir tesouros, porque eles permitem que vos eleveis acima dos outros homens e vos proporcionam o gozo das paixões. Não; não podeis servir a Deus e a Mamon! Se, pois, sentis vossa alma dominada pelas cobiças da carne, apressai-vos em alijar o jugo que vos oprime, porque Deus, justo e severo, vos dirá: Que fizeste, ecônomo infiel, dos bens que te confiei? Esse poderoso móvel de boas obras o empregaste exclusivamente na tua satisfação pessoal.

Qual, então, o melhor emprego que se pode dar à riqueza? Procurai nestas palavras: "Amai-vos uns aos outros", a solução do problema. Aí está o segredo do bom emprego das riquezas. Aquele que se acha animado do amor do próximo tem aí traçada toda a sua linha de conduta. O emprego que agrada a Deus é a caridade, não essa caridade fria e egoísta, que consiste em espalhar ao redor de si o supérfluo de uma existência dourada, mas a caridade plena de amor, que procura o infeliz e o ergue, sem humilhá-lo. Rico, dá do teu supérfluo; faze mais: dá um pouco do que te é necessário, porque o de que necessitas ainda é supérfluo. Mas dá com sabedoria. Não repilas o que se queixa, com medo de seres enganado; vai às origens do mal. Alivia, primeiro; em seguida, informa-te, e vê se o trabalho, os conselhos, mesmo a afeição não serão mais eficazes do que tua esmola. Espalha em torno de ti, em abundância, o amor de Deus, o amor do trabalho, o amor do próximo. Coloca tuas riquezas sobre uma base que nunca te faltará e que te trará grandes lucros: as boas obras. A riqueza da inteligência deve te servir como a do ouro. Espalha à tua volta os tesouros da instrução; derrama sobre teus irmãos os tesouros do teu amor e eles frutificarão. – *Chéverus*. (Bordeaux, 1861.)

200. Quando considero a brevidade da vida, impressiona-me dolorosamente a incessante preocupação de que é para vós objeto o bem-estar material, ao passo que dais tão pouca importância ao vosso aperfeiçoamento moral, a que consagrais pouco ou nenhum tempo e que, no entanto, é o que importa para a eternidade. Dir-se-ia, diante da atividade que desenvolveis, tratar-se de uma questão do mais alto interesse para a humanidade, quando não se trata, na maioria dos casos, senão de vos pordes em condições de satisfazer a necessidades exageradas, à

vaidade, ou de vos entregardes a excessos. Quanta aflição, inquietações e tormentos cada um se impõe; quantas noites de insônia, para aumentar uma fortuna muitas vezes mais que suficiente! Por cúmulo da cegueira, não é raro se encontrarem pessoas, escravizadas a penosos trabalhos pelo amor imoderado da riqueza e dos gozos que ela proporciona, a se vangloriarem de viver uma existência dita de sacrifício e de mérito, como se trabalhassem para os outros, e não para si mesmas! Insensatos! Credes, então, realmente, que vos serão levados em conta os cuidados e os esforços que despendeis movidos pelo egoísmo, pela cupidez ou pelo orgulho, enquanto negligenciais vosso futuro, bem como os deveres que a solidariedade fraterna impõe a todos os que gozam das vantagens da vida social? Pensastes apenas no vosso corpo; seu bem-estar, seus prazeres foram objeto exclusivo da vossa solicitude egoísta. Por ele, que morre, desprezastes o vosso Espírito que viverá sempre. Por isso mesmo, esse senhor tão mimado e acariciado se tornou vosso tirano; comanda o vosso Espírito, que se constituiu seu escravo. Seria esse o objetivo da vida que o Senhor vos concedeu? – *Um Espírito protetor.* (Cracóvia, 1861.)

201. Sendo o homem o depositário, o administrador dos bens que Deus lhe pôs nas mãos, ser-lhe-ão pedidas severas contas do emprego que lhes haja dado, em virtude do seu livre-arbítrio. O mau uso consiste em aplicá-los exclusivamente na sua satisfação pessoal. Ao contrário, o emprego é bom toda vez que dele resulta um bem qualquer para outrem. O mérito é proporcional ao sacrifício que a criatura se impõe. A beneficência é apenas um modo de empregar-se a riqueza; ela alivia a miséria atual, aplaca a fome, preserva do frio e proporciona abrigo a quem não o tem. Há, porém, um dever igualmente imperioso e meritório: o de prevenir a miséria. Esta é a missão das grandes fortunas, mediante os trabalhos de todo gênero que com elas se podem executar. E, mesmo tirando legítimo proveito desses trabalhos, o bem não deixaria de existir, porque o trabalho desenvolve a inteligência e enaltece a dignidade do homem, sempre cioso de poder dizer que ganha o pão que come, ao passo que a esmola humilha e degrada. A riqueza concentrada em uma só mão deve ser qual fonte de água viva que espalha a fecundidade e o bem-estar à

sua volta. Ó vós, ricos, que a empregardes segundo as vistas do Senhor, vosso coração será o primeiro a dessedentar-se nessa fonte benfazeja; já nesta vida fruireis os inefáveis gozos da alma, em vez dos gozos materiais do egoísta, que deixam vazio o coração. Vossos nomes serão benditos na Terra e, quando a deixardes, o soberano Senhor vos dirá, como na Parábola dos Talentos: "Bom e fiel servo, entra na alegria do teu Senhor". Nessa parábola, o servidor que enterrou o dinheiro que lhe fora confiado não é a imagem dos avarentos, em cujas mãos a riqueza se conserva improdutiva? Se, entretanto, Jesus fala principalmente de esmolas, é que, naquele tempo e no país em que vivia, não se conheciam os trabalhos que as artes e a indústria criaram depois e nas quais as riquezas podem ser aplicadas utilmente para o bem geral. A todos os que podem dar, pouco ou muito, direi: dai esmola quando for preciso, mas, tanto quanto possível, convertei-a em salário, a fim de que aquele que a receba não se envergonhe dela. – *Fénelon*. (Argel, 1860.)

Desprendimento dos bens terrenos

202. Venho, meus irmãos, meus amigos, trazer-vos meu óbolo, a fim de vos ajudar a avançar, com desassombro, pela senda do aperfeiçoamento em que entrastes. Nós nos devemos uns aos outros. A regeneração só será possível mediante a união sincera e fraternal entre os Espíritos e os encarnados.

O amor aos bens terrenos é um dos mais fortes entraves ao vosso adiantamento moral e espiritual. Pelo apego à posse de tais bens, destruís vossas faculdades de amar, ao aplicá-las, todas, às coisas materiais. Sede sinceros: a riqueza proporciona felicidade sem mescla? Quando vossos cofres estão cheios, não há sempre um vazio no vosso coração? No fundo dessa cesta de flores não há sempre um réptil a ocultar-se? Compreendo a satisfação, bem justa, aliás, que experimenta o homem que, por meio de trabalho honrado e assíduo, ganhou uma fortuna, mas, dessa satisfação, muito natural e que Deus aprova, ao apego que absorve todos os outros sentimentos e paralisa os impulsos do coração, vai grande distância, tão grande quanto a que separa a prodigalidade excessiva da sórdida avareza, dois vícios entre os quais Deus colocou a caridade, santa e salutar virtude que ensina o rico a dar sem ostentação, para que o pobre receba sem baixeza.

Quer a fortuna vos tenha vindo da vossa família, quer a tenhais ganho com vosso trabalho, há uma coisa que não deveis esquecer jamais: é que tudo vem de Deus, tudo retorna a Deus. Nada vos pertence na Terra, nem mesmo vosso pobre corpo: a morte vos despoja dele, como de todos os bens materiais. Sois depositários, e não proprietários, não vos iludais. Deus vos emprestou, tendes que lhe restituir; e Ele vos empresta com a condição de que o supérfluo, pelo menos, reverta em favor dos que não têm sequer o necessário.

Um dos vossos amigos vos empresta certa quantia. Por pouco honesto que sejais, fazeis questão de restituí-la escrupulosamente e lhe ficais agradecido. Pois bem: essa é a posição de todo homem rico. Deus é o amigo celestial, que lhe emprestou a riqueza; Ele não pede para si mais do que o amor e o reconhecimento do rico, exigindo deste, porém, que por sua vez dê aos pobres, visto que são seus filhos tanto quanto ele.

Os bens que Deus vos confiou despertam nos vossos corações ardente e desvairada cobiça. Já pensastes, quando vos apegais imoderadamente a uma riqueza perecível e passageira como vós mesmos, que um dia tereis de prestar contas ao Senhor daquilo que vos veio dele? Esqueceis que, pela riqueza, vos revestistes do caráter sagrado de ministros da caridade na Terra, para serdes os seus dispensadores inteligentes? Quando usais somente em vosso proveito aquilo que vos foi confiado, que sois, senão depositários infiéis? Que resulta desse esquecimento voluntário dos vossos deveres? A morte, inflexível, inexorável, rasga o véu sob o qual vos ocultáveis e vos força a prestar contas ao amigo que vos favorecera e que nesse momento enverga diante de vós a toga do juiz.

É em vão que procurais iludir-vos na Terra, colorindo com o nome de virtude o que muitas vezes não passa de egoísmo. Em vão chamais economia e previdência ao que é apenas cupidez e avareza, ou generosidade ao que não passa de prodigalidade em proveito vosso. Um pai de família, por exemplo, se abstém de praticar a caridade, economizando, amontoando ouro, para, diz ele, deixar aos filhos a maior soma possível de bens e evitar que caiam na miséria. É muito justo e paternal, convenho, e ninguém pode censurar, mas será esse o único motivo que o guia? Não será muitas vezes um compromisso com a consciência, para justificar, aos seus próprios olhos e aos olhos do mundo, seu apego pessoal aos bens terrenos? Contudo, mesmo admitindo que o amor paternal seja a única razão a que ele obedece, será isso motivo para que esqueça seus irmãos perante Deus? Desde que ele já tem o supérfluo, deixará os filhos na miséria, por lhes restar um pouco menos desse supérfluo? Não será dar a eles uma lição de egoísmo e endurecer-lhes os corações? Não será sufocar neles o amor ao próximo? Pais e mães, laborais em grande erro se credes que desse modo conquistais maior afeição dos vossos filhos. Ensinando-lhes a ser egoístas para com os outros, ensinai-lhes a sê-lo para convosco mesmos.

De um homem que trabalhou muito e acumulou bens com o suor do seu rosto, é comum ouvirdes dizer que, quando o dinheiro é ganho, melhor se reconhece seu valor. Nada é mais verdadeiro. Pois bem! Que esse homem pratique a caridade, dentro de suas possibilidades, já que declara conhecer todo o valor do dinheiro, e maior será seu merecimento, do que o daquele que, nascido na abundância, ignora as rudes fadigas do trabalho. Ao contrário, se esse homem, que se recorda das suas aflições, das suas labutas, for egoísta, duro para com os pobres, tornar-se-á bem mais culpado do que o outro, visto que, quanto melhor cada um conhece por si mesmo as dores ocultas da miséria, tanto maior será seu dever de aliviá-las nos outros.

Há, infelizmente, no homem que possui bens de fortuna, um sentimento tão forte quanto o apego aos mesmos bens: é o orgulho. Não é raro ver-se o novo rico atordoar o infeliz que implora sua assistência, com a narrativa de seus trabalhos e de suas habilidades, em vez de ajudá-lo, e acabando por dizer-lhe: "Faça o que eu fiz". Segundo está convencido, a bondade de Deus não entra por coisa alguma na obtenção da riqueza que amealhou, cabendo apenas a ele o mérito de possuí-la. O orgulho lhe põe sobre os olhos uma venda e lhe tapa os ouvidos. Apesar de toda a inteligência e aptidão que possua, não compreende que, com uma só palavra, Deus pode lançá-lo por terra.

    Esbanjar a riqueza não é demonstrar desprendimento dos bens terrenos: é descaso e indiferença. Como depositário desses bens, o homem não tem o direito de dilapidá-los, nem de confiscá-los em proveito próprio. Prodigalidade não é generosidade; é, muitas vezes, uma forma de egoísmo. Alguém que esbanje a mancheias o ouro de que disponha, para satisfazer a uma fantasia, talvez não dê um centavo para prestar um serviço. O desapego aos bens terrenos consiste em apreciar a riqueza em seu justo valor, em saber servir-se dela em benefício dos outros, e não apenas em benefício próprio, em não sacrificar por ela os interesses da vida futura, em perdê-la sem murmurar, caso apraza a Deus retirá-la. Se, por efeito de reveses imprevistos, vos tornardes qual Jó, dizei como ele: "Senhor, Tu mos deste, Tu mos tiraste. Seja feita a tua vontade". Eis aí o verdadeiro desprendimento. Sede, antes de tudo, submissos; confiai naquele que, tendo-vos dado e tirado, pode novamente restituir o que vos tirou. Resisti com coragem ao abatimento, ao desespero, que vos paralisam as forças. Quando Deus vos desferir um golpe, jamais esqueçais que, ao lado da mais rude prova, Ele sempre coloca uma consolação. Ponderai, sobretudo, que há bens infinitamente mais preciosos que os da Terra e essa ideia vos ajudará a desprender-vos destes últimos. O pouco apreço que se ligue a uma coisa torna menos sensível sua perda. O homem que se apega aos bens terrenos é como a criança, que só vê o momento presente. O que se desprende de tais bens é como o adulto que vê as coisas mais importantes, por compreender estas palavras proféticas do Salvador: "O meu reino não é deste mundo".

    O Senhor não ordena a ninguém que se despoje do que possua, condenando-o, assim, a uma mendicidade voluntária, porquanto, quem assim agisse, tornar-se-ia uma carga para a sociedade. Proceder desse modo seria compreender mal o desprendimento dos bens terrenos, um egoísmo de outro gênero, porque seria o indivíduo eximir-se da responsabilidade que a riqueza faz pesar sobre aquele que a possui. Deus a concede a quem bem lhe aprouver, a fim de que seja administrada em proveito de todos. O rico tem, pois, uma missão, que ele pode embelezar e tornar proveitosa a si mesmo. Rejeitar a riqueza, quando Deus vo-la dá, é renunciar aos benefícios do bem que se pode fazer, administrando-a com sabedoria. Saber passar sem ela quando não a tem, saber empregá-la utilmente quando a possui, saber sacrificá-la quando necessário, é agir de acordo com os desígnios do Senhor. Diga, pois, aquele em cujas mãos venha a cair o que no mundo se chama uma boa fortuna: Meu Deus, Tu me destinaste um novo encargo; dá-me a força de desempenhá-lo segundo tua santa vontade.

Aí tendes, meus amigos, o que eu queria vos ensinar acerca do desprendimento dos bens terrenos. Resumirei o que expus, dizendo: Sabei vos contentar com pouco. Se sois pobres, não invejeis os ricos, porque a riqueza não é necessária à felicidade. Se sois ricos, não esqueçais que esses bens apenas vos estão confiados e que deveis justificar o emprego que lhes derdes, como se prestásseis contas de uma tutela. Não sejais depositário infiel, utilizando-os unicamente na satisfação do vosso orgulho e da vossa sensualidade. Não vos julgueis com o direito de dispor em vosso exclusivo proveito daquilo que não passa de um empréstimo, e não de uma doação. Se não sabeis restituir, não tendes o direito de pedir, e lembrai-vos de que aquele que dá aos pobres salda a dívida que contraiu com Deus. – *Lacordaire*. (Constantina, 1863.)

203. *O princípio segundo o qual o homem é apenas depositário da fortuna de que Deus lhe permite gozar durante a vida, tira-lhe o direito de transmiti-la aos seus descendentes?*

O homem pode perfeitamente transmitir, por sua morte, aquilo de que gozou durante a vida, porque o efeito desse direito está subordinado sempre à vontade de Deus, que pode, quando quiser, impedir os descendentes de usufruí-la. Não é outra a razão pela qual desmoronam fortunas que parecem solidamente constituídas. A vontade do homem para conservar nas mãos dos descendentes a fortuna que possua é, pois, impotente, o que não o priva, por outro lado, do direito de transmitir o empréstimo que recebeu, visto que Deus pode retirá-lo, quando julgue conveniente. – *São Luís*. (Paris, 1860.)

CAPÍTULO XVII

Sede perfeitos

Características da perfeição – O homem de bem – Os bons espíritas – Parábola do Semeador – O dever – A virtude – Os superiores e os inferiores – O homem no mundo – Cuidai do corpo e do espírito

204. Amai os vossos inimigos; fazei o bem aos que vos odeiam e orai pelos que vos perseguem e caluniam; porque, se somente amardes os que vos amam, que recompensa tereis disso? Não fazem assim também os publicanos? Se saudardes unicamente os vossos irmãos, que fazeis com isso mais que os outros? Os pagãos não fazem a mesma coisa? *Sede, pois, vós outros, perfeitos, como perfeito é o vosso Pai celestial.* (MATEUS, 5:44, 46 a 48.)

205. Visto que Deus possui a perfeição infinita em todas as coisas, esta máxima: "Sede perfeitos, como perfeito é o vosso Pai celestial", tomada ao pé da letra, pressuporia a possibilidade de atingir-se a perfeição absoluta. Se fosse dado à criatura ser tão perfeita quanto o Criador, ela se tornaria igual a este, o que é inadmissível. Mas os homens a quem Jesus falava não compreenderiam essa nuança. Jesus se limita a lhes apresentar um modelo e a dizer-lhes que se esforcem por alcançá-lo.

Aquelas palavras devem, pois, ser entendidas no sentido da perfeição relativa, a de que a humanidade é suscetível e que mais a aproxima da Divindade. Em que consiste essa perfeição? Jesus o diz: em "amarmos os nossos inimigos, em fazermos o bem aos que nos odeiam, em orarmos pelos que nos perseguem". Mostra, desse modo, que a essência da perfeição é a caridade na sua mais ampla acepção, porque implica a prática de todas as outras virtudes.

Com efeito, se observarmos os resultados de todos os vícios e, mesmo, dos simples defeitos, reconheceremos não haver nenhum que não altere mais ou menos o sentimento da caridade, porque todos têm seu princípio no egoísmo e no orgulho, que lhes são a negação, já que tudo que superexcita o sentimento da personalidade destrói, ou, pelo menos, enfraquece os elementos da verdadeira caridade, que são a benevolência, a indulgência, a abnegação e o devotamento. Não podendo o amor do próximo, levado até o amor dos inimigos, aliar-se a nenhum defeito contrário à caridade, aquele amor é, por isso mesmo, sempre indício de maior ou menor superioridade moral, donde resulta que o grau de perfeição está na razão direta da sua extensão. Foi por isso que Jesus, depois de ter dado a seus discípulos as regras da caridade, no que tem de mais sublime, lhes disse: "Sede perfeitos, como perfeito é vosso Pai celestial".

O homem de bem

206. O verdadeiro homem de bem é o que cumpre a lei de justiça, de amor e de caridade, na sua maior pureza. Se interroga a consciência sobre seus próprios atos, perguntará a si mesmo se não violou essa lei, se não praticou o mal, se fez todo o bem *que podia*, se desprezou voluntariamente alguma ocasião de ser útil, se ninguém tem qualquer queixa dele; enfim, se fez a outrem tudo o que gostaria que lhe fizessem.

Tem fé em Deus, em sua bondade, na sua justiça e em sua sabedoria. Sabe que nada acontece sem sua permissão e se submete à sua vontade em todas as coisas.

Tem fé no futuro, razão por que coloca os bens espirituais acima dos bens temporais.

Sabe que todas as vicissitudes da vida, todas as dores, todas as decepções são provas ou expiações e as aceita sem murmurar.

Imbuído do sentimento de caridade e de amor ao próximo, faz o bem pelo bem, sem esperar paga alguma; retribui o mal com o bem,

Capítulo XVII
Sede perfeitos

toma a defesa do fraco contra o forte e sacrifica sempre seus interesses pela justiça.

Encontra satisfação nos benefícios que espalha, nos serviços que presta, em fazer felizes os outros, nas lágrimas que enxuga, nas consolações que prodigaliza aos aflitos. Seu primeiro impulso é para pensar nos outros, antes de pensar em si, é para cuidar do interesse dos outros antes do seu próprio interesse, contrariamente ao egoísta, que calcula os proventos e as perdas de toda ação generosa.

É bom, humano e benevolente para com todos, sem distinção *de raças, nem de crenças*, porque em todos os homens vê irmãos seus.

Respeita nos outros todas as convicções sinceras e não lança anátema aos que não pensam como ele.

Em todas as circunstâncias a caridade é o seu guia, pois está ciente de que aquele que prejudica a outrem com palavras malévolas, que fere com seu orgulho e seu desprezo a suscetibilidade de alguém, que não recua à ideia de causar um sofrimento, uma contrariedade, ainda que ligeira, quando a pode evitar, falta ao dever de amor ao próximo e não merece a clemência do Senhor.

Não tem ódio, nem rancor, nem desejo de vingança; a exemplo de Jesus, perdoa e esquece as ofensas, lembrando-se apenas dos benefícios, por saber que lhe será perdoado conforme houver perdoado.

É indulgente para as fraquezas alheias, porque sabe que também necessita de indulgência e se recorda destas palavras do Cristo: Atire-lhe a primeira pedra aquele que estiver sem pecado.

Não se compraz em rebuscar os defeitos alheios nem em evidenciá-los. Se a necessidade a isso o obriga, procura sempre o bem que possa atenuar o mal.

Estuda suas próprias imperfeições e trabalha incessantemente em combatê-las. Emprega todos os esforços para poder dizer, no dia seguinte, que traz em si alguma coisa melhor do que na véspera.

Não procura dar valor ao seu espírito nem aos seus talentos, à custa de outrem; ao contrário, aproveita todas as ocasiões para fazer ressaltar o que seja proveitoso aos outros.

Não se envaidece da sua riqueza nem de suas vantagens pessoais, por saber que tudo o que lhe foi dado pode ser-lhe tirado.

Usa, mas não abusa dos bens que lhe são concedidos, porque sabe que é um depósito de que terá de prestar contas e que o emprego mais prejudicial que lhe pode dar é o de aplicá-lo à satisfação de suas paixões.

Se a ordem social colocou homens sob a sua dependência, trata-os com bondade e benevolência, porque são seus iguais perante Deus; usa da sua autoridade para lhes levantar o moral, e não para os esmagar com seu orgulho. Evita tudo quanto lhes possa tornar mais penosa a posição subalterna em que se encontram.

O subordinado, por sua parte, compreende os deveres da posição que ocupa e se empenha em cumpri-los conscienciosamente.

Finalmente, o homem de bem respeita todos os direitos que as leis da natureza dão aos seus semelhantes, como gostaria que respeitassem os seus.

Não ficam assim enumeradas todas as qualidades que distinguem o homem de bem, mas aquele que se esforce por possuir as que acabamos de mencionar já se acha no caminho que conduz a todas as demais.[84]

Os bons espíritas

207. Bem compreendido, mas, sobretudo, bem sentido, o Espiritismo conduz forçosamente aos resultados acima expostos, que caracterizam o verdadeiro espírita como o verdadeiro cristão, pois que ambos são a mesma coisa. O Espiritismo não cria nenhuma moral nova; apenas facilita aos homens a compreensão e a prática da moral do Cristo, facultando uma fé inabalável e esclarecida aos que duvidam ou vacilam.

Muitos, entretanto, dos que acreditam nos fatos das manifestações não compreendem suas consequências nem seu alcance moral, ou, se os compreendem, não os aplicam a si mesmos. A que se deve isso? A alguma falta de clareza da Doutrina? Não, visto que ela não contém

---
[84] N.E.: Ver "Nota explicativa", p. 491.

Capítulo XVII
Sede perfeitos

alegorias nem figuras que possam dar lugar a falsas interpretações. A clareza é da sua própria essência e é isso que constitui sua força, porque vai direto à inteligência. Nada tem de misteriosa e seus iniciados não se acham de posse de nenhum segredo oculto ao vulgo.

Será então preciso, para compreendê-la, uma inteligência fora do comum? Não, porque se veem homens de notória capacidade que não a compreendem, ao passo que inteligências vulgares, moços mesmo, mal saídos da adolescência, lhes apreendem, com admirável precisão, os mais delicados matizes. Isso resulta de que a parte, por assim dizer, *material* da Ciência requer somente olhos que observem, enquanto a parte *essencial* exige certo grau de sensibilidade, a que se pode chamar de *maturidade do senso moral*, maturidade que independe da idade e do grau de instrução, porque é inerente ao desenvolvimento, em sentido especial, do Espírito encarnado. Em algumas pessoas, os laços da matéria são ainda bastante tenazes para permitirem que o Espírito se desprenda das coisas da Terra; o nevoeiro que os envolve tira-lhes toda a visão do Infinito, razão pela qual não rompem facilmente com seus gostos nem com seus hábitos, não compreendendo que haja melhor coisa do que aquilo de que são dotados. Para eles, a crença nos Espíritos é um simples fato, mas que pouco ou nada lhes modifica as tendências instintivas. Numa palavra, percebem apenas um raio de luz, insuficiente para guiá-los e lhes facultar vigorosa aspiração, capaz de vencer suas inclinações. Prendem-se mais aos fenômenos do que à moral, que lhes parece banal e monótona. Pedem incessantemente aos Espíritos que os iniciem em novos mistérios, sem procurar saber se já se tornaram dignos de penetrar os segredos do Criador. São os espíritas imperfeitos, alguns dos quais ficam a meio caminho ou se afastam de seus irmãos em crença, porque recuam diante da obrigação de se reformarem, ou então guardam suas simpatias para os que compartilham de suas fraquezas ou de suas prevenções. Entretanto, a aceitação do princípio da Doutrina é um primeiro passo que lhes tornará mais fácil o segundo, em outra existência.

Aquele que pode ser, com razão, qualificado de espírita verdadeiro e sincero se acha em grau superior de adiantamento moral. O Espírito, que nele domina a matéria de modo mais completo, dá-lhe uma percepção mais clara do futuro; os princípios da Doutrina lhe fazem vibrar as fibras que nos outros se conservam inertes. Numa palavra: é tocado no coração, daí por que é inabalável sua fé. Um é como o músico, a quem bastam alguns acordes para comover, ao passo que o outro apenas ouve sons. *Reconhece-se o verdadeiro espírita pela sua transformação moral e pelos esforços que emprega para domar suas inclinações más*. Enquanto um se contenta com seu horizonte limitado, outro, que apreende alguma coisa de melhor, se esforça por desligar-se dele e sempre o consegue, desde que tenha firme a vontade.

Parábola do Semeador

208. Naquele mesmo dia, tendo saído de casa, Jesus sentou-se à beira do mar; logo se reuniu grande multidão à sua volta, o que o levou a entrar numa barca, onde se sentou, permanecendo na margem todo o povo. Disse então muitas coisas por parábolas, falando-lhes assim:

"Aquele que semeia saiu a semear; e, semeando, uma parte da semente caiu ao longo do caminho e os pássaros do céu vieram e a comeram. Outra parte caiu em lugares pedregosos onde não havia muita terra; as sementes logo brotaram, porque não era muito profunda a terra onde haviam caído. Mas, levantando-se, o Sol as queimou e, como não tinham raízes, secaram. Outra parte caiu entre espinheiros e estes, crescendo, as abafaram. Outra, finalmente, caiu em terra boa e produziu frutos, dando algumas sementes cem por um, outras sessenta e outras trinta. Ouça quem tem ouvidos de ouvir". (MATEUS, 13:1 a 9.)

"Escutai, pois, vós outros, a Parábola do Semeador.

Quem quer que escute a palavra do reino e não lhe dá atenção, vem o Espírito maligno e tira o que lhe fora semeado no coração. Esse é o que recebeu a semente ao longo do caminho.

Aquele que recebe a semente no meio das pedras é o que escuta a palavra e que a recebe com alegria no primeiro momento. Mas, não tendo nele raízes, dura apenas algum tempo. Ao sobrevirem reveses e perseguições por causa da palavra, tira ele daí motivo de escândalo e de queda.

Aquele que recebe a semente entre espinheiros é o que ouve a palavra, mas em quem, logo, os cuidados deste século e a ilusão das riquezas abafam aquela palavra e a tornam infrutífera.

Aquele, porém, que recebe a semente em boa terra é o que escuta a palavra, que lhe presta atenção e em quem ela produz frutos, dando cem, ou sessenta, ou trinta por um". (MATEUS, 13:18 a 23.)

209. A Parábola do Semeador exprime perfeitamente os matizes existentes na maneira de serem utilizados os ensinos do Evangelho. De fato, quantas pessoas existem para as quais ele não passa de letra morta, à maneira da semente caída sobre pedregulhos, que não produz fruto algum!

Ela encontra uma explicação não menos justa nas diferentes categorias de espíritas. Não será ela o emblema dos que apenas atentam nos fenômenos materiais e deles não tiram nenhuma consequência, porque neles só veem fatos curiosos? Dos que só buscam o lado brilhante das comunicações dos Espíritos, pelas quais só se interessam quando lhes satisfazem a imaginação, e que, depois de as terem ouvido, se conservam tão frios e indiferentes quanto eram? Os que acham muitos bons os conselhos e os admiram, mas para serem aplicados aos outros, e não a si mesmos? Enfim, aqueles, para os quais essas instruções são como a semente que cai em terra boa e dá frutos?

Instruções dos Espíritos

O dever

210. O dever é a obrigação moral da criatura para consigo mesma, primeiro, e, em seguida, para com os outros. O dever é a lei da vida.

Encontra-se nas mais ínfimas particularidades, como nos atos mais elevados. Quero falar aqui apenas do dever moral, e não do dever que as profissões impõem.

Na ordem dos sentimentos, o dever é muito difícil de cumprir-se, por se achar em antagonismo com as seduções do interesse e do coração. Suas vitórias não têm testemunhas e suas derrotas não estão sujeitas à repressão. O dever íntimo do homem fica entregue ao seu livre-arbítrio. O aguilhão da consciência, guardião da probidade interior, o adverte e sustenta, mas, muitas vezes, se mostra impotente diante dos sofismas e da paixão. Fielmente observado, o dever do coração eleva o homem; como determiná-lo, porém, com exatidão? Onde começa ele? Onde termina? *O dever começa exatamente no ponto em que ameaçais a felicidade ou a tranquilidade do vosso próximo; acaba no limite que não desejais ninguém ultrapasse o vosso.*

Deus criou todos os homens iguais para a dor. Pequenos ou grandes, ignorantes ou instruídos, todos sofrem pelas mesmas causas, a fim de que cada um julgue em sã consciência o mal que pode fazer. Não existe o mesmo critério para o bem, infinitamente mais variado em suas expressões. *A igualdade diante da dor é uma sublime previdência de Deus, que quer que todos os seus filhos, instruídos pela experiência comum, não pratiquem o mal, alegando ignorância de seus efeitos.*

O dever é o resumo prático de todas as especulações morais; é uma bravura da alma que enfrenta as angústias da luta; é austero e brando; pronto a dobrar-se às mais diversas complicações, mantém-se inflexível diante das suas tentações. *O homem que cumpre o seu dever ama a Deus mais do que às criaturas e ama as criaturas mais do que a si mesmo.* É, ao mesmo tempo, juiz e escravo em causa própria.

O dever é o mais belo laurel da razão; descende desta, como o filho descende de sua mãe. O homem tem de amar o dever, não porque preserve de males a vida, males aos quais a humanidade não pode subtrair-se, mas porque confere à alma o vigor necessário ao seu desenvolvimento. O homem não pode desviar de si o cálice de suas provas; o dever é penoso nesses sacrifícios; o mal é amargo em seus resultados. Contudo, embora se assemelhem bastante, essas dores têm conotações muito diferentes: uma é salutar, como os venenos que restabelecem a saúde, a outra é prejudicial, como os excessos que arruínam o corpo.[85]

O dever cresce e irradia sob uma forma mais elevada, em cada um dos estágios superiores da humanidade. A obrigação moral da criatura para com Deus jamais cessa; deve refletir as virtudes do Eterno, que não aceita esboços imperfeitos, porque quer que a beleza de sua obra resplandeça aos seus próprios olhos. – (*Lázaro* – Paris, 1863.)

A virtude

211. A virtude, no mais alto grau, é o conjunto de todas as qualidades essenciais que constituem o homem de bem. Ser bom, caridoso, laborioso, sóbrio, modesto são qualidades do homem virtuoso. Infelizmente, elas são quase sempre acompanhadas de pequenas enfermidades morais, que lhes tiram o encanto e as atenuam. Aquele que faz ostentação da sua virtude não é virtuoso, visto lhe faltar a qualidade principal: a modéstia, e tem o vício que mais se lhe opõe: o orgulho. A virtude verdadeiramente digna desse nome não gosta de exibir-se. Adivinham-na; mas ela se oculta na obscuridade e foge à admiração das multidões. São Vicente de Paulo era virtuoso; eram virtuosos o digno cura d'Ars e muitos outros quase desconhecidos do mundo, mas conhecidos de Deus. Todos esses homens de bem ignoravam que fossem virtuosos; deixavam-se ir ao sabor de suas santas inspirações e praticavam o bem com desinteresse completo e inteiro esquecimento de si mesmos.

É à virtude assim compreendida e praticada que vos convido, meus filhos; é a essa virtude verdadeiramente cristã e verdadeiramente espírita que vos incito a consagrar-vos. Afastai, porém, de vossos corações tudo o que seja orgulho, vaidade, amor-próprio, que sempre tiram o encanto das mais belas qualidades. Não imiteis o homem que se apresenta como modelo e faz alarde, ele próprio, de suas qualidades a todos os ouvidos

---

[85] N.T.: Na presente edição de 1864, este parágrafo é muito mais longo do que o contido na edição de 1866. Nesta última, Allan Kardec suprimiu metade dele, a começar pela expressão: "O homem não pode desviar de si o cálice de suas provas".

complacentes. A virtude que assim se ostenta esconde muitas vezes uma porção de pequenas torpezas e de odiosas covardias.

Em princípio, o homem que se enaltece, que ergue estátua à própria virtude, anula, por esse simples fato, todo mérito efetivo que possa ter. Entretanto, que direi daquele cujo único valor consiste em parecer o que não é? Admito perfeitamente que o homem que pratica o bem experimenta uma sensação íntima em seu coração, mas, desde que tal satisfação se exteriorize, para colher elogios, degenera em amor-próprio.

Ó todos vós a quem a fé espírita aqueceu com seus raios, e que sabeis quão longe da perfeição está o homem, jamais esbarreis em semelhante escolho. A virtude é uma graça que desejo a todos os espíritas sinceros. Entretanto, eu lhes direi: Mais vale pouca virtude com modéstia do que muita com orgulho. É pelo orgulho que as humanidades sucessivas se têm perdido; é pela humildade que um dia haverão de redimir-se.
– *François, Nicolas, Madeleine.* (Paris, 1863.)

Os superiores e os inferiores

212. Meus amigos, a perfeição está toda, como disse o Cristo, na prática da caridade absoluta; mas os deveres da caridade se estendem a todas as posições sociais, desde o menor até o maior. O homem que vivesse sozinho não teria nenhuma caridade a praticar. Somente no contato com os semelhantes, nas lutas mais penosas é que encontra ocasião de praticá-la. Aquele, pois, que se isola, priva-se do mais poderoso meio de aperfeiçoar-se; tendo de pensar apenas em si, sua vida é a de um egoísta.[86]

Vamos encarar essa questão sob um ponto de vista especial, o das relações de superior para inferior, e vice-versa.[87]

A autoridade, assim como a riqueza, é uma delegação de que terá de prestar contas aquele que dela se ache investido. Não julgueis que lhe

---

[86] N.T.: Na edição de 1866, o primeiro parágrafo desta mensagem está desenvolvido no bojo do subtítulo "O homem no mundo", enquanto nesta edição de 1864 o mesmo parágrafo está contemplado no subtítulo "Os superiores e os inferiores" (item 212).

[87] N.T.: O segundo parágrafo do item 211 da edição de 1864, tal como se vê aqui, foi suprimido por Allan Kardec da edição definitiva de 1866.

seja conferida para proporcionar-lhe o vão prazer de mandar; tampouco, como acredita erroneamente a maioria dos potentados da Terra, como um direito, uma propriedade. Deus, aliás, lhes prova constantemente que não é nem uma nem outra coisa, pois a retira quando lhe apraz. Se fosse um privilégio inerente às suas personalidades, seria inalienável. Ninguém pode dizer que uma coisa lhe pertence, quando pode ser tirada sem o seu consentimento. Deus confere a autoridade a título de *missão*, ou de prova, quando o entende, e a retira quando julga conveniente.

Quem quer que seja depositário de autoridade, seja qual for sua extensão, desde a do senhor sobre seu servo, até a do soberano sobre seu povo, não deve esquecer que tem almas a seu cargo; que responderá pela boa ou má diretriz que dê aos seus subordinados e que sobre ele recairão as faltas que estes venham a cometer, os vícios a que sejam arrastados em consequência dessa diretriz ou dos *maus exemplos*, do mesmo modo que recolherá os frutos da solicitude de que usar para os reconduzir ao bem. Todo homem tem na Terra uma missão, grande ou pequena, missão que sempre lhe é dada para o bem, seja ela qual for; quem a falsear em seu princípio, está, pois, falindo ao seu desempenho.

Assim como Deus pergunta ao rico: Que fizeste da riqueza que em tuas mãos deveria ser um manancial a espalhar a fecundidade à tua volta? Igualmente perguntará a quem disponha de alguma autoridade: Que uso fizeste dessa autoridade? Que males evitaste? Que progresso facultaste? Se te dei subordinados, não foi para que os fizesses escravos da tua vontade, nem instrumentos dóceis aos teus caprichos ou à tua cupidez; fiz-te forte e te confiei os fracos para que os amparasses e ajudasses a subir para mim.

O superior, que se ache imbuído das palavras do Cristo, não despreza ninguém que esteja abaixo dele, porque sabe que as distinções sociais não prevalecem diante de Deus. O Espiritismo lhe ensina que, se eles hoje lhe obedecem, talvez já lhe tenham dado ordens, ou poderão dá-las mais tarde, e que ele então será tratado conforme os haja tratado.

Se o superior tem deveres a cumprir, o inferior, por seu lado, também os tem, e não menos sagrados. Se este último for espírita, sua consciência lhe dirá melhor ainda que não pode considerar-se dispensado de cumpri-los, nem mesmo quando seu chefe deixe de cumprir os que lhe competem, porque sabe que não deve retribuir o mal com o mal e que as faltas de uns não justificam as faltas de outros. Se sua posição lhe traz sofrimentos, dirá que sem dúvida os mereceu, porque ele mesmo, outrora, talvez tenha abusado da sua autoridade, cabendo-lhe, por sua vez, experimentar o que fizera sofrer aos outros. Se se vê forçado a suportar essa posição, por não encontrar outra melhor, o Espiritismo lhe ensina a resignar-se, como uma prova para sua humildade, necessária ao seu adiantamento. Sua crença o guia na maneira de conduzir-se e o leva a proceder como gostaria que seus subordinados procedessem para com ele, caso fosse o chefe. Por isso mesmo, mostra-se mais escrupuloso no cumprimento de suas obrigações, porque compreende que toda negligência no trabalho que lhe é confiado redunda em prejuízo para quem o remunera e a quem deve o seu tempo e seus esforços. Numa palavra, é induzido pelo sentimento do dever, que a fé lhe faculta, e pela certeza de que todo desvio do caminho reto implica uma dívida que, cedo ou tarde, terá de pagar. – *François, Nicolas, Madeleine. (Paris, 1863.)*

O homem no mundo

213. Um sentimento de piedade deve sempre animar o coração dos que se reúnem sob as vistas do Senhor e imploram a assistência dos Espíritos bons. Purificai, pois, os vossos corações; não deixeis que nele se aloje qualquer pensamento mundano ou fútil. Elevai o vosso espírito àqueles por quem chamais, a fim de que, encontrando em vós as necessárias disposições, possam lançar em profusão a semente que deve germinar em vossos corações e dê frutos de caridade e de justiça.

Não acrediteis, todavia, que vos exortando incessantemente à prece e à evocação mental, pretendamos que vivais uma vida mística, que vos mantenha fora das leis da sociedade em que estais condenados a viver. Não, vivei como os homens da vossa época, como devem viver os homens. Sacrificai às necessidades, mesmo às frivolidades do dia, mas sacrificai com um sentimento de pureza que as possa santificar.

Sois chamados a entrar em contato com espíritos de naturezas diferentes, de caracteres opostos: não choqueis a nenhum daqueles com quem estiverdes. Sede alegres, sede felizes, mas seja a vossa alegria a que provém da consciência reta, seja a vossa felicidade a do herdeiro do Céu que conta os dias que faltam para entrar na posse da sua herança.

A *austeridade de conduta e de coração*[88] não consiste em assumirdes aspecto lúgubre e severo, em repelirdes os prazeres que as vossas condições humanas vos permitem. Basta que reporteis todos os atos da vossa vida ao Criador, que vo-la deu; basta que, quando começardes ou acabardes uma obra, eleveis o pensamento a esse Criador e lhe peçais, num arroubo da alma, ou sua proteção para que alcanceis êxito ou sua bênção para a obra concluída. Seja o que for que façais, remontai à fonte de todas as coisas, não fazendo coisa alguma sem que a lembrança de Deus venha purificar e santificar vossas ações.

Não imagineis, pois, que, para viverdes em constante comunhão conosco, para viverdes sob as vistas do Senhor, seja preciso que vos mortifiqueis com cilício e vos cubrais de cinzas. Não, não, ainda uma vez vos dizemos. Sede felizes, segundo as necessidades da humanidade, mas que na vossa felicidade nunca entre um pensamento ou um ato que o possa ofender, ou fazer que se vele o semblante dos que vos amam e dirigem. Deus é amor e abençoa aqueles que amam santamente. – *Um Espírito protetor.* (Bordeaux, 1863.)

Cuidar do corpo e do espírito

214. Consistirá a perfeição moral na maceração do corpo? Para resolver essa questão, apoiar-me-ei em princípios elementares e começarei por demonstrar a necessidade de cuidar-se do corpo que, segundo as alternativas de saúde e de doença, influi de maneira muito impor-

---

[88] N.T.: A expressão acima, que grifamos, foi substituída e sintetizada pela palavra "virtude" na edição definitiva de 1866.

tante sobre a alma, que deve ser considerada cativa da carne. Para que essa prisioneira viva, divirta-se e chegue mesmo a conceber as ilusões da liberdade, tem o corpo que estar são, disposto, forte. Façamos uma comparação: Eis que se acham ambos em perfeito estado; que devem fazer para manter o equilíbrio entre aptidões e necessidades tão diferentes? *A luta parece inevitável entre os dois e é difícil achar-se o segredo de como chegarem ao equilíbrio.*[89]

Dois sistemas se defrontam aqui: o dos ascetas, que querem aniquilar o corpo, e o dos materialistas, que querem rebaixar a alma: duas violências quase tão insensatas uma quanto a outra. Ao lado desses dois grandes partidos pulula a numerosa tribo dos indiferentes que, sem convicção nem paixão, são mornos no amar e econômicos no gozar. Onde, então, está a sabedoria? Onde, então, a ciência de viver? Em parte alguma; e o grande problema ficaria sem solução, se o Espiritismo não viesse em auxílio dos pesquisadores, demonstrando-lhes as relações que existem entre o corpo e a alma e dizendo-lhes que, uma vez que são necessários um ao outro, é preciso cuidar de ambos. Amai, pois, vossa alma, porém, cuidai também do vosso corpo, instrumento da alma. Ignorar as necessidades que a própria natureza indica é desconhecer a Lei de Deus. Não castigueis o corpo pelas faltas que o vosso livre-arbítrio o induziu a cometer e pelas quais ele é tão responsável quanto o cavalo maldirigido, pelos acidentes que causa. Sereis, por acaso, mais perfeitos se, martirizando o corpo, não vos tornardes menos egoístas, menos orgulhosos e mais caridosos para com o próximo? Não, a perfeição não está nisso; está toda nas reformas por que fizerdes passar o vosso Espírito. Dobrai-o, submetei-o, humilhai-o, mortificai-o: esse é o meio de o tornardes dócil à vontade de Deus e o único que conduz à perfeição. – *Georges*, Espírito protetor. (Paris, 1863.)

---

[89] N.T.: O trecho acima, que grifamos, foi excluído por Allan Kardec da edição de 1866.

CAPÍTULO XVIII

Muitos os chamados, poucos os escolhidos

Parábola do Festim das Bodas – A porta estreita – Nem todos os que dizem: Senhor! Senhor! entrarão no reino dos céus – Dar-se-á ao que já tem – Muito se pedirá a quem muito recebeu – Quem vê é mais culpado do que quem está cego – Aplicações ao Espiritismo – Reconhece-se o cristão pelas suas obras

215. Falando ainda por parábolas, disse-lhes Jesus: O reino dos céus se assemelha a um rei que, querendo festejar o casamento de seu filho, enviou seus servos a chamar para as bodas os que tinham sido convidados; estes, porém, recusaram ir. O rei enviou outros servos com ordem de dizer da sua parte aos convidados: 'Preparei o meu jantar; mandei matar os meus bois e todos os meus cevados; tudo está pronto; vinde às bodas'. Eles, porém, sem darem importância a isso, lá se foram, um para a sua casa de campo, outro para o seu negócio. Os outros pegaram os servos e os mataram, depois de lhes haverem feito muitos ultrajes. Sabendo disso, o rei se tomou de cólera e, mandando contra eles seus exércitos, exterminou os assassinos e lhes queimou a cidade.

Então, disse a seus servos: O festim das bodas está inteiramente preparado, mas não eram dignos os que para ele foram chamados. Ide, pois, às encruzilhadas e chamai para as bodas todos quantos encontrardes. Os servos então saíram pelas ruas e trouxeram todos os que iam encontrando, bons e maus; a sala das bodas encheu-se de pessoas que se puseram à mesa.

O rei entrou em seguida para ver os que estavam à mesa e, percebendo um homem que não vestia a túnica nupcial, disse-lhe: Meu amigo, como entraste aqui sem a túnica nupcial? O homem guardou silêncio. Então, disse o rei à sua gente: Atai-lhe as mãos e os pés e lançai-o nas trevas exteriores: aí é que haverá prantos e ranger de dentes; porque *muitos são chamados, mas poucos são escolhidos.* (Mateus, 22:1 a 14.)

216. O incrédulo sorri desta parábola, que lhe parece de pueril ingenuidade, por não compreender que se possa opor tantas dificuldades para assistir a uma festa e, ainda menos, que os convidados levem a resistência a ponto de massacrarem os enviados do dono da casa. "As parábolas", diz o incrédulo, "são, sem dúvida, imagens, mas, mesmo assim, não devem ultrapassar os limites do verossímil".

Pode-se dizer a mesma coisa de todas as alegorias, das mais engenhosas fábulas, se não forem despojadas de seus envoltórios, a fim de lhes buscar o sentido oculto. Jesus compunha as suas com os hábitos mais vulgares da vida e as adaptava aos costumes e ao caráter do povo a quem falava. A maioria delas tinha por objetivo fazer penetrar nas massas populares a ideia da vida espiritual; o sentido de muitas parábolas parece ininteligível apenas porque seus intérpretes não se colocam sob esse ponto de vista.

Nesta parábola, Jesus compara o reino dos céus, em que tudo é alegria e felicidade, a uma festa de casamento. Pelos primeiros convidados, Ele se refere aos hebreus, que foram os primeiros chamados por Deus ao conhecimento da sua Lei. Os enviados do Senhor são os profetas que os vinham exortar a seguir o caminho da verdadeira felicidade; suas palavras, porém, quase não eram ouvidas; suas advertências eram desprezadas; muitos foram mesmo massacrados, como os servos da parábola. Os convidados que recusam o convite, sob o pretexto de terem de ir cuidar de seus campos e de seus negócios, simbolizam as pessoas mundanas que, absorvidas pelas coisas terrenas, se mantêm indiferentes às celestiais.

Capítulo XVIII
Muitos os chamados, poucos os escolhidos

Era crença comum entre os judeus daquela época que a nação deles devia conquistar a supremacia sobre todas as outras. Com efeito, Deus não havia prometido a Abraão que sua posteridade cobriria a Terra inteira? Mas, como sempre, tomando a forma pelo fundo, eles acreditavam tratar-se de uma dominação efetiva e material.

Antes da vinda do Cristo, com exceção dos hebreus, todos os povos eram idólatras e politeístas. Se alguns homens superiores ao vulgo conceberam a ideia da unidade divina, essa ideia permaneceu no estado de sistema pessoal, não sendo aceita em parte alguma como verdade fundamental, a não ser por alguns iniciados que ocultavam seus conhecimentos sob um véu misterioso, impenetrável às massas. Os hebreus foram os primeiros a praticar publicamente o monoteísmo; é a eles que Deus transmite sua Lei, primeiramente por Moisés, depois por Jesus. Foi daquele pequenino foco que partiu a luz destinada a espalhar-se sobre o mundo inteiro, a triunfar do paganismo e a dar a Abraão uma posteridade *espiritual* "tão numerosa quanto as estrelas do firmamento". Os judeus, porém, repelindo de todo a idolatria, haviam desprezado a lei moral, para se dedicarem à prática mais fácil do culto exterior. O mal chegara ao cúmulo; a nação, além de escravizada, estava dilacerada pelas facções e dividida pelas seitas; a própria incredulidade havia penetrado o santuário. Foi então que apareceu Jesus, enviado para os chamar à observância da Lei e para lhes rasgar os horizontes novos da vida futura. Dos *primeiros* a ser convidados para o grande banquete da fé universal, eles repeliram a palavra do Messias celeste e o mataram. Perderam assim o fruto que teriam colhido da iniciativa que lhes coubera.

Todavia, seria injusto acusar-se o povo inteiro por tal estado de coisas. A responsabilidade cabia principalmente aos fariseus e saduceus, que sacrificaram a nação pelo orgulho e fanatismo de uns e pela incredulidade dos outros. São eles, pois, sobretudo, que Jesus identifica nos convidados que se recusam a comparecer ao festim das bodas. Depois, acrescenta: "Vendo isso, o Senhor mandou convidar a todos os que fossem encontrados nas encruzilhadas, bons e maus". Queria dizer desse modo que a palavra ia ser pregada a todos os outros povos, pagãos e idólatras, e estes, aceitando-a, seriam admitidos ao festim, em lugar dos primeiros convidados.

No entanto, não basta ser convidado; não basta dizer-se cristão nem sentar-se à mesa para tomar parte no banquete celestial. É preciso, antes de tudo e sob condição expressa, estar revestido da túnica nupcial, isto é, ter pureza de coração e praticar a Lei segundo o espírito. Ora, a lei está toda inteira nestas palavras: *Fora da caridade não há salvação.* Contudo, entre os que ouvem a palavra divina, quão poucos são os que a guardam e a aplicam proveitosamente! Quão poucos se tornam dignos de entrar no reino dos céus! É por isso que Jesus falou: *Muitos são os chamados e poucos os escolhidos.*

217. Entrai pela porta estreita, porque larga é a porta da perdição e espaçoso o caminho que a ela conduz, e muitos são os que por ela entram. Quão pequena é a porta da vida! quão apertado o caminho que a ela conduz! e quão poucos a encontram! (MATEUS, 7:13 e 14.)

218. Tendo-lhe alguém feito esta pergunta: Senhor, serão poucos os que se salvam? Respondeu-lhe Ele: "Esforçai-vos por entrar pela porta estreita, pois vos asseguro que muitos procurarão transpô-la, e não o poderão". E quando o pai de família houver entrado e fechado a porta, e vós, de fora, começardes a bater, dizendo: "Senhor, abre-nos"; ele vos responderá: "não sei de onde sois". Então começareis a dizer: "Comemos e bebemos na tua presença e nos ensinaste nas nossas praças públicas". Ele vos responderá: "Não sei de onde sois; afastai-vos de mim, todos vós que praticais a iniquidade".

Então, haverá prantos e ranger de dentes, quando virdes que Abraão, Isaque, Jacó e todos os profetas estão no reino de Deus e que vós outros sois dele expelidos. Virão muitos do Oriente e do Ocidente, do Setentrião e do Meio-Dia, que participarão do festim no reino de Deus. Então os que forem os últimos serão os primeiros e os que forem os primeiros serão os últimos. (LUCAS, 13:23 a 30.)

219. Larga é a porta da perdição, porque numerosas são as paixões más e porque o caminho do mal é frequentado pela maioria. É estreita a

da salvação, porque o homem que a queira transpor deve fazer grandes esforços sobre si mesmo para vencer suas más tendências, e poucos são os que se resignam com isso. É o complemento da máxima: "Muitos são os chamados e poucos os escolhidos". Tal é o estado atual da humanidade terrena, porque, sendo a Terra mundo de expiação, nela predomina o mal. Quando se achar transformada, a estrada do bem será a mais frequentada. Aquelas palavras devem, pois, entender-se em sentido relativo, e não em sentido absoluto. Se houvesse de ser esse o estado normal da humanidade, Deus teria condenado voluntariamente à perdição a imensa maioria das suas criaturas, suposição inadmissível, desde que se reconheça que Deus é todo justiça e todo bondade.

Mas de que delitos esta humanidade se fizera culpada para merecer tão triste sorte, no presente e no futuro, se toda ela se achasse relegada à Terra e se a alma não tivesse tido outras existências? Por que tantos entraves semeados no seu caminho? Por que essa porta tão estreita que só a pouquíssimos é dado transpor, se a sorte da alma é fixada para sempre logo após a morte? É assim que, com a unicidade da existência, o homem está sempre em contradição consigo mesmo e com a Justiça de Deus. Com a anterioridade da alma e a pluralidade dos mundos, o horizonte se alarga; faz-se luz sobre os pontos mais obscuros da fé; o presente e o futuro tornam-se solidários com o passado e só então se pode compreender toda a profundeza, toda a verdade e toda a sabedoria das máximas do Cristo.

220. Nem todos os que me dizem: "Senhor! Senhor!" entrarão no reino dos céus; apenas entrará aquele que faz a vontade de meu Pai, que está nos Céus. Muitos, nesse dia, me dirão: "Senhor! Senhor! não profetizamos em teu nome? Não expulsamos em teu nome o demônio? Não fizemos muitos milagres em teu nome?" Eu então lhes direi em alta voz: "Afastai-vos de mim, vós que fazeis obras de iniquidade". (MATEUS, 7:21 a 23.)[90]

221. Todos os que reconhecem a missão de Jesus dizem: "Senhor! Senhor!" Mas de que serve lhe chamarem Mestre ou Senhor, se não

---

[90] N.T.: Após esta passagem evangélica (item 220), Allan Kardec acrescentou duas outras na edição de 1866, correspondendo, nesta última, aos itens 7 e 8 do capítulo XVIII de seu *Evangelho*.

seguem seus preceitos? Serão cristãos os que o honram por meio de atos exteriores de devoção e, ao mesmo tempo, sacrificam ao orgulho, ao egoísmo, à cupidez e a todas as suas paixões? Serão seus discípulos os que passam os dias em oração e não se mostram nem melhores, nem mais caridosos, nem mais indulgentes para com seus semelhantes? Não, porque, assim como os fariseus, têm a prece nos lábios, e não no coração. Pela forma poderão impor-se aos homens, mas não a Deus. É em vão que dirão a Jesus: "Senhor, não profetizamos, isto é, não ensinamos em teu nome; não expulsamos em teu nome os demônios; não comemos e bebemos contigo?" Ele lhes responderá: "Não sei quem sois; afastai-vos de mim, vós que cometeis iniquidades, que desmentis com os atos o que dizeis com os lábios, que caluniais o vosso próximo, que espoliais as viúvas e cometeis adultério. Afastai-vos de mim, vós cujo coração destila ódio e fel, que derramais o sangue dos vossos irmãos em meu nome, que fazeis corram lágrimas, em vez de secá-las. Para vós, haverá prantos e ranger de dentes, pois o reino de Deus é para os que são brandos, humildes e caridosos. Não espereis dobrar a Justiça do Senhor pela multiplicidade das vossas palavras e genuflexões. O único caminho que vos está aberto, para achardes graça perante Ele, é o da prática sincera da lei de amor e de caridade".[91]

222. Aproximando-se dele, seus discípulos lhe disseram: "Por que lhes falas por parábolas?" Respondendo, disse-lhes Ele: "É porque, a vós outros, vos foi dado conhecer os mistérios do reino dos céus, ao passo que a eles isso não foi dado. Porque, àquele que já tem, mais se lhe dará e ele ficará na abundância; mas para o que não tem, mesmo o que [parece ter] se lhe tirará." (MATEUS, 13:10 a 13.)[92]

---

[91] N.T.: Depois deste parágrafo, Allan Kardec acrescentou mais outro na edição de 1866, a saber: "As palavras de Jesus são eternas, porque são a verdade. Constituem não só a salvaguarda da vida celeste, mas também a garantia da paz, da tranquilidade e da estabilidade nas coisas da vida terrestre. É por isso que todas as instituições humanas, políticas, sociais e religiosas, que se apoiam nessas palavras, serão estáveis como a casa construída sobre a rocha. Os homens as conservarão, porque nelas encontrarão sua felicidade, mas as que forem uma violação daquelas palavras serão como a casa edificada na areia: o vento das revoluções e o rio do progresso as arrastarão".

[92] N.T.: Na edição de 1866, Allan Kardec acrescentou os versículos 13 e 14 a esta passagem evangélica: "Por isso é que lhes falo por parábolas: porque, vendo, nada veem e, ouvindo, nada entendem, nem compreendem; olhareis com os próprios olhos e nada vereis".

223. "O servo que souber da vontade do seu amo e que, entretanto, não estiver pronto e não fizer o que dele queira o amo, será rudemente castigado. Mas aquele que não tenha sabido da sua vontade e fizer coisas dignas de castigo, será menos punido. Muito se pedirá a quem muito se tiver dado e maiores contas serão tomadas a quem se haja confiado mais coisas". (Lucas, 12:47 e 48.)

224. "Vim a este mundo para exercer um juízo, a fim de que os que não veem vejam e os que veem se tornem cegos". Alguns fariseus que estavam com Ele, ouvindo essas palavras, lhe perguntaram: "Também nós, então, somos cegos?" Respondeu-lhes Jesus: "Se fôsseis cegos, não teríeis pecados, mas, agora, dizeis que vedes e é por isso que permanece em vós o vosso pecado". (João, 9:39 a 41.)

225. Essas máximas encontram sua aplicação principalmente no ensino dos Espíritos. Quem quer que conheça os preceitos do Cristo e não os pratique, certamente é culpado. Todavia, além de o Evangelho, que os contém, achar-se espalhado somente no seio das seitas cristãs, mesmo dentro destas quantas pessoas não o leem, e entre as que o leem, quantas não o compreendem! Resulta daí que as próprias palavras de Jesus são perdidas para a maioria dos homens.

O ensino dos Espíritos, reproduzindo essas máximas sob diferentes formas, desenvolvendo-as e comentando-as, para pô-las ao alcance de todos, tem a particularidade de não ser circunscrito; todos, letrados ou iletrados, crentes ou incrédulos, cristãos ou não, podem recebê-lo, já que os Espíritos se comunicam por toda parte. Nenhum dos que o recebam, diretamente ou por intermédio de outrem, pode alegar ignorância; não pode desculpar-se nem com a falta de instrução, nem com a obscuridade do sentido alegórico. Aquele, portanto, que não aproveita essas máximas para melhorar-se, que as admira como coisas interessantes e curiosas, sem que lhe toquem o coração, que não se torna nem menos vão, nem menos orgulhoso, nem menos egoísta, nem menos apegado aos bens materiais, nem melhor para seu próximo, é muito mais culpado, *porque, ao não aplicá-las, escreve sua própria condenação.*[93]

---

[93] N.T.: A expressão acima, que grifamos, sofreu a seguinte modificação na edição definitiva de 1866: "... porque tem mais meios de conhecer a verdade."

O primeiro cuidado de todo espírita sincero deve ser o de procurar saber, nos conselhos que dão os Espíritos, se não há alguma coisa que lhe diga respeito.

O Espiritismo vem multiplicar o número dos *chamados*. Pela fé que concede, multiplicará também o número dos *escolhidos*.[94]

Instruções dos Espíritos

Dar-se-á àquele que tem[95]

226. "Dá-se ao que já tem e tira-se do que não tem." Meditai esses grandes ensinamentos, que muitas vezes vos hão parecido paradoxais. Aquele que recebeu é o que possui o sentido da palavra divina; recebeu apenas porque tentou tornar-se digno e porque o Senhor, em seu amor misericordioso, anima os esforços que tendem ao bem. Sustentados, perseverantes, esses esforços atraem as graças do Senhor; são um ímã que atrai a si o que é progressivamente melhor, as graças abundantes que vos fazem fortes para subir a montanha santa, em cujo cume está o repouso após a labuta.

"Tira-se do que não tem ou tem pouco." Tomai isso como uma antítese figurada. Deus não retira das suas criaturas o bem que se haja dignado fazer-lhes. Homens cegos e surdos, abri vossas inteligências e vossos corações; vede pelo vosso espírito; ouvi pela vossa alma e não

---

[94] N.T.: Ao item 225 da presente edição, Allan Kardec acrescenta, na edição de 1866, os seguintes parágrafos (cap. XVIII, item 12): "Os médiuns que obtêm boas comunicações são ainda mais censuráveis, caso persistam no mal, porque muitas vezes escrevem sua própria condenação e porque, se o orgulho não os cegasse, reconheceriam que é a eles que os Espíritos se dirigem. Mas em vez de tomarem para si as lições que escrevem ou as escritas por outros, têm por única preocupação aplicá-las às demais pessoas, confirmando assim estas palavras de Jesus: 'Vedes um cisco no olho do vosso próximo, e não vedes a trave que está no vosso'" (cap. X, item 9).

"Por este outro preceito: 'Se fôsseis cegos não teríeis pecados', Jesus dá a entender que a culpabilidade está na razão das luzes que a criatura possua. Ora, os fariseus, que tinham a pretensão de ser, como de fato eram, a parte mais esclarecida da nação, tornavam-se mais repreensíveis aos olhos de Deus do que o povo ignorante. Acontece a mesma coisa nos dias de hoje."

"Aos espíritas, pois, muito será pedido, porque muito têm recebido, como, também, muito será dado aos que houverem aproveitado."

[95] N.T.: Antes de discorrer sobre o item 226 desta edição (1864), Allan Kardec acrescentou duas passagens evangélicas na edição de 1866, correspondendo, nesta última, aos itens 13 e 14 do capítulo XVIII de *O evangelho segundo o espiritismo*.

interpreteis de modo tão grosseiramente injusto as palavras daquele que fez resplandecesse aos vossos olhos a Justiça do Senhor. Não é Deus quem retira daquele que pouco recebeu; é o próprio Espírito que, pródigo e descuidado, não sabe conservar o que tem e aumentar, fecundando-o, o óbolo que lhe caiu no coração.

Aquele que não cultiva o campo que seu pai ganhou com o trabalho e lhe deixou como herança, o vê cobrir-se de ervas e parasitas. É seu pai quem lhe tira as colheitas que ele não quis preparar? Se, por falta de cuidado, deixou que murchassem as sementes destinadas a produzir nesse campo, deve-se acusar seu pai por elas nada terem produzido? Não e não. Em vez de acusar aquele que tudo lhe havia preparado, de criticar suas doações, queixe-se do verdadeiro autor de suas misérias e, então, arrependido e operoso, ponha-se à obra com coragem; cultive o solo ingrato com o esforço de sua vontade; lavre-o fundo com auxílio do arrependimento e da esperança; lance nele, confiante, a semente que haja escolhido, por boa, dentre as más; regue-o com o seu amor e sua caridade, e Deus, o Deus de amor e de caridade, dará àquele que já recebera. Então ele verá seus esforços serem coroados de sucesso e um grão produzir cem e outro mil. Coragem, trabalhadores! Tomai dos vossos arados e das vossas charruas; lavrai os vossos corações; arrancai deles a discórdia; semeai a boa semente que o Senhor vos confia e o orvalho do amor lhe fará produzir frutos de caridade. – *Um Espírito amigo.* (Bordeaux, 1862.)

Reconhece-se o cristão pelas suas obras

227. "Nem todos os que me dizem: Senhor! Senhor! entrarão no reino dos céus, mas somente aqueles que fazem a vontade de meu Pai que está nos Céus."

Escutai essa exortação do Mestre, todos vós que repelis a Doutrina Espírita como obra do demônio. Abri os ouvidos, que é chegado o momento de ouvir.

Será bastante estar a serviço do Senhor para ser um fiel servidor seu? Bastará dizer: "Sou cristão" para que alguém seja um servidor do

Cristo? Procurai os verdadeiros cristãos e os reconhecereis pelas suas obras. "Uma árvore boa não pode dar maus frutos nem uma árvore má pode dar frutos bons." "Toda árvore que não dá bons frutos é cortada e lançada ao fogo." São do Mestre essas palavras. Discípulos do Cristo, compreendei-as bem. Quais são os frutos que deve dar a árvore do Cristianismo, árvore possante, cujos ramos frondosos cobrem com sua sombra uma parte do mundo, mas que ainda não abrigam todos os que haverão de agrupar-se em torno dela? Os frutos da árvore da vida são frutos de vida, de esperança e de fé. O Cristianismo, tal como o fizeram há muitos séculos, continua a pregar essas virtudes divinas; esforça-se por espalhar seus frutos, mas quão poucos os colhem! A árvore é sempre boa, mas os jardineiros são maus. Quiseram adaptá-la às suas ideias, modelá-la de acordo com suas necessidades; talharam-na, rebaixaram-na, mutilaram-na; seus ramos estéreis não dão maus frutos, porque não mais os produzem. O viajor sedento, que se detém sob sua sombra à procura do fruto da esperança, capaz de lhe restabelecer a força e a coragem, somente se depara com uma ramagem árida, prenunciando tempestade. Em vão pede o fruto de vida à árvore da vida; ressecadas, as folhas caem; a mão do homem tanto as manipulou, que as queimou.

Abri, pois, os ouvidos e os corações, meus bem-amados. Cultivai essa árvore da vida, cujos frutos dão a vida eterna. Aquele que a plantou vos convida a tratá-la com amor, de modo a poderdes vê-la dando frutos divinos em abundância. Conservai-a tal como o Cristo vo-la entregou: não a mutileis; ela quer estender sua sombra imensa sobre o universo: não lhe corteis os galhos. Seus frutos benfazejos caem abundantes para alimentar o viajor sedento que deseja alcançar o fim da jornada; não amontoeis esses frutos, para os armazenar e deixar apodrecer, a fim de que não sirvam a ninguém. "Muitos são os chamados e poucos os escolhidos." É que há monopolizadores do pão da vida, como os há do pão material. Não sejais do número deles; a árvore que dá bons frutos deve distribuí-los para todos. Ide, pois, procurar os que estão famintos; levai-os para debaixo da copa da árvore e partilhai com eles do abrigo que ela oferece. "Não se colhem uvas nos espinheiros." Meus amigos, afastai-vos dos que vos chamam para vos apresentar as sarças do caminho; segui os que vos conduzem à sombra da árvore da vida.

O divino Salvador, o justo por excelência, disse, e suas palavras não passarão: "Nem todos os que me dizem: Senhor! Senhor! entrarão no reino dos céus, mas somente os que fazem a vontade de meu Pai que está nos Céus".

Que o Senhor de bênçãos vos abençoe; que o Deus de luz vos ilumine; que a árvore da vida vos ofereça abundantemente seus frutos! Crede e orai. – *Simeão*. (Bordeaux, 1863.)

CAPÍTULO XIX

A fé transporta montanhas

Poder da fé – Condição da fé inabalável – Parábola da figueira que secou – A fé: mãe da esperança e da caridade – A fé divina e a fé humana

228. Quando Ele veio ao encontro do povo, um homem se aproximou e, lançando-se de joelhos a seus pés, disse: "Senhor, tem piedade do meu filho, que é lunático e sofre muito, pois cai muitas vezes no fogo e muitas vezes na água. Apresentei-o aos teus discípulos, mas eles não o puderam curar". Jesus respondeu, dizendo: "Ó raça incrédula e depravada, até quando estarei convosco? Até quando vos sofrerei? Trazei-me aqui esse menino". E tendo Jesus ameaçado o demônio, este saiu do menino, que no mesmo instante ficou são. Os discípulos vieram então ter com Jesus em particular e lhe perguntaram: "Por que não pudemos nós outros expulsar esse demônio?" Respondeu-lhes Jesus: "Por causa da vossa incredulidade. Pois em verdade vos digo, *se tivésseis a fé do tamanho de um grão de mostarda, diríeis a esta montanha: Transporta-te daí para ali e ela se transportaria*, e nada vos seria impossível". (MATEUS, 17:14 a 19.)

229. No sentido próprio, é certo que a confiança em suas próprias forças torna o homem capaz de executar coisas materiais, que não consegue fazer quem duvida de si, mas, aqui, é unicamente no sentido moral que se devem entender essas palavras. As montanhas que a fé remove são as dificuldades, as resistências, a má vontade, em suma, que encontramos entre os homens, ainda quando se trate das melhores coisas. Os preconceitos da rotina, o interesse material, o egoísmo, a cegueira do fanatismo e as paixões orgulhosas são outras tantas montanhas que barram o caminho de quantos trabalham pelo progresso da humanidade. A fé robusta dá a perseverança, a energia e os recursos que fazem vencer os obstáculos, nas pequenas como nas grandes coisas. A fé vacilante dá incerteza e hesitação, de que se aproveitam os adversários que devemos combater; essa fé não procura os meios de vencer, porque não acredita que possa vencer.

230. Em sua acepção restrita, a fé é a crença em certos dogmas religiosos particulares. Todas elas têm seus artigos de fé. Em sentido menos especial, é sinônimo de confiança, a certeza de atingir determinado fim; é desse ponto de vista que a fé encontra sua aplicação útil nas circunstâncias ordinárias da vida. Ela dá uma espécie de lucidez que permite se veja, em pensamento, a meta que se quer alcançar e os meios de chegar lá, de sorte que aquele que a possui caminha, por assim dizer, com absoluta segurança. Em ambos os casos a fé pode fazer que se realizem grandes coisas.[96]

Mas esse poder é atributo principalmente da fé esclarecida e raciocinada. Nada examinando, a fé cega aceita sem controle tanto o verdadeiro como o falso e a cada passo se choca com a razão. Levada ao excesso produz o fanatismo. Quando a fé se assenta no erro, cedo ou tarde desmorona; somente a fé que se baseia na verdade garante o futuro, porque nada tem a temer do progresso das luzes, considerando-se que o que é verdadeiro na obscuridade, também o é à luz do dia.[97]

A fé sincera e verdadeira é sempre calma; dá a paciência que sabe esperar, porque, apoiando-se na inteligência e na compreensão das coisas, tem certeza de alcançar a meta visada. A fé vacilante sente sua própria fraqueza; quando é estimulada pelo interesse, torna-se furiosa e julga suprir, com violência, a força que lhe falta. A calma na luta é sempre

---

[96] N.T.: Há ligeiras diferenças de redação entre o item 230 da edição de 1864 e o item 3 que lhe corresponde na edição de 1866, mas sem lhes alterar a essência.
[97] N.T.: O parágrafo acima também sofreu ligeiras modificações. Por exemplo, falta o seguinte trecho, acrescentado por Allan Kardec na edição de 1866: "Cada religião pretende ter a posse exclusiva da verdade; *preconizar alguém a fé cega sobre um ponto de crença é confessar-se impotente para demonstrar que está com a razão*" (cap. XIX, item 6).

um sinal de força e de confiança; a violência, ao contrário, é uma prova de fraqueza e de dúvida de si mesmo.

231. Não se deve confundir a fé com a presunção. A verdadeira fé se alia à humildade; aquele que a possui deposita mais confiança em Deus do que em si próprio, por saber que, simples instrumento da vontade divina, nada pode sem Ele. É por essa razão que os Espíritos bons vêm em seu auxílio. A presunção é mais orgulho do que fé, e o orgulho é sempre castigado, cedo ou tarde, pela decepção e pelas derrotas que lhe são infligidos.

232. O poder da fé recebe uma aplicação direta e especial na ação magnética; por seu intermédio, o homem atua sobre o fluido, agente universal, modifica-lhe as qualidades e lhe dá uma impulsão por assim dizer irresistível. É por isso que a criatura dotada de grande poder fluídico normal e munida de ardente fé pode operar esses singulares fenômenos de cura e outros, tidos antigamente como prodígios, mas que não passam de efeito de uma lei natural, desde que, para tanto, junte a esse poder a sua ardente fé. Tal o motivo pelo qual Jesus disse a seus apóstolos: se não o curastes, foi porque não tínheis fé.

233. Diz-se vulgarmente que a *fé não se prescreve*, o que tem levado muita gente a alegar que não lhe cabe a culpa de não ter fé. Sem dúvida, a fé não se prescreve, nem, o que ainda é mais certo, a *fé não se impõe*. Não, ela não se prescreve; ela se adquire e ninguém está impedido de possuí-la, mesmo entre os mais refratários. Falamos das verdades espirituais fundamentais, e não de tal ou qual crença particular. Não compete à fé procurá-los, eles é que devem ir ao seu encontro e, se a buscarem sinceramente, não deixarão de achá-la. Tende, pois, como certo que os que dizem: "Nada de melhor desejamos do que crer, mas não o podemos", falam com os lábios, e não com o coração, porque, ao dizerem isso, tapam os ouvidos. As provas, no entanto, multiplicam-se em volta deles; por que, então, recusam-se a vê-las? Da parte de uns, há descaso; da parte de outros, há o temor de serem forçados a mudar de hábitos; da parte da maioria, há o orgulho que se nega a reconhecer a existência de

uma força superior. *O orgulho é, sem contradição, o maior obstáculo à fé, porque não há fé sincera sem humildade.*⁹⁸

Em certas pessoas, a fé parece de algum modo inata; basta uma centelha para desenvolvê-la. Essa facilidade de assimilar as verdades espirituais é sinal evidente de progresso anterior. Em outras pessoas, ao contrário, elas dificilmente penetram, sinal não menos evidente de naturezas retardatárias. As primeiras já creram e compreenderam; trazem, ao *renascerem*, a intuição do que souberam: estão com a educação feita; as segundas têm que aprender tudo: estão com a educação por fazer. Ela se fará e, se não ficar concluída nesta existência, ficará em outra.

A resistência do incrédulo, devemos convir, muitas vezes provém menos dele do que da maneira pela qual lhe apresentam as coisas. A fé necessita de uma base, e essa base é a perfeita compreensão daquilo em que se deve crer. Para crer, não basta *ver*; é preciso, sobretudo, *compreender*. A fé cega já não é deste século. Ora, é justamente o dogma da fé cega que produz hoje o maior número dos incrédulos, porque pretende impor-se, exigindo a abdicação de uma das mais preciosas prerrogativas do homem: o raciocínio e o livre-arbítrio. É principalmente contra essa fé que se levanta o incrédulo, e dela é que se pode dizer, com verdade, que não se prescreve. Não admitindo provas, ela deixa no espírito alguma coisa de vago, que dá origem à dúvida. A fé raciocinada, a que se apoia nos fatos e na lógica, não deixa nenhuma obscuridade; a criatura acredita porque tem certeza, e tem certeza porque compreendeu. Eis por que é inabalável.⁹⁹ ¹⁰⁰

O Espiritismo conduz a esse resultado, razão pela qual triunfa da incredulidade sempre que não encontra oposição sistemática e interesseira.

234. Quando saíam de Betânia, Ele teve fome; e, vendo ao longe uma figueira, para ela encaminhou-se, a fim de ver se acharia alguma coisa; tendo-se, porém, aproximado, só achou folhas, visto não ser

---
⁹⁸ N.T.: O trecho acima, que grifamos, está ausente na edição definitiva de 1866.
⁹⁹ N.T.: A expressão "Eis por que é inabalável" foi substituída, na edição de 1866, por esta outra: "Eis por que não se dobra".
¹⁰⁰ N.T.: A edição de 1866 contempla a seguinte sentença, ausente nesta edição de 1864: *"Fé inabalável é somente a que pode encarar a razão face a face, em todas as épocas da humanidade."*

tempo de figos. Então, disse Jesus à figueira: "Que ninguém coma de ti fruto algum", o que seus discípulos ouviram. No dia seguinte, ao passarem pela figueira, viram que secara até a raiz. Pedro, lembrando-se do que Jesus havia dito, disse: "Mestre, olha como secou a figueira que Tu amaldiçoaste". Jesus, tomando a palavra, lhes disse: "Tende fé em Deus. Digo-vos, em verdade, que aquele que disser a esta montanha: 'Tira-te daí e lança-te ao mar, mas sem hesitar no seu coração, crente, ao contrário, firmemente, de que tudo o que houver dito acontecerá, verá, com efeito, que acontece'". (MARCOS, 11:12 a 14; 20 a 23.)

235. A figueira que secou é o símbolo das pessoas que apenas aparentam propensão para o bem, mas que, em realidade, nada produzem de bom;[101] suas palavras trazem o verniz superficial, de modo que agradam aos ouvidos, sem, no entanto, revelarem, quando perscrutadas, algo de substancial para os corações. Depois de proferidas, é de perguntar-se que proveito tiraram delas os que as escutaram. Simboliza também todos aqueles que, tendo meios de ser úteis, não o são; todas as utopias, todos os sistemas vazios, todas as doutrinas sem base sólida. O que falta na maioria das vezes é a verdadeira fé, a fé produtiva, a fé que abala as fibras do coração, numa palavra, a fé que transporta montanhas. São árvores cobertas de folhas, mas carentes de frutos. É por isso que Jesus as condena à esterilidade, pois dia virá em que se acharão secas até a raiz. Significa dizer que todos os sistemas, todas as doutrinas que não houverem produzido nenhum bem para a humanidade, cairão reduzidas a nada; que todos os homens deliberadamente inúteis, por não terem posto em ação os recursos que traziam consigo, serão tratados como a figueira que secou.

236. Os médiuns são os intérpretes dos Espíritos; suprem, nestes últimos, a falta de órgãos materiais pelos quais transmitem suas instruções. É por isso que são dotados de faculdades para esse efeito. Nestes tempos de renovação social, eles têm uma missão especialíssima; são

---

[101] N.T.: Nesta edição, faltou o seguinte trecho, acrescentado por Allan Kardec na edição de 1866, item 9: "dos oradores que têm mais brilho do que solidez".

árvores que devem fornecer alimento espiritual a seus irmãos; multiplicam-se em número, para que o alimento seja abundante; existem em toda parte, em todos os países, em todas as classes da sociedade, entre os ricos e os pobres, entre os grandes e os pequenos, a fim de que não haja deserdados em nenhum ponto e a fim de provar aos homens que *todos são chamados*. Se, porém, eles desviam do objetivo providencial a preciosa faculdade que lhes foi concedida, se a empregam em coisas fúteis ou prejudiciais, se a põem a serviço dos interesses mundanos, se em vez de frutos salutares dão maus frutos, se se recusam a utilizá-la em benefício dos outros, se não tiram nenhum proveito dela para si mesmos, melhorando-se, são como a figueira estéril. Deus lhes retirará um dom que se tornou inútil em suas mãos: a semente que não sabem fazer frutificar, deixando que se tornem vítimas dos Espíritos maus.

Instruções dos Espíritos

A fé: mãe da esperança e da caridade

237. Para ser proveitosa, a fé deve ser ativa; não pode entorpecer-se. Mãe de todas as virtudes que conduzem a Deus, cumpre-lhe velar atentamente pelo desenvolvimento dos filhos que gerou.

A esperança e a caridade são uma consequência da fé. Essas três virtudes formam uma trindade inseparável. Não é a fé que faculta a esperança na realização das promessas do Senhor? Se não tiverdes fé, que esperareis? Não é a fé que dá o amor? Se não tendes fé, qual será o vosso reconhecimento e, portanto, o vosso amor?

A fé, divina inspiração de Deus, desperta todos os instintos nobres que conduzem o homem ao bem; é a base da regeneração. É preciso, portanto, que essa base seja forte e durável, porque, se a mais ligeira dúvida vier abalá-la, que será do edifício que sobre ela construirdes? Levantai, pois, esse edifício sobre alicerces inamovíveis. Que a vossa fé seja mais forte do que os sofismas e as zombarias dos incrédulos, visto que a fé que não afronta o ridículo dos homens não é fé verdadeira.

A fé sincera é empolgante e contagiosa; comunica-se aos que não a tinham, ou mesmo, não desejariam tê-la. Encontra palavras persuasivas que vão à alma, ao passo que a fé aparente usa de palavras sonoras que deixam frio e indiferente quem as escuta. Pregai pelo exemplo da vossa fé, para que penetrem nos homens. Pregai pelo exemplo das vossas obras para lhes demonstrardes o merecimento da fé. Pregai pela vossa esperança inabalável, a fim de lhes permitirdes ver a confiança que fortifica e põe a criatura em condições de enfrentar todas as vicissitudes da vida.

Tende, pois, fé, em tudo o que ela contém de belo e de bom, em sua pureza e em sua racionalidade. Não admitais a fé sem comprovação, filha cega da cegueira. Amai a Deus, mas sabendo por que o amais; crede nas suas promessas, mas sabendo por que acreditais nelas; segui nossos conselhos, mas compenetrados do fim que vos apontamos e dos meios que vos trazemos para o atingirdes. Crede e esperai sem desfalecimento: os milagres são obras da fé. – *José*, Espírito protetor. (Bordeaux, 1862.)

A fé divina e a fé humana

238. No homem, a fé é o sentimento inato de seus destinos futuros; é a consciência que ele tem das faculdades imensas depositadas em germe no seu íntimo, a princípio em estado latente, e que lhe cumpre fazer que desabrochem e cresçam pela ação da sua vontade.

Até o presente, a fé não foi compreendida senão pelo lado religioso, porque o Cristo a preconizou como poderosa alavanca e porque o têm considerado apenas como chefe de uma religião. Entretanto, o Cristo, que operou milagres materiais, mostrou, por esses milagres mesmos, o que pode o homem, quando tem fé, isto é, *a vontade de querer* e a certeza de que essa vontade pode obter satisfação. A exemplo de Jesus, os apóstolos também não operaram milagres? Ora, que eram esses milagres, senão efeitos naturais cujas causas eram desconhecidas pelos homens de então, mas que, hoje, em grande parte se explicam e que se tornarão completamente compreensíveis pelo estudo do Espiritismo e do magnetismo?

A fé é humana ou divina, conforme o homem aplica suas faculdades à satisfação das necessidades terrenas ou das suas aspirações celestiais e futuras. O homem de gênio, que se lança à realização de algum grande empreendimento, triunfa, se tem fé, porque sente em si que pode e há de chegar ao objetivo que tem em vista, e essa certeza lhe dá uma força imensa. O homem de bem que, crente em seu futuro celeste, deseja preencher sua existência de belas e nobres ações, haure na sua fé, na certeza da felicidade que o espera, a força necessária, e ainda aí se operam milagres de caridade, de devotamento e de abnegação. Enfim, com a fé, não há maus pendores que não se consiga vencer.

O magnetismo é uma das maiores provas do poder da fé posta em ação. É pela fé que ele cura e produz esses fenômenos singulares, qualificados outrora de milagres.

Repito: A fé é *humana e divina*. Se todos os encarnados se achassem bem convencidos da força que trazem em si, e se quisessem pôr a vontade a serviço dessa força, seriam capazes de realizar o que, até hoje, eles chamaram prodígios e que, no entanto, não passa de um desenvolvimento das faculdades humanas. – *Um Espírito protetor*. (Paris, 1863.)

CAPÍTULO XX

Os trabalhadores da última hora

Os últimos serão os primeiros – Missão dos espíritas – Os obreiros do Senhor

239. O reino dos céus é semelhante a um pai de família que saiu de madrugada, a fim de assalariar trabalhadores para sua vinha. Tendo convencionado com os trabalhadores que pagaria um denário a cada um por dia, mandou-os para a vinha. Saiu de novo à terceira hora do dia e, vendo outros que se conservavam na praça sem fazer coisa alguma, disse-lhes: "Ide também vós outros para a minha vinha e vos pagarei o que for razoável". E eles foram. Saiu novamente à hora sexta e à hora nona do dia e fez o mesmo. Saindo mais uma vez à hora undécima, encontrou ainda outros que estavam desocupados, aos quais disse: "Por que permaneceis aí o dia inteiro sem trabalhar?" "É", disseram eles, "porque ninguém nos assalariou". Ele então lhes disse: "Ide vós também para a minha vinha".

Ao cair da tarde disse o dono da vinha àquele que cuidava dos seus negócios: "Chama os trabalhadores e paga-lhes, começando pelos últimos e indo até os primeiros". Aproximando-se então os que só à undécima hora haviam chegado, receberam um denário cada um. Vindo em seguida os que tinham sido contratados em primeiro lugar, julgaram que iam receber mais; porém, receberam apenas um denário cada um. Recebendo-o, queixaram-se ao pai de família, dizendo:

"Estes últimos trabalharam apenas uma hora e lhes dás tanto quanto a nós que suportamos o peso do dia e do calor".

Mas, respondendo, disse o dono da vinha a um deles: "Meu amigo, não te causo dano algum; não convencionaste comigo receber um denário pelo teu dia? Toma o que te pertence e vai-te; apraz-me a mim dar a este último tanto quanto a ti. Não me é então lícito fazer o que quero? Tens mau olho, porque sou bom?"

Assim, *os últimos serão os primeiros e os primeiros serão os últimos, porque muitos são os chamados e poucos os escolhidos.* (MATEUS, 20:1 a 16.)

Instruções dos Espíritos

Os trabalhadores da última hora

240. O trabalhador da última hora tem direito ao salário, mas é preciso que sua boa vontade o tenha mantido à disposição daquele que o tinha de empregar e que seu retardamento não seja fruto da preguiça ou da má vontade. Tem direito ao salário porque, desde o alvorecer, esperava com impaciência aquele que por fim o chamaria para o trabalho; era laborioso, apenas lhe faltava o labor.

Se, porém, ele se houvesse negado ao trabalho a qualquer hora do dia; se houvesse dito: "Tenhamos paciência, o repouso me é agradável, quando soar a última hora é que será tempo de pensar no salário do dia; que necessidade tenho de me incomodar por um patrão a quem não conheço e não estimo! quanto mais tarde melhor"; esse tal, meus amigos, não teria tido o salário do obreiro, mas o da preguiça.

Que dizer, então, daquele que, em vez de apenas conservar-se inativo, haja empregado as horas destinadas ao labor do dia em praticar atos culposos; que haja blasfemado de Deus, derramado o sangue de seus irmãos, lançado perturbação nas famílias, arruinado os que nele confiaram, abusado da inocência, que, enfim, se tenha deleitado em todas as ignomínias da humanidade? Que será dessa criatura? Bastar-lhe-á

Capítulo XX
Os trabalhadores da última hora

dizer à última hora: Senhor, empreguei mal o meu tempo; conserva-me até o fim do dia, para que eu execute um pouco, embora bem pouco, minha tarefa, e dá-me o salário do trabalhador de boa vontade? Não, não; o Senhor lhe dirá: "No momento não tenho trabalho para te dar; desperdiçaste teu tempo; esqueceste o que havias aprendido; já não sabes trabalhar na minha vinha. Recomeça, portanto, a aprender e, quando estiveres mais bem-disposto, vem ter comigo e eu porei à tua disposição meu vasto campo, em que poderás trabalhar a qualquer hora do dia".

Bons espíritas, meus bem-amados, sois todos trabalhadores da última hora. Bem orgulhoso seria aquele que dissesse: "Comecei o trabalho ao alvorecer do dia e só o terminei ao anoitecer". Todos viestes quando fostes chamados, um pouco mais cedo, um pouco mais tarde, para a encarnação cujos grilhões arrastais, mas há quantos séculos e séculos o Senhor vos chamava para sua vinha sem que nela quisésseis entrar! Eis que chegou o momento de embolsardes o salário; empregai bem a hora que vos resta e jamais esqueçais que vossa existência, por mais longa que vos pareça, não passa de um momento fugaz na imensidade dos tempos que formam para vós a eternidade. – *Constantino*, Espírito protetor. (Bordeaux, 1863.)

241. Jesus gostava da simplicidade dos símbolos e, na sua linguagem varonil, os obreiros que chegaram na primeira hora são os profetas, Moisés e todos os iniciadores que marcaram as etapas do progresso, as quais continuaram a ser desenvolvidas através dos séculos pelos apóstolos, pelos mártires, pelos Pais da Igreja, pelos sábios, pelos filósofos e, finalmente, pelos espíritas. Estes, que vieram por último, foram anunciados e preditos desde a aurora do advento do Messias e receberão a mesma recompensa. Que digo? recompensa maior. Últimos chegados, os espíritas aproveitam dos labores intelectuais dos seus predecessores, porque o homem tem de herdar do homem e porque seus trabalhos e seus resultados são coletivos: Deus abençoa a solidariedade. Aliás, muitos dentre eles revivem hoje ou reviverão amanhã, para terminarem a obra que outrora começaram. Mais de um patriarca, mais de um profeta, mais de um discípulo do Cristo, mais de um propagador da fé cristã se encontram no meio deles, porém, mais esclarecidos, mais adiantados, trabalhando, não mais na base, e sim na cumeeira do edifício. Seu salário, pois, será proporcional ao mérito da obra.

A reencarnação, esse belo dogma, eterniza e precisa a filiação espiritual. O Espírito, chamado a prestar contas do seu mandato terreno, compreende a continuidade da tarefa interrompida, mas sempre retomada. Ele vê, sente que apanhou no ar o pensamento dos que o precederam. Entra de novo na liça, amadurecido pela experiência, para avançar mais. E todos, trabalhadores da primeira e da última hora, com os olhos bem abertos sobre a profunda Justiça de Deus, não mais murmuram: adoram.

Tal é um dos verdadeiros sentidos desta parábola, que encerra, como todas as que Jesus dirigiu ao povo, o germe do futuro e também, sob todas as formas, sob todas as imagens, a revelação da magnífica unidade que harmoniza todas as coisas no universo, da solidariedade que liga todos os seres presentes ao passado e ao futuro. – *Henri Heine.* (Paris, 1863.)

Missão dos espíritas

242. Já não escutais o ruído da tempestade que há de arrebatar o velho mundo e precipitar no abismo do nada o conjunto das iniquidades terrenas? Ah! bendizei o Senhor, vós que haveis posto vossa fé na sua soberana justiça e que, novos apóstolos da crença revelada pelas vozes proféticas superiores, ides pregar o novo dogma da *reencarnação* e da elevação dos Espíritos, conforme tenham cumprido, bem ou mal, suas missões e suportado suas provas terrestres.

Não mais vos assusteis! As línguas de fogo estão sobre as vossas cabeças. Ó verdadeiros adeptos do Espiritismo, sois os eleitos de Deus! Ide e pregai a palavra divina. É chegada a hora em que deveis sacrificar à sua propagação os vossos hábitos, vossos trabalhos, vossas ocupações fúteis. Ide e pregai: os Espíritos elevados estão convosco. Certamente falareis a criaturas que não quererão escutar a voz de Deus, porque essa voz as convida incessantemente à abnegação. Pregareis o desinteresse aos avaros, a abstinência aos dissolutos, a mansidão aos tiranos domésticos e aos déspotas. Palavras perdidas, bem o sei, mas não importa! É preciso regardes com vossos suores o terreno em que deveis semear, porque ele só frutificará e produzirá sob os esforços reiterados da enxada e da charrua evangélicas. Ide e pregai!

Sim, todos vós, homens de boa-fé, que acreditais na vossa inferioridade em face dos mundos disseminados pelo infinito, lançai-vos em cruzada contra a injustiça e a iniquidade. Ide e derrubai o culto do bezerro de ouro, cada vez mais invasor. Ide, Deus vos conduz! Homens simples e ignorantes, vossas línguas se soltarão e falareis como nenhum orador fala. Ide e pregai, que as populações atentas recolherão, felizes, vossas palavras de consolação, de fraternidade, de esperança e de paz.

Que importam as emboscadas que vos armem pelo caminho! Somente lobos caem em armadilhas para lobos, porquanto o pastor saberá defender suas ovelhas das fogueiras sacrificadoras.

Homens valorosos, ide diante de Deus que, mais felizes do que Tomé, credes sem pedirdes para ver e aceitais os fatos da mediunidade, mesmo quando não tenhais conseguido obtê-los por vós mesmos; ide, o Espírito de Deus vos conduz.

Marcha, então, avante, falange imponente pela tua fé! Diante de ti os grandes batalhões dos incrédulos se dissiparão, como a bruma da manhã aos primeiros raios do sol nascente.

A fé é a virtude que transportará montanhas, disse Jesus. Contudo, mais pesadas do que as mais pesadas montanhas, jazem depositadas no coração dos homens a impureza e todos os vícios decorrentes da impureza. Parti, então, com coragem, a fim de removerdes essa montanha da iniquidade que as futuras gerações só devem conhecer como lenda, assim como vós, que só conheceis muito imperfeitamente os tempos que antecederam a civilização pagã.

Sim, as perturbações morais e filosóficas vão rebentar em todos os pontos do globo; aproxima-se a hora em que a luz divina aparecerá sobre os dois mundos.

Ide, pois, e levai a palavra divina: aos grandes que a desprezarão, aos eruditos que exigirão provas, aos pequenos e simples que a aceitarão, porque é principalmente entre os mártires do trabalho, desta expiação terrena, que encontrareis fervor e fé. Ide; estes receberão, com hinos de gratidão e louvores a Deus, a santa consolação que lhes levareis, e baixarão a fronte, agradecendo ao Criador o quinhão que lhes toca nas misérias da Terra.

Arme-se a vossa falange de decisão e coragem! Mãos à obra! O arado está pronto; a terra espera; é preciso que trabalheis.

Ide e agradecei a Deus a gloriosa tarefa que Ele vos confiou. Mas lembrai que, entre os chamados para o Espiritismo, muitos se transviaram; atentai para a vossa rota e segui o caminho da verdade.

Pergunta – *Se, entre os chamados para o Espiritismo, muitos se transviaram, por meio de que sinais reconheceremos os que se acham no bom caminho?*

Resposta – Reconhecê-los-eis pelos princípios da verdadeira caridade que professarão e ensinarão. Reconhecê-los-eis pelo número de aflitos a que levem consolo; reconhecê-los-eis pelo seu amor ao próximo, pela sua abnegação, pelo seu desinteresse pessoal; reconhecê-los-eis, finalmente, pelo triunfo de seus princípios, porque Deus quer o triunfo da sua Lei; os que seguem sua Lei são os seus eleitos e Ele lhes dará a vitória; mas destruirá aqueles que falseiam o espírito dessa Lei e fazem dela um degrau para satisfazer à sua vaidade e à sua ambição. – *Erasto*, anjo da guarda do médium. (Paris, 1863.)[102]

Os obreiros do Senhor

243. Aproxima-se o tempo em que se cumprirão as coisas anunciadas para a transformação da humanidade. Felizes os que houverem trabalhado no campo do Senhor, com desinteresse e sem outro motivo,

---

[102] N.T.: Os últimos cinco parágrafos desta mensagem, bem como a assinatura do Espírito Erasto, que a ditou, não aparecem na edição definitiva de 1866, possivelmente devido a um "cochilo" do revisor francês; por isso os transcrevemos, tais como se acham aqui, na tradução que fizemos de *O evangelho segundo o espiritismo*, cuja 1ª edição foi publicada pela FEB em 2008.

senão a caridade! Seus dias de trabalho serão pagos pelo cêntuplo do que tiverem esperado. Felizes os que houverem dito a seus irmãos: "Irmãos, trabalhemos juntos e unamos os nossos esforços, a fim de que o Senhor, ao chegar, encontre acabada a obra", pois o Senhor lhes dirá: "Vinde a mim, vós que sois bons servidores, vós que soubestes impor silêncio aos vossos ciúmes e às vossas discórdias, a fim de que daí não viesse dano para a obra!" Mas ai daqueles que, por efeito das suas dissensões, houverem retardado a hora da colheita, porque a tempestade virá e eles serão levados no turbilhão. Clamarão: "Graça! graça!". O Senhor, porém, lhes dirá: "Por que implorais graças, vós que não tivestes piedade dos vossos irmãos e que vos negastes a estender-lhes as mãos, que esmagastes o fraco, em vez de o amparardes? Por que suplicais graças, vós que buscastes vossa recompensa nos gozos da Terra e na satisfação do orgulho? Já recebestes a vossa recompensa, tal qual a quisestes. Nada mais vos cabe pedir; as recompensas celestes são para os que não tenham buscado as recompensas da Terra".

Deus procede, neste momento, ao censo dos seus servidores fiéis e já marcou com o dedo aqueles cujo devotamento é apenas aparente, a fim de que não usurpem o salário dos servidores corajosos, pois é aos que não recuaram diante de suas tarefas que Ele vai confiar os postos mais difíceis na grande obra da regeneração pelo Espiritismo. Cumprir-se-ão estas palavras: "Os primeiros serão os últimos e os últimos serão os primeiros no reino dos céus!" – *O Espírito de Verdade*. (Paris, 1862.)

CAPÍTULO XXI

Haverá falsos cristos e falsos profetas

Conhece-se a árvore pelo seu fruto – Levantar-se-ão falsos cristos e falsos profetas – Não creiais em todos os Espíritos – Missão dos profetas – Fatos milagrosos – Fenômenos espíritas – Os falsos profetas – Características do verdadeiro profeta – Os falsos profetas da erraticidade – Jeremias e os falsos profetas

244. *Guardai-vos dos falsos profetas* que vêm ter convosco cobertos de peles de ovelha e que por dentro são lobos rapaces. Conhecê-los-eis pelos seus frutos. *Podem colher-se uvas nos espinheiros ou figos nas sarças?* Assim, toda árvore boa produz bons frutos e toda árvore má produz maus frutos. *Uma árvore boa não pode produzir frutos maus e uma árvore má não pode produzir frutos bons.* Toda árvore que não produz bons frutos será cortada e lançada ao fogo. Conhecê-la-eis, pois, pelos seus frutos. (MATEUS, 7:15 a 20.)

245. Tende cuidado para que alguém não vos seduza; porque muitos virão em meu nome, dizendo: "Eu sou o Cristo", e seduzirão a muitos.

Levantar-se-ão muitos falsos profetas que seduzirão a muitas pessoas; e porque abundará a iniquidade, a caridade de muitos esfriará. Mas aquele que perseverar até o fim se salvará.

Então, se alguém vos disser: "O Cristo está aqui, ou está ali", não acrediteis absolutamente; porque *se levantarão falsos cristos e falsos profetas que farão grandes prodígios* e coisas de espantar, a ponto de seduzirem, se fora possível, os próprios eleitos. (MATEUS, 24:4 e 5; 11 a 13; 23 e 24; MARCOS, 13:5 e 6; 21 e 22.)

246. Meus bem-amados, *não creiais em todo Espírito*, mas provai se os Espíritos são de Deus, porque muitos falsos profetas já se têm levantado no mundo. (I JOÃO, 4:1.)[103]

Missão dos profetas

247. Atribui-se comumente aos profetas o dom de revelar o futuro, de sorte que as palavras *profecia* e *predição* se tornaram sinônimas. No sentido evangélico, a palavra *profeta* tem mais ampla significação. Diz-se de todo enviado de Deus com a missão de instruir os homens e de lhes revelar as coisas ocultas e os mistérios da vida espiritual. Portanto, um homem pode ser profeta, sem fazer predições. Aquela era a ideia dos judeus, ao tempo de Jesus. Foi por isso que, quando o levaram à presença do sumo sacerdote Caifás, os escribas e os anciães, reunidos, lhe cuspiram no rosto, lhe deram socos e bofetadas, dizendo: "Cristo, profetiza para nós e dize quem foi que te bateu". Entretanto, deu-se o caso de haver profetas que tiveram a presciência do futuro, quer por intuição, quer por revelação providencial, a fim de transmitirem avisos aos homens. Tendo-se realizados os acontecimentos preditos, o dom de predizer o futuro foi considerado como um dos atributos da qualidade de profeta.

---

[103] N.T.: Logo abaixo do item 246 desta edição, Allan Kardec julgou por bem acrescentar a seguinte passagem evangélica na edição de 1866: "A árvore que produz maus frutos não é boa e a árvore que produz bons frutos não é má; porquanto, cada árvore se conhece pelo seu próprio fruto. Não se colhem figos nos espinheiros, nem cachos de uvas nas sarças. O homem de bem tira boas coisas do bom tesouro do seu coração e o mau tira as más do mau tesouro do seu coração; pois a boca fala daquilo de que está cheio o coração (LUCAS, 6:43 a 45)". Ela corresponde ao item 1 do capítulo XXI da referida edição.

Capítulo XXI
Haverá falsos cristos e falsos profetas

Fatos milagrosos

248. "Levantar-se-ão falsos cristos e falsos profetas, que farão grandes prodígios e coisas de espantar, a ponto de seduzirem os próprios escolhidos." Essas palavras dão o verdadeiro sentido do termo prodígio. Na acepção teológica, os prodígios e os milagres são fenômenos excepcionais, fora das leis da natureza. Como as leis da natureza são obras *exclusivas* de Deus, Ele pode, sem dúvida, derrogá-las, se lhe apraz, mas o simples bom senso diz que não é possível que Ele tenha dado a seres inferiores e perversos um poder igual ao seu, nem, ainda menos, o direito de desfazer o que Ele tenha feito. Jesus não pode ter consagrado semelhante princípio. Se, portanto, de acordo com o sentido que se atribui a essas palavras, o Espírito do mal tem o poder de fazer prodígios tais que os próprios escolhidos se deixem enganar, o resultado seria que, podendo fazer o que Deus faz, os prodígios e os milagres não são privilégio exclusivo dos enviados de Deus e nada provam, pois nada distingue os milagres dos santos dos milagres do demônio. Deve-se, portanto, procurar um sentido mais racional para aquelas palavras.

Aos olhos do vulgo ignorante, todo fenômeno cuja causa é desconhecida passa por sobrenatural, maravilhoso e miraculoso; uma vez encontrada a causa, reconhece-se que o fenômeno, por mais extraordinário que pareça, nada mais é do que a aplicação de uma Lei da natureza. Assim, o círculo dos fatos sobrenaturais se restringe à medida que o da Ciência se alarga. Em todos os tempos houve homens que exploraram, em proveito de suas ambições, de seus interesses e do seu anseio de dominação, certos conhecimentos que possuíam, a fim de alcançarem o prestígio de um suposto poder sobre-humano, ou de uma pretensa missão divina. São esses os falsos cristos e os falsos profetas. A difusão das luzes lhes destrói o crédito, razão pela qual o número deles diminui à medida que os homens se esclarecem. O fato de operar o que, segundo a visão de certas pessoas, passa por prodígios, não constitui, pois, sinal de uma missão divina, já que pode resultar de conhecimentos que cada um pode adquirir ou de faculdades orgânicas especiais, que o mais indigno pode possuir tão bem quanto o mais digno. O verdadeiro profeta se reconhece por características mais sérias e exclusivamente morais.

Fenômenos espíritas[104]

249. Os fenômenos espíritas, longe de abonarem os falsos cristos e os falsos profetas, como algumas pessoas gostam de dizer, vêm, ao contrário, desferir-lhes o golpe final. Não peçais milagres nem prodígios ao Espiritismo, porque ele declara formalmente que não os produz. Do mesmo modo que a Física, a Química, a Astronomia e a Geologia revelaram as leis do mundo material, ele vem revelar outras leis desconhecidas, as que regem as relações do mundo *visível* com o mundo *invisível*,[105] leis que, tanto quanto aquelas outras da Ciência são leis da natureza. Ao facultar a explicação de certa ordem de fenômenos incompreendidos até hoje, o Espiritismo destrói o que ainda restava do domínio do maravilhoso. Quem, portanto, se sentisse tentado a explorar os fenômenos espíritas em proveito próprio, fazendo-se passar por Messias de Deus, não conseguiria abusar por muito tempo da credulidade alheia e logo seria desmascarado. Ademais, como já se tem dito, tais fenômenos, por si sós, nada provam; a missão se prova por efeitos morais, o que não é dado a qualquer um produzir. Eis aí um dos resultados do desenvolvimento da ciência espírita; pesquisando a causa de certos fenômenos, ela levanta o véu de sobre muitos mistérios. Só os que preferem a obscuridade à luz, têm interesse em combatê-la, mas a verdade é como o Sol: dissipa os mais densos nevoeiros.

O Espiritismo vem revelar outra categoria bem mais perigosa de falsos cristos e de falsos profetas, que se encontram, não entre os homens, mas entre os desencarnados: a dos Espíritos enganadores, hipócritas, orgulhosos e pseudossábios, que passaram da Terra para a

---

[104] N.T.: Na edição de 1866, o subtítulo acima foi renomeado para: "Não creiais em todos os Espíritos".
[105] N.T.: As palavras que grifamos foram substituídas, na edição de 1866, pelos termos "corpóreo" e "espiritual", respectivamente.

erraticidade e tomam nomes venerados para, sob a máscara com que se cobrem, facilitarem a aceitação das mais singulares e absurdas ideias. Antes que se conhecessem as relações mediúnicas, eles atuavam de maneira menos ostensiva, pela inspiração, pela mediunidade inconsciente, audiente ou falante. É considerável o número dos que, em diversas épocas, principalmente nestes últimos tempos, se têm apresentado como alguns dos antigos profetas, como o Cristo, como Maria, sua mãe, e até como Deus. João adverte os homens contra eles, dizendo: "Meus bem-amados, não creiais em todo Espírito, mas provai se os Espíritos são de Deus, porque muitos falsos profetas já se têm levantado no mundo". O Espiritismo nos fornece os meios de os experimentar, apontando as características pelas quais se reconhecem os Espíritos bons, características *sempre morais, nunca materiais*.[106] É à maneira de se distinguirem os Espíritos bons dos maus que, principalmente, podem aplicar-se estas palavras de Jesus: "Pelo fruto é que se reconhece a qualidade da árvore; uma árvore boa não pode produzir maus frutos, e uma árvore má não os pode produzir bons".[107]

Instruções dos Espíritos

Os falsos profetas

250. Se vos disserem: "O Cristo está aqui", não vades; ao contrário, mantende-vos em guarda, porque os falsos profetas serão numerosos. Não vedes que as folhas da figueira começam a branquear; não vedes seus múltiplos rebentos aguardando a época da floração; e não vos disse o Cristo: "Conhece-se a árvore pelo seu fruto?" Se, pois, os frutos são amargos, julgais que a árvore é má; se, porém, são doces e salutares, direis: "Nada que seja puro pode provir de fonte má".

---

[106] Nota de Allan Kardec: Sobre a maneira de se distinguirem os Espíritos, vide *O livro dos médiuns*, Segunda parte, capítulo XXIV e seguintes.
[107] N.T.: Na edição de 1866, este parágrafo termina assim: "Julgam-se os Espíritos pela qualidade de suas obras, como se julga uma árvore pela qualidade dos seus frutos".

É assim, meus irmãos, que deveis julgar; são as obras que deveis examinar. Se os que se dizem investidos de poder divino se fazem acompanhar de todas as marcas de semelhante missão, isto é, se possuem no mais alto grau as virtudes cristãs e eternas: a caridade, o amor, a indulgência, a bondade que concilia todos os corações; se, em apoio das palavras, acrescentam os atos, podereis então dizer: "Estes são realmente os enviados de Deus".

Desconfiai, porém, das palavras melífluas,[108] desconfiai dos escribas e fariseus que oram nas praças públicas, vestidos de longas túnicas. Desconfiai dos que pretendem deter o monopólio exclusivo da verdade!

Não, o Cristo não está entre esses, porquanto os que Ele envia para propagar sua doutrina e regenerar seu povo serão, acima de tudo, a exemplo do próprio Mestre, brandos e humildes de coração; os que hajam de salvar a humanidade com seus exemplos e conselhos, a fim de que esta não corra para a perdição nem vagueie por caminhos tortuosos, serão essencialmente modestos e humildes. Fugi de tudo o que revele um átomo de orgulho, como se fugísseis de uma lepra contagiosa, que corrompe tudo em que toca. Lembrai-vos de que *cada criatura traz na fronte, mas principalmente nos atos, a marca da sua grandeza ou da sua decadência.*

Ide, portanto, meus bem-amados, sem desculpas ardilosas, sem pensamentos ocultos, na rota bendita em que enveredastes. Ide, ide sempre, sem temor; afastai corajosamente tudo quanto vos possa entravar a marcha para o objetivo eterno. Viajores, só por pouco tempo mais estareis nas trevas e nas dores da provação, se abrirdes vosso coração a essa suave doutrina que vos vem revelar as leis eternas e satisfazer a todas as aspirações de vossa alma acerca do desconhecido. Já podeis dar corpo a esses silfos ligeiros que vedes passar nos vossos sonhos e que, efêmeros, apenas vos encantavam o espírito, sem nada dizerem ao coração. Agora, meus amados, a morte desapareceu, dando lugar ao anjo radioso que conheceis, o anjo do novo encontro e da reunião! Agora, que bem desempenhastes a tarefa que o Criador vos impôs, nada mais

---

[108] N.E.: Que revela doçura hipócrita, afetada; melieiro, meloso (*Houaiss*).

tendes a temer da sua justiça, pois Ele é pai e perdoa sempre aos filhos transviados que clamam por misericórdia. Continuai, portanto, avançai incessantemente. Seja vossa divisa a do progresso, do progresso contínuo em todas as coisas, até que, finalmente, chegueis ao termo feliz da jornada, em que vos esperam todos os que vos precederam. – *Luís.* (Bordeaux, 1861.)

Características do verdadeiro profeta

251. *Desconfiai dos falsos profetas.* Essa recomendação é útil em todos os tempos, mas, sobretudo, nos momentos de transição em que, como no atual, se elabora uma transformação da humanidade, porque, então, uma multidão de ambiciosos e intrigantes se arvora em reformadores e messias. É contra esses impostores que se deve estar em guarda, cabendo a todo homem honesto o dever de desmascará-los. Perguntareis, sem dúvida, como se pode reconhecê-los. Tendes aqui suas características:

Só se confia o comando de um exército a um hábil general, capaz de o dirigir. Julgais que Deus seja menos prudente do que os homens? Ficai certos de que só confia missões importantes aos que Ele sabe capazes de as cumprir, já que as grandes missões são fardos pesados que esmagariam o homem demasiado fraco para carregá-los. Como em todas as coisas, o mestre tem de saber mais que o discípulo; para fazer que a humanidade avance moralmente e intelectualmente, são precisos homens superiores em inteligência e em moralidade. Por isso, para essas missões, são sempre escolhidos Espíritos já adiantados, que fizeram suas provas em outras existências, visto que, se não fossem superiores ao meio em que têm de atuar, nula seria a sua ação.

Isto posto, haveis de concluir que o verdadeiro missionário de Deus tem de justificar a missão de que está investido pela sua superioridade, pelas suas virtudes, pela sua grandeza, pelo resultado e pela influência moralizadora de suas obras. Tirai, também, esta outra consequência: se, pelo seu caráter, pelas suas virtudes, pela sua inteligência, ele se mostra abaixo do papel com que se apresente, ou da personagem sob cujo nome se abriga, não passa de farsista de baixa categoria, que nem sequer sabe imitar o modelo que escolheu.

Outra consideração: os verdadeiros missionários de Deus ignoram-se a si mesmos, em sua maior parte; desempenham a missão a que foram chamados pela força do gênio que possuem, secundados pelo poder oculto que os inspira e dirige à revelia deles, mas sem desígnio premeditado. Numa palavra, *os verdadeiros profetas se revelam por seus atos, são adivinhados, ao passo que os falsos profetas se arrogam, eles próprios, como enviados de Deus*. O primeiro é humilde e modesto; o segundo é orgulhoso e cheio de si, fala com altivez e, como todos os mentirosos, parece sempre temeroso de que não lhe deem crédito. Já foram vistos alguns desses impostores, pretendendo passar por apóstolos do Cristo, outros pelo próprio Cristo e, para vergonha da humanidade, têm encontrado pessoas bastante crédulas para acreditarem nas suas torpezas. Entretanto, uma consideração bem simples deveria abrir os olhos do mais cego: a de que, se o Cristo reencarnasse na Terra, viria com todo o seu poder e todas as suas virtudes, a menos que se admita, o que seria absurdo, que Ele houvesse degenerado. Ora, do mesmo modo que já não tereis Deus, se tirardes um só de seus atributos, também já não tereis o Cristo, se tirardes uma só de suas virtudes. Aqueles que se apresentam como o Cristo possuirão todas as suas virtudes? Essa a questão. Observai-os, perscrutai-lhes as ideias e os atos e reconhecereis, acima de tudo, que lhes faltam as qualidades distintivas do Cristo: a humildade e a caridade, ao passo que têm as que Jesus não possuía: a cupidez e o orgulho. Notai, além disso, que neste momento, em vários países, há muitos pretensos Cristos, como há muitos pretensos Elias, muitos João ou Pedro, e é impossível que todos sejam verdadeiros. Tende como certo que são criaturas que exploram a credulidade alheia e acham cômodo viver à custa dos que as levam em consideração.

Desconfiai, pois, dos falsos profetas, principalmente em época de renovação, porque muitos impostores se apresentarão como enviados de Deus. Eles procuram satisfazer na Terra à sua vaidade, mas uma terrível justiça os espera, podeis estar certos. – *Erasto*. (Paris, 1862.)

Os falsos profetas da erraticidade

252. Os falsos profetas não se encontram somente entre os encarnados. Encontram-se também, e em muito maior número, entre os Espíritos orgulhosos que, sob a falsa aparência de amor e caridade, semeiam a desunião e retardam a obra de emancipação da humanidade, lançando-lhe sutilmente os seus sistemas absurdos, depois de terem feito que seus médiuns os aceitem. E, para melhor fascinarem aqueles a quem desejam iludir, para darem mais peso às suas teorias, apoderam-se sem escrúpulo de nomes que só com muito respeito os homens pronunciam.

São eles que semeiam o fermento dos antagonismos entre os grupos, que os impelem a se isolarem uns dos outros e a se olharem com prevenção. Só isso já seria bastante para desmascará-los, porque, procedendo assim, eles mesmos dão formal desmentido às suas pretensões. Cegos, portanto, são os homens que se deixam cair em tão grosseira cilada.

Há, porém, muitos outros meios de serem reconhecidos. Espíritos da categoria a que eles dizem pertencer têm de ser não só muito bons, mas também eminentemente racionais. Pois bem: passai-lhes os sistemas pelo crivo da razão e do bom senso e vede o que restará. Concordai, pois, comigo: todas as vezes que um Espírito indica, como remédio aos males da humanidade ou como meio de conseguir-se sua transformação, coisas utópicas e impraticáveis, medidas pueris e ridículas; quando formula um sistema que as mais rudimentares noções da Ciência contradizem, só pode ser um Espírito ignorante e mentiroso.

Por outro lado, crede que, se nem sempre os indivíduos apreciam a verdade, esta é sempre apreciada pelo bom senso das massas, constituindo isso mais um critério. Se dois princípios se contradizem, achareis a medida do valor intrínseco de ambos, verificando qual dos dois encontra mais ecos e simpatias. *Realmente, seria ilógico admitir-se que uma doutrina cujo número de adeptos diminua progressivamente seja mais verdadeira do que outra que os veja aumentar continuamente.* Querendo que a verdade chegue a todos, Deus não a confina num círculo restrito;

faz que surja em diferentes pontos, a fim de que por toda parte a luz esteja ao lado das trevas.

Repeli sem piedade todos esses Espíritos que se apresentam como conselheiros exclusivos, pregando a divisão e o isolamento. Quase sempre são Espíritos vaidosos e medíocres, que procuram impor-se a homens fracos e crédulos, dispensando-lhes exagerados louvores, a fim de os fascinar e de mantê-los sob seu domínio. São, geralmente, Espíritos sequiosos de poder e que, déspotas públicos ou na intimidade do lar, ainda querem vítimas para tiranizar depois de terem morrido. Em geral, *desconfiai das comunicações que trazem um caráter de misticismo e de estranheza, ou que prescrevem cerimônias e atos extravagantes.* Nesses casos, há sempre motivo legítimo para suspeição.

Tende certeza, igualmente, de que quando uma verdade tem de ser revelada à humanidade, ela é, por assim dizer, comunicada instantaneamente a todos os grupos sérios, que dispõem de médiuns também sérios, e não a este ou àquele, com exclusão dos demais. Nenhum médium é perfeito, se está obsidiado, e há manifesta obsessão quando um médium só é apto a receber comunicações de determinado Espírito, por mais alto que este procure colocar-se. Consequentemente, todo médium e todo grupo que se julguem privilegiados por obterem comunicações que só eles podem receber e que, por outro lado, se submetem a práticas que tendem para a superstição, indubitavelmente se acham sob o domínio de uma obsessão bem caracterizada, sobretudo quando o Espírito dominador se exibe com um nome que todos, *Espíritos e encarnados,*[109] devem honrar e respeitar, não permitindo que seja empregado despropositadamente.

É incontestável que, submetendo ao crivo da razão e da lógica todos os dados e todas as comunicações dos Espíritos, será fácil rejeitar o absurdo e o erro. Um médium pode ser fascinado e um grupo pode ser iludido, mas o controle severo dos outros grupos, a ciência adquirida, a elevada autoridade moral dos dirigentes de grupos, as comunicações que

---

[109] N.T.: Na edição de 1866, o trecho que grifamos foi substituído pela expressão: "encarnados e desencarnados".

os principais médiuns recebem, com um cunho de lógica e de autenticidade dos melhores Espíritos, farão justiça rapidamente a esses ditados mentirosos e astuciosos, emanados de uma turba de Espíritos mistificadores ou maus. – *Erasto*, discípulo de Paulo. (Paris, 1862.)

Nota – Uma das características que distinguem os Espíritos que querem impor-se, fazendo que se aceitem ideias bizarras e sistemáticas é a pretensão de serem os únicos a ter razão contra todo o mundo. A tática deles é evitar a discussão, e quando se veem derrotados com sucesso pelas armas irresistíveis da lógica, recusam-se com desdém a responder, prescrevendo a seus médiuns que se afastem dos centros espíritas nos quais suas ideias não são acolhidas. Ora, nada mais fatal para os médiuns do que esse isolamento, porque sofrem, sem compensação alguma, o jugo dos Espíritos obsessores, que os conduzem como se fossem cegos, levando-os muitas vezes a enveredar por caminhos perniciosos.

(Veja-se, na *Introdução* deste livro, o item II: Controle universal do ensino dos Espíritos; e *O livro dos médiuns*, cap. XXIII, *Obsessão*.)[110]

Jeremias e os falsos profetas 253. Eis o que diz o Senhor dos Exércitos: "Não escuteis as palavras dos profetas que vos profetizam e vos enganam. Eles publicam as visões de seus corações, e não o que aprenderam da boca do Senhor". Dizem aos que de mim blasfemam: "O Senhor o disse, tereis paz; e a todos os que andam na corrupção de seus corações: 'Nenhum mal vos acontecerá'". Mas qual dentre eles assistiu ao conselho de Deus? Quem o viu e escutou o que Ele disse? Eu não enviava esses profetas; eles corriam por si mesmos; Eu absolutamente não lhes falava; eles profetizavam de suas cabeças. Eu ouvi o que disseram esses profetas que profetizavam a mentira em meu nome, dizendo: "Sonhei, sonhei". Até quando essa imaginação estará no coração dos que profetizam a mentira e cujas profecias não passam de seduções dos corações deles? Se, pois, esse povo, ou um profeta, ou um sacerdote vos interrogar e disser: "Qual o fardo do Senhor?" Dir-lhe-eis: "Vós mesmos sois o fardo e Eu vos lançarei bem longe de mim, diz o Senhor". (JEREMIAS, 23:16 a 18; 21; 25 e 26; 33.)

---

[110] N.T.: A nota acima, da lavra de Allan Kardec, foi excluída da edição definitiva de 1866.

É sobre essa passagem do profeta Jeremias que vou vos entreter, meus amigos. Falando pela sua boca, diz Deus: "É a visão do coração deles que os faz falar". Essas palavras indicam claramente que já naquela época os charlatães e os exaltados abusavam do dom de profecia e o exploravam. Abusavam, por conseguinte, da fé simples e quase cega do povo, predizendo, *por dinheiro*, coisas boas e agradáveis. Essa espécie de fraude era muito generalizada na nação judia, e é fácil de compreender-se que o pobre povo, em sua ignorância, era incapaz de distinguir os bons dos maus, sendo sempre mais ou menos ludibriado pelos supostos profetas, que não passavam de impostores ou fanáticos. Nada há de mais significativo do que estas palavras: "Eu não enviei esses profetas e eles correram por si mesmos; não lhes falei e eles profetizaram". Mais adiante: "Eu ouvi esses profetas que profetizavam a mentira em meu nome, dizendo: Sonhei, sonhei". Indicava assim um dos meios que eles empregavam para explorar a confiança de que eram objeto. A multidão, sempre crédula, não pensava em contestar a veracidade de seus sonhos ou de suas visões; achava isso muito natural e sempre os convidava a falar.

Após as palavras do profeta, escutai os sábios conselhos do apóstolo João, quando diz: "Não creiais em todo Espírito, mas provai se os Espíritos são de Deus", porque, entre os invisíveis, também há os que se comprazem em iludir, quando encontram oportunidade. Os iludidos, não há dúvida, são os médiuns que não tomam as devidas precauções. Aí se encontra, indubitavelmente, um dos maiores escolhos, contra os quais muitos deles vêm esbarrar, sobretudo quando são novatos no Espiritismo. Isso constitui prova para eles, da qual só triunfarão com muita prudência. Aprendei, pois, antes de tudo, a distinguir os Espíritos bons e os maus, a fim de não vos tornardes, por vossa vez, falsos profetas.
– *Luoz*, Espírito protetor. (Carlsruhe, 1861.)

CAPÍTULO XXII

Não separeis o que Deus uniu

Indissolubilidade do casamento – Divórcio

254. Os fariseus vieram ter com Ele para o tentarem e lhe disseram: "Será permitido a um homem despedir sua mulher, seja qual for o motivo?" Ele respondeu: "Não lestes que aquele que criou o homem desde o princípio os criou macho e fêmea e disse: 'Por esta razão, o homem deixará seu pai e sua mãe e se ligará à sua mulher, e não farão os dois senão uma só carne?' Assim, já não serão duas, mas uma só carne. Não separe, pois, o homem o que Deus uniu".

"Por que, então", retrucaram eles, "ordenava Moisés que o marido desse à sua mulher uma carta de divórcio e a despedisse?" Jesus respondeu: "Foi por causa da dureza do vosso coração que Moisés permitiu que despedísseis vossas mulheres, mas, no começo, não foi assim. Por isso Eu vos declaro que aquele que despede sua mulher, a não ser em caso de adultério, e desposa outra, comete adultério; e que aquele que desposa a mulher que outro despediu também comete adultério". (Mateus, 19:3 a 9.)

255. Só o que vem de Deus é imutável. Tudo o que é obra dos homens está sujeito a mudanças. As leis da natureza são as mesmas em todos os tempos e em todos os países. As leis humanas mudam segundo os tempos, os lugares e o progresso da inteligência. No casamento, o que é de ordem divina é a união dos sexos, para que se opere a substituição dos seres que morrem, mas as condições que regulam essa união são de tal modo humanas que não há no mundo inteiro, nem mesmo na cristandade, dois países onde elas sejam absolutamente as mesmas, e nenhuma onde não hajam sofrido mudanças, com o passar do tempo. Daí resulta que, em face da lei civil, o que é legítimo num país e em dada época, é adultério em outro país e em outra época, uma vez que a lei civil tem por fim regular os interesses das famílias, e esses interesses variam segundo os costumes e as necessidades locais. É assim, por exemplo, que em certos países o casamento religioso é o único legítimo; em outros é necessário, além desse, o casamento civil; em outros, finalmente, basta o casamento civil.

Mas, na união dos sexos, ao lado da Lei divina material, comum a todos os seres vivos, há outra Lei divina, imutável como todas as Leis de Deus, exclusivamente moral: a lei de amor. Quis Deus que os seres se unissem não só pelos laços da carne, mas também pelos da alma, a fim de que a afeição mútua dos esposos se transmitisse aos filhos, e que fossem dois, e não somente um, a amá-los, a cuidá-los e a fazê-los progredir. Nas condições habituais do casamento, a lei de amor é levada em consideração? De modo algum. Não se leva em conta a afeição de dois seres que se atraem um para o outro por sentimentos recíprocos, visto que, na maioria das vezes, essa afeição é rompida. O que se busca não é a satisfação do coração, e sim a do orgulho, da vaidade, da cupidez; numa palavra: de todos os interesses materiais. Quando tudo vai bem, segundo esses interesses, diz-se que o casamento é de conveniência e, quando as bolsas estão bem abastecidas, diz-se que os esposos estão igualmente harmonizados e devem ser muito felizes. Mas nem a lei civil, nem os compromissos que ela determina podem suprir a lei de amor, se esta lei não preside à união, resultando, frequentemente, *que aquilo que foi unido pela força se separa por si mesmo*; que o juramento feito ao pé do altar torna-se um perjúrio, se pronunciado como fórmula banal. Daí as uniões infelizes, que acabam por se tornarem criminosas; dupla desgraça que se evitaria se, ao se estabelecerem as condições do matrimônio, não se fizesse abstração da única que o sanciona aos olhos de Deus: a lei de amor. Quando Deus disse: "Não sereis senão uma só carne", e quando Jesus falou: "Não separeis o que Deus uniu", essas palavras devem ser entendidas com referência à união segundo a lei imutável de Deus, e não segundo a lei mutável dos homens.

Será então supérflua a lei civil e devemos voltar aos casamentos segundo a natureza? Não, certamente. A lei civil tem por fim regular as relações sociais e os interesses das famílias, de acordo com as exigências da civilização; por isso, é útil e necessária, mas variável. Deve ser previdente, porque o homem civilizado não pode viver como o selvagem; nada, entretanto, nada absolutamente se opõe a que seja um corolário da Lei de Deus. Os obstáculos ao cumprimento da Lei divina derivam dos preconceitos, e não da lei civil. Esses preconceitos, embora ainda vivazes, já perderam muito do seu predomínio no seio dos povos esclarecidos; desaparecerão com o progresso moral que, por fim, abrirá os olhos dos homens para os males sem conta, as faltas, mesmo os crimes que resultam das uniões contraídas tendo em vista unicamente os interesses materiais. Um dia o homem perguntará a si mesmo se é mais humano, mais caridoso, mais moral, unir, um ao outro, dois seres que não podem viver juntos ou restituir-lhes a liberdade; se a perspectiva de uma cadeia indissolúvel não aumenta o número de uniões irregulares.

O divórcio é lei humana que tem por fim separar legalmente o que já está, de fato, separado. Não é contrário à Lei de Deus, pois apenas reforma o que os homens fizeram e só é aplicável nos casos em que não se levou em conta a Lei divina. Se fosse contrário a essa Lei, a própria Igreja seria forçada a considerar como prevaricadores aqueles dos seus chefes que, por autoridade própria e em nome da religião, impuseram o divórcio em mais de uma circunstância. E dupla seria aí a prevaricação, porque, nesses casos, o divórcio teve como objetivo unicamente interesses temporais, e não para satisfazer à lei de amor.

Contudo, nem mesmo Jesus consagrou a indissolubilidade absoluta do casamento. Não disse Ele: "Foi por causa da dureza dos vossos corações que Moisés permitiu que despedísseis vossas mulheres?". Isso significa que, desde o tempo de Moisés, não sendo a afeição mútua a única finalidade do casamento, a separação podia tornar-se necessária. Acrescenta, porém: "no princípio, não foi assim", isto é, na origem da humanidade, quando os homens ainda não estavam pervertidos pelo egoísmo e pelo orgulho e viviam segundo a Lei de Deus, as uniões, baseadas na simpatia, e não na vaidade e na ambição, não davam motivo ao repúdio.

Jesus vai mais longe: especifica o caso em que o repúdio pode ocorrer, o de adultério. Ora, não existe adultério onde reina sincera afeição recíproca. É verdade que Ele proíbe ao homem desposar a mulher repudiada; deve-se, porém, levar em conta, os costumes e o caráter dos homens daquela época. A lei mosaica, nesse caso, prescrevia a lapidação. Querendo abolir um uso bárbaro, precisou de uma penalidade que o substituísse, e a encontrou na desonra que resultaria da proibição de um segundo casamento. Era, de certo modo, uma lei civil substituída por outra lei civil, mas que, como todas as leis dessa natureza, devia passar pela prova do tempo.

CAPÍTULO XXIII

Pedi e obtereis[111]

Qualidades da prece – Ação da prece – Transmissão do pensamento – Eficácia da prece – Prece pelos mortos e pelos Espíritos sofredores – Prece pelos doentes e pelos obsediados – Preces inteligíveis – Instruções dos Espíritos

256. Seja o que for que peçais na prece, crede que o obtereis e vos será concedido o que pedirdes. (MARCOS, 11:24.)

257. Quando orardes, não vos assemelheis aos hipócritas, que gostam de orar nas sinagogas e nos cantos das ruas para serem vistos pelos homens. Digo-vos, em verdade, que eles já receberam sua recompensa. Quando quiserdes orar, entrai para o vosso quarto e, fechada a porta, orai a vosso Pai em segredo; e vosso Pai, que vê o que se passa em segredo, vos recompensará.

Não cuideis de pedir muito nas vossas preces, como fazem os pagãos, os quais imaginam que é pela multiplicidade das palavras que serão atendidos. Não vos torneis semelhantes a eles, porque vosso Pai sabe do necessitais, antes que lho peçais. (MATEUS, 6:5 a 8.)

258. Quando vos apresentardes para orar, se tiverdes qualquer coisa contra alguém, perdoai-lhe, a fim de que vosso Pai, que está nos céus,

---

[111] N.T.: Como se vê acima, em lugar do título "Pedi e obtereis", Allan Kardec desenvolve, na edição de 1866, o capítulo "Estranha moral", ausente da edição de 1864, embora muitos dos temas nele tratados se achem contemplados no capítulo XXV da presente edição, sob a rubrica "Máximas diversas". Finalmente, os assuntos arrolados no capítulo XXIII da 1ª edição deste livro correspondem aos que são abordados no capítulo XXVII da edição definitiva de 1866".

também vos perdoe os pecados. Se não perdoardes, vosso Pai, que está nos céus, também não vos perdoará os pecados. (Marcos, 11:25 e 26.)

259. Disse também esta parábola a alguns que punham sua confiança em si, como sendo justos, e desprezavam os outros:

Dois homens subiram ao templo para orar. Um era fariseu; o outro, publicano. O fariseu, mantendo-se de pé, orava assim, consigo mesmo: Meu Deus, eu vos rendo graças por não ser como os outros homens que são ladrões, injustos e adúlteros, nem mesmo como esse publicano. Jejuo duas vezes na semana; dou o dízimo de tudo o que possuo.

O publicano, ao contrário, conservando-se afastado, não ousava, sequer, erguer os olhos ao céu; mas batia no peito, dizendo: Meu Deus, tem piedade de mim, que sou pecador.

Declaro-vos que este voltou para sua casa justificado, e o outro não, porque aquele que se eleva será rebaixado e aquele que se humilha será elevado. (Lucas, 18:9 a 14.)

260. Jesus definiu claramente as qualidades da prece. Quando orardes, diz ele, não vos ponhais em evidência, mas orai em segredo. Não afeteis orar muito, pois não é pela multiplicidade das palavras que sereis ouvidos, mas pela sinceridade delas. Antes de orardes, se tiverdes qualquer coisa contra alguém, perdoai-lhe, visto que a prece não pode ser agradável a Deus, se não parte de um coração purificado de todo sentimento contrário à caridade. Orai, enfim, com humildade, como o publicano, e não com orgulho, como o fariseu.

Ação da prece

261. A prece é uma invocação. Por intermédio dela o homem entra em comunicação, pelo pensamento, com o ser a quem se dirige. Pode ter por objeto um pedido, um agradecimento, ou uma glorificação. Podemos orar por nós mesmos ou por outros, pelos vivos ou pelos mortos. As preces feitas a Deus são ouvidas pelos Espíritos encarregados

da execução de suas vontades; as que se dirigem aos Espíritos bons são reportadas a Deus. Quando alguém ora a outros seres que não a Deus, está recorrendo a intermediários, a intercessores, visto que nada se faz sem a vontade de Deus.

262. O Espiritismo torna compreensível a ação da prece, ao explicar o modo de transmissão do pensamento, quer o ser a quem oramos atenda ao nosso apelo, quer apenas lhe chegue o nosso pensamento. Para compreendermos o que se passa em tal circunstância, precisamos imaginar todos os seres, encarnados e desencarnados, mergulhados no fluido universal que ocupa o Espaço, tal qual nos achamos, neste mundo, dentro da atmosfera. Esse fluido recebe um impulso da vontade; é o veículo do pensamento, como o ar é o veículo do som, com a diferença de que as vibrações do ar são circunscritas, ao passo que as do fluido universal se estendem ao Infinito. Quando, pois, o pensamento é dirigido a um ser qualquer, na Terra ou no Espaço, de encarnado para desencarnado, ou de desencarnado para encarnado, estabelece-se uma corrente fluídica entre um e outro, transmitindo o pensamento, como o ar transmite o som.

A energia da corrente guarda proporção com a do pensamento e da vontade. É assim que os Espíritos ouvem a prece que lhes é dirigida, qualquer que seja o lugar onde se encontrem; é assim que os Espíritos se comunicam entre si, que nos transmitem suas inspirações, que se estabelecem relações a distância entre encarnados.

Essa explicação se dirige principalmente aos que não compreendem a utilidade da prece puramente mística. Não tem por objetivo materializar a prece, mas tornar inteligível os seus efeitos, mostrando que pode exercer ação direta e efetiva. Nem por isso essa ação deixa de estar subordinada à vontade de Deus, Juiz supremo em todas as coisas, o único que está apto a torná-la eficaz.

Eficácia da prece

263. Há pessoas que contestam a eficácia da prece, baseando-se no princípio de que, conhecendo Deus as nossas necessidades, é supérfluo

lhas expor. Acrescentam ainda que, como tudo se encadeia no universo por leis eternas, as nossas súplicas não podem mudar os decretos de Deus. Sem dúvida, há leis naturais e imutáveis que Deus não pode derrogar ao capricho de cada um, mas, daí a crer-se que todas as circunstâncias da vida estão submetidas à fatalidade, vai grande distância. Se fosse assim, o homem não passaria de um instrumento passivo, sem livre-arbítrio e sem iniciativa. Nessa hipótese, só lhe restaria curvar a cabeça sob o golpe de todos os acontecimentos, sem procurar evitá-los; não deveria tentar desviar-se do raio. Deus não lhe deu a razão e a inteligência para que não as utilizasse; a vontade, para não querer; a atividade, para ficar inativo. Como o homem é livre para agir num sentido ou em outro, seus atos acarretam, a ele e às demais pessoas, consequências subordinadas ao que ele faz ou não faz. Há, portanto, por iniciativa dele, acontecimentos que forçosamente escapam à fatalidade e que não destroem a harmonia das leis universais, do mesmo modo que o avanço ou o atraso do ponteiro de um relógio não anula a lei do movimento sobre a qual se funda o mecanismo. Deus pode, pois, consentir com certos pedidos, sem derrogar a imutabilidade das leis que regem o conjunto, subordinada sempre essa anuência à sua vontade.

264. Seria ilógico concluir desta máxima: "Seja o que for que peçais na prece, crede que vos será concedido", que basta pedir para obter, como seria injusto acusar a Providência se não atender a toda súplica que lhe é feita, uma vez que ela sabe, melhor do que nós, o que é para o nosso bem. É assim que procede um pai criterioso que recusa ao filho o que seja contrário aos seus interesses. O homem, em geral, só vê o presente. Ora, se o sofrimento é útil à sua felicidade futura, Deus o deixará sofrer, como o cirurgião deixa que o doente sofra as dores de uma operação que lhe trará a cura. O que Deus concederá ao homem, se ele lhe pedir com confiança, é a coragem, a paciência e a resignação. Também lhe concederá os meios de se livrar por si mesmo das dificuldades, mediante ideias que fará que os Espíritos bons lhe sugiram, deixando-lhe dessa forma o mérito da ação. Ele assiste os que se ajudam a si mesmos, conforme esta máxima: "Ajuda-te, que o Céu te ajudará", e não os que tudo esperam de um socorro estranho, sem fazer uso das próprias faculdades. Entretanto, na maioria das vezes, o que o homem quer é ser socorrido por um milagre, sem nada fazer de sua parte.

265. Tomemos um exemplo. Um homem está perdido no deserto. Sofre de sede terrível; sente-se desfalecer, cai por terra. Pede a Deus que o assista e espera. Nenhum anjo lhe virá dar de beber. Entretanto, um Espírito bom lhe *sugere* a ideia de levantar-se e tomar um dos caminhos que tem diante de si. Então, por um movimento maquinal, reunindo todas as forças que lhe restam, ele se ergue, caminha e descobre ao longe um regato. Ao divisá-lo, ganha coragem. Se tem fé, exclamará: "Obrigado, meu Deus, pela ideia que me inspiraste e pela força que me deste". Se não tem fé, dirá: "Que boa ideia *eu tive*! Que *sorte* a minha de tomar o caminho da direita, em vez do da esquerda; o acaso, às vezes, nos serve admiravelmente! Quanto me felicito pela *minha* coragem e por não me ter deixado abater!"

Mas, dirão, por que o Espírito bom não lhe disse claramente: "Segue este caminho, no fim do qual encontrarás aquilo de que necessitas?" Por que não lhe foi mostrado o caminho, para guiá-lo e sustentá-lo no seu desfalecimento? Dessa maneira o Espírito bom o teria convencido da intervenção da Providência. Em primeiro lugar, para lhe ensinar que cada um deve ajudar-se a si mesmo e fazer uso das próprias forças. Depois, pela incerteza, Deus põe à prova a confiança que o homem deposita nele e a submissão deste à sua vontade. Aquele homem estava na situação de uma criança que cai e que, percebendo alguém, se põe a gritar e fica à espera de que venham levantá-la; se não vê ninguém, faz esforços e se ergue sozinha.

Se o anjo que acompanhou Tobias lhe tivesse dito: "Sou enviado por Deus para te guiar na tua viagem e te preservar de todo perigo", Tobias não teria tido mérito algum. Fiando-se no seu companheiro nem mesmo teria necessidade de pensar. Foi por isso que o anjo só se deu a conhecer ao regressarem.

266. Pela prece o homem atrai o concurso dos Espíritos bons, que vêm sustentá-lo em suas boas resoluções e inspirar-lhe bons pensamentos.

Ele adquire, desse modo, a força moral necessária para vencer as dificuldades e voltar ao caminho reto, se deste se afastou. Por esse meio, pode também desviar de si os males que atrairia pelas suas próprias faltas. Um homem, por exemplo, vê sua saúde arruinada pelos excessos que cometeu, e arrasta, até o fim de seus dias, uma vida de sofrimento; terá o direito de queixar-se, se não obtiver a cura que deseja? Não, porque poderia ter encontrado na prece a força de resistir às tentações.

267. Se dividirmos em duas partes os males da vida, uma constituída dos males que o homem não pode evitar, outra das tribulações de que ele mesmo é a causa principal, pela sua incúria ou por seus excessos (item 44), ver-se-á que a segunda excede em grande número a primeira. Torna-se, pois, bastante evidente que o homem é o autor da maior parte das suas aflições, das quais se pouparia se agisse sempre com prudência e sabedoria.

Não é menos certo que essas misérias resultam das nossas infrações às Leis de Deus e que, se as observássemos regularmente, seríamos completamente felizes. Se não ultrapassássemos o limite do necessário, na satisfação das nossas necessidades, não teríamos as doenças que resultam dos excessos, nem experimentaríamos as vicissitudes que essas doenças acarretam. Se puséssemos limites à nossa ambição, não temeríamos a ruína; se não quiséssemos subir mais alto do que podemos, não recearíamos a queda; se fôssemos humildes, não sofreríamos as decepções do orgulho humilhado; se praticássemos a lei de caridade, não seríamos maledicentes, nem invejosos, nem ciumentos, e evitaríamos as querelas e dissensões; se não fizéssemos mal a ninguém, não temeríamos as vinganças etc.

Admitamos que o homem nada possa com relação aos outros males; que toda prece lhe seja inútil para livrar-se deles; já não seria muito libertar-se de todos os que resultam da sua maneira de proceder? Ora, aqui, facilmente se concebe a ação da prece, pois ela tem por efeito atrair a salutar inspiração dos Espíritos bons, pedir-lhes a força para resistir aos maus pensamentos, cuja realização nos pode ser funesta. Nesse caso, *não é o mal que eles afastam; eles apenas desviam de nós o mau pensamento que nos pode causar dano; não contrariam em nada os decretos de Deus nem suspendem o curso das leis da natureza, embora impeçam que as infrinjamos, dirigindo o nosso livre-arbítrio.* Agem, contudo, à nossa revelia, de maneira oculta, para não subjugar nossa vontade. O homem se acha então na posição de alguém que solicita bons conselhos e os põe em prática, mas guardando a liberdade de segui-los ou não. Deus quer que seja assim, para que o homem tenha a responsabilidade dos seus atos e o mérito da escolha entre o bem e o mal. Eis o que o homem pode estar sempre certo de receber, se pedir com fervor, e é principalmente nesse caso que se podem aplicar estas palavras: "Pedi e obtereis".

A eficácia da prece, mesmo reduzida a essa proporção, já não traria resultados imensos? Estava reservado ao Espiritismo provar-nos a ação da prece, ao nos revelar as relações existentes entre o mundo *visível* e o mundo *invisível*.[112] Os efeitos da prece, contudo, não se limitam aos que acabamos de apontar.

A prece é recomendada por todos os Espíritos. Renunciar à prece é desconhecer a bondade de Deus; é recusar, para si, a sua assistência e, para os outros, abrir mão do bem que lhes pode fazer.

268. Atendendo ao pedido que lhe é feito, Deus muitas vezes tem em vista recompensar a intenção, o devotamento e a fé daquele que ora. É por isso que a prece do homem de bem tem mais merecimento aos olhos de Deus e sempre mais eficácia, considerando-se que o homem vicioso e mau não pode orar com o fervor e a confiança que só o sentimento da verdadeira piedade pode dar. Do coração do egoísta, daquele que ora com os lábios, podem sair apenas *palavras*, mas não os impulsos de caridade que dão à prece todo o seu poder. Isso se compreende tão claramente que, por um impulso instintivo, quem se quer recomendar às preces de outrem dá preferência às preces daqueles cujo proceder deve ser agradável a Deus, pois são mais prontamente ouvidos.

---

[112] N.T.: Na edição de 1866, as duas palavras acima, que grifamos, foram substituídas pelos termos "corpóreo" e "espiritual", respectivamente.

269. Já que a prece exerce uma espécie de ação magnética, poder-se-ia supor que seu efeito depende da força fluídica. Mas não é assim que ocorre. Exercendo essa ação sobre os homens, os Espíritos suprem, em caso de necessidade, a insuficiência daquele que ora, seja agindo diretamente *em seu nome*, seja lhe dando momentaneamente uma força excepcional, quando o julgam digno desse favor, ou quando ela lhe pode ser proveitosa.

O homem que não se considere suficientemente bom para exercer uma influência salutar, não deve por isso abster-se de orar pelos outros, com a ideia de que não é digno de ser ouvido. A consciência da sua inferioridade é uma prova de humildade, sempre grata a Deus, que leva em conta a intenção caridosa que o anima. Seu fervor e sua confiança são um primeiro passo para sua conversão ao bem, conversão que os Espíritos bons se sentem felizes em estimular. A prece que é repelida é a do *orgulhoso, que tem fé em seu poder e em seus méritos e acredita ser-lhe possível sobrepor-se à vontade do Eterno.*

Prece pelos mortos e pelos Espíritos sofredores

270. Os Espíritos sofredores reclamam preces e estas lhes são proveitosas, porque, verificando que há quem pense neles, sentem-se menos abandonados, menos infelizes. Mas a prece tem sobre eles uma ação mais direta: reanima-os, incute-lhes o desejo de se elevarem pelo arrependimento e pela reparação e pode desviar-lhes o pensamento do mal. É nesse sentido que a prece pode não apenas aliviar, como abreviar seus sofrimentos.

271. Certas pessoas não admitem a prece pelos mortos, porque, segundo acreditam, a alma só tem duas alternativas: ser salva ou ser condenada às penas eternas, de modo que, num e noutro caso, a prece é inútil. Sem discutir o valor dessa crença, admitamos, por alguns instantes, a realidade das penas eternas e irremissíveis e que as nossas preces

sejam impotentes para pôr-lhes um termo. Perguntamos se, nessa hipótese, será lógico, será caridoso, será cristão recusar a prece pelos condenados? Tais preces, por mais impotentes que fossem para os libertar, não lhes seriam uma demonstração de piedade capaz de abrandar-lhes os sofrimentos? Na Terra, quando um homem é condenado perpetuamente, mesmo quando não haja a mínima esperança de obter-se para ele o perdão, será proibido a uma pessoa caridosa ir carregar seus grilhões para aliviá-lo desse peso? Quando alguém é atacado de mal incurável, dever-se-á abandoná-lo sem lhe proporcionar alívio algum, só porque não há nenhuma esperança de cura para ele? Lembrai-vos de que, entre os condenados, pode achar-se uma pessoa que vos foi cara, um amigo, talvez um pai, uma mãe ou um filho; pelo fato de esse ente não ser perdoado, segundo credes, recusar-lhe-íeis um copo de água para mitigar-lhe a sede? um bálsamo que lhe seque as chagas? Não faríeis por ele o que faríeis por um condenado? Não lhe daríeis uma prova de amor, uma consolação? Não, isso não seria cristão.[113]

A não eternidade das penas não implica a negação de uma penalidade temporária, porque Deus, em sua justiça, não pode confundir o bem e o mal. Ora, negar, neste caso, a eficácia da prece, seria negar a eficácia da consolação, dos encorajamentos e dos bons conselhos; seria negar a força que haurimos da assistência moral dos que nos querem bem.

272. Outros se fundam numa razão mais enganadora: a imutabilidade dos decretos divinos. Deus, dizem esses, não pode mudar suas decisões a pedido das criaturas; sem isso, o mundo não teria estabilidade. O homem, pois, nada tem de pedir a Deus, só lhe cabendo submeter-se e adorá-lo.

Há nessa ideia uma falsa aplicação do princípio da imutabilidade da Lei divina, ou melhor, ignorância da Lei no que diz respeito à penalidade futura. Essa Lei é hoje revelada pelos Espíritos do Senhor, quando o homem já está maduro para compreender o que, em matéria de fé, é conforme ou contrário aos atributos divinos.

---

[113] N.T.: Logo em seguida à palavra *cristão*, Allan Kardec acrescentou a seguinte frase na edição de 1866: "Uma crença que petrifica o coração é incompatível com a crença num Deus que põe na primeira categoria dos deveres o amor ao próximo".

Segundo o dogma da eternidade absoluta das penas, não se levam em conta os remorsos, nem o arrependimento do culpado. Para ele, todo desejo de melhorar-se é inútil: está condenado a permanecer perpetuamente no mal. Se sua condenação for por determinado tempo, a pena cessará quando o tempo tiver expirado. Mas quem poderá afirmar que ele então possua melhores sentimentos? Quem poderá dizer que, a exemplo de muitos condenados da Terra, ao sair da prisão ele não seja tão mau quanto antes? No primeiro caso, seria manter na dor do castigo um homem que retornou ao bem; no segundo, seria agraciar aquele que continua culpado. A Lei de Deus é mais previdente do que isso. Sempre justa, equitativa e misericordiosa, não estabelece nenhuma duração para a pena, seja ela qual for. Ela se resume assim:

273. "O homem sofre sempre a consequência de suas faltas; não há uma só infração à Lei de Deus que não acarrete sua punição".

"A severidade do castigo é proporcional à gravidade da falta".

"A duração do castigo é indeterminada, seja qual for a falta; *está subordinada ao arrependimento do culpado e ao seu retorno à senda do bem*. A pena dura tanto quanto a obstinação no mal; seria perpétua se a obstinação fosse perpétua; dura pouco, se o arrependimento é imediato".

"Desde que o culpado clame por misericórdia, Deus o ouve e lhe concede esperança. Mas não basta o simples pesar do mal causado: é necessária a reparação. Por isso, o culpado é submetido a novas provas, nas quais sempre pode, por sua livre vontade, praticar o bem e reparar o mal que haja feito".

"Assim, o homem é constantemente, o árbitro da sua própria sorte; pode abreviar ou prolongar indefinidamente o seu suplício; sua felicidade ou sua desventura dependem da vontade que tenha de praticar o bem".[114]

Tal é a Lei, Lei *imutável* e conforme à bondade e à Justiça de Deus.

Desse modo, o Espírito culpado e infeliz pode sempre salvar-se a si mesmo: a Lei de Deus lhe diz em que condições pode fazê-lo. O que lhe falta na maioria das vezes é a vontade, a força, a coragem. Se, por

---

[114] N.T.: Forma resumida do que seria, mais tarde, o "Código penal da vida futura" (*O céu e o inferno*, Primeira parte, cap. VII).

nossas preces, lhe inspiramos essa vontade, se o amparamos e o encorajamos; se, pelos nossos conselhos, lhe damos as luzes que lhe faltam, *em lugar de pedirmos a Deus que derrogue sua Lei, tornamo-nos instrumentos para a execução de outra lei, também sua, a de amor e caridade,* da qual Ele nos permite participar, dando a nós mesmos, com isso, uma prova de caridade.

Preces inteligíveis

274. A eficácia da prece está no pensamento. Não depende de palavras, nem de lugar, nem do momento em que seja feita. Pode-se, portanto, orar em toda parte e a qualquer hora, a sós ou em comum. A influência do lugar e do tempo só se faz sentir nas circunstâncias que favoreçam o recolhimento. *A prece em comum tem ação mais poderosa, quando todos os que oram se associam de coração a um mesmo pensamento e têm o mesmo objetivo*: é como se muitos clamassem juntos e em uníssono. Mas que importa reunir-se grande número de pessoas, se cada uma atua isoladamente e por conta própria? Cem pessoas reunidas podem orar como egoístas, enquanto duas ou três, ligadas por uma mesma aspiração, oram como verdadeiros irmãos em Deus, de sorte que a prece que dirijam a Deus terá mais força do que a das cem outras.

275. A prece só tem valor pelo pensamento que lhe está associado. Ora, é impossível conjugar um pensamento qualquer àquilo que não se compreende, pois o que não se compreende não pode tocar o coração. Para a imensa maioria das criaturas, as preces feitas numa língua que elas não entendem não passam de um amontoado de palavras que nada dizem ao espírito. Para que a prece toque, é preciso que cada palavra desperte uma ideia; ora, a palavra que não é entendida não pode despertar ideia alguma. Será repetida como simples fórmula, cuja virtude dependerá do maior ou menor número de vezes que a repitam. Muitos oram por dever, alguns, até, por obediência aos usos, pelo que se julgam quites, desde que tenham dito uma oração determinado número de vezes e em tal ou tal ordem. Deus lê no fundo dos corações;

vê o pensamento e a sinceridade. Julgá-lo, pois, mais sensível à forma do que ao fundo é rebaixá-lo.

Instruções dos Espíritos

276. O primeiro dever de toda criatura humana, o primeiro ato que deve assinalar sua volta à vida ativa de cada dia, é a prece. Quase todos vós orais, mas quão poucos são os que sabem orar! Que importam ao Senhor as frases que maquinalmente articulais, fazendo disso um hábito, um dever que cumpris e que vos pesa como qualquer dever?

A prece do cristão, do *espírita*, seja qual for seu culto, deve ser feita logo que o Espírito haja retomado o jugo da carne; deve elevar-se aos pés da Majestade divina com humildade, com profundeza, num ímpeto de reconhecimento por todos os benefícios recebidos até aquele dia; pela noite transcorrida, durante a qual lhe foi permitido, ainda que sem consciência disso, ir para junto de seus amigos, de seus guias, para haurir, no contato com eles, mais força e perseverança. A prece deve subir humilde aos pés do Senhor, para lhe recomendar a vossa fraqueza, para lhe suplicar amparo, indulgência e misericórdia. Deve ser profunda, porque é vossa alma que tem de elevar-se para o Criador, transfigurando-se como Jesus no Tabor, a fim de lá chegar alva e radiosa de esperança e de amor.

A vossa prece deve conter o pedido das graças de que necessitais, mas de que necessitais realmente. Inútil, portanto, pedir ao Senhor que abrevie vossas provas, que vos dê alegrias e riquezas. Rogai-lhe que vos conceda os bens mais preciosos da paciência, da resignação e da fé. Não digais, como sucede a muitos dentre vós: "Não vale a pena orar, porque Deus não me atende". O que é que pedis a Deus, na maioria dos casos? Pensastes alguma vez em lhe pedir a vossa melhoria moral? Oh! não; bem poucas vezes. O que preferentemente vos lembrais de pedir é o bom êxito para os vossos empreendimentos terrenos, e tendes exclamado com frequência: "Deus não se ocupa conosco; se se ocupasse, não haveria tantas injustiças". Insensatos! Ingratos! Se descêsseis ao fundo da consciência, quase sempre encontraríeis em vós mesmos o ponto de partida dos males de que vos queixais. Pedi, pois, antes de tudo, o vosso aprimoramento e vereis quantas torrentes de graças e de consolações se derramarão sobre vós.

Deveis orar incessantemente, sem que preciseis, para isso, vos recolher ao vosso oratório ou vos lanceis de joelhos nas praças públicas. A prece do dia é o cumprimento dos vossos deveres, sem exceção de nenhum, seja qual for a natureza deles. Não é um ato de amor a Deus assistirdes os vossos irmãos numa necessidade qualquer, moral ou física? Não é fazer um ato de reconhecimento elevardes a Ele vosso pensamento, quando uma felicidade vos advém, quando evitais um acidente, quando mesmo uma simples contrariedade vos toca de leve a alma, ao dizerdes em pensamento: *Sede bendito, meu Pai?!* Não é um ato de contrição vos humilhardes diante do Juiz supremo, quando sentis que falistes, ainda que somente por um pensamento fugaz, para lhe dizerdes: *Perdoai-me, meu Deus, porque pequei (por orgulho, por egoísmo ou por falta de caridade); dai-me forças para não falir de novo e coragem para a reparação da minha falta?*

Isso independe das preces regulares da manhã e da noite e dos dias consagrados. Como vedes, a prece pode ser feita em todos os instantes, sem acarretar nenhuma interrupção aos vossos trabalhos. Dita assim, ela, ao contrário, os santifica. Tende como certo que um só desses pensamentos, se partir do coração, é mais ouvido pelo vosso Pai celestial do que as longas orações ditas por hábito, muitas vezes sem causa determinante e às quais *sois chamados maquinalmente na hora convencional.* – V. Monod. (Bordeaux, 1862.)

277. Vinde, vós que desejais crer. Os Espíritos celestes acorrem a vos anunciar grandes coisas. Deus, meus filhos, abre seus tesouros para vos conceder todos os benefícios. Homens incrédulos! Se soubésseis quão grande bem faz a fé ao coração e como induz a alma ao arrependimento e à prece! A prece! ah! como são tocantes as palavras que saem da boca de quem ora! A prece é o orvalho divino que aplaca o calor excessivo das paixões. Filha primogênita da fé, ela nos encaminha para a senda que conduz a Deus. No recolhimento e na solidão, estais com Deus. Para vós, já não há mistérios, pois eles se vos desvendam.

Apóstolos do pensamento, para vós é a vida. Vossa alma se desprende da matéria e gravita por esses mundos infinitos e etéreos, que os pobres humanos desconhecem.

Marchai, marchai pelas veredas da prece e ouvireis as vozes dos anjos. Quanta harmonia! Já não são o ruído confuso e os sons estridentes da Terra; são as liras dos arcanjos, as vozes brandas e suaves dos serafins, mais delicadas que as brisas matinais, quando brincam na folhagem dos vossos bosques. Por entre que delícias não caminhareis! Vossa linguagem não poderá exprimir essa ventura, tão rápida ela entra por todos os vossos poros, tão viva e refrescante é a fonte em que se bebe, orando! Doces vozes, inebriantes perfumes, que a alma ouve e aspira, quando se lança a essas esferas desconhecidas e habitadas pela prece! Livres dos desejos carnais, todas as aspirações são divinas. Orai também como o Cristo, levando sua cruz ao Gólgota, ao Calvário. Carregai vossa cruz e sentireis as doces emoções que passavam em sua alma, embora sob o peso do madeiro infamante. Ele ia morrer, mas para viver a vida celestial na morada de seu Pai. – *Santo Agostinho*. (Paris, 1861.)

CAPÍTULO XXIV

Coletânea de preces espíritas

Preâmbulo

278. Os Espíritos sempre disseram: "A fórmula nada vale, o pensamento é tudo. Ore, pois, cada um, segundo suas convicções e da maneira que mais o toque. Um bom pensamento vale mais do que grande número de palavras com as quais o coração em nada tome parte."

Os Espíritos jamais prescreveram qualquer fórmula absoluta de preces. Quando dão alguma, é apenas para fixar as ideias e, sobretudo, para chamar a atenção sobre certos princípios da Doutrina Espírita. Fazem-no também com o fim de auxiliar os que sentem embaraço para externar suas ideias, pois algumas pessoas não acreditariam ter orado realmente, desde que não formulassem seus pensamentos.

A coletânea de preces contida neste capítulo é uma seleção feita entre as que foram ditadas pelos Espíritos em várias circunstâncias. Eles, sem dúvida, poderiam ter ditado outras, em termos diversos, apropriadas a certas ideias ou a casos especiais, mas pouco importa a forma, se o pensamento fundamental é o mesmo. O objetivo da prece consiste em elevar nossa alma a Deus; a diversidade das formas não deve estabelecer nenhuma diferença entre os que nele creem, nem, ainda menos, entre os adeptos do Espiritismo, porque Deus as aceita todas, desde que sinceras.

Com o propósito especial de chamar a atenção sobre o objeto de cada prece, e de tornar mais compreensível o seu alcance, todas vêm precedidas de uma instrução preliminar, de uma espécie de exposição de motivos, sob o título de *prefácio*.

Não se deve, pois, considerar esta coletânea como um formulário absoluto, mas apenas uma variedade entre as instruções que os Espíritos ministram. É uma aplicação dos princípios da moral evangélica desenvolvidos neste livro, um complemento aos ditados deles, relativos aos deveres para com Deus e o próximo.[115]

O Espiritismo reconhece como boas as preces de todos os cultos, quando ditas de coração, e não de lábios. Não impõe nem reprova nenhuma. Deus, segundo ele, é grande demais para repelir a voz que lhe implora ou lhe entoa louvores, porque o faz de um modo, e não de outro. *Quem quer que lance anátema às preces que não estejam no seu formulário provará que desconhece a grandeza de Deus*. Crer que Deus se atenha a uma fórmula é emprestar-lhe a pequenez e as paixões da humanidade.

I – Preces gerais

Oração dominical[116]

279. Prefácio. Os Espíritos recomendaram que puséssemos a *Oração dominical* no início desta coletânea, não somente como prece, mas também como símbolo. De todas as preces, é a que eles colocam em primeiro lugar, seja porque procede do próprio Jesus, seja porque pode suprir a todas, conforme os pensamentos que a ela associamos. É o mais perfeito modelo de concisão, verdadeira obra-prima de sublimidade na simplicidade. Com efeito, sob a forma mais singela, ela resume todos os deveres do homem para com Deus, para consigo mesmo e para com o próximo. Encerra uma profissão de fé, um ato de adoração e de submissão; o pedido das coisas necessárias à vida e o princípio da

---

[115] N.T.: Na edição definitiva de 1866, Allan Kardec conclui esse parágrafo acrescentando o seguinte: "[...] complemento em que são lembrados todos os princípios da Doutrina".
[116] N.T.: Na edição definitiva de 1866, a oração dominical é comentada passo a passo, versículo por versículo, e não resumidamente, como acontece na presente edição, de 1864.

caridade. Dizê-la na intenção de uma pessoa é pedir para ela o que se pediria para si mesmo.

Após ter definido as qualidades da prece e recomendado que não agíssemos como os que imaginam que é pela multiplicidade das palavras que serão atendidas (item 257), acrescenta o Cristo: Orareis desta maneira:

PRECE: Pai Nosso, que estais nos céus, santificado seja o vosso nome;

Venha a nós o vosso reino; seja feita a vossa vontade, assim na Terra como no Céu.

O pão nosso de cada dia, dai-nos hoje.

Perdoai nossas dívidas, assim como perdoamos aos nossos devedores (item 51).

Não nos deixeis entregues à tentação, mas livrai-nos do mal. Assim seja. (MATEUS, 5:9 a 13.)

Reuniões espíritas

280. Onde quer que se encontrem duas ou três pessoas reunidas em meu nome, Eu com elas estarei. (MATEUS, 18:20.)

281. Prefácio. Estarem reunidas, em nome de Jesus, duas, três ou mais pessoas, não quer dizer que basta que se achem materialmente juntas. É preciso que o estejam espiritualmente, pela comunhão de intenção e de ideias para o bem. Jesus, então, ou os Espíritos puros que o representam, se encontrarão na assembleia. O Espiritismo nos faz compreender como os Espíritos podem achar-se entre nós. Compareçem com seu corpo fluídico ou espiritual e sob a aparência que nos levaria a reconhecê-los, se se tornassem visíveis. Quanto mais elevados são na hierarquia espiritual, tanto maior é neles o poder de irradiação. É assim que possuem o dom da ubiquidade e podem estar simultaneamente em vários pontos; para isso, basta um raio de seu pensamento.

Pelas palavras acima, Jesus quis mostrar o efeito da união e da fraternidade. O que o atrai não é o maior ou menor número de pessoas que se reúnem, pois, em vez de duas ou três, poderia ter dito dez ou vinte, mas o sentimento de caridade que reciprocamente as anime. Ora, para isso, basta que haja duas. Contudo, se essas duas pessoas oram cada uma por seu lado, embora se dirijam ambas a Jesus, não há entre elas comunhão de pensamentos, sobretudo se não são movidas por sentimento de mútua benevolência. Se se olham com prevenção, com ódio, inveja ou ciúme, as correntes fluídicas de seus pensamentos se repelem, em vez de se unirem num impulso comum de simpatia. Nesse caso, *não estarão reunidas em nome de Jesus*. Jesus, então, não passa de *pretexto* para a reunião, e não seu motivo verdadeiro.

Isto não significa que Ele seja surdo à voz de uma única pessoa; e se Ele não disse: "Atenderei a todo aquele que me chamar", é que, antes de tudo, exige o amor do próximo, do qual se pode dar mais provas quando são muitos os que oram, com exclusão de todo sentimento pessoal, do que quando apenas um ora isoladamente. Segue-se que, se numa assembleia numerosa, somente duas ou três pessoas se unem de coração, pelo sentimento de verdadeira caridade, enquanto as outras se isolam e se concentram em pensamentos egoísticos ou mundanos, Ele estará com as primeiras, e não com as outras. Não é, pois, a simultaneidade das palavras, dos cânticos ou dos atos exteriores que constitui a reunião em nome de Jesus, mas a comunhão de pensamentos, em concordância com o espírito de caridade que Ele personifica (itens 108, 113, 258).

Tal deve ser o caráter das reuniões espíritas sérias, daquelas em que sinceramente se deseja o concurso dos Espíritos bons.

282. É em vão que se alega a utilidade de certas experiências curiosas, frívolas e engraçadas para convencer os incrédulos, uma vez que é totalmente oposto o resultado a que se chega. O incrédulo, já levado a ridicularizar as crenças mais sagradas, não pode ver como séria uma coisa de que fazem objeto de zombaria; só pode ser levado a respeitar o que lhe é apresentado de maneira respeitável; assim, reuniões fúteis e levianas, em que não há ordem, nem gravidade, nem recolhimento, provoca sempre má impressão. O meio de vencer sua incredulidade não é fazer-lhe ver coisas surpreendentes, que não compreende; mais do que seu espírito, é seu coração que deve ser tocado, a corda que nele deve vibrar e que devemos procurar. A presença de seres cuja memória lhe é cara é a única prova que pode convencê-los; é diante de suas palavras graves e solenes, e das revelações íntimas que faça, que se vê o incrédulo emocionar-se e tornar-se pálido. Mas, justamente por ter mais respeito, veneração e ligação com a pessoa cuja alma lhe é apresentada, é que fica chocado, escandalizado mesmo de vê-la comparecer a uma assembleia desrespeitosa, no meio de mesas que dançam e de graçolas de Espíritos levianos. Por mais incrédulo que seja sua consciência repele essa aliança do sério e do frívolo, do religioso e do profano, razão pela qual taxa tudo isso de charlatanice, muitas vezes saindo da reunião menos convencido do que quando entrou. Pior ainda quando ache que o queriam enganar, representando uma comédia.

Quase sempre, reuniões dessa natureza fazem mais mal do que bem, por afastarem da Doutrina mais pessoas do que as que a ela conduzem. Os espíritas e os médiuns sérios devem, pois, no próprio interesse do Espiritismo, evitar tudo quanto possa favorecê-las. (item 207.)

283. Prece. (Para o começo da reunião.) Suplicamos ao Senhor Deus Onipotente que envie Espíritos bons para nos assistirem; que afaste os que nos possam induzir em erro e nos conceda a luz necessária para distinguirmos a verdade da impostura.

Afasta, igualmente, Senhor, os Espíritos malfazejos, encarnados ou desencarnados, que tentem lançar a discórdia entre nós e desviar-nos da caridade e do amor ao próximo. Se alguns deles procurarem introduzir-se aqui, faze que não encontrem acesso no coração de nenhum de nós.

Espíritos bons que vos dignais de vir instruir-nos, tornai-nos dóceis aos vossos conselhos; afastai de nós toda ideia de egoísmo, orgulho, inveja e ciúme; inspirai-nos indulgência e benevolência para com nossos semelhantes, presentes ou ausentes, amigos ou inimigos; fazei, enfim, que pelos sentimentos de caridade, humildade, abnegação e devotamento de que nos achemos animados, reconheçamos a vossa influência salutar.[117]

---

[117] N.T.: Na edição de 1866, o último período deste parágrafo ganhou a seguinte redação: "Fazei enfim, que, pelos sentimentos de que nos achemos animados, reconheçamos vossa influência salutar".

Dai aos médiuns, que escolherdes para transmitir os vossos ensinamentos, a consciência da santidade do mandato que lhes é confiado e da gravidade do ato que vão praticar, a fim de que o façam com o fervor e o recolhimento necessários.

Se, na assembleia, se encontrarem pessoas que tenham vindo atraídas por outros sentimentos que não os do bem, abri-lhes os olhos à luz e que Deus lhes perdoe, se vierem com intenções malévolas.[118]

Pedimos, especialmente, ao Espírito N..., nosso guia espiritual, que nos assista e vele por nós.

284. (Para o fim da reunião.) Agradecemos aos Espíritos bons que se dignaram comunicar-se conosco e lhes rogamos que nos ajudem a pôr em prática as instruções que nos deram, fazendo com que cada um de nós, ao sair daqui, se sinta fortalecido para a prática do bem e do amor ao próximo.

Desejamos igualmente que essas instruções sejam proveitosas aos Espíritos sofredores, ignorantes ou viciosos que puderam assistir a esta reunião e para os quais imploramos a misericórdia de Deus.

Para os médiuns

285. Prefácio. Quis o Senhor que a luz se fizesse para todos os homens e que em toda parte penetrasse a voz dos Espíritos, a fim de que cada um pudesse obter a prova da imortalidade. É com esse objetivo que os Espíritos se manifestam hoje em todos os pontos da Terra.[119]

Os médiuns são os intérpretes encarregados de transmitir aos homens os ensinos dos Espíritos; ou, melhor, *são os órgãos materiais pelos quais os Espíritos se expressam, tornando-se inteligíveis aos homens*. Sua missão é santa, visto ter por objetivo abrir os horizontes da vida

---

[118] N.T.: O parágrafo acima recebeu a seguinte redação na edição de 1866: "Se, em nossa reunião, se encontrarem pessoas que tenham vindo atraídas por outros que sentimentos que não os do bem, abri-lhes os olhos à luz e perdoai-lhes, como nós lhes perdoamos, se vierem com intenções malévolas".

[119] N.T.: No final do parágrafo acima e dele fazendo parte, Allan Kardec acrescentou o seguinte complemento à edição de 1866, a saber: "A mediunidade se revela em pessoas de todas as idades e de todas as condições, nos homens como nas mulheres, nas crianças como nos velhos. É um dos sinais de que chegaram os tempos preditos".

eterna. Seria equivocar-se acreditar que não passam de instrumentos adequados à satisfação da curiosidade.[120]

A mediunidade é uma faculdade preciosa. Os que dela são dotados devem agradecer a Deus, por lhes ter dado um dom mais precioso que o da vista corpórea. Devem, portanto, cultivá-la cuidadosamente como uma planta delicada, evitando tudo quanto lhe possa ofuscar o brilho; por isso, deve ser conduzida com sabedoria e prudência.

286. Para conhecer as coisas do mundo visível e descobrir os segredos da natureza material, Deus concedeu ao homem a vista corpórea, os sentidos e instrumentos especiais. Com o telescópio ele mergulha o olhar nas profundezas do Espaço e, com o microscópio, descobriu o mundo dos infinitamente pequenos. Para penetrar no mundo invisível, Deus lhe deu a mediunidade. Contudo, assim como a mediunidade não pode substituir os instrumentos da Ciência, também esta não pode suprir os daquela, porque operam sobre elementos e em meios completamente diversos. A cada coisa, as qualidades e as propriedades relativas à sua destinação. Seria, pois, desviar a mediunidade de seu fim providencial querer fazê-la servir às coisas da Terra. Os Espíritos vêm instruir o homem sobre seus destinos futuros, a fim de o reconduzirem ao caminho do bem, e não para o pouparem ao trabalho material que aqui deve cumprir com vistas ao seu adiantamento, nem para lhe favorecer a ambição e a cupidez. Eis do que os médiuns devem compenetrar-se bem, para não fazerem mau uso de sua faculdade. Aquele que compreende a gravidade do mandato de que está investido o desempenha religiosamente. Sua consciência lhe censuraria, como ato sacrílego, a utilização, como divertimento ou distração, *para si ou para os outros*, de faculdades que lhe são concedidas para fins sérios e que o põem em comunicação com os seres de além-túmulo. Se os próprios incrédulos têm escrúpulos em respeitar os restos mortais dos que já viveram, devem, com mais forte razão, respeitar sua alma. Jamais se brinca impunemente com tais coisas, pois quem abusa dessas faculdades, cedo ou tarde e mesmo nesta vida lhe sofrerá as consequências.

---

[120] N.T.: O último período deste parágrafo foi excluído da edição definitiva de 1866.

287. A mediunidade consiste na aptidão que têm algumas pessoas de receber comunicações dos seres do mundo invisível, pelos diversos meios de que estes podem dispor. Contudo, tal aptidão não implica de modo algum a obrigação, por parte dos Espíritos, de se manifestarem quando invocados. Como têm livre-arbítrio, comunicam-se quando querem, ou quando podem, a quem lhes agrade e quando lhes convém. Assim, não há um só médium, por mais dotado que seja, capaz de obrigar tal ou qual Espírito, ou mesmo um Espírito qualquer, a comparecer ao seu chamado. Assim, o exercício da mediunidade está sempre subordinado à vontade dos Espíritos; pode falhar no momento em que o médium menos espera. Aquele que a possui hoje nunca está certo de possuí-la amanhã, visto que lhe pode ser retirada momentânea ou definitivamente, seja no interesse do médium, seja para lhe provar que não deve abusar nem envaidecer-se de uma faculdade que não lhe pertence.

Se o médium pode receber comunicações dos Espíritos bons, igualmente pode receber a dos Espíritos maus, a dos leviano, zombeteiros, mentirosos ou perversos, que se comprazem em enganar, mistificar ou obsediar quem quer que não se previna de sua atuação. Este o escolho da mediunidade, não havendo um só médium que possa vangloriar-se de estar completamente livre da influência dos Espíritos maus. Há que se distinguir a qualidade dos que se manifestam, e é em granjear a simpatia dos Espíritos bons que o médium deve empenhar todos os esforços, caso queira que sua faculdade seja proveitosa a si e aos outros.

O que faz o mérito de um médium não é, portanto, sua maior ou menor facilidade de comunicar-se com os Espíritos, pois essa facilidade pode estender-se a todas as categorias. Um médium só é realmente bom quando é útil; ora, ele não pode ser útil se recebe, habitualmente, comunicações de Espíritos enganadores, e se não pode livrar-se deles, seria melhor que renunciasse ao exercício de sua faculdade do que fazer dela um instrumento da mentira.

288. O bom médium é o que reúne, à facilidade com que executa sua tarefa, a assistência habitual dos Espíritos bons. O médium perfeito seria o que jamais se deixa enganar e sobre o qual os Espíritos maus

não exercessem nenhuma ação. É em alcançar tanto quanto possível esse resultado que devem tender os esforços de todo médium sério, que aspire a receber a qualificação de intérprete fiel. Somente as qualidades morais lhe podem garantir o concurso permanente dos Espíritos bons, devendo ele aplicar-se por obtê-las, em favor da sua própria melhoria. Prova a experiência que nos médiuns mais bem favorecidos quanto à aptidão que possuem a pureza e a sinceridade das comunicações guardam relação direta com a pureza dos sentimentos e da intenção; que naqueles que não aproveitam os conselhos que recebem, as comunicações obtidas, após terem revelado certo brilho durante algum tempo, degeneram pouco a pouco e acabam caindo no erro, no palavrório ou no ridículo, sinal incontestável do afastamento dos Espíritos bons e prelúdio das mais cruéis decepções; ao contrário, elas se engrandecem em verdade e profundidade com o desenvolvimento das qualidades morais.

Os Espíritos bons vão a toda parte onde o bem os atrai; o mal os repele, assim como o bem repele os maus. Se, por vezes, se servem de instrumentos imperfeitos, é para lhes dar bons conselhos e tentar reconduzi-los ao bem. Mas se encontram corações endurecidos e se seus conselhos não são ouvidos, retiram-se, ficando os maus com o campo livre.

As condições mais adequadas para o médium conquistar a simpatia e a assistência dos Espíritos bons são a pureza de coração, a piedade, a humildade, o desinteresse material e moral, o devotamento, todas aquelas, enfim, que tendem a elevar a alma. As causas que os afastam são o orgulho, o egoísmo, a inveja, o ciúme, a sensualidade, todas as paixões inferiores, a falta de caridade para com o próximo, a pretensão de nunca ser enganado, o emprego da faculdade para coisas fúteis, de pura curiosidade e de interesses materiais. O médium que queira que sua faculdade cresça e se desenvolva tem que se engrandecer moralmente e abster-se de tudo que possa concorrer para desviá-la do seu fim providencial.

289. Uma das imperfeições mais frequentes dos médiuns e das que mais lhes desvirtuam a faculdade é o orgulho, que os leva a exagerar sua importância pessoal, sobre o valor das comunicações que recebem, sobre a infalibilidade dos Espíritos que por eles se manifestam e que, por

isso mesmo, tomam em consideração os maus conselhos que lhes dão ou não aplicam a si os que recebem dos Espíritos bons. É esse sentimento que excita, em alguns deles, a inveja contra os outros médiuns, levando-os a desacreditar os que estes obtêm. Como nenhum sentimento mau pode ser inspirado por um Espírito bom, pode-se estar certo de que todo médium que se encontre num desses casos sofre uma influência má e, por conseguinte, não pode ser classificado na categoria dos médiuns verdadeiramente úteis.

290. Como intérpretes do ensino dos Espíritos, os médiuns devem desempenhar importante papel na transformação moral que se opera. Os serviços que podem prestar guardam proporção com a boa diretriz que imprimam às suas faculdades, porque os que enveredam por mau caminho são mais nocivos do que úteis à causa do Espiritismo. Pela má impressão que causam, retardam mais de uma conversão. É por isso que terão de prestar contas do uso que hajam feito de uma faculdade que lhes foi concedida para o bem de seus semelhantes. É, pois, dever de todos os espíritas sinceros que desejam o progresso da Doutrina ajudar com seus conselhos os que deles necessitam e, tanto quanto possível, encaminhar os que se afastaram do bom caminho. Se não podem alcançar tais resultados, devem abster-se de tudo que os leve a dar-lhes crédito, porque, agir de outro modo seria encorajá-los e solidarizar-se com o mal que possam fazer. Se os conselhos dados forem inúteis, o afastamento dos espíritas sérios lhes será a advertência mais proveitosa. Quando se virem desprezados em vez de procurados, compreenderão melhor que não estão no bom caminho.

291. Conseguir a assistência dos Espíritos bons, afastar os Espíritos leviano e mentirosos, tal deve ser a meta dos constantes esforços de todos os médiuns sérios. Sem isso, a mediunidade se torna uma faculdade estéril, capaz mesmo de redundar em prejuízo para quem a possui, pois pode degenerar em perigosa obsessão. O médium que compreende seu dever, longe de se orgulhar de uma faculdade que não lhe pertence, visto que lhe pode ser retirada, atribui a Deus as boas coisas que obtém. Se suas comunicações receberem elogios, não se envaidecerá

disso, porque sabe que independem do seu mérito pessoal; agradece a Deus por haver permitido que os Espíritos bons se manifestassem por seu intermédio. Se derem lugar à crítica, não se ofende, porque não são obra do seu próprio Espírito; diz, ao contrário, que não foi bom instrumento e que não dispõe de todas as qualidades necessárias para resistir à intromissão dos Espíritos maus. É por isso que procura adquirir essas qualidades, rogando, por meio da prece, as forças que lhe faltam.

292. PRECE. Deus Onipotente, permite que os Espíritos bons me assistam na comunicação que solicito. Preserva-me da presunção de me julgar resguardado dos Espíritos maus; do orgulho que poderia me induzir em erro sobre o valor do que obtenha; de todo sentimento contrário à caridade para com os médiuns. Se cair em erro, inspira a alguém a ideia de me advertir disso e a mim a humildade que me faça aceitar a crítica com reconhecimento, tomando como dirigidos a mim mesmo, e não aos outros, os conselhos que os Espíritos bons me queiram ditar.

Se for tentado a cometer abuso, no que quer que seja, ou a me envaidecer da faculdade que te aprouve conceder-me, peço-te que a retires de mim, de preferência a permitires que seja desviada do seu fim providencial, que é o bem de todos e o meu próprio avanço moral.

II – Preces pessoais

Aos anjos da guarda e aos Espíritos protetores

293. Prefácio. Todos temos, desde o nascimento, um Espírito bom que se ligou a nós e nos tomou sob sua proteção. Desempenha, junto a nós, a missão de um pai para com seu filho: a de nos conduzir pelo caminho do bem e do progresso, através das provações da vida. Sente-se feliz, quando correspondemos à sua solicitude; sofre, quando nos vê sucumbir.

Pouco nos importa seu nome, pois pode acontecer que ele não tenha nome conhecido na Terra. Invocamo-lo, então, como nosso anjo da guarda, nosso bom gênio. Podemos mesmo invocá-lo sob o nome de qualquer Espírito superior, que nos inspire a mais viva e particular simpatia.

Além do nosso anjo da guarda, que é sempre um Espírito superior, temos Espíritos protetores que, embora menos elevados, não são menos bons e benevolentes; são parentes, amigos, ou, algumas vezes, pessoas que não conhecemos na existência atual. Assistem-nos com seus conselhos, intervindo, muitas vezes, nos atos da nossa vida.

Espíritos simpáticos são os que se ligam a nós por certa analogia de gostos e de pendores. Podem ser bons ou maus, conforme a natureza das inclinações que os atraem.

Os Espíritos sedutores se esforçam por nos afastar do caminho do bem, sugerindo-nos maus pensamentos. Aproveitam-se de todas as nossas fraquezas, como de outras tantas portas abertas, que lhes dão acesso à nossa alma. Há os que se agarram a nós como a uma presa, mas que *se afastam quando se reconhecem impotentes para lutar contra a nossa vontade*.

Deus nos deu um guia principal e superior em nosso anjo da guarda, e guias secundários em nossos Espíritos protetores e familiares. Mas é erro acreditar que temos *forçosamente* um gênio mau ao nosso lado para contrabalançar as boas influências. Os Espíritos maus comparecem *voluntariamente*, desde que achem meio de assumir predomínio sobre nós, seja pela nossa fraqueza, seja pela negligência em seguirmos as inspirações dos Espíritos bons.[121] Resulta desse fato que jamais nos encontramos privados da assistência dos Espíritos bons e que depende de nós o afastamento dos maus.[122], [123]

294. Prece. Espíritos esclarecidos e benevolentes, mensageiros de Deus, cuja missão é assistir os homens e conduzi-los pelo bom caminho,

---

[121] N.T.: Após a expressão "Espíritos bons", Allan Kardec acrescentou a seguinte frase na edição de 1866: "Somos nós, portanto, que os atraímos".
[122] Na edição de 1866, o parágrafo acima termina com o seguinte período: "Sendo o homem, por suas imperfeições, a causa primeira das misérias que o afligem, ele é, na maioria das vezes, o seu próprio gênio mau".
[123] N.T.: Após este parágrafo e antes do item 294, Allan Kardec acrescentou o seguinte, ausente na edição de 1864: "A prece aos anjos da guarda e aos Espíritos protetores deve ter por objetivo solicitar a intercessão deles junto de Deus, pedir-lhes força para resistir às más sugestões, bem como sua assistência nas necessidades da vida".

sustentai-me nas provas desta vida; dai-me a força de suportá-las sem queixumes; afastai de mim os maus pensamentos e fazei que eu não dê acesso a nenhum Espírito mau que queira induzir-me ao mal. Esclarecei minha consciência com relação aos meus defeitos e tirai-me de sobre os olhos o véu do orgulho, capaz de impedir que eu os perceba e os confesse a mim mesmo.

A ti, sobretudo, N..., meu anjo da guarda, que mais particularmente velas por mim, e a todos vós, Espíritos protetores, que vos interessais por mim, fazei que eu me torne digno da vossa benevolência. Conheceis as minhas necessidades; que sejam satisfeitas segundo a vontade de Deus.

295. (Outra.) Meu Deus, permite que os Espíritos bons que me cercam venham em meu auxílio quando eu estiver em dificuldade, e que me sustentem se eu vacilar. Faze, Senhor, que me inspirem fé, esperança e caridade; que sejam para mim um amparo, uma esperança e uma prova da tua misericórdia. Faze, enfim, que eu encontre neles a força que me falta nas provas da vida e, para resistir às sugestões do mal, a fé que salva e o amor que consola.

296. (Outra.) Espíritos bem-amados, anjos da guarda, vós a quem Deus, pela sua infinita misericórdia, permite que veleis sobre os homens, sede nossos protetores nas provações da vida terrena. Dai-nos força, coragem e resignação; inspirai-nos tudo que é bom, detende-nos no declive do mal; que vossa doce influência penetre nossa alma; fazei que sintamos como se um amigo devotado estivesse aqui, ao nosso lado, vendo os nossos sentimentos e partilhando das nossas alegrias.

E tu, meu bom anjo, não me abandones. Necessito de toda tua proteção para suportar com fé e amor as provas que praza a Deus enviar-me.

Para afastar os Espíritos maus

297. Prefácio. Os Espíritos maus somente procuram lugares onde encontrem possibilidades de dar expansão à sua perversidade. Para afastá-los, não basta pedir-lhes, nem mesmo ordenar-lhes que se vão; é preciso que o homem elimine de si o que os atrai. Os Espíritos maus farejam as chagas da alma, como as moscas farejam as chagas do corpo. Assim como limpais o corpo, para evitar a contaminação pelos vermes, também deveis limpar a alma de suas impurezas, para evitar os Espíritos maus. Vivendo num mundo em que estes pululam, nem sempre as boas qualidades do coração nos põem a salvo de suas investidas, embora nos deem a força para lhes resistirmos.

298. Prece. Em nome de Deus Onipotente, que os Espíritos maus se afastem de mim e que os bons me sirvam de proteção contra eles.

Espíritos malfazejos, que inspirais maus pensamentos aos homens; Espíritos velhacos e mentirosos, que os enganais; Espíritos zombeteiros, que vos divertis com a credulidade deles, eu vos repilo com todas as forças de minha alma e fecho os ouvidos às vossas sugestões, mas imploro para vós a misericórdia de Deus.

Espíritos bons, que vos dignais assistir-me, dai-me força para resistir à influência dos Espíritos maus e as luzes necessárias para que eu não seja vítima de seus ardis. Preservai-me do orgulho e da presunção; afastai do meu coração o ciúme, o ódio, a malevolência e todo sentimento contrário à caridade, que são outras tantas portas abertas ao Espírito do mal.

Para pedir um conselho

299. Prefácio. Quando estamos indecisos em fazer ou não fazer uma coisa, devemos antes de tudo propor-nos a nós mesmos as seguintes questões:

1. Aquilo que eu hesito em fazer pode acarretar algum prejuízo a outrem?

2. Pode ser proveitoso a alguém?

3. Se agissem assim comigo, eu ficaria satisfeito?

Se o que pensamos fazer só interessa a nós mesmos, devemos pesar as vantagens e os inconvenientes pessoais que nos possam resultar.

Se interessa a outro, e se, resultando em bem para um, possa fazer mal para um terceiro, é preciso igualmente pesar a soma de bem ou de mal que se produzirá, para que possamos agir ou deixar de agir.

Enfim, mesmo para as melhores coisas, devemos ainda considerar a oportunidade e as circunstâncias acessórias, porque uma coisa, boa em si mesma, pode dar maus resultados em mãos inábeis, se não for conduzida com prudência e circunspeção. Antes de empreendê-la, convém que consultemos suas forças e seus meios de execução.

Em todos os casos, sempre podemos solicitar a assistência dos nossos Espíritos protetores, lembrados desta sábia advertência: *na dúvida, abstém-te.* (item 319)

300. Prece. Em nome de Deus Onipotente, inspirai-me, Espíritos bons que me protegeis, a melhor resolução a ser tomada na incerteza em que me encontro. Dirigi meu pensamento para o bem e desviai a influência dos que tentarem transviar-me.

Para pedir a corrigenda de um defeito

301. Prefácio. Os nossos maus instintos resultam da imperfeição do nosso próprio Espírito, e não da nossa organização física; a não ser assim, o homem escaparia de toda espécie de responsabilidade. Nossa melhoria depende de nós, pois todo homem que se acha no gozo de suas faculdades tem, com relação a todas as coisas, a liberdade de fazer ou de não fazer. Para praticar o bem, falta-lhe apenas a vontade. (itens 188 e 238.)

302. Prece. Deste-me, ó meu Deus, a inteligência necessária para distinguir o que é bem do que é mal. Ora, desde que reconheço que uma coisa é mal, torno-me culpado, se não me esforçar por lhe resistir.

Preserva-me do orgulho que poderia impedir-me de perceber meus defeitos, e dos Espíritos maus que poderiam incitar-me a perseverar neles.

Entre as minhas imperfeições, reconheço que sou particularmente inclinado a...; e, se não resisto a essa propensão, é porque contraí o hábito de a ela ceder.

Não me criaste culpado, porque és justo, mas com igual aptidão para o bem e para o mal. Se segui o mau caminho, foi por efeito do meu livre-arbítrio. Mas, pela mesma razão que tive a liberdade de fazer o mal, tenho a de fazer o bem e, por conseguinte, a de mudar de caminho.

Meus defeitos atuais são um resquício das imperfeições que conservei das precedentes existências, o meu pecado original, de que me posso libertar pela ação da minha vontade e com a assistência dos Espíritos bons.

Espíritos bons que me protegeis, e, sobretudo, tu meu anjo da guarda, dai-me forças para resistir às más sugestões e para sair vitorioso da luta.

Os defeitos são barreiras que nos separam de Deus e cada um que supero será um passo dado na senda do progresso que há de aproximar-me dele.

O Senhor, em sua infinita misericórdia, julgou por bem conceder-me a existência atual, para que servisse ao meu adiantamento. Espíritos bons, ajudai-me a aproveitá-la, para que não seja uma existência perdida para mim e a fim de que, quando o Senhor quiser ma retirar, dela eu saia melhor do que entrei. (item 206.)

Pedido para resistir a uma tentação

303. Prefácio. Qualquer pensamento mau pode ter duas fontes: a própria imperfeição de nossa alma, ou uma funesta influência que se exerça sobre ela. Neste último caso, há sempre indício de uma fraqueza que nos sujeita a receber essa influência e, por conseguinte, indício de uma alma imperfeita. De sorte que aquele que venha a falir não poderá invocar por desculpa a influência de um Espírito estranho, visto que *esse Espírito não o teria arrastado ao mal, se não o tivesse julgado acessível à sedução.*

Quando surge em nós um mau pensamento, podemos, pois, imaginar um Espírito malfazejo a nos atrair para o mal, mas a cuja atração somos totalmente livres para ceder ou resistir, como se se tratasse das solicitações de uma pessoa viva. Devemos, ao mesmo tempo, imaginar que, por seu lado, o nosso anjo da guarda ou Espírito protetor, combate em nós a má influência e espera com ansiedade a decisão que *vamos tomar*. Nossa hesitação em praticar o mal é a voz do Espírito bom, a se fazer ouvir pela nossa consciência.

Reconhece-se que um pensamento é mau, quando se afasta da caridade, que constitui a base da verdadeira moral, quando tem por princípio o orgulho, a vaidade ou o egoísmo; quando sua realização pode causar qualquer prejuízo a outrem; quando, enfim, nos induz a fazer aos outros o que não quereríamos que nos fizessem.

304. Prece. Deus Onipotente, não me deixeis sucumbir à tentação que me impele a falir. Espíritos benfazejos que me protegeis, afastai de mim este mau pensamento e dai-me a força de resistir à sugestão do mal. Se eu sucumbir, merecerei expiar minha falta nesta e na outra vida, porque sou livre para escolher.

Ação de graças pela vitória alcançada sobre uma tentação

305. Prefácio. Aquele que resistiu a uma tentação deve-o à assistência dos Espíritos bons, a cuja voz atendeu. Deve agradecer a Deus e ao seu gênio bom.[124]

306. Prece. Meu Deus, eu te agradeço por haveres permitido que eu saísse vitorioso da luta que acabo de sustentar contra o mal. Faze que essa vitória me dê a força de resistir a novas tentações.

E a ti, meu anjo da guarda, agradeço-te a assistência que me deste. Que minha submissão aos teus conselhos possa fazer-me novamente merecedor da tua proteção!

Nas aflições da vida e para pedir um favor especial

307. Prefácio. Podemos pedir a Deus favores terrenos e Ele nos pode concedê-los, quando tenham um fim útil e sério. Mas como sempre julgamos a utilidade das coisas do nosso ponto de vista e como as nossas vistas se limi-

---

[124] N.T.: Na edição de 1866, a expressão "gênio bom" foi substituída por "anjo da guarda".

tam ao presente, nem sempre vemos o lado mau do que desejamos. Deus, que vê melhor que nós e que só quer o nosso bem, pode recusar o que lhe pedirmos, como um pai nega ao filho o que lhe seja prejudicial. Se o que pedimos não nos é concedido, nem por isso devemos entregar-nos ao desânimo; ao contrário, devem os pensar que a privação do que desejamos nos é imposta como prova, ou como expiação, e que a nossa recompensa será proporcional à resignação com que a tivermos suportado. (itens 263 e seguintes.)

308. Prece. Deus Onipotente, que vês as nossas misérias, escuta com benevolência a súplica que neste momento te dirijo. Se meu pedido é despropositado, perdoa-me; se é justo e conveniente aos teus olhos, que os Espíritos bons, executores das tuas vontades, venham em meu auxílio para que ele seja satisfeito.

Como quer que seja, meu Deus, faça-se a tua vontade. Se meus desejos não forem atendidos, é que está nos teus desígnios experimentar-me e me submeto sem me queixar. Faze que eu não seja tomado por nenhum desânimo e que nem minha fé nem minha resignação sofram qualquer abalo.

(Formular e mencionar o pedido.)

Ação de graças por um favor obtido

309. Prefácio. Não se devem considerar como acontecimentos felizes apenas o que seja de grande importância. Muitas vezes, coisas aparentemente insignificantes são as que mais influem em nosso destino. O homem esquece facilmente o bem, para, de preferência, lembrar-se do que o aflige. Se registrássemos diariamente os benefícios de que somos objeto, sem os havermos pedido, quase sempre ficaríamos espantados de termos recebido tantos e tantos que se apagaram da nossa memória, e nos sentiríamos humilhados com nossa ingratidão.

Todas as noites, ao elevarmos a Deus a nossa alma, devemos recordar em nosso íntimo os favores que Ele nos fez durante o dia e agradecer-lhe por isso. Sobretudo no momento mesmo em que experimentamos o efeito da sua bondade e da sua proteção, é que devemos, por um impulso espontâneo, testemunhar-lhe nossa gratidão. Basta, para isso, que lhe dirijamos um pensamento, atribuindo-lhe o benefício, sem que haja necessidade de interrompermos nosso trabalho.

Os benefícios de Deus não consistem unicamente em coisas materiais. Devemos também lhe agradecer as boas ideias, as inspirações felizes que nos são sugeridas. Ao passo que o egoísta atribui tudo isso aos seus méritos pessoais e o incrédulo ao acaso, aquele que tem fé rende graças a Deus e aos Espíritos bons. Não há necessidade de longas frases para isso. *Obrigado, meu Deus, pelo bom pensamento que me foi inspirado*, diz mais do que muitas palavras. O impulso espontâneo, que nos faz atribuir a Deus o que nos acontece de bom, dá testemunho de um ato de reconhecimento e de humildade, que nos atrai a simpatia dos Espíritos bons. (itens 265 e 276.)

310. Prece. Deus infinitamente bom, bendito seja o teu nome pelos benefícios que me tens concedido. Eu seria indigno deles, se os atribuísse ao acaso dos acontecimentos ou a meu próprio mérito.

Espíritos bons, que fostes os executores das vontades de Deus, eu vos agradeço, especialmente a ti, meu anjo da guarda. Afastai de mim a ideia de orgulhar-me do que recebi e de não o aproveitar somente para o bem.

Agradeço-vos, em particular...

Ato de submissão e de resignação

311. Prefácio. Quando nos acontece algum motivo de aflição, se lhe procurarmos a causa, muitas vezes descobriremos que é consequência da nossa imprudência, da nossa imprevidência, ou, então, de uma ação anterior. Em qualquer desses casos, não devemos nos queixar senão de nós mesmos. Se a causa de um infortúnio independe completamente de qualquer ação nossa, ou é uma prova para a existência atual, ou expiação de falta de uma existência anterior. Neste último caso, pela natureza da expiação, poderemos conhecer a natureza da falta, visto que somos sempre punidos por aquilo em que pecamos. (itens 44 e seguintes.)

No que nos aflige, só vemos, em geral, o mal presente, e não as consequências posteriores favoráveis que a nossa aflição possa ter.

Muitas vezes, o bem é a consequência de um mal passageiro, como a cura de uma doença é o resultado dos meios empregados para combatê-la. Em todos os casos, devemos submeter-nos à vontade de Deus e suportar com coragem as tribulações da vida, se quisermos que elas nos sejam levadas em conta e que se possam aplicar a nós estas palavras do Cristo: "Bem-aventurados os que sofrem". (item 55.)

312. Prece. Meu Deus, és soberanamente justo. Todo sofrimento, neste mundo, há, pois, de ter sua causa e sua utilidade. Aceito a aflição que acabo de experimentar, como expiação de minhas faltas passadas e como prova para o futuro.

Espíritos bons que me protegeis, dai-me forças para suportá-la sem lamúrias. Fazei que ela me seja um aviso salutar; que faça crescer minha experiência; que abata em mim o orgulho, a ambição, a tola vaidade e o egoísmo, contribuindo assim para o meu adiantamento.

313. (Outra.) Sinto, ó meu Deus, necessidade de te pedir que me dês forças para suportar as provações que quiseste enviar-me. Permite que a luz se faça bastante viva em meu espírito, para que eu aprecie toda a extensão de um amor que me aflige porque me quer salvar. Submeto-me resignado, ó meu Deus, mas a criatura é tão fraca, que temo sucumbir, se não me amparares. Não me abandones, Senhor, pois sem ti nada posso.

314. (Outra.) Elevei meu olhar a ti, ó Eterno, e me senti fortalecido. És minha força, não me abandones. Ó meu Deus, sinto-me esmagado sob o peso das minhas iniquidades. Ajuda-me. Conheces as fraquezas da minha carne, não desvies de mim o teu olhar!

Ardente sede me devora; faze brotar a fonte da água viva onde eu possa matar minha sede. Que minha boca só se abra para te entoar louvores, e não para me queixar das aflições da vida. Sou fraco, Senhor, mas teu amor me sustentará.

Ó Eterno, só Tu és grande, só Tu és o fim e o objetivo da minha vida. Bendito seja o teu nome, se me fazes sofrer, porque és o Senhor e eu o servo infiel. Curvarei a fronte sem me queixar, porque só Tu és grande, só Tu és a meta.

Num perigo iminente

315. Prefácio. Pelos perigos que corremos, Deus nos adverte da nossa fraqueza e da fragilidade da nossa existência. Ele nos mostra que nossa vida está em suas mãos e que ela se acha presa por um fio que pode romper-se no momento em que menos esperamos. Sob esse aspecto, não há privilégio para ninguém, pois tanto o grande como o pequeno se encontram sujeitos às mesmas alternativas.

Se examinarmos a natureza e as consequências do perigo, veremos que estas, caso se verificassem, teriam sido, na maioria das vezes, a punição de uma falta cometida, ou de *um dever negligenciado*.

316. Prece. Deus Onipotente, e tu, meu anjo da guarda, socorrei-me! Se tenho de sucumbir, que seja feita a vontade de Deus. Se devo ser salvo, que o restante da minha vida eu repare o mal que haja feito e do qual me arrependo.

Ação de graças por haver escapado a um perigo

317. Prefácio. Pelo perigo que tenhamos corrido, Deus nos mostra que, de um momento para outro, podemos ser chamados a prestar contas do modo pelo qual utilizamos a vida. Adverte-nos, assim, que devemos estar atentos e emendar-nos.

318. Prece. Meu Deus, meu anjo da guarda, eu vos agradeço o socorro que me enviaste no perigo de que estive ameaçado. Que esse perigo seja para mim um aviso e me esclareça sobre as faltas que talvez o tenham atraído a mim. Compreendo, Senhor, que minha vida está nas tuas mãos e que podes tirá-la de mim quando te aprouver. Inspira-me, por intermédio dos Espíritos bons que me assistem, o propósito de empregar utilmente o tempo que ainda me concederes neste mundo.

Meu anjo da guarda, sustenta-me na resolução que tomo de reparar meus erros e de fazer todo o bem que esteja ao meu alcance, a fim de chegar menos onerado de imperfeições ao mundo dos Espíritos, quando Deus resolver me chamar para lá.

À hora de dormir

319. Prefácio. Durante o sono o corpo repousa, mas o Espírito não tem necessidade de repousar. Enquanto os sentidos físicos se acham entorpecidos, a alma se desprende parcialmente da matéria e goza das suas faculdades de Espírito. O sono foi dado ao homem para reparação das forças orgânicas e morais. Enquanto o corpo recupera os elementos que perdeu por efeito da atividade de vigília, o Espírito vai retemperar-se entre os outros Espíritos. Naquilo que vê, no que ouve e nos conselhos que lhe dão, haure ideias que, ao despertar, lhe surgem em estado de intuição. É a volta temporária do exilado à sua verdadeira pátria. É o prisioneiro restituído momentaneamente à liberdade.

Como se dá com o presidiário perverso, acontece que nem sempre o Espírito aproveita esse momento de liberdade para seu adiantamento. Se conserva instintos maus, em vez de procurar a companhia de Espíritos bons, busca a de seus iguais e vai visitar os lugares onde possa dar livre curso às suas inclinações.

Que aquele que se ache imbuído desta verdade eleve seu pensamento a Deus, quando sinta aproximar-se o sono, e peça o conselho dos Espíritos bons e de todos cuja memória lhe seja cara, a fim de que venham juntar-se a ele, nos curtos instantes de liberdade que lhe são concedidos, e, ao despertar, sentir-se-á mais forte contra o mal, mais corajoso diante da adversidade.

320. Prece. Minha alma vai estar por alguns instantes com os outros Espíritos. Que os bons venham ajudar-me com seus conselhos. Meu anjo da guarda, faze que, ao despertar, eu conserve uma impressão durável e salutar desse convívio.

Prevendo a morte próxima

321. Prefácio. A fé no futuro, a elevação do pensamento, durante a vida, para os destinos vindouros, favorecem e aceleram o desligamento do Espírito, por enfraquecerem os laços que o prendem ao corpo, tanto que, frequentemente, a vida corpórea ainda não se extinguiu de todo e a alma, impaciente, já alçou o voo para a imensidade. Ao contrário, no homem que concentra todos os cuidados nas coisas materiais, aqueles laços são mais tenazes, *a separação é penosa e dolorosa* e o despertar no além-túmulo é cheio de perturbação e ansiedade.

322. Prece. Meu Deus, creio em ti e na tua infinita bondade, razão pela qual não posso crer que hajas dado ao homem a inteligência para te conhecer e a aspiração pelo futuro, para depois o mergulhares no nada.

Creio que meu corpo é apenas o envoltório perecível da minha alma e que, quando eu tiver deixado de viver, despertarei no mundo dos Espíritos.

Deus Onipotente, sinto que se desfazem os laços que prendem minha alma ao corpo e que logo irei prestar contas do emprego que fiz da vida que vou deixar.

Vou sofrer as consequências do bem e do mal que pratiquei. Lá não haverá ilusões nem subterfúgios possíveis. Todo o meu passado vai desenrolar-se diante de mim e serei julgado segundo minhas obras.

Nada levarei dos bens da Terra. Honras, riquezas, satisfações da vaidade e do orgulho, tudo, enfim, que é peculiar ao corpo permanecerá neste mundo. Nem a mais ínfima parcela de todas essas coisas me acompanhará, nem me será de utilidade alguma no mundo dos Espíritos. Apenas levarei comigo o que pertence à alma, isto é, as boas e as más qualidades, para serem pesadas na balança da mais rigorosa justiça. Serei julgado com tanto maior severidade quanto maior tenha sido o número de ocasiões que tive para fazer o bem, mas não fiz, proporcionado pela posição que ocupei na Terra. (item 197.)

Deus de misericórdia, que meu arrependimento chegue aos teus pés! Digna-te lançar sobre mim o manto da tua indulgência.

Se te aprouver prolongar minha existência, que o restante dela seja empregado em reparar, tanto quanto em mim esteja, o mal que eu tenha praticado. Se soou, fatal, a minha hora, levo comigo o pensamento consolador de que me será permitido redimir-me, por meio de novas provas, a fim de merecer um dia a felicidade dos eleitos.

Se não me for dado gozar imediatamente dessa felicidade sem mescla, partilhada tão só pelos justos por excelência, sei que a esperança não me está perdida para sempre e que, pelo trabalho, mais cedo ou mais tarde alcançarei o fim, conforme meus esforços.

Sei que os Espíritos bons e o meu anjo da guarda estão perto de mim, para me receberem; logo os verei, como eles me veem. Sei que encontrarei novamente aqueles a quem amei na Terra, *se o tiver merecido*, e que aqueles que aqui deixo virão juntar-se a mim, que um dia estaremos todos reunidos para sempre e que, enquanto esse dia não chegar, poderei vir visitá-los.

Sei também que vou encontrar aqueles a quem ofendi. Que eles possam perdoar-me tudo quanto poderiam censurar em mim: meu orgulho, minha dureza, minhas injustiças, a fim de que a presença deles não me encha de vergonha!

Perdoo aos que me fizeram ou quiseram fazer mal na Terra; não alimento nenhum rancor contra eles e peço-te, meu Deus, que lhes perdoes.

Senhor, dá-me forças para deixar sem pesar os prazeres grosseiros deste mundo, que nada representam diante das alegrias puras do mundo onde vou penetrar. Nele não há mais tormentos para o justo, nem sofrimentos, nem misérias; só o culpado sofre, embora sempre lhe reste a esperança.

A vós, Espíritos bons, e a ti, meu anjo da guarda, não me deixeis cair neste momento supremo. Fazei que a luz divina brilhe aos meus olhos, a fim de que minha fé se reanime, se vier a abalar-se.

III – Preces pelos outros

Por alguém que esteja em aflição

323. Prefácio. Se é do interesse do aflito que sua prova siga seu curso, ela não será abreviada a nosso pedido, mas seria ato de impiedade desanimarmos por não ter sido satisfeita a nossa súplica. Aliás, em falta de cessação da prova, podemos esperar alguma outra consolação que lhe suavize o amargor. O que de mais precisa aquele que se acha aflito é a resignação, a coragem, sem as quais não lhe será possível sofrê-la com proveito para si, porque terá de recomeçar a prova. É, pois, sobretudo para esse objetivo que se devem dirigir os esforços, quer pedindo aos Espíritos bons que lhe venham em auxílio, quer levantando-lhe o moral por meio de conselhos e encorajamentos, quer, enfim, assistindo-o materialmente, se for possível. A prece, neste caso, pode também ter efeito direto, dirigindo, sobre a pessoa por quem é feita, uma corrente fluídica com vistas a fortalecer o moral. (itens 64, 262 e 263.)

324. Prece. Deus de infinita bondade, digna-te suavizar o amargor da posição em que se encontra N..., se assim for a tua vontade.

Espíritos bons, em nome de Deus Onipotente, eu vos suplico que o assistais em suas aflições. Se, no seu interesse, elas não lhe puderem ser poupadas, fazei-lhe compreender que são necessárias ao seu progresso. Dai-lhe confiança em Deus e no futuro, a fim de torná-las menos amargas. Dai-lhe também forças para não sucumbir ao desespero que lhe faria perder o fruto de seus sofrimentos e ainda tornaria mais penosa sua situação futura. Encaminhai para ele o meu pensamento, a fim de ajudá-lo a manter-se corajoso.

Pelos doentes

325. Prefácio. As doenças fazem parte das provas e das vicissitudes da vida terrena; são inerentes à grosseria da nossa natureza material e à inferioridade do mundo que habitamos. As paixões e os excessos de toda ordem semeiam em nós germes malsãos, às vezes hereditários. Nos mundos mais adiantados, física ou moralmente, o organismo humano, mais depurado e menos material, não está sujeito às mesmas enfermidades e o corpo não é minado secretamente pelos efeitos desastrosos das paixões. (item 23.) Temos, assim, de nos resignar às consequências do meio em que nos coloca a nossa inferioridade, até que mereçamos passar a outro. Isso, no entanto, não deve impedir-nos, enquanto esperamos tal mudança, de fazer o que dependa de nós para melhorar nossas condições atuais. Se, porém, apesar dos nossos esforços, não o conseguirmos, o Espiritismo nos ensina a suportar com resignação nossos males passageiros.

Se Deus não quisesse que, em certos casos, os sofrimentos corpóreos fossem dissipados ou abrandados, não teria posto à nossa disposição recursos de cura. A esse respeito, sua previdente solicitude, em conformidade com o instinto de conservação, indica que é dever nosso procurar esses recursos e aplicá-los. (item 214.) Ao lado da medicação ordinária, elaborada pela Ciência, o magnetismo nos dá a conhecer o poder da ação fluídica e o Espiritismo nos revela outra força na *mediunidade curadora* e a influência da prece. (item 262.)

326. A *mediunidade curadora* consiste na faculdade de curar ou aliviar pela imposição das mãos e, algumas vezes, tão só pela ação da vontade. Para tanto, é preciso que um fluido reparador penetre o doente, fluido esse cuja virtude está diretamente relacionada com a sua pureza. O fluido dos encarnados participa sempre, em maior ou menor grau, das qualidades materiais do corpo, sendo, por isso, alterado pelas paixões e pela influência moral do Espírito. É, portanto, impossível que o fluido próprio de um encarnado seja de absoluta pureza, razão pela qual sua ação curativa é sempre lenta e muitas vezes nula. Só o fluido dos Espíritos superiores está isento das impurezas da matéria, sendo, de certa forma, quintessenciado. Por conseguinte, sua ação deve ser mais salutar e mais rápida: é o fluido benfazejo por excelência. É a esse fluido que o médium curador serve de *condutor*. O que distingue o magnetizador ordinário do médium curador é que o primeiro magnetiza com seu próprio fluido, enquanto o segundo utiliza o fluido depurado dos Espíritos bons. Há, pois, dois gêneros de magnetismo, que se distinguem pela sua origem: *o magnetismo humano e o magnetismo espiritual.*

A mediunidade curadora requer, portanto, como condição absoluta, o concurso dos Espíritos bons. Mas não há licor, por mais puro que seja que não se altere ao passar por um vaso impuro, dando-se a mesma coisa com o fluido dos Espíritos superiores quando passa pelos encarnados; daí por que os médiuns nos quais se revela essa preciosa faculdade e que querem vê-la crescer, e *não se perder*, a necessidade de trabalhar incessantemente pelo seu progresso moral.

Visto que os fluidos benfazejos são inerentes aos Espíritos superiores, é o concurso destes últimos que é preciso obter. É por isso que a prece e a invocação são necessárias. Mas, para orar, e orar com fervor, principalmente, há que se ter fé. Para ser ouvida, é preciso que a prece seja feita com *humildade* e ditada por ardente sentimento de *benevolência* e de *caridade*. Ora, não há verdadeira caridade sem devotamento e não há devotamento sem desinteresse material e moral. Sem essas condições, o magnetizador, privado da assistência dos Espíritos bons, é reduzido às próprias forças, muitas vezes insuficientes, ao passo que, com o concurso daqueles, tais forças podem centuplicar-se em potência e eficácia.

Se há uma faculdade concedida por Deus com santo objetivo, é, sem contestação, a mediunidade curadora, visto exigir, necessariamente, o concurso dos Espíritos superiores, que nem o charlatanismo, a cupidez e o orgulho podem adquirir. Essa faculdade se revela por resultados positivos; o desejo de possuí-la com um objetivo útil pode fazer que se desenvolva. *A pretensão de possuí-la não a confere a quem não a tem.* O orgulho, o egoísmo, a cupidez, a ambição e todos os sentimentos contrários à verdadeira caridade podem levar o médium a perdê-la. *Pode ser retirada instantânea ou gradualmente.* De todas as faculdades mediúnicas, a mediunidade curadora é uma das que menos se prestam à exploração. (itens 393 e seguintes.)

327. No doente, a fé não é de todo necessária, mas contribui poderosamente para a cura, porque, se por sua vez, ele ora, atrairá a si os Espíritos bons, que podem recompensá-lo por sua confiança em Deus, ou puni-lo por sua incredulidade. É por isso que Jesus dizia tantas vezes: "Ide! a vossa fé vos salvou."

328. Se a mediunidade curadora, no sentido rigoroso da palavra, é privilégio de certas pessoas especialmente dotadas para tal fim, está no poder de todos, médium ou não, implorar sobre um doente a assistência dos Espíritos bons, e ele mesmo exercer uma ação direta mais ou menos salutar, pelo pensamento, fortalecido pela vontade, por meio de uma prece fervorosa e um ardente desejo de aliviar.

Compreende-se facilmente que em semelhante circunstância, só a fé e a boa intenção podem conferir à prece as qualidades necessárias; desse modo, as preces banais, ditas dos lábios e não do coração, como simples fórmulas, não tem eficácia pelo duplo motivo de não serem corroboradas pela vontade, nem de atraírem o concurso dos Espíritos bons. Estes só escutam o pensamento, que transpõe os espaços e os atrai, e não palavras cujos ruídos não chegam até eles.

Para que a ação da prece seja mais eficaz, é bom que nos demos conta da maneira pela qual se produz, a fim de dar uma base ao pensamento e mostrar com clareza a corrente fluídica que em tal circunstância se estabelece entre o que ora e o paciente que recebe o eflúvio salutar.

O poder de ação da prece é necessariamente aumentado quando várias pessoas, com idêntico propósito, se unem para obter o mesmo resultado.[125]

---

[125] Nota de Allan Kardec [excluída da edição de 1866]: A mediunidade curadora tem diferentes graus de poder. Os que a possuem no mais alto grau obtêm curas quase instantâneas, por um simples toque e, às vezes, tão só pelo olhar. Alguns agem a distância, de maneira eficaz, dirigindo o pensamento sobre o doente. Certos médiuns curadores são dotados, ao mesmo tempo, de uma segunda vista que, mesmo sem estarem em sono magnético, lhes permite ver o mal interno e o descrever. Nem todas as curas são obtidas com a mesma prontidão, visto depender da natureza da doença e do poder do médium. Há casos em que há necessidade de várias emissões fluídicas, mas que, raramente, duram mais de cinco a dez minutos cada uma.

A mediunidade curadora vem abrir novos horizontes à Ciência ao lhe provar que existe alguma coisa além do que ela sabe e ensina. É com vistas a tirá-la da esfera do materialismo e de ferir os incrédulos por meio de fatos numerosos e autênticos que os fenômenos desse gênero tendem hoje a multiplicar-se, tal como foi anunciado. Para que se pudesse demonstrar que essa faculdade não é uma exceção nem um dom maravilhoso, mas sim a aplicação de uma força natural, de uma lei até hoje desconhecida, era preciso multiplicar os instrumentos. É um dos milhares de meios providenciais empregados para apressar o estabelecimento do Espiritismo e que terá por resultado, além disso, fazer com que a Medicina enverede por novo caminho. Se esta fracassa tantas vezes, é porque em toda parte só vê a matéria; mas quando levar em conta a ação do elemento espiritual sobre a economia e os médicos se deixarem assistir pelos Espíritos bons, a Medicina triunfará onde é forçada a reconhecer sua impotência.

Vendo em seu doente apenas matéria desorganizada, o médico materialista não busca restaurar senão a matéria pela matéria. Como não leva a alma em conta alguma, com ela não se preocupa. Se, no entanto, conhecesse o papel fisiológico da alma e do perispírito, as relações fluídicas existentes entre o Espírito e a matéria, compreenderia a reação salutar que pode operar sobre os órgãos, agindo, pelo pensamento, sobre a alma e se tornando, ao mesmo tempo, médico da alma e do corpo. As pulsações, as oscilações não passam para ele de sintomas materiais; porém, se seu pensamento não se detivesse na matéria tangível, poderia, ao apalpar o pulso, fazer correr nas veias do doente um eflúvio benfazejo mais eficaz do que os medicamentos; pelo olhar, ele o penetraria com um fluido reparador que apressaria sua cura. Numa palavra, com a fé e a assistência dos Espíritos bons, o médico decuplicaria os recursos da Ciência e

329. Em tais condições, a prece é muito poderosa; no entanto, ainda que não seja bastante forte para levar à cura completa, e mesmo que o doente sucumba, nem por isso se há de concluir que não teve resultado. Se houvesse proporcionado apenas a calma moral e suavizado os sofrimentos dos instantes finais, isso já seria alguma coisa. Mas a prece tem outro efeito mais importante ainda: tornar menos penosa a passagem de uma vida à outra, ao facilitar o desprendimento da alma. Além disso, mesmo que a vida seja prolongada somente por algumas horas, tal fato pode provocar no doente reflexões salutares para o seu futuro. (item 65.)

330. Prece. Meu Deus, os teus desígnios são impenetráveis e em tua sabedoria julgaste por bem afligir a N... pela enfermidade. Lança, eu te suplico, um olhar de compaixão sobre seus sofrimentos e digna-te pôr-lhes um termo.

Espíritos bons, ministros do Onipotente, secundai, eu vos peço, meu desejo de aliviá-lo; dirigi o meu pensamento, a fim de que vá derramar um bálsamo salutar em seu corpo e consolação em sua alma.

O que quer que lhe advenha, dai-lhe paciência e força para suportar suas dores com resignação cristã.

331. *Outra.* (Para ser dita pelo médium curador.) Meu Deus, se te dignas servir-te de mim, indigno como sou, poderei curar esta enfermidade, se tal for a tua vontade, porque tenho fé em ti. Mas, sem ti, nada posso. Permite que os Espíritos bons me impregnem com seus fluidos salutares, a fim de que eu os transmita a esse doente, e livra-me de toda ideia de orgulho e de egoísmo que lhes pudesse alterar a pureza.

332. *Outra.* (Para ser dita pelo doente.) Senhor, és todo justiça; assim, devo merecer a doença que me enviaste, visto que nunca impões sofrimento algum sem causa. Confio-me, para minha cura, à tua infinita misericórdia. Se for do teu agrado restituir-me a saúde, bendito seja o teu santo nome; se, ao contrário, devo sofrer mais, bendito seja ainda

---

operaria prodígios. A mediunidade curadora não vem, portanto, destronar a Medicina, nem os médicos em geral, mas tão só a Medicina e os médicos materialistas. A facilidade com que muitos médicos aceitam as ideias espíritas prova que o materialismo não é uma dedução forçada da ciência médica, assim como não o é das outras ciências. Pode-se estar certo de que dentro de pouco tempo ver-se-ão surgir numerosos *médicos-médiuns-curadores*, a se revelarem não pelos anúncios publicitários, mas pelos resultados que obterão.

teu santo nome. Submeto-me, sem queixumes, aos teus sábios desígnios, porque o que fazes só pode ter por fim o bem das tuas criaturas.

Faze, ó meu Deus, que esta enfermidade seja para mim um aviso salutar e me leve a refletir sobre minha conduta. Aceito-a como expiação do passado e como prova para minha fé e minha submissão à tua santa vontade.

Pelos obsediados

333. As observações feitas acima a respeito das doenças e, sobretudo, dos médiuns curadores aplicam-se igualmente à libertação dos obsediados, dos subjugados e dos possessos. Mas aqui não se trata apenas de uma afecção material que se deve combater, mas um ser inteligente e malfazejo que é preciso afastar. O paciente encontra-se sob a influência do fluido pernicioso de que está impregnado; é desse fluido que é preciso livrá-lo. Ora, um fluido mau só pode ser repelido por um fluido da mesma natureza. Por uma ação idêntica à do médium curador no caso de doença, é preciso expulsar o fluido mau com o auxílio de um fluido melhor, que, de alguma sorte, produz o efeito de um reativo. Essa é uma ação mecânica, mas que não é suficiente; é preciso também agir com autoridade sobre o ser inteligente, autoridade que só a superioridade moral confere. Quanto maior a superioridade moral, tanto maior a autoridade.

Isso ainda não é tudo. Para assegurar a libertação, é preciso levar o Espírito perverso a renunciar a seus maus desígnios, a fim de que nele brote o arrependimento e o desejo do bem, por meio de instrumentos habilmente dirigidos, tais como evocações particulares com vistas à sua educação moral. Pode-se, então, experimentar a dupla satisfação de libertar um encarnado e de converter um Espírito mau.

Em semelhante caso, a ação moral é tudo. É preciso que se esteja bem compenetrado dessa verdade capital, confirmada tanto pela experiência como pela lógica, da *completa ineficácia de exorcismos, fórmulas, palavras sacramentais, amuletos, talismãs, práticas exteriores ou quais-*

quer sinais materiais. Toda a virtude do exorcismo está no *ascendente moral* de quem o executa.

A tarefa torna-se mais fácil quando o obsediado, compreendendo sua situação, concorre com a vontade e a prece. No entanto, já não se dá a mesma coisa quando o obsediado, seduzido pelo Espírito enganador, ilude-se sobre as qualidades do Espírito que o domina e se compraz no erro onde este último o atirou, repelindo assim toda assistência. É o caso da fascinação, infinitamente mais rebelde que a mais violenta subjugação. (Ver *O livro dos médiuns*, cap. XXIII, "Obsessão".)

Como todas as doenças e tribulações da vida, a obsessão é sempre uma prova ou uma expiação, devendo, como tal, ser aceita. Resulta sempre de uma imperfeição moral, razão por que o obsediado deve, por sua vez, trabalhar seriamente para o seu melhoramento, *o que muitas vezes é suficiente para o libertar, sem precisar do auxílio de pessoas estranhas*. Esse socorro é necessário principalmente quando a obsessão degenera em subjugação e possessão, porque, então, o paciente perde a vontade e o livre-arbítrio.[126]

334. PRECE. Deus Onipotente, digna-te dar-me o poder de libertar N... da influência do Espírito que o obsedia. Se está nos teus desígnios pôr termo a essa prova, concede-me a graça de falar com autoridade a esse Espírito.

---

[126] Nota de Allan Kardec: A influência do meio é muito grande em todos os casos de obsessão grave. Quando o paciente é cercado de pessoas simpáticas e benévolas, unidas pela intenção com as que procuram libertá-lo, a cura é mais rápida e quase sempre certa. O mesmo não acontece quando o meio é contrário. Se essas mesmas pessoas, em vez de secundar o médium curador, opõem uma barreira e agem em sentido negativo, neutralizam a ação das correntes fluídicas salutares. Nesse caso, não só a tarefa é mais difícil, como por vezes se torna impossível. O caso é exatamente igual ao de um doente posto num ambiente insalubre e que não segue as prescrições médicas.

Os casos de obsessão grave, de subjugação e de possessão existiram em todas as épocas, e as aparências fizeram com que quase sempre fossem confundidos com a loucura orgânica. É certo hoje que, entre as pessoas que acreditamos estarem acometidas de alienação, há mais obsediados do que verdadeiros loucos, e aos quais, por conseguinte, os tratamentos ordinários são mais nocivos que úteis. O Espiritismo, dando a conhecer a causa desse gênero de afecção, indica-lhe o remédio. A Ciência, considerada impotente em semelhante caso, cedo ou tarde se dobrará à evidência devido ao número cada vez maior das curas obtidas sem o seu concurso.

Espíritos bons que me assistis e tu, seu anjo da guarda, dai-me vosso concurso; ajudai-me a livrá-lo do fluido impuro em que se acha envolvido.

Em nome de Deus Onipotente, adjuro o Espírito malfazejo que o atormenta a que se retire.

(Para o Espírito obsessor, veja-se a prece para os Espíritos maus, item 369.)

335. Prece. (Para ser dita pelo obsediado.) Meu Deus, permite que os Espíritos bons me livrem do Espírito malfazejo que se vinculou a mim. Se é uma vingança pelos males que lhe fiz no passado, Tu a consentes, meu Deus, para minha punição e eu sofro a consequência da minha falta. Que meu arrependimento me possa conquistar teu perdão e minha liberdade! Mas, seja qual for o motivo, imploro para o meu perseguidor a tua misericórdia. Digna-te facilitar para ele o caminho do progresso, que o desviará do pensamento de praticar o mal. Possa eu, de meu lado, retribuindo-lhe o mal com o bem, induzi-lo a melhores sentimentos.

Mas também sei, ó meu Deus, que são minhas imperfeições que me tornam acessível às influências dos Espíritos imperfeitos. Dá-me a luz de que necessito para reconhecê-las; combate, sobretudo, em mim o orgulho que me cega com relação aos meus defeitos.

Qual não será minha indignidade, pois um ser malfazejo pode subjugar-me! Faze, ó meu Deus, que esse golpe aplicado à minha vaidade me sirva de lição para o futuro; que ele fortifique a resolução que tomo de me depurar pela prática do bem, da caridade e da humildade, a fim de opor, daqui por diante, uma barreira à influência dos Espíritos maus.[127]

---

[127] N.T.: Após o parágrafo acima, Allan Kardec acrescentou o seguinte à edição de 1866, não existente na presente edição, de 1864: "Senhor, dá-me forças para suportar com paciência e resignação esta prova. Compreendo que, como todas as outras provas, ela deverá concorrer para o meu adiantamento, se eu não perder seus frutos com meus queixumes, pois me proporciona oportunidade de mostrar minha submissão e de exercitar minha caridade para com um irmão infeliz, perdoando-lhe o mal que me fez".

Ação de graças por um benéfico concedido a outrem

336. Prefácio. Aquele que não é dominado pelo egoísmo alegra-se com o bem que acontece ao seu próximo, mesmo quando não o tiver solicitado pela prece.

337. Prece. Sê bendito, meu Deus, pela felicidade concedida a N...

Espíritos bons, fazei que ele veja nisso um efeito da bondade de Deus. Se o bem que lhe aconteceu é uma prova, inspirai-lhe o pensamento de fazer bom uso dele e de não se envaidecer, a fim de que esse bem não se converta em prejuízo no futuro.

A ti, bom gênio que me proteges e desejas minha felicidade, afasta do meu coração todo sentimento de inveja ou de ciúme.

Pelos nossos inimigos e pelos que nos querem mal

338. Prefácio. Disse Jesus: *Amai até mesmo os vossos inimigos.* Esta máxima é o sublime da caridade cristã, mas, ao proferi-la, Jesus não pretendeu que devamos ter para com nossos inimigos o carinho que dispensamos aos amigos. Por aquelas palavras, Ele nos recomenda que esqueçamos suas ofensas, que lhes perdoemos o mal que nos façam, que lhes paguemos o mal com o bem. Além do merecimento que, aos olhos de Deus, resulta de semelhante proceder, Ele mostra aos homens a verdadeira superioridade. (item 142.)

339. Prece. Meu Deus, perdoo a N... o mal que me fez e o que me quis fazer, como desejo que me perdoeis e também ele me perdoe as faltas que eu haja cometido. Se o colocastes no meu caminho, como prova para mim, faça-se a vossa vontade.

Desviai de mim, ó meu Deus, a ideia de o maldizer e de todo desejo malévolo contra ele. Fazei que jamais me alegre com as desgraças que lhe cheguem, nem me desgoste com os bens que lhe poderão ser concedidos, a fim de não macular minha alma por pensamentos indignos de um cristão.

Senhor, que a vossa bondade possa estender-se sobre ele, levando-o a melhores sentimentos para comigo!

Espíritos bons, inspirai-me o esquecimento do mal e a lembrança do bem. Que nem o ódio, nem o rancor, nem o desejo de lhe retribuir o mal com outro mal entrem no meu coração, porque o ódio e a vingança só são peculiares aos Espíritos maus, encarnados e desencarnados! Que, ao contrário, eu esteja pronto para lhe estender a mão fraterna, a lhe pagar o mal com o bem e a auxiliá-lo, se estiver ao meu alcance!

Desejo, para provar a sinceridade das minhas palavras, que me seja dada ocasião para lhe ser útil, mas, sobretudo, ó meu Deus, preservai-me de fazê-lo por orgulho ou ostentação, oprimindo-o com uma generosidade humilhante, o que me acarretaria a perda do fruto da minha ação, pois, nesse caso, eu mereceria que me fossem aplicadas estas palavras do Cristo: *Já recebeste a tua recompensa.*

Ação de graças pelo bem concedido aos nossos inimigos

340. Prefácio. Não desejar mal aos inimigos é ser apenas caridoso pela metade. A verdadeira caridade quer que lhes desejemos o bem e que nos sintamos felizes pelo bem que lhes sobrevenha.

341. Prece. Meu Deus, em tua justiça entendeste encher de júbilo o coração de N... Agradeço-te, por ele, apesar do mal que me fez ou tem procurado fazer-me. Se ele se aproveitasse desse bem para me humilhar, eu receberia isso como uma prova para minha caridade. (itens 141 e 146.)

Espíritos bons que me protegeis, não permitais que me sinta pesaroso por isso. Afastai de mim a inveja e o ciúme que rebaixam. Inspirai-me, ao contrário, a generosidade que eleva. A humilhação está no mal, e não no bem, e sabemos que, cedo ou tarde, justiça será feita a cada um, segundo suas obras.

Pelos inimigos do Espiritismo

342. Bem-aventurados os que têm fome e sede de justiça, porque serão saciados. Bem-aventurados os que sofrem perseguição por amor da justiça, porque deles é o reino dos céus.

Felizes sereis, quando os homens vos carregarem de maldições, vos perseguirem e disserem falsamente contra vós toda espécie de mal, por minha causa. Alegrai-vos, então, porque uma grande recompensa vos está reservada nos Céus, pois assim perseguiram os profetas enviados antes de vós. (MATEUS, 5:6; 10 a 12.)

343. Não temais os que matam o corpo, mas que não podem matar a alma; temei antes aquele que pode perder a alma e o corpo no inferno. (MATEUS, 10:28.)

344. Então, disse Jesus a seus discípulos: Se alguém quiser vir após mim, tome a sua cruz e siga-me; - porque aquele que quiser salvar sua vida a perderá e quem perder a vida por amor a mim a encontrará. Pois que aproveitaria ao homem ganhar o mundo inteiro e perder sua alma?; - Ou como poderia o homem resgatar sua alma depois de havê-la perdido? (MATEUS, 16:24 a 26.)

345. Quem não toma sua cruz e não segue meus passos (isto é, não segue meus mandamentos), não é digno de mim. Aquele que conserva sua vida a perderá (isto é, leva mais em conta a vida do corpo que a vida da alma, as coisas da terra que as coisas do céu); e quem perder a vida por amor a mim (isto é, os bens terrenos pela causa da verdade) a encontrará. (MATEUS, 10:38 e 39.)

346. Aquele que me confessar e me reconhecer diante dos homens (isto é, quem tiver *coragem de expressar a própria opinião* para sustentar e defender a verdade), eu o reconhecerei e confessarei diante de meu Pai, que está nos céus; - mas qualquer que me negar diante dos homens, eu o negarei também diante de meu Pai, que está nos céus. (MATEUS, 10: 32 e 33.)

347. Prefácio. De todas as liberdades, a mais inviolável é a de pensar, que compreende também a liberdade de consciência. Lançar anátema sobre os que não pensam como nós, é reclamar para si essa liberdade e negá-la aos outros, é violar o primeiro mandamento de Jesus: a caridade e o amor ao próximo. Perseguir os outros, em razão de suas crenças, é atentar contra o direito mais sagrado que tem todo

homem, o de crer no que lhe convém e de adorar a Deus como o entenda. Constrangê-los a atos exteriores semelhantes aos nossos é mostrar que damos mais valor à forma do que ao fundo, mais valor às aparências, do que à convicção. Nunca a abjuração forçada deu a fé a quem quer que fosse; apenas pode fazer hipócritas. É um abuso da força material, que não prova a verdade. *A verdade é senhora de si: convence, e não persegue, porque não precisa perseguir.*

O Espiritismo é uma opinião, uma crença; fosse até uma religião,[128] por que não se teria a liberdade de dizer-se espírita, como se tem a de se dizer católico, judeu ou protestante, adepto de tal ou qual doutrina filosófica, de tal ou qual sistema econômico? Essa crença é falsa, ou verdadeira. Se é falsa, cairá por si mesma, visto que o erro não pode prevalecer contra a verdade, quando se faz luz nas inteligências. Se é verdadeira, não haverá perseguição que a torne falsa.

A perseguição é o batismo de toda ideia nova, grande e justa e cresce com a magnitude e a importância da ideia. A obstinação e a cólera dos seus inimigos são proporcionais ao temor que ela lhes inspira. Esta é a razão por que o Cristianismo foi perseguido outrora e por que o Espiritismo o é hoje, com a diferença, todavia, de que o primeiro foi perseguido pelos pagãos, ao passo que o segundo o é pelos cristãos. Passou o tempo das perseguições sangrentas, é verdade; contudo, se já não matam o corpo, torturam a alma, atacam-na até nos seus mais íntimos sentimentos, nas suas mais caras afeições. Lança-se a desunião nas famílias, excita-se a mãe contra a filha, a mulher contra o marido; ataca-se até mesmo o corpo, agravando suas necessidades materiais e tirando-lhe o ganha-pão para vencê-lo pela fome.

Espíritas, não vos aflijais com os golpes que recebeis, pois eles provam que estais com a verdade. Se assim não fora, deixar-vos-iam em paz e não vos procurariam ferir. Constitui prova para a vossa fé, porque é pela vossa coragem, pela vossa resignação e perseverança que Deus vos

---

[128] N.T.: O caráter religioso do Espiritismo está claramente expresso na *Revista espírita*, fascículo de dezembro de 1868 [edição FEB], no artigo intitulado *Discurso de abertura pelo Sr. Allan Kardec: o espiritismo é uma religião?*

reconhecerá entre os seus servidores fiéis, dos quais faz hoje a contagem, para dar a cada um a parte que lhe toca, segundo suas obras.

A exemplo dos primeiros cristãos, carregai com altivez a vossa cruz. Crede na palavra do Cristo, que disse: "Bem-aventurados os que sofrem perseguição por amor à justiça, porque deles é o reino dos céus. Não temais os que matam o corpo, mas não podem matar a alma". Ele também disse: "Amai os vossos inimigos, fazei o bem aos que vos fazem o mal e orai pelos que vos perseguem". Mostrai que sois seus verdadeiros discípulos e que vossa doutrina é boa, fazendo o que Ele disse e o que Ele mesmo fazia.

A perseguição durará apenas por um tempo. Aguardai com paciência o romper da aurora, porque já cintila no horizonte a estrela-d'alva.

348. Prece. Senhor, Tu nos disseste pela boca de Jesus, o teu Messias: "Bem-aventurados os que sofrem perseguição por amor da justiça; perdoai aos vossos inimigos; orai pelos que vos perseguem". E Ele próprio nos deu o exemplo, orando pelos seus algozes.

Seguindo esse exemplo, meu Deus, imploramos tua misericórdia para os que desprezam teus divinos preceitos, únicos que podem garantir a paz neste mundo e no outro. Como o Cristo, nós também lhes dizemos: "Perdoa-lhes, Pai, porque não sabem o que fazem".

Dá-nos forças para suportar com paciência e resignação, como provas para a nossa fé e a nossa humildade, suas zombarias, injúrias, calúnias e perseguições; afasta-nos de toda ideia de represália, visto que a hora da tua justiça soará para todos, hora que esperamos submissos à tua santa vontade.

Por uma criança que acaba de nascer

349. Prefácio. Os Espíritos só chegam à perfeição depois de terem passado pelas provas da vida corpórea. Os que se encontram na erraticidade aguardam que Deus lhes permita retomar uma existência que lhes proporcione meios de progredir, quer pela expiação de suas faltas passadas, mediante as vicissitudes a que estão sujeitos, quer desempenhando uma missão proveitosa à humanidade. O seu adiantamento e sua felicidade futura serão proporcionais à maneira pela qual empreguem o tempo que hajam de passar na Terra. O encargo de lhes guiar os primeiros passos e de encaminhá-los para o bem está confiado a seus pais, que responderão diante de Deus pela maneira como tiverem cumprido esse mandato. Foi para lhes facilitar a tarefa que Deus fez do amor paterno e do amor filial uma Lei da natureza, lei que jamais se transgride impunemente. (item 181.)

350. Prece. (Para ser dita pelos pais.) Espírito que encarnaste no corpo do nosso filho, sê bem-vindo. Sê bendito, ó Deus Onipotente, que o mandaste para nós.

É um depósito que nos foi confiado e do qual teremos um dia de prestar contas. Se ele pertence à nova geração de Espíritos bons que hão de povoar a Terra, obrigado, ó meu Deus, por essa graça! Se é uma alma imperfeita, é nosso dever ajudá-lo a progredir no caminho do bem, pelos nossos conselhos e bons exemplos. Se cair no mal por culpa nossa, responderemos por isso, já que teremos falido em nossa missão junto dele.

Ampara-nos, Senhor, em nossa tarefa e dá-nos força e vontade para cumpri-la. Se esta criança deve ser motivo de provações para nós, faça-se a tua vontade!

Espíritos bons que presidistes ao seu nascimento e que deveis acompanhá-lo no curso de sua existência, não o abandoneis. Afastai dele os Espíritos maus que tentem induzi-lo ao mal. Dai-lhe forças para resistir às suas sugestões e coragem para sofrer com paciência e resignação as provas que o esperam na Terra.

351. (Outra.) Meu Deus, confiaste a mim a sorte de um dos teus Espíritos; faze, Senhor, que eu seja digno da tarefa que me impuseste. Concede-me tua proteção. Ilumina minha inteligência a fim de que eu possa perceber desde cedo as tendências daquele que me cabe preparar para entrar na tua paz.

352. (Outra.) Deus de bondade, já que permitiste ao Espírito desta criança vir sofrer novamente as provas terrenas, destinadas a fazê-lo progredir, dá-lhe a luz, a fim de que aprenda a conhecer-te, amar-te e adorar-te.

Faze, pela tua onipotência, que esta alma se regenere na fonte das tuas divinas instruções; que, sob o amparo do seu anjo da guarda, a sua inteligência cresça e se desenvolva, inspirando-lhe o desejo de aproximar-se cada vez mais de ti; que a ciência do Espiritismo seja a luz brilhante que o ilumine através das dificuldades da vida; que ele, enfim, saiba apreciar toda a extensão do teu amor, que nos experimenta para purificar-nos.

Senhor, lança um olhar paternal sobre a família à qual confiaste esta alma, para que ela compreenda a importância da sua missão e faça que germinem nesta criança as boas sementes, até o dia em que ela possa, por suas próprias aspirações, elevar-se sozinha para ti.

Digna-te, ó meu Deus, atender esta humilde prece, em nome e pelos méritos daquele que disse: "Deixai que venham a mim as criancinhas, porque o reino dos céus é para os que se assemelham a elas".

Por um agonizante

353. Prefácio. A agonia é o prelúdio da separação da alma e do corpo. Pode-se dizer que, nesse momento, o homem tem um pé neste mundo e um no outro. É penosa às vezes essa passagem, para os que se apegaram à matéria e viveram mais para os bens deste mundo do que para os do outro, ou cuja consciência se encontra agitada pelos pesares e remorsos. Para aqueles, ao contrário, cujos pensamentos buscaram o infinito e se desprenderam da matéria, os laços são menos difíceis de desfazer-se e seus últimos momentos nada têm de dolorosos. A alma, então, está ligada ao corpo apenas por um fio, enquanto no outro caso se mantém presa ao corpo por profundas raízes. Em todos os casos, a prece exerce ação poderosa sobre o trabalho de separação. (item 329.)

354. Prece. Deus Onipotente e misericordioso, aqui está uma alma prestes a deixar seu envoltório terreno para retornar ao mundo dos Espíritos, sua verdadeira pátria. Que possa voltar em paz e que tua misericórdia se estenda sobre ela.

Espíritos bons, que a acompanhastes na Terra, não a abandoneis neste momento supremo. Dai-lhe forças para suportar os últimos sofrimentos que lhe cumpre passar neste mundo, a bem do seu progresso futuro. Inspirai-a, para que consagre ao arrependimento de suas faltas os últimos clarões de inteligência que lhe restem, ou que momentaneamente lhe advenham.[129]

IV – Preces pelos que já não são da Terra

Por alguém que acaba de morrer

355. Prefácio. As preces pelos Espíritos que acabam de deixar a Terra não têm por objetivo, unicamente, dar-lhes um testemunho de simpatia; também têm por efeito auxiliar-lhes o desprendimento e, desse modo, abreviar-lhes a perturbação que sempre se segue à separação, tornando-lhes mais calmo o despertar. Ainda aí, porém, como em qualquer outra circunstância, a eficácia da prece está na sinceridade do pensamento, e não na abundância de palavras ditas mais ou menos pomposamente e em que o coração, na maioria das vezes, não toma parte alguma.

356. Prece. Deus Onipotente, que tua misericórdia se estenda sobre a alma de N..., a quem acabaste de chamar da Terra. Que as provas que ele (ou ela) sofreu na Terra possam ser contadas em seu favor, e que as nossas preces suavizem e abreviem as penas que ainda haja de suportar como Espírito!

Espíritos bons que viestes recebê-lo e tu, particularmente, seu anjo da guarda, ajudai-o a despojar-se da matéria; dai-lhe a luz e a consciência de si mesmo, a fim de o subtrair à perturbação que acompanha a passagem da vida corpórea para a vida espiritual. Inspirai-lhe o arrependimento das faltas que haja cometido e o desejo de que lhe seja permitido repará-las, a fim de acelerar seu progresso rumo à vida eterna bem-aventurada.

N..., acabas de entrar no mundo dos Espíritos e, no entanto, te achas aqui presente entre nós. Tu nos vês e nos ouves, pois a diferença

---

[129] N.T.: Logo após este parágrafo, Allan Kardec acrescentou o seguinte, na edição de 1866: "Dirigi o meu pensamento, a fim de que atue de modo a tornar menos penoso para ela o trabalho de separação, e a fim de que leve consigo, ao abandonar a Terra, as consolações da esperança".

entre nós é que já não tens um corpo perecível, que acabas de deixar e que em breve estará reduzido a pó.

Instrumento de tantas dores, esse corpo ainda se encontra ao vosso lado. Vede-o como o prisioneiro vê os grilhões de que acaba de libertar--se.[130] Abandonaste o grosseiro envoltório, sujeito a vicissitudes e à morte, e conservaste apenas o envoltório etéreo, imperecível e inacessível aos sofrimentos. Já não vives pelo corpo; vives da vida dos Espíritos, vida essa isenta das misérias que afligem a humanidade.

Já não tens diante de ti o véu que oculta aos nossos olhos os esplendores da vida futura. Podes, de agora em diante, contemplar novas maravilhas, ao passo que nós ainda continuamos mergulhados em trevas.

Vais percorrer o Espaço e visitar os mundos em completa liberdade, enquanto rastejamos penosamente na Terra, onde nos retém nosso corpo material, semelhante, para nós, a um fardo pesado.

Diante de ti, vai desenrolar-se o horizonte do infinito e, em face de tanta grandeza, compreenderás a vacuidade dos nossos desejos terrenos, das nossas ambições mundanas e dos gozos fúteis com que os homens tanto se deleitam.

A morte, para os homens, não passa de uma separação material de alguns instantes. Do exílio onde ainda nos retém a vontade de Deus, bem como os deveres que nos cabe cumprir na Terra, acompanhar-te-emos pelo pensamento, até que nos seja permitido juntar-nos a ti, como tu te reuniste aos que te precederam.

Se não podemos ir onde te achas, tu podes vir ter conosco. Vem, pois, aos que te amam e que tu amaste; ampara-os nas provas da vida; vela pelos que te são caros; protege-os, como puderes; suaviza-lhes os pesares, fazendo-lhes perceber, pelo pensamento, que és mais feliz agora e dando-lhes a consoladora certeza de que um dia estareis todos reunidos num mundo melhor.

No mundo em que te encontras, todos os ressentimentos devem extinguir-se. Que, daqui em diante, sejas inacessível a eles, a bem da tua

---

[130] N.T.: O trecho que grifamos foi excluído da edição definitiva de 1866.

felicidade futura! Perdoa, portanto, aos que hajam incorrido em falta para contigo, como eles te perdoam as que tenhas cometido contra eles.

Nota – Podem acrescentar-se a esta prece, que se aplica a todos, algumas palavras especiais, conforme as circunstâncias particulares de família ou de relações, bem como a posição social que ocupava o defunto.[131]

357. (Outra.)[132] Senhor Onipotente, que a tua misericórdia se estenda sobre os nossos irmãos que acabam de deixar a Terra! Que a tua luz brilhe para eles! Tira-os das trevas; abre-lhes os olhos e os ouvidos! Que os Espíritos bons os cerquem e lhes façam ouvir palavras de paz e de esperança!

Senhor, por mais indigno que sejamos, ousamos implorar tua misericordiosa indulgência em favor desse nosso irmão que acaba de ser chamado do exílio. Faze que seu regresso seja o do filho pródigo. Esquece, ó meu Deus, as faltas que haja cometido, para te lembrares somente do bem que tenha praticado. Sabemos que tua justiça é imutável, mas teu amor é imenso. Suplicamos-te que abrandes a tua justiça, na fonte de bondade que emana do teu seio.

Que a luz se faça para ti, meu irmão, que acabas de deixar a Terra! Que os Espíritos bons do Senhor se aproximem de ti, te envolvam e te ajudem a romper os grilhões terrenos! Compreende e vê a grandeza do nosso Mestre; submete-te, sem queixumes, à sua justiça, mas não desesperes nunca da sua misericórdia. Irmão! que um sério exame do teu passado te abra as portas do futuro, fazendo-te perceber as faltas que deixas para trás, e o trabalho que te resta realizar para repará-las. Que Deus te perdoe e que os Espíritos bons te sustentem e encorajem. Teus irmãos da Terra orarão por ti e pedem que ores por eles.

---

[131] N.T.: Esta nota é mais extensa na edição de 1866, com o acréscimo do seguinte período: "Se se trata de uma criança, o Espiritismo nos ensina que não está ali um Espírito de criação recente, mas um ser que já viveu e que já pode ser muito adiantado. Se a sua última existência foi curta, é que não devia passar de um complemento de prova, ou constituir uma prova para os pais" (cap. V, item 21).

[132] Nota de Allan Kardec.: Esta prece foi ditada a um médium de Bordeaux no momento em que passava diante de sua casa o caixão mortuário de um desconhecido.

Pelas pessoas a quem tivemos afeição

358. Prefácio. Como é horrível a ideia do nada! Como são de lastimar os que acreditam que se perde no vácuo, sem encontrar eco que lhe responda, a voz do amigo que chora o seu amigo! Jamais conheceram as puras e santas afeições os que pensam que tudo morre com o corpo; que o gênio que iluminou o mundo com sua vasta inteligência é uma combinação de matéria, que, como um sopro, se extingue para sempre; que do ser mais querido, de um pai, de uma mãe ou de um filho adorado não restará senão um pouco de pó que o vento fatalmente dispersará.

Como pode um homem de coração manter-se frio a essa ideia? Como não o gela de terror a ideia de um aniquilamento absoluto e não lhe faz, ao menos, desejar que não seja assim? Se até hoje a razão não lhe foi suficiente para afastar de seu espírito quaisquer dúvidas, aí está o Espiritismo a dissipar toda incerteza com relação ao futuro, por meio das provas materiais que dá da sobrevivência da alma e da existência dos seres de além-túmulo. É por isso que em toda parte essas provas são acolhidas com alegria; a confiança renasce, pois o homem sabe, de agora em diante, que a vida terrena é apenas uma breve passagem que conduz a uma vida melhor; que seus trabalhos neste mundo não lhe ficam perdidos e que as mais santas afeições não se destroem sem mais esperanças. (itens 38 e 58.)

359. Prece. Digna-te, ó meu Deus, acolher favoravelmente a prece que te dirijo pelo Espírito N... Faze-lhe entrever tuas divinas claridades e torna-lhe fácil o caminho da felicidade eterna. Permite que os Espíritos bons lhe levem minhas palavras e meu pensamento.

Tu, que me eras tão caro neste mundo, escuta a minha voz, que te chama para te oferecer nova prova da minha afeição. Deus permitiu que te libertasses antes de mim e disso eu não poderia queixar-me sem egoísmo, pois seria querer que ainda estivesses sujeito às penas e sofrimentos da vida. Espero, pois, resignado, o momento de nos reunirmos de novo no mundo mais venturoso no qual me precedeste.

Sei que nossa separação é apenas temporária e que, por mais longa que me possa parecer, sua duração se apaga em face da eternidade de venturas que Deus promete aos seus eleitos. Que sua bondade me preserve de fazer seja o que for que retarde esse instante desejado, poupando-me assim à dor de não te encontrar, ao sair do meu cativeiro terreno.

Oh! como é doce e consoladora a certeza de que não há entre nós mais que um véu material que te oculta às minhas vistas! de que podes estar aqui, ao meu lado, a me ver e ouvir como outrora, talvez ainda melhor do que outrora; de que não me esqueces, do mesmo modo que eu não te esqueço; de que nossos pensamentos constantemente se entrecruzam e que o teu sempre me acompanha e ampara.

Que a paz do Senhor seja contigo.

Pelas almas sofredoras que pedem preces

360. Prefácio. Para se compreender o alívio que a prece pode proporcionar aos Espíritos sofredores, é preciso saber de que maneira ela atua, conforme foi explicado anteriormente. (itens 262, 270 e 271.) Aquele que se ache imbuído dessa verdade ora com mais fervor, pela certeza que tem de não orar em vão.

361. Prece. Deus clemente e misericordioso, que tua bondade se estenda sobre todos os Espíritos que se recomendam às nossas preces e particularmente sobre a alma de N...

Espíritos bons, cuja única ocupação é fazer o bem, intercedei comigo pelo alívio deles. Fazei que lhes brilhe diante dos olhos um raio de esperança e que a Luz divina os esclareça acerca das imperfeições que os distanciam da morada dos bem-aventurados. Abri-lhes o coração ao arrependimento e ao desejo de se depurarem, a fim de lhes apressar o adiantamento. Fazei-lhes compreender que, por seus esforços, eles podem encurtar a duração de suas provas.

Que Deus, em sua bondade, lhes dê a força de perseverarem nas boas resoluções!

Possam essas palavras benevolentes suavizar-lhes as penas, mostrando-lhes que há na Terra seres que se compadecem deles e lhes desejam toda a felicidade.

362. (Outra.) Nós te pedimos, Senhor, que espalhes as graças do teu amor e da tua misericórdia por todos os que sofrem, quer no Espaço como Espíritos errantes, quer entre nós como encarnados. Tem piedade das nossas fraquezas. Tu nos fizeste falíveis, mas nos deste a força para resistir ao mal e vencê-lo. Que tua misericórdia se estenda sobre todos os que não foram capazes de resistir aos maus pendores e que ainda se deixam arrastar por maus caminhos. Que os Espíritos bons os cerquem; que tua luz brilhe aos olhos deles e que, atraídos pelo calor vivificante, venham prosternar-se a teus pés, humildes, arrependidos e submissos.

Nós também te pedimos, Pai de misericórdia, por aqueles irmãos nossos que não tiveram forças para suportar suas provas terrenas. Tu, Senhor, nos deste um fardo a carregar e não devemos depô-lo senão a teus pés. Grande, porém, é a nossa fraqueza e a coragem nos falta algumas vezes no curso da jornada. Compadece-te desses servos indolentes, que abandonaram a obra antes da hora. Que tua justiça os poupe; permite que os Espíritos bons lhes levem alívio, consolações e esperanças no futuro. A perspectiva do perdão fortalece a alma; mostra-a, Senhor, aos culpados que desesperam e, sustentados por essa esperança, eles haurirão forças na própria grandeza de suas faltas e de seus sofrimentos, a fim de resgatarem o passado e se prepararem para a conquista do futuro.

Por um inimigo que morreu

363. Prefácio. A caridade para com os nossos inimigos deve acompanhá-los ao além-túmulo. Precisamos ponderar que o mal que eles nos fizeram foi para nós uma prova, que deve ter tido sua utilidade para o nosso adiantamento, se a soubemos aproveitar. Pode ter-nos sido até mais proveitosa do que as aflições puramente materiais, pois, à coragem e à resignação, permite-nos juntar a caridade e o esquecimento das ofensas.

364. Prece. Senhor, foi do teu agrado chamar, antes de mim, a alma de N... Perdoo-lhe o mal que me fez e suas más intenções a meu respeito. Possa ele ter pesar disso, agora que já não alimenta as ilusões deste mundo.

Que a tua misericórdia, meu Deus, desça sobre ele e afaste de mim a ideia de me alegrar com sua morte. Se cometi faltas para com ele, que me perdoe por isso, assim como esqueço as que cometeu para comigo.

Por um criminoso

365. Prefácio. Se a eficácia das preces fosse proporcional à extensão delas, as mais longas deveriam ficar reservadas para os mais culpados, porque elas lhes são mais necessárias do que àqueles que viveram santamente. Recusá-las aos criminosos é faltar com a caridade e desconhecer a misericórdia de Deus; julgá-las inúteis, quando um homem haja praticado tal ou tal erro, é prejulgar a justiça do Altíssimo.

366. Prece. Senhor, Deus de misericórdia, não repilas esse criminoso que acaba de deixar a Terra; a justiça dos homens o castigou, mas não o isentou da tua, se o remorso não lhe penetrou o coração.

Tira-lhe dos olhos a venda que lhe oculta a gravidade de suas faltas. Possa o seu arrependimento encontrar graça diante de ti e abrandar os sofrimentos de sua alma! Possam também as nossas preces e a intercessão dos Espíritos bons levar-lhe esperança e consolação; inspirar-lhe o desejo de reparar suas ações más numa nova existência e dar-lhe forças para não sucumbir nas novas lutas em que se empenhar!

Senhor, tem piedade dele!

Por um suicida

367. Prefácio. O homem jamais tem o direito de dispor da sua própria vida, porque somente a Deus cabe retirá-lo do cativeiro terreno, quando o julgue oportuno. Todavia, a Justiça divina pode abrandar seus rigores, de acordo com as circunstâncias, reservando, porém, toda severidade para com aquele que quis subtrair-se às provas da vida. O suicida é como o prisioneiro que se evade da prisão, antes de cumprida a pena; quando preso de novo, é tratado com mais severidade. O mesmo se dá com o suicida que julga escapar às misérias do presente e mergulha em desgraças ainda maiores. (itens 52 e 53.)

368. Prece. Sabemos, ó meu Deus, qual a sorte que espera os que violam tuas leis, abreviando voluntariamente seus dias, mas sabemos também que tua misericórdia é infinita. Digna-te, pois, estendê-la, sobre a alma de N... Possam nossas preces e a tua comiseração abrandar a amargura dos sofrimentos que ele está experimentando, por não haver tido coragem de aguardar o fim de suas provas.

Espíritos bons, que tendes por missão assistir os infelizes, tomai-o sob vossa proteção; inspirai-lhe o pesar da falta que cometeu. Que vossa assistência lhe dê forças para suportar com mais resignação as novas provas por que haja de passar, a fim de reparar a falta. Afastai dele os Espíritos maus, capazes de o impelirem novamente ao mal e prolongar-lhe os sofrimentos, fazendo-o perder o fruto de suas futuras provas.

A ti, cuja desgraça motiva as nossas preces, que nossa comiseração possa amenizar tuas amarguras e fazer que nasça em ti a esperança de um futuro melhor! Nas tuas mãos está ele; confia na bondade de Deus, cujo seio se abre a todos os arrependimentos e só se conserva fechado aos corações endurecidos.

Pelos Espíritos maus e pelos Espíritos obsessores

369. Prefácio. Seria injusto incluir na categoria dos Espíritos maus os sofredores e arrependidos, que pedem preces. Podem ter sido maus, porém, já não o são, desde que reconhecem suas faltas e as lamentam; são apenas infelizes.[133]

Os Espíritos maus são aqueles que ainda não foram tocados pelo arrependimento; que se comprazem no mal e não sentem nenhum pesar por isso; que são insensíveis às reprimendas, repelem a prece e muitas vezes blasfemam do nome de Deus. São essas almas endurecidas que, após a morte, se vingam nos homens dos sofrimentos que suportam e perseguem com seu ódio aqueles a quem odiaram durante a vida, quer obsediando-os, quer exercendo sobre eles uma influência funesta qualquer.

---

[133] N.T.: Na edição de 1866 foi acrescentado o seguinte período, finalizando este parágrafo: "Alguns já começam até a gozar de relativa felicidade".

Entre os Espíritos perversos há duas categorias bem distintas: a dos que são francamente maus e a dos hipócritas. Os primeiros são reconduzidos ao bem muito mais facilmente do que os segundos; na maioria das vezes são de naturezas brutas e grosseiras, como se nota entre os homens, pois fazem o mal mais por instinto do que por cálculo e não procuram passar por melhores do que são. Mas há entre eles um germe latente que é preciso fazer desabrochar, o que se consegue quase sempre por meio da perseverança, da firmeza aliada à benevolência, dos conselhos, do raciocínio e da prece. Durante o trabalho mediúnico, a dificuldade que eles encontram para escrever o nome de Deus é sinal de um temor instintivo, de uma voz íntima da consciência que lhes diz que são indignos de fazê-lo. Nesse ponto estão prestes a converter-se e tudo se pode esperar deles: basta encontrar o ponto vulnerável do coração.

Os Espíritos hipócritas quase sempre são muito inteligentes, mas não possuem no coração nenhuma fibra sensível; nada os toca; simulam todos os bons sentimentos para captar a confiança e se sentem felizes quando encontram tolos que os aceitam como santos Espíritos, pois podem governá-los à vontade. O nome de Deus, longe de lhes inspirar o menor temor, serve-lhes de máscara para cobrirem suas torpezas. No mundo invisível, como no mundo visível, os hipócritas são os seres mais perigosos, porque agem na sombra, sem que ninguém desconfie disso; têm apenas as aparências da fé, mas não a fé sincera.

370. Prece. Senhor, digna-te lançar um olhar de bondade sobre os Espíritos imperfeitos, que ainda se encontram na treva da ignorância e te desconhecem, particularmente sobre N...

Espíritos bons, ajudai-nos a fazer-lhe compreender que, induzindo os homens ao mal, obsediando-os e atormentando-os, ele prolonga seus próprios sofrimentos; fazei que o exemplo da felicidade de que gozais seja um encorajamento para ele.

Espírito que ainda te comprazes no mal, vem ouvir a prece que fazemos por ti; ela te deve provar que desejamos o teu bem, embora faças o mal.

És infeliz, pois não se pode ser feliz fazendo o mal. Por que então continuar penando, quando depende de ti evitá-lo? Olha os Espíritos bons que te cercam; vê como são felizes e se não seria mais agradável para ti fruir da mesma felicidade.

Dirás que isso te é impossível; porém, nada é impossível àquele que quer, pois Deus te deu, como a todas as suas criaturas, a liberdade de escolher entre o bem e o mal, isto é, entre a felicidade e a infelicidade, e ninguém está condenado a praticar o mal. Assim como tens vontade de fazê-lo, também podes ter a de fazer o bem e de ser feliz.

Volta para Deus o teu olhar; dirige-lhe por um instante o pensamento e um raio da sua divina luz virá iluminar-te. Dize conosco estas simples palavras: *Meu Deus, eu me arrependo, perdoa-me*. Tenta arrepender-te e fazer o bem, em vez de fazer o mal, e verás que sua misericórdia logo descerá sobre ti, e que um bem-estar que não se pode descrever substituirá as angústias que experimentas.

Desde que hajas dado um passo no bom caminho, o resto deste te parecerá fácil de percorrer. Compreenderás então quanto tempo perdeste de felicidade por culpa tua, mas um futuro radioso e pleno de esperança se abrirá diante de ti e te fará esquecer o teu miserável passado, cheio de perturbação e de torturas morais, que seriam para ti o inferno, se houvessem de durar eternamente. Dia virá em que essas torturas serão de tal intensidade que quererás fazê-las cessar a qualquer preço, mas quanto mais te demorares, tanto mais difícil será isso. Não creias que permanecerás sempre no estado em que te achas; não, pois isso é impossível. Tens duas perspectivas diante de ti: uma, a de sofreres muito mais do que tens sofrido até agora; outra, a de seres feliz como os Espíritos bons que te rodeiam. A primeira será inevitável se persistires na tua obstinação; basta um simples esforço da tua vontade para te tirar da má situação em que te encontras. Apressa-te, pois, visto que cada dia de demora é um dia perdido para a tua felicidade.

Espíritos bons, fazei que estas palavras encontrem acesso nessa alma ainda atrasada, a fim de que a ajudem a aproximar-se de Deus. Nós vos pedimos isso em nome de Jesus Cristo, que tinha tão grande poder sobre os Espíritos maus.

CAPÍTULO XXV

Máximas diversas[134]

Buscai e achareis[135]

Lei do trabalho – Lei do progresso

371. Pedi e vos será dado; buscai e achareis; batei à porta e ela vos será aberta; porquanto quem pede recebe e quem procura acha, e àquele que bate à porta, ela se abrirá.

Qual o homem, dentre vós, que dá uma pedra ao filho que lhe pede pão? Ou, se pedir um peixe, lhe dará uma serpente? Se, pois, sendo maus como sois, sabeis dar boas coisas aos vossos filhos, não é lógico que, com mais forte razão, vosso Pai que está nos céus dê os bens verdadeiros aos que lhe pedirem? (MATEUS, 7:7 a 11.)

372. Do ponto de vista terreno, a máxima: *Buscai e achareis* é semelhante a esta outra: *Ajuda-te, que o céu te ajudará*. É o princípio da lei do trabalho e, por conseguinte, da *lei do progresso*, pois o progresso é filho do trabalho, visto que o trabalho põe em ação as forças da inteligência.

Na infância da humanidade, o homem só aplica a inteligência à procura do alimento, dos meios de se preservar das intempéries e de se defender dos inimigos. Mas Deus lhe concedeu, a mais do que facultou aos animais, *o desejo incessante do melhor*, e é esse desejo que o impele

---

[134] N.T.: Os itens 403 a 420 deste capítulo passaram a integrar o capítulo XXIII da edição definitiva de 1866, que nela ganhou o título de "Estranha moral".
[135] N.T.: O subtítulo acima se transformou no capítulo XXV da edição definitiva de 1866.

à pesquisa dos meios de melhorar sua posição, que o leva à descoberta, às invenções, ao aperfeiçoamento da Ciência, pois é a Ciência que lhe proporciona o que lhe falta. Por meio das pesquisas, sua inteligência se engrandece, o moral se depura. Às necessidades do corpo sucedem as do espírito; depois do alimento material, ele precisa do alimento espiritual. É assim que o homem passa da selvageria à civilização.

Mas o progresso que cada homem realiza individualmente durante a vida é bem pouca coisa, imperceptível mesmo, em grande número deles. Como, então, a humanidade poderia progredir, sem a preexistência e a *reexistência* da alma? Se as almas se fossem todos os dias, para não mais voltarem, a humanidade se renovaria incessantemente com os elementos primitivos, tendo de fazer tudo, de aprender tudo. Não haveria, pois, razão para que o homem se achasse hoje mais adiantado do que nas primeiras idades do mundo, uma vez que a cada nascimento todo o trabalho intelectual teria de recomeçar. Ao contrário, voltando com o progresso que já realizou e adquirindo de cada vez alguma coisa a mais, a alma passa gradualmente da barbárie à civilização material e desta à civilização moral. (itens 36 e seguintes.)

373. Se Deus tivesse dispensado o homem do trabalho do corpo, seus membros se teriam atrofiado; se o tivesse dispensado do trabalho da inteligência, seu espírito teria permanecido na infância, no estado de instinto animal. É por isso que Ele fez do trabalho uma necessidade e lhe disse: *Busca e acharás; trabalha e produzirás.* Dessa maneira serás filho das tuas obras, terás o mérito delas e serás recompensado de acordo com o que hajas feito.

É em virtude da aplicação desse princípio que os Espíritos não vêm poupar o homem ao trabalho das pesquisas, trazendo-lhe descobertas e invenções prontas e acabadas, a fim de que ele não se limite a receber o que lhe ponham nas mãos, sem nem mesmo se dar ao trabalho de abaixar-se para apanhar, nem o incômodo de pensar. Se fosse assim, o mais preguiçoso poderia enriquecer-se e o mais ignorante tornar-se sábio sem o menor esforço e ambos se atribuírem o mérito do que não fizeram. Não, os Espíritos não vêm dispensar o homem da lei do trabalho, mas mostrar-lhe a meta que deve alcançar e o caminho que a ela conduz, dizendo-lhe: Anda e chegarás. Encontrarás pedras sob teus passos; olha e tira-as tu mesmo. Nós te daremos a força necessária, se a quiseres empregar.

374. É sob esse ponto de vista que se aplicam mais especialmente as outras partes dessa máxima de Jesus: Pedi a luz que deve iluminar vosso caminho e ela vos será dada; pedi forças para resistirdes e a tereis; pedi a assistência dos Espíritos bons e eles virão acompanhar-vos e vos servirão de guia, tal como o anjo de Tobias; pedi bons conselhos e eles jamais vos serão recusados; batei à nossa porta: ela se abrirá para vós; mas, pedi sinceramente, com fé, ardor e confiança; apresentai-vos com humildade e não com arrogância, sem o que sereis abandonados às vossas próprias forças e caireis, como justo castigo do vosso orgulho.

Tal é o sentido destas palavras: Buscai e achareis; batei à porta e ela vos será aberta.

Observai os pássaros do céu

375. Não acumuleis tesouros na Terra, onde a ferrugem e os vermes os comem, e onde os ladrões os desenterram e roubam; acumulai tesouros no céu, onde nem a ferrugem nem os vermes os comem; porque, onde está o vosso tesouro, aí está também o vosso coração.

Eis por que vos digo: Não vos inquieteis por saber onde achareis o que comer para sustento da vossa vida, nem de onde tirareis veste para cobrir vosso corpo. Não é a vida mais que o alimento e o corpo mais do que as vestes?

Considerai os pássaros do céu: não semeiam, não ceifam, não guardam em celeiros; mas vosso Pai celestial os alimenta. Não valeis muito mais do que eles? E qual, dentre vós, o que pode, com todos os seus esforços, aumentar de um côvado a sua estatura?

Por que, também, vos inquieteis pelo vestuário? Olhai como crescem os lírios dos campos; não trabalham, nem fiam; entretanto, eu vos declaro que nem mesmo Salomão, em toda a sua glória, se vestiu como um deles. Ora, se Deus tem o cuidado de vestir dessa maneira a erva dos campos, que existe hoje e amanhã será lançada na fornalha, quanto maior cuidado não terá em vos vestir, ó homens de pouca fé!

Não vos inquieteis, pois, dizendo: Que comeremos? Ou: que beberemos? Ou: com que nos vestiremos? como fazem os pagãos, que andam à procura de todas essas coisas; porque vosso Pai sabe que tendes necessidade delas.

Buscai primeiramente o reino de Deus e sua justiça, que todas essas coisas vos serão dadas de acréscimo. Assim, pois, não vos inquieteis pelo dia de amanhã, porque o amanhã cuidará de si. *A cada dia basta o seu mal.* (MATEUS, 6:19 a 21; 25 a 34.)

376. Interpretadas ao pé da letra, essas palavras seriam a negação de toda previdência, de todo trabalho e, por conseguinte, de todo progresso. Com semelhante princípio, o homem se limitaria a esperar passivamente. Suas forças físicas e intelectuais permaneceriam inativas. Se tal fosse sua condição normal na Terra, o homem nunca teria saído do estado primitivo e, se dessa condição ele fizesse a sua lei para a atualidade, só lhe estaria viver sem fazer coisa alguma. Tal não pode ter sido o pensamento de Jesus, pois estaria em contradição com o que dissera de outras vezes, com as próprias leis da natureza. Deus criou o homem sem vestes e sem abrigo, mas deu-lhe a inteligência para fabricá-los. (itens 180 e 372.) Não se deve, pois, ver nessas palavras mais do que poética alegoria da Providência, que nunca abandona os que nela confiam, querendo, todavia, que esses, por sua vez, trabalhem. Se ela nem sempre socorre materialmente, inspira as ideias com que se encontram os meios de sair da dificuldade. (item 265.)

Deus conhece nossas necessidades e a elas provê, como for necessário. Mas, insaciável nos seus desejos, o homem nem sempre sabe contentar-se com o que tem. O necessário não lhe basta, precisa do supérfluo. A Providência, então, deixa-o entregue a si mesmo. Muitas vezes ele se torna infeliz por culpa sua e por haver ignorado a voz da consciência, que o advertia. Nesses casos, Deus permite que o homem sofra as consequências, a fim de que lhe sirvam de lição para o futuro. (item 44.)

A Terra produzirá o suficiente para alimentar a todos os seus habitantes, quando os homens souberem administrar os bens que ela dá, segundo as leis de justiça, de caridade e de amor ao próximo. Quando a fraternidade reinar entre os diversos povos, como entre as províncias de um mesmo império, o supérfluo momentâneo de um suprirá a insuficiência momentânea do outro, e todos terão o necessário. O rico, então, considerar-se-á como alguém que possui grandes quantidades de sementes: se as espalhar, elas produzirão ao cêntuplo para si e para os outros; mas se comer sozinho as sementes, se as desperdiçar e deixar que se perca o excedente do que haja comido, nada produzirão e não haverá o bastante para todos. Se as amontoar no seu celeiro, os vermes as devorarão. Foi por isso que disse Jesus: "Não acumuleis tesouros na Terra, porque são perecíveis; acumulai-os no céu, onde são eternos." Em outros termos, não ligueis aos bens materiais mais importância do que aos espirituais, e sabei sacrificar aqueles em favor destes últimos. (itens 193 e seguintes.)

Não é com leis que se decreta a caridade e a fraternidade. Se elas não estiverem no coração, o egoísmo sempre as sufocará. Cabe ao Espiritismo fazê-las nele penetrar.

Não vos inquieteis pela posse do ouro

377. Não vos inquieteis pela posse do ouro, nem pela prata, nem por outra moeda em vossos bolsos. Não prepareis alforje para o caminho, nem duas túnicas, nem calçados, nem sandálias, porque aquele que trabalha merece ser alimentado.

378. Ao entrardes em qualquer cidade ou aldeia, procurai saber quem é digno de vos receber e ficai na sua casa até que partais de novo. Entrando na casa, saudai-a assim: Que a paz seja nesta casa. Se

a casa for digna disso, vossa paz virá sobre ela; se não o for, vossa paz voltará para vós.

Quando alguém não quiser vos receber, nem escutar vossas palavras, sacudi a poeira dos pés, ao sairdes dessa casa ou dessa cidade. Digo-vos em verdade: no dia do juízo, Sodoma e Gomorra serão tratadas com menos rigor do que essa cidade. (MATEUS, 10: 9 a 15.)

379. Essas palavras que Jesus dirigiu a seus apóstolos, quando os mandou anunciar, pela primeira vez, a Boa Nova, nada tinham de estranhável naquela época. Estavam de acordo com os costumes patriarcais do Oriente, onde o viajor sempre encontrava acolhida na tenda. Mas, então, os viajantes eram raros. Entre os povos modernos, o desenvolvimento da circulação criou novos hábitos. Só se encontram costumes de tempos antigos em países longínquos, onde o grande movimento ainda não penetrou. Se Jesus voltasse hoje, já não poderia dizer a seus apóstolos: Ponde-vos a caminho sem provisões.

Ao lado do sentido próprio, essas palavras guardam um sentido moral muito profundo. Assim falando, Jesus ensinava a seus discípulos que confiassem na Providência. Depois, como nada tinham, não despertariam cobiça nos que os recebessem. Era um meio de distinguirem os caridosos dos egoístas. Foi por isso que lhes disse Jesus: "Procurai saber quem é digno de vos hospedar", ou seja, quem é bastante humano para albergar o viajante que não tem com que pagar, porque esses são dignos de escutar vossas palavras. É pela caridade deles que os reconhecereis.

Quanto àqueles que não quisessem recebê-los, nem ouvi-los, Jesus, porventura, recomendou aos apóstolos que os amaldiçoassem, que se impusessem a eles, que usassem de violência e de constrangimento para os converterem? Não; mandou pura e simplesmente que fossem a outros lugares, à procura de pessoas de boa vontade.

O mesmo diz hoje o Espiritismo a seus adeptos: Não violenteis consciência alguma; não obrigueis ninguém a deixar sua crença para adotar a vossa; não lanceis anátema sobre os que não pensam como vós; acolhei os que venham a vós e deixai em paz os que vos repelem.

Lembrai-vos das palavras do Cristo. Outrora o céu era tomado com violência; hoje, é conquistado pela brandura. (item 37.)

Não procureis os gentios[136]

380. Jesus enviou seus doze apóstolos, depois de lhes ter dado as seguintes instruções: Não procureis os gentios e não entreis nas cidades dos samaritanos. Ide, antes, em busca das ovelhas perdidas da casa de Israel; - e, nos lugares onde fordes, pregai dizendo que o reino dos céus está próximo. (MATEUS, 10:5 a 7.)

381. Em muitas circunstâncias, Jesus dá provas de que suas vistas não se circunscreviam ao povo judeu, mas que abrangem a humanidade inteira. Se, pois, diz a seus apóstolos para não procurarem os pagãos, não é que desdenhe da conversão deles, o que seria pouco caridoso, mas porque os judeus, que acreditavam na unidade de Deus e esperavam o Messias, estavam preparados, pela lei de Moisés e pelos profetas, a receber sua palavra. Como aos pagãos faltasse a própria base, tudo estava por fazer e os apóstolos não se achavam ainda bastante esclarecidos para tão pesada tarefa. Foi por isso que lhes disse: "Ide em busca das ovelhas transviadas de Israel", isto é, ide semear em terreno já lavrado. Jesus sabia que a conversão dos gentios se daria a seu tempo. Mais tarde, com efeito, os apóstolos foram plantar a cruz no centro mesmo do paganismo.[137]

382. Essas palavras podem se aplicadas aos adeptos e aos propagadores do Espiritismo. Os incrédulos que cultuam sistemas, os zombadores obstinados, os adversários interessados são para eles o que eram os gentios para os apóstolos. Que os espíritas, a exemplo dos apóstolos, procurem, primeiramente, fazer prosélitos entre os homens de boa vontade, entre os que desejam a luz, nos quais se encontra um gérmen fecundo e cujo número é grande, sem perderem

---
[136] N.T.: Este e outros subtítulos fazem parte do capítulo XXIV da edição definitiva de 1866.
[137] N.T.: Por ousarem pregar o Evangelho em Roma, Paulo foi decapitado e Pedro, segundo a tradição da Igreja, crucificado de cabeça para baixo.

tempo com os que não querem ver, nem ouvir, e tanto mais resistem, por orgulho, quanto maior for a importância que se pareça ligar à sua conversão. Mais vale abrir os olhos a cem cegos que desejam ver claro, do que a um só, que se compraza na treva, pois assim estaremos aumentando, em maior proporção, o número dos sustentáculos da causa. Deixar os outros em paz não é dar mostras de indiferença, mas de boa política. Chegará a vez deles, quando estiverem dominados pela opinião geral e ouvirem a mesma coisa incessantemente repetida à sua volta. Aí julgarão que aceitam a ideia voluntariamente, por impulso próprio, e não por pressão de outrem. Depois, há ideias que são como as sementes: não podem germinar antes da estação apropriada, nem em terreno não preparado. É por isso que se deve esperar o tempo propício e cultivar primeiramente as que germinam, para não acontecer que as outras não vinguem, em virtude de um cultivo intenso demais.

Na época de Jesus, e em consequência das ideias acanhadas e materiais então em curso, tudo era circunscrito e localizado. A casa de Israel era um pequeno povo; os gentios eram outros pequenos povos circunvizinhos. Hoje, as ideias se universalizam e se espiritualizam. A luz nova não constitui privilégio de nenhuma nação; para ela não existem barreiras, tem o seu foco em toda parte e todos os homens são irmãos. Mas, também, os gentios já não são um povo, mas uma opinião que se encontra em toda parte e da qual a verdade triunfa pouco a pouco, como o Cristianismo triunfou sobre o paganismo. Já não são combatidos com armas de guerra, mas com a força da ideia. Não são os que gozam de saúde que precisam de médico.

> 383. Estando Jesus à mesa em casa desse homem (Mateus), vieram aí ter muitos publicanos e gente de má vida, que se puseram à mesa com Jesus e seus discípulos; o que fez que os fariseus, notando-o, dissessem aos discípulos: Por que vosso Mestre come com publicanos e pessoas de má vida? Mas, ouvindo-os, Jesus lhes disse: "Não são os que gozam de saúde que precisam de médico".
> (MATEUS, 9:10 a 12.)

384. Jesus se dirigia principalmente aos pobres e aos deserdados, porque são os que mais necessitam de consolações; aos cegos dóceis e de boa-fé, porque pedem para ver, e não aos orgulhosos, que julgam possuir toda a luz e de nada precisar. (Veja-se "introdução", itens *Publicanos, Portageiros*.)

Como tantas outras, essas palavras encontram sua aplicação no Espiritismo. Há quem se admire de que, por vezes, a mediunidade seja concedida a pessoas indignas e capazes de a usarem mal. Parece, dizem, que uma faculdade tão preciosa deveria ser atributo exclusivo das de maior merecimento.

Digamos, antes de tudo, que a mediunidade é inerente a uma disposição orgânica, de que todo homem pode ser dotado, como da de ver, ouvir e falar. Ora, não há nenhuma faculdade de que o homem, por efeito do seu livre-arbítrio, não possa abusar, e se Deus houvesse concedido, por exemplo, a palavra somente aos incapazes de proferirem coisas más, haveria mais mudos do que pessoas aptas a falar. Deus concedeu faculdades ao homem e lhe dá a liberdade de usá-las, mas sempre pune o que delas abusa.

Se o poder de comunicar-se com os Espíritos só fosse concedido aos mais dignos, quem ousaria pretendê-lo? Onde, aliás, estaria o limite da dignidade e da indignidade? A mediunidade é conferida sem distinção, a fim de que os Espíritos possam trazer a luz a todas as camadas, a todas as classes da sociedade, ao pobre como ao rico; aos retos para fortalecê-los no bem, aos viciosos para os corrigir. Não são estes últimos os doentes que necessitam de médico? Por que Deus, que não quer a morte do pecador, o privaria do socorro que pode arrancá-lo do lamaçal? Os Espíritos bons lhe vêm em auxílio e os conselhos que recebe diretamente são capazes de impressioná-lo de modo mais vivo, do que se os recebesse por caminhos indiretos. Deus, em sua bondade, coloca a luz em suas mãos, para lhe poupar o trabalho de ir buscá-la longe. Ele não será bem mais culpado, se não quiser vê-la? Poderá desculpar-se com a sua ignorância, quando ele mesmo tiver escrito com suas mãos, visto com seus próprios olhos, e pronunciado com a própria boca a sua condenação? Se não aproveitar, será então punido pela perda ou pela perversão de sua faculdade, da qual se apoderam os Espíritos maus para obsediarem e enganarem.[138]

A mediunidade não implica necessariamente relações habituais com os Espíritos superiores. É apenas uma *aptidão* para servir de instrumento mais ou menos maleável aos Espíritos em geral. O bom médium, pois, não é o que comunica facilmente, mas o que é simpático aos Espíritos bons e somente deles recebe assistência. É unicamente neste sentido que a excelência das qualidades morais se torna onipotente sobre a mediunidade. (itens 287 e seguintes.)

Candeia sob o alqueire

385. Ninguém acende uma candeia para pô-la debaixo do alqueire; põe-na, ao contrário, sobre o candeeiro, a fim de que ilumine a todos os que estão na casa. (MATEUS, 5:15.)

386. Não há ninguém que, depois de ter acendido uma candeia, a cubra com um vaso, ou a ponha debaixo da cama; põe-na sobre o candeeiro, a fim de que os que entrem veja a luz; - pois nada há de secreto que não haja de ser descoberto, nem nada oculto que não haja de ser conhecido e de parecer publicamente. (LUCAS, 8:16 e 17.)

387. Aproximando-se, disseram-lhe os discípulos: Por que lhes falas por parábolas? Respondendo-lhes, disse Ele: É porque, a vós outros, foi dado conhecer os mistérios do reino dos céus; mas a eles, isso não lhes foi dado. Falo-lhes por parábolas, porque, vendo, não veem e, ouvindo, não escutam e não compreendem. E neles se cumprirá a profecia de Isaías, que diz: Ouvireis com os vossos ouvidos e não escutareis; olhareis com os vossos olhos e não vereis. Porque, o coração deste povo se tornou pesado, e seus ouvidos se tornaram surdos e

---

[138] N.T.: Na edição de 1866, Allan Kardec complementa esse parágrafo com o seguinte trecho: "[...] sem prejuízo das aflições reais com que Deus castiga os servidores indignos e os corações endurecidos pelo orgulho e pelo egoísmo".

fecharam os olhos para que seus olhos não vejam e seus ouvidos não ouçam, para que seu coração não compreenda e para que, tendo-se convertido, eu não os cure. (MATEUS, 13:10 a 15.)

388. É de causar admiração ouvir Jesus dizer que não se deve colocar a luz debaixo do alqueire, quando Ele próprio oculta constantemente o sentido de suas palavras sob o véu da alegoria, que nem todos podem compreender. Ele se explica, dizendo a seus apóstolos: "Falo-lhes por parábolas porque não estão em condições de compreender certas coisas. Eles veem, olham, ouvem, mas não entendem. Seria, pois, inútil dizer-lhes tudo, por enquanto. Digo-o, porém, a vós, porque vos foi dado compreender estes mistérios." Agia, portanto, com o povo, como se faz com crianças, cujas ideias ainda não se desenvolveram. Desse modo, indica o verdadeiro sentido da sentença: "Não se deve pôr a candeia debaixo do alqueire, mas sobre o candeeiro, a fim de que todos os que entrem possam vê-la." Isto não significa que se deva revelar inconsideradamente todas as coisas. Todo ensino deve ser proporcional à inteligência daquele a quem é dirigido, pois há pessoas a quem uma luz viva demais deslumbraria, sem as esclarecer.

Dá-se com os homens, em geral, o que se dá em particular com os indivíduos. As gerações têm sua infância, sua juventude e sua maturidade. Cada coisa deve vir a seu tempo; a semente lançada à terra, fora da estação, não germina. Mas o que a prudência manda calar, momentaneamente, cedo ou tarde será descoberto, porque, chegados a certo grau de desenvolvimento, os homens procuram por si mesmos a luz viva; a obscuridade lhes pesa. Tendo-lhes Deus outorgado a inteligência para compreenderem e se guiarem por entre as coisas da Terra e do Céu, eles querem racionar sobre sua fé. É então que não se deve pôr a candeia debaixo do alqueire, visto que, *sem a luz da razão,* a fé se enfraquece.

389. Todas as religiões tiveram seus mistérios ocultos ao vulgo, tendo em vista dominá-lo; mas, enquanto essas religiões ficavam na retaguarda, a Ciência e a inteligência caminharam e rasgaram o véu misterioso; o vulgo tornou-se adulto e quis penetrar o fundo das coisas, rejeitando então da fé que possuíam o que era contrário à observação.

Fé inabalável é somente a que pode encarar a razão face a face, em todas as épocas da humanidade.

Não pode haver mistérios absolutos, e Jesus está com a verdade quando diz que não há segredo que não venha a ser conhecido. Tudo o que é oculto será descoberto um dia, e o que o homem ainda não pode compreender na Terra lhe será sucessivamente desvendado em mundos mais adiantados e quando se houver purificado. Neste mundo, ele ainda está no nevoeiro.

390. É de perguntar-se: que proveito o povo podia tirar dessa multidão de parábolas, cujo sentido lhe era oculto? Note-se bem que Jesus somente se exprimiu por parábolas sobre as partes de certo modo abstratas da sua Doutrina. Mas, tendo feito da caridade para com o próximo e da humildade condições básicas da salvação, tudo o que disse a esse respeito é inteiramente claro, explícito e sem ambiguidade. Assim devia ser, porque era a regra de conduta, regra que todos tinham de compreender para poderem observá-la. Era o essencial para a multidão ignorante, à qual Ele se limitava a dizer: "Eis o que é preciso para ganhar o reino dos céus". Sobre as outras partes, Ele desenvolvia seu pensamento apenas aos discípulos. Por serem eles mais adiantados, moral e intelectualmente, Jesus pôde iniciá-los no conhecimento de verdades mais abstratas. Foi por isso que Ele disse: Aos que já têm, ainda mais se dará. Entretanto, mesmo com os apóstolos, conservou-se impreciso acerca de muitos pontos, cuja inteira compreensão ficava reservada aos tempos futuros. Foram esses pontos que deram margem às mais diversas interpretações, até que a Ciência, de um lado, e o Espiritismo, de outro, revelassem as novas leis da natureza, tornando compreensível seu verdadeiro sentido.

391. Hoje, o Espiritismo projeta luz sobre uma porção de pontos obscuros. Entretanto, não a lança inconsideradamente. Em suas instruções, os Espíritos procedem com admirável prudência. Só abordam as diversas partes já conhecidas da Doutrina de modo gradual e sucessivo, deixando as outras partes para serem reveladas à medida que se for tornando oportuno fazê-las sair da obscuridade. Se a houvessem apresentado completa desde o início, ela só se teria mostrado acessível a

reduzido número de pessoas; teria mesmo assustado as que não se achassem preparadas para recebê-lo, prejudicando assim sua propagação. Se, pois, os Espíritos ainda não dizem tudo ostensivamente, não é porque haja na Doutrina mistérios reservados a alguns privilegiados, nem porque coloquem a candeia debaixo do alqueire, mas porque cada coisa tem de vir no momento oportuno. Os Espíritos deixam que cada ideia tenha tempo para amadurecer e propagar-se, antes que apresentem outra, a fim de que os acontecimentos tenham tempo de preparar sua aceitação.

Dai de graça o que de graça recebestes

> **392.** Restitui a saúde aos doentes, ressuscitai os mortos, curai os leprosos, expulsai os demônios. *Dai de graça o que de graça recebestes*. (MATEUS, 10:8.)

393. "Dai de graça o eu graça recebestes", diz Jesus a seus discípulos. Com essa recomendação, ele prescreve que ninguém deve cobrar por aquilo que nada pagou. Ora, o que eles haviam recebido gratuitamente era a faculdade de curar os doentes e de expulsar os demônios, isto é, os Espíritos maus. Esse dom lhes havia sido dado gratuitamente por Deus, para alívio dos que sofrem e para ajudar na propagação da fé. Jesus recomendava-lhes que não fizessem dele objeto de comércio, nem de especulação, nem meio de vida.

394. Os médiuns modernos — pois os apóstolos também tinham mediunidade — igualmente receberam de Deus um dom gratuito: o de serem intérpretes dos Espíritos, para instrução dos homens, para lhes mostrar o caminho do bem e reconduzi-los à fé, e não para lhes vender palavras que não lhes pertencem, visto que não são fruto de suas *concepções, nem de suas pesquisas, nem de seus trabalhos pessoais*. Deus quer que a luz chegue a todos; não quer que o mais pobre fique deserdado dela e possa dizer: não tive fé, porque não pude pagá-la; não tive o consolo de receber os encorajamentos e os testemunhos de afeição daqueles por quem choro, porque sou pobre. É por isso que a mediunidade não é privilégio e se encontra por toda parte. Cobrar por ela seria, pois, desviá-la do seu fim providencial.

395. Quem conhece as condições em que os Espíritos bons se comunicam, a repulsa que sentem por tudo o que é de interesse egoísta, e sabe quão pouco é preciso para os afastar, jamais poderá admitir que os Espíritos superiores estejam à disposição do primeiro que apareça e os convoque a tanto por sessão. O simples bom senso repele tal ideia. Não seria também uma profanação evocarmos, por dinheiro, os seres que respeitamos ou que nos são caros? Sem dúvida é possível obter-se manifestações desse modo; quem, porém, garantiria sua sinceridade? Os Espíritos levianos, mentirosos, brincalhões e toda a malta de Espíritos inferiores, muito pouco escrupulosos, sempre comparecem, prontos a responder ao que lhes é perguntado, sem se preocuparem com a verdade. Aquele, pois, que deseje comunicações sérias, deve, primeiro, pedi-las com seriedade e, em seguida, inteirar-se sobre a natureza das simpatias do médium com os seres do mundo invisível. Ora, a primeira condição para se conquistar a benevolência dos Espíritos bons é a humildade, o devotamento, a abnegação, o mais absoluto desinteresse *moral e material*. (item 288.)

396. Ao lado da questão moral, apresenta-se uma consideração efetiva não menos importante, que se prende à própria natureza da faculdade. A mediunidade séria não pode ser e jamais será uma profissão, não só porque se desacreditaria moralmente, sendo logo identificada com os ledores da boa sorte, como também porque um obstáculo material a isso se opõe. É que se trata de uma faculdade essencialmente móvel, fugidia e variável, com cuja perenidade ninguém pode contar. Seria, pois, para o explorador uma fonte absolutamente incerta de receitas, que lhe pode faltar no momento em que precise dela. Coisa diversa é o talento adquirido pelo estudo, pelo trabalho, e que, por isso mesmo, é uma propriedade da qual naturalmente se permite ao seu possuidor tirar partido. Mas a mediunidade não é uma arte, nem um talento, razão pela qual não pode tornar-se uma profissão; não existe sem o concurso dos Espíritos; faltando estes, já não há mediunidade. A aptidão pode subsistir, mas

o seu exercício se anula. É por isso que não há no mundo um único médium capaz de garantir a obtenção de um fenômeno espírita em dado momento. Portanto, explorar a mediunidade é dispor de uma coisa da qual não se é realmente dono. Afirmar o contrário é enganar a pessoa que paga. Há mais: não é de *si próprio* que o explorador dispõe, mas do concurso dos Espíritos, das almas dos mortos, que ele põe a preço de moeda. Essa ideia causa instintiva repugnância.[139]

397. A mediunidade é uma coisa santa, que deve ser praticada santamente, religiosamente. Como já dissemos antes (item 326), se há um gênero de mediunidade que requeira essa condição de modo ainda mais absoluto é a mediunidade curadora. O médico dá o fruto de seus estudos, feitos, muita vez, a custa de penosos sacrifícios. O magnetizador dá seu próprio fluido, por vezes até sua saúde. Podem pôr-lhes preço. O médium curador transmite o fluido salutar dos Espíritos bons: não tem o direito de vendê-los. Jesus e os apóstolos, embora pobres, nada cobravam pelas curas que operavam.

Aquele, pois, que não tem do que viver, procure recursos em qualquer parte, menos na mediunidade; não lhe consagre, se assim for preciso, senão o tempo de que possa dispor materialmente. Os Espíritos levarão em conta seu devotamento e sacrifício, ao passo que se afastam dos que fazem deles um degrau por onde possam subir.

398. Os hebreus tinham importado do Egito o conhecimento da evocação das almas, ou Espíritos. Ora, essa prática havia degenerado em abuso e caído no domínio do charlatanismo e da exploração sacrílega. Confundida com a pretensa arte da adivinhação, servia de alimento à superstição. Foi por isso que Moisés sabiamente a interditou ao povo, incapaz de compreender-lhe a santidade e extrair-lhe os bons frutos para sua instrução, sendo, por isso mesmo, mais nociva que útil. A proibição de Moisés, boa para sua época e para o povo que ele conduzia já não tem

---

[139] N.T.: Na edição de 1866, Allan Kardec complementa esse parágrafo com a seguinte frase: "Foi esse tráfico, degenerado em abuso, explorado pelo charlatanismo, pela ignorância, pela credulidade e pela superstição que motivou a proibição de Moisés. O moderno Espiritismo, compreendendo o lado sério da questão, pelo descrédito que lançou sobre essa exploração, elevou a mediunidade à categoria de missão".

hoje razão de ser, assim como a maioria de outras leis suas, que ninguém pensaria em ressuscitar.

399. Disse Jesus em seguida a seus discípulos, diante de todo o povo que o escutava: Tende cuidado com os escribas que se exibem a passear com longas túnicas, que gostam de ser saudados nas praças públicas e de ocupar os primeiros assentos nas sinagogas e os primeiros lugares nos banquetes; que, a *pretexto de longas preces, devoram as casas das viúvas*. Essas pessoas receberão condenação mais rigorosa. (Lucas, 20:45 a 47; Marcos, 12:38 a 40; Mateus, 23:14.)

400. Eles vieram em seguida a Jerusalém, e Jesus, entrando no templo, começou por expulsar dali os que vendiam e compravam; derrubou as mesas dos cambistas e os bancos dos que vendiam pombos; e não permitiu que ninguém transportasse qualquer utensílio pelo templo. Ao mesmo tempo os instruía, dizendo: Não está escrito: Minha casa será chamada casa de oração por todas as nações? Entretanto, fizestes dela um covil de ladrões! Os principais dos sacerdotes, ouvindo isso, procuravam meio de o perderem, porque o temiam, pois o povo estava maravilhado pela sua doutrina. (Marcos, 11:15 a 18; Mateus, 21: 12 e 13.)

401. Jesus também disse: Não cobreis pelas vossas preces; não façais como os escribas que, "a pretexto de longas preces, devoram as casas das *viúvas*".[140] A prece é um ato de caridade, um impulso do coração. Cobrar a prece que se dirige a Deus em favor de outro, é transformar-se em intermediário assalariado. Nesse caso, a prece passa a ser uma fórmula, cujo preço é proporcional ao tempo que dure para ser proferida. Ora, de duas uma: Deus mede ou não mede suas graças pelo número das palavras. Se estas forem necessárias em grande número, por que dizê-las pouco, ou quase nada, por aquele que não pode pagar? É falta de caridade. Se uma só é suficiente, o excesso é inútil. Por que, então, cobrá-las? É prevaricação.

---

[140] N.T.: Após a palavra "viúva", que grifamos, Allan Kardec acrescenta a seguinte frase na edição de 1866: "isto é, apropriam-se das fortunas".

Deus não vende os benefícios que concede. Por que, então, alguém que não é sequer, o distribuidor deles, que não pode garantir sua obtenção, cobraria um pedido que talvez não produza nenhum resultado?[141]

As preces pagas têm ainda outro inconveniente: aquele que as compra se julga, na maior parte das vezes, dispensado de orar por si próprio, já que se considera quite, desde que deu seu dinheiro. Sabe-se que os Espíritos são tocados pelo fervor do pensamento de quem se interessa por eles. Qual pode ser o fervor daquele que incumbe um terceiro do encargo de orar por ele, mediante paga? Qual o fervor desse terceiro, quando delega seu mandato a outro, este a outro e assim por diante? Não será reduzir a eficácia da prece ao valor de uma moeda corrente?

402. Jesus expulsou do templo os mercadores. Condenou assim o tráfico das coisas santas sob qualquer forma. Deus não vende sua bênção, nem seu perdão, nem a entrada no reino dos céus. Não tem, pois, o homem o direito de cobrá-los.

Quem ama seu pai mais do que a mim

403. Aquele que houver deixado, pelo meu nome, sua casa, seus irmãos, ou irmãs, ou seu pai, ou sua mãe, ou sua mulher, ou seus filhos, ou suas terras, receberá o cêntuplo de tudo isso e terá por herança a vida eterna. (MATEUS, 19:29)

404. Então, disse-lhe Pedro: Quanto a nós, vês que tudo deixamos e te seguimos. Jesus lhe observou: Digo-vos, em verdade, que ninguém deixará, pelo reino de Deus, sua casa, ou seu pai, ou sua mãe, ou seus irmãos, ou sua mulher, ou seus filhos, - que não receba,

---

[141] N.T.: Na edição de 1866, este parágrafo é bem mais longo. Allan Kardec o complementa assim: "Deus não pode subordinar um ato de clemência, de bondade ou de justiça, que se solicite da sua misericórdia, a uma soma em dinheiro. Do contrário, se a soma não fosse paga, ou fosse insuficiente, a justiça, a bondade e a clemência de Deus ficariam em suspenso. A razão, o bom senso e a lógica dizem que Deus, a perfeição absoluta, não pode delegar a criaturas imperfeitas o direito de estabelecer preço para a sua justiça. A justiça de Deus é como o sol: existe para todos, tanto para o pobre como para o rico. Assim como se considera imoral traficar com as graças de um soberano, porventura seria lícito fazer comércio com as do soberano do universo?".

já neste mundo, muito mais, e no século vindouro a vida eterna. (Lucas, 18:28 a 30.)

405. Disse-lhe outro: Senhor, eu te seguirei; mas permite, antes, que eu disponha do que tenho em minha casa. Jesus lhe respondeu: Quem quer que, tendo posto mão no arado, olhar para trás, não está apto para o reino de Deus. (Lucas, 9:61 e 62.)

406. Disse a outro: Segue-me; e o outro lhe respondeu: Senhor, permite que, primeiro, eu vá enterrar meu pai. Jesus lhe retrucou: Deixa aos mortos o cuidado de enterrar seus mortos; quanto a ti, vai anunciar o reino de Deus. (Lucas, 9:59 e 60).

407. Aquele que ama a seu pai ou a sua mãe, mais do que a mim, não é digno de mim; aquele que ama a seu filho ou a sua filha, mais do que a mim, não é digno de mim. (Mateus, 10:37.)

408. Uma grande multidão marchava com Jesus. Voltando-se para o povo, Ele disse: Se alguém vem a mim e não odeia[142] a seu pai e a sua mãe, a sua mulher e a seus filhos, a seus irmãos e irmãs mesmo a sua própria vida, não poderá ser meu discípulo. Assim, aquele dentre vós que não renunciar a tudo o que tem não pode ser meu discípulo. (Lucas, 14:25 a 27; 33.)

409. Certas palavras, aliás muito raras, atribuídas ao Cristo, contrastam de maneira tão estranha com a sua linguagem habitual que, instintivamente, repelimos o seu sentido literal, sem que a sublimidade da sua doutrina sofra qualquer dano. Escritas depois de sua morte, visto que nenhum dos evangelhos foi redigido enquanto Ele vivia, é de supor-se que, em casos como este, o fundo do seu pensamento não foi bem expresso, ou, o que não é menos provável, o sentido primitivo, ao passar de uma língua para outra, pode ter sofrido alguma alteração. Bastaria

---

[142] N.T.: As traduções mais recentes, e mesmo algumas mais antigas, revistas e corrigidas, como é o caso da Bíblia Sagrada traduzida por João Ferreira de Almeida (Sociedade Bíblica do Brasil, 1995), substituem, com grande acerto, o verbo *odiar* pelo verbo *aborrecer*, consagrando sentido mais adequado ao pensamento de Jesus e à lógica da Codificação Kardequiana. Vide, a respeito, os comentários de Allan Kardec, desenvolvido nos itens que se seguem.

que um erro fosse cometido uma vez, para que os copiadores o repetissem, como acontece frequentemente com relação aos fatos históricos.

O termo *odiar*, nesta frase de Lucas: *Se alguém vem a mim e não odeia a seu pai e a sua mãe*, está nesse caso. (item 180.) Ninguém teria a ideia de atribuí-la a Jesus. Será, pois, supérfluo discuti-la e, ainda menos, tentar justificá-la. Dever-se-ia, primeiro, saber se Ele a pronunciou e, caso afirmativo, se, na língua em que se exprimia, a palavra em questão tinha o mesmo valor que na nossa.[143] A língua hebraica não era rica e continha muitas palavras com várias significações. Tal é, por exemplo, aquela que, no Gênesis, designa as fase da Criação, e que também servia para expressar simultaneamente um período qualquer de tempo e a revolução diurna. Daí, mais tarde, a sua tradução pelo termo *dia* e a crença de que o mundo foi obra de seis vezes vinte e quatro horas. Tal, também, a palavra com que se designava um *camelo* e um *cabo*, porque os cabos eram feitos de pelos de camelo. Esta a razão de a haverem traduzido pelo termo *camelo*, na alegoria do buraco de uma agulha. (item 190.)

É necessário, aliás, levar-se em consideração os costumes e o caráter dos povos, pela influência que exercem sobre o gênio particular de seus idiomas. Sem esse conhecimento, escapa o sentido verdadeiro de certas palavras. De uma língua para outra, o mesmo termo se reveste de maior ou menor energia. Em uma pode ser uma injúria ou uma blasfêmia, e em outra uma palavra insignificante, conforme a ideia que sugira. Na mesma língua, algumas palavras perdem seu valor com o passar dos séculos. É por isso que uma tradução rigorosamente literal nem sempre exprime perfeitamente o pensamento e que, para ser exata, deve empregar, às vezes, não termos correspondentes, mas outros equivalentes, ou perífrases.

Estas notas encontram aplicação especial na interpretação das Santas Escrituras e, em particular, dos evangelhos. Se não se tiver em conta o meio em que Jesus vivia, fica-se exposto a equívocos sobre o

---

[143] N.T.: Na edição de 1866, Allan Kardec complementa este parágrafo com a seguinte frase: "Nesta passagem de João: 'Aquele que *odeia* sua vida, neste mundo, a conserva para a vida eterna', é certo que ela não exprimia a ideia que lhe atribuímos".

valor de certas expressões e de certos fatos, em consequência do hábito que se tem de assimilar os outros a si próprio. Em todo caso, é preciso afastar o termo *odiar* da sua acepção moderna, como contrária ao espírito do ensino de Jesus.

410. Com relação a outras expressões que podem parecer chocantes nas passagens acima relatadas, é preciso também admitir que, àquela época, não tinham o valor que hoje lhes atribuímos. Também importa não esquecer que tudo era parábolas e alegorias na linguagem de Jesus, e que para impressionar mais vivamente ouvintes insensíveis à finura e delicadeza da linguagem, Ele se servia de figuras e expressões enérgicas que os chocassem o menos possível e das quais não se teria servido nos tempos modernos. Sem discutir as palavras, deve-se aqui procurar o pensamento, que era, evidentemente, este: "Os interesses da vida futura prevalecem sobre todos os interesses e todas as considerações humanas", porque esse pensamento está de acordo com a essência de sua Doutrina, ao passo que a ideia de uma renunciação à família seria a negação dessa doutrina.

Não temos, aliás, sob os olhos a aplicação dessas máximas no sacrifício dos interesses e das afeições de família pela pátria? Censura-se um filho por deixar o pai, a mãe, os irmãos, a mulher e os filhos para marchar em defesa do seu país? Não se lhe reconhece, ao contrário, grande mérito em arrancar-se às doçuras do lar doméstico, das expansões de amizade, para cumprir um dever? Há, pois, deveres que se sobrepõem a outros deveres. A lei não impõe à filha a obrigação de deixar os pais, para acompanhar o esposo? Multiplicam-se no mundo os casos em que são necessárias as mais penosas separações. Entretanto, nem por isso as afeições se rompem. O afastamento não diminui o respeito, nem a solicitude do filho para com os pais, nem a ternura destes com relação aos filhos. Vê-se, portanto, que mesmo tomadas ao pé da letra, excetuando-se o termo *odiar*, aquelas palavras não seriam uma negação do mandamento que prescreve ao homem honrar a seu pai e a sua mãe, nem do afeto paternal; com mais forte razão, não o seriam, se tomadas segundo o Espírito; tinham por objetivo mostrar, por meio de uma hipérbole, quão imperioso é para a criatura o dever de ocupar-se com a vida futura. Aliás, tais palavras deviam ser pouco chocantes para um povo e numa época em que, como consequência dos costumes, os laços de família tinham menos força do que no seio de uma civilização moral mais adiantada. Esses laços, mais fracos nos povos primitivos, fortalecem-se com o desenvolvimento da sensibilidade e do senso moral. A própria separação é necessária ao progresso, tanto entre as famílias, como entre as raças, pois degeneram se não houver cruzamento, se não se mesclarem umas com as outras. É uma lei da natureza, tanto no interesse do progresso moral quanto no do progresso físico.

Aqui, as coisas são consideradas apenas do ponto de vista terreno. O Espiritismo faz com que as vejamos de mais alto, ao nos mostrar que os verdadeiros laços de afeição são os do Espírito e não os do corpo; que aqueles laços não se desfazem pela separação, nem mesmo pela morte do corpo; que se robustecem na vida espiritual, pela depuração do Espírito, verdade consoladora que dá à criatura uma grande força para superar as vicissitudes da vida. (itens 38 e 179.)

411. Que podem significar estas palavras: "Deixa aos mortos o cuidado de enterrar os seus mortos?". As considerações precedentes mostram, em primeiro lugar, que, nas circunstâncias em que foram pronunciadas, não podiam exprimir censura àquele que considerava um dever de piedade filial ir sepultar seu pai. Têm, no entanto, um sentido mais profundo, que só o conhecimento mais completo da vida espiritual podia tornar compreensível.

A vida espiritual é, realmente, a verdadeira vida, é a vida normal do Espírito; sua existência terrena é provisória e passageira, espécie de morte, se comparada ao esplendor e atividade da vida espiritual. O corpo não passa de vestimenta grosseira que reveste temporariamente o Espírito, verdadeiro grilhão que o prende à gleba terrena, do qual se sente feliz em libertar-se. O respeito que se consagra aos mortos não se prende à matéria, mas ao Espírito ausente, mediante a lembrança que dele guardamos. É análogo àquele que se tem pelos objetos que lhe pertenceram, que ele tocou e que as pessoas que lhe são afeiçoadas guardam como relíquias.

Era isso que aquele homem não podia compreender por si mesmo. Jesus então lhe ensinou, dizendo: Não te preocupes com o corpo, pensa antes no Espírito; vai ensinar o reino de Deus, isto é, a verdadeira vida; vai dizer aos homens que a pátria deles não é a Terra, mas o Céu.[144]

Não vim trazer a paz, mas a divisão

412. Não penseis que eu tenha vindo trazer paz à Terra; não vim trazer a paz, mas a espada; pois vim causar divisão entre o filho e seu pai, entre a filha e sua mãe, e entre a nora e sua sogra; e o homem terá por inimigos os de sua própria casa. (MATEUS, 10:34 a 36.)

413. Vim para lançar fogo à Terra; e o que é que desejo senão que ele se acenda? Tenho de ser batizado com um batismo e quanto me sinto apressado de que se cumpra!

Julgais que eu tenha vindo trazer paz à Terra? Não, eu vos afirmo; ao contrário, vim trazer a divisão; por que, de hoje em diante, se se acharem numa casa cinco pessoas, estarão elas divididas umas contra as outras: três contra duas e duas contra três. O pai estará em divisão com o filho e o filho com o pai, a mãe com a filha e a filha com a mãe, a sogra com a nora e a nora com a sogra. (LUCAS, 12:49 a 53.)

414. Será mesmo possível que Jesus, a personificação da doçura e da bondade, logo Ele que não cessou de pregar o amor ao próximo, haja dito: "Não vim trazer a paz, mas a espada; vim causar divisão entre o filho e seu pai, entre o esposo e a esposa; vim lançar fogo à Terra e tenho pressa de que se acenda?" Tais palavras não estarão em flagrante contradição com os seus ensinos? Não haverá blasfêmia em lhe atribuírem a linguagem de um conquistador sanguinário e devastador? Não, não há blasfêmia nem contradição nessas palavras, pois foi Ele mesmo quem as pronunciou, e elas dão testemunho da sua alta sabedoria. Apenas a forma, um tanto equívoca,

---

[144] N.T.: Na edição definitiva de 1866, o final deste parágrafo sofreu ligeiras alterações para torná-lo mais claro: "Vai ensinar o reino de Deus; vai dizer aos homens que a pátria deles não é a Terra, mas o Céu, pois somente lá transcorre a verdadeira vida".

não exprime com exatidão o seu pensamento, o que fez que muitas pessoas se enganassem quanto ao verdadeiro sentido delas. Tomadas ao pé da letra, tenderiam a transformar sua missão, inteiramente pacífica, noutra de perturbação e discórdia, consequência absurda, que o bom senso repele, uma vez que Jesus não podia desmentir-se. (itens 179 e 180.)

415. Toda ideia nova encontra forçosamente oposição e não há uma só que se tenha estabelecido sem lutas. Ora, nesses casos, a resistência é sempre proporcional à importância dos resultados *previstos*, porque, quanto maior ela é, tanto mais numerosos são os interesses que fere. Se for notoriamente falsa, se a julgam sem consequência, ninguém se alarma e deixam-na passar, certos de que lhe falta vitalidade. Se, porém, é verdadeira, se está assentada em bases sólidas, se lhe preveem o futuro, um secreto pressentimento adverte seus antagonistas de que constitui um perigo para eles e para a ordem de coisas em cuja manutenção se empenham. Atiram-se, então, contra ela e contra seus adeptos.

Assim, a medida da importância e dos resultados de uma ideia nova se encontra na emoção que o seu aparecimento provoca, na violência da oposição que desperta, bem como no grau e na persistência da cólera de seus adversários.

416. Jesus vinha proclamar uma doutrina que solaparia pela base os abusos de que viviam os fariseus, os escribas e os sacerdotes do seu tempo. Por isso o fizeram morrer, certos de que, matando o homem, matariam a ideia. Mas a ideia sobreviveu, porque era verdadeira; engrandeceu-se, porque correspondia aos desígnios de Deus e, nascida num pequeno e obscuro vilarejo da Judeia, foi plantar sua bandeira na própria capital do mundo pagão, em face dos seus mais encarniçados inimigos, daqueles que tinham mais interesse em combatê-la, porque subvertia crenças seculares a que eles se apegavam muito por interesse do que por convicção. Lutas das mais terríveis esperavam aí por seus apóstolos. As vítimas foram inumeráveis, mas a ideia cresceu sempre e triunfou, porque, como verdade, superava suas antecessoras.

417. É de notar-se que o Cristianismo surgiu quando o paganismo já havia entrado em declínio e se debatia contra as luzes da razão. Ainda era praticado *pro forma;* a crença, porém, havia desaparecido; apenas o interesse pessoal o sustentava. Ora, o interesse é tenaz; jamais cede à evidência: irrita-se tanto mais quanto mais convincentes são os raciocínios que lhe são opostos e quanto mais demonstram o erro em que incorrem. Sabe perfeitamente que está errado, mas isso não o abala, porque não possui na alma a verdadeira fé. O que mais teme é que a luz abra os olhos aos cegos; esse erro lhe é proveitoso, razão por que se agarra a ele e o defende.

Sócrates não ensinara também uma doutrina até certo ponto análoga à do Cristo? Por que, então, não prevaleceu naquela época, no seio de um dos povos mais inteligentes da Terra? É que ainda não chegara o tempo. Ele semeou numa terra; o paganismo ainda não se achava *gasto*. O Cristo recebeu sua missão providencial no tempo apropriado.[145]

418. Infelizmente, os adeptos da nova doutrina não se entenderam quanto à interpretação das palavras do Mestre, veladas, na maior parte das vezes, pela alegoria e pelas figuras de linguagem. Daí nascerem numerosas seitas, desde o início, todas pretendendo estar na posse da verdade exclusiva, não tendo bastado dezoito séculos para pô-las de acordo. Esquecendo o mais importante dos preceitos divinos, aquele que Jesus colocou como pedra angular do seu edifício e como condição expressa da salvação: a caridade, a fraternidade e o amor ao próximo, aquelas seitas anatematizaram-se reciprocamente, arremeteram-se umas contra as outras, as mais fortes esmagando as mais fracas, afogando-as em sangue, aniquilando-as nas torturas e nas chamas das fogueiras. Os cristãos, vencedores do paganismo, de perseguidos que eram, fizeram-se perseguidores. Foi com ferro e fogo que plantaram a cruz do Cordeiro imaculado nos dois mundos. É fato constatado que as guerras de religião foram mais cruéis e fizeram mais vítimas do que as guerras políticas, e que em nenhuma outra guerra se praticaram tantos atos de atrocidade e de barbárie.

---

[145] N.T.: Na edição de 1866, este parágrafo é bem mais extenso. Allan Kardec o finaliza da seguinte forma: "Embora nem todos os homens de sua época estivessem à altura das ideias cristãs, havia entre eles uma aptidão mais geral para assimilá-las, pois já começavam a sentir o vácuo que as crenças vulgares deixavam na alma. Sócrates e Platão haviam aberto o caminho e predisposto os espíritos".

Capítulo XXV
Máximas diversas

Cabe a culpa à doutrina do Cristo? Não, decerto, pois ela condena formalmente toda violência. Disse Ele alguma vez a seus discípulos: Ide, matai, massacrai, queimai os que não crerem como vós? Não; o que, ao contrário, lhes disse, foi: Todos os homens são irmãos e Deus é soberanamente misericordioso; amai o vosso próximo; amai os vossos inimigos; fazei o bem aos que vos persigam. Disse-lhes também: Quem matar com a espada perecerá pela espada. A responsabilidade, portanto, não cabe à doutrina de Jesus, mas aos que a interpretaram falsamente e a transformaram num instrumento a serviço de suas paixões; cabe aos que desprezaram estas palavras: Meu reino não é deste mundo.

Em sua profunda sabedoria, Jesus previa o que ia acontecer. Mas essas coisas eram inevitáveis, porque decorriam da própria inferioridade da natureza humana, que não podia transformar-se repentinamente. Era preciso que o Cristianismo passasse por essa longa e cruel prova de dezoito séculos, para mostrar toda a sua força, porque, apesar de todo o mal cometido em seu nome, ele saiu dela puro. Jamais esteve em causa. As censuras sempre recaíram sobre aqueles que abusaram dele. A cada ato de intolerância, sempre se disse: Se o Cristianismo fosse mais bem compreendido e mais bem praticado, isso não teria acontecido.

Quando Jesus diz: Não creiais que eu tenha vindo trazer a paz, mas sim a divisão, seu pensamento era este:

"Não creiais que a minha doutrina se estabeleça pacificamente; ela trará lutas sangrentas, tendo por pretexto o meu nome, porque os homens não me terão compreendido, ou não terão querido compreender-me. Os irmãos, separados por suas respectivas crenças, desembainharão a espada um contra o outro e a divisão reinará no seio de uma mesma família, cujos membros não partilhem da mesma crença. Vim lançar fogo à Terra para livrá-la dos erros e dos preconceitos, do mesmo modo que se põe fogo a um campo para destruir nele as ervas daninhas, e tenho pressa de que o fogo se acenda para que a depuração seja mais rápida, visto que do conflito a verdade sairá triunfante. À guerra sucederá a paz; ao ódio dos partidos, a fraternidade universal; às trevas do fanatismo, a luz da fé esclarecida. Então, quando o campo estiver preparado, eu vos enviarei o *Consolador, o Espírito de Verdade, que virá restabelecer todas as coisas*, isto é, que dando a conhecer o verdadeiro sentido das minhas palavras, que os homens mais esclarecidos poderão enfim compreender, porá fim à luta fratricida que divide os filhos do mesmo Deus. Cansados, afinal, de um combate sem resultado, que traz consigo unicamente a desolação e a perturbação até o seio das famílias, os homens reconhecerão onde estão seus verdadeiros interesses, com relação a este mundo e ao outro. Verão de que lado estão os amigos e os inimigos de sua tranquilidade. Todos então se abrigarão sob a mesma bandeira: a da caridade, e as coisas serão restabelecidas na Terra, de acordo com a verdade e os princípios que vos tenho ensinado".

419. O Espiritismo vem realizar, na época prevista, as promessas do Cristo. Entretanto, não o pode fazer sem destruir os abusos. Como Jesus, ele se defronta com o orgulho, o egoísmo, a ambição, a cupidez, o fanatismo cego, os quais, levados às suas últimas trincheiras, tentam barrar-lhe o caminho e lhe suscitarem entraves e perseguições. Também ele, portanto, tem de combater; mas o tempo das lutas e das perseguições sanguinolentas já passou; são todas de ordem moral as que terá de sofrer, sendo que o fim de todas elas se aproxima. As primeiras duraram séculos; estas durarão apenas alguns anos, porque seus adversários serão ofuscados pela luz. [146]

420. Essas palavras de Jesus devem, pois, entender-se com referência às cóleras que Ele previa que sua doutrina suscitaria, aos conflitos momentâneos a que ia dar causa, às lutas que teria de sustentar antes de se estabelecer, como aconteceu aos hebreus antes de entrarem na Terra Prometida, e não como decorrentes de um desígnio premeditado de sua parte de semear a desordem e a confusão. O mal viria dos homens e não dele, que era como o médico que se apresenta para curar, mas cujos remédios provocam uma crise salutar, removendo os maus humores do doente.

FIM

---

[146] N.T.: O final deste parágrafo sofreu ligeira alteração na edição definitiva, a saber: "As primeiras duraram séculos; estas durarão apenas alguns anos, porque a luz, em vez de partir de um foco único, jorra sobre todos os pontos do globo e abrirá mais depressa os olhos aos cegos".

Reproduction numérisée de la 1ʳᵉ édition française

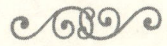

[18 avril 1864]

IMITATION
DE L'ÉVANGILE

IMITATION

DE

L'ÉVANGILE

SELON LE SPIRITISME

CONTENANT

L'EXPLICATION DES MAXIMES MORALES DU CHRIST

LEUR CONCORDANCE AVEC LE SPIRITISME

ET LEUR APPLICATION AUX DIVERSES POSITIONS DE LA VIE

PAR ALLAN KARDEC

Auteur du *Livre des Esprits*.

> Il n'y a de foi inébranlable que celle qui peut regarder la raison face à face, à tous les âges de l'humanité.

PARIS

LES ÉDITEURS DU *LIVRE DES ESPRITS*
35, QUAI DES AUGUSTINS
LEDOYEN, DENTU, FRÉD. HENRI, libraires, au Palais-Royal
Et au bureau de la REVUE SPIRITE, 59, rue et passage Sainte-Anne
1864
Réserve de tous droits.

PRÉFACE[1]

Les Esprits du Seigneur, qui sont les vertus des cieux, comme une immense armée qui s'ébranle dès qu'elle en a reçu le commandement, se répandent sur toute la surface de la terre; semblables à des étoiles qui tombent du ciel, ils viennent éclairer la route et ouvrir les yeux des aveugles. Je vous le dis en vérité, les temps sont arrivés où toutes choses doivent être rétablies dans leur sens véritable pour dissiper les ténèbres, confondre les orgueilleux et glorifier les justes.

Les grandes voix du ciel retentissent comme le son de la trompette, et les chœurs des anges s'assemblent. Hommes, nous vous convions au divin concert; que vos mains saisissent la lyre; que vos voix s'unissent, et qu'en un hymne sacré elles s'étendent et vibrent d'un bout de l'univers à l'autre.

Hommes, frères que nous aimons, nous sommes près de vous; aimez-vous aussi les uns les autres, et dites du fond de votre cœur, en faisant les volontés du Père qui est au ciel : Seigneur! Seigneur! et vous pourrez entrer dans le royaume des cieux.

L'Esprit de Vérité.

---

[1] L'auteur a cru devoir placer, comme préface, la communication suivante, signée de l'Esprit de Vérité, parce qu'elle résume à la fois le véritable caractère du spiritisme, et le but de cet ouvrage.

INTRODUCTION

I. But de cet ouvrage.

On peut diviser les matières contenues dans les Évangiles en quatre parties : *Les actes ordinaires de la vie du Christ, les miracles, les prédictions, l'enseignement moral*. Si les trois premières parties ont été l'objet de controverses, la dernière est demeurée inattaquable. Devant ce code divin, l'incrédulité elle-même s'incline ; c'est le terrain où tous les cultes peuvent se rencontrer, le drapeau sous lequel tous peuvent s'abriter, quelles que soient leurs croyances, car elle n'a jamais fait le sujet des disputes religieuses, toujours et partout soulevées par les questions de dogme ; en les discutant, d'ailleurs, les sectes y eussent trouvé leur propre condamnation, car la plupart se sont plus attachées à la partie mystique, qu'à la partie morale qui exige la réforme de soi-même. Pour les hommes en particulier, c'est une règle de conduite embrassant toutes les circonstances de la vie privée ou publique, le principe de tous les rapports sociaux fondés sur la plus rigoureuse justice ; c'est enfin, et par-dessus tout, la route infaillible du bonheur à ve-

INTRODUCTION. III

nir, un coin du voile levé sur la vie future. C'est cette partie qui fait l'objet exclusif de cet ouvrage.

Tout le monde admire la morale évangélique; chacun en proclame la sublimité et la nécessité, mais beaucoup le font de confiance, sur ce qu'ils en ont entendu dire, ou sur la foi de quelques maximes devenues proverbiales; mais peu la connaissent à fond, moins encore la comprennent et savent en déduire les conséquences. La raison en est en grande partie dans la difficulté que présente la lecture de l'Évangile, inintelligible pour le plus grand nombre. La forme allégorique, le mysticisme intentionnel du langage, font que la plupart le lisent par acquit de conscience et par devoir, comme ils lisent les prières sans les comprendre, c'est-à-dire sans fruit. Les préceptes de morale, disséminés çà et là, confondus dans la masse des autres récits, passent inaperçus; il devient alors impossible d'en saisir l'ensemble, et d'en faire l'objet d'une lecture et d'une méditation séparées.

On a fait, il est vrai, des traités de morale évangélique, mais l'arrangement en style littéraire moderne leur ôte la naïveté primitive qui en fait à la fois le charme et l'authenticité. Il en est de même des maximes détachées, réduites à leur plus simple expression proverbiale; ce ne sont plus alors que des aphorismes qui perdent une partie de leur valeur et de leur intérêt, par l'absence des accessoires et des circonstances dans lesquelles ils ont été donnés.

Pour obvier à ces inconvénients, nous avons réuni dans cet ouvrage les articles qui peuvent constituer, à proprement parler, un code de morale universelle, sans distinction de culte; dans les citations, nous avons conservé tout ce qui était utile au développement de la pensée, n'élaguant que les choses étrangères au sujet. Nous avons en outre scrupuleusement respecté la traduction originale de Sacy, ainsi que la division par versets. Mais au lieu de nous attacher à un ordre chronologique impossible et sans avantage réel dans un pareil sujet, les maximes ont été groupées et classées méthodiquement selon leur nature, de manière à ce qu'elles se déduisent autant que possible les unes des autres. Le rappel des numéros d'ordre des chapitres et des versets permet de recourir à la classification vulgaire, si on le juge à propos.

Ce n'était là qu'un travail matériel qui, seul, n'eût été que d'une utilité secondaire; l'essentiel était de le mettre à la portée de tous, par l'explication des passages obscurs, et le développement de toutes les conséquences en vue de l'application aux différentes positions de la vie. C'est ce que nous avons essayé de faire avec l'aide des bons Esprits qui nous assistent.

Beaucoup de points de l'Évangile, de la Bible et des auteurs sacrés en général, ne sont inintelligibles, beaucoup même ne paraissent irrationnels, que faute de la clef pour en comprendre le véritable sens; cette clef est tout entière dans le Spiritisme, ainsi qu'ont déjà pu s'en convaincre ceux qui l'ont étudié sérieusement, et ainsi qu'on le reconnaîtra mieux encore plus tard. Le Spiritisme se retrouve partout dans l'antiquité et à tous les âges de l'humanité; partout on en trouve des traces dans les écrits, dans les croyances, et sur les monuments; c'est pour cela que, s'il ouvre des horizons nouveaux pour l'avenir,

INTRODUCTION.   v

il jette une lumière non moins vive sur les mystères du passé.

Comme complément de chaque précepte, nous avons ajouté quelques instructions choisies parmi celles qui ont été dictées par les Esprits en divers pays, et par l'entremise de différents médiums. Si ces instructions fussent sorties d'une source unique, elles auraient pu subir une influence personnelle ou celle du milieu, tandis que la diversité d'origines prouve que les Esprits donnent leurs enseignements partout, et qu'il n'y a personne de privilégié sous ce rapport[1].

Cet ouvrage est à l'usage de tout le monde; chacun peut y puiser les moyens de conformer sa conduite à la morale du Christ. Les spirites y trouveront en outre les applications qui les concernent plus

---

[1] Nous aurions pu, sans doute, donner, sur chaque sujet, un plus grand nombre de communications obtenues dans une multitude d'autres villes et centres spirites que ceux que nous citons; mais nous avons dû, avant tout, éviter la monotonie des répétitions inutiles, et limiter notre choix à celles qui, pour le fond et pour la forme, rentraient plus spécialement dans le cadre de cet ouvrage, réservant pour des publications ultérieures celles qui n'ont pu trouver place ici.

Quant aux médiums, nous nous sommes abstenu d'en nommer aucun; pour la plupart, c'est sur leur demande qu'ils n'ont pas été désignés, et dès lors il ne convenait pas de faire des exceptions. Les noms des médiums n'auraient d'ailleurs ajouté aucune valeur à l'œuvre des Esprits; ce n'eût donc été qu'une satisfaction d'amour-propre à laquelle les médiums vraiment sérieux ne tiennent nullement; ils comprennent que leur rôle étant purement passif, la valeur des communications ne rehausse en rien leur mérite personnel, et qu'il serait puéril de tirer vanité d'un travail d'intelligence auquel on ne prête qu'un concours mécanique.

spécialement. Grâce aux communications établies désormais d'une manière permanente entre les hommes et le monde invisible, la loi évangélique enseignée à toutes les nations par les Esprits eux-mêmes, ne sera plus une lettre morte, parce que chacun la comprendra, et sera incessamment sollicité de la mettre en pratique, par les conseils de ses guides spirituels. Les instructions des Esprits sont véritablement *les voix du ciel* qui viennent éclairer les hommes et les convier *à l'imitation de l'Évangile*.

II. Autorité de la Doctrine spirite.

CONTROLE UNIVERSEL DE L'ENSEIGNEMENT DES ESPRITS.

Si la doctrine spirite était une conception purement humaine, elle n'aurait pour garant que les lumières de celui qui l'aurait conçue; or, personne ici-bas ne saurait avoir la prétention fondée de posséder à lui seul la vérité absolue. Si les Esprits qui l'ont révélée se fussent manifestés à un seul homme, rien n'en garantirait l'origine, car il faudrait croire sur parole celui qui dirait avoir reçu leur enseignement. En admettant de sa part une parfaite sincérité, tout au plus pourrait-il convaincre les personnes de son entourage; il pourrait avoir des sectaires, mais il ne parviendrait jamais à rallier tout le monde.

Dieu a voulu que la nouvelle révélation arrivât aux hommes par une voie plus rapide et plus authentique, c'est pourquoi il a chargé les Esprits d'aller la porter d'un pôle à l'autre, en se manifestant partout, sans donner à personne le privilége exclusif d'entendre leur parole. Un homme peut être abusé, peut s'abuser lui-même ; il n'en saurait être ainsi quand des millions voient et entendent la même chose : c'est une garantie pour chacun et pour tous. D'ailleurs on peut faire disparaître un homme, on ne fait pas disparaître des masses ; on peut brûler les livres, mais on ne peut brûler les Esprits ; or, brûlât-on tous les livres, la source de la doctrine n'en serait pas moins intarissable, par cela même qu'elle n'est pas sur la terre, qu'elle surgit de partout, et que chacun peut y puiser. A défaut des hommes pour la répandre, il y aura toujours les Esprits qui atteignent tout le monde et que personne ne peut atteindre.

Ce sont donc en réalité les Esprits qui font eux-mêmes la propagande, à l'aide des innombrables médiums qu'ils suscitent de tous les côtés. S'ils n'avaient eu qu'un interprète unique, quelque favorisé qu'il fût, le Spiritisme serait à peine connu ; cet interprète lui-même, à quelque classe qu'il appartînt, eût été l'objet de préventions de la part de beaucoup de gens ; toutes les nations ne l'eussent pas accepté, tandis que les Esprits, se communiquant partout, à tous les peuples, à toutes les sectes et à tous les partis, sont acceptés par tous ; le spiritisme n'a pas de nationalité ; il est en dehors de tous les cultes particuliers ; il n'est imposé par aucune classe de la société, puisque chacun peut recevoir des instructions de ses parents et de ses amis d'outre-tombe. Il fallait qu'il en fût ainsi pour qu'il pût appeler tous les hommes à la fraternité ; s'il ne se fût pas placé sur un terrain neutre, il aurait maintenu les dissensions au lieu de les apaiser.

Cette universalité dans l'enseignement des Esprits fait la force du Spiritisme; là aussi est la cause de sa propagation si rapide ; tandis que la voix d'un seul homme, même avec le secours de l'imprimerie, eût mis des siècles avant de parvenir à l'oreille de tous, voilà que des milliers de voix se font entendre simultanément sur tous les points de la terre pour proclamer les mêmes principes, et les transmettre aux plus ignorants comme aux plus savants, afin que personne ne soit déshérité. C'est un avantage dont n'a joui aucune des doctrines qui ont paru jusqu'à ce jour. Si donc le Spiritisme est une vérité, il ne craint ni le mauvais vouloir des hommes, ni les révolutions morales, ni les bouleversements physiques du globe, parce qu'aucune de ces choses ne peut atteindre les Esprits.

Mais ce n'est pas le seul avantage qui résulte de cette position exceptionnelle; le Spiritisme y trouve une garantie toute-puissante contre les schismes que pourraient susciter soit l'ambition de quelques-uns, soit les contradictions de certains Esprits. Ces contradictions sont assurément un écueil, mais qui porte en soi le remède à côté du mal.

On sait que les Esprits, par suite de la différence qui existe dans leurs capacités, sont loin d'être individuellement en possession de toute la vérité; qu'il n'est pas donné à tous de pénétrer certains mystères ; que leur savoir est proportionné à leur épuration ; que les Esprits vulgaires n'en savent pas plus que les

INTRODUCTION.

hommes, et moins que certains hommes; qu'il y a parmi eux, comme parmi ces derniers, des présomptueux et des faux savants qui croient savoir ce qu'ils ne savent pas; des systématiques qui prennent leurs idées pour la vérité; enfin que les Esprits de l'ordre le plus élevé, ceux qui sont complétement dématérialisés, ont seuls dépouillé les idées et les préjugés terrestres; mais on sait aussi que les Esprits trompeurs ne se font pas scrupule de s'abriter sous des noms d'emprunt, pour faire accepter leurs utopies. Il en résulte que, pour tout ce qui est en dehors de l'enseignement exclusivement moral, les révélations que chacun peut obtenir, ont un caractère individuel sans authenticité; qu'elles doivent être considérées comme des opinions personnelles de tel ou tel Esprit, et qu'il y aurait imprudence à les accepter et à les promulguer légèrement comme des vérités absolues.

Le premier contrôle est sans contredit celui de la raison, auquel il faut soumettre, sans exception, tout ce qui vient des Esprits; toute théorie en contradiction manifeste avec le bon sens, avec une logique rigoureuse, et avec les données positives que l'on possède, de quelque nom respectable qu'elle soit signée, doit être rejetée. Mais ce contrôle est incomplet dans beaucoup de cas, par suite de l'insuffisance des lumières de certaines personnes, et de la tendance de beaucoup à prendre leur propre jugement pour unique arbitre de la vérité. En pareil cas, que font les hommes qui n'ont pas en eux-mêmes une confiance absolue? Ils prennent l'avis du plus grand nombre, et l'opinion de la majorité est leur guide.

a.

X INTRODUCTION.

Ainsi doit-il en être à l'égard de l'enseignement des Esprits, qui nous en fournissent eux-mêmes les moyens.

La concordance dans l'enseignement des Esprits est donc le meilleur contrôle; mais il faut encore qu'elle ait lieu dans certaines conditions. La moins sûre de toutes, c'est lorsqu'un médium interroge lui-même plusieurs Esprits sur un point douteux; il est bien évident que s'il est sous l'empire d'une obsession, et s'il a affaire à un Esprit trompeur, cet Esprit peut lui dire la même chose sous des noms différents. Il n'y a pas non plus une garantie suffisante dans la conformité qu'on peut obtenir par les médiums d'un seul centre, parce qu'ils peuvent subir la même influence. *La seule garantie sérieuse est dans la concordance qui existe entre les révélations faites spontanément, par l'entremise d'un grand nombre de médiums étrangers les uns aux autres, et dans diverses contrées.* On conçoit qu'il ne s'agit point ici des communications relatives à des intérêts secondaires, mais de ce qui se rattache aux principes mêmes de la doctrine. L'expérience prouve que lorsqu'un principe nouveau doit recevoir sa solution, il est enseigné *spontanément* sur différents points à la fois, et d'une manière identique, sinon pour la forme, du moins pour le fond. Si donc il plaît à un Esprit de formuler un système excentrique, basé sur ses seules idées et en dehors de la vérité, on peut être certain que ce système restera *circonscrit*, et tombera devant l'unanimité des instructions données partout ailleurs, ainsi qu'on en a déjà eu plusieurs exemples. C'est cette unanimité qui a fait tomber tous les sys-

INTRODUCTION.

tèmes partiels éclos à l'origine du spiritisme, alòrs que chacun expliquait les phénomènes à sa manière, et avant qu'on ne connût les lois qui régissent les rapports du monde visible et du monde invisible.

Telle est la base sur laquelle nous nous appuyons quand nous formulons un principe de la doctrine; ce n'est pas parce qu'il est selon nos idées que nous le donnons comme vrai; nous ne nous posons nullement en arbitre suprême de la vérité, et nous ne disons à personne : « Croyez telle chose, parce que nous vous le disons. » Notre opinion n'est à nos propres yeux qu'une opinion personnelle qui peut être juste ou fausse, parce que nous ne sommes pas plus infaillible qu'un autre. Ce n'est pas non plus parce qu'un principe nous est enseigné qu'il est pour nous la vérité, mais parce qu'il a reçu la sanction de la concordance.

Dans notre position, recevant les communications de près de mille centres spirites sérieux, disséminés sur les divers points du globe, nous sommes à même de voir les principes sur lesquels cette concordance s'établit; c'est cette observation qui nous a guidé jusqu'à ce jour, et c'est également celle qui nous guidera dans les nouveaux champs que le spiritisme est appelé à explorer. C'est ainsi que, depuis quelque temps, nous remarquons dans les communications venues de divers côtés, tant de la France que de l'étranger, une tendance à entrer dans une voie nouvelle par des révélations d'une nature toute spéciale. Ces révélations, souvent faites à mots couverts, ont passé inaperçues pour beaucoup de ceux qui les ont obtenues; beaucoup d'autres ont cru les avoir seuls;

prises isolément, elles seraient pour nous sans valeur, mais leur coïncidence leur donne une haute gravité, dont on sera à même de juger plus tard, quand le moment sera venu de les livrer au grand jour de la publicité, car alors chacun se rappellera avoir reçu des instructions dans le même sens. C'est ce mouvement général que nous observons, que nous étudions, avec l'assistance de nos guides spirituels, et qui nous aide à juger de l'opportunité qu'il y a pour nous de faire une chose ou de nous abstenir.

Ce contrôle universel est une garantie pour l'unité future du Spiritisme, et annulera toutes les théories contradictoires. C'est là que, dans l'avenir, on cherchera le criterium de la vérité. Ce qui a fait le succès de la doctrine formulée dans *Livre des Esprits* et dans le *Livre des Médiums*, c'est que partout chacun a pu recevoir directement des Esprits la confirmation de ce qu'ils renferment. Si, de toutes parts, les Esprits fussent venus les contredire, ces livres auraient depuis longtemps subi le sort de toutes les conceptions fantastiques. L'appui même de la presse ne les eût pas sauvés du naufrage, tandis que, privés de cet appui, ils n'en ont pas moins fait un chemin rapide, parce qu'ils ont eu celui des Esprits, dont le bon vouloir a compensé, et au delà, le mauvais vouloir des hommes. Ainsi en sera-t-il de toutes les idées émanant des Esprits ou des hommes, qui ne pourraient supporter l'épreuve de ce contrôle, dont personne ne peut contester la puissance.

Supposons donc qu'il plaise à certains Esprits de dicter, sous un titre quelconque, un livre en sens contraire ; supposons même que, dans une intention

INTRODUCTION. XIII

hostile, et en vue de discréditer la doctrine, la malveillance suscitât des communications apocryphes, quelle influence pourraient avoir ces écrits s'ils sont démentis de tous côtés par les Esprits ? C'est de l'adhésion de ces derniers dont il faudrait s'assurer avant de lancer un système en leur nom. Du système d'un seul à celui de tous, il y a la distance de l'unité à l'infini. Que peuvent même tous les arguments des détracteurs sur l'opinion des masses, quand des millions de voix amies, parties de l'espace, viennent de tous les points du globe, et dans le sein de chaque famille, les battre en brèche ? L'expérience, sous ce rapport, n'a-t-elle pas déjà confirmé la théorie ? Que sont devenues toutes ces publications qui devaient, soi-disant, anéantir le Spiritisme ? Quelle est celle qui en a seulement arrêté la marche ? Jusqu'à ce jour on n'avait pas envisagé la question sous ce point de vue, l'un des plus graves, sans contredit ; chacun a compté sur soi, mais sans compter avec les Esprits.

Il ressort de tout ceci une vérité capitale, c'est que quiconque voudrait se mettre à la traverse du courant d'idées établi et sanctionné, pourrait bien causer une petite perturbation locale et momentanée, mais jamais dominer l'ensemble, même dans le présent, et encore moins dans l'avenir.

Il en ressort de plus que les instructions données par les Esprits sur les points de la doctrine non encore élucidés, ne sauraient faire loi, tant qu'elles resteront isolées ; qu'elles ne doivent, par conséquent, être acceptées que sous toutes réserves et à titre de renseignement.

De là la nécessité d'apporter à leur publication la

plus grande prudence ; et, dans le cas où l'on croirait devoir les publier, il importe de ne les présenter que comme des opinions individuelles, plus ou moins probables, mais ayant, dans tous les cas, besoin de confirmation. C'est cette confirmation qu'il faut attendre avant de présenter un principe comme vérité absolue, si l'on ne veut être accusé de légèreté ou de crédulité irréfléchie.

Les Esprits supérieurs procèdent dans leurs révélations avec une extrême sagesse ; ils n'abordent les grandes questions de la doctrine que graduellement, à mesure que l'intelligence est apte à comprendre des vérités d'un ordre plus élevé, et que les circonstances sont propices pour l'émission d'une idée nouvelle. C'est pourquoi, dès le commencement, ils n'ont pas tout dit, et n'ont pas encore tout dit aujourd'hui, ne cédant jamais à l'impatience des gens trop pressés qui veulent cueillir les fruits avant leur maturité. Il serait donc superflu de vouloir devancer le temps assigné à chaque chose par la Providence, car alors les Esprits vraiment sérieux refusent positivement leur concours ; mais les Esprits légers, se souciant peu de la vérité, répondent à tout ; c'est pour cette raison que, sur toutes les questions prématurées, il y a toujours des réponses contradictoires.

Les principes ci-dessus ne sont point le fait d'une théorie personnelle, mais la conséquence forcée des conditions dans lesquelles les Esprits se manifestent. Il est bien évident que si un Esprit dit une chose d'un côté, tandis que des millions d'Esprits disent le contraire ailleurs, la présomption de vérité ne

INTRODUCTION.

peut être pour celui qui est seul ou à peu près de son avis ; or, prétendre avoir seul raison contre tous, serait aussi illogique de la part d'un Esprit que de la part des hommes. Les Esprits vraiment sages, s'ils ne se sentent pas suffisamment éclairés sur une question, ne la tranchent *jamais* d'une manière absolue ; ils déclarent ne la traiter qu'à leur point de vue, et conseillent eux-mêmes d'en attendre la confirmation.

Quelque grande, belle et juste que soit une idée, il est impossible qu'elle rallie, dès le début, toutes les opinions. Les conflits qui en résultent sont la conséquence inévitable du mouvement qui s'opère ; ils sont même nécessaires pour mieux faire ressortir la vérité, et il est utile qu'ils aient lieu au commencement pour que les idées fausses soient plus promptement usées. Les spirites qui en concevraient quelques craintes, doivent donc être parfaitement rassurés. Toutes les prétentions isolées tomberont, par la force des choses, devant le grand et puissant criterium du contrôle universel. Ce n'est pas à l'opinion d'un homme qu'on se ralliera, c'est à la voix unanime des Esprits ; ce n'est pas un homme, *pas plus nous qu'un autre*, qui fondera l'orthodoxie spirite ; ce n'est pas non plus un Esprit venant s'imposer à qui que ce soit : c'est l'universalité des Esprits se communiquant sur toute la terre par l'ordre de Dieu ; là est le caractère essentiel de la doctrine spirite ; là est sa force, là est son autorité. Dieu a voulu que sa loi fût assise sur une base inébranlable, c'est pourquoi il ne l'a pas fait reposer sur la tête fragile d'un seul.

C'est devant ce puissant aréopage, qui ne connaît

ni les coteries, ni les rivalités jalouses, ni les sectes, ni les nations, que viendront se briser toutes les oppositions, toutes les ambitions, toutes les prétentions à la suprématie individuelle ; que nous nous briserions nous-même si nous voulions substituer nos propres idées à ses décrets souverains ; c'est lui seul qui tranchera toutes les questions litigieuses, qui fera taire les dissidences, et donnera tort ou raison à qui de droit. Devant cet imposant accord de toutes *les voix du ciel*, que peut l'opinion d'un homme ou d'un Esprit? Moins que la goutte d'eau qui se perd dans l'Océan, moins que la voix de l'enfant étouffée par la tempête.

L'opinion universelle, voilà donc le juge suprême, celui qui prononce en dernier ressort ; elle se forme de toutes les opinions individuelles ; si l'une d'elles est vraie, elle n'a que son poids relatif dans la balance ; si elle est fausse, elle ne peut l'emporter sur toutes les autres. Dans cet immense concours, les individualités s'effacent, et c'est là un nouvel échec pour l'orgueil humain.

Cet ensemble harmonieux se dessine déjà ; or, ce siècle ne passera pas qu'il ne resplendisse de tout son éclat, de manière à fixer toutes les incertitudes ; car d'ici là des voix puissantes auront reçu mission de se faire entendre pour rallier les hommes sous le même drapeau, dès que le champ sera suffisamment labouré. En attendant, celui qui flotterait entre deux systèmes opposés, peut observer dans quel sens se forme l'opinion générale : c'est l'indice certain du sens dans lequel se prononce la majorité des Esprits sur les divers points où ils se communiquent ; c'est

INTRODUCTION. XVII

un signe non moins certain de celui des deux systèmes qui l'emportera.

III. Notices historiques.

Pour bien comprendre certains passages des Évangiles, il est nécessaire de connaître la valeur de plusieurs mots qui y sont fréquemment employés, et qui caractérisent l'état des mœurs et de la société juive à cette époque. Ces mots n'ayant plus pour nous le même sens ont été souvent mal interprétés, et par cela même ont laissé une sorte d'incertitude. L'intelligence de leur signification explique en outre le sens véritable de certaines maximes qui semblent étranges au premier abord.

SAMARITAINS. Après le schisme des dix tribus, Samarie devint la capitale du royaume dissident d'Israël. Détruite et rebâtie à plusieurs reprises, elle fut, sous les Romains, le chef-lieu de la Samarie, l'une des quatre divisions de la Palestine. Hérode, dit le Grand, l'embellit de somptueux monuments, et, pour flatter Auguste, lui donna le nom d'*Augusta*, en grec *Sébaste*.

Les Samaritains furent presque toujours en guerre avec les rois de Juda ; une aversion profonde datant de la séparation, se perpétua constamment entre les deux peuples qui fuyaient toutes relations réciproques. Les Samaritains, pour rendre la scission plus profonde, et n'avoir point à venir à Jérusalem pour la célébration des fêtes religieuses, se construisirent un temple particulier, et adoptèrent certaines réformes ; ils n'admettaient que le Pentateuque contenant la loi de Moïse, et rejetaient tous les livres qui y furent annexés depuis. Leurs livres sacrés étaient écrits en caractères hébreux de la plus haute antiquité. Aux yeux des Juifs orthodoxes ils étaient hérétiques, et, par cela même, méprisés, anathématisés et persécutés. L'antagonisme des deux nations avait donc pour unique principe la divergence des opinions religieuses, quoique leurs croyances eussent la même origine ; c'étaient les protestants de ce temps-là.

On trouve encore aujourd'hui des Samaritains dans quelques contrées du Levant, particulièrement à Naplouse et à Jaffa. Ils observent la loi de Moïse avec plus de rigueur que les autres Juifs, et ne contractent d'alliance qu'entre eux.

Nazaréens, nom donné, dans l'ancienne loi, aux Juifs qui faisaient vœu, soit pour la vie, soit pour un temps, de conserver une pureté parfaite ; ils s'engageaient à la chasteté, à l'abstinence des liqueurs et à la conservation de leur chevelure. Samson, Samuel et Jean-Baptiste étaient Nazaréens.

Plus tard les Juifs donnèrent ce nom aux premiers chrétiens, par allusion à Jésus de Nazareth.

Ce fut aussi le nom d'une secte hérétique des premiers siècles de l'ère chrétienne, qui, de même que les Ébionites dont elle adoptait certains principes, mêlait les pratiques du Mosaïsme aux dogmes chrétiens. Cette secte disparut au quatrième siècle.

INTRODUCTION. XIX

PUBLICAINS. On appelait ainsi, dans l'ancienne Rome, les chevaliers fermiers des taxes publiques, chargés du recouvrement des impôts et des revenus de toute nature, soit à Rome même, soit dans les autres parties de l'empire. Ils étaient l'analogue des fermiers généraux et traitants de l'ancien régime en France, et tels qu'ils existent encore dans certaines contrées. Les risques qu'ils couraient faisaient fermer les yeux sur les richesses qu'ils acquéraient souvent, et qui, chez beaucoup, étaient le produit d'exactions et de bénéfices scandaleux. Le nom de publicain s'étendit plus tard à tous ceux qui avaient le maniement des deniers publics et aux agents subalternes. Aujourd'hui ce mot se prend en mauvaise part pour désigner les financiers et agents d'affaires peu scrupuleux; on dit quelquefois : « Avide comme un publicain ; riche comme un publicain, » pour une fortune de mauvais aloi.

De la domination romaine, l'impôt fut ce que les Juifs acceptèrent le plus difficilement, et ce qui causa parmi eux le plus d'irritation ; il s'ensuivit plusieurs révoltes, et l'on en fit une question religieuse, parce qu'on le regardait comme contraire à la loi. Il se forma même un parti puissant à la tête duquel était un certain Juda, dit le Gaulonite, qui avait pour principe le refus de l'impôt. Les Juifs avaient donc en horreur l'impôt, et, par suite, tous ceux qui étaient chargés de le percevoir ; de là leur aversion pour les publicains de tous rangs, parmi lesquels pouvaient se trouver des gens très estimables, mais qui, en raison de leurs fonctions, étaient méprisés, ainsi que ceux qui les fréquentaient, et qui étaient confondus

XX   INTRODUCTION.

dans la même réprobation. Les Juifs de distinction auraient cru se compromettre en ayant avec eux des rapports d'intimité.

Les Péagers étaient les percepteurs de bas étage, chargés principalement du recouvrement des droits à l'entrée des villes. Leurs fonctions correspondaient à peu près à celles des douaniers et des receveurs d'octroi; ils partageaient la réprobation des publicains en général. C'est pour cette raison que, dans l'Évangile, on trouve fréquemment le nom de *publicain,* accolé à celui de *gens de mauvaise vie*; cette qualification n'impliquait point celle de débauchés et de gens sans aveu; c'était un terme de mépris synonyme de *gens de mauvaise compagnie,* indignes de la fréquentation des *gens comme il faut.*

Pharisiens (de l'Hébreu *Parasch* division, séparation). La tradition formait une partie importante de la théologie juive; elle consistait dans le recueil des interprétations successives données sur le sens des Écritures, et qui étaient devenues des articles de dogme. C'était, parmi les docteurs, le sujet d'interminables discussions, le plus souvent sur de simples questions de mots ou de formes, dans le genre des disputes théologiques et des subtilités de la scolastique du moyen âge; de là naquirent différentes sectes qui prétendaient avoir chacune le monopole de la vérité, et, comme cela arrive presque toujours, se détestaient cordialement les uns les autres. Parmi ces sectes la plus influente était celle des *Pharisiens* qui eut pour chef *Hillel,* docteur juif né à Babylone,

INTRODUCTION. XXI

fondateur d'une école célèbre où l'on enseignait que la foi n'était due qu'aux Écritures. Son origine remonte à l'an 180 ou 200 avant J.-C. Les Pharisiens furent persécutés à diverses époques, notamment sous Hyrcan, souverain pontife et roi des Juifs, Aristobule, et Alexandre roi de Syrie; cependant ce dernier leur ayant rendu leurs honneurs et leurs biens, ils ressaisirent leur puissance qu'ils conservèrent jusqu'à la *ruine de Jérusalem*, l'an 70 de l'ère chrétienne, époque à laquelle leur nom disparut à la suite de la dispersion des Juifs.

Les Pharisiens prenaient une part active dans les controverses religieuses; serviles observateurs des pratiques extérieures du culte et des cérémonies, pleins d'un zèle ardent de prosélytisme, ennemis des novateurs, ils affectaient une grande sévérité de principes; mais sous les apparences d'une dévotion méticuleuse, ils cachaient des mœurs dissolues, beaucoup d'orgueil, et par-dessus tout un amour excessif de domination. La religion était pour eux plutôt un moyen d'arriver, que l'objet d'une foi sincère. Ils n'avaient que les dehors et l'ostentation de la vertu; mais par là ils exerçaient une grande influence sur le peuple aux yeux duquel ils passaient pour de saints personnages; c'est pourquoi ils étaient très puissants à Jérusalem.

Ils croyaient, ou du moins faisaient profession de croire à la Providence, à l'immortalité de l'âme, à l'éternité des peines et à la résurrection des morts (36). Jésus, qui prisait avant tout la simplicité et les qualités du cœur, qui préférait dans la loi *l'esprit qui vivifie à la lettre qui tue*, s'attacha, durant toute sa mission, à démasquer leur hypocrisie, et s'en fit par conséquent des ennemis acharnés ; c'est pourquoi ils se liguèrent avec les princes des prêtres pour ameuter le peuple contre lui et le faire périr.

Scribes, nom donné dans le principe aux secrétaires des rois de Juda, et à certains intendants des armées juives ; plus tard cette désignation fut appliquée spécialement aux docteurs qui enseignaient la loi de Moïse et l'interprétaient au peuple. Ils faisaient cause commune avec les Pharisiens, dont ils partageaient les principes et l'antipathie contre les novateurs ; c'est pourquoi Jésus les confond dans la même réprobation.

Synagogue (du grec *Sunagogué*, assemblée, congrégation). Il n'y avait en Judée qu'un seul temple, celui de Salomon, à Jérusalem, où se célébraient les grandes cérémonies du culte. Les Juifs s'y rendaient tous les ans en pèlerinage pour les principales fêtes, telles que celles de la Pâque, de la Dédicace et des Tabernacles. Les autres villes n'avaient point de temples, mais des synagogues, édifices où les Juifs se rassemblaient aux jours de sabbat pour faire des prières publiques, sous la direction des anciens, des scribes ou docteurs de la loi ; on y faisait aussi des lectures tirées des livres sacrés que l'on expliquait et commentait ; chacun pouvait y prendre part ; c'est pourquoi Jésus, sans être prêtre, enseignait dans les synagogues les jours de sabbat.

Depuis la ruine de Jérusalem et la dispersion des Juifs, les synagogues, dans les villes qu'ils habitent, leur servent de temples pour la célébration du culte.

INTRODUCTION.   XXIII

SADUCÉENS, secte juive qui se forma vers l'an 248 avant Jésus-Christ ; ainsi nommée de *Sadoc*, son fondateur. Les Saducéens ne croyaient ni à l'immortalité de l'âme, ni à la résurrection, ni aux bons et mauvais Anges. Cependant ils croyaient à Dieu, mais n'attendant rien après la mort, ils ne le servaient qu'en vue de récompenses temporelles, ce à quoi, selon eux, se bornait sa providence ; aussi la satisfaction des sens était-elle à leurs yeux le but essentiel de la vie. Quant aux Écritures, ils s'en tenaient au texte de la loi ancienne, n'admettant ni la tradition, ni aucune interprétation ; ils plaçaient les bonnes œuvres et l'exécution pure et simple de la loi au-dessus des pratiques extérieures du culte. C'étaient, comme on le voit, les matérialistes, les déistes et les sensualistes de l'époque. Cette secte était peu nombreuse, mais elle comptait des personnages importants, et devint un parti politique constamment opposé aux Pharisiens.

ESSÉNIENS ou ESSÉENS, secte juive fondée vers l'an 150 avant Jésus-Christ, au temps des Machabées, et dont les membres, qui habitaient des espèces de monastères, formaient entre eux une sorte d'association morale et religieuse. Ils se distinguaient par des mœurs douces et des vertus austères, enseignaient l'amour de Dieu et du prochain, l'immortalité de l'âme, et croyaient à la résurrection. Ils vivaient dans le célibat, condamnaient la servitude et la guerre, mettaient leurs biens en commun, et se livraient à l'agriculture. Opposés aux Saducéens sensuels qui niaient l'immortalité, aux Pharisiens rigides pour les pratiques extérieures, et chez lesquels la vertu n'était qu'apparente, ils ne prirent aucune part aux querelles qui divisèrent ces deux sectes. Leur genre de vie se rapprochait de celui des premiers chrétiens, et les principes de morale qu'ils professaient ont fait penser à quelques personnes que Jésus fit partie de cette secte avant le commencement de sa mission publique. Ce qui est certain, c'est qu'il a dû la connaître, mais rien ne prouve qu'il y fût affilié, et tout ce qu'on a écrit à ce sujet est hypothétique [1].

THÉRAPEUTES (du grec *thérapeutaï*, fait de *thérapeueïn*, servir, soigner; c'est-à-dire serviteurs de Dieu ou guérisseurs); sectaires juifs contemporains du Christ, établis principalement à Alexandrie en Égypte. Ils avaient un grand rapport avec les Esséniens, dont ils professaient les principes; comme ces derniers ils s'adonnaient à la pratique de toutes les vertus. Leur nourriture était d'une extrême frugalité; voués au célibat, à la contemplation et à la vie solitaire, ils formaient un véritable ordre religieux. Philon, philosophe juif platonicien d'Alexandrie, est le premier qui ait parlé des Thérapeutes; il en fait une secte du judaïsme. Eusèbe, saint Jérôme et d'autres Pères pensent qu'ils étaient chrétiens. Qu'ils fussent juifs ou chrétiens, il est évident que, de même que les Esséniens, ils forment le trait d'union entre le judaïsme et le christianisme.

[1] *La Mort de Jésus*, soi-disant écrite par un frère essénien, est un livre complétement apocryphe, écrit en vue de servir une opinion, et qui renferme en lui-même la preuve de son origine moderne.

INTRODUCTION.   XXV

IV. Socrate et Platon précurseurs de l'idée chretienne et du spiritisme.

De ce que Jésus a dû connaître la secte des Esséniens, on aurait tort d'en conclure qu'il y a puisé sa doctrine, et que s'il eût vécu dans un autre milieu, il eût professé d'autres principes. Les grandes idées n'éclatent jamais subitement; celles qui ont pour base la vérité ont toujours des précurseurs qui en préparent partiellement les voies; puis, quand le temps est venu, Dieu envoie un homme avec mission de résumer, coordonner et compléter ces éléments épars, et d'en former un corps; de cette façon l'idée n'arrivant pas brusquement, trouve, à son apparition, des esprits tout disposés à l'accepter. Ainsi en a-t-il été de l'idée chrétienne qui a été pressentie plusieurs siècles avant Jésus et les Esséniens, et dont Socrate et Platon ont été les principaux précurseurs.

Socrate, de même que le Christ, n'a rien écrit, ou du moins n'a laissé aucun écrit; comme lui, il est mort de la mort des criminels, victime du fanatisme, pour avoir attaqué les croyances reçues, et mis la vertu réelle au-dessus de l'hypocrisie et du simulacre des formes, en un mot pour avoir combattu les préjugés religieux. Comme Jésus fut accusé par les Pharisiens de corrompre le peuple par ses enseignements, lui aussi fut accusé par les Pharisiens de son temps, car il y en a eu à toutes les époques, de corrompre la jeunesse, en proclamant le dogme de l'unité de Dieu, de l'immortalité de l'âme et de la vie future. De même encore que nous ne connaissons la

b

doctrine de Jésus que par les écrits de ses disciples, nous ne connaissons celle de Socrate que par les écrits de son disciple Platon. Nous croyons utile d'en résumer ici les points les plus saillants pour en montrer la concordance avec les principes du christianisme.

A ceux qui regarderaient ce parallèle comme une profanation, et prétendraient qu'il ne peut y avoir de parité entre la doctrine d'un païen et celle du Christ, nous répondrons que la doctrine de Socrate n'était pas païenne, puisqu'elle avait pour but de combattre le paganisme; que la doctrine de Jésus, plus complète et plus épurée que celle de Socrate, n'a rien à perdre à la comparaison; que la grandeur de la mission divine du Christ n'en saurait être amoindrie; que d'ailleurs c'est de l'histoire qui ne peut être étouffée. L'homme est arrivé à un point où la lumière sort d'elle-même de dessous le boisseau; il est mûr pour la regarder en face; tant pis pour ceux qui n'osent ouvrir les yeux. Le temps est venu d'envisager les choses largement et d'en haut, et non plus au point de vue mesquin et rétréci des intérêts de sectes et de castes.

Ces citations prouveront en outre que, si Socrate et Platon ont pressenti l'idée chrétienne, on trouve également dans leur doctrine les principes fondamentaux du Spiritisme.

Résumé de la doctrine de Socrate et de Platon.

I. L'homme est une âme incarnée. Avant son incarnation, elle existait unie aux types primordiaux, aux idées du vrai,

INTRODUCTION. XXVII

du bien et du beau ; elle s'en sépare en s'incarnant, et, se rappelant son passé, elle est plus ou moins tourmentée par le désir d'y revenir.

On ne peut énoncer plus clairement la distinction et l'indépendance du principe intelligent et du principe matériel ; c'est en outre la doctrine de la préexistence de l'âme, de la vague intuition qu'elle conserve d'un autre monde auquel elle aspire, de sa survivance au corps, de sa sortie du monde spirituel pour s'incarner, et de sa rentrée dans ce même monde après la mort ; c'est enfin le germe de la doctrine des Anges déchus.

II. L'âme s'égare et se trouble quand elle se sert du corps pour considérer quelque objet ; elle a des vertiges comme si elle était ivre, parce qu'elle s'attache à des choses qui sont, de leur nature, sujettes à des changements ; au lieu que, lorsqu'elle contemple sa propre essence, elle se porte vers ce qui est pur, éternel, immortel, et, étant de même nature, elle y demeure attachée aussi longtemps qu'elle le peut ; alors ses égarements cessent, car elle est unie à ce qui est immuable, et cet état de l'âme est ce qu'on appelle *sagesse*.

Ainsi l'homme qui considère les choses d'en bas, terre à terre, au point de vue matériel, se fait illusion ; pour les apprécier avec justesse, il faut les voir d'en haut, c'est-à-dire du point de vue spirituel. Le vrai sage doit donc en quelque sorte isoler l'âme du corps, pour voir avec les yeux de l'esprit. C'est ce qu'enseigne le spiritisme (15).

III. Tant que nous aurons notre corps et que l'âme se trouvera plongée dans cette corruption, jamais nous ne possèderons l'objet de nos désirs : la vérité. En effet, le corps nous suscite mille obstacles par la nécessité où nous sommes d'en prendre soin ; de plus, il nous remplit de désirs, d'appétits, de craintes, de mille chimères et de mille sottises, de manière qu'avec lui il est impossible d'être sage un instant. Mais, s'il est impossible de rien connaître purement pendant que l'âme est unie au corps, il faut de deux choses l'une, ou que l'on ne connaisse jamais la vérité, ou qu'on la connaisse après la mort. Affranchis de la folie du corps, nous converserons alors, il y a lieu de l'espérer, avec des hommes également libres, et nous connaîtrons par nous-mêmes l'essence des choses. C'est pourquoi les véritables philosophes s'exercent à mourir, et la mort ne leur paraît nullement redoutable.

C'est là le principe des facultés de l'âme obscurcies par l'intermédiaire des organes corporels, et de l'expansion de ces facultés après la mort. Mais il ne s'agit ici que des âmes d'élite, déjà épurées ; il n'en est pas de même des âmes impures.

IV. L'âme impure, en cet état, est appesantie et entraînée de nouveau vers le monde visible par l'horreur de ce qui est invisible et immatériel ; elle erre alors, dit-on, autour des monuments et des tombeaux, auprès desquels on a vu parfois des fantômes ténébreux, comme doivent être les images des âmes qui ont quitté le corps sans être entièrement pures, et qui retiennent quelque chose de la forme matérielle, ce qui fait que l'œil peut les apercevoir. Ce ne sont pas les âmes des bons, mais des méchants, qui sont forcées d'errer dans ces lieux, où elles portent la peine de leur première vie, et où elles continuent d'errer jusqu'à ce que les appétits inhérents à la forme matérielle qu'elles se sont donnée, les ramène dans un corps ; et alors elles reprennent sans doute les mêmes mœurs qui, pendant leur première vie, étaient l'objet de leurs prédilections.

IMITATION
DE L'ÉVANGILE
SELON LE SPIRITISME

CHAPITRE I

JE NE SUIS POINT VENU DÉTRUIRE LA LOI.

Les trois révélations. Moïse. Christ. Le Spiritisme.

1. Ne pensez point que je sois venu détruire la loi ou les prophètes ; je ne suis point venu les détruire, mais les accomplir ; — car je vous dis en vérité que le ciel et la terre ne passeront point que tout ce qui est dans la loi ne soit accompli parfaitement, jusqu'à un seul iota et à un seul point. (Saint Matthieu, ch. v, *v*. 17, 18.)

2. Il y a deux parties distinctes dans la loi mosaïque : la loi de Dieu promulguée sur le mont Sinaï, et la loi civile ou disciplinaire établie par Moïse ; l'une est invariable, l'autre, appropriée aux mœurs et au caractère du peuple, se modifie avec le temps.

La loi de Dieu est formulée dans les dix commandements suivants :

CHAPITRE I.

I. Je suis le Seigneur, votre Dieu, qui vous ai tirés de l'Égypte, de la maison de servitude. — Vous n'aurez point d'autres dieux étrangers devant moi. — Vous ne ferez point d'image taillée, ni aucune figure de tout ce qui est en haut dans le ciel et en bas sur la terre, ni de tout ce qui est dans les eaux sous la terre. Vous ne les adorerez point, et vous ne leur rendrez point le souverain culte.

II. Vous ne prendrez point en vain le nom du Seigneur votre Dieu.

III. Souvenez-vous de sanctifier le jour du sabbat.

IV. Honorez votre père et votre mère, afin que vous viviez longtemps sur la terre que le Seigneur votre Dieu vous donnera.

V. Vous ne tuerez point.

VI. Vous ne commettrez point d'adultère.

VII. Vous ne déroberez point.

VIII. Vous ne porterez point de faux témoignage contre votre prochain.

IX. Vous ne désirerez point la femme de votre prochain.

X. Vous ne désirerez point la maison de votre prochain, ni son serviteur, ni sa servante, ni son bœuf, ni son âne, ni aucune de toutes les choses qui lui appartiennent.

Cette loi est de tous les temps et de tous les pays, et a, par cela même, un caractère divin. Tout autres sont les lois établies par Moïse, obligé de maintenir par la crainte un peuple naturellement turbulent et indiscipliné, chez lequel il avait à combattre des abus enracinés et des préjugés puisés dans la servitude d'Égypte. Pour donner de l'autorité à ses lois, il a dû leur attribuer une origine divine, ainsi que l'ont fait tous les législateurs des peuples primitifs; l'autorité de l'homme devait s'appuyer sur l'autorité de Dieu; mais l'idée d'un Dieu terrible pouvait seule impressionner des hommes ignorants, en qui le sens moral et le sentiment d'une exquise justice étaient encore peu développés. Il est bien évident que celui qui avait mis dans ses commandements : « Tu ne tueras point; tu ne feras point de tort à ton prochain, » ne pouvait se contredire en faisant un devoir de l'extermination. Les lois mosaïques, proprement dites, avaient donc un caractère essentiellement transitoire.

3. Jésus n'est point venu détruire la loi, c'est-à-dire la loi de Dieu; il est venu l'accomplir, c'est-à-dire la développer, lui donner son véritable sens, et l'approprier au degré d'avancement des hommes; c'est pourquoi on trouve dans cette loi le principe des devoirs envers Dieu et envers le prochain, qui fait la base de sa doctrine. Quant aux lois de Moïse proprement dites, il les a au contraire profondément modifiées soit dans le fond, soit dans la forme; il a constamment combattu l'abus des pratiques extérieures et les fausses interprétations, et il ne pouvait pas leur faire subir une réforme plus radicale qu'en les réduisant à ces mots : « Aimer Dieu par-dessus toutes choses, et son prochain comme soi-même, » et en disant : *c'est là toute la loi et les prophètes.*

Par ces paroles : « Le ciel et la terre ne passeront point que tout ne soit accompli jusqu'à un seul iota, » Jésus a voulu dire qu'il fallait que la loi de Dieu reçût son accomplissement, c'est-à-dire fût pratiquée sur

4 — CHAPITRE I.

toute la terre dans toute sa pureté, avec tous ses développements et toutes ses conséquences; car, que servirait d'avoir établi cette loi, si elle devait rester le privilége de quelques hommes ou même d'un seul peuple ? Tous les hommes, étant les enfants de Dieu, sont, sans distinction, l'objet d'une même sollicitude.

4. Mais le rôle de Jésus n'a pas été simplement celui d'un législateur moraliste, sans autre autorité que sa parole; il est venu accomplir les prophéties qui avaient annoncé sa venue; il tenait son autorité de la nature exceptionnelle de son Esprit et de sa mission divine; il est venu apprendre aux hommes que la vraie vie n'est pas sur la terre, mais dans le royaume des cieux; leur enseigner la voie qui y conduit, les moyens de se réconcilier avec Dieu, et les pressentir sur la marche des choses à venir pour l'accomplissement des destinées humaines. Cependant il n'a pas tout dit, et sur beaucoup de points il s'est borné à déposer le germe de vérités qu'il déclare lui-même ne pouvoir être encore comprises; il a parlé de tout, mais en termes plus ou moins explicites; pour saisir le sens caché de certaines paroles, il fallait que de nouvelles idées et de nouvelles connaissances vinssent en donner la clef, et ces idées ne pouvaient venir avant un certain degré de maturité de l'esprit humain. La science devait puissamment contribuer à l'éclosion et au développement de ces idées; il fallait donc donner à la science le temps de progresser.

5. La science et la religion sont les deux leviers de l'intelligence humaine; l'une révèle les lois du monde

matériel et l'autre les lois du monde moral ; mais *les unes et les autres ayant le même principe, qui est Dieu*, ne peuvent se contredire ; si elles sont la négation l'une de l'autre, l'une a nécessairement tort et l'autre raison, car Dieu ne peut vouloir détruire son propre ouvrage. L'incompatibilité qu'on a cru voir entre ces deux ordres d'idées tient à un défaut d'observation et à trop d'exclusivisme de part et d'autre ; de là un conflit d'où sont nées l'incrédulité et l'intolérance.

Les temps sont arrivés où les enseignements du Christ doivent recevoir leur complément ; où le voile jeté à dessein sur quelques parties de cet enseignement doit être levé ; où la science, cessant d'être exclusivement matérialiste, doit tenir compte de l'élément spirituel, et où la religion cessant de méconnaître les lois organiques et immuables de la matière, ces deux forces, s'appuyant l'une sur l'autre, s'équilibreront et se prêteront un mutuel appui. Alors la religion, ne recevant plus de démenti de la science, acquerra une puissance inébranlable, parce qu'elle sera d'accord avec la raison, et qu'on ne pourra lui opposer l'irrésistible logique des faits.

La science et la religion n'ont pu s'entendre jusqu'à ce jour parce que, chacune envisageant les choses à son point de vue exclusif, elles se repoussaient mutuellement. Il fallait quelque chose pour combler le vide qui les séparait, un trait d'union qui les rapprochât ; ce trait d'union est dans la connaissance des lois qui régissent le monde invisible et ses rapports avec le monde visible, lois tout aussi immuables que celles qui règlent le mouvement des astres et l'existence des êtres. Ces rapports une fois constatés par l'expérience,

CHAPITRE I.

une lumière nouvelle s'est faite : la foi s'est adressée à la raison, la raison n'a rien trouvé d'illogique dans la foi, et le matérialisme a été vaincu. Mais en cela comme en toutes choses, il y a des gens qui restent en arrière, jusqu'à ce qu'ils soient entraînés par le mouvement général qui les écrase s'ils veulent y résister au lieu de s'y abandonner. C'est toute une révolution morale qui s'opère en ce moment et travaille les esprits ; après s'être élaborée pendant plus de dix-huit siècles, elle touche à son accomplissement, et va marquer une nouvelle ère dans l'humanité. Les conséquences de cette révolution sont faciles à prévoir ; elle doit apporter, dans les rapports sociaux, d'inévitables modifications, auxquelles il n'est au pouvoir de personne de s'opposer, parce qu'elles sont dans les desseins de Dieu, et qu'elles ressortent de la loi du progrès, qui est une loi de Dieu.

6. Le *spiritisme* est la science nouvelle qui vient révéler aux hommes, par des preuves irrécusables, l'existence et la nature du monde invisible et ses rapports avec le monde visible ; il nous le montre, non plus comme une chose surnaturelle, mais, au contraire, comme une des forces vives et incessamment agissantes de la nature, comme la source d'une foule de phénomènes incompris jusqu'alors et rejetés, par cette raison, dans le domaine du fantastique et du merveilleux. C'est à ces rapports que le Christ fait allusion en maintes circonstances, et c'est pourquoi beaucoup de choses qu'il a dites sont restées inintelligibles et ont été faussement interprétées. Le spiritisme est la clef à l'aide de laquelle tout s'explique avec facilité.

7. La Loi de l'Ancien Testament est personnifiée dans Moïse; celle du Nouveau Testament l'est dans le Christ; le spiritisme est la troisième révélation de la loi de Dieu, mais il n'est personnifié dans aucun individu, parce qu'il est le produit de l'enseignement donné, non par un homme, mais par les Esprits qui sont *les voix du ciel*, sur tous les points de la terre, et par une multitude innombrable d'intermédiaires; c'est en quelque sorte un être collectif comprenant l'ensemble des êtres du monde invisible, venant chacun apporter aux hommes le tribut de leurs lumières pour leur faire connaître ce monde et le sort qui les y attend.

8. De même que Christ a dit : « Je ne viens point détruire la loi, mais l'accomplir; » le spiritisme dit également : « Je ne viens point détruire la loi chrétienne, mais l'accomplir. » Il n'enseigne rien de contraire à ce qu'enseigne le Christ, mais il développe, complète et explique, en termes clairs pour tout le monde, ce qui n'avait été dit que sous la forme allégorique; il vient accomplir aux temps prédits ce que Christ a annoncé, et préparer l'accomplissement des choses futures. Il est donc l'œuvre du Christ qui préside lui-même, ainsi qu'il l'a pareillement annoncé, à la régénération qui s'opère, et prépare le règne de Dieu sur la terre.

INSTRUCTIONS DES ESPRITS

L'ère nouvelle.

9. Dieu est unique, et Moïse est l'Esprit que Dieu a envoyé en mission pour le faire connaître, non-seule-

CHAPITRE I.

ment aux Hébreux, mais encore aux peuples païens. Le peuple hébreu a été l'instrument dont Dieu s'est servi pour faire sa révélation par Moïse et par les prophètes, et les vicissitudes de ce peuple étaient faites pour frapper les yeux et faire tomber le voile qui cachait aux hommes la divinité.

Les commandements de Dieu donnés par Moïse portent le germe de la morale chrétienne la plus étendue; les commentaires de la Bible en rétrécissaient le sens, parce que, mise en œuvre dans toute sa pureté, elle n'aurait pas été comprise alors; mais les dix commandements de Dieu n'en restaient pas moins comme le frontispice brillant, comme le phare qui devait éclairer l'humanité dans la route qu'elle avait à parcourir.

La morale enseignée par Moïse était appropriée à l'état d'avancement dans lequel se trouvaient les peuples qu'elle était appelée à régénérer, et ces peuples, à demi sauvages quant au perfectionnement de leur âme, n'auraient pas compris qu'on pût adorer Dieu autrement que par des holocaustes, ni qu'il fallût faire grâce à un ennemi. Leur intelligence, remarquable au point de vue de la matière, et même sous celui des arts et des sciences, était très arriérée en moralité, et ne se serait pas convertie sous l'empire d'une religion entièrement spirituelle; il leur fallait une représentation semi-matérielle, telle que l'offrait alors la religion hébraïque. C'est ainsi que les holocaustes parlaient à leurs sens, pendant que l'idée de Dieu parlait à leur esprit.

Le Christ a été l'initiateur de la morale la plus pure, la plus sublime; de la morale évangélique chrétienne qui doit rénover le monde, rapprocher les hommes et les rendre frères; qui doit faire jaillir de tous les cœurs humains la charité et l'amour du prochain, et créer entre tous les hommes une solidarité commune; d'une morale enfin qui doit transformer la terre, et en faire un séjour pour des Esprits supérieurs à ceux qui l'habitent aujourd'hui. C'est la loi du progrès, à laquelle la nature est soumise, qui s'accomplit, et le *spiritisme* est le levier dont Dieu se sert pour faire avancer l'humanité.

Les temps sont arrivés où les idées morales doivent se développer pour accomplir les progrès qui sont dans les desseins de Dieu; elles doivent suivre la même route que les idées de liberté ont parcourue, et qui en étaient l'avant-coureur. Mais il ne faut pas croire que ce développement se fera sans luttes; non, elles ont besoin, pour arriver à maturité, de secousses et de discussions, afin qu'elles attirent l'attention des masses; une fois l'attention fixée, la beauté et la sainteté de la morale frapperont les esprits, et ils s'attacheront à une science qui leur donne la clef de la vie future et leur ouvre les portes du bonheur éternel. C'est Moïse qui a ouvert la voie; Jésus a continué l'œuvre; le spiritisme l'achèvera. (Un Esprit israélite. Mulhouse, 1861.)

10. Un jour Dieu, dans sa charité inépuisable, permit à l'homme de voir la vérité percer les ténèbres; ce jour était l'avénement du Christ. Après la lumière vive, les ténèbres sont revenues; le monde, après des alternatives de vérité et d'obscurité, se perdait de nouveau. Alors, semblables aux prophètes de l'Ancien Testament, les Esprits se mettent à parler et à vous avertir; le monde est ébranlé dans ses bases; le tonnerre grondera; soyez fermes!

CHAPITRE I.

Le spiritisme est d'ordre divin, puisqu'il repose sur les lois mêmes de la nature, et croyez bien que tout ce qui est d'ordre divin a un but grand et utile. Votre monde se perdait; la science, développée aux dépens de ce qui est d'ordre moral, tout en vous menant au bien-être matériel, tournait au profit de l'Esprit des ténèbres. Vous le savez, chrétiens, le cœur et l'amour doivent marcher unis à la science. Le règne du Christ, hélas! après dix-huit siècles, et malgré le sang de tant de martyrs, n'est pas encore venu. Chrétiens, revenez au maître qui veut vous sauver. Tout est facile à celui qui croit et qui aime; l'amour le remplit d'une joie ineffable. Oui, mes enfants, le monde est ébranlé; les bons Esprits vous le disent assez; ployez sous le souffle avant-coureur de la tempête, afin de n'être point renversés; c'est-à-dire préparez-vous, et ne ressemblez pas aux vierges folles qui furent prises au dépourvu à l'arrivée de l'époux.

La révolution qui s'apprête est plutôt morale que matérielle; les grands Esprits, messagers divins, soufflent la foi, pour que vous tous, ouvriers éclairés et ardents, fassiez entendre votre humble voix; car vous êtes le grain de sable, mais sans grains de sable il n'y aurait pas de montagnes. Ainsi donc que cette parole : « Nous sommes petits, » n'ait plus de sens pour vous. A chacun sa mission, à chacun son travail. La fourmi ne construit-elle pas l'édifice de sa république, et des animalcules imperceptibles n'élèvent-ils pas des continents? La nouvelle croisade est commencée; apôtres de la paix universelle et non d'une guerre, saints Bernards modernes, regardez et marchez en avant : la loi des mondes est la loi du progrès. (FÉNELON. Poitiers, 1861.)

JE NE SUIS POINT VENU DÉTRUIRE LA LOI. 11

11. Saint Augustin est l'un des plus grands vulgarisateurs du spiritisme; il se manifeste presque partout; nous en trouvons la raison dans la vie de ce grand philosophe chrétien. Il appartient à cette vigoureuse phalange des Pères de l'Eglise auxquels la chrétienté doit ses plus solides assises. Comme beaucoup, il fut arraché au paganisme, disons mieux, à l'impiété la plus profonde, par l'éclat de la vérité. Quand, au milieu de ses débordements, il sentit en son âme cette vibration étrange qui le rappela à lui-même, et lui fit comprendre que le bonheur était ailleurs que dans des plaisirs énervants et fugitifs; quand enfin, sur son chemin de Damas, il entendit, lui aussi, la voix sainte lui crier : Saul, Saul, pourquoi me persécutes-tu? il s'écria : Mon Dieu! mon Dieu! pardonnez-moi, je crois, je suis chrétien! et depuis lors il devint un des plus fermes soutiens de l'Évangile. On peut lire dans les confessions remarquables que nous a laissées cet éminent Esprit, les paroles caractéristiques et prophétiques en même temps, qu'il prononça après avoir perdu sainte Monique : « *Je suis convaincu que ma mère reviendra me visiter et me donner des conseils en me révélant ce qui nous attend dans la vie future.* » Quel enseignement dans ces paroles, et quelle prévision éclatante de la future doctrine! C'est pour cela qu'aujourd'hui, voyant l'heure arrivée pour la divulgation de la vérité qu'il avait pressentie jadis, il s'en est fait l'ardent propagateur, et se multiplie, pour ainsi dire, pour répondre à tous ceux qui l'appellent. (ÉRASTE, disciple de saint Paul. Paris, 1863.)

Remarque. Saint Augustin vient-il donc renverser ce qu'il a élevé? Non assurément; mais, comme tant

12 CHAPITRE I. — JE NE SUIS PAS VENU DÉTRUIRE LA LOI.

d'autres, il voit avec les yeux de l'Esprit ce qu'il ne voyait pas comme homme; son âme dégagée entrevoit de nouvelles clartés; elle comprend ce qu'elle ne comprenait pas auparavant; de nouvelles idées lui ont révélé le véritable sens de certaines paroles; sur la terre il jugeait les choses selon les connaissances qu'il possédait, mais lorsqu'une nouvelle lumière s'est faite pour lui, il a pu les juger plus sainement; c'est ainsi qu'il a dû revenir sur sa croyance concernant les Esprits incubes et succubes, et sur l'anathème qu'il avait lancé contre la théorie des Antipodes. Maintenant que le Christianisme lui apparaît dans toute sa pureté, il peut, sur certains points, penser autrement que de son vivant, sans cesser d'être l'apôtre chrétien; il peut, sans renier sa foi, se faire le propagateur du spiritisme, parce qu'il y voit l'accomplissement des choses prédites. En le proclamant aujourd'hui, il ne fait que ramener à une interprétation plus saine et plus logique des textes. Ainsi en est-il des autres Esprits qui se trouvent dans une position analogue.

CHAPITRE II

MON ROYAUME N'EST PAS DE CE MONDE.

La vie future. — Le point de vue de la vie terrestre.

12. Pilate, étant donc rentré dans le palais, et ayant fait venir Jésus, lui dit : Êtes-vous le roi des Juifs ? — Jésus lui répondit : *Mon royaume n'est pas de ce monde.* Si mon royaume était de ce monde, mes gens auraient combattu pour m'empêcher de tomber dans les mains des Juifs ; mais mon royaume n'est point d'ici. — Pilate lui dit alors : Vous êtes donc roi ? — Jésus lui repartit : Vous le dites ; je suis roi ; je ne suis né, et ne suis venu dans ce monde que pour rendre témoignage à la vérité ; quiconque appartient à la vérité écoute ma voix. (Saint Jean, chap. XVIII, v. 33, 36, 37.)

13. Par ces paroles, Jésus désigne clairement *la vie future*, qu'il présente en toutes circonstances comme le terme où aboutit l'humanité, et comme devant faire l'objet des principales préoccupations de l'homme sur la terre ; toutes ses maximes se rapportent à ce grand principe. Sans la vie future, en effet, la plupart de ses préceptes de morale n'auraient aucune raison d'être ; c'est pourquoi ceux qui ne croient pas à la vie future, se figurant qu'il ne parle que de la vie présente, ne les comprennent pas, ou les trouvent puériles.

Ce dogme peut donc être considéré comme le pivot de l'enseignement du Christ ; c'est pourquoi il est placé un des premiers en tête de cet ouvrage, parce qu'il doit

CHAPITRE II.

être le point de mire de tous les hommes ; seul il peut justifier les anomalies de la vie terrestre et s'accorder avec la justice de Dieu.

14. Les Juifs n'avaient que des idées très incertaines touchant la vie future ; ils croyaient aux anges, qu'ils regardaient comme les êtres privilégiés de la création ; mais ils ne savaient pas que les hommes pussent devenir un jour des anges et partager leur félicité. Selon eux l'observation des lois de Dieu était récompensée par les biens de la terre, la suprématie de leur nation, les victoires sur leurs ennemis ; les calamités publiques et les défaites étaient le châtiment de leur désobéissance aux lois de Dieu. Moïse ne pouvait en dire davantage à un peuple pasteur ignorant qui devait être touché avant tout par les choses de ce monde. Plus tard Jésus est venu leur révéler qu'il est un autre monde où la justice de Dieu suit son cours ; c'est pourquoi il leur dit : Ceux qui font le bien iront dans le royaume de mon Père qui est au ciel, et ceux qui font le mal iront là où il y a des pleurs et des grincements de dents.

Cependant Jésus, conformant son enseignement à l'état des hommes de son époque, n'a pas cru devoir leur donner une lumière complète qui les eût éblouis sans les éclairer, parce qu'ils ne l'auraient pas comprise ; il s'est borné à poser en quelque sorte la vie future en principe, comme une loi de nature à laquelle nul ne peut échapper. Tout chrétien croit donc forcément à la vie future ; mais l'idée que beaucoup s'en font est vague, incomplète, et par cela même fausse en plusieurs points ; pour un grand nombre, ce n'est

MON ROYAUME N'EST PAS DE CE MONDE. 15

qu'une croyance sans certitude absolue ; de là les doutes et même l'incrédulité.

Le spiritisme est venu compléter en ce point, comme en beaucoup d'autres, l'enseignement du Christ, lorsque les hommes ont été mûrs pour comprendre la vérité. Avec le spiritisme, la vie future n'est plus un simple article de foi, une hypothèse; c'est une réalité matérielle démontrée par les faits, car ce sont les témoins oculaires qui viennent la décrire dans toutes ses phases et dans toutes ses péripéties; de telle sorte que non-seulement le doute n'est plus possible, mais l'intelligence la plus vulgaire peut se la représenter sous son véritable aspect, comme on se représente un pays dont on lit une description détaillée; or cette description de la vie future est tellement circonstanciée, les conditions d'existence heureuse ou malheureuse de ceux qui s'y trouvent sont si rationnelles, qu'on se dit malgré soi qu'il n'en peut être autrement, et que c'est bien là la vraie justice de Dieu.

15. L'idée nette et précise qu'on se fait de la vie future donne une foi inébranlable dans l'avenir, et cette foi a des conséquences immenses sur la moralisation des hommes, en ce qu'elle change complétement *le point de vue sous lequel ils envisagent la vie terrestre.* Pour celui qui se place, par la pensée, dans la vie spirituelle qui est indéfinie, la vie corporelle n'est plus qu'un passage, une courte station dans un pays ingrat. Les vicissitudes et les tribulations de la vie ne sont plus que des incidents qu'il prend avec patience, parce qu'il sait qu'ils ne sont que de courte durée et doivent être suivis d'un état plus heureux; la mort n'a plus rien

CHAPITRE II.

d'effrayant; ce n'est plus la porte du néant, mais celle de la délivrance qui ouvre à l'exilé l'entrée d'un séjour de bonheur et de paix. Sachant qu'il est dans une place temporaire et non définitive, il prend les soucis de la vie avec plus d'indifférence, et il en résulte pour lui un calme d'esprit qui en adoucit l'amertume.

Par le simple doute sur la vie future, l'homme reporte toutes ses pensées sur la vie terrestre; incertain de l'avenir, il donne tout au présent; n'entrevoyant pas des biens plus précieux que ceux de la terre, il est comme l'enfant qui ne voit rien au delà de ses jouets; pour se les procurer il n'est rien qu'il ne fasse; la perte du moindre de ces biens est un chagrin cuisant; un mécompte, un espoir déçu, une ambition non satisfaite, une injustice dont il est victime; l'orgueil ou la vanité blessée sont autant de tourments qui font de sa vie une angoisse perpétuelle, se donnant ainsi volontairement une véritable torture de tous les instants. Prenant son point de vue de la vie terrestre au centre de laquelle il est placé, tout prend autour de lui de vastes proportions; le mal qui l'atteint, comme le bien qui incombe aux autres, tout acquiert à ses yeux une grande importance. De même à celui qui est dans l'intérieur d'une ville tout paraît grand : les hommes qui sont en haut de l'échelle, comme les monuments; mais qu'il se transporte sur une montagne, hommes et choses vont lui paraître bien petits. Ainsi en est-il de celui qui envisage la vie terrestre du point de vue de la vie future; l'humanité, comme les étoiles du firmament, se perd dans l'immensité; il s'aperçoit alors que grands et petits sont confondus comme les fourmis sur une motte de terre; que prolétaires et potentats sont de la même taille, et il plaint ces éphémères qui se donnent tant de soucis pour y conquérir une place qui les élève si peu et qu'ils doivent garder si peu de temps. C'est ainsi que l'importance attachée aux biens terrestres est toujours en raison inverse de la foi en la vie future.

16. Si tout le monde pensait de la sorte, dira-t-on, nul ne s'occupant plus des choses de la terre, tout y péricliterait. Non ; l'homme cherche instinctivement son bien-être, et, même avec la certitude de n'être que pour peu de temps à une place, encore veut-il y être le mieux ou le moins mal possible ; il n'est personne qui, trouvant une épine sous sa main, ne l'ôte pour ne pas se piquer. Or, la recherche du bien-être force l'homme à améliorer toutes choses, poussé qu'il est par l'instinct du progrès qui est dans les lois de la nature. Il travaille donc par besoin, par goût et par devoir, et en cela il accomplit les vues de la Providence qui l'a placé sur la terre à cette fin. Seulement celui qui considère l'avenir n'attache au présent qu'une importance relative, et se console aisément des échecs du présent en pensant à la destinée qui l'attend. Dieu ne condamne donc point les jouissances terrestres, mais l'abus de ces jouissances au préjudice des choses de l'âme ; c'est contre cet abus que sont prémunis ceux qui s'appliquent cette parole de Jésus : *Mon royaume n'est pas de ce monde.* Celui qui s'identifie avec la vie future est semblable à un homme riche qui perd une petite somme sans s'en émouvoir ; celui qui concentre ses pensées sur la vie terrestre, est comme un homme pauvre qui perd tout ce qu'il possède et se désespère.

CHAPITRE II.

INSTRUCTIONS DES ESPRITS.

17. Qui mieux que moi peut comprendre la vérité de cette parole de Notre-Seigneur : Mon royaume n'est pas de ce monde? L'orgueil m'a perdue sur la terre ; qui donc comprendrait le néant des royaumes d'ici-bas, si je ne le comprenais pas? Qu'ai-je emporté avec moi de ma royauté terrestre? Rien, absolument rien ; et comme pour rendre la leçon plus terrible, elle ne m'a pas suivie jusqu'à la tombe! Reine j'étais parmi les hommes, reine je croyais entrer dans le royaume des cieux. Quelle désillusion! quelle humiliation quand, au lieu d'y être reçue en souveraine, j'ai vu au-dessus de moi, mais bien au-dessus, des hommes que je croyais bien petits et que je méprisais, parce qu'ils n'étaient pas d'un noble sang! Oh! qu'alors j'ai compris la stérilité des honneurs et des grandeurs que l'on recherche avec tant d'avidité sur la terre! Pour se préparer une place dans ce royaume, il faut l'abnégation, l'humilité, la charité dans toute sa céleste pratique, la bienveillance pour tous; on ne vous demande pas ce que vous avez été, quel rang vous avez occupé, mais le bien que vous avez fait, les larmes que vous avez essuyées. Oh! Jésus, tu l'as dit, ton royaume n'est pas ici-bas, car il faut souffrir pour arriver au ciel, et les marches du trône ne vous en rapprochent pas; ce sont les sentiers les plus pénibles de la vie qui y conduisent; cherchez-en donc la route à travers les ronces et les épines, et non parmi les fleurs. Les hommes courent après les biens terrestres comme s'ils devaient les garder toujours; mais ici plus d'illusion,

ils s'aperçoivent bientôt qu'ils n'ont saisi qu'une ombre, et ont négligé les seuls biens solides et durables, les seuls qui leur profitent au céleste séjour, les seuls qui peuvent leur en ouvrir l'accès. Ayez pitié de ceux qui n'ont pas gagné le royaume des cieux; aidez-les de vos prières, car la prière rapproche l'homme du Très-Haut; c'est le trait d'union entre le ciel et la terre; ne l'oubliez pas. (UNE REINE DE FRANCE. Le Havre, 1863.)

CHAPITRE III

IL Y A PLUSIEURS DEMEURES DANS LA MAISON DE
MON PÈRE.

Différents états de l'âme dans l'erraticité. — Différentes catégories de Mondes. — Destination de la terre. Cause des misères terrestres. — Mondes supérieurs et mondes inférieurs. — Mondes d'expiations et d'épreuves. — Mondes régénérateurs. — Progression des mondes.

18. Que votre cœur ne se trouble point. — Vous croyez en Dieu, croyez aussi en moi. — *Il y a plusieurs demeures dans la maison de mon Père;* si cela n'était, je vous l'aurais déjà dit, car je m'en vais vous préparer le lieu ; — et après que je m'en serai allé et que je vous aurai préparé le lieu, *je reviendrai*, et vous retirerai à moi, afin que là où je serai, vous y soyez aussi. (Saint Jean, ch. xiv, *v.* 1, 2, 3.)

19. La maison du Père, c'est l'univers ; les différentes demeures sont les mondes qui circulent dans l'espace infini, et offrent aux Esprits incarnés des séjours appropriés à leur avancement.

Indépendamment de la diversité des mondes, ces paroles peuvent aussi s'entendre de l'état heureux ou malheureux de l'Esprit dans l'erraticité. Suivant qu'il est plus ou moins épuré et dégagé des liens matériels, le milieu où il se trouve, l'aspect des choses, les sensations qu'il éprouve, les perceptions qu'il possède varient à l'infini ; tandis que les uns ne peuvent s'éloigner de la sphère où ils ont vécu, d'autres s'élèvent et parcourent l'espace et les mondes ; tandis que certains Esprits coupables errent dans les ténèbres, les heureux jouissent d'une clarté resplendissante et du sublime spectacle de l'infini; tandis, enfin, que le méchant, bourrelé de remords et de regrets, souvent seul, sans consolations, séparé des objets de son affection, gémit sous l'étreinte des souffrances morales, le juste, réuni à ceux qu'il aime, goûte les douceurs d'une indicible félicité. Là aussi il y a donc plusieurs demeures, quoiqu'elles ne soient ni circonscrites, ni localisées.

20. De l'enseignement donné par les Esprits, il résulte que les divers mondes sont dans des conditions très différentes les uns des autres quant au degré d'avancement ou d'infériorité de leurs habitants. Dans le nombre, il en est dont ces derniers sont encore inférieurs à ceux de la terre physiquement et moralement; d'autres sont au même degré, et d'autres lui sont plus ou moins supérieurs à tous égards. Dans les mondes inférieurs l'existence est toute matérielle, les passions règnent en souveraines, la vie morale est à peu près nulle. A mesure que celle-ci se développe, l'influence de la matière diminue, de telle sorte que dans les mondes les plus avancés la vie est pour ainsi dire toute spirituelle.

Dans les mondes intermédiaires il y a mélange de bien et de mal, prédominance de l'un ou de l'autre. Quoiqu'il ne puisse être fait des divers mondes une classification absolue, on peut néanmoins, en raison de leur état et de leur destination, et en se basant sur les nuances les plus tranchées, les diviser d'une manière générale, ainsi qu'il suit, savoir : Les mondes primitifs

CHAPITRE III.

affectés aux premières incarnations de l'âme humaine; les mondes d'expiations et d'épreuves, où le mal domine; les mondes régénérateurs, où les âmes qui ont encore à expier puisent de nouvelles forces, tout en se reposant des fatigues de la lutte; les mondes heureux, où le bien l'emporte sur le mal; les mondes célestes ou divins, séjour des Esprits épurés, où le bien règne sans partage. La terre appartient à la catégorie des mondes d'expiations et d'épreuves, c'est pourquoi l'homme y est en butte à tant de misères.

Les Esprits incarnés sur un monde n'y sont point attachés indéfiniment, et n'y accomplissent pas toutes les phases progressives qu'ils doivent parcourir pour arriver à la perfection. Quand ils ont atteint, sur un monde, le degré d'avancement qu'il comporte, ils passent dans un autre plus avancé, et ainsi de suite jusqu'à ce qu'ils soient arrivés à l'état de purs Esprits; ce sont autant de stations à chacune desquelles ils trouvent des éléments de progrès proportionnés à leur avancement. C'est pour eux une récompense de passer dans un monde d'un ordre plus élevé, comme c'est un châtiment de prolonger leur séjour dans un monde malheureux, ou d'être relégués dans un monde plus malheureux encore que celui qu'ils sont forcés de quitter, quand ils se sont obstinés dans le mal.

21. On s'étonne de trouver sur la terre tant de méchanceté et de mauvaises passions, tant de misères et d'infirmités de toutes sortes, et l'on en conclut que l'espèce humaine est une triste chose. Ce jugement provient du point de vue borné où l'on se place, et qui donne une fausse idée de l'ensemble. Il faut considérer

IL Y A PLUSIEURS DEMEURES.

que sur la terre on ne voit pas toute l'humanité, mais une très petite fraction de l'humanité. En effet, l'espèce humaine comprend tous les êtres doués de raison qui peuplent les innombrables mondes de l'univers; or, qu'est-ce que la population de la terre auprès de la population totale de ces mondes? Bien moins que celle d'un hameau par rapport à celle d'un grand empire. La situation matérielle et morale de l'humanité terrestre n'a plus rien qui étonne, si l'on se rend compte de la destination de la terre et de la nature de ceux qui l'habitent.

On se ferait des habitants d'une grande cité une idée très fausse si on les jugeait par la population des quartiers infimes et sordides. Dans un hospice, on ne voit que des malades ou des estropiés; dans un bagne, on voit tous les vices, toutes les turpitudes réunis; dans les contrées insalubres, la plupart des habitants sont pâles, malingres et souffreteux. Eh bien! qu'on se figure la terre comme étant un faubourg, un hospice, un pénitencier, un pays malsain, car elle est à la fois tout cela, et l'on comprendra pourquoi les afflictions l'emportent sur les jouissances, car on n'envoie pas à l'hospice les gens qui se portent bien, ni dans les maisons de correction ceux qui n'ont point fait de mal; et ni les hospices, ni les maisons de correction ne sont des lieux de délices.

Or, de même que dans une ville toute la population n'est pas dans les hospices ou dans les prisons, toute l'humanité n'est pas sur la terre; comme on sort de l'hospice quand on est guéri, et de la prison quand on a fait son temps, l'homme quitte la terre pour des mondes plus heureux quand il est guéri de ses infirmités morales.

24   CHAPITRE III.

INSTRUCTIONS DES ESPRITS.

Mondes inférieurs et mondes supérieurs.

22. La qualification de mondes inférieurs et de mondes supérieurs est plutôt relative qu'absolue; tel monde est inférieur ou supérieur par rapport à ceux qui sont au-dessus ou au-dessous de lui dans l'échelle progressive.

La terre étant prise pour point de comparaison, on peut se faire une idée de l'état d'un monde inférieur en y supposant l'homme au degré des races sauvages ou des nations barbares que l'on trouve encore à sa surface, et qui sont les restes de son état primitif. Dans les plus arriérés, les êtres qui les habitent sont en quelque sorte rudimentaires; ils ont la forme humaine, mais sans aucune beauté; les instincts n'y sont tempérés par aucun sentiment de délicatesse et de bienveillance, ni par les notions du juste et de l'injuste; la force brutale y fait seule la loi. Sans industrie, sans inventions, les habitants dépensent leur vie à la conquête de leur nourriture. Cependant Dieu n'abandonne aucune de ses créatures; au fond des ténèbres de l'intelligence git, latente, la vague intuition d'un Être suprême, développée plus ou moins. Cet instinct suffit pour les rendre supérieurs les uns aux autres et préparer leur éclosion à une vie plus complète; car ce ne sont point des êtres dégradés, mais des enfants qui grandissent.

Entre ces degrés inférieurs et les plus élevés, il y a d'innombrables échelons, et dans les Esprits purs, dématérialisés et resplendissants de gloire, on a peine à reconnaître ceux qui ont animé ces êtres primitifs, de même que dans l'homme adulte on a peine à reconnaître l'embryon.

23. Dans les mondes arrivés à un degré supérieur, les conditions de la vie morale et matérielle sont tout autres, même, que sur la terre. La forme du corps est toujours, comme partout, la forme humaine, mais embellie, perfectionnée, et surtout purifiée. Le corps n'a rien de la matérialité terrestre, et n'est, par conséquent, sujet ni aux besoins, ni aux maladies, ni aux détériorations qu'engendre la prédominance de la matière; les sens, plus exquis, ont des perceptions qu'étouffe ici-bas la grossièreté des organes; la légèreté spécifique des corps rend la locomotion rapide et facile; au lieu de se traîner péniblement sur le sol, il glisse, pour ainsi dire, à la surface, ou plane dans l'atmosphère sans autre effort que celui de la volonté, à la manière dont on représente les anges, ou dont les Anciens se figuraient les mânes dans les Champs Élysées. Les hommes conservent à leur gré les traits de leurs migrations passées, et paraissent à leurs amis tels qu'ils les ont connus, mais illuminés par une lumière divine, transfigurés par les impressions intérieures, qui sont toujours élevées. Au lieu de visages ternes, ravagés par les souffrances et les passions, l'intelligence et la vie rayonnent de cet éclat que les peintres ont traduit par le nimbe ou l'auréole des saints.

Le peu de résistance qu'offre la matière à des Esprits déjà très avancés rend le développement des corps rapide et l'enfance courte ou presque nulle; la

CHAPITRE III.

vie, exempte de soucis et d'angoisses, est proportionnellement beaucoup plus longue que sur la terre. En principe, la longévité est proportionnée au degré d'avancement des mondes. La mort n'y a rien des horreurs de la décomposition; loin d'être un sujet d'effroi, elle est considérée comme une transformation heureuse, parce que là le doute sur l'avenir n'existe pas. Pendant la vie, l'âme, n'étant point enserrée dans une matière compacte, rayonne et jouit d'une lucidité qui la met dans un état presque permanent d'émancipation, et permet la libre transmission de la pensée.

24. Dans ces mondes heureux, les relations de peuple à peuple, toujours amicales, ne sont jamais troublées par l'ambition d'asservir son voisin, ni par la guerre qui en est la suite. Il n'y a ni maîtres, ni esclaves, ni privilégiés de naissance; la supériorité morale et intelligente etablit seule la différence des conditions et donne la suprématie. L'autorité est toujours respectée, parce qu'elle n'est donnée qu'au mérite, et qu'elle s'exerce toujours avec justice. L'homme ne cherche point à s'élever au-dessus de l'homme, mais au-dessus de lui-même en se perfectionnant; son but est de parvenir au rang des purs Esprits, et ce désir incessant n'est point un tourment, mais une noble ambition qui le fait étudier avec ardeur pour arriver à les égaler. Tous les sentiments tendres et élevés de la nature humaine s'y trouvent agrandis et purifiés; les haines, les mesquines jalousies, les basses convoitises de l'envie y sont inconnues; un lien d'amour et de fraternité unit tous les hommes; les plus forts aident les plus faibles. Ils possèdent plus ou moins, selon qu'ils

ont plus ou moins acquis par leur intelligence, mais nul ne souffre par le manque du nécessaire, parce que nul n'y est en expiation ; en un mot, le mal n'y existe pas.

25. Dans votre monde, vous avez besoin du mal pour sentir le bien, de la nuit pour admirer la lumière, de la maladie pour apprécier la santé ; là, ces contrastes ne sont point nécessaires ; l'éternelle lumière, l'éternelle beauté, l'éternel calme de l'âme, procurent une éternelle joie que ne troublent ni les angoisses de la vie matérielle, ni le contact des méchants, qui n'y ont point accès. Voilà ce que l'esprit humain a le plus de peine à comprendre ; il a été ingénieux pour peindre les tourments de l'enfer, il n'a jamais pu se représenter les joies du ciel ; et pourquoi cela? Parce que, étant inférieur, il n'a enduré que peines et misères, et n'a point entrevu les célestes clartés ; il ne peut parler que de ce qu'il connaît ; mais, à mesure qu'il s'élève et s'épure, l'horizon s'éclaircit, et il comprend le bien qui est devant lui, comme il a compris le mal qui est resté derrière lui.

26. Cependant ces mondes fortunés ne sont point des mondes privilégiés, car Dieu n'est partial pour aucun de ses enfants ; il donne à tous les mêmes droits et les mêmes facilités pour y arriver ; il les fait tous partir du même point, et n'en dote aucun plus que les autres ; les premiers rangs sont accessibles à tous ; à eux de les conquérir par leur travail ; à eux de les atteindre le plus tôt possible, ou de languir pendant des siècles de siècles dans les bas-fonds de l'humanité. (*Résumé de l'enseignement de tous les Esprits supérieurs.*)

28   CHAPITRE III.

Mondes d'expiations et d'épreuves.

27. Que vous dirai-je des mondes d'expiations que vous ne sachiez déjà, puisqu'il vous suffit de considérer la terre que vous habitez? La supériorité de l'intelligence chez un grand nombre de ses habitants indique qu'elle n'est pas un monde primitif destiné à l'incarnation d'Esprits à peine sortis des mains du créateur. Les qualités innées qu'ils apportent avec eux sont la preuve qu'ils ont déjà vécu, et qu'ils ont accompli un certain progrès; mais aussi les vices nombreux auxquels ils sont enclins sont l'indice d'une grande imperfection morale; c'est pourquoi Dieu les a placés sur une terre ingrate pour y expier leurs fautes par un travail pénible et par les misères de la vie, jusqu'à ce qu'ils aient mérité d'aller dans un monde plus heureux.

Cependant tous les Esprits incarnés sur la terre n'y sont pas envoyés en expiation. Les races que vous appelez sauvages sont des Esprits à peine sortis de l'enfance, et qui y sont, pour ainsi dire, en éducation, et se développent au contact d'Esprits plus avancés. Viennent ensuite les races à demi civilisées formées de ces mêmes Esprits en progrès. Ce sont là, en quelque sorte, les races indigènes de la terre, qui ont grandi peu à peu à la suite de longues périodes séculaires, et dont quelques-unes ont pu atteindre le perfectionnement intellectuel des peuples les plus éclairés.

Les Esprits en expiation y sont, si l'on peut s'exprimer ainsi, exotiques; ils ont déjà vécu sur d'autres mondes d'où ils ont été exclus par suite de leur obstination dans le mal, et parce qu'ils y étaient une cause de trouble pour les bons; ils ont été relégués pour un temps parmi des Esprits plus arriérés, et qu'ils ont pour mission de faire avancer, car ils ont apporté avec eux leur intelligence développée et le germe des connaissances acquises; c'est pourquoi les Esprits punis se trouvent parmi les races les plus intelligentes; ce sont celles aussi pour lesquelles les misères de la vie ont le plus d'amertume, parce qu'il y a en elles plus de sensibilité morale, et qu'elles sont plus éprouvées par le froissement que les races primitives dont le sens est plus obtus.

La terre fournit donc un des types des mondes expiatoires, dont les variétés sont infinies, mais qui ont pour caractère commun de servir de lieu d'exil aux Esprits rebelles à la loi de Dieu. Là ces Esprits ont à lutter à la fois contre la perversité des hommes et contre l'inclémence de la nature, double travail pénible qui développe en même temps les qualités du cœur et celles de l'intelligence. C'est ainsi que Dieu, dans sa bonté, fait tourner le châtiment même au profit du progrès de l'Esprit. (SAINT AUGUSTIN. Paris, 1862.)

Mondes régénérateurs.

28. Parmi ces étoiles qui scintillent dans la voûte azurée, combien est-il de mondes, comme le vôtre, désignés par le Seigneur pour l'expiation et l'épreuve! Mais il en est aussi de plus misérables et de meilleurs, comme il en est de transitoires que l'on peut appeler régénérateurs. Chaque tourbillon planétaire, courant dans l'espace autour d'un foyer commun, entraîne avec

lui ses mondes primitifs, d'exil, d'épreuve, de régénération et de félicité. Il vous a été parlé de ces mondes où l'âme naissante est placée, alors qu'ignorante encore du bien et du mal, elle peut marcher à Dieu, maîtresse d'elle-même, en possession de son libre arbitre; il vous a été dit de quelles larges facultés l'âme a été douée pour faire le bien; mais, hélas! il en est qui succombent, et Dieu, ne voulant pas les anéantir, leur permet d'aller dans ces mondes où d'incarnations en incarnations elles s'épurent, se régénèrent, et redeviendront dignes de la gloire qui leur était destinée.

Les mondes régénérateurs servent de transition entre les mondes d'expiation et les mondes heureux; l'âme qui se repent y trouve le calme et le repos en achevant de s'épurer. Sans doute, dans ces mondes, l'homme est encore sujet des lois qui régissent la matière; l'humanité y éprouve vos sensations et vos désirs, mais elle est affranchie des passions désordonnées dont vous êtes esclaves; là plus d'orgueil qui fait taire le cœur, plus d'envie qui le torture, plus de haine qui l'étouffe; le mot amour est écrit sur tous les fronts; une parfaite équité règle les rapports sociaux; tous se montrent Dieu, et tentent d'aller à lui en suivant ses lois.

Là, pourtant, n'est point encore le parfait bonheur, mais c'est l'aurore du bonheur. L'homme y est encore chair, et par cela même sujet à des vicissitudes dont ne sont exempts que les êtres complétement dématérialisés; il a encore des épreuves à subir, mais elles n'ont point les poignantes angoisses de l'expiation. Comparés à la terre, ces mondes sont très heureux, et beaucoup d'entre vous seraient satisfaits de s'y arrêter; car c'est le calme après la tempête, la convalescence après une cruelle maladie ; mais l'homme, moins absorbé par les choses matérielles, entrevoit mieux l'avenir que vous ne le faites ; il comprend qu'il est d'autres joies que le Seigneur promet à ceux qui s'en rendent dignes, quand la mort aura de nouveau moissonné leurs corps pour leur donner la vraie vie. C'est alors que l'âme affranchie planera sur tous les horizons ; plus de sens matériels et grossiers, mais les sens d'un périsprit pur et céleste aspirant les émanations de Dieu même sous les parfums d'amour et de charité qui s'épandent de son sein.

Mais, hélas ! dans ces mondes, l'homme est encore faillible, et l'Esprit du mal n'y a pas complétement perdu son empire. Ne pas avancer c'est reculer, et s'il n'est pas ferme dans la voie du bien, il peut retomber dans les mondes d'expiation, où l'attendent de nouvelles et plus terribles épreuves.

Contemplez donc cette voûte azurée, le soir, à l'heure du repos et de la prière, et dans ces sphères innombrables qui brillent sur vos têtes, demandez-vous ceux qui mènent à Dieu, et priez-le qu'un monde régénérateur vous ouvre son sein après l'expiation de la terre. (Saint Augustin. Paris, 1862.)

Progression des mondes.

29. Le progrès est une des lois de la nature ; tous les êtres de la création, animés et inanimés, y sont soumis par la bonté de Dieu, qui veut que tout grandisse et prospère. La destruction même, qui semble aux hommes le terme des choses, n'est qu'un moyen

32 CHAPITRE III. — IL Y A PLUSIEURS DEMEURES.

d'arriver par la transformation à un état plus parfait, car tout meurt pour renaître, et rien ne rentre dans le néant.

En même temps que les êtres vivants progressent moralement, les mondes qu'ils habitent progressent matériellement. Qui pourrait suivre un monde dans ses diverses phases depuis l'instant où se sont agglomérés les premiers atomes qui ont servi à le constituer, le verrait parcourir une échelle incessamment progressive, mais par des degrés insensibles pour chaque génération, et offrir à ses habitants un séjour plus agréable à mesure que ceux-ci avancent eux-mêmes dans la voie du progrès. Ainsi marchent parallèlement le progrès de l'homme, celui des animaux ses auxiliaires, des végétaux et de l'habitation, car rien n'est stationnaire dans la nature. Combien cette idée est grande et digne de la majesté du Créateur! et qu'au contraire elle est petite et indigne de sa puissance celle qui concentre sa sollicitude et sa providence sur l'imperceptible grain de sable de la terre, et restreint l'humanité aux quelques hommes qui l'habitent!

La terre, suivant cette loi, a été matériellement et moralement dans un état inférieur à ce qu'elle est aujourd'hui, et atteindra sous ce double rapport un degré plus avancé. Elle est arrivée à une de ses périodes de transformation, où de monde expiatoire elle va devenir monde régénérateur; alors les hommes y seront heureux parce que la loi de Dieu y régnera. (SAINT AUGUSTIN. Paris, 1862.)

CHAPITRE IV

PERSONNE NE PEUT VOIR LE ROYAUME DE DIEU S'IL NE NAIT DE NOUVEAU.

Réincarnation et résurrection. — Liens de famille fortifiés par la pluralité des existences et brisés par la non-réincarnation. — Limites de l'incarnation. — L'incarnation est-elle un châtiment?

30. Jésus étant venu aux environs de Césarée-de-Philippe, interrogea ses disciples et leur dit : Que disent les hommes touchant le Fils de l'Homme? Qui disent-ils que je suis? — Ils lui répondirent : Les uns disent que vous êtes Jean-Baptiste; les autres Élie, les autres Jérémie ou quelqu'un des prophètes. — Jésus leur dit : Et vous autres, qui dites-vous que je suis? — Simon-Pierre, prenant la parole, lui dit : Vous êtes le Christ, le Fils de Dieu vivant. — Jésus lui répondit : Vous êtes bienheureux, Simon, fils de Jean, parce que ce n'est point la chair ni le sang qui vous ont révélé ceci, mais mon Père qui est dans les cieux. (Saint Matthieu, ch. XVI, *v.* de 13 à 17; saint Marc, ch. VIII, *v.* de 27 à 30.)

31. Cependant Hérode le Tétrarque entendit parler de tout ce que faisait Jésus, et son esprit était en suspens, — parce que les uns disaient que Jean était ressuscité d'entre les morts; les autres qu'Élie était apparu, et d'autres qu'un des anciens prophètes était ressuscité. — Alors Hérode dit : J'ai fait couper la tête à Jean; mais qui est celui de qui j'entends dire de si grandes choses? Et il avait envie de le voir. (Saint Marc, ch. VI, *v.* 14, 15; saint Luc, ch. IX, *v.* 7, 8, 9.)

34 CHAPITRE IV.

32. (Après la transfiguration.) Ses disciples l'interrogèrent alors et lui dirent Pourquoi donc les scribes disent-ils qu'il faut qu'Élie revienne auparavant ? — Mais Jésus leur répondit : Il est vrai qu'Élie doit revenir et rétablir toutes choses ; — mais je vous déclare qu'Élie est déjà venu, et ils ne l'ont point connu, mais ils l'ont traité comme il leur a plu. C'est ainsi qu'ils feront souffrir le Fils de l'Homme. — Alors ses disciples comprirent que c'était de Jean-Baptiste qu'il leur avait parlé. (Saint Matthieu, ch. xviii, v. de 10 à 13 ; saint Marc, ch. ix, v. 10, 11, 12.)

33. Or, il y avait un homme d'entre les Pharisiens, nommé Nicodème, sénateur des Juifs, — qui vint la nuit trouver Jésus, et lui dit : Maître, nous savons que vous êtes venu de la part de Dieu pour nous instruire comme un docteur ; car personne ne saurait faire les miracles que vous faites, si Dieu n'est avec lui.

Jésus lui répondit : En vérité, en vérité, je vous le dis : *Personne ne peut voir le royaume de Dieu s'il ne naît de nouveau.*

Nicodème lui dit : Comment peut naître un homme qui est déjà vieux? Peut-il rentrer dans le sein de sa mère, pour naître une seconde fois ?

Jésus lui répondit : En vérité, en vérité, je vous dis : Si un homme ne renaît de l'eau et de l'Esprit, il ne peut entrer dans le royaume de Dieu. — Ce qui est né de la chair est chair, et ce qui est né de l'Esprit est Esprit. — Ne vous étonnez pas de ce que je vous ai dit, qu'il faut que vous naissiez de nouveau. — L'Esprit souffle où il veut, et vous entendez sa voix, mais vous ne savez d'où il vient, ni où il va ; il en est de même de tout homme qui est né de l'Esprit.

Nicodème lui répondit : Comment cela peut-il se faire? — Jésus lui dit : Quoi! vous êtes maître en Israël et vous ignorez ces choses! — En vérité, en vérité, je vous dis que nous ne disons que ce que nous savons, et que nous ne rendons témoignage que de ce que nous avons vu ; et cependant

IL FAUT QUE VOUS NAISSIEZ DE NOUVEAU.   35

vous ne recevrez point notre témoignage. — Mais si vous ne me croyez pas lorsque je vous parle des choses de la terre, comment me croirez-vous quand je vous parlerai des choses du ciel? (Saint Jean, ch. III, v. de 1 à 12.)

34. Or, depuis le temps de Jean-Baptiste jusqu'à présent, le royaume des Cieux se prend par violence, et ce sont les violents qui l'emportent; — car, jusqu'à Jean, tous les prophètes, aussi bien que la loi, ont prophétisé; — et si vous voulez comprendre ce que je vous dis, *c'est lui-même qui est Élie qui doit venir*. — Que celui-là entende qui a des oreilles pour entendre. (Saint Matthieu, ch. XI, v. de 12 à 15.)

35. Ceux de votre peuple qu'on avait fait mourir *vivront de nouveau*; ceux qui étaient tués au milieu de moi ressusciteront. Réveillez-vous de votre sommeil, et chantez les louanges de Dieu, vous qui habitez dans la poussière; parce que la rosée qui tombe sur vous est une rosée de lumière, et que vous ruinerez la terre et le règne des géants. (Isaïe, ch. XVI, v. 19.)

36. La réincarnation faisait partie des dogmes juifs sous le nom de *résurrection*; seuls les Sadducéens, qui pensaient que tout finit à la mort, n'y croyaient pas. Les idées des Juifs sur ce point, comme sur beaucoup d'autres, n'étaient pas clairement définies, parce qu'ils n'avaient que des notions vagues et incomplètes sur l'âme et sa liaison avec le corps. Ils croyaient qu'un homme qui a déjà vécu pouvait revivre, sans se rendre un compte précis de la manière dont la chose pouvait avoir lieu; ils désignaient par le mot *résurrection* ce que le spiritisme appelle plus judicieusement *réincarnation*. En effet, la *résurrection* suppose le retour à la vie du corps qui est mort, ce que la science démontre

CHAPITRE IV.

être matériellement impossible, surtout quand les éléments de ce corps sont depuis longtemps dispersés et absorbés; la *réincarnation* est le retour de l'âme ou Esprit à la vie corporelle, mais dans un autre corps nouvellement formé pour lui, et qui n'a rien de commun avec l'ancien. Le mot *résurrection* pouvait ainsi s'appliquer à Lazare, mais non à Élie, ni aux autres prophètes. Si donc, selon leur croyance, Jean-Baptiste était Élie, le corps de Jean ne pouvait être celui d'Élie, puisqu'on avait vu Jean enfant, et que l'on connaissait son père et sa mère. Jean pouvait donc être Élie *réincarné*, mais non *ressuscité*.

La pensée que Jean-Baptiste était Élie, et que les prophètes pouvaient revivre sur la terre, se retrouve en maints passages des Évangiles, notamment dans ceux relatés ci-dessus, nos 30, 31, 32. Si cette croyance avait été une erreur, Jésus n'eût pas manqué de la combattre, comme il en a combattu tant d'autres; loin de là, il la sanctionne de toute son autorité, et la pose en principe et comme une condition nécessaire quand il dit (33) : *Personne ne peut voir le royaume des cieux s'il ne naît de nouveau;* et il insiste en ajoutant : *Ne vous étonnez pas de ce que je vous dis qu'il* FAUT *que vous naissiez de nouveau.*

Ces mots : « *Si un homme ne renaît de l'eau et de l'Esprit*, ont été interprétés dans le sens de la régénération par l'eau du baptême; mais le texte primitif portait simplement : *Ne renaît de l'eau et de l'Esprit*, tandis que, dans certaines traductions, on a substitué : *du Saint-Esprit*, ce qui ne répond plus à la même pensée. Ce point capital ressort des premiers commentaires faits sur l'Évangile, ainsi que cela sera un jour constaté sans équivoque possible [1]. Pour comprendre le sens véritable de ces paroles il faut également se reporter à la signification du mot *eau* qui n'était point employé dans son acception propre. Les connaissances des Anciens sur les sciences physiques étaient très imparfaites; ils croyaient que la terre était sortie des eaux, c'est pourquoi ils regardaient *l'eau* comme l'élément générateur absolu; c'est ainsi que dans la Genèse il est dit : « L'Esprit de Dieu était porté sur les eaux; flottait à la surface des eaux; — Que le firmament soit fait au milieu des eaux ; — Que les eaux qui sont sous le ciel se rassemblent en un seul lieu, et que l'élément aride paraisse ; — Que les eaux *produisent* des animaux vivants qui nagent dans l'eau, et des oiseaux qui volent sur la terre et sous le firmament. D'après cette croyance l'eau était devenue le symbole de la nature matérielle, comme l'Esprit était celui de la nature intelligence. Ces mots : « Si l'homme ne renaît de l'eau et de l'Esprit, ou en eau et en Esprit, » signifient donc : « Si l'homme ne renaît avec son corps et son âme. » C'est dans ce sens qu'ils ont été compris dans le principe.

Cette interprétations est d'ailleurs justifiée par ces autres paroles : *Ce qui est né de la chair est chair, et ce qui est né de l'Esprit est l'Esprit.* Jésus fait ici une distinction positive entre l'Esprit et le corps. *Ce qui est né de la chair est chair*, indique clairement que le corps *seul* procède du corps, et que l'Esprit est indépendant du corps.

L'Esprit souffle où il veut; vous entendez sa voix,

---

[1] La traduction d'Osterwald est conforme au texte primitif; elle porte : ne renaît de l'eau et de l'Esprit; celle de Sacy dit : *du Saint-Esprit* ; celle de Lamennais : *de l'Esprit Saint.*

CHAPITRE IV.

mais vous ne savez ni d'où il vient ni où il va, peut s'entendre de *l'Esprit de Dieu* qui donne la vie à qui il veut, ou de *l'âme de l'homme ;* dans cette dernière acception, « Vous ne savez d'où il vient ni où il va » signifie que l'on ne connaît ni ce qu'a été ni ce que sera l'Esprit. Si l'Esprit, ou âme, était créé en même temps que le corps, on saurait d'où il vient, puisqu'on connaîtrait son commencement. En tout état de cause, ce passage est la consécration du principe de la préexistence de l'âme, et par conséquent de la pluralité des existences.

37. Mais si le principe de la réincarnation exprimé dans saint Jean pouvait, à la rigueur, être interprété dans un sens purement moral, il ne saurait en être de même dans le passage de saint Matthieu rapporté au n° 34, qui est sans équivoque possible : *c'est* LUI-MÊME *qui est Élie qui doit venir ;* il n'y a là ni figure ni allégorie ; c'est une affirmation positive. — « Depuis le temps de Jean-Baptiste jusqu'à présent le royaume des cieux se prend par violence. » Que signifient ces paroles, puisque Jean-Baptiste vivait encore à ce moment-là? Jésus les explique en disant : « Si vous voulez comprendre ce que je dis, c'est lui-même qui est Élie qui doit venir. » Or, Jean n'étant autre qu'Élie, Jésus fait allusion au temps où Jean vivait sous le nom d'Élie. « Jusqu'à présent le royaume des cieux se prend par violence, » est une autre allusion à la violence de la loi mosaïque qui commandait l'extermination des infidèles pour gagner la Terre Promise, Paradis des Hébreux, tandis que, selon la nouvelle loi, le ciel se gagne par la charité et la douceur.

Puis il ajoute : *Que celui-là entende qui a des oreilles pour entendre*. Ces paroles si souvent répétées par Jésus prouvent que certaines choses ne devaient pas encore être comprises par tout le monde.

Le passage d'Isaïe, rapporté n° 35, est tout aussi explicite : « Ceux de votre peuple qu'on avait fait mourir *vivront de nouveau*. » Si le prophète avait entendu parler de la vie spirituelle, s'il avait voulu dire que ceux que l'on a fait mourir n'étaient pas morts en Esprit, il aurait dit : *vivent encore*, et non *vivront de nouveau*. Dans le sens spirituel, ces mots seraient un non-sens, puisqu'ils impliqueraient une interruption dans la vie de l'âme. Dans le sens de *régénération morale*, ils seraient la négation des peines éternelles, puisqu'ils établissent en principe que *tous ceux qui sont morts revivront*.

Il n'est donc pas douteux que, sous le nom de *résurrection*, le principe de la réincarnation était une des croyances fondamentales des Juifs; qu'il est confirmé par Jésus et les prophètes d'une manière formelle; d'où il suit que nier la réincarnation, c'est renier les paroles du Christ. Ses paroles feront un jour autorité sur ce point, comme sur beaucoup d'autres, quand on les méditera sans parti pris.

Mais à cette autorité, au point de vue religieux, vient s'ajouter, au point de vue philosophique, celle des preuves qui résultent de l'observation des faits; quand des effets on veut remonter aux causes, la réincarnation apparaît comme une nécessité absolue, comme une condition inhérente à l'humanité, en un mot, comme une loi de nature; elle se révèle par ses résultats d'une manière pour ainsi dire matérielle,

CHAPITRE IV.

comme le moteur caché se révèle par le mouvement; elle seule peut dire à l'homme *d'où il vient, où il va, pourquoi il est sur la terre*, et justifier toutes les anomalies et toutes les injustices apparentes que présente la vie [1].

Sans le principe de la préexistence de l'âme et de la pluralité des existences, la plupart des maximes de l'Évangile sont inintelligibles; c'est pourquoi elles ont donné lieu à des interprétations si contradictoires; ce principe est la clef qui doit leur restituer leur véritable sens.

38. Les liens de famille ne sont point détruits par la réincarnation, ainsi que le pensent certaines personnes; ils sont au contraire fortifiés et resserrés : c'est le principe opposé qui les détruit.

Les Esprits forment dans l'espace des groupes ou familles unis par l'affection, la sympathie et la similitude des inclinations; ces Esprits, heureux d'être ensemble, se recherchent; l'incarnation ne les sépare que momentanément, car, après leur rentrée dans l'erraticité, ils se retrouvent comme des amis au retour d'un voyage. Souvent même ils se suivent dans l'incarnation, où ils sont réunis dans une même famille, ou dans un même cercle, travaillant ensemble à leur mutuel avancement. Si les uns sont incarnés et que les autres ne le soient pas, ils n'en sont pas moins

---

[1] Voir, pour les développements du dogme de la réincarnation, *le Livre des Esprits*, chap. IV et V; *Qu'est-ce que le Spiritisme?* chap. II, par Allan Kardec; *la Pluralité des existences*, par Pezzani.

unis par la pensée; ceux qui sont libres veillent sur ceux qui sont en captivité; les plus avancés cherchent à faire progresser les retardataires. Après chaque existence ils ont fait un pas dans la voie de la perfection; de moins en moins attachés à la matière, leur affection est plus vive par cela même qu'elle est plus épurée, qu'elle n'est plus troublée par l'égoïsme ni par les nuages des passions. Ils peuvent donc ainsi parcourir un nombre illimité d'existences corporelles sans qu'aucune atteinte soit portée à leur mutuelle affection. Il est bien entendu qu'il s'agit ici de l'affection réelle d'âme à âme, la seule qui survive à la destruction du corps, car les êtres qui ne s'unissent ici-bas que par les sens n'ont aucun motif de se rechercher dans le monde des Esprits. Il n'y a de durables que les affections spirituelles; les affections charnelles s'éteignent avec la cause qui les a fait naître; or cette cause n'existe plus dans le monde des Esprits, tandis que l'âme existe toujours. Quant aux personnes unies par le seule mobile de l'intérêt, elles ne sont réellement rien l'une à l'autre : la mort les sépare sur la terre et dans le ciel.

L'union et l'affection qui existent entre parents sont l'indice de la sympathie antérieure qui les a rapprochés; aussi dit-on en parlant d'une personne dont le caractère, les goûts et les inclinations n'ont aucune similitude avec ceux de ses proches, qu'elle n'est pas de la famille. En disant cela, on énonce une plus grande vérité qu'on ne le croit. Dieu permet, dans les familles, ces incarnations d'Esprits antipathiques ou étrangers, dans le double but de servir d'épreuve pour les uns, et de moyen d'avancement pour les autres. Puis les mau-

42 CHAPITRE IV.

vais s'améliorent peu à peu au contact des bons et par les soins qu'ils en reçoivent; leur caractère s'adoucit, leurs mœurs s'épurent, les antipathies s'effacent; c'est ainsi que s'établit la fusion entre les différentes catégories d'Esprit, comme elle s'établit sur la terre entre les races et les peuples.

La crainte de l'augmentation indéfinie de la parenté par suite de la réincarnation est une crainte égoïste, qui prouve que l'on ne se sent pas un amour assez large pour le reporter sur un grand nombre de personnes. Un père qui a plusieurs enfants les aime-t-il donc moins que s'il n'en avait qu'un seul? Mais que les égoïstes se rassurent, cette crainte n'est pas fondée. De ce qu'un homme aura eu dix incarnations, il ne s'ensuit pas qu'il retrouvera dans le monde des Esprits dix pères, dix mères, dix femmes et un nombre proportionné d'enfants et de nouveaux parents; il n'y retrouvera toujours que les mêmes objets de son affection qui lui auront été attachés sur la terre, à des titres différents, et peut-être au même titre.

Voyons maintenant les conséquences de la doctrine de la non-réincarnation. Cette doctrine annule nécessairement la préexistence de l'âme; les âmes étant créées en même temps que le corps, il n'existe entre elles aucun lien antérieur; elles sont complétement étrangères les unes aux autres; le père est étranger à son fils; la filiation des familles se trouve ainsi réduite à la seule filiation corporelle, sans aucun lien spirituel. Il n'y a donc aucun motif de se glorifier d'avoir eu pour ancêtres tels ou tels personnages illustres. Avec la réincarnation, ancêtres et descendants peuvent s'être connus, avoir vécu ensemble, s'être aimés, et se

IL FAUT QUE VOUS NAISSIEZ DE NOUVEAU.

trouver réunis plus tard pour resserrer leurs liens sympathiques.

Voilà pour le passé. Quant à l'avenir, selon un des dogmes fondamentaux qui découlent de la non réincarnation, le sort des âmes est irrévocablement fixé après une seule existence; la fixation définitive du sort implique la cessation de tout progrès, car s'il y a progrès quelconque, il n'y a plus de sort définitif; selon qu'elles ont bien ou mal vécu, elles vont immédiatement dans le séjour des bienheureux ou dans l'enfer éternel; elles sont ainsi immédiatement séparées pour toujours, et sans espoir de se rapprocher jamais, de telle sorte que pères, mères et enfants, maris et femmes, frères, sœurs, amis, ne sont jamais certains de se revoir : c'est la rupture la plus absolue des liens de famille. Avec la réincarnation, et le progrès qui en est la conséquence, tous ceux qui se sont aimés se retrouvent sur la terre et dans l'espace, et gravitent ensemble pour arriver à Dieu. S'il en est qui faillissent en route, ils retardent leur avancement et leur bonheur, mais tout espoir n'est pas perdu; aidés, encouragés et soutenus par ceux qui les aiment, ils sortiront un jour du bourbier où ils sont engagés. Avec la réincarnation enfin, il y a solidarité perpétuelle entre les incarnés et les désincarnés, de là le resserrement des liens d'affection.

INSTRUCTIONS DES ESPRITS.

39. *Quelles sont les limites de l'incarnation ?*

L'incarnation n'a point, à proprement parler, de limites nettement tracées, si l'on entend par là l'enveloppe qui constitue le corps de l'Esprit, attendu que la

44 CHAPITRE IV.

matérialité de cette enveloppe diminue à mesure que l'Esprit se purifie. Dans certains mondes plus avancés que la terre, elle est déjà moins compacte, moins lourde et moins grossière, et par conséquent sujette à moins de vicissitudes; à un degré plus élevé, elle est diaphane et presque fluidique; de degré en degré, elle se dématérialise et finit par se confondre avec le périsprit. Selon le monde sur lequel l'Esprit est appelé à vivre, celui-ci prend l'enveloppe appropriée à la nature de ce monde. Le périsprit lui-même subit des transformations successives; il s'éthérise de plus en plus jusqu'à l'épuration complète qui constitue les Purs Esprits. Si des mondes spéciaux sont affectés, comme stations, aux Esprits très avancés, ces derniers n'y sont point attachés comme dans les mondes inférieurs; l'état de dégagement où ils se trouvent leur permet de se transporter partout où les appellent les missions qui leur sont confiées.

Si l'on considère l'incarnation au point de vue matériel, telle qu'elle a lieu sur la terre, on peut dire qu'elle est limitée aux mondes inférieurs; il dépend de l'Esprit, par conséquent, de s'en affranchir plus ou moins promptement en travaillant à son épuration.

Il est à considérer aussi que dans l'état errant, c'est-à-dire dans l'intervalle des existences corporelles, la situation de l'Esprit est en rapport avec la nature du monde auquel le lie son degré d'avancement; qu'ainsi, dans l'erraticité, il est plus ou moins heureux, libre et éclairé, selon qu'il est plus ou moins dématérialisé. (SAINT LOUIS, Paris, 1859.)

40. *L'incarnation est-elle une punition, et n'y a-t-il que les Esprits coupables qui y soient assujettis?*

IL FAUT QUE VOUS NAISSIEZ DE NOUVEAU. 45

Le passage des Esprits par la vie corporelle est nécessaire pour que ceux-ci puissent accomplir, à l'aide d'une action matérielle, les desseins dont Dieu leur confie l'exécution; elle est nécessaire pour eux-mêmes, parce que l'activité qu'ils sont obligés de déployer aide au développement de l'intelligence. Dieu étant souverainement juste doit faire une part égale à tous ses enfants; c'est pour cela qu'il donne à tous un même point de départ, la même aptitude, les mêmes obligations à remplir et la même liberté d'agir; tout privilége serait une préférence, et toute préférence une injustice. Mais l'incarnation n'est pour tous les Esprits qu'un état transitoire; c'est une tâche que Dieu leur impose à leur début dans la vie, comme première épreuve de l'usage qu'ils feront de leur libre arbitre. Ceux qui remplissent cette tâche avec zèle franchissent rapidement et moins péniblement ces premiers degrés de l'initiation, et jouissent plus tôt du fruit de leurs travaux. Ceux, au contraire, qui font un mauvais usage de la liberté que Dieu leur accorde retardent leur avancement; c'est ainsi que, par leur obstination, ils peuvent prolonger indéfiniment la nécessité de se réincarner, et c'est alors que l'incarnation devient un châtiment.'(SAINT LOUIS, Paris, 1859.)

Remarque. Une comparaison vulgaire fera mieux comprendre cette différence. L'écolier n'arrive aux grades de la science qu'après avoir parcouru la série des classes qui y conduisent. Ces classes, quel que soit le travail qu'elles exigent, sont un moyen d'arriver au but et non une punition. L'écolier laborieux abrége la route, et y trouve moins d'épines; il en est autre-

3.

46 CHAPITRE IV.—IL FAUT QUE VOUS NAISSIEZ DE NOUVEAU.

ment pour celui que sa négligence et sa paresse obligent à redoubler certaines classes. Ce n'est pas le travail de la classe qui est une punition, mais l'obligation de recommencer le même travail.

Ainsi en est-il de l'homme sur la terre. Pour l'Esprit du sauvage qui est presque au début de la vie spirituelle, l'incarnation est un moyen de développer son intelligence; mais pour l'homme éclairé en qui le sens moral est largement développé, et qui est obligé de redoubler les étapes d'une vie corporelle pleine d'angoisses, tandis qu'il pourrait déjà être arrivé au but, c'est un châtiment par la nécessité où il est de prolonger son séjour dans les mondes inférieurs et malheureux. Celui, au contraire, qui travaille activement à son progrès moral peut, non-seulement abréger la durée de l'incarnation matérielle, mais franchir en une seule fois les degrés intermédiaires qui le séparent des mondes supérieurs.

CHAPITRE V

BIENHEUREUX LES AFFLIGÉS.

Causes actuelles et causes antérieures des afflictions terrestres. — But et résultat des afflictions. — Oubli du passé. — Motifs de consolation. — Remède au suicide. — Bien et mal souffrir. — Le mal et le remède. — Le bonheur n'est pas de ce monde. — Perte des personnes aimées. Morts prématurées. — Si c'était un homme de bien, il se serait tué. — Les tourments volontaires. — Le malheur réel. — La mélancolie. — Épreuves volontaires. Le vrai cilice. — Doit-on mettre un terme aux épreuves de son prochain? — Est-il permis d'abréger la vie d'un malade qui souffre sans espoir de guérison? — Sacrifice de sa propre vie.

41. Bienheureux ceux qui pleurent, parce qu'ils seront consolés. — Bienheureux ceux qui seront affamés et altérés de justice, parce qu'ils seront rassasiés. — Bienheureux ceux qui souffrent persécution pour la justice, parce que le royaume des cieux est à eux. (Saint Matthieu, ch. v, v. 5, 6, 10.)

42. Vous êtes bienheureux vous qui êtes pauvres, parce que le royaume des cieux est à vous. — Vous êtes bienheureux, vous qui avez faim maintenant, parce que vous serez rassasiés. Vous êtes heureux, vous qui pleurez maintenant, parce que vous rirez. (Saint Luc, ch. vi, v. 20, 21.)

Mais malheur à vous, riches! parce que vous avez votre consolation dans le monde. Malheur à vous qui êtes rassasiés, parce que vous aurez faim. — Malheur à vous qui riez maintenant, parce que vous serez réduits aux pleurs et aux larmes. (Saint Luc, ch. vi, v. 24, 25.)

43. Les compensations que Jésus promet aux affligés de la terre ne peuvent avoir lieu que dans la vie future; sans la certitude de l'avenir, ces maximes seraient un

48   CHAPITRE V.

non-sens, bien plus, ce serait un leurre. Avec cette certitude même on comprend difficilement l'utilité de souffrir pour être heureux. C'est, dit-on, pour avoir plus de mérite; mais alors on se demande pourquoi les uns souffrent plus que les autres; pourquoi les uns naissent dans la misère et d'autres dans l'opulence, sans avoir rien fait pour justifier cette position; pourquoi aux uns rien ne réussit, tandis qu'à d'autres tout semble sourire? Mais ce que l'on comprend encore moins, c'est de voir les biens et les maux si inégalement partagés entre le vice et la vertu; de voir les hommes vertueux souffrir à côté des méchants qui prospèrent. La foi en l'avenir peut consoler et faire prendre patience, mais elle n'explique pas ces anomalies qui semblent démentir la justice de Dieu.

Cependant, dès lors qu'on admet Dieu, on ne peut le concevoir sans l'infini des perfections; il doit être toute puissance, toute justice, toute bonté, sans cela il ne serait pas Dieu. Si Dieu est souverainement juste et bon, il ne peut agir par caprice ni avec partialité. *Les vicissitudes de la vie ont donc une cause, et puisque Dieu est juste, cette cause doit être juste.* Voilà ce dont chacun doit se bien pénétrer. Dieu a mis les hommes sur la voie de cette cause par les enseignements de Jésus, et aujourd'hui, les jugeant assez mûrs pour la comprendre, il la leur révèle tout entière par *le spiritisme*, c'est-à-dire par la *voix des Esprits*.

44. Les vicissitudes de la vie sont de deux sortes, ou, si l'on veut, ont deux sources bien différentes qu'il importe de distinguer; les unes ont leur cause dans la vie présente, les autres en dehors de cette vie.

En remontant à la source des maux terrestres, on reconnaîtra que beaucoup sont la conséquence naturelle du caractère et de la conduite de ceux qui les endurent. Que d'hommes tombent par leur propre faute! Combien sont victimes de leur imprévoyance, de leur orgueil et de leur ambition! Que de gens ruinés par défaut d'ordre, de persévérance, par inconduite ou pour n'avoir pas su borner leurs désirs! Que d'unions malheureuses parce qu'elles sont un calcul d'intérêt ou de vanité, et que le cœur n'y est pour rien! Que de dissensions, de querelles funestes on aurait pu éviter avec plus de modération et moins de susceptibilité! Que de maladies et d'infirmités sont la suite de l'intempérance et des excès de tous genres! Que de parents sont malheureux dans leurs enfants, parce qu'ils n'ont pas combattu les mauvaises tendances de ceux-ci dans leur principe! Par faiblesse ou indifférence, ils ont laissé se développer en eux les germes de l'orgueil, de l'égoïsme et de la sotte vanité qui dessèchent le cœur, puis, plus tard, récoltant ce qu'ils ont semé, ils s'étonnent et s'affligent de leur manque de déférence et de leur ingratitude. Que tous ceux qui sont frappés au cœur par les vicissitudes et les déceptions de la vie interrogent froidement leur conscience; qu'ils remontent de proche en proche à la source des maux qui les affligent, et ils verront si, le plus souvent, ils ne peuvent pas dire : *Si j'avais fait, ou n'avais pas fait telle chose, je ne serais pas dans telle position.* A qui donc s'en prendre de toutes ces afflictions, si ce n'est à soi-même? L'homme est ainsi, dans un grand nombre de cas, l'artisan de ses propres infortunes; mais, au lieu de le reconnaître, il trouve plus

CHAPITRE V.

simple, moins humiliant pour sa vanité d'en accuser le sort, la Providence, la chance défavorable, sa mauvaise étoile, tandis que sa mauvaise étoile est dans son incurie.

Les maux de cette nature forment assurément un très notable contingent dans les vicissitudes de la vie; l'homme les évitera quand il travaillera à son amélioration morale autant qu'à son amélioration intellectuelle.

La loi humaine atteint certaines fautes et les punit; le condamné peut donc se dire qu'il subit la conséquence de ce qu'il a fait; mais la loi n'atteint pas et ne peut atteindre toutes les fautes; elle frappe plus spécialement celles qui portent préjudice à la société, et non celles qui ne nuisent qu'à ceux qui les commettent. Cependant Dieu ne laisse impunie aucune déviation du droit chemin; il n'est pas une seule faute, quelque légère qu'elle soit, pas une seule infraction à sa loi, qui n'ait des conséquences forcées et inévitables plus ou moins fâcheuses; d'où il suit que, dans les petites choses comme dans les grandes, l'homme est toujours puni par où il a péché. Les souffrances qui en sont la suite sont pour lui un avertissement qu'il a mal fait; elles lui donnent l'expérience, lui font sentir la différence du bien et du mal, et la nécessité de s'améliorer pour éviter à l'avenir ce qui a été pour lui une source de chagrins, sans cela il n'aurait aucun motif de s'amender; confiant dans l'impunité, il retarderait son avancement, et par conséquent son bonheur futur.

Mais l'expérience vient quelquefois un peu tard; quand la vie a été gaspillée et troublée, que les forces

BIENHEUREUX LES AFFLIGÉS.

sont usées et que le mal est sans remède, alors l'homme se prend à dire : Si au début de la vie j'avais su ce que je sais maintenant, que de faux pas j'aurais évités ! *Si c'était à recommencer*, je m'y prendrais tout autrement ; mais il n'est plus temps ! Comme l'ouvrier paresseux dit : J'ai perdu ma journée, lui aussi se dit : J'ai perdu ma vie ; mais de même que pour l'ouvrier le soleil se lève le lendemain, et une nouvelle journée commence qui lui permet de réparer le temps perdu, pour lui aussi, après la nuit de la tombe, luira le soleil d'une nouvelle vie dans laquelle il pourra mettre à profit l'expérience du passé et les bonnes résolutions pour l'avenir.

45. C'est en vain qu'on objecte l'oubli comme un obstacle à ce que l'on puisse profiter de l'expérience des existences antérieures. Si Dieu a jugé à propos de jeter un voile sur le passé, c'est que cela devait être utile. En effet, ce souvenir aurait des inconvénients très graves ; il pourrait, dans certains cas, nous humilier étrangement, ou bien aussi exalter notre orgueil, et par cela même entraver notre libre arbitre ; dans tous les cas, il eût apporté un trouble inévitable dans les relations sociales. Dieu nous a donné, pour nous améliorer, juste ce qui nous est nécessaire et peut nous suffire : la voix de la conscience et nos tendances instinctives ; il nous ôte ce qui pourrait nous nuire. L'homme apporte en naissant ce qu'il a acquis ; il naît ce qu'il s'est fait ; chaque existence est pour lui un nouveau point de départ ; peu lui importe de savoir ce qu'il a été ; il est puni, c'est qu'il a fait le mal ; ses tendances mauvaises actuelles sont l'indice de ce qui

CHAPITRE V.

reste à corriger en lui, et c'est là sur quoi il doit concentrer toute son attention, car de ce dont il s'est complétement corrigé, il ne reste plus de trace. Les bonnes résolutions qu'il a prises sont la voix de la conscience qui l'avertit de ce qui est bien ou mal, et lui donne la force de résister aux mauvaises tentations. Du reste, cet oubli n'a lieu que pendant la vie corporelle. Rentré dans la vie spirituelle, l'Esprit retrouve le souvenir du passé : ce n'est donc qu'une interruption momentanée, comme celle qui a lieu dans la vie terrestre pendant le sommeil, et qui n'empêche pas de se souvenir le lendemain de ce qu'on a fait la veille et les jours précédents.

46. Mais s'il est des maux dont l'homme est la première cause dans cette vie, il en est d'autres auxquels il est, en apparence du moins, complétement étranger, et qui semblent le frapper comme par fatalité. Telle est, par exemple, la perte d'êtres chéris, et celle des soutiens de famille; tels sont encore les accidents que nulle prévoyance ne pouvait empêcher; les revers de fortune qui déjouent toutes les mesures de prudence; les fléaux naturels; puis les infirmités de naissance, celles surtout qui ôtent à des malheureux les moyens de gagner leur vie par le travail : les difformités, l'idiotie, le crétinisme, etc. Ceux qui naissent dans de pareilles conditions n'ont assurément rien fait dans cette vie pour mériter un sort si triste, sans compensation, qu'ils ne pouvaient éviter, qu'ils sont dans l'impuissance de changer par eux-mêmes, et qui les met à la merci de la commisération publique. Pourquoi donc des êtres si disgraciés, tandis qu'à côté, sous le même

BIENHEUREUX LES AFFLIGÉS.

toit, dans la même famille, d'autres sont favorisés sous tous les rapports? Que dire enfin de ces enfants qui meurent en bas âge et n'ont connu de la vie que les souffrances? Problèmes qu'aucune philosophie n'a encore pu résoudre, anomalies qu'aucune religion n'a pu justifier, et qui seraient la négation de la bonté, de la justice et de la providence de Dieu, dans l'hypothèse que l'âme est créée en même temps que le corps et que son sort est irrévocablement fixé après un séjour de quelques instants sur cette terre. Qu'ont-elles fait ces âmes qui viennent de sortir des mains du Créateur pour endurer tant de misères ici-bas, et pour mériter dans l'avenir une récompense ou une punition quelconque, alors qu'elles n'ont pu faire ni bien ni mal?

Cependant, en vertu de l'axiome que *tout effet a une cause*, ces misères sont des effets qui doivent avoir une cause; et dès lors qu'on admet un Dieu juste, cette cause doit être juste. Or, la cause précédant toujours l'effet, puisqu'elle n'est pas dans la vie actuelle, elle doit être antérieure à cette vie, c'est-à-dire appartenir à une existence précédente. D'un autre côté, Dieu ne pouvant punir pour le bien qu'on a fait, ni pour le mal qu'on n'a pas fait, si nous sommes punis, c'est que nous avons fait le mal; si nous n'avons pas fait le mal dans cette vie, nous l'avons fait dans une autre. C'est une alternative à laquelle il est impossible d'échapper, et dans laquelle la logique dit de quel côté est la justice de Dieu.

L'homme n'est donc pas toujours puni, ou complétement puni dans son existence présente, mais il n'échappe jamais aux conséquences de ses fautes. La prospérité du méchant n'est que momentanée, et s'il

CHAPITRE V.

n'expie aujourd'hui, il expiera demain, tandis que celui qui souffre en est à l'expiation de son passé. Le malheur qui, au premier abord, semble immérité, a donc sa raison d'être, et celui qui souffre peut toujours dire : « Pardonnez-moi, Seigneur, parce que j'ai péché. »

47. Les souffrances pour causes antérieures sont souvent, comme celles des fautes actuelles, la conséquence naturelle de la faute commise; c'est-à-dire que, par une justice distributive rigoureuse, l'homme endure ce qu'il a fait endurer aux autres: s'il a été dur et inhumain, il pourra être à son tour traité durement et avec inhumanité; s'il a été orgueilleux, il pourra naître dans une condition humiliante; s'il a été avare, égoïste, ou s'il a fait un mauvais usage de sa fortune, il pourra être privé du nécessaire; s'il a été mauvais fils, il pourra souffrir dans ses enfants, etc.

Ainsi s'expliquent, par la pluralité des existences, et par la destination de la terre, comme monde expiatoire, les anomalies que présente la répartition du bonheur et du malheur entre les bons et les méchants ici-bas. Cette anomalie n'existe en apparence que parce qu'on ne prend son point de vue que de la vie présente; mais si l'on s'élève, par la pensée, de manière à embrasser une série d'existences, on verra qu'il est fait à chacun la part qu'il mérite, sans préjudice de celle qui lui est faite dans le monde des Esprits, et que la justice de Dieu n'est jamais interrompue.

48. Les tribulations de la vie peuvent être imposées à des Esprits endurcis, ou trop ignorants pour faire

un choix en connaissance de cause, mais elles sont librement choisies et acceptées par les Esprits *repentants* qui veulent réparer le mal qu'ils ont fait et s'essayer à mieux faire. Tel est celui qui, ayant mal fait sa tâche, demande à la recommencer pour ne pas perdre le bénéfice de son travail. Ces tribulations sont donc à la fois des expiations pour le passé qu'elles châtient, et des épreuves pour l'avenir qu'elles préparent. Rendons grâce à Dieu qui, dans sa bonté, accorde à l'homme la faculté de la réparation et ne le condamne pas irrévocablement sur une première faute.

49. Il ne faudrait pas croire cependant que toute souffrance endurée ici-bas soit nécessairement l'indice d'une faute déterminée ; ce sont souvent de simples épreuves choisies par l'Esprit pour achever son épuration et hâter son avancement. Ainsi l'expiation sert toujours d'épreuve, mais l'épreuve n'est pas toujours une expiation ; mais, épreuves ou expiations, ce sont toujours les signes d'une infériorité relative, car ce qui est parfait n'a plus besoin d'être éprouvé. Un Esprit peut donc avoir acquis un certain degré d'élévation, mais voulant avancer encore, il sollicite une mission, une tâche à remplir, dont il sera d'autant plus récompensé, s'il en sort victorieux, que la lutte aura été plus pénible. Telles sont plus spécialement ces personnes aux instincts naturellement bons, à l'âme élevée, aux nobles sentiments innés qui semblent n'avoir apporté rien de mauvais de leur précédente existence, et qui endurent avec une résignation toute chrétienne les plus grandes douleurs, demandant à Dieu de les supporter sans murmure. On peut, au contraire, consi-

CHAPITRE V.

dérer comme expiations les afflictions qui excitent les murmures et poussent l'homme à la révolte contre Dieu.

50. Les Esprits ne peuvent aspirer au parfait bonheur que lorsqu'ils sont purs : toute souillure leur interdit l'entrée du séjour des bienheureux. Tels sont les passagers d'un navire atteint de la peste, auxquels l'entrée d'une ville est interdite jusqu'à ce qu'ils se soient purifiés. C'est dans leurs diverses existences corporelles que les Esprits se dépouillent peu à peu de leurs imperfections. Les épreuves de la vie avancent quand on les supporte bien; comme expiations, elles effacent les fautes et purifient; c'est le remède qui nettoie la plaie et guérit le malade; plus le mal est grave, plus le remède doit être énergique. Celui donc qui souffre beaucoup doit se dire qu'il avait beaucoup à expier, et se réjouir d'être bientôt guéri; il dépend de lui, par sa résignation, de rendre cette souffrance profitable, et de n'en pas perdre le fruit par ses murmures, sans quoi ce serait à recommencer pour lui.

51. Par ces mots : *Bienheureux les affligés, car ils seront consolés,* Jésus indique à la fois la compensation qui attend ceux qui souffrent, et la résignation qui fait bénir la souffrance comme le prélude de la guérison.

Ces mots peuvent encore être traduits ainsi : Vous devez vous estimer heureux de souffrir, parce que vos douleurs d'ici-bas sont la dette de vos fautes passées, et ces douleurs, endurées patiemment sur la terre, vous épargnent des siècles de souffrances dans la vie future. Vous devez donc être heureux que Dieu réduise votre dette en vous permettant de vous acquitter présentement, ce qui vous assure la tranquillité pour l'avenir.

L'homme qui souffre est semblable à un débiteur qui doit une grosse somme, et à qui son créancier dit : « Si vous m'en payez aujourd'hui même la centième partie, je vous tiens quitte de tout le reste, et vous serez libre; si vous ne le faites pas, je vous poursuivrai jusqu'à ce que vous ayez payé la dernière obole. » Le débiteur ne serait-il pas heureux d'endurer toutes sortes de privations pour se libérer en payant seulement le centième de ce qu'il doit? Au lieu de se plaindre de son créancier, ne lui dira-t-il pas merci?

Tel est le sens de ces paroles : « Bienheureux les affligés, car ils seront consolés; » ils sont heureux, parce qu'ils s'acquittent, et qu'après l'acquittement ils seront libres. Mais si, tout en s'acquittant d'un côté on s'endette de l'autre, on n'arrivera jamais à libération. Or, chaque faute nouvelle augmente la dette, parce qu'il n'en est pas une seule, quelle qu'elle soit, qui n'entraine avec elle sa punition forcée, inévitable; si ce n'est aujourd'hui, ce sera demain; si ce n'est dans cette vie, ce sera dans l'autre. Parmi ces fautes, il faut placer au premier rang le défaut de soumission à la volonté de Dieu; donc, si dans les afflictions on murmure, si on ne les accepte pas avec résignation et comme une chose que l'on a dû mériter, si l'on accuse Dieu d'injustice, on contracte une nouvelle dette qui fait perdre le bénéfice que l'on pouvait retirer de la souffrance; c'est pourquoi il faudra recommencer, absolument comme si, à un créancier qui vous tourmente, vous payez des à-comptes, tandis qu'à chaque fois vous lui empruntez de nouveau.

CHAPITRE V.

52. L'homme peut adoucir ou accroître l'amertume de ses épreuves par la manière dont il envisage la vie terrestre. Il souffre d'autant plus qu'il voit la durée de la souffrance plus longue; or, celui qui se place au point de vue de la vie spirituelle embrasse d'un coup d'œil la vie corporelle; il la voit comme un point dans l'infini, en comprend la brièveté, et se dit que ce moment pénible est bien vite passé; la certitude d'un avenir prochain plus heureux le soutient et l'encourage, et au lieu de se plaindre, il remercie le ciel des douleurs qui le font avancer. Pour celui, au contraire, qui ne voit que la vie corporelle, celle-ci lui paraît interminable, et la douleur pèse sur lui de tout son poids. Le résultat de cette manière d'envisager la vie est de diminuer l'importance des choses de ce monde, de porter l'homme à modérer ses désirs, et à se contenter de sa position sans envier celle des autres, d'atténuer l'impression morale des revers et des mécomptes qu'il éprouve; il y puise un calme et une résignation aussi utiles à la santé du corps qu'à celle de l'âme, tandis que par l'envie, la jalousie et l'ambition, il se met volontairement à la torture, et ajoute ainsi aux misères et aux angoisses de sa courte existence.

53. Ce calme et cette résignation donnent à l'Esprit une sérénité qui est le meilleur préservatif contre *la folie et le suicide*. En effet, il est certain que la plupart des cas de folie sont dus à la commotion produite par les vicissitudes que l'homme n'a pas la force de supporter; si donc, par la manière dont le spiritisme lui fait envisager les choses de ce monde, il prend avec indifférence, avec joie même, les revers et les déceptions qui l'eussent désespéré en d'autres circonstances, il est évident que cette force qui le place au-dessus des événements préserve sa raison des secousses qui, sans cela, l'eussent ébranlée.

Il en est de même du suicide; si l'on en excepte ceux qui s'accomplissent dans l'ivresse et la folie et qu'on peut appeler inconscients, il est certain que, quels qu'en soient les motifs particuliers, il a toujours pour cause un mécontentement; or, celui qui est certain de n'être malheureux qu'un jour et d'être mieux les jours suivants, prend aisément patience; il ne se désespère que s'il ne voit pas de terme à ses souffrances. Qu'est-ce donc que la vie humaine par rapport à l'éternité, sinon bien moins qu'un jour? Mais pour celui qui ne croit pas à l'éternité, qui croit que tout finit en lui avec la vie, s'il est accablé par le chagrin et l'infortune, il n'y voit de terme que dans la mort; n'espérant rien, il trouve très naturel, très logique même, d'abréger ses misères par le suicide.

L'incrédulité, le simple doute sur l'avenir, les idées matérialistes en un mot, sont les plus grands excitants au suicide : elles donnent la *lâcheté morale*. Et quand on voit des hommes de science s'appuyer sur l'autorité de leur savoir pour s'efforcer de prouver à leurs auditeurs ou à leurs lecteurs qu'ils n'ont rien à attendre après la mort, n'est-ce pas les amener à cette conséquence que s'ils sont malheureux, ils n'ont rien de mieux à faire que de se tuer? Que pourraient-ils leur dire pour les en détourner? Quelle compensation peuvent-ils leur offrir? Quelle espérance peuvent-ils leur donner? Rien autre chose que le néant. D'où il

CHAPITRE V.

faut conclure que si le néant est le seul remède héroïque, la seule perspective, mieux vaut y tomber tout de suite que plus tard, et souffrir ainsi moins longtemps. La propagation des idées matérialistes est donc le poison qui inocule chez un grand nombre la pensée du suicide, et ceux qui s'en font les apôtres assument sur eux une terrible responsabilité. Avec le spiritisme le doute n'étant plus permis, l'aspect de la vie change; le croyant sait que la vie se prolonge indéfiniment au delà de la tombe, mais dans de tout autres conditions; de là la patience et la résignation qui détournent tout naturellement de la pensée du suicide; de là, en un mot, le *courage moral*.

Le spiritisme a encore, sous ce rapport, un autre résultat tout aussi positif, et peut-être plus déterminant. Il nous montre les suicidés eux-mêmes venant rendre compte de leur position malheureuse, et prouver que nul ne viole impunément la loi de Dieu, qui défend à l'homme d'abréger sa vie. Parmi les suicidés, il en est dont la souffrance, pour n'être que temporaire au lieu d'être éternelle, n'en est pas moins terrible, et de nature à donner à réfléchir à quiconque serait tenté de partir d'ici avant l'ordre de Dieu. Le spirite a donc pour contre-poids à la pensée du suicide plusieurs motifs : la *certitude* d'une vie future dans laquelle il *sait* qu'il sera d'autant plus heureux qu'il aura été plus malheureux et plus résigné sur la terre; la *certitude* qu'en abrégeant sa vie il arrive juste à un résultat tout autre que celui qu'il espérait; qu'il s'affranchit d'un mal pour en avoir un pire, plus long et plus terrible; qu'il se trompe s'il croit, en se tuant, aller plus tôt au ciel; que le suicide est un obstacle à ce qu'il rejoigne

BIENHEUREUX LES AFFLIGÉS.   61

dans l'autre monde les objets de ses affections qu'il espérait y retrouver ; d'où la conséquence que le suicide, ne lui donnant que des déceptions, est contre ses propres intérêts. Aussi le nombre des suicides empêchés par le spiritisme est-il considérable, et l'on peut en conclure que lorsque tout le monde sera spirite, il n'y aura plus de suicides conscients. En comparant donc les résultats des doctrines matérialiste et spirite au seul point de vue du suicide, on trouve que la logique de l'une y conduit, tandis que la logique de l'autre en détourne, ce qui est confirmé par l'expérience.

54. Le spiritisme élargit la pensée et lui ouvre de nouveaux horizons ; au lieu de cette vue étroite et mesquine qui la concentre sur la vie présente, qui fait de l'instant qu'on passe sur la terre l'unique et fragile pivot de l'avenir éternel, il montre que cette vie n'est qu'un anneau dans l'ensemble harmonieux et grandiose de l'œuvre du créateur; il montre la solidarité qui relie toutes les existences du même être, tous les êtres d'un même monde, et les êtres de tous les mondes; il donne ainsi une base et une raison d'être à la fraternité universelle, tandis que la doctrine de la création de l'âme au moment de la naissance de chaque corps, rend tous les êtres étrangers les uns aux autres. Cette solidarité des parties d'un même tout explique ce qui est inexplicable, si l'on ne considère qu'un seul point. C'est cet ensemble qu'au temps du Christ les hommes n'auraient pu comprendre, c'est pourquoi il en a réservé la connaissance à d'autres temps.

4

CHAPITRE V.

INSTRUCTIONS DES ESPRITS.

Bien et mal souffrir.

55. Quand Christ a dit : « Bienheureux les affligés, le royaume des cieux est à eux, » il n'entendait pas ceux qui souffrent en général, car tous ceux qui sont ici-bas souffrent, qu'ils soient sur le trône ou sur la paille; mais, hélas! peu souffrent bien; peu comprennent que ce sont les épreuves bien endurées qui seules peuvent les conduire au royaume de Dieu. Le découragement est une faute; Dieu vous refuse des consolations, parce que vous manquez de courage. La prière est un soutien pour l'âme, mais elle ne suffit pas; il faut qu'elle soit appuyée sur une foi vive en la bonté de Dieu. Il vous a souvent été dit qu'il n'envoyait pas un lourd fardeau sur des épaules faibles; mais le fardeau est proportionné aux forces, comme la récompense sera proportionnée à la résignation et au courage; la récompense sera plus magnifique que l'affliction n'est pénible; mais cette récompense il faut la mériter, et c'est pour cela que la vie est pleine de tribulations. Le militaire que l'on n'envoie pas au feu n'est pas content, parce que le repos du camp ne lui procure pas d'avancement, soyez donc comme le militaire, et ne souhaitez pas un repos dans lequel s'énerverait votre corps et s'engourdirait votre âme. Soyez satisfaits quand Dieu vous envoie la lutte. Cette lutte, ce n'est pas le feu de la bataille, mais les amertumes de la vie, où il faut quelquefois plus de courage que dans un combat sanglant, car tel qui restera ferme devant l'ennemi fléchira

BIENHEUREUX LES AFFLIGÉS.

sous l'étreinte d'une peine morale. L'homme n'a point de récompense pour cette sorte de courage, mais Dieu lui réserve des couronnes et une place glorieuse. Quand il vous arrive un sujet de peine ou de contrariété, tâchez de prendre le dessus, et quand vous serez parvenus à maîtriser les élans de l'impatience, de la colère ou du désespoir, dites-vous avec une juste satisfaction : — J'ai été le plus fort.

Bienheureux les affligés, peut donc se traduire ainsi : Bienheureux ceux qui ont l'occasion de prouver leur foi, leur fermeté, leur persévérance, et leur soumission à la volonté de Dieu, car ils auront au centuple la joie qui leur manque sur la terre, et après le labeur viendra le repos. (LACORDAIRE, le Havre, 1863.)

Le mal et le remède.

56. Votre terre est-elle donc un lieu de joie, un paradis de délices? La voix du prophète ne retentit-elle donc plus à vos oreilles? n'a-t-elle point crié qu'il y aurait des pleurs et des grincements de dents pour ceux qui naîtraient dans cette vallée de douleurs? Vous qui venez y vivre, attendez-vous donc aux larmes cuisantes et aux peines amères, et plus vos douleurs seront aiguës et profondes, regardez le ciel et bénissez le Seigneur d'avoir voulu vous éprouver!... O hommes! vous ne reconnaîtrez donc la puissance de votre maître que quand il aura guéri les plaies de votre corps et couronné vos jours de béatitude et de joie! Vous ne reconnaîtrez donc son amour que quand il aura paré votre corps de toutes les gloires, et lui aura rendu son éclat et sa blancheur! Imitez donc celui qui vous fut

CHAPITRE V.

donné pour exemple ; arrivé au dernier degré de l'abjection et de la misère, il est étendu sur un fumier, et dit à Dieu : « Seigneur ! j'ai connu toutes les joies de l'opulence, et vous m'avez réduit à la misère la plus profonde ; merci, merci, mon Dieu, de vouloir bien éprouver votre serviteur ! » Jusques à quand vos regards s'arrêteront-ils aux horizons marqués par la mort ? Quand votre âme voudra-t-elle enfin s'élancer au delà des limites d'un tombeau ? Mais dussiez-vous pleurer et souffrir toute une vie, qu'est-ce à côté de l'éternité de gloire réservée à celui qui aura subi l'épreuve avec foi, amour et résignation ? Cherchez donc des consolations à vos maux dans l'avenir que Dieu vous prépare, et la cause de vos maux dans votre passé ; et vous qui souffrez le plus, considérez-vous comme les bienheureux de la terre.

A l'état de désincarnés, quand vous planiez dans l'espace, vous avez choisi votre épreuve, parce que vous vous êtes crus assez forts pour la supporter ; pourquoi murmurer à cette heure ? Vous qui avez demandé la fortune et la gloire, c'était pour soutenir la lutte de la tentation et la vaincre. Vous qui avez demandé à lutter d'esprit et de corps contre le mal moral et physique, c'est que vous saviez que plus l'épreuve serait forte, plus la victoire serait glorieuse, et que si vous en sortiez triomphants, dût votre chair être jetée sur un fumier, à sa mort elle laisserait échapper une âme éclatante de blancheur et redevenue pure par le baptême de l'expiation et de la souffrance !

Quel remède donc ordonner à ceux qui sont atteints d'obsessions cruelles et de maux cuisants ? Un seul est infaillible, c'est la foi, c'est le regard au ciel. Si, dans l'accès de vos plus cruelles souffrances, votre voix chante le Seigneur, l'ange à votre chevet, de sa main, vous montrera le signe du salut et la place que vous devez occuper un jour... La foi! c'est le remède certain de la souffrance; elle montre toujours les horizons de l'infini devant lesquels s'effacent les quelques jours sombres du présent. Ne vous demandez donc plus quel remède il faut employer pour guérir tel ulcère ou telle plaie, telle tentation ou telle épreuve; souvenez-vous que celui qui croit est fort du remède de la foi, et que celui qui doute une seconde de son efficacité est puni sur l'heure, parce qu'il ressent à l'instant même les poignantes angoisses de l'affliction.

Le Seigneur a marqué de son sceau tous ceux qui croient en lui. Christ vous a dit qu'avec la foi on transporte les montagnes, et moi je vous dis que celui qui souffre et qui aura la foi à son chevet, sera placé sous son égide et ne souffrira plus; les moments des plus fortes douleurs seront pour lui les premières notes de joie de l'éternité. Son âme se détachera tellement de son corps, que tandis que celui-ci se tordra sous les convulsions, elle planera dans les célestes régions en chantant avec les anges les hymnes de reconnaissance et de gloire au Seigneur.

Heureux ceux qui souffrent et qui pleurent! que leurs âmes soient dans la joie, car elles seront comblées par Dieu. (S. Augustin, Paris, 1863.)

Le bonheur n'est pas de ce monde.

57. Je ne suis pas heureux! Le bonheur n'est pas fait pour moi! s'écrie généralement l'homme dans toutes les positions sociales. Ceci, mes chers enfants,

CHAPITRE V.

prouve mieux que tous les raisonnements possibles la vérité de cette maxime de l'Ecclésiaste : « Le bonheur n'est pas de ce monde. » En effet, ni la fortune, ni le pouvoir, ni même la jeunesse florissante, ne sont les conditions essentielles du bonheur; je dis plus : ni même la réunion de ces trois conditions si enviées, puisqu'on entend sans cesse au milieu des classes les plus privilégiées des personnes de tout âge se plaindre amèrement de leur condition d'être. Devant un tel résultat, il est inconcevable que les classes laborieuses et militantes envient avec tant de convoitise la position de ceux que la fortune semble avoir favorisés. Ici-bas, quoi qu'on fasse, chacun a sa part de labeur et de misère, son lot de souffrances et de déceptions. D'où il est facile d'arriver à cette conclusion que la terre est un lieu d'épreuves et d'expiations. Ainsi donc, ceux qui prêchent que la terre est l'unique séjour de l'homme, et que c'est là seulement et dans une seule existence qu'il lui est permis d'atteindre le plus haut degré des félicités que sa nature comporte, ceux-là s'abusent et trompent ceux qui les écoutent, attendu qu'il est démontré par une expérience archiséculaire que ce globe ne renferme qu'exceptionnellement les conditions nécessaires au bonheur complet de l'individu. En thèse générale, on peut affirmer que le bonheur est une utopie à la poursuite de laquelle les générations s'élancent successivement sans pouvoir jamais y atteindre; car si l'homme sage est une rareté ici-bas, l'homme absolument heureux ne s'y rencontre pas davantage. Ce en quoi consiste le bonheur sur la terre est une chose tellement éphémère pour celui que la sagesse ne guide pas, que pour une année, un mois, une semaine de complète satisfaction, tout le reste de sa vie s'écoule dans une suite d'amertumes et de déceptions ; et notez, mes chers enfants, que je parle ici des heureux de la terre, de ceux qui sont enviés par les foules.

Conséquemment, si le séjour terrestre est affecté aux épreuves et à l'expiation, il faut bien admettre qu'il existe ailleurs des séjours plus favorisés où l'Esprit de l'homme, encore emprisonné dans une chair matérielle, possède dans leur plénitude les jouissances attachées à la vie humaine. C'est pourquoi Dieu a semé dans votre tourbillon ces belles planètes supérieures vers lesquelles vos efforts et vos tendances vous feront graviter un jour quand vous serez suffisamment purifiés et perfectionnés. Néanmoins, ne déduisez pas de mes paroles que la terre soit à jamais vouée à une destination pénitentiaire; non, certes! car des progrès accomplis vous pouvez facilement déduire les progrès futurs, et des améliorations sociales conquises de nouvelles et plus fécondes améliorations. Telle est la tâche immense que doit accomplir la nouvelle doctrine que les Esprits vous ont révélée.

Ainsi donc, mes chers enfants, qu'une sainte émulation vous anime, et que chacun d'entre vous dépouille énergiquement le vieil homme. Vous vous devez tous à la vulgarisation de ce spiritisme qui a déjà commencé votre propre régénération. C'est un devoir de faire participer vos frères aux rayons de la lumière sacrée. A l'œuvre donc, mes bien chers enfants! Que dans cette réunion solennelle tous vos cœurs aspirent à ce but grandiose de préparer aux futures générations un monde où le bonheur ne sera plus un vain mot.

(FRANÇOIS-NICOLAS-MADELEINE, Paris, 1863.)

CHAPITRE V.

Perte de personnes aimées. Morts prématurées.

58. Quand la mort vient faucher dans vos familles, emportant sans mesure les jeunes gens avant les vieillards, vous dites souvent : Dieu n'est pas juste, puisqu'il sacrifie ce qui est fort et plein d'espérances, pour conserver ceux qui ont vécu de longues années pleines de déceptions; puisqu'il enlève ceux qui sont utiles, et laisse ceux qui ne servent plus à rien; puisqu'il brise le cœur d'une mère en la privant de l'innocente créature qui faisait toute sa joie. Humains, c'est là que vous avez besoin de vous élever au-dessus du terre à terre de la vie pour comprendre que le bien est souvent là où vous croyez voir le mal, la sage prévoyance là où vous croyez voir l'aveugle fatalité du destin. Pourquoi mesurer la justice divine à la valeur de la vôtre? Pouvez-vous penser que le maître des mondes veuille, par un simple caprice, vous infliger des peines cruelles? Rien ne se fait sans un but intelligent, et quoi que ce soit qui arrive, chaque chose a sa raison d'être. Si vous scrutiez mieux toutes les douleurs qui vous atteignent, vous y trouveriez toujours la raison divine, raison régénératrice, et vos misérables intérêts seraient une considération secondaire que vous rejetteriez au dernier plan.

Croyez-moi, la mort est préférable, pour l'incarnation de vingt ans, à ces dérèglements honteux qui désolent les familles honorables, brisent le cœur d'une mère, et font, avant le temps, blanchir les cheveux des parents. La mort prématurée est souvent un grand bienfait que Dieu accorde à celui qui s'en va, et qui se trouve ainsi préservé des misères de la vie, ou des séductions qui auraient pu l'entraîner à sa perte; celui qui meurt à la fleur de l'âge n'est point victime de la fatalité, mais parce que Dieu juge qu'il lui est utile de ne pas rester plus longtemps sur la terre. C'est un affreux malheur, dites-vous, qu'une vie si pleine d'espérances soit sitôt brisée! De quelles espérances voulez-vous parler? de celles de la terre où celui qui s'en va aurait pu briller, faire son chemin et sa fortune? Toujours cette vue étroite qui ne peut s'élever au-dessus de la matière. Savez-vous quel aurait été le sort de cette vie si pleine d'espérances selon vous? Qui vous dit qu'elle n'eût pas été abreuvée d'amertumes? Vous comptez donc pour rien les espérances de la vie future, que vous leur préférez celles de la vie éphémère que vous traînez sur la terre? Vous pensez donc qu'il vaut mieux avoir un rang parmi les hommes que parmi les Esprits bienheureux? Réjouissez-vous au lieu de vous plaindre quand il plaît à Dieu de retirer un de ses enfants de cette vallée de misères; n'y a-t-il pas de l'égoïsme à souhaiter qu'il y restât pour souffrir avec vous? Ah! cette douleur se conçoit pour celui qui n'a pas la foi, et qui voit dans la mort une séparation éternelle. Mais vous, spirites, vous savez que l'âme vit mieux débarrassée de son enveloppe corporelle; mères, vous savez que vos enfants bien-aimés sont près de vous; oui, ils sont tout près; leurs corps fluidiques vous entourent, leurs pensées vous protègent, votre souvenir les enivre de joie; vos douleurs déraisonnables les affligent, parce qu'elles dénotent un manque de foi, et qu'elles sont une révolte contre la volonté de Dieu. Vous qui comprenez la vie spirituelle, écoutez

CHAPITRE V.

les pulsations de votre cœur en appelant ces chers bien-aimés, et si vous priez Dieu pour le bénir, vous sentirez en vous de ces consolations puissantes qui sèchent les larmes, de ces aspirations prestigieuses qui vous montreront l'avenir promis par le souverain maître. (SANSON, anc. membre de la société spirite de Paris, 1863.)

Si c'était un homme de bien, il se serait tué.

59. — Vous dites souvent en parlant d'un mauvais homme qui échappe à un danger : *Si c'était un homme de bien, il se serait tué.* Eh bien! en disant cela vous êtes dans le vrai, car effectivement il arrive bien souvent que Dieu donne à un Esprit, jeune encore dans les voies du progrès, une plus longue épreuve qu'à un bon, qui recevra comme une récompense due à son mérite, que son épreuve soit aussi courte que possible. Ainsi donc, quand vous vous servez de cet axiome, vous ne vous doutez pas que vous commettez un blasphème. S'il meurt un homme de bien et qu'à côté de sa maison soit celle d'un méchant, vous vous hâtez de dire : *Il vaudrait bien mieux que ce fût celui-là.* Vous êtes grandement dans l'erreur, car celui qui part a fini sa tâche, et celui qui reste ne l'a peut-être pas encore commencée. Pourquoi voudriez-vous donc que celui-ci n'eût pas le temps de l'achever, et que l'autre restât attaché à la glèbe terrestre? Que diriez-vous d'un prisonnier qui aurait fini son temps, et qu'on retiendrait en prison tandis qu'on donnerait la liberté à celui qui n'y a pas droit? Sachez donc que la vraie liberté est dans l'affranchissement des liens du corps, et

BIENHEUREUX LES AFFLIGÉS.

que tant que vous êtes sur la terre, vous êtes en captivité.

Habituez-vous à ne pas blâmer ce que vous ne pouvez pas comprendre, et croyez que Dieu est juste en toutes choses ; souvent ce qui vous paraît un mal est un bien ; mais vos facultés sont si bornées que l'ensemble du grand tout échappe à vos sens obtus. Efforcez-vous de sortir par la pensée de votre étroite sphère, et à mesure que vous vous élèverez, l'importance de la vie matérielle diminuera à vos yeux, car elle ne vous apparaîtra que comme un incident dans la durée infinie de votre existence spirituelle, la seule véritable existence. (FÉNELON, Sens, 1861.)

Les tourments volontaires.

60. L'homme est incessamment à la poursuite du bonheur qui lui échappe sans cesse, parce que le bonheur sans mélange n'existe pas sur la terre. Cependant, malgré les vicissitudes qui forment le cortége inévitable de cette vie, il pourrait tout au moins jouir d'un bonheur relatif, mais il le cherche dans les choses périssables et sujettes aux mêmes vicissitudes, c'est-à-dire dans les jouissances matérielles, au lieu de le chercher dans les jouissances de l'âme qui sont un avant-goût des jouissances célestes impérissables ; au lieu de chercher la *paix du cœur*, seul bonheur réel ici-bas, il est avide de tout ce qui peut l'agiter et le troubler ; et, chose singulière, il semble se créer à dessein des tourments qu'il ne tiendrait qu'à lui d'éviter. En est-il de plus grands que ceux que causent l'envie et la jalousie ? Pour l'envieux et le jaloux il

72 CHAPITRE V.

n'est point de repos : ils ont perpétuellement la fièvre ; ce qu'ils n'ont pas et ce que d'autres possèdent leur cause des insomnies ; les succès de leurs rivaux leur donnent le vertige ; leur émulation ne s'exerce qu'à éclipser leurs voisins, toute leur joie est d'exciter dans les insensés comme eux la rage de jalousie dont ils sont possédés. Pauvres insensés, en effet, qui ne songent pas que demain peut-être il leur faudra quitter tous ces hochets dont la convoitise empoisonne leur vie ! Ce n'est pas à eux que s'applique cette parole : «Bienheureux les affligés, parce qu'ils seront consolés,» car leurs soucis ne sont pas de ceux qui ont leur compensation dans le ciel. Que de tourments, au contraire, s'épargne celui qui sait se contenter de ce qu'il a, qui voit sans envie ce qu'il n'a pas, qui ne cherche pas à paraître plus qu'il n'est. Il est toujours riche, car s'il regarde au-dessous de lui, au lieu de regarder au-dessus, il verra toujours des gens qui ont encore moins ; il est calme, parce qu'il ne se crée pas des besoins chimériques, et le calme au milieu des orages de la vie n'est-il pas du bonheur ? (FÉNELON, Lyon, 1860.)

Le malheur réel.

61. Tout le monde parle du malheur, tout le monde l'a ressenti et croit connaître son caractère multiple. Moi, je viens vous dire que presque tout le monde se trompe, et que le malheur réel n'est point du tout ce que les hommes, c'est-à-dire les malheureux, le supposent. Ils le voient dans la misère, dans la cheminée sans feu, dans le créancier menaçant, dans le berceau vide de l'ange qui souriait, dans les larmes, dans le

cercueil qu'on suit le front découvert et le cœur brisé, dans l'angoisse de la trahison, dans le dénûment de l'orgueil qui voudrait se draper dans la pourpre, et qui cache à peine sa nudité sous les haillons de la vanité ; tout cela, et bien d'autres choses encore, s'appelle le malheur dans le langage humain. Oui, c'est le malheur pour ceux qui ne voient que le présent ; mais le vrai malheur est dans les conséquences d'une chose plus que dans la chose elle-même. Dites-moi si l'événement le plus heureux pour le moment, mais qui a des suites funestes, n'est pas en réalité plus malheureux que celui qui cause d'abord une vive contrariété, et finit par produire du bien. Dites-moi si l'orage qui brise vos arbres, mais assainit l'air en dissipant les miasmes insalubres qui eussent causé la mort, n'est pas plutôt un bonheur qu'un malheur. Pour juger une chose, il faut donc en voir la suite ; c'est ainsi que pour apprécier ce qui est réellement heureux ou malheureux pour l'homme, il faut se transporter au delà de cette vie, parce que c'est là que les conséquences s'en font sentir ; or, tout ce qu'il appelle malheur selon sa courte vue, cesse avec la vie, et trouve sa compensation dans la vie future. Je vais vous révéler le malheur sous une nouvelle forme, sous la forme belle et fleurie que vous accueillez et désirez par toutes les forces de vos âmes trompées. Le malheur, c'est la joie, c'est le plaisir, c'est le bruit, c'est la vaine agitation, c'est la folle satisfaction de la vanité qui font taire la conscience, qui compriment l'action de la pensée, qui étourdissent l'homme sur son avenir ; le malheur, c'est l'opium de l'oubli que vous appelez de tous vos vœux.

5

CHAPITRE V.

Espérez, vous qui pleurez! tremblez, vous qui riez, parce que votre corps est satisfait! On ne trompe pas Dieu; on n'esquive pas la destinée; et les épreuves, créancières plus impitoyables que la meute déchaînée par la misère, guette votre repos trompeur pour vous plonger tout à coup dans l'agonie du vrai malheur, de celui qui surprend l'âme amollie par l'indifférence et l'égoïsme.

Que le spiritisme vous éclaire donc et replace dans leur vrai jour la vérité et l'erreur, si étrangement défigurées par votre aveuglement! Alors vous agirez comme de braves soldats qui, loin de fuir le danger, préfèrent les luttes des combats hasardeux, à la paix qui ne peut leur donner ni gloire ni avancement. Qu'importe au soldat de perdre dans la bagarre ses armes, ses bagages et ses vetements, pourvu qu'il en sorte vainqueur et avec gloire! Qu'importe à celui qui a foi en l'avenir de laisser sur le champ de bataille de la vie sa fortune et son manteau de chair, pourvu que son âme entre radieuse dans le céleste royaume! (DELPHINE DE GIRARDIN, Paris, 1861.)

La mélancolie.

62. Savez-vous pourquoi une vague tristesse s'empare parfois de vos cœurs et vous fait trouver la vie si amère? C'est votre esprit qui aspire au bonheur et à la liberté, et qui, rivé au corps qui lui sert de prison, s'épuise en vains efforts pour en sortir. Mais en voyant qu'ils sont inutiles, il tombe dans le découragement, et le corps subissant son influence, la langueur, l'abat-

tement et une sorte d'apathie s'emparent de vous, et vous vous trouvez malheureux.

Croyez-moi, résistez avec énergie à ces impressions qui affaiblissent en vous la volonté. Ces aspirations vers une vie meilleure sont innées dans l'esprit de tous les hommes, mais ne les cherchez pas ici-bas; et à présent que Dieu vous envoie ses Esprits pour vous instruire du bonheur qu'il vous réserve, attendez patiemment l'ange de la délivrance qui doit vous aider à rompre les liens qui tiennent votre Esprit captif. Songez que vous avez à remplir pendant votre épreuve sur la terre une mission dont vous ne vous doutez pas, soit en vous dévouant à votre famille, soit en remplissant les divers devoirs que Dieu vous a confiés. Et si, dans le cours de cette épreuve, et en vous acquittant de votre tâche, vous voyez les soucis, les inquiétudes, les chagrins fondre sur vous, soyez forts et courageux pour les supporter. Bravez-les franchement; ils sont de courte durée et doivent vous conduire près des amis que vous pleurez, qui se réjouissent de votre arrivée parmi eux, et vous tendront les bras pour vous conduire dans un lieu où n'ont accès aucun des chagrins de la terre. (FRANÇOIS DE GENÈVE. Bordeaux.)

Épreuves volontaires. Le vrai cilice.

63. Vous demandez s'il est permis d'adoucir ses propres épreuves ; cette question revient à celle-ci : Est-il permis à celui qui se noie de chercher à se sauver ? à celui qui s'est enfoncé une épine de la retirer ? à celui qui est malade d'appeler le médecin ? Les épreuves ont

CHAPITRE V.

pour but d'exercer l'intelligence aussi bien que la patience et la résignation ; un homme peut naître dans une position pénible et embarrassée, précisément pour l'obliger à chercher les moyens de vaincre les difficultés. Le mérite consiste à supporter sans murmure les conséquences des maux qu'on ne peut éviter, à persévérer dans la lutte, à ne se point désespérer si l'on ne réussit pas, mais non dans un laisser-aller qui serait de la paresse plus que de la vertu.

Cette question en amène naturellement une autre. Puisque Jésus a dit : « Bienheureux les affligés, » y a-t-il du mérite à chercher les afflictions en aggravant ses épreuves par des souffrances volontaires? A cela je répondrai très-nettement. Oui, il y a un grand mérite quand les souffrances et les privations ont pour but le bien du prochain, car c'est de la charité par le sacrifice; non, quand elles n'ont pour but que soi-même, car c'est de l'égoïsme par fanatisme. Il y a ici une grande distinction à faire ; pour vous, personnellement, contentez-vous des épreuves que Dieu vous envoie, et n'en augmentez pas la charge déjà si lourde parfois; acceptez-les sans murmure et avec foi, c'est tout ce qu'il vous demande. N'affaiblissez point votre corps par des privations inutiles et des macérations sans but, car vous avez besoin de toutes vos forces pour accomplir votre mission de travail sur la terre. Torturer volontairement et martyriser votre corps, c'est contrevenir à la loi de Dieu, qui vous donne le moyen de le soutenir et de le fortifier; l'affaiblir sans nécessité, est un véritable suicide. Usez, mais n'abusez pas : telle est la loi; l'abus des meilleures choses porte sa punition par ses conséquences inévitables.

Il en est autrement des souffrances que l'on s'impose pour le soulagement de son prochain. Si vous endurez le froid et la faim pour réchauffer et nourrir celui qui en a besoin, et si votre corps en pâtit, voilà le sacrifice qui est béni de Dieu. Vous qui quittez vos boudoirs parfumés pour aller dans la mansarde infecte porter la consolation ; vous qui salissez vos mains délicates en soignant les plaies ; vous qui vous privez de sommeil pour veiller au chevet d'un malade qui n'est que votre frère en Dieu ; vous enfin qui usez votre santé dans la pratique des bonnes œuvres, voilà votre cilice, vrai cilice de bénédiction, car les joies du monde n'ont point desséché votre cœur; vous ne vous êtes point endormis au sein des voluptés énervantes de la fortune, mais vous vous êtes faits les anges consolateurs des pauvres déshérités.

Mais vous qui vous retirez du monde pour éviter ses séductions et vivre dans l'isolement, de quelle utilité êtes-vous sur la terre ? où est votre courage dans les épreuves, puisque vous fuyez la lutte et désertez le combat ? Si vous voulez un cilice, appliquez-le sur votre âme et non sur votre corps ; mortifiez votre Esprit et non votre chair ; fustigez votre orgueil ; recevez les humiliations sans vous plaindre ; meurtrissez votre amour-propre ; roidissez-vous contre la douleur de l'injure et de la calomnie plus poignante que la douleur corporelle. Voilà le vrai cilice dont les blessures vous seront comptées, parce qu'elles attesteront votre courage et votre soumission à la volonté de Dieu. (Un ange gardien, Paris, 1863.)

CHAPITRE V.

64. *Doit-on mettre un terme aux épreuves de son prochain quand on le peut, ou faut-il, par respect pour les desseins de Dieu, les laisser suivre leur cours ?*

Nous vous avons dit et répété bien souvent que vous êtes sur cette terre d'expiation pour achever vos épreuves, et que tout ce qui vous arrive est une conséquence de vos existences antérieures, l'intérêt de la dette que vous avez à payer. Mais cette pensée provoque chez certaines personnes des réflexions qu'il est nécessaire d'arrêter, car elles pourraient avoir de funestes conséquences.

Quelques-uns pensent que du moment qu'on est sur la terre pour expier, il faut que les épreuves aient leur cours. Il en est même qui vont jusqu'à croire que non-seulement il ne faut rien faire pour les atténuer, mais qu'il faut, au contraire, contribuer à les rendre plus profitables en les rendant plus vives; c'est une grande erreur. Oui, vos épreuves doivent suivre le cours que Dieu leur a tracé, mais connaissez-vous ce cours? Savez-vous jusqu'à quel point elles doivent aller, et si votre Père miséricordieux n'a pas dit à la souffrance de tel ou tel de vos frères : « Tu n'iras pas plus loin? » Savez-vous si sa providence ne vous a pas choisi, non comme un instrument de supplice pour aggraver les souffrances du coupable, mais comme le baume de consolation qui doit cicatriser les plaies que sa justice avait ouvertes? Ne dites donc pas, quand vous voyez un de vos frères frappé : c'est la justice de Dieu, il faut qu'elle ait son cours; mais dites-vous, au contraire : Voyons quels moyens notre Père miséricordieux a mis en mon pouvoir pour adoucir la souffrance de mon frère. Voyons si mes consolations morales, mon appui matériel, mes conseils, ne pourront pas l'aider à franchir cette épreuve avec plus de force, de patience et de résignation. Voyons même si Dieu n'a pas mis en mes mains le moyen de faire cesser cette souffrance; s'il ne m'a pas été donné, à moi comme épreuve aussi, comme expiation peut-être, d'arrêter le mal et de le remplacer par la paix.

Aidez-vous donc toujours dans vos épreuves respectives, et ne vous regardez jamais comme des instruments de torture; cette pensée doit révolter tout homme de cœur, tout spirite surtout; car le spirite, mieux que tout autre, doit comprendre l'étendue infinie de la bonté de Dieu. Le spirite doit penser que sa vie entière doit être un acte d'amour et de dévoûment; que quoi qu'il fasse pour contrecarrer les décisions du Seigneur, sa justice aura son cours. Il peut donc, sans crainte, faire tous ses efforts pour adoucir l'amertume de l'expiation, mais c'est Dieu seul qui peut l'arrêter ou la prolonger selon qu'il le juge à propos.

N'y aurait-il pas un bien grand orgueil de la part de l'homme, de se croire le droit de retourner, pour ainsi dire, l'arme dans la plaie? d'augmenter la dose de poison dans la poitrine de celui qui souffre, sous prétexte que telle est son expiation? Oh! regardez-vous toujours comme un instrument choisi pour la faire cesser. Résumons-nous ici : vous êtes tous sur la terre pour expier; mais tous, sans exception, devez faire tous vos efforts pour adoucir l'expiation de vos frères, selon la loi d'amour et de charité. (BERNARDIN, Esprit protecteur. Bordeaux, 1863.)

CHAPITRE V.

65. *Un homme est à l'agonie, en proie à de cruelles souffrances; on sait que son état est sans espoir; est-il permis de lui épargner quelques instants d'angoisse en hâtant sa fin?*

Qui donc vous donnerait le droit de préjuger les desseins de Dieu ? Ne peut-il conduire un homme au bord de la fosse pour l'en retirer, afin de lui faire faire un retour sur lui-même et de l'amener à d'autres pensées? A quelque extrémité que soit un moribond, nul ne peut dire avec certitude que sa dernière heure est venue. La science ne s'est-elle jamais trompée dans ses prévisions? Je sais bien qu'il est des cas que l'on peut regarder avec raison comme désespérés; mais s'il n'y a aucun espoir fondé d'un retour définitif à la vie et à la santé, n'a-t-on pas d'innombrables exemples qu'au moment de rendre le dernier soupir, le malade se ranime, et recouvre ses facultés pour quelques instants! Eh bien! cette heure de grâce qui lui est accordée, peut être pour lui de la plus grande importance; car vous ignorez les réflexions qu'a pu faire son Esprit dans les convulsions de l'agonie, et quels tourments peut lui épargner un éclair de repentir. Le matérialiste qui ne voit que le corps, et ne tient nul compte de l'âme, ne peut comprendre ces choses-là; mais le spirite qui sait ce qui se passe au delà de la tombe, connaît le prix de la dernière pensée. Adoucissez les dernières souffrances autant qu'il est en vous; mais gardez-vous d'abréger la vie, ne fût-ce que d'une minute, car cette minute peut épargner bien des larmes dans l'avenir. (SAINT-LOUIS. Paris, 1860.)

66. *Celui qui est dégoûté de la vie, mais ne veut pas se l'ôter, est-il coupable de chercher la mort sur un champ de bataille, avec la pensée de rendre sa mort utile?*

Que l'homme se donne la mort ou qu'il se la fasse donner, le but est toujours d'abréger sa vie, et par conséquent il y a suicide d'intention sinon de fait. La pensée que sa mort servira à quelque chose est illusoire ; ce n'est qu'un prétexte pour colorer son action et l'excuser à ses propres yeux ; s'il avait sérieusement le désir de servir son pays, il chercherait à vivre, tout en le défendant, et non à mourir, car une fois mort il ne lui sert plus à rien. Le vrai dévoûment consiste à ne pas craindre la mort quand il s'agit d'être utile, à braver le péril, à faire d'avance et sans regret le sacrifice de sa vie si cela est nécessaire ; mais *l'intention préméditée* de chercher la mort en s'exposant à un danger, même pour rendre service, annule le mérite de l'action. (ID.)

67. *Un homme s'expose à un danger imminent pour sauver la vie à un de ses semblables, sachant d'avance que lui-même succombera ; cela peut-il être regardé comme un suicide?*

Du moment que l'intention de chercher la mort n'y est pas, il n'y a pas suicide, mais dévoûment et abnégation, eût-on la certitude de périr. Mais qui peut avoir cette certitude ? Qui dit que la Providence ne réserve pas un moyen inespéré de salut dans le moment le plus critique ? Ne peut-elle sauver celui même qui serait à la bouche d'un canon ? Souvent elle peut vouloir pousser l'épreuve de la résignation jusqu'à sa dernière limite, alors une circonstance inattendue détourne le coup fatal. (SAINT-LOUIS, Paris, 1860.)

5.

CHAPITRE VI

LE CHRIST CONSOLATEUR.

68. Venez à moi, vous tous qui êtes affligés et qui êtes chargés, et je vous soulagerai. — Prenez mon joug sur vous, et apprenez de moi que je suis doux et humble de cœur, et vous trouverez le repos de vos âmes ; — car mon joug est doux et mon fardeau est léger. (Saint Matthieu, ch. xi, v. 28, 29, 30.)

69. Si vous m'aimez, gardez mes commandements ; — et je prierai mon Père, et il vous enverra un autre consolateur, afin qu'il demeure éternellement avec vous : — L'*Esprit de vérité* que le monde ne peut recevoir, parce qu'il ne le voit point, et qu'il ne le connaît point. Mais pour vous, vous le connaîtrez, parce qu'il demeurera avec vous et qu'il sera en vous. — Mais le consolateur, qui est le Saint-Esprit, que mon Père enverra en mon nom, vous enseignera toutes choses, et vous fera ressouvenir de tout ce que je vous ai dit. (Saint Jean, ch. xiv. v. 15, 16, 17, 26.)

70. Toutes les souffrances : misères, déceptions, douleurs physiques, pertes d'êtres chéris, trouvent leur consolation dans la foi en l'avenir, dans la confiance en la justice de Dieu, que le Christ est venu enseigner aux hommes. Sur celui, au contraire, qui n'attend rien après cette vie, ou qui doute simplement, les afflictions pèsent de tout leur poids, et nulle espérance ne vient en adoucir l'amertume. Voilà ce qui fait dire à Jésus : Venez à moi, vous tous qui êtes fatigués, et je vous soulagerai.

Cependant Jésus met une condition à son assistance, et à la félicité qu'il promet aux affligés ; cette condition est dans la loi qu'il enseigne ; son joug est l'observation de cette loi ; mais ce joug est léger et cette loi est douce, puisqu'ils imposent pour devoir l'amour et la charité.

Jésus promet un autre consolateur : c'est l'*Esprit de Vérité*, que le monde ne connaît point encore, parce qu'il n'est pas mûr pour le comprendre, que le Père enverra pour enseigner toutes choses, et pour faire souvenir de ce que Christ a dit. Si donc l'Esprit de Vérité doit venir plus tard enseigner toutes choses, c'est que Christ n'a pas tout dit ; s'il vient faire souvenir de ce que Christ a dit, c'est qu'on l'aura oublié ou mal compris.

Le spiritisme vient au temps marqué accomplir la promesse du Christ : l'Esprit de Vérité préside à son établissement ; il rappelle les hommes à l'observance de la loi ; il enseigne toutes choses en faisant comprendre ce que le Christ n'a dit qu'en paraboles. Le Christ a dit : « Que ceux-là entendent qui ont des oreilles pour entendre ; » le spiritisme vient ouvrir les yeux et les oreilles, car il parle sans figure et sans allégories ; il lève le voile laissé à dessein sur certains mystères ; il vient enfin apporter une suprême consolation aux déshérités de la terre et à tous ceux qui souffrent, en donnant une cause juste et un but utile à toutes les douleurs.

Le Christ a dit : « Bienheureux les affligés, parce qu'ils seront consolés ; » mais comment se trouver heureux de souffrir, si l'on ne sait pourquoi on souffre ? Le spiritisme en montre la cause dans les existences

84   CHAPITRE VI.

antérieures et dans la destination de la terre où l'homme expie son passé; il en montre le but en ce que les souffrances sont comme les crises salutaires qui amènent la guérison, et qu'elles sont l'épuration qui assure le bonheur dans les existences futures. L'homme comprend qu'il a mérité de souffrir, et il trouve la souffrance juste; il sait que cette souffrance aide à son avancement, et il l'accepte sans murmure, comme l'ouvrier accepte le travail qui doit lui valoir son salaire. Le spiritisme lui donne une foi inébranlable dans l'avenir, et le doute poignant n'a plus de prise sur son âme; en lui faisant voir les choses d'en haut, l'importance des vicissitudes terrestres se perd dans le vaste et splendide horizon qu'il embrasse, et la perspective du bonheur qui l'attend lui donne la patience, la résignation, et le courage d'aller jusqu'au bout du chemin.

Ainsi le spiritisme réalise ce que Jésus a dit du consolateur promis : connaissance des choses qui fait que l'homme sait d'où il vient, où il va, et pourquoi il est sur la terre; rappel aux vrais principes de la loi de Dieu, et consolation par la foi et l'espérance.

INSTRUCTIONS DES ESPRITS.

71. Je viens, comme autrefois, parmi les fils égarés d'Israël, apporter la vérité et dissiper les ténèbres. Écoutez-moi. Le spiritisme, comme autrefois ma parole, doit rappeler aux incrédules qu'au-dessus d'eux règne l'immuable vérité : le Dieu bon, le Dieu grand qui fait germer la plante et soulève les flots.

J'ai révélé la doctrine divine; j'ai, comme un moissonneur, lié en gerbes le bien épars dans l'humanité, et j'ai dit : Venez à moi, vous tous qui souffrez !

Mais les hommes ingrats se sont détournés de la voie droite et large qui conduit au royaume de mon Père, et ils se sont égarés dans les âpres sentiers de l'impiété. Mon Père ne veut pas anéantir la race humaine; il veut que, vous aidant les uns les autres, morts et vivants, c'est-à-dire morts selon la chair, car la mort n'existe pas, vous vous secouriez, et que, non plus la voix des prophètes et des apôtres, mais la voix de ceux qui ne sont plus se fasse entendre pour vous crier : Priez et croyez ! car la mort, c'est la résurrection, et la vie, c'est l'épreuve choisie pendant laquelle vos vertus cultivées doivent grandir et se développer comme le cèdre.

Hommes faibles, qui comprenez les ténèbres de vos intelligences, n'éloignez pas le flambeau que la clémence divine place entre vos mains pour éclairer votre route et vous ramener, enfants perdus, dans le giron de votre Père.

Je suis trop touché de compassion pour vos misères, pour votre immense faiblesse, pour ne pas tendre une main secourable aux malheureux égarés qui, voyant le ciel, tombent dans l'abîme de l'erreur. Croyez, aimez, méditez les choses qui vous sont révélées; ne mêlez pas l'ivraie au bon grain, les utopies aux vérités.

Spirites ! aimez-vous, voilà le premier enseignement; instruisez-vous, voilà le second. Toutes vérités se trouvent dans le Christianisme; les erreurs qui y ont pris racine sont d'origine humaine; et voilà qu'au delà du

CHAPITRE VI.

tombeau que vous croyiez le néant, des voix vous crient : Frères! rien ne périt ; Jésus-Christ est le vainqueur du mal, soyez les vainqueurs de l'impiété. (L'Esprit de vérité. Paris, 1860.)

72. Je viens enseigner et consoler les pauvres déshérités; je viens leur dire qu'ils élèvent leur résignation au niveau de leurs épreuves; qu'ils pleurent, car la douleur a été sacrée au jardin des Oliviers; mais qu'ils espèrent, car les anges consolateurs viendront aussi essuyer leurs larmes.

Ouvriers, tracez votre sillon ; recommencez le lendemain la rude journée de la veille ; le labeur de vos mains fournit le pain terrestre à vos corps, mais vos âmes ne sont pas oubliées; et moi, le divin jardinier, je les cultive dans le silence de vos pensées ; lorsque l'heure du repos aura sonné, lorsque la trame s'échappera de vos mains, et que vos yeux se fermeront à la lumière, vous sentirez sourdre et germer en vous ma précieuse semence. Rien n'est perdu dans le royaume de notre Père, et vos sueurs, vos misères forment le trésor qui doit vous rendre riches dans les sphères supérieures, où la lumière remplace les ténèbres, et où le plus dénué de vous tous sera peut-être le plus resplendissant.

Je vous le dis en vérité, ceux qui portent leurs fardeaux et qui assistent leurs frères sont mes bien-aimés; instruisez-vous dans la précieuse doctrine qui dissipe l'erreur des révoltes, et qui vous enseigne le but sublime de l'épreuve humaine. Comme le vent balaye la poussière, que le souffle des Esprits dissipe vos jalousies contre les riches du monde qui sont souvent très misérables, car leurs épreuves sont plus périlleuses que les vôtres. Je suis avec vous, et mon apôtre vous enseigne. Buvez à la source vive de l'amour, et préparez-vous, captifs de la vie, à vous élancer un jour libres et joyeux dans le sein de celui qui vous a créés faibles pour vous rendre perfectibles, et qui veut que vous façonniez vous-mêmes votre molle argile, afin d'être les artisans de votre immortalité. (L'Esprit de Vérité. Paris, 1861.)

73. Je suis le grand médecin des âmes, et je viens vous apporter le remède qui doit les guérir; les faibles, les souffrants et les infirmes sont mes enfants de prédilection, et je viens les sauver. Venez donc à moi, vous tous qui souffrez et qui êtes chargés, et vous serez soulagés et consolés; ne cherchez pas ailleurs la force et la consolation, car le monde est impuissant à les donner. Dieu fait à vos cœurs un appel suprême par le spiritisme; écoutez-le. Que l'impiété, le mensonge, l'erreur, l'incrédulité soient extirpés de vos âmes endolories; ce sont des monstres qui s'abreuvent de votre sang le plus pur, et qui vous font des plaies presque toujours mortelles. Qu'à l'avenir, humbles et soumis au Créateur, vous pratiquiez sa loi divine. Aimez et priez; soyez dociles aux Esprits du Seigneur; invoquez-le du fond du cœur; alors il vous enverra son Fils bien-aimé pour vous instruire et vous dire ces bonnes paroles : Me voilà; je viens à vous, parce que vous m'avez appelé. (L'Esprit de Vérité. Bordeaux, 1861.)

CHAPITRE VII

BIENHEUREUX LES PAUVRES D'ESPRIT

Ce qu'il faut entendre par les pauvres d'esprit. — Le plus grand dans le royaume des cieux. Que celui qui voudra devenir le premier soit le serviteur des autres. — Quiconque s'élève sera abaissé. — Mystères cachés aux sages et aux prudents. — Orgueil et humilité. — Mission de l'homme intelligent sur la terre.

74. Bienheureux les pauvres d'esprit, parce que le royaume des cieux est à eux. (Saint Matthieu, ch. v, *v*. 3.)

75. En ce même temps les disciples s'approchèrent de Jésus, et lui dirent : Qui est le plus grand dans le royaume des cieux? — Jésus ayant appelé un petit enfant, le mit au milieu d'eux, — et leur dit : Je vous dis en vérité que si vous ne vous convertissez, et si vous ne devenez comme de petits enfants, vous n'entrerez point dans le royaume des cieux. — *Quiconque donc s'humiliera et se rendra petit comme cet enfant, celui-là sera le plus grand dans le royaume des cieux*, — et quiconque reçoit en mon nom un enfant tel que je viens de dire, c'est moi-même qu'il reçoit. (Saint Matthieu, ch. xviii, *v*. 1 à 5.)

76. Alors la mère des enfants de Zébédée s'approcha de lui avec ses deux fils, et l'adora en témoignant qu'elle voulait lui demander quelque chose. — Il lui dit : Que voulez-vous? Ordonnez, lui dit-elle, que [mes deux fils que voici soient assis dans votre royaume, l'un à votre droite et l'autre à votre gauche. — Mais Jésus leur répondit : Vous ne savez pas ce que vous demandez; pouvez-vous boire le calice que je vais boire? Ils lui dirent : Nous le pouvons.

— Il leur répondit : Il est vrai que vous boirez le calice que je boirai ; mais pour ce qui est d'être assis à ma droite ou à ma gauche, ce n'est pas à moi à vous le donner, mais ce sera pour ceux à qui mon Père l'a préparé. — Les dix autres apôtres ayant entendu ceci, en conçurent de l'indignation contre les deux frères. — Et Jésus les ayant appelés à lui, leur dit : Vous savez que les princes des nations les dominent, et que les grands les traitent avec empire. — Il n'en doit pas être de même parmi vous ; mais *que celui qui voudra devenir le plus grand, soit votre serviteur ; — et que celui qui voudra être le premier d'entre vous soit votre esclave ;* — comme le Fils de l'homme n'est pas venu pour être servi, mais pour servir et donner sa vie pour la rédemption de plusieurs. (Saint Matthieu, ch. xx, v. de 20 à 28.)

77. Jésus entra un jour de sabbat dans la maison d'un des principaux Pharisiens pour y prendre son repas, et ceux qui étaient là l'observaient. — Alors, considérant comme les conviés choisissaient les premières places, il leur proposa cette parabole, et leur dit : — Quand vous serez conviés à des noces, n'y prenez point la première place, de peur qu'il ne se trouve parmi les conviés une personne plus considérable que vous, — et que celui qui vous aura invité ne vienne vous dire : Donnez votre place à celui-ci, et qu'alors vous ne soyez réduit à vous tenir avec honte au dernier lieu. — Mais quand vous aurez été conviés, allez vous mettre à la dernière place, afin que, lorsque celui qui vous a conviés sera venu, il vous dise : Mon ami, montez plus haut. Et alors ce sera un sujet de gloire devant ceux qui seront à table avec vous ; — car *quiconque s'élève sera abaissé, et quiconque s'abaisse sera élevé.* (Saint Luc, ch. xiv, v. 1 et de 7 à 11.)

78. Alors Jésus dit ces paroles : Je vous rends gloire, mon Père, Seigneur du ciel et de la terre, de ce que vous avez caché ces choses aux sages et aux prudents, et que vous les avez révélées aux simples et aux petits. (Saint Matthieu, ch. xi, v. 25.)

CHAPITRE VII.

79. L'incrédulité s'est égayée sur cette maxime : *Bienheureux les pauvres d'esprit*, comme sur beaucoup d'autres choses, sans la comprendre. Par les pauvres d'esprit, Jésus n'entend pas les hommes dépourvus d'intelligence, mais les humbles : il dit que le royaume des cieux est pour eux, et non pour les orgueilleux.

Les hommes de science et d'esprit, selon le monde, ont généralement une si haute opinion d'eux-mêmes et de leur supériorité, qu'ils regardent les choses divines comme indignes de leur attention ; leurs regards concentrés sur leur personne ne peuvent s'élever jusqu'à Dieu. Cette tendance à se croire au-dessus de tout, ne les porte que trop souvent à nier ce qui étant au-dessus d'eux pourrait les rabaisser, à nier même la divinité ; ou, s'ils consentent à l'admettre, ils lui contestent un de ses plus beaux attributs : son action providentielle sur les choses de ce monde, persuadés qu'eux seuls suffisent pour le bien gouverner. Prenant leur intelligence pour la mesure de l'intelligence universelle, et se jugeant aptes à tout comprendre, ils ne peuvent croire à la possibilité de ce qu'ils ne comprennent pas ; quand ils ont prononcé, leur jugement est pour eux sans appel. S'ils refusent d'admettre le monde invisible et une puissance extra-humaine, ce n'est pas cependant que cela soit au-dessus de leur portée, mais c'est que leur orgueil se révolte à l'idée d'une chose au-dessus de laquelle ils ne peuvent se placer, et les ferait descendre de leur piédestal. C'est pourquoi ils n'ont que des sourires de dédain pour tout ce qui n'est pas du monde visible et tangible ; ils s'attribuent trop d'esprit et de science pour croire à des choses bonnes, selon eux, pour les gens *simples*, tenant ceux qui les prennent au sérieux pour des *pauvres d'esprit*.

Cependant, quoi qu'ils en disent, il leur faudra entrer, comme les autres, dans ce monde invisible qu'ils tournent en dérision ; c'est là que leurs yeux seront ouverts et qu'ils reconnaîtront leur erreur. Dieu, qui est juste, ne peut recevoir au même titre celui qui a méconnu sa puissance et celui qui s'est humblement soumis à ses lois, ni leur faire une part égale. En disant que le royaume des cieux est aux simples, Jésus entend que nul n'y est admis sans *la simplicité du cœur et l'humilité de l'esprit;* que l'ignorant qui possède ces qualités sera préféré au savant qui croit plus en lui qu'en Dieu. En toutes circonstances il place l'humilité au rang des vertus qui rapprochent de Dieu, et l'orgueil parmi les vices qui en éloignent ; et cela par une raison très naturelle, c'est que l'humilité est un acte de soumission à Dieu, tandis que l'orgueil est une révolte contre lui. Mieux vaut donc, pour le bonheur futur de l'homme, être pauvre en esprit, dans le sens du monde, et riche en qualités morales.

80. Les autres maximes (75, 76, 77) sont les conséquences du principe d'humilité que Jésus ne cesse de poser comme condition essentielle de la félicité promise aux élus du Seigneur, et qu'il a formulé par ces paroles : « Bienheureux les pauvres d'esprit, parce que le royaume des cieux est à eux. » Il prend un enfant comme type de la simplicité du cœur et il dit : Celui-là sera le plus grand dans le royaume des cieux qui s'humiliera et *se fera petit comme un enfant;* c'est-à-dire qui n'aura aucune prétention à la supériorité ou à l'infaillibilité.

92   CHAPITRE VII.

La même pensée fondamentale se retrouve dans cette autre maxime : « *Que celui qui voudra devenir le plus grand soit votre serviteur,* » et dans celle-ci : « *Quiconque s'abaisse sera élevé, et quiconque s'élève sera abaissé.* »

Le spiritisme vient sanctionner la théorie par l'exemple, en nous montrant grands dans le monde des Esprits ceux qui étaient petits sur la terre, et souvent bien petits ceux qui y étaient les plus grands et les plus puissants. C'est que les premiers ont emporté en mourant ce qui seul fait la véritable grandeur dans le ciel et ne se perd pas : les vertus; tandis que les autres ont dû laisser ce qui faisait leur grandeur sur la terre, et ne s'emporte pas : la fortune, les titres, la gloire, la naissance; n'ayant rien autre chose, ils arrivent dans l'autre monde dépourvus de tout, comme des naufragés qui ont tout perdu, jusqu'à leurs vêtements; ils n'ont conservé que l'orgueil qui rend leur nouvelle position plus humiliante, car ils voient au-dessus d'eux, et resplendissants de gloire, ceux qu'ils ont foulés aux pieds sur la terre.

Le spiritisme nous montre une autre application de ce principe dans les incarnations successives où ceux qui ont été les plus élevés dans une existence sont abaissés au dernier rang dans une existence suivante, s'ils ont été dominés par l'orgueil et l'ambition. Ne cherchez donc point la première place sur la terre, ni à vous mettre au-dessus des autres, si vous ne voulez être obligés de descendre; cherchez, au contraire, la plus humble et la plus modeste, car Dieu saura bien vous en donner une plus élevée dans le ciel si vous la méritez.

81. Il peut paraître singulier que Jésus rende grâce à Dieu d'avoir révélé ces choses *aux simples et aux petits* (78), qui sont les pauvres d'esprit, et de les avoir cachées *aux sages et aux prudents,* plus aptes, en apparence, à les comprendre. C'est qu'il faut entendre par les premiers, *les humbles* qui s'humilient devant Dieu, et ne se croient pas supérieurs à tout le monde; et par les seconds, *les orgueilleux*, vains de leur science mondaine, qui se croient prudents, parce qu'ils nient, traitant Dieu d'égal à égal quand ils ne le désavouent pas; car, dans l'antiquité, *sage* était synonyme de *savant*; c'est pourquoi Dieu leur laisse la recherche des secrets de la terre, et révèle ceux du ciel aux simples et aux humbles qui s'inclinent devant lui.

Ainsi en est-il aujourd'hui des grandes vérités révélées par le spiritisme. Certains incrédules s'étonnent que les Esprits fassent si peu de frais pour les convaincre; c'est que ces derniers s'occupent de ceux qui cherchent la lumière de bonne foi et avec humilité, de préférence à ceux qui croient posséder toute la lumière, et semblent penser que Dieu devrait être trop heureux de les ramener à lui, en leur prouvant qu'il existe. La puissance de Dieu éclate dans les plus petites choses comme dans les plus grandes; il ne met pas la lumière sous le boisseau, puisqu'il la répand à flots de toutes parts; aveugles donc ceux qui ne la voient pas. Dieu ne veut pas leur ouvrir les yeux de force, puisqu'il leur plaît de les tenir fermés. Leur tour viendra, mais il faut auparavant qu'ils sentent les angoisses des ténèbres et *reconnaissent Dieu, et non le hasard, dans la main qui frappe leur orgueil.* Il emploie pour vaincre l'incrédulité les moyens qui lui conviennent selon les

94 CHAPITRE VII.

individus; ce n'est pas à l'incrédulité de lui prescrire ce qu'il doit faire, et de lui dire : Si vous voulez me convaincre, il faut vous y prendre de telle ou telle façon, à tel moment plutôt qu'à tel autre, parce que ce moment est à ma convenance. Que les incrédules ne s'étonnent donc pas si Dieu, et les Esprits qui sont les agents de ses volontés, ne se soumettent pas à leurs exigences. Qu'ils se demandent ce qu'ils diraient si le dernier de leurs serviteurs voulait s'imposer à eux. Dieu impose ses conditions et n'en subit pas; il écoute avec bonté ceux qui s'adressent à lui avec humilité, et non ceux qui se croient plus que lui.

Dieu, dira-t-on, ne pourrait-il les frapper personnellement par des signes éclatants en présence desquels l'incrédule le plus endurci devrait s'incliner? sans doute il le pourrait, mais alors où serait leur mérite, et d'ailleurs à quoi cela servirait-il? N'en voit-on pas tous les jours se refuser à l'évidence et même dire : si je voyais, je ne croirais pas, parce que je *sais* que c'est impossible? S'ils refusent de reconnaître la vérité, c'est que leur esprit n'est pas encore mûr pour la comprendre, ni leur cœur pour la sentir. L'orgueil est la taie qui obscurcit leur vue; à quoi sert de présenter la lumière à un aveugle? Il faut donc d'abord guérir la cause du mal; c'est pourquoi, en médecin habile, il châtie premièrement l'orgueil. Il n'abandonne donc pas ces enfants perdus; il sait que tôt au tard leurs yeux s'ouvriront, mais il veut que ce soit de leur propre volonté, et alors que, vaincus par les tourments de l'incrédulité, ils se jettèront d'eux-mêmes dans ses bras, et, comme l'enfant prodigue, lui demanderont grâce!

INSTRUCTIONS DES ESPRITS.

L'orgueil et l'humilité.

82. Que la paix du Seigneur soit avec vous, mes chers amis ! Je viens vers vous pour vous encourager à suivre la bonne voie.

Aux pauvres Esprits qui, autrefois, habitaient la terre, Dieu donne mission de venir vous éclairer. Béni soit-il de la grâce qu'il nous accorde de pouvoir aider à votre amélioration. Que l'Esprit-Saint m'éclaire et m'aide à rendre ma parole compréhensible et qu'il me fasse la grâce de la mettre à la portée de tous ! Vous tous incarnés, qui êtes dans la peine et cherchez la lumière, que la volonté de Dieu me soit en aide pour la faire luire à vos yeux !

L'humilité est une vertu bien oubliée parmi vous ; les grands exemples qui vous en ont été donnés sont bien peu suivis, et pourtant, sans l'humilité, pouvez-vous être charitables envers votre prochain ? Oh ! non, car ce sentiment nivelle les hommes ; il leur dit qu'ils sont frères, qu'ils doivent s'entr'aider, et les amène au bien. Sans l'humilité, vous vous parez des vertus que vous n'avez pas, comme si vous portiez un habit pour cacher les difformités de votre corps. Rappelez-vous celui qui nous sauva ; rappelez-vous son humilité qui l'a fait si grand, et l'a mis au-dessus de tous les prophètes.

L'orgueil est le terrible adversaire de l'humilité. Si le Christ promettait le royaume des cieux aux plus pauvres, c'est que les grands de la terre se figurent que les titres et les richesses sont des récompenses

CHAPITRE VII.

données à leur mérite, et que leur essence est plus pure que celle du pauvre; ils croient que cela leur est dû, c'est pourquoi, lorsque Dieu le leur retire, ils l'accusent d'injustice. Oh! dérision et aveuglement! Dieu fait-il une distinction entre vous par le corps? L'enveloppe du pauvre n'est-elle pas la même que celle du riche? Le Créateur a-t-il fait deux espèces d'hommes? Tout ce que Dieu fait est grand et sage; ne lui attribuez jamais les idées qu'enfantent vos cerveaux orgueilleux.

O riche, tandis que tu dors sous tes lambris dorés à l'abri du froid, ne sais-tu pas que des milliers de tes frères qui te valent sont gisants sur la paille? Le malheureux qui souffre de la faim n'est-il pas ton égal? A ce mot ton orgueil se révolte, je le sais bien; tu consentiras à lui donner l'aumône, mais à lui serrer fraternellement la main, jamais! Quoi! dis-tu; moi, issu d'un noble sang, grand de la terre, je serais l'égal de ce misérable qui porte des haillons! Vaine utopie des soi-disant philosophes! Si nous étions égaux, pourquoi Dieu l'aurait-il placé si bas et moi si haut? Il est vrai que vos habits ne se ressemblent guère; mais que vous en soyez dépouillés tous deux, quelle différence y aura-t-il entre vous? La noblesse du sang, diras-tu; mais la chimie n'a point trouvé de différence entre le sang du grand seigneur et celui du plébéien; entre celui du maître et celui de l'esclave. Qui te dit que, toi aussi, tu n'as pas été misérable et malheureux comme lui? Que tu n'as pas demandé l'aumône? Que tu ne la demanderas pas un jour à celui même que tu méprises aujourd'hui? Les richesses sont-elles éternelles? ne finissent-elles pas avec ce corps, enveloppe périssable de ton Esprit ? Oh ! un retour d'humilité sur toi-même ! Jette enfin les yeux sur la réalité des choses de ce monde, sur ce qui fait la grandeur et l'abaissement dans l'autre ; songe que la mort ne t'épargnera pas plus qu'un autre ; que tes titres ne t'en préserveront pas ; qu'elle peut te frapper demain, aujourd'hui, dans une heure ; et si tu t'ensevelis dans ton orgueil, oh ! alors je te plains, car tu seras digne de pitié !

Orgueilleux ! qu'étiez-vous avant d'être nobles et puissants ? Peut-être étiez-vous plus bas que le dernier de vos valets. Courbez donc vos fronts altiers que Dieu peut rabaisser au moment où vous les élevez le plus haut. Tous les hommes sont égaux dans la balance divine ; les vertus seules les distinguent aux yeux de Dieu. Tous les Esprits sont d'une même essence, et tous les corps sont pétris de la même pâte ; vos titres et vos noms n'y changent rien ; ils restent dans la tombe, et ce ne sont pas eux qui donnent le bonheur promis aux élus ; la charité et l'humilité sont leurs titres de noblesse.

Pauvre créature ! tu es mère ; tes enfants souffrent ; ils ont froid ; ils ont faim ; tu vas, courbée sous le poids de ta croix, t'humilier pour leur avoir un morceau de pain. Oh ! je m'incline devant toi ; combien tu es noblement sainte et grande à mes yeux ! Espère et prie ; le bonheur n'est pas encore de ce monde. Aux pauvres opprimés et confiants en lui, Dieu donne le royaume des cieux.

Et toi, jeune fille, pauvre enfant vouée au travail, aux privations, pourquoi ces tristes pensées ? pourquoi pleurer ? Que ton regard s'élève pieux et serein vers Dieu : aux petits oiseaux il donne la pâture ; aie con-

CHAPITNE VII.

fiance en lui, et il ne t'abandonnera pas. Le bruit des fêtes, des plaisirs du monde fait battre ton cœur; tu voudrais aussi orner ta tête de fleurs et te mêler aux heureux de la terre; tu te dis que tu pourrais, comme ces femmes que tu regardes passer, folles et rieuses, être riche aussi. Oh! tais-toi, enfant! Si tu savais combien de larmes et de douleurs sans nom sont cachées sous ces habits brodés, combien de sanglots sont étouffés sous le bruit de cet orchestre joyeux, tu préférerais ton humble retraite et ta pauvreté. Reste pure aux yeux de Dieu, si tu ne veux que ton ange gardien remonte vers lui, le visage caché sous ses ailes blanches et te laisse avec tes remords, sans guide, sans soutien dans ce monde où tu serais perdue en attendant que tu sois punie dans l'autre.

Et vous tous qui souffrez des injustices des hommes, soyez indulgents pour les fautes de vos frères, en vous disant que vous-mêmes n'êtes pas sans reproches : c'est de la charité, mais c'est aussi de l'humilité. Si vous souffrez par les calomnies, courbez le front sous cette épreuve. Que vous importent les calomnies du monde? Si votre conduite est pure, Dieu ne peut-il vous en dédommager? Supporter avec courage les humiliations des hommes, c'est être humble et reconnaître que Dieu seul est grand et puissant.

Oh! mon Dieu, faudra-t-il que le Christ revienne une seconde fois sur cette terre pour apprendre aux hommes tes lois qu'ils oublient? Devra-t-il encore chasser les vendeurs du temple qui salissent ta maison qui n'est qu'un lieu de prière? Et qui sait? ô hommes! si Dieu vous accordait cette grâce, peut-être le renieriez-vous comme autrefois; vous l'appelleriez blasphémateur, parce qu'il abaisserait l'orgueil des Pharisiens modernes ; peut-être lui feriez-vous recommencer le chemin du Golgotha.

Lorsque Moïse fut sur le mont Sinaï recevoir les commandements de Dieu, le peuple d'Israël, livré à lui-même, délaissa le vrai Dieu ; hommes et femmes donnèrent leur or et leurs bijoux, pour se faire une idole qu'ils adorèrent. Hommes civilisés, vous faites comme eux ; le Christ vous a laissé sa doctrine ; il vous a donné l'exemple de toutes les vertus, et vous avez délaissé exemple et préceptes ; chacun de vous apportant ses passions, vous vous êtes fait un Dieu à votre gré : selon les uns, terrible et sanguinaire ; selon les autres, insouciant des intérêts du monde ; le Dieu que vous vous êtes fait est encore le veau d'or que chacun approprie à ses goûts et à ses idées.

Revenez à vous, mes frères, mes amis ; que la voix des Esprits touche vos cœurs ; soyez généreux et charitables sans ostentation ; c'est-à-dire faites le bien avec humilité ; que chacun démolisse peu à peu les autels que vous avez élevés à l'orgueil ; en un mot, soyez de véritables chrétiens, et vous aurez le règne de la vérité. Ne doutez plus de la bonté de Dieu, alors qu'il vous en donne tant de preuves. Nous venons préparer les voies pour l'accomplissement des prophéties. Lorsque le Seigneur vous donnera une manifestation plus éclatante de sa clémence, que l'envoyé céleste ne trouve plus en vous qu'une grande famille ; que vos cœurs doux et humbles soient dignes d'entendre la parole divine qu'il viendra vous apporter ; que l'élu ne trouve sur sa route que les palmes déposées pour votre retour au bien, à la charité, à la fraternité, et alors votre

100   CHAPITRE VII.

monde deviendra le paradis terrestre. Mais si vous restez insensibles à la voix des Esprits envoyés pour épurer, renouveler votre société civilisée, riche en sciences, et pourtant si pauvre en bons sentiments, hélas! il ne nous resterait plus qu'à pleurer et à gémir sur votre sort. Mais non, il n'en sera pas ainsi; revenez à Dieu votre père, et alors nous tous, qui aurons servi à l'accomplissement de sa volonté, nous entonnerons le cantique d'actions de grâces, pour remercier le Seigneur de son inépuisable bonté, et pour le glorifier dans tous les siècles des siècles. Ainsi-soit-il. (LACORDAIRE. Constantine, 1863.)

83. Hommes, pourquoi vous plaignez-vous des calamités que vous avez vous-mêmes amoncelées sur vos têtes? Vous avez méconnu la sainte et divine morale du Christ, ne soyez donc pas étonnés que la coupe de l'iniquité ait débordé de toutes parts. Le malaise devient général; à qui s'en prendre, si ce n'est à vous qui cherchez sans cesse à vous écraser les uns les autres? Vous ne pouvez être heureux sans bienveillance mutuelle, et comment la bienveillance peut-elle exister avec l'orgueil? L'orgueil, voilà la source de tous vos maux; attachez-vous donc à le détruire, si vous n'en voulez voir perpétuer les funestes conséquences. Un seul moyen s'offre à vous pour cela, mais ce moyen est infaillible, c'est de prendre pour règle invariable de votre conduite la loi du Christ, loi que vous avez ou repoussée, ou faussée dans son interprétation. Pourquoi avez-vous en si grande estime ce qui brille et charme les yeux, plutôt que ce qui touche le cœur? Pourquoi le vice dans l'opulence est-il l'objet

de vos adulations, alors que vous n'avez qu'un regard de dédain pour le vrai mérite dans l'obscurité ? Qu'un riche débauché, perdu de corps et d'âme, se présente quelque part, toutes les portes lui sont ouvertes, tous les égards sont pour lui, tandis qu'on daigne à peine accorder un salut de protection à l'homme de bien qui vit de son travail. Quand la considération que l'on accorde aux gens est mesurée au poids de l'or qu'ils possèdent ou au nom qu'ils portent, quel intérêt peuvent-ils avoir à se corriger de leurs défauts ? Il en serait tout autrement si le vice doré était fustigé par l'opinion comme le vice en haillons ; mais l'orgueil est indulgent pour tout ce qui le flatte. Siècle de cupidité et d'argent, dites-vous ; sans doute, mais pourquoi avez-vous laissé les besoins matériels empiéter sur le bon sens et la raison ? Pourquoi chacun veut-il s'élever au-dessus de son frère ? Aujourd'hui la société en subit les conséquences. Ne l'oubliez pas, un tel état de choses est toujours un signe de décadence morale. Lorsque l'orgueil atteint les dernières limites, c'est l'indice d'une chute prochaine, car Dieu frappe toujours les superbes. S'il les laisse parfois monter, c'est pour leur donner le temps de réfléchir et de s'amender sous les coups que, de temps à autre, il porte à leur orgueil pour les avertir ; mais, au lieu de s'abaisser, ils se révoltent ; alors quand la mesure est comble, il les renverse tout à fait, et leur chute et d'autant plus terrible, qu'ils étaient montés plus haut.

Pauvre race humaine, dont l'égoïsme a corrompu toutes les voies, reprends courage cependant ; dans sa miséricorde infinie Dieu t'envoie un puissant remède à tes maux, un secours inespéré dans ta détresse.

6.

102   CHAPITRE VII.

Ouvre les yeux à la lumière : voici les âmes de ceux qui ne sont plus qui viennent te rappeler à tes véritables devoirs; ils te diront, avec l'autorité de l'expérience, combien les vanités et les grandeurs de votre passagère existence sont peu de chose auprès de l'éternité; ils te diront que celui-là est le plus grand qui a été le plus humble parmi les petits d'ici-bas; que celui qui a le plus aimé ses frères est aussi celui qui sera le plus aimé dans le ciel; que les puissants de la terre, s'ils ont abusé de leur autorité, seront réduits à obéir à leurs serviteurs; que la charité et l'humilité enfin, ces deux sœurs qui se donnent la main, sont les titres les plus efficaces pour obtenir grâce devant l'Éternel. (ADOLPHE, évêque d'Alger. Marmande, 1862.)

Mission de l'homme intelligent sur la terre.

84. Ne soyez pas fiers de ce que vous savez, car ce savoir a des bornes bien limitées dans le monde que vous habitez. Mais je suppose que vous soyez une des sommités intelligentes de ce globe, vous n'avez aucun droit d'en tirer vanité. Si Dieu, dans ses desseins, vous a fait naître dans un milieu où vous avez pu développer votre intelligence, c'est qu'il veut que vous en fassiez usage pour le bien de tous; car c'est une mission qu'il vous donne, en mettant dans vos mains l'instrument à l'aide duquel vous pouvez développer à votre tour les intelligences retardataires et les amener à Dieu. La nature de l'instrument n'indique-t-elle pas l'usage qu'on en doit faire? La bêche que le jardinier met entre les mains de son ouvrier ne lui montre-t-elle pas qu'il

doit bêcher? Et que diriez-vous si cet ouvrier, au lieu de travailler, levait sa bêche pour en frapper son maître? Vous diriez que c'est affreux, et qu'il mérite d'être chassé. Eh bien! n'en est-il pas de même de celui qui se sert de son intelligence pour détruire l'idée de Dieu et de la Providence parmi ses frères? Ne lève-t-il pas contre son maître la bêche qui lui a été donnée pour défricher le terrain? A-t-il droit au salaire promis, et ne mérite-t-il pas, au contraire, d'être chassé du jardin? Il le sera, n'en doutez pas, et traînera des existences misérables et remplies d'humiliations jusqu'à ce qu'il se soit courbé devant celui à qui il doit tout.

L'intelligence est riche de mérites pour l'avenir, mais à la condition d'en faire un bon emploi; si tous les hommes qui en sont doués s'en servaient selon les vues de Dieu, la tâche des Esprits serait facile pour faire avancer l'humanité; malheureusement beaucoup en font un instrument d'orgueil et de perdition pour eux-mêmes. L'homme abuse de son intelligence comme de toutes ses autres facultés, et cependant les leçons ne lui manquent pas pour l'avertir qu'une main puissante peut lui retirer ce qu'elle lui a donné. (FERDINAND; Esprit protecteur. Bordeaux, 1862.)

CHAPITRE VIII

BIENHEUREUX CEUX QUI ONT LE CŒUR PUR.

Laissez venir à moi les petits enfants. — Péché en pensée. Adultère. — Vraie pureté. Mains non lavées. — Scandales. Si votre main est un sujet de scandale, coupez-la.

85. Bienheureux ceux qui ont le cœur pur, parce qu'ils verront Dieu. (Saint Matthieu, ch. V, *v.* 8.)

86. Alors on lui présenta de petits enfants, afin qu'il les touchât; et comme ses disciples repoussaient avec des paroles rudes ceux qui les' lui présentaient, — Jésus le voyant s'en fâcha et leur dit : *Laissez venir à moi les petits enfants*, et ne les en empêchez point; car le royaume des cieux est pour ceux qui leur ressemblent. — Je vous le dis en vérité, quiconque ne recevra point le royaume de Dieu comme un enfant, n'y entrera point. — Et les ayant embrassés, il les bénit en leur imposant les mains. (Saint Marc, ch. X, *v.* de 13 à 16.)

87. La pureté du cœur est inséparable de la simplicité et de l'humilité; elle exclut toute pensée d'égoïsme et d'orgueil; c'est pourquoi Jésus prend l'enfance pour l'emblème de cette pureté, comme il l'a prise pour celui de l'humilité.

Cette comparaison pourrait ne pas sembler juste, si l'on considère que l'Esprit de l'enfant peut être très ancien, et qu'il apporte en renaissant à la vie corporelle les imperfections dont il ne s'est pas dépouillé dans ses existences précédentes; un Esprit arrivé à la perfection pourrait seul nous donner le type de la vraie pureté. Mais elle est exacte au point de vue de la vie présente; car le petit enfant, n'ayant encore pu manifester aucune tendance perverse, nous offre l'image de l'innocence et de la candeur; aussi Jésus ne dit-il point d'une manière absolue que le royaume de Dieu est *pour eux*, mais *pour ceux qui leur ressemblent*.

Puisque l'Esprit de l'enfant a déjà vécu, pourquoi ne se montre-t-il pas dès la naissance ce qu'il est? Tout est sage dans les œuvres de Dieu. L'enfant a besoin de soins délicats que la tendresse maternelle peut seule lui rendre, et cette tendresse s'accroît de la faiblesse et de l'ingénuité de l'enfant. Pour une mère, son enfant est toujours un ange, et il fallait qu'il en fût ainsi pour captiver sa sollicitude; elle n'aurait pu avoir avec lui le même abandon, si, au lieu de la grâce naïve, elle eût trouvé en lui, sous des traits enfantins, un caractère viril et les idées d'un adulte, et encore moins si elle eût connu son passé. Il fallait, d'ailleurs, que l'activité du principe intelligent fût proportionnée à la faiblesse du corps qui n'aurait pu résister à une activité trop grande de l'Esprit, ainsi qu'on le voit chez les sujets trop précoces. C'est pour cela que, dès les approches de l'incarnation, l'Esprit, entrant dans le trouble, perd peu à peu la conscience de lui-même; il est, durant une certaine période, dans une sorte de sommeil pendant lequel toutes ses facultés demeurent à l'état latent. Cet état transitoire est nécessaire pour donner à l'Esprit un nouveau point de départ, et lui faire oublier, dans sa nouvelle existence terrestre, les choses qui eussent pu l'entraver. Son passé, cependant, réagit sur lui; il renaît à la vie plus grand, plus fort moralement et intellectuellement, soutenu et secondé par l'intuition qu'il conserve de l'expérience acquise. A partir de la naissance, ses idées reprennent graduellement leur essor au fur et à mesure du développement des organes; d'où l'on peut dire que, pendant les premières années, l'Esprit est véritablement enfant, parce que les idées qui forment le fond de son caractère sont encore assoupies. Pendant le temps où ses instincts sommeillent, il est plus souple, et, par cela même, plus accessible aux impressions qui peuvent modifier sa nature et le faire progresser, ce qui rend plus facile la tâche imposée aux parents.

L'esprit revêt donc pour un temps la robe d'innocence, et Jésus est dans le vrai quand, malgré l'antériorité de l'âme, il prend l'enfant pour emblème de la pureté et de la simplicité.

88. Vous avez appris qu'il a été dit aux Anciens : Vous ne commettrez point d'adultère. — Mais moi je vous dis que quiconque aura regardé une femme avec un mauvais désir pour elle a déjà commis l'adultère avec elle dans son cœur. (Saint Matthieu, ch. v, *v*. 27 et 28.)

89. Le mot *adultère* ne doit point être entendu ici dans le sens exclusif de son acception propre, mais dans un sens plus général; Jésus l'a souvent employé par extension pour désigner le mal, le péché, et toute mauvaise pensée quelconque, comme, par exemple, dans ce passage : « Car si quelqu'un rougit de moi et de mes paroles parmi cette race *adultère et pécheresse*, le Fils de l'homme rougira aussi de lui, lorsqu'il viendra accompagné des saints anges dans la gloire de son Père. » (Saint Marc, ch. viii, *v*. 38.)

La vraie pureté n'est pas seulement dans les actes; elle est aussi dans la pensée, car celui qui a le cœur pur ne pense même pas au mal; c'est ce qu'a voulu dire Jésus : il condamne le péché, même en pensée, parce que c'est un signe d'impureté.

Ce principe amène naturellement cette question : *Subit-on les conséquences d'une mauvaise pensée non suivie d'effet ?*

Il y a ici une importante distinction à faire. A mesure que l'âme, engagée dans la mauvaise voie, avance dans la vie spirituelle, elle s'éclaire et se dépouille peu à peu de ses imperfections selon le plus ou moins de bonne volonté qu'elle y apporte en vertu de son libre arbitre. Toute mauvaise pensée est donc le résultat de l'imperfection de l'âme; mais selon le désir qu'elle a conçu de s'épurer, cette mauvaise pensée même devient pour elle une occasion d'avancement, parce qu'elle la repousse avec énergie; c'est l'indice d'une tache qu'elle s'efforce d'effacer; elle ne cèdera pas si l'occasion se présente de satisfaire un mauvais désir; et après qu'elle aura résisté, elle se sentira plus forte et joyeuse de sa victoire. Celle, au contraire, qui n'a pas pris de bonnes résolutions cherche l'occasion, et si elle n'accomplit pas l'acte mauvais, ce n'est pas l'effet de sa volonté, mais c'est l'occasion qui lui manque; elle est donc aussi coupable que si elle le commettait. En résumé, chez la personne qui ne conçoit même pas la pensée du mal, le progrès est accompli; chez celle à qui vient cette pensée, mais qui la repousse, le progrès est en train de s'accomplir; chez celle, enfin, qui a cette pensée et s'y complaît, le mal est encore dans toute sa force; chez l'une le travail est fait, chez l'autre il est à faire. Dieu,

CHAPITRE VIII.

qui est juste, tient compte de toutes ces nuances dans la responsabilité des actes et des pensées de l'homme.

90. Alors des scribes et des pharisiens qui étaient venus de Jérusalem s'approchèrent de Jésus et lui dirent : — Pourquoi vos disciples violent-ils la tradition des Anciens? car ils ne lavent point leurs mains lorsqu'ils prennent leurs repas.

Mais Jésus leur répondit : Pourquoi vous-mêmes violez-vous le commandement de Dieu pour suivre votre tradition? car Dieu a fait ce commandement : — Honorez votre père et votre mère ; et cet autre : Que celui qui dira des paroles outrageuses à son père ou à sa mère soit puni de mort. — Mais vous autres vous dites : Quiconque aura dit à son père ou à sa mère : Tout don que je fais à Dieu vous est utile, satisfait à la loi, — encore qu'après cela il n'honore et n'assiste point son père ou sa mère ; et ainsi vous avez rendu inutile le commandement de Dieu par votre tradition.

Hypocrites, Isaïe a bien prophétisé de vous quand il a dit : — Ce peuple m'honore des lèvres, mais son cœur est loin de moi ; — et c'est en vain qu'ils m'honorent en enseignant des maximes et des ordonnances humaines.

Puis ayant appelé le peuple, il leur dit : Écoutez et comprenez bien ceci : — Ce n'est pas ce qui entre dans la bouche qui souille l'homme ; mais c'est ce qui sort de la bouche de l'homme qui le souille. — Ce qui sort de la bouche part du cœur, et c'est ce qui rend l'homme impur ; — car c'est du cœur que partent les mauvaises pensées, les meurtres, les adultères, les fornications, les larcins, les faux témoignages, les blasphèmes et les médisances ;— ce sont là les choses qui rendent l'homme impur ; mais de manger sans avoir lavé ses mains, ce n'est point ce qui rend un homme impur.

Alors ses disciples s'approchant de lui, lui dirent : Savez-vous bien que les Pharisiens ayant entendu ce que vous venez de dire en sont scandalisés?— Mais il répondit : Toute plante que mon Père céleste n'a point plantée sera arrachée. — Laissez-les ; ce sont des aveugles qui conduisent des aveu-

BIENHEUREUX CEUX QUI ONT LE CŒUR PUR.   109

gles; si un aveugle en conduit un autre, ils tombent tous les deux dans la fosse. (Saint Matthieu, ch. xv, *v.* de 1 à 20.)

91. Pendant qu'il parlait, un Pharisien le pria de dîner chez lui; et Jésus y étant allé se mit à table. — Le Pharisien commença alors à dire en lui-même: Pourquoi ne s'est-il pas lavé les mains avant de dîner? — Mais le Seigneur lui dit : Vous autres Pharisiens, vous avez grand soin de nettoyer le dehors de la coupe et du plat; mais le dedans de vos cœurs est plein de rapines et d'iniquités. — Insensés que vous êtes! celui qui a fait le dehors n'a-t-il pas aussi fait le dedans? (Saint Luc, ch. xi, *v.* de 37 à 40.)

92. Les Juifs avaient négligé les véritables commandements de Dieu, pour s'attacher à la pratique des règlements établis par les hommes et dont les rigides observateurs se faisaient des cas de conscience; le fond, très simple, avait fini par disparaître sous la complication de la forme. Comme il était plus aisé d'observer des actes extérieurs que de se réformer moralement, de se laver les mains que de nettoyer son cœur, les hommes se firent illusion à eux-mêmes, et se croyaient quittes envers Dieu, parce qu'ils se conformaient à ces pratiques, tout en restant ce qu'ils étaient; car on leur enseignait que Dieu n'en demandait pas davantage. C'est pourquoi le prophète dit : *C'est en vain que ce peuple m'honore des lèvres, en enseignant des maximes et des ordonnances humaines.* Ainsi en a-t-il été de la doctrine morale du Christ, qui a fini par être mise au second rang, ce qui fait que beaucoup de chrétiens, à l'exemple des anciens Juifs, croient leur salut plus assuré par les pratiques extérieures que par celles de la morale. C'est à ces additions faites

CHAPITRE VIII.

par les hommes à la loi de Dieu que Jésus fait allusion quand il dit : *Toute plante que mon Père céleste n'a point plantée sera arrachée.*

Le but de la religion est de conduire l'homme à Dieu ; or l'homme n'arrive à Dieu que lorsqu'il est parfait ; donc toute religion qui ne rend pas l'homme meilleur n'atteint pas le but ; celle sur laquelle on croit pouvoir s'appuyer pour faire le mal est, ou fausse, ou faussée dans son principe. Tel est le résultat de toutes celles où la forme l'emporte sur le fond. La croyance à l'efficacité des signes extérieurs est nulle, si elle n'empêche pas de commettre des meurtres, des adultères, des spoliations, de dire des calomnies, et de faire tort à son prochain en quoi que ce soit. Elle fait des superstitieux, des hypocrites ou des fanatiques, mais ne fait pas des hommes de bien.

Il ne suffit donc pas d'avoir les apparences de la pureté, il faut avant tout avoir celle du cœur.

93. Malheur au monde à cause des scandales ; car il est nécessaire qu'il arrive des scandales ; mais malheur à l'homme par qui le scandale arrive.
Si quelqu'un scandalise un de ces petits qui croient en moi, il vaudrait mieux pour lui qu'on lui pendît au cou une de ces meules qu'un âne tourne, et qu'on le jetât au fond de la mer.
Prenez bien garde de mépriser aucun de ces petits ; je vous déclare que dans le ciel leurs anges voient sans cesse la face de mon père qui est dans les cieux ; — car le fils de l'homme est venu sauver ce qui était perdu.
Si votre main ou votre pied vous est un sujet de scandale, coupez-les et les jetez loin de vous ; il vaut bien mieux pour vous que vous entriez dans la vie n'ayant qu'un pied ou qu'une main, que d'en avoir deux et d'être jetés dans le feu

BIENHEUREUX CEUX QUI ONT LE COEUR PUR.

éternel. — Et si votre œil vous est un sujet de scandale, arrachez-le, et jetez-le loin de vous; il vaut mieux pour vous que vous entriez dans la vie n'ayant qu'un œil que d'en avoir deux et d'être précipité dans le feu de l'enfer. (Saint Matthieu, ch. XVIII, v. de 6 à 10. — Ch. v, v. de 27 à 30.)

94. Dans le sens vulgaire, *scandale* se dit de toute action qui choque la morale ou les bienséances d'une manière ostensible. Le scandale n'est pas dans l'action en elle-même, mais dans le retentissement qu'elle peut avoir. Le mot scandale implique toujours l'idée d'un certain éclat. Beaucoup de personnes se contentent d'éviter *le scandale*, parce que leur orgueil en souffrirait, leur considération en serait amoindrie parmi les hommes; pourvu que leurs turpitudes soient ignorées, cela leur suffit, et leur conscience est en repos. Ce sont, selon les paroles de Jésus : « des sépulcres blanchis à l'extérieur, mais pleins de pourriture à l'intérieur; des vases nettoyés en dehors, malpropres en dedans. »

Dans le sens évangélique, l'acception du mot scandale, si fréquemment employé, est beaucoup plus générale, c'est pourquoi on n'en comprend pas l'acception dans certains cas. Ce n'est plus seulement ce qui froisse la conscience d'autrui, c'est tout ce qui est le résultat des vices et des imperfections des hommes, toute réaction mauvaise d'individu à individu avec ou sans retentissement. Le scandale, dans ce cas, *est le résultat effectif du mal moral.*

Il faut qu'il y ait du scandale dans le monde, a dit Jésus, parce que les hommes étant imparfaits sur la terre sont enclins à faire le mal, et que de mauvais arbres donnent de mauvais fruits.

Il est nécessaire que le scandale arrive, parce que les

CHAPITRE VIII.

hommes étant en expiation sur la terre se punissent eux-mêmes par le contact de leurs vices dont ils sont les premières victimes, et dont ils finissent par comprendre les inconvénients. Lorsqu'ils seront las de souffrir du mal, ils chercheront le remède dans le bien. La réaction de ces vices sert donc à la fois de châtiment pour les uns et d'épreuve pour les autres; c'est ainsi que Dieu fait sortir le bien du mal, que les hommes eux-mêmes utilisent les choses mauvaises ou de rebut.

Mais malheur à celui par qui le scandale arrive; c'est-à-dire que le mal étant toujours le mal, celui qui a servi à son insu d'instrument pour la justice divine, dont les mauvais instincts ont été utilisés, n'en a pas moins fait le mal et doit être puni. C'est ainsi, par exemple, qu'un enfant ingrat est une punition ou une épreuve pour le père qui en souffre, parce que ce père a peut-être été lui-même un mauvais fils qui a fait souffrir son père, et qu'il subit la peine du talion; mais le fils n'en est pas plus excusable, et devra être châtié à son tour dans ses propres enfants ou d'une autre manière.

S'il en est ainsi, dira-t-on, le mal est nécessaire et durera toujours; car s'il venait à disparaître, Dieu serait privé d'un puissant moyen de châtier les coupables; donc il est inutile de chercher à améliorer les hommes. Mais s'il n'y avait plus de coupables, il n'y aurait plus besoin de châtiments. Supposons l'humanité transformée en hommes de bien, aucun ne cherchera à faire du mal à son prochain, et tous seront heureux, parce qu'ils seront bons. Tel est l'état des mondes avancés d'où le mal est exclu; tel sera celui

BIENHEUREUX CEUX QUI ONT LE COEUR PUR. 113

de la terre quand elle aura suffisamment progressé. Mais tandis que certains mondes avancent, d'autres se forment, peuplés d'Esprits primitifs, et qui servent en outre d'habitation, d'exil et de lieu expiatoire pour les Esprits imparfaits, rebelles, obstinés dans le mal, et qui sont rejetés des mondes devenus heureux.

Si votre main vous est une cause de scandale, coupez-la; figure énergique qu'il serait absurde de prendre à la lettre, et qui signifie simplement qu'il faut détruire en soi toute cause de scandale, c'est-à-dire de mal ; arracher de son cœur tout sentiment impur et tout principe vicieux ; c'est-à-dire encore qu'il vaudrait mieux pour un homme avoir eu la main coupée, que si cette main eût été pour lui l'instrument d'une mauvaise action ; être privé de la vue, que si ses yeux lui eussent donné de mauvaises pensées. Jésus n'a rien dit d'absurde pour quiconque saisit le sens allégorique et profond de ses paroles ; mais beaucoup de choses ne peuvent être comprises sans la clef qu'en donne le spiritisme.

INSTRUCTIONS DES ESPRITS.

Laissez venir à moi les petits enfants.

95. Le Christ a dit : « Laissez venir à moi les petits enfants. » Ces paroles, profondes dans leur simplicité, n'emportent pas avec elles le simple appel des enfants, mais celui des âmes qui gravitent dans les cercles inférieurs où le malheur ignore l'espérance. Jésus appelait à lui l'enfance intellectuelle de la créature formée : les faibles, les esclaves, les vicieux ; il ne pou-

CHAPITRE VIII.

vait rien enseigner à l'enfance physique, engagée dans la matière, soumise au joug de l'instinct, et n'appartenant pas encore à l'ordre supérieur de la raison et de la volonté qui s'exercent autour d'elle et pour elle.

Jésus voulait que les hommes vinssent à lui avec la confiance de ces petits êtres aux pas chancelants, dont l'appel lui conquérait le cœur des femmes qui sont toutes mères; il soumettait ainsi les âmes à sa tendre et mystérieuse autorité. Il fut le flambeau qui éclaire les ténèbres, le clairon matinal qui sonne le réveil; il fut l'initiateur du spiritisme qui doit à son tour appeler à lui, non les petits enfants, mais les hommes de bonne volonté. L'action virile est engagée; il ne s'agit plus de croire instinctivement et d'obéir machinalement, il faut que l'homme suive la loi intelligente qui lui révèle son universalité.

Mes bien-aimés, voici le temps où les erreurs expliquées seront des vérités; nous vous enseignerons le sens exact des paraboles, et nous vous montrerons la corrélation puissante qui relie ce qui a été et ce qui est. Je vous dis en vérité : la manifestation spirite grandit à l'horizon; et voici son envoyé qui va resplendir comme le soleil sur la cime des monts. (JEAN l'Évangéliste. Paris, 1863.)

96. Laissez venir à moi les petits enfants, car je possède le lait qui fortifie les faibles. Laissez venir à moi ceux qui, craintifs et débiles, ont besoin d'appui et de consolation. Laissez venir à moi les ignorants pour que je les éclaire; laissez venir à moi tous ceux qui souffrent, la multitude des affligés et des malheureux; je leur enseignerai le grand remède pour adoucir les maux

de la vie, je leur donnerai le secret de guérir leurs blessures! Quel est-il, mes amis, ce baume souverain, possédant la vertu par excellence, ce baume qui s'applique sur toutes les plaies du cœur et les ferme? C'est l'amour, c'est la charité! Si vous avez ce feu divin, que craindrez-vous? Vous direz à tous les instants de votre vie : Mon père, que votre volonté soit faite et non la mienne; s'il vous plaît de m'éprouver par la douleur et les tribulations, soyez béni, car c'est pour mon bien, je le sais, que votre main s'appesantit sur moi. S'il vous convient, Seigneur, d'avoir pitié de votre faible créature, si vous donnez à son cœur les joies permises, soyez encore béni; mais faites que l'amour divin ne s'endorme pas dans son âme, et que sans cesse elle fasse monter à vos pieds la voix de sa reconnaissance!...

Si vous avez l'amour, vous aurez tout ce qui est à désirer sur votre terre, vous posséderez la perle par excellence que ni les événements, ni les méchancetés de ceux qui vous haïssent et vous persécutent ne pourront vous ravir. Si vous avez l'amour, vous aurez placé vos trésors là où les vers et la rouille ne peuvent les atteindre, et vous verrez s'effacer insensiblement de votre âme tout ce qui peut en souiller la pureté; vous sentirez le poids de la matière s'alléger de jour en jour, et, pareil à l'oiseau qui plane dans les airs et ne se souvient plus de la terre, vous monterez, vous monterez sans cesse, vous monterez toujours, jusqu'à ce que votre âme enivrée puisse s'abreuver à son élément de vie dans le sein du Seigneur. (UN ESPRIT PROTECTEUR. Bordeaux, 1861.)

CHAPITRE VIII.

Bienheureux ceux qui ont les yeux fermés 1.

97. Mes bons amis, vous m'avez appelé, pourquoi? Est-ce pour me faire imposer les mains sur la pauvre souffrante qui est ici, et la guérir? Eh! quelle souffrance, bon Dieu! Elle a perdu la vue et les ténèbres se font pour elle. Pauvre enfant! qu'elle prie et qu'elle espère; je ne sais point faire de miracles, moi, sans la volonté du bon Dieu. Toutes les guérisons que j'ai pu obtenir, et qui vous ont été signalées, ne les attribuez qu'à celui qui est notre Père à tous. Dans vos afflictions, regardez donc toujours le ciel, et dites du fond de votre cœur : « Mon Père, guérissez-moi, mais faites que mon âme malade soit guérie avant les infirmités de mon corps; que ma chair soit châtiée, s'il le faut, pour que mon âme s'élève vers vous avec la blancheur qu'elle avait quand vous l'avez créée. » Après cette prière, mes bons amis, que le bon Dieu entendra toujours, la force et le courage vous seront donnés, et peut-être aussi cette guérison que vous n'aurez demandée que craintivement, en récompense de votre abnégation.

Mais puisque je suis ici, dans une assemblée où il s'agit avant tout d'études, je vous dirai que ceux qui sont privés de la vue devraient se considérer comme les bienheureux de l'expiation. Rappelez-vous que Christ a dit qu'il fallait arracher votre œil s'il était mauvais, et qu'il valait mieux qu'il fût jeté au feu que d'être la cause de votre damnation. Hélas! combien en est-il sur votre terre qui maudiront un jour dans les

---

[1] Cette communication a été donnée à propos d'une personne aveugle, pour laquelle on avait évoqué l'Esprit de J.-B. VIANNEY, curé d'Ars.

ténèbres d'avoir vu la lumière ! Oh ! oui, qu'ils sont heureux ceux-là qui, dans l'expiation, sont frappés par la vue ! leur œil ne sera point un sujet de scandale et de chute; ils peuvent vivre tout entiers de la vie des âmes; ils peuvent voir plus que vous qui voyez clair... Quand Dieu me permet d'aller ouvrir la paupière à quelqu'un de ces pauvres souffrants et de lui rendre la lumière, je me dis : chère âme, pourquoi ne connais-tu point toutes les délices de l'Esprit qui vit de contemplation et d'amour? tu ne demanderais pas à voir des images moins pures et moins suaves que celles qu'il t'est donné d'entrevoir dans ta cécité.

Oh! oui, bienheureux l'aveugle qui veut vivre avec Dieu ; plus heureux que vous qui êtes ici, il sent le bonheur, il le touche, il voit les âmes et peut s'élancer avec elles dans les sphères spirites que les prédestinés de votre terre même ne voient point. L'œil ouvert est toujours prêt à faire faillir l'âme ; l'œil fermé, au contraire, est toujours prêt à la faire monter à Dieu. Croyez-moi bien, mes bons et chers amis, l'aveuglement des yeux est souvent la véritable lumière du cœur, tandis que la vue, c'est souvent l'ange ténébreux qui conduit à la mort.

Et maintenant quelques mots pour toi, ma pauvre souffrante : espère et prends courage ! si je te disais : mon enfant, tes yeux vont s'ouvrir, comme tu serais joyeuse ! et qui sait si cette joie ne te perdrait pas ? Aie confiance dans le bon Dieu qui a fait le bonheur et permis la tristesse ! Je ferai tout ce qu'il me sera permis pour toi ; mais, à ton tour, prie, et surtout songe à tout ce que je viens de te dire.

Avant que je ne m'éloigne, vous tous qui êtes ici recevez ma bénédiction. (VIANNEY, *curé d'Ars*. Paris, 1863.)

CHAPITRE IX

BIENHEUREUX CEUX QUI SONT DOUX ET PACIFIQUES.

Injures et violences. — L'affabilité et la douceur. — La patience. — Obéissance et résignation. — La colère.

98. Bienheureux ceux qui sont doux, parce qu'ils posséderont la terre. (Saint Matthieu, ch. v, *v.* 4.)

Bienheureux les pacifiques, parce qu'ils seront appelés enfants de Dieu. (Id., *v.* 9.)

Vous avez appris qu'il a été dit aux Anciens ; Vous ne tuerez point, et quiconque tuera méritera d'être condamné par le jugement. — Mais moi je vous dis que quiconque se mettra en colère contre son frère méritera d'être condamné par le jugement ; que celui qui dira à son frère : *Racca*, méritera d'être condamné par le conseil ; et que celui qui lui dira : *Vous êtes fou*, méritera d'être condamné au feu de l'enfer. (Id., *v.* 21, 22.)

99. Par ces maximes Jésus fait une loi de la douceur, de la modération, de la mansuétude, de l'affabilité et de la patience ; il condamne par conséquent la violence, la colère et même toute expression désobligeante à l'égard de ses semblables. *Racca* était chez les Hébreux un terme de mépris qui signifiait *homme de rien*, et se prononçait en crachant et en détournant la tête. Il va même plus loin, puisqu'il menace du feu de l'enfer celui qui dira à son frère : *Vous êtes fou*.

Il est évident qu'ici, comme en toute circonstance, l'intention aggrave ou atténue la faute ; mais en quoi

BIENHEUREUX CEUX QUI SONT DOUX. 119

une simple parole peut-elle avoir assez de gravité pour mériter une réprobation si sévère ? C'est que toute parole offensante est l'expression d'un sentiment contraire à la loi d'amour et de charité qui doit régler les rapports des hommes et maintenir entre eux la concorde et l'union ; que c'est une atteinte portée à la bienveillance réciproque et à la fraternité ; qu'elle entretient la haine et l'animosité ; enfin qu'après l'humilité envers Dieu, la charité envers le prochain est la première loi de tout chrétien.

Mais qu'entend Jésus par ces paroles : « Bienheureux ceux qui sont doux, parce qu'ils possèderont la terre, » lui qui dit de renoncer aux biens de ce monde et promet ceux du ciel ? En attendant les biens du ciel, l'homme a besoin de ceux de la terre pour vivre ; seulement il lui recommande de ne point attacher à ces derniers plus d'importance qu'aux premiers. Par ces paroles, il veut dire que, jusqu'à ce jour, les biens de la terre sont accaparés par les violents au préjudice de ceux qui sont doux et pacifiques ; que ceux-ci manquent souvent du nécessaire, tandis que d'autres ont le superflu ; il promet que justice leur sera rendue sur la terre comme dans le ciel, parce qu'ils sont appelés les enfants de Dieu. Lorsque la loi d'amour et de charité sera la loi de l'humanité, il n'y aura plus d'égoïsme ; le faible et le pacifique ne seront plus exploités ni écrasés par le fort et le violent. Tel sera l'état de la terre lorsque, selon la loi du progrès et la promesse de Jésus, elle sera devenue un monde heureux par l'expulsion des méchants.

CHAPITRE IX.

INSTRUCTIONS DES ESPRITS.

L'affabilité et la douceur.

100. La bienveillance pour ses semblables, fruit de l'amour du prochain, produit l'affabilité et la douceur qui en sont la manifestation. Cependant il ne faut pas toujours se fier aux apparences; l'éducation et l'usage du monde peuvent donner le vernis de ces qualités. Combien en est-il dont la feinte bonhomie n'est qu'un masque pour l'extérieur, un habit dont la coupe calculée dissimule les difformités cachées! Le monde est plein de ces gens qui ont le sourire sur les lèvres et le venin dans le cœur; qui sont doux pourvu que rien ne les froisse, mais mordent à la moindre contrariété; dont la langue dorée, quand ils parlent en face, se change en dard empoisonné quand ils sont par derrière. A cette classe appartiennent encore ces hommes, aux dehors benins, qui, chez eux, tyrans domestiques, font souffrir à leur famille et à leurs subordonnés le poids de leur orgueil et de leur despotisme; ils semblent vouloir se dédommager de la contrainte qu'ils se sont imposée ailleurs; n'osant faire acte d'autorité sur des étrangers qui les remettraient à leur place, ils veulent au moins se faire craindre de ceux qui ne peuvent leur résister; leur vanité jouit de pouvoir dire : « Ici je commande et je suis obéi; » sans songer qu'ils pourraient ajouter avec plus de raison : « Et je suis détesté. »

Il ne suffit pas que des lèvres découlent le lait et le miel; si le cœur n'y est pour rien, c'est de l'hypocrisie. Celui dont l'affabilité et la douceur ne sont pas feintes, ne se dément jamais; il est le même devant le monde et dans l'intimité; il sait d'ailleurs que si l'on trompe les hommes par des apparences, on ne trompe pas Dieu. (LAZARE. Paris, 1861.)

La patience.

101. La douleur est une bénédiction que Dieu envoie à ses élus; ne vous affligez donc pas quand vous souffrez, mais bénissez au contraire le Dieu tout-puissant qui vous a marqués par la douleur ici-bas pour la gloire dans le ciel.

Soyez patients; c'est une charité aussi que la patience, et vous devez pratiquer la loi de charité enseignée par le Christ, envoyé de Dieu. La charité qui consiste dans l'aumône donnée aux pauvres est la plus facile des charités; mais il en est une bien plus pénible et conséquemment bien plus méritoire, c'est de pardonner à ceux que Dieu a placés sur notre route pour être les instruments de nos souffrances et mettre notre patience à l'épreuve. La vie est difficile, je le sais; elle se compose de mille riens qui sont des coups d'épingle et finissent par blesser; mais il faut regarder aux devoirs qui nous sont imposés, aux consolations et aux compensations que nous avons d'un autre côté, et alors nous verrons que les bénédictions sont plus nombreuses que les douleurs. Le fardeau semble moins lourd quand on regarde en haut que lorsqu'on courbe son front vers la terre. Courage, amis; le Christ est votre modèle; il a plus souffert qu'aucun de vous, et il n'avait rien à se reprocher, tandis que vous, vous avez

122   CHAPITRE IX.

à expier votre passé et à vous fortifier pour l'avenir. Soyez donc patients; soyez chrétiens, ce mot renferme tout. (Un Esprit ami. Le Havre, 1862.)

Obéissance et résignation.

102. La doctrine de Jésus enseigne partout l'obéissance et la résignation, deux vertus compagnes de la douceur, très militantes quoique les hommes les confondent à tort avec la négation du sentiment et de la volonté. L'obéissance est le consentement de la raison; la résignation est le consentement du cœur; toutes deux sont des forces actives, car elles portent le fardeau des épreuves que la révolte insensée laisse retomber. Le lâche ne peut être résigné, pas plus que l'orgueilleux et l'égoïste ne peuvent être obéissants. Jésus a été l'incarnation de ces vertus méprisées par la matérielle antiquité. Il vint au moment où la société romaine périssait dans les défaillance de la corruption; il vint faire luire au sein de l'humanité affaissée, les triomphes du sacrifice et du renoncement charnel. Chaque époque est ainsi marquée au coin de la vertu ou du vice qui doit la sauver ou la perdre. La vertu de votre génération est l'activité intellectuelle; son vice est l'indifférence morale. Je dis seulement activité, car le génie s'élève tout à coup et découvre à un seul les horizons que la multitude ne verra qu'après lui, tandis que l'activité est la réunion des efforts de tous pour atteindre un but moins éclatant, mais qui prouve l'élévation intellectuelle d'une époque. Soumettez-vous à l'impulsion que nous venons donner à vos esprits; obéissez à la grande loi du progrès qui est le mot de

votre génération. Malheur à l'esprit paresseux, à celui qui bouche son entendement ! Malheur ! car nous qui sommes les guides de l'humanité en marche, nous le frapperons du fouet, et forcerons sa volonté rebelle dans le double effort du frein et de l'éperon ; toute résistance orgueilleuse devra céder tôt ou tard ; mais bienheureux ceux qui sont doux, car ils prêteront une oreille docile aux enseignements. (LAZARE. Paris, 1863.)

La colère.

103. L'orgueil vous porte à vous croire plus que vous n'êtes ; à ne pouvoir souffrir une comparaison qui puisse vous rabaisser ; à vous voir, au contraire, tellement au-dessus de vos frères, soit comme esprit, soit comme position sociale, soit même comme avantages personnels, que le moindre parallèle vous irrite et vous froisse ; et qu'advient-il alors ? c'est que vous vous livrez à la colère. Cherchez l'origine de ces accès de démence passagère qui vous assimilent à la brute en vous faisant perdre le sang-froid et la raison ; cherchez, et vous trouverez presque toujours pour base l'orgueil froissé. N'est-ce pas l'orgueil froissé par une contradiction qui vous fait rejeter les observations justes, qui vous fait repousser avec colère les plus sages conseils ? Les impatiences même que causent des contrariétés souvent puériles tiennent à l'importance que l'on attache à sa personnalité devant laquelle on croit que tout doit plier. Dans sa frénésie, l'homme colère s'en prend à tout, à la nature brute, aux objets inanimés qu'il brise, parce qu'ils ne lui obéissent pas. Ah ! si dans ces moments-là il pouvait se voir de sang-froid, il

aurait peur de lui, ou se trouverait bien ridicule! Qu'il juge par là de l'impression qu'il doit produire sur les autres. Quand ce ne serait que par respect pour lui-même, il devrait s'efforcer de vaincre un penchant qui fait de lui un objet de pitié.

S'il songeait que la colère ne remédie à rien, qu'elle altère sa santé, compromet même sa vie, il verrait qu'il en est la première victime; mais une autre considération devrait surtout l'arrêter, c'est la pensée qu'il rend malheureux tous ceux qui l'entourent; s'il a du cœur, n'est-ce pas un remords pour lui de faire souffrir les êtres qu'il aime le plus? Et quel regret mortel si, dans un accès d'emportement, il commettait un acte qu'il eût à se reprocher toute sa vie!

En somme, la colère n'exclut pas certaines qualités du cœur; mais elle empêche de faire beaucoup de bien, et peut faire faire beaucoup de mal; cela doit suffire pour exciter à faire des efforts pour la dominer. Le spirite est en outre sollicité par un autre motif, c'est qu'elle est contraire à la charité et à l'humilité chrétiennes. (Un Esprit protecteur. Bordeaux, 1863.)

104. D'après l'idée très fausse qu'on ne peut pas réformer sa propre nature, l'homme se croit dispensé de faire des efforts pour se corriger des défauts dans lesquels il se complaît volontiers, ou qui exigeraient trop de persévérance; c'est ainsi, par exemple, que l'homme enclin à la colère s'excuse presque toujours sur son tempérament; plutôt que de s'avouer coupable, il rejette la faute sur son organisation, accusant ainsi Dieu de ses propres méfaits. C'est encore une suite de l'orgueil que l'on trouve mêlé à toutes ses im-

perfections. Sans contredit, il est des tempéraments qui se prêtent plus que d'autres aux actes violents, comme il est des muscles plus souples qui se prêtent mieux aux tours de force; mais ne croyez pas que là soit la cause première de la colère, et soyez persuadés qu'un Esprit pacifique, fût-il dans un corps bilieux, sera toujours pacifique; et qu'un Esprit violent, dans un corps lymphatique, n'en sera pas plus doux; seulement, la violence prendra un autre caractère; n'ayant pas un organisme propre à seconder sa violence, la colère sera concentrée, et dans l'autre cas elle sera expansive.

Le corps ne donne pas plus la colère à celui qui ne l'a pas, qu'il ne donne les autres vices; tous les vices et toutes les vertus sont inhérents à l'Esprit; sans cela, où serait le mérite et la responsabilité? L'homme qui est contrefait ne peut se rendre droit parce que l'Esprit n'y est pour rien, mais il peut modifier ce qui est de l'Esprit quand il en a la ferme volonté. L'expérience ne vous prouve-t-elle pas, spirites, jusqu'où peut aller la puissance de la volonté, par les transformations vraiment miraculeuses que vous voyez s'opérer? Dites-vous donc que l'homme ne reste vicieux que parce qu'il veut rester vicieux; mais que celui qui veut se corriger le peut toujours, autrement la loi du progrès n'existerait pas pour l'homme. (HAHNEMANN. Paris, 1863.)

CHAPITRE X

BIENHEUREUX CEUX QUI SONT MISÉRICORDIEUX.

Pardon et oubli des offenses. — Indulgence pour les fautes d'autrui. Que celui qui est sans péché lui jette la première pierre. — Vous voyez une paille dans l'œil de votre voisin, tandis que vous n'apercevez pas la poutre qui est dans le vôtre.

105. Bienheureux ceux qui sont miséricordieux, parce qu'ils obtiendront eux-mêmes miséricorde. (Saint Matthieu, ch. v, *v.* 7.)

106. Si vous pardonnez aux hommes les fautes qu'ils font contre vous, votre Père céleste vous pardonnera aussi vos péchés; — mais si vous ne pardonnez point aux hommes lorsqu'ils vous ont offensés, votre Père ne vous pardonnera point non plus vos péchés. (Id., ch. vi, *v.* 14, 15.)

107. Si votre frère a péché contre vous, allez lui représenter sa faute en particulier, entre vous et lui; s'il vous écoute vous aurez gagné votre frère. — Alors Pierre s'approchant lui dit : Seigneur, combien de fois pardonnerai-je à mon frère lorsqu'il aura péché contre moi? Sera-ce jusqu'à sept fois? — Jésus lui répondit : Je ne vous dis pas jusqu'à sept fois, mais jusqu'à septante fois sept fois. (Id., ch. xviii, *v.* 15, 21, 22.)

108. Si donc, lorsque vous présenterez votre offrande à l'autel, vous vous souvenez que votre frère a quelque chose contre vous, — laissez là votre don au pied de l'autel, et allez vous réconcilier auparavant avec votre frère, et puis vous reviendrez offrir votre don. (Saint Matthieu, ch. v, *v.* 23, 24.)

BIENHEUREUX LES MISÉRICORDIEUX. 127

109. Accordez-vous au plus tôt avec votre adversaire pendant que vous êtes en chemin avec lui, de peur que votre adversaire ne vous livre au juge, et que le juge ne vous livre au ministre de la justice, et que vous ne soyez mis en prison. — Je vous dis en vérité, que vous ne sortirez point de là que vous n'ayez payé jusqu'à la dernière obole. (Saint Matthieu, ch. v, v. 25, 26.)

110. Alors les Scribes et les Pharisiens lui amenèrent une femme qui avait été surprise en adultère, et la faisant tenir debout au milieu du peuple, — ils dirent à Jésus : Maître, cette femme vient d'être surprise en adultère ; or, Moïse nous ordonne dans la loi de lapider les adultères. Quel est donc sur cela votre sentiment? — Ils disaient ceci en le tentant, afin d'avoir de quoi l'accuser. Mais Jésus, se baissant, écrivit avec son doigt sur la terre. — Comme ils continuaient à l'interroger, il se leva, et leur dit : *Que celui d'entre vous qui est sans péché lui jette la première pierre.* — Puis se baissant de nouveau, il continua à écrire sur la terre. — Mais pour eux l'ayant entendu parler de la sorte, ils se retirèrent l'un après l'autre, les vieillards sortant les premiers ; et ainsi Jésus demeura seul avec la femme, qui était au milieu de la place.

Alors Jésus, se relevant, lui dit : Femme, où sont vos accusateurs? Personne ne vous a-t-il condamnée?—Elle lui dit : Non, Seigneur. Jésus lui répondit : Je ne vous condamnerai pas non plus. Allez-vous-en, et à l'avenir ne péchez plus. (Saint Jean, ch. viii, v. de 1 à 11.)

111. Ne jugez point, afin que vous ne soyez point jugés ; — car vous serez jugés selon que vous aurez jugé les autres ; et on se servira envers vous de la même mesure dont vous vous serez servis envers eux.

Pourquoi voyez-vous une paille dans l'œil de votre frère, vous qui ne voyez pas une poutre dans votre œil? — Ou comment dites-vous à votre frère : Laissez-moi tirer une paille de votre œil, vous qui avez une poutre dans le vôtre? — Hypo-

CHAPITRE X.

crites, ôtez premièrement la poutre de votre œil, et alors vous verrez comment vous pourrez tirer la paille de l'œil de votre frère. (Saint Matthieu, ch. VII, v. 1, 2, 3, 4, 5.)

112. La miséricorde est le complément de la douceur; car celui qui n'est pas miséricordieux ne saurait être doux et pacifique ; elle consiste dans l'oubli et le pardon des offenses. La haine et la rancune dénotent une âme sans élévation ni grandeur; l'oubli des offenses est le propre de l'âme élevée qui est au-dessus des atteintes qu'on peut lui porter; l'une est toujours anxieuse, d'une susceptibilité ombrageuse et pleine de fiel; l'autre est calme, pleine de mansuétude et de charité.

Malheur à celui qui dit : je ne pardonnerai jamais, car s'il n'est pas condamné par les hommes, il le sera certainement par Dieu; de quel droit réclamerait-il le pardon de ses propres fautes si lui-même ne pardonne pas celles des autres? Jésus nous enseigne que la miséricorde ne doit pas avoir de limites, quand il dit de pardonner à son frère, non pas sept fois, mais septante fois sept fois.

Mais il y a deux manières bien différentes de pardonner; l'une grande, noble, vraiment généreuse, sans arrière-pensée, qui ménage avec délicatesse l'amour-propre et la susceptibilité de l'adversaire, ce dernier eût-il même tous les torts; la seconde par laquelle l'offensé, ou celui qui croit l'être, impose à l'autre des conditions humiliantes, et fait sentir le poids d'un pardon qui irrite au lieu de calmer; s'il tend la main, ce n'est pas avec bienveillance, mais avec ostentation afin de pouvoir dire à tout le monde : voyez combien je suis généreux! Dans de telles circonstances, il est impossible que la réconciliation soit sincère de part et d'autre. Non, ce n'est pas là de la générosité, c'est une manière de satisfaire l'orgueil. Dans toute contestation, celui qui se montre le plus conciliant, qui prouve le plus de désintéressement, de charité et de véritable grandeur d'âme se conciliera toujours la sympathie des gens impartiaux.

113. Lorsque Jésus dit : « Allez vous réconcilier avec votre frère avant de présenter votre offrande à l'autel, » il enseigne que le sacrifice le plus agréable au Seigneur est celui de son ressentiment ; qu'avant de se présenter à lui pour être pardonné, il faut avoir soi-même pardonné, et que si l'on a un tort envers un de ses frères, il faut l'avoir réparé ; alors seulement l'offrande sera agréée, parce qu'elle viendra d'un cœur pur de toute mauvaise pensée. Il matérialise ce précepte, parce que les Juifs offraient des sacrifices matériels ; il devait conformer ses paroles à leurs usages. Le chrétien n'offre pas de dons matériels ; il a spiritualisé le sacrifice, mais le précepte n'en a que plus de force ; il offre son âme à Dieu, et cette âme doit être purifiée ; en entrant dans le temple du Seigneur, il doit laisser en dehors tout sentiment de haine et d'animosité, toute mauvaise pensée contre son frère ; alors seulement sa prière sera portée par les anges aux pieds de l'Éternel. Voilà ce qu'enseigne Jésus par ces paroles : Laissez votre offrande au pied de l'autel, et allez d'abord vous réconcilier avec votre frère, si vous voulez être agréable au Seigneur.

114. Il y a dans la pratique du pardon, et dans celle du bien en général, plus qu'un effet moral, il y a aussi

un effet matériel. La mort, on le sait, ne vous délivre pas de vos ennemis; les Esprits vindicatifs poursuivent souvent de leur haine, au delà de la tombe, ceux contre lesquels ils ont conservé de la rancune; c'est pourquoi le proverbe qui dit : « Morte la bête, mort le venin, » est faux quand on l'applique à l'homme. L'Esprit mauvais attend que celui à qui il veut du mal soit enchaîné à son corps et moins libre, pour le tourmenter plus facilement, l'atteindre dans ses intérêts ou dans ses affections les plus chères. Il faut voir dans ce fait la cause de la plupart des cas d'obsessions, de ceux surtout qui présentent une certaine gravité, comme la subjugation et la possession. L'obsédé et le possédé sont donc presque toujours victimes d'une vengeance antérieure, à laquelle ils ont probablement donné lieu par leur conduite. Dieu le permet pour les punir du mal qu'ils ont fait eux-mêmes, ou, s'ils n'en ont pas fait, pour avoir manqué d'indulgence et de charité en ne pardonnant pas. Il importe donc, au point de vue de sa tranquillité future, de réparer au plus tôt les torts que l'on a eus envers son prochain, de pardonner à ses ennemis, afin d'éteindre, avant de mourir, tout sujet de dissensions, toute cause fondée d'animosité ultérieure; par ce moyen, d'un ennemi acharné en ce monde, on peut se faire un ami dans l'autre; tout au moins on met le bon droit de son côté, et Dieu ne permet pas à celui à qui l'on a pardonné de se venger. Quand Jésus recommande de s'arranger au plus tôt avec son adversaire, ce n'est pas seulement en vue d'apaiser les discordes pendant l'existence actuelle, mais d'éviter qu'elles se perpétuent dans les existences futures. Vous ne sortirez point de là, dit-il, que vous n'ayez payé jusqu'à la dernière obole, c'est-à-dire satisfait complétement à la justice de Dieu.

115. Un des travers de l'humanité, c'est de voir le mal d'autrui avant de voir celui qui est en nous. Pour se juger soi-même, il faudrait pouvoir se regarder dans un miroir, se transporter en quelque sorte en dehors de soi, et se considérer comme une autre personne, en se demandant : Que penserais-je si je voyais quelqu'un faire ce que je fais? C'est incontestablement l'orgueil qui porte l'homme à se dissimuler ses propres défauts, au moral comme au physique ; ce travers est essentiellement contraire à la charité, car la vraie charité est modeste, simple et indulgente ; la charité orgueilleuse est un non-sens, puisque ces deux sentiments se neutralisent l'un l'autre. Comment, en effet, un homme, assez vain pour croire à l'importance de sa personnalité et à la suprématie de ses qualités, peut-il avoir en même temps assez d'abnégation pour faire ressortir, dans autrui, le bien qui pourrait l'éclipser, au lieu du mal qui pourrait le rehausser? Si l'orgueil est le père de beaucoup de vices, il est aussi la négation de beaucoup de vertus ; on le retrouve au fond et comme mobile de presque toutes les actions. C'est pourquoi Jésus s'est attaché à le combattre comme le principal obstacle au progrès.

INSTRUCTIONS DES ESPRITS.

Pardon et oubli des offenses.

116. Combien de fois pardonnerai-je à mon frère? Vous lui pardonnerez non pas sept fois, mais septante

CHAPITRE X.

fois sept fois. Voilà une de ces paroles de Jésus qui doivent frapper le plus votre intelligence et parler le plus haut à votre cœur. Rapprochez ces paroles de miséricorde de l'oraison si simple, si résumée et si grande dans ses aspirations que Jésus donne à ses disciples, et vous trouverez toujours la même pensée. Jésus, le juste par excellence, répond à Pierre : Tu pardonneras, mais sans limites ; tu pardonneras chaque offense aussi souvent que l'offense te sera faite ; tu enseigneras à tes frères cet oubli de soi-même qui rend invulnérable contre l'attaque, les mauvais procédés et les injures ; tu seras doux et humble de cœur, ne mesurant jamais ta mansuétude ; tu feras enfin ce que tu désires que le Père céleste fasse pour toi ; n'a-t-il pas à te pardonner souvent, et compte-t-il le nombre de fois que son pardon descend effacer tes fautes?

Écoutez donc cette réponse de Jésus, et, comme Pierre, appliquez-la à vous-mêmes ; pardonnez, usez d'indulgence, soyez charitables, généreux, prodigue même de votre amour. Donnez, car le Seigneur vous rendra ; pardonnez, car le Seigneur vous pardonnera ; abaissez-vous, car le Seigneur vous relèvera ; humiliez-vous, car le Seigneur vous fera asseoir à sa droite.

Allez, mes bien-aimés, étudiez et commentez ces paroles que je vous adresse de la part de celui qui, du haut des splendeurs célestes, regarde toujours vers vous, et continue avec amour la tâche ingrate qu'il a commencée il y a dix-huit siècles. Pardonnez donc à vos frères comme vous avez besoin qu'on vous pardonne à vous-mêmes. Si leurs actes vous ont été personnellement préjudiciables, c'est un motif de plus pour être indulgents, car le mérite du pardon est proportionné à la gravité du mal; il n'y en aurait aucun à passer sur les torts de vos frères, s'ils ne vous avaient fait que des blessures légères.

Spirites, n'oubliez jamais qu'en paroles, comme en actions, le pardon des injures ne doit pas être un vain mot. Si vous vous dites spirites, soyez-le donc; oubliez le mal qu'on a pu vous faire, et ne pensez qu'à une chose : le bien que vous pouvez rendre. Celui qui est entré dans cette voie ne s'en doit point écarter même par la pensée, car vous êtes responsables de vos pensées que Dieu connaît. Faites donc qu'elles soient dépouillées de tout sentiment de rancune; Dieu sait ce qui demeure au fond du cœur de chacun. Heureux donc celui qui peut chaque soir s'endormir en disant : Je n'ai rien contre mon prochain. (SIMÉON. *Bordeaux*, 1862.)

117. Soyez indulgents pour les fautes d'autrui, quelles qu'elles soient; ne jugez avec sévérité que vos propres actions, et le Seigneur usera d'indulgence envers vous, comme vous en aurez usé envers les autres.

Soutenez les forts : encouragez-les à la persévérance; fortifiez les faibles en leur montrant la bonté de Dieu qui compte le moindre repentir; montrez à tous l'ange de la repentance étendant son aile blanche sur les fautes des humains, et les voilant ainsi aux yeux de celui qui ne peut voir ce qui est impur. Comprenez tous la miséricorde infinie de votre Père, et n'oubliez jamais de lui dire par votre pensée et surtout par vos actes : « Pardonnez-nous nos offenses, comme nous pardonnons à ceux qui nous ont offensés. » Comprenez bien la valeur de ces sublimes paroles; la lettre seule n'en est pas admirable, mais aussi l'enseignement qu'elle

CHAPITRE X.

renferme. Que demandez-vous au Seigneur en lui demandant votre pardon ? Est-ce seulement l'oubli de vos offenses ? oubli qui vous laisse dans le néant, car si Dieu se contente d'oublier vos fautes, il ne punit pas, *mais non plus il ne récompense pas*. La récompense ne peut être le prix du bien que l'on n'a pas fait, et encore moins du mal que l'on a fait, ce mal fût-il oublié ? En lui demandant le pardon de vos transgressions, vous lui demandez la faveur de ses grâces pour n'y plus retomber ; la force nécessaire pour entrer dans une voie nouvelle, voie de soumission et d'amour dans laquelle vous pourrez ajouter la réparation au repentir.

Quand vous pardonnez à vos frères, ne vous contentez pas d'étendre le voile de l'oubli sur leurs fautes ; ce voile est souvent bien transparent à vos yeux ; apportez-leur l'amour en même temps que le pardon ; faites pour eux ce que vous demandez à votre Père céleste de faire pour vous. Remplacez la colère qui souille par l'amour qui purifie. Prêchez d'exemple cette charité active, infatigable, que Jésus vous a enseignée ; prêchez-la comme il le fit lui-même tout le temps qu'il vécut sur la terre visible aux yeux du corps, et comme il la prêche encore sans cesse depuis qu'il n'est plus visible qu'aux yeux de l'esprit. Suivez ce divin modèle ; marchez sur ses traces : elles vous conduiront au lieu de refuge où vous trouverez le repos après la lutte. Comme lui, chargez-vous tous de votre croix, et gravissez péniblement, mais courageusement votre calvaire : au sommet est la glorification. (JEAN, év. Bordeaux, 1862.)

118. Aimez-vous les uns les autres, et vous serez heureux. Prenez surtout à tâche d'aimer ceux qui vous

BIENHEUREUX LES MISÉRICORDIEUX.   135

inspirent de l'indifférence, de la haine et du mépris. Le Christ dont vous devez faire votre modèle, vous a donné l'exemple de ce dévoûment ; missionnaire d'amour, il a aimé jusqu'à donner son sang et sa vie. Le sacrifice qui vous oblige à aimer ceux qui vous outragent et vous persécutent est pénible ; mais c'est précisément ce qui vous rend supérieurs à eux ; si vous les haïssez comme ils vous haïssent, vous ne valez pas mieux qu'eux ; c'est l'hostie sans tache offerte à Dieu sur l'autel de vos cœurs, hostie d'agréable odeur, dont les parfums montent jusqu'à lui. Quoique la loi d'amour veuille que l'on aime indistinctement tous ses frères, elle ne cuirasse pas le cœur contre les mauvais procédés ; c'est au contraire l'épreuve la plus pénible, je le sais, puisque pendant ma dernière existence terrestre j'ai éprouvé cette torture; mais Dieu est là, et il punit dans cette vie et dans l'autre ceux qui faillissent à la loi d'amour. N'oubliez pas, mes chers enfants, que l'amour rapproche de Dieu, et que la haine en éloigne. (Fénelon. Bordeaux, 1861.)

119. Pardonner à ses ennemis, c'est demander pardon pour soi-même; pardonner à ses amis, c'est leur donner une preuve d'amitié; pardonner les offenses, c'est reconnaître qu'on devient meilleur. Pardonnez donc, mes amis, afin que Dieu vous pardonne, car si vous êtes durs, exigeants, inflexibles, si vous tenez rigueur même pour une légère offense, comment voulez-vous que Dieu oublie que chaque jour vous avez le plus grand besoin d'indulgence? Oh! malheur à celui qui dit : « Je ne pardonnerai jamais, » car il prononce sa propre condamnation. Qui sait, d'ailleurs, si, en des-

cendant en vous-même, vous n'avez pas été l'agresseur ? Qui sait si, dans cette lutte qui commence par un coup d'épingle et finit par une rupture, vous n'avez pas commencé à porter le premier coup ? Si une parole blessante ne vous est pas échappée ? Si vous avez usé de toute la modération nécessaire ? Sans doute votre adversaire a tort de se montrer trop susceptible, mais c'est une raison pour vous d'être indulgent et de ne pas mériter le reproche que vous lui adressez. Admettons que vous ayez été réellement l'offensé dans une circonstance, qui dit que vous n'avez pas envenimé la chose par des représailles, et que vous n'avez pas fait dégénérer en querelle sérieuse, ce qui aurait pu facilement tomber dans l'oubli ? S'il dépendait de vous d'en empêcher les suites, et si vous ne l'avez pas fait, vous êtes coupable. Admettons enfin que vous n'ayez absolument aucun reproche à vous faire, vous n'en aurez que plus de mérite à vous montrer clément.

Mais il y a deux manières bien différentes de pardonner : il y a le pardon des lèvres et le pardon du cœur. Bien des gens disent de leur adversaire : « Je lui pardonne, » tandis qu'intérieurement ils éprouvent un secret plaisir du mal qui lui arrive, disant en eux-mêmes qu'il n'a que ce qu'il mérite. Combien disent : « je pardonne » et qui ajoutent : « mais je ne me réconcilierai jamais ; je ne le reverrai de ma vie. » Est-ce là le pardon selon l'Évangile ? Non ; le véritable pardon, le pardon chrétien , est celui qui jette un voile sur le passé ; c'est le seul dont il vous sera tenu compte, car Dieu ne se contente pas de l'apparence : il sonde le fond des cœurs et les plus secrètes pensées ; on ne lui en impose pas par des paroles et de vains simu-

BIENHEUREUX LES MISÉRICORDIEUX. 127

lacres. L'oubli complet et absolu des offenses, est le propre des grandes âmes; la rancune est toujours un signe d'abaissement et d'infériorité. N'oubliez pas que le vrai pardon se reconnaît aux actes bien plus qu'aux paroles. (PAUL apôtre, Lyon, 1861.)

L'indulgence.

120. Spirites, nous voulons vous parler aujourd'hui de l'indulgence, ce sentiment si doux, si fraternel que tout homme doit avoir pour ses frères, mais dont bien peu font usage.

L'indulgence ne voit point les défauts d'autrui, ou si elle les voit, elle se garde d'en parler, de les colporter ; elle les cache au contraire, afin qu'ils ne soient connus que d'elle seule, et si la malveillance les découvre, elle a toujours une excuse prête pour les pallier, c'est-à-dire une excuse plausible, sérieuse, et rien de celles qui ayant l'air d'atténuer la faute la font ressortir avec une perfide adresse.

L'indulgence ne s'occupe jamais des actes mauvais d'autrui, à moins que ce ne soit pour rendre un service, encore a-t-elle soin de les atténuer autant que possible. Elle ne fait point d'observation choquante, n'a point de reproches aux lèvres, mais seulement des conseils, le plus souvent voilés. Quand vous jetez la critique, quelle conséquence doit-on tirer de vos paroles? c'est que vous, qui blâmez, n'auriez pas fait ce que vous reprochez, c'est que vous valez mieux que le coupable. O hommes! quand donc jugerez-vous vos propres cœurs, vos propres pensées, vos propres actes, sans vous oc-

8.

138 CHAPITRE X.

cuper de ce que font vos frères? Quand n'ouvrirez-vous vos yeux sévères que sur vous-mêmes?

Soyez donc sévères envers vous, indulgents envers les autres. Songez à celui qui juge en dernier ressort, qui voit les secrètes pensées de chaque cœur, et qui, par conséquent, excuse souvent les fautes que vous blâmez, ou condamne ce que vous excusez, parce qu'il connaît le mobile de tous les actes, et que vous, qui criez si haut : anathème ! auriez peut-être commis des fautes plus graves.

Soyez indulgents, mes amis, car l'indulgence attire, calme, redresse, tandis que la rigueur décourage, éloigne et irrite. (Joseph, Esp. protect. Bordeaux, 1863.)

121. Chers amis, soyez sévères pour vous-mêmes, indulgents pour les faiblesses des autres; c'est encore une pratique de la sainte charité que bien peu de personnes observent. Tous vous avez de mauvais penchants à vaincre, des défauts à corriger, des habitudes à modifier; tous vous avez un fardeau plus ou moins lourd à déposer pour gravir le sommet de la montagne du progrès. Pourquoi donc être si clairvoyants pour le prochain et si aveugles pour vous-mêmes? Quand donc cesserez-vous d'apercevoir dans l'œil de votre frère le fétu de paille qui le blesse sans regarder dans le vôtre la poutre qui vous aveugle et vous fait marcher de chute en chute? Croyez-en vos frères les Esprits : Tout homme assez orgueilleux pour se croire supérieur en vertu et en mérite à ses frères incarnés est insensé et coupable, et Dieu le châtiera au jour de sa justice. Le véritable caractère de la charité est la modestie et l'humilité qui consistent à ne voir que

BIENHEUREUX LES MISÉRICORDIEUX.

superficiellement les défauts d'autrui pour s'attacher à faire valoir ce qu'il y a en lui de bon et de vertueux; car si le cœur humain est un abîme de corruption, il existe toujours dans quelques-uns de ses replis les plus cachés le germe de quelques bons sentiments, étincelle vivace de l'essence spirituelle.

Spiritisme, doctrine consolante et bénie, heureux ceux qui te connaissent et qui mettent à profit les salutaires enseignements des Esprits du Seigneur! Pour eux, la voie est éclairée, et tout le long de la route ils peuvent lire ces mots qui leur indiquent le moyen d'arriver au but : charité pratique, charité de cœur, charité pour le prochain comme pour soi-même, en un mot, charité pour tous et amour de Dieu par-dessus toute chose, parce que l'amour de Dieu résume tous les devoirs, et qu'il est impossible d'aimer réellement Dieu sans pratiquer la charité dont il fait une loi à toutes ses créatures. (Dufêtre, évêque de Nevers. Bordeaux.)

122. *Personne n'étant parfait, s'ensuit-il que personne n'a le droit de reprendre son voisin?*

Assurément non, puisque chacun de vous doit travailler au progrès de tous, et surtout de ceux dont la tutelle vous est confiée; mais c'est une raison de le faire avec modération, dans un but utile, et non, comme on le fait la plupart du temps, pour le plaisir de dénigrer. Dans ce dernier cas, le blâme est une méchanceté; dans le premier, c'est un devoir que la charité commande d'accomplir avec tous les ménagements possibles; et encore le blâme qu'on jette sur autrui, doit-on en même temps se l'adresser à soi-même et se demander si on ne le mérite pas. (Saint Louis. Paris, 1860.)

140　CHAP. X. — BIENHEUREUX LES MISÉRICORDIEUX.

123. *Est-on répréhensible d'observer les imperfections des autres, lorsqu'il n'en peut résulter aucun profit pour eux et alors qu'on ne les divulgue pas?*

Tout dépend de l'intention; certainement il n'est pas défendu de voir le mal, quand le mal existe; il y aurait même de l'inconvénient à ne voir partout que le bien : cette illusion nuirait au progrès. Le tort est de faire tourner cette observation au détriment du prochain, en le décriant sans nécessité dans l'opinion. On serait encore répréhensible de ne le faire que pour s'y complaire soi-même avec un sentiment de malveillance et de joie de trouver les autres en défaut. Il en est tout autrement lorsque, jetant un voile sur le mal pour le public, on se borne à l'observer pour en faire son profit personnel, c'est-à-dire pour s'étudier à éviter ce qu'on blâme dans les autres. Cette observation, d'ailleurs, n'est-elle pas utile au moraliste? Comment peindrait-il les travers de l'humanité s'il n'étudiait pas les modèles? (SAINT LOUIS. Paris, 1860.)

124. *Est-il des cas où il soit utile de dévoiler le mal en autrui?*

Cette question est très délicate, et c'est ici qu'il faut faire appel à la charité bien comprise. Si les imperfections d'une personne ne nuisent qu'à elle-même, il n'y a jamais utilité à les faire connaître; mais si elles peuvent porter préjudice à d'autres, il faut préférer l'intérêt du plus grand nombre à l'intérêt d'un seul. Suivant les circonstances, démasquer l'hypocrisie et le mensonge peut être un devoir; car il vaut mieux qu'un homme tombe que si plusieurs deviennent ses dupes ou ses victimes. En pareil cas, il faut peser la somme des avantages et des inconvénients. (SAINT LOUIS. Paris, 1860.)

CHAPITRE XI

AIMER SON PROCHAIN COMME SOI-MÊME.

Charité et amour du prochain. — Faire pour les autres ce que nous voudrions que les autres fissent pour nous. — Rendez à César ce qui est à César.

125. Mais les Pharisiens ayant appris qu'il avait fermé la bouche aux Sadducéens, s'assemblèrent ; — et l'un d'eux, qui était docteur de la loi, vint lui faire cette question pour le tenter : — Maître, quel est le plus grand commandement de la loi ? — Jésus leur répondit : Vous aimerez le Seigneur votre Dieu de tout votre cœur, de toute votre âme et de tout votre esprit ; — c'est le plus grand et le premier commandement. — Et voici le second qui est semblable à celui-là : *Vous aimerez votre prochain comme vous-mêmes.* — Toute la loi et les prophètes sont renfermés dans ces deux commandements. (Saint Matthieu, ch. XXII, *v.* 34 à 40.)

126. *Faites aux hommes tout ce que vous voulez qu'ils vous fassent;* car c'est la loi et les prophètes. (Id., ch. VII, *v.* 12.)
Traitez tous les hommes de la même manière que vous voudriez qu'ils vous traitassent (Saint Luc, ch. VI, *v.* 31.)

127. C'est pourquoi le royaume des cieux est comparé à un roi qui voulut faire rendre compte à ses serviteurs ; — et ayant commencé à le faire, on lui en présenta un qui lui devait dix mille talents. — Mais comme il n'avait pas les moyens de les lui rendre, son maître commanda qu'on le vendît, lui, sa femme et ses enfants, et tout ce qu'il avait, pour satisfaire à cette dette. — Le serviteur, se jetant à ses pieds, le conjurait, en lui disant : Seigneur, ayez un peu de patience, et

je vous rendrai le tout. — Alors le maître de ce serviteur, étant touché de compassion, le laissa aller et lui remit sa dette. — Mais ce serviteur ne fut pas plutôt sorti, que trouvant un de ses compagnons qui lui devait cent deniers, il le prit à la gorge, et l'étouffait presque en lui disant : Rends-moi ce que tu me dois.—Et son compagnon, se jetant à ses pieds, le conjurait en lui disant : Ayez un peu de patience et je vous rendrai le tout. — Mais il ne voulut pas l'écouter ; et il s'en alla, et le fit mettre en prison, pour l'y tenir jusqu'à ce qu'il lui rendît ce qu'il lui devait.

Les autres serviteurs, ses compagnons, voyant ce qui se passait, en furent extrêmement affligés, et avertirent leur maître de tout ce qui était arrivé. — Alors le maître l'ayant fait venir, lui dit : Méchant serviteur, je vous avais remis tout ce que vous me deviez, parce que vous m'en aviez prié ; — ne fallait-il donc pas que vous eussiez aussi pitié de votre compagnon, comme j'avais eu pitié de vous?— Et son maître, étant ému de colère, le livra entre les mains des bourreaux jusqu'à ce qu'il payât tout ce qu'il devait.

C'est ainsi que mon Père qui est dans le ciel vous traitera, si chacun de vous ne pardonne du fond de son cœur à son frère les fautes qu'il aura commises contre lui. (Saint Matthieu, ch. XVIII, *v.* de 23 à 35.)

128. Alors les Pharisiens s'étant retirés firent dessein entre eux de le surprendre dans ses paroles. — Ils lui envoyèrent donc leurs disciples avec les Hérodiens, lui dire : Maître, nous savons que vous êtes véritable, et que vous enseignez la voie de Dieu dans la vérité, sans avoir égard à qui que ce soit, parce que vous ne considérez point la personne dans les hommes ; — dites-nous donc votre avis sur ceci : Nous est-il libre de payer le tribut à César, ou de ne pas le payer?

Mais Jésus, connaissant leur malice, leur dit : Hypocrites, pourquoi me tentez-vous? — Montrez-moi la pièce d'argent qu'on donne pour le tribut. Et eux lui ayant présenté un denier, — Jésus leur dit : De qui est cette image et cette inscription? — De César, lui dirent-ils. Alors Jésus leur ré-

AIMER SON PROCHAIN COMME SOI-MÊME. 143

pondit : *Rendez donc à César ce qui est à César, et à Dieu ce qui est à Dieu.*

L'ayant entendu parler de la sorte, ils admirèrent sa réponse, et le laissant, ils se retirèrent. (Saint Matth., ch. XXII, v. de 15 à 22; saint Marc, ch. XII, v. de 13 à 17.)

129. « Aimer son prochain comme soi-même; faire pour les autres ce que nous voudrions que les autres fissent pour nous, » est l'expression la plus complète de la charité, car elle résume tous les devoirs envers le prochain. On ne peut avoir de guide plus sûr à cet égard qu'en prenant pour mesure de ce que l'on doit faire aux autres ce que l'on désire pour soi. De quel droit exigerait-on de ses semblables plus de bons procédés, d'indulgence, de bienveillance et de dévoûment que l'on n'en a soi-même pour eux? La pratique de ces maximes tend à la destruction de l'égoïsme; quand les hommes les prendront pour règle de leur conduite et pour base de leurs institutions, ils comprendront la véritable fraternité, et feront régner entre eux la paix et la justice; il n'y aura plus ni haines ni dissensions, mais union, concorde et bienveillance mutuelle.

130. Cette maxime : « Rendez à César ce qui est à César, » ne doit point s'entendre d'une manière restrictive et absolue. Comme tous les enseignements de Jésus, c'est un principe général résumé sous une forme pratique et usuelle, et déduit d'une circonstance particulière. Ce principe est une conséquence de celui qui dit d'agir envers les autres comme nous voudrions que les autres agissent envers nous; il condamne tout préjudice matériel et moral porté à autrui, toute vic-

144   CHAPITRE XI.

lation de ses intérêts; il prescrit le respect des droits de chacun, comme chacun désire qu'on respecte les siens; il s'étend à l'accomplissement des devoirs contractés envers la famille, la société, l'autorité, aussi bien qu'envers les individus.

La question posée à Jésus était motivée par cette circonstance que les Juifs ayant en horreur le tribut qui leur était imposé par les Romains, en avaient fait une question religieuse; un parti nombreux s'était formé pour refuser l'impôt; le payement du tribut était donc pour eux une question irritante d'actualité, sans cela la demande faite à Jésus : « Nous est-il libre de payer ou de ne pas payer le tribut à César? » n'aurait eu aucun sens. Cette question était un piége; car, suivant sa réponse, ils espéraient exciter contre lui soit l'autorité romaine, soit les Juifs dissidents. Mais « Jésus, connaissant leur malice, » élude la difficulté en leur donnant une leçon de justice, et en disant de rendre à chacun ce qui lui est dû. (Voir l'introduction; article : *Publicains*.)

INSTRUCTIONS DES ESPRITS.

La loi d'amour.

131. L'amour résume la doctrine de Jésus tout entière, car c'est le sentiment par excellence, et les sentiments sont les instincts élevés à la hauteur du progrès accompli. A son point de départ, l'homme n'a que des instincts; plus avancé et corrompu, il n'a que des sensations; mais instruit et purifié, il a des sentiments; et le point exquis du sentiment, c'est l'amour, non

l'amour dans le sens vulgaire du mot, mais ce soleil intérieur, qui condense et réunit dans son ardent foyer toutes les aspirations et toutes les révélations surhumaines. La loi d'amour remplace la personnalité par la fusion des êtres; elle anéantit les misères sociales. Heureux celui qui, dépassant son humanité, aime d'un large amour ses frères en douleurs! heureux celui qui aime, car il ne connaît ni la détresse de l'âme, ni celle du corps; ses pieds sont légers, et il vit comme transporté hors de lui-même. Lorsque Jésus eut prononcé ce mot divin d'amour, ce mot fit tressaillir les peuples, et les martyrs, ivres d'espérance, descendirent dans le cirque.

Le spiritisme, à son tour, vient prononcer un second mot de l'alphabet divin; soyez attentifs, car ce mot soulève la pierre des tombeaux vides, et la *réincarnation*, triomphant de la mort, révèle à l'homme ébloui son patrimoine intellectuel; ce n'est plus aux supplices qu'elle le conduit, mais à la conquête de son être, élevé et transfiguré. Le sang a racheté l'Esprit, et l'Esprit doit aujourd'hui racheter l'homme de la matière.

J'ai dit qu'à son début l'homme n'a que des instincts; celui donc en qui les instincts dominent est plus près du point de départ que du but. Pour avancer vers le but, il faut vaincre les instincts au profit des sentiments, c'est-à-dire perfectionner ceux-ci en étouffant les germes latents de la matière. Les instincts sont la germination et les embryons du sentiment, ils portent avec eux le progrès, comme le gland recèle le chêne, et les êtres les moins avancés sont ceux qui, ne dépouillant que peu à peu leur chrysalide, demeurent

9

146 CHAPITRE XI.

asservis à leurs instincts. L'Esprit doit être cultivé comme un champ ; toute la richesse future dépend du labour présent, et plus que des biens terrestres, il vous apportera la glorieuse élévation ; c'est alors que, comprenant la loi d'amour qui unit tous les êtres, vous y chercherez les suaves jouissances de l'âme qui sont le prélude des joies célestes. (LAZARE, Paris, 1862.)

132. L'amour est d'essence divine, et depuis le premier jusqu'au dernier, vous possédez au fond du cœur l'étincelle de ce feu sacré. C'est un fait que vous avez pu constater bien des fois : l'homme le plus abject, le plus vil, le plus criminel a pour un être ou pour un objet quelconque une affection vive et ardente, à l'épreuve de tout ce qui tendrait à la diminuer, et atteignant souvent des proportions sublimes.

J'ai dit pour un être ou un objet quelconque, parce qu'il existe parmi vous des individus qui dépensent des trésors d'amour dont leur cœur surabonde, sur des animaux, sur des plantes, et même sur des objets matériels ; espèce de misanthropes se plaignant de l'humanité en général, se roidissant contre la pente naturelle de leur âme qui cherche autour d'elle l'affection et la sympathie ; ils rabaissent la loi d'amour à l'état d'instinct. Mais, quoi qu'ils fassent, ils ne sauraient étouffer le germe vivace que Dieu a déposé dans leur cœur à leur création ; ce germe se développe et grandit avec la moralité et l'intelligence, et, quoique souvent comprimé par l'égoïsme, il est la source des saintes et douces vertus qui font les affections sincères et durables, et vous aident à franchir la route escarpée et aride de l'existence humaine.

AIMER SON PROCHAIN COMME SOI-MÊME. 147

Il est quelques personnes à qui l'épreuve de la réincarnation répugne, en ce sens que d'autres participent aux sympathies affectueuses dont ils sont jaloux. Pauvres frères ! c'est votre affection qui vous rend égoïstes ; votre amour est restreint à un cercle intime de parents ou d'amis, et tous les autres vous sont indifférents. Eh bien ! pour pratiquer la loi d'amour telle que Dieu l'entend, il faut que vous arriviez par degrés à aimer tous vos frères indistinctement. La tâche sera longue et difficile, mais elle s'accomplira : Dieu le veut, et la loi d'amour est le premier et le plus important précepte de votre nouvelle doctrine, parce que c'est celle-là qui doit un jour tuer l'égoïsme sous quelque forme qu'il se présente ; car, outre l'égoïsme personnel, il y a encore l'égoïsme de famille, de caste, de nationalité. Jésus a dit : « Aimez votre prochain comme vous-mêmes ; » or, quelle est la limite du prochain ? Est-ce la famille, la secte, la nation ? Non, c'est l'humanité tout entière. Dans les mondes supérieurs, c'est l'amour mutuel qui harmonise et dirige les Esprits avancés qui les habitent, et votre planète destinée à un progrès prochain, par sa transformation sociale, verra pratiquer par ses habitants cette sublime loi, reflet de la Divinité.

Les effets de la loi d'amour sont l'amélioration morale de la race humaine et le bonheur pendant la vie terrestre. Les plus rebelles et les plus vicieux devront se réformer quand ils verront les bienfaits produits par cette pratique : Ne faites pas aux autres ce que vous ne voudriez pas qui vous fût fait, mais faites-leur au contraire tout le bien qu'il est en votre pouvoir de leur faire.

148 CHAPITRE XI.

Ne croyez pas à la stérilité et à l'endurcissement du cœur humain; il cède malgré lui à l'amour vrai; c'est un aimant auquel il ne peut résister, et le contact de cet amour vivifie et féconde les germes de cette vertu qui est dans vos cœurs à l'état latent. La terre, séjour d'épreuve et d'exil, sera alors purifiée par ce feu sacré, et verra pratiquer la charité, l'humilité, la patience, le dévoûment, l'abnégation, la résignation, le sacrifice, toutes vertus filles de l'amour. Ne vous lassez donc pas d'entendre les paroles de Jean l'Évangéliste; vous le savez, quand l'infirmité et la vieillesse suspendirent le cours de ses prédications, il ne répétait que ces douces paroles : « Mes petits enfants, aimez-vous les uns les autres. »

Chers frères aimés, mettez à profit ces leçons; la pratique en est difficile, mais l'âme en retire un bien immense. Croyez-moi, faites le sublime effort que je vous demande : « Aimez-vous, » vous verrez bientôt la terre transformée et devenir l'Élysée où les âmes des justes viendront goûter le repos. (FÉNELON. Bordeaux, 1861.)

133. Mes chers condisciples, les Esprits ici présents vous disent par ma voix : Aimez bien afin d'être aimés. Cette pensée est si juste, que vous trouverez en elle tout ce qui console et calme les peines de chaque jour; ou plutôt, en pratiquant cette sage maxime, vous vous élèverez tellement au-dessus de la matière que vous vous spiritualiserez avant votre dépouillement terrestre. Les études spirites ayant développé chez vous la compréhension de l'avenir, vous avez une certitude : l'avancement vers Dieu, avec toutes les promesses qui

répondent aux aspirations de votre âme ; aussi devez-vous vous élever assez haut pour juger sans les étreintes de la matière, et ne pas condamner votre prochain avant d'avoir reporté votre pensée vers Dieu.

Aimer, dans le sens profond du mot, c'est être loyal, probe, consciencieux, pour faire aux autres ce que l'on voudrait pour soi-même ; c'est chercher autour de soi le sens intime de toutes les douleurs qui accablent vos frères pour y apporter un adoucissement ; c'est regarder la grande famille humaine comme la sienne, car cette famille, vous la retrouverez dans une certaine période, en des mondes plus avancés, et les Esprits qui la composent sont, comme vous, enfants de Dieu, marqués au front pour s'élever vers l'infini. C'est pour cela que vous ne pouvez refuser à vos frères ce que Dieu vous a libéralement donné, parce que, de votre côté, vous seriez bien aises que vos frères vous donnassent ce dont vous auriez besoin. A toutes les souffrances donnez donc une parole d'espérance et d'appui, afin que vous soyez tout amour, toute justice.

Croyez que cette sage parole : « Aimez bien pour être aimé, » fera son chemin ; elle est révolutionnaire, et suit la route qui est fixe, invariable. Mais vous avez déjà gagné, vous qui m'écoutez ; vous êtes infiniment meilleurs qu'il y a cent ans ; vous avez tellement changé à votre avantage que vous acceptez sans conteste une foule d'idées nouvelles sur la liberté et la fraternité que vous eussiez rejetées jadis ; or, dans cent ans d'ici vous accepterez avec la même facilité celles qui n'ont pu encore entrer dans votre cerveau. Aujourd'hui que le mouvement spirite a fait un grand pas, voyez avec quelle rapidité les idées de justice et de rénovation ren-

150   CHAPITRE XI.

fermées dans les dictées des Esprits sont acceptées par la moyenne partie du monde intelligent; c'est que ces idées répondent à tout ce qu'il y a de divin en vous ; c'est que vous êtes préparés par une semence féconde : celle du siècle dernier qui a implanté dans la société les grandes idées de progrès; et comme tout s'enchaîne sous le doigt du Très-Haut, toutes les leçons reçues et acceptées seront renfermées dans cet échange universel de l'amour du prochain ; par lui, les Esprits incarnés jugeant mieux, sentant mieux, se tendront la main des confins de votre planète; on se réunira pour s'entendre et s'aimer, pour détruire toutes les injustices, toutes les causes de mésintelligence entre les peuples.

Grande pensée de rénovation par le spiritisme, si bien décrite dans le livre des Esprits, tu produiras le grand miracle du siècle à venir, celui de la réunion de tous les intérêts matériels et spirituels des hommes, par l'application de cette maxime bien comprise : Aimez bien, afin d'être aimé. (SANSON, ancien membre de la société spirite de Paris, 1863.)

La foi et la charité.

134. Je vous ai dit dernièrement, mes chers enfants, que la charité sans la foi ne suffisait point pour maintenir parmi les hommes un ordre social capable de les rendre heureux. J'aurais dû dire que la charité est impossible sans la foi. Vous pourrez bien trouver, à la vérité, des élans généreux même chez la personne privée de religion, mais cette charité austère qui ne s'exerce que par l'abnégation, par le sacrifice constant de tout intérêt égoïste, il n'y a que la foi qui

AIMER SON PROCHAIN COMME SOI-MÊME. 151

puisse l'inspirer, car il n'y a qu'elle qui nous fasse porter avec courage et persévérance la croix de cette vie. Oui, mes enfants, c'est en vain que l'homme avide de jouissances voudrait se faire illusion sur sa destinée ici-bas, en soutenant qu'il lui est permis de ne s'occuper que de son bonheur. Certes, Dieu nous créa pour être heureux dans l'éternité ; cependant la vie terrestre doit uniquement servir à notre perfectionnement moral, lequel s'acquiert plus facilement avec l'aide des organes et du monde matériel. Sans compter les vicissitudes ordinaires de la vie, la diversité de vos goûts, de vos penchants, de vos besoins, est aussi un moyen de vous perfectionner en vous exerçant dans la charité. Car, ce n'est qu'à force de concessions et de sacrifices mutuels que vous pouvez maintenir l'harmonie entre des éléments aussi divers. Vous aurez cependant raison en affirmant que le bonheur est destiné à l'homme ici-bas, si vous le cherchez, non dans les jouissances matérielles, mais dans le bien. L'histoire de la chrétienté parle de martyrs qui allaient au supplice avec joie ; aujourd'hui, et dans votre société, il ne faut pour être chrétien, ni l'holocauste du martyr, ni le sacrifice de la vie, mais uniquement et simplement le sacrifice de votre égoïsme, de votre orgueil et de votre vanité. Vous triompherez, si la charité vous inspire et si la foi vous soutient. (Esprit protecteur. Cracovie, 1861.)

135. L'égoïsme, cette plaie de l'humanité, doit disparaître de la terre, dont il arrête le progrès moral ; c'est au spiritisme qu'est réservée la tâche de la faire monter dans la hiérarchie des mondes. L'égoïsme est donc le but vers lequel tous les vrais croyants doivent

diriger leurs armes, leurs forces, leur courage; je dis leur courage, car il en faut plus pour se vaincre soi-même que pour vaincre les autres. Que chacun mette donc tous ses soins à le combattre en soi, car ce monstre dévorant de toutes les intelligences, cet enfant de l'orgueil, est la source de toutes les misères d'ici-bas. Il est la négation de la charité, et par conséquent le plus grand obstacle au bonheur des hommes.

Jésus vous a donné l'exemple de la charité, et Ponce Pilate de l'égoïsme; car lorsque le Juste va parcourir les saintes stations de son martyre, Pilate se lave les mains en disant. Que m'importe! Il dit aux Juifs : Cet homme est juste, pourquoi voulez-vous le crucifier? et cependant il le laisse conduire au supplice.

C'est à cet antagonisme de la charité et de l'égoïsme, c'est à l'envahissement de cette lèpre du cœur humain que le christianisme doit de n'avoir pas encore accompli toute sa mission. C'est à vous, apôtres nouveaux de la foi et que les Esprits supérieurs éclairent, qu'incombent la tâche et le devoir d'extirper ce mal pour donner au christianisme toute sa force et déblayer la route des ronces qui entravent sa marche. Chassez l'égoïsme de la terre pour qu'elle puisse graviter dans l'échelle des mondes, car il est temps que l'humanité revête sa robe virile, et pour cela il faut d'abord le chasser de votre cœur. (EMMANUEL. Paris, 1861.)

136. Si les hommes s'aimaient d'un commun amour, la charité serait mieux pratiquée; mais il faudrait pour cela que vous vous efforçassiez de vous débarrasser de cette cuirasse qui couvre vos cœurs, afin d'être plus sensibles envers ceux qui souffrent. La rigidité tue les

AIMER SON PROCHAIN COMME SOI-MÊME. 153

bons sentiments; le Christ ne se rebutait pas; celui qui s'adressait à lui, quel qu'il fût, n'était pas repoussé : la femme adultère, le criminel étaient secourus par lui; il ne craignait jamais que sa propre considération eût à en souffrir. Quand donc le prendrez-vous pour modèle de toutes vos actions? Si la charité régnait sur la terre, le méchant n'aurait plus d'empire; il fuirait honteux; il se cacherait, car il se trouverait déplacé partout. C'est alors que le mal disparaîtrait; soyez bien pénétrés de ceci. Commencez par donner l'exemple vous-mêmes; soyez charitables envers tous indistinctement; efforcez-vous de ne plus remarquer ceux qui vous regardent avec dédain, et laissez à Dieu le soin de toute justice, car chaque jour, dans son royaume, il sépare le bon grain de l'ivraie. L'égoïsme est la négation de la charité; or sans la charité, point de repos dans la société; je dis plus, point de sécurité; avec l'égoïsme et l'orgueil qui se donnent la main, ce sera toujours une course au plus adroit, une lutte d'intérêts où sont foulées aux pieds les plus saintes affections, où les liens sacrés de la famille ne sont pas même respectés. (PASCAL. Sens, 1862.)

Charité envers les criminels.

137. La vraie charité est un des plus sublimes enseignements que Dieu ait donnés au monde. Il doit exister entre les véritables disciples de sa doctrine une fraternité complète. Vous devez aimer les malheureux, les criminels, comme des créatures de Dieu, auxquelles le pardon et la miséricorde seront accordés s'ils se repentent, comme à vous-mêmes, pour les fautes que

9.

vous commettez contre sa loi. Songez que vous êtes plus répréhensibles, plus coupables que ceux auxquels vous refusez le pardon et la commisération, car souvent ils ne connaissent pas Dieu comme vous le connaissez, et il leur sera moins demandé qu'à vous. Ne jugez point, oh! ne jugez point, mes chers amis, car le jugement que vous portez vous sera appliqué plus sévèrement encore, et vous avez besoin d'indulgence pour les péchés que vous commettez sans cesse. Ne savez-vous pas qu'il y a bien des actions qui sont des crimes aux yeux du Dieu de pureté, et que le monde ne considère pas même comme des fautes légères? La vraie charité ne consiste pas seulement dans l'aumône que vous donnez, ni même dans les paroles de consolation dont vous pouvez l'accompagner; non, ce n'est pas seulement ce que Dieu exige de vous. La charité sublime enseignée par Jésus consiste aussi dans la bienveillance accordée toujours et en toutes choses à votre prochain. Vous pouvez encore exercer cette sublime vertu sur bien des êtres qui n'ont que faire d'aumônes, et que des paroles d'amour, de consolation, d'encouragement amèneront au Seigneur. Les temps sont proches, je le dis encore, où la grande fraternité régnera sur ce globe; la loi du Christ est celle qui régira les hommes : celle-là seule sera le frein et l'espérance, et conduira les âmes aux séjours bienheureux. Aimez-vous donc comme les enfants d'un même père; ne faites point de différence entre les autres malheureux, car c'est Dieu qui veut que tous soient égaux; ne méprisez donc personne; Dieu permet que de grands criminels soient parmi vous, afin qu'ils vous servent d'enseignement. Bientôt, quand les hommes seront amenés aux vraies lois de Dieu, il n'y aura plus besoin de ces enseignements-là, et tous les Esprits impurs et révoltés seront dispersés dans des mondes inférieurs en harmonie avec leurs penchants.

Vous devez à ceux dont je parle le secours de vos prières : c'est la vraie charité. Il ne faut point dire d'un criminel : « C'est un misérable ; il faut en purger la terre ; la mort qu'on lui inflige est trop douce pour un être de son espèce. » Non, ce n'est point ainsi que vous devez parler. Regardez votre modèle, Jésus ; que dirait-il s'il voyait ce malheureux près de lui ? Il le plaindrait ; il le considérerait comme un malade bien misérable ; il lui tendrait la main. Vous ne pouvez le faire en réalité, mais au moins vous pouvez prier pour lui, assister son Esprit pendant les quelques instants qu'il doit encore passer sur votre terre. Le repentir peut toucher son cœur si vous priez avec la foi. Il est votre prochain comme le meilleur d'entre les hommes ; son âme égarée et révoltée est créée, comme la vôtre, pour se perfectionner ; aidez-le donc à sortir du bourbier et priez pour lui. (Élisabeth de France. Le Havre, 1862.)

138. *Un homme est en danger de mort ; pour le sauver, il faut exposer sa vie ; mais on sait que cet homme est un malfaiteur, et que, s'il en réchappe, il pourra commettre de nouveaux crimes. Doit-on, malgré cela, s'exposer pour le sauver ?*

Ceci est une question fort grave et qui peut se présenter naturellement à l'esprit. Je répondrai selon mon avancement moral, puisque nous en sommes sur ce point de savoir si l'on doit exposer sa vie même pour un mal-

156 CHAPITRE XI. AIMER SON PROCHAIN COMME SOI-MÊME.

faiteur. Le dévoûment est aveugle : on secourt un ennemi, on doit donc secourir l'ennemi de la société, un malfaiteur en un mot. Croyez-vous que ce soit seulement à la mort que l'on court arracher ce malheureux ? c'est peut-être à sa vie passée tout entière. Car, songez-y, dans ces rapides instants qui lui ravissent les dernières minutes de la vie, l'homme perdu revient sur sa vie passée, ou plutôt elle se dresse devant lui. La mort, peut-être, arrive trop tôt pour lui ; la réincarnation pourra être terrible ; élancez-vous donc, hommes ! vous que la science spirite a éclairés, élancez-vous, arrachez-le à sa damnation, et alors, peut-être, cet homme qui serait mort en vous blasphémant se jettera dans vos bras. Toutefois, il ne faut pas vous demander s'il le fera ou s'il ne le fera point, mais aller à son secours, car, en le sauvant, vous obéissez à cette voix du cœur qui vous dit : « Tu peux le sauver, sauve-le ! » (LAMENNAIS. Paris, 1862.)

CHAPITRE XII

AIMEZ VOS ENNEMIS.

Rendre le bien pour le mal. — Si quelqu'un vous a frappé sur la joue droite, présentez-lui encore l'autre. — Vengeance. — Duel.

139. Vous avez appris qu'il a été dit : Vous aimerez votre prochain et vous haïrez vos ennemis. — Et moi je vous dis : *Aimez vos ennemis; faites du bien à ceux qui vous haïssent, et priez pour ceux qui vous persécutent et vous calomnient;* — afin que vous soyez les enfants de votre Père qui est dans les cieux, qui fait lever son soleil sur les bons et sur les méchants, et fait pleuvoir sur les justes et les injustes; — car si vous n'aimez que ceux qui vous aiment, quelle récompense en aurez-vous? Les publicains ne le font-ils pas aussi? — Et si vous ne saluez que vos frères, que faites-vous en cela de plus que les autres? Les Païens ne le font-ils pas aussi? — Je vous dis que si votre justice n'est pas plus abondante que celle des Scribes et des Pharisiens, vous n'entrerez point dans le royaume des cieux. (Saint Matthieu, ch. v, *v.* 20 et de 43 à 47.)

140. Si vous n'aimez que ceux qui vous aiment, quel gré vous en saura-t-on, puisque les gens de mauvaise vie aiment aussi ceux qui les aiment? — Et si vous ne faites du bien qu'à ceux qui vous en font, quel gré vous en saura-t-on, puisque les gens de mauvaise vie font la même chose? — Et si vous ne prêtez qu'à ceux de qui vous espérez recevoir la même grâce, quel gré vous en saura-t-on, puisque les gens de mauvaise vie s'entre-prêtent de la sorte, pour recevoir le même avantage? — Mais pour vous, *aimez vos ennemis, faites*

CHAPITRE XII.

du bien à tous, et prêtez sans en rien espérer, et alors votre récompense sera très grande, et vous serez les enfants du Très-Haut, parce qu'il est bon aux ingrats et même aux méchants. — Soyez donc pleins de miséricorde, comme votre Dieu est plein de miséricorde. (Saint Luc, ch. vi, v. de 32 à 36.)

141. Vous avez appris qu'il a été dit : œil pour œil, et dent pour dent. — Et moi je vous dis de ne point résister au mal que l'on veut vous faire ; mais *si quelqu'un vous a frappé sur la joue droite, présentez-lui encore l'autre ;* — et si quelqu'un veut plaider contre vous pour prendre votre robe, abandonnez-lui encore votre manteau ; — et si quelqu'un veut vous contraindre de faire mille pas avec lui, faites-en encore deux mille. — Donnez à celui qui vous demande, et ne rejetez point celui qui veut emprunter de vous. (Saint Matthieu, ch. v, v. de 38 à 42.)

142. Si l'amour du prochain est le principe de la charité, aimer ses ennemis en est l'application sublime, car cette vertu est une des plus grandes victoires remportées sur l'égoïsme et l'orgueil.

Cependant on se méprend généralement sur le sens du mot *aimer* en cette circonstance ; Jésus n'a point entendu par ces paroles que l'on doit avoir pour son ennemi la tendresse qu'on a pour un frère ou un ami ; la tendresse suppose la confiance ; or, on ne peut avoir confiance en celui qu'on sait nous vouloir du mal ; on ne peut avoir avec lui les épanchements de l'amitié, parce qu'on le sait capable d'en abuser ; entre gens qui se méfient les uns des autres il ne saurait y avoir les élans de sympathie qui existent entre ceux qui sont en communion de pensées ; on ne peut enfin avoir le même plaisir à se trouver avec un ennemi qu'avec un ami. Ce sentiment même résulte d'une loi physique : celle de l'assimilation et de la répulsion des fluides ; la pensée malveillante dirige un courant fluidique dont l'impression est pénible ; la pensée bienveillante vous enveloppe d'une effluve agréable ; de là la différence des sensations que l'on éprouve à l'approche d'un ami ou d'un ennemi. Aimer ses ennemis ne peut donc signifier qu'on ne doit faire aucune différence entre eux et les amis ; ce précepte ne semble difficile, impossible même à pratiquer, que parce qu'on croit faussement qu'il prescrit de leur donner la même place dans le cœur. Si la pauvreté des langues humaines oblige à se servir du même mot pour exprimer diverses nuances de sentiments, la raison doit en faire la différence selon les cas.

Aimer ses ennemis, ce n'est donc point avoir pour eux une affection qui n'est pas dans la nature, car le contact d'un ennemi fait battre le cœur d'une tout autre manière que celui d'un ami ; c'est n'avoir contre eux ni haine, ni rancune, ni désir de vengeance ; c'est leur pardonner *sans arrière-pensée et sans condition* le mal qu'ils nous font ; c'est n'apporter aucun obstacle à la réconciliation ; c'est leur souhaiter du bien au lieu de leur souhaiter du mal ; c'est se réjouir au lieu de s'affliger du bien qui leur arrive ; c'est leur tendre une main secourable en cas de besoin ; c'est s'abstenir *en paroles et en actions* de tout ce qui peut leur nuire ; c'est enfin leur rendre en tout le bien pour le mal, *sans intention de les humilier*. Quiconque fait cela remplit les conditions du commandement : Aimez vos ennemis.

143. Aimer ses ennemis, est un non-sens pour l'incrédule ; celui pour qui la vie présente est tout ne voit dans son ennemi qu'un être nuisible troublant son repos et dont il croit que la mort seule peut le débarrasser; de là le désir de la vengeance; il n'a aucun intérêt à pardonner, si ce n'est pour satisfaire son orgueil aux yeux du monde; pardonner même, dans certains cas, lui semble une faiblesse indigne de lui; s'il ne se venge pas, il n'en conserve pas moins de la rancune et un secret désir du mal.

Pour le croyant, mais pour le spirite surtout, la manière de voir est tout autre, parce qu'il porte ses regards sur le passé et sur l'avenir, entre lesquels la vie présente n'est qu'un point ; il sait que, par la destination même de la terre, il doit s'attendre à y trouver des hommes méchants et pervers ; que les méchancetés auxquelles il est en butte font partie des épreuves qu'il doit subir, et le point de vue élevé où il se place lui rend les vicissitudes moins amères, qu'elles viennent des hommes ou des choses; *s'il ne murmure pas contre les épreuves, il ne doit pas murmurer contre ceux qui en sont les instruments;* si au lieu de se plaindre, il remercie Dieu de l'éprouver, il doit remercier la main qui lui fournit l'occasion de montrer sa patience et sa résignation. Cette pensée le dispose naturellement au pardon ; il sent en outre que plus il est généreux, plus il grandit à ses propres yeux et se trouve hors de l'atteinte des traits malveillants de son ennemi. L'homme qui occupe un rang élevé dans le monde ne se croit pas offensé par les insultes de celui qu'il regarde comme son inférieur; ainsi en est-il de celui qui s'élève dans le monde moral au-dessus de l'humanité matérielle ; il comprend que la haine et la rancune l'aviliraient et l'abaisseraient ; or, pour être supérieur à son adversaire, il faut qu'il ait l'âme plus grande, plus noble, plus génereuse.

144. Le spirite a encore d'autres motifs d'indulgence envers ses ennemis. Il sait d'abord que la méchanceté n'est point l'état permanent des hommes ; qu'elle tient à une imperfection momentanée, et que de même que l'enfant se corrige de ses défauts, l'homme méchant reconnaîtra un jour ses torts, et deviendra bon. Il sait encore que la mort ne le délivre que de la présence matérielle de son ennemi, mais que celui-ci peut le poursuivre de sa haine, même après avoir quitté la terre ; qu'ainsi la vengeance manque son but ; qu'elle a au contraire pour effet de produire une irritation plus grande qui peut se continuer d'une existence à l'autre. Il appartenait au spiritisme de prouver, par l'expérience et la loi qui régit les rapports du monde visible et du monde invisible, que l'expression : *Éteindre la haine dans le sang* est radicalement fausse, et que ce qui est vrai, c'est que le sang entretient la haine même au delà de la tombe ; de donner, par conséquent, une raison d'être effective et une utilité pratique au pardon, et à la sublime maxime du Christ : *Aimez vos ennemis*. Il n'est pas de cœur si pervers qui ne soit touché des bons procédés, même à son insu ; par les bons procédés, on ôte du moins tout prétexte de représailles ; d'un ennemi, on peut se faire un ami avant et après sa mort. Par les mauvais procédés on l'irrite, *et c'est alors qu'il sert lui-même d'instrument à la justice de Dieu pour punir celui qui n'a pas pardonné.*

162 CHAPITRE XII.

145. On peut donc avoir des ennemis parmi les incarnés et parmi les désincarnés; les ennemis du monde invisible manifestent leur malveillance par les obsessions et les subjugations auxquelles tant de gens sont en butte, et qui sont une variété dans les épreuves de la vie; ces épreuves, comme les autres, aident à l'avancement et doivent être acceptées avec résignation, et comme conséquence de la nature inférieure du globe terrestre; s'il n'y avait pas des hommes mauvais sur la terre, il n'y aurait pas d'Esprit mauvais autour de la terre. Si donc on doit avoir de l'indulgence et de la bienveillance pour des ennemis incarnés, on doit en avoir également pour ceux qui sont désincarnés.

Jadis on sacrifiait des victimes sanglantes pour apaiser les dieux infernaux, qui n'étaient autres que les Esprits méchants. Aux dieux infernaux ont succédé les démons, qui sont la même chose. Le spiritisme vient prouver que ces démons ne sont autres que les âmes des hommes pervers qui n'ont point encore depouillé les instincts matériels; qu'on ne les apaise que par le sacrifice de sa haine, c'est-à-dire par la charité; que la charité n'a pas seulement pour effet de les empêcher de faire le mal, mais de les ramener dans la voie du bien, et de contribuer à leur salut. C'est ainsi que la maxime : *Aimez vos ennemis*, n'est point circonscrite au cercle étroit de la terre et de la vie présente, mais qu'elle rentre dans la grande loi de la solidarité et de la fraternité universelles.

146. Les préjugés du monde, sur ce que l'on est convenu d'appeler le point d'honneur, donnent cette susceptibilité ombrageuse, née de l'orgueil et de l'exaltation

de la personnalité, qui porte l'homme à rendre injure pour injure, blessure pour blessure, ce qui semble la justice pour celui dont le sens moral ne s'élève pas au-dessus des passions terrestres; c'est pourquoi la loi mosaïque disait : œil pour œil, dent pour dent, loi en harmonie avec le temps où vivait Moïse. Christ est venu qui a dit : Rendez le bien pour le mal. Il dit de plus : « Ne résistez point au mal qu'on veut vous faire; *si l'on vous frappe sur une joue, tendez l'autre.* » A l'orgueilleux, cette maxime semble une lâcheté, car il ne comprend pas qu'il y ait plus de courage à supporter une insulte qu'à se venger, et cela toujours par cette cause qui fait que sa vue ne se porte pas au delà du présent. Faut-il, cependant, prendre cette maxime à la lettre? Non, pas plus que celle qui dit d'arracher son œil, s'il est une occasion de scandale; poussée dans toutes ses conséquences, ce serait condamner toute répression, même légale, et laisser le champ libre aux méchants en leur ôtant toute crainte; si l'on n'opposait un frein à leurs agressions, bientôt tous les bons seraient leurs victimes. L'instinct même de conservation, qui est une loi de nature, dit qu'il ne faut pas tendre bénévolement le cou à l'assassin. Par ces paroles Jésus n'a donc point interdit la défense, mais *condamné la vengeance.* En disant de tendre une joue quand l'autre est frappée, c'est dire, sous une autre forme, qu'il ne faut pas rendre le mal pour le mal; que l'homme doit accepter avec humilité tout ce qui tend à rabaisser son orgueil; qu'il est plus glorieux pour lui d'être frappé que de frapper, de supporter patiemment une injustice que d'en commettre une lui-même; qu'il vaut mieux être trompé que trompeur, être ruiné que de ruiner

164 CHAPITRE XII.

les autres. C'est en même temps la condamnation du duel, qui n'est autre qu'une manifestation de l'orgueil. La foi en la vie future et en la justice de Dieu, qui ne laisse jamais le mal impuni, peut seule donner la force de supporter patiemment les atteintes portées à nos intérêts et à notre amour-propre; c'est pourquoi nous disons sans cesse : Portez vos regards en avant; plus vous vous élèverez par la pensée au-dessus de la vie matérielle, moins vous serez froissés par les choses de la terre.

INSTRUCTIONS DES ESPRITS.

La vengeance.

147. La vengeance est une dernière épave abandonnée par les mœurs barbares qui tendent à s'effacer du milieu des hommes. Elle est, avec le duel, un des derniers vestiges de ces mœurs sauvages sous lesquelles se débattait l'humanité dans le commencement de l'ère chrétienne. C'est pourquoi la vengeance est un indice certain de l'état arriéré des hommes qui s'y livrent et des Esprits qui peuvent encore l'inspirer. Donc, mes amis, ce sentiment ne doit jamais faire vibrer le cœur de quiconque se dit et s'affirme spirite. Se venger, est, vous le savez, tellement contraire à cette prescription du Christ : « Pardonnez à vos ennemis ! » que celui qui se refuse à pardonner non-seulement n'est pas spirite, mais il n'est pas même chrétien. La vengeance est une inspiration d'autant plus funeste que la fausseté et la bassesse sont ses compagnes assidues; en effet, celui qui s'abandonne à cette fatale et aveugle passion ne se

venge presque jamais à ciel ouvert. Quand il est le plus fort, il fond comme une bête fauve sur celui qu'il appelle son ennemi, lorsque la vue de celui-ci vient enflammer sa passion, sa colère et sa haine. Mais le plus souvent il revêt une apparence hypocrite, en dissimulant au plus profond de son cœur les mauvais sentiments qui l'animent; il prend des chemins détournés, il suit dans l'ombre son ennemi sans défiance et attend le moment propice pour le frapper sans danger; il se cache de lui tout en l'épiant sans cesse; il lui tend des piéges odieux et sème à l'occasion le poison dans sa coupe. Quand sa haine ne va pas jusqu'à ces extrémités, il l'attaque alors dans son honneur et dans ses affections; il ne recule pas devant la calomnie, et ses insinuations perfides, habilement semées à tous les vents, vont grossissant en chemin. Aussi, lorsque celui qu'il poursuit se présente dans les milieux où son souffle empoisonné a passé, il est étonné de trouver des visages froids où il rencontrait autrefois des visages amis et bienveillants; il est stupéfait quand des mains qui recherchaient la sienne se refusent à la serrer maintenant; enfin il est anéanti quand ses amis les plus chers et ses proches se détournent et s'enfuient de lui. Ah! le lâche qui se venge ainsi est cent fois plus coupable que celui qui va droit à son ennemi et l'insulte à visage découvert.

Arrière donc ces coutumes sauvages! Arrière ces mœurs d'un autre temps! Tout spirite qui prétendrait aujourd'hui avoir encore le droit de se venger serait indigne de figurer plus longtemps dans la phalange qui a pris pour devise : *Hors la charité pas de salut!* Mais non, je ne saurais m'arrêter à une telle idée qu'un

CHAPITRE XII.

membre de la grande famille spirite puisse jamais à l'avenir céder à l'impulsion de la vengeance autrement que pour pardonner. (JULES OLIVIER. Paris, 1862.)

148. Celui-là seul est véritablement grand qui, considérant la vie comme un voyage qui doit le conduire à un but, fait peu de cas des aspérités du chemin; il ne se laisse jamais un instant détourner de la voie droite; l'œil sans cesse dirigé vers le terme, il lui importe peu que les ronces et les épines du sentier menacent de lui faire des égratignures; elles l'effleurent sans l'atteindre, et il n'en poursuit pas moins sa course. Exposer ses jours pour se venger d'une injure, c'est reculer devant les épreuves de la vie; c'est toujours un crime aux yeux de Dieu, et si vous n'étiez pas abusés comme vous l'êtes par vos préjugés, ce serait une ridicule et suprême folie aux yeux des hommes.

Il y a crime dans l'homicide par le duel; votre législation même le reconnaît: nul n'a le droit, dans aucun cas, d'attenter à la vie de son semblable; crime aux yeux de Dieu qui vous a tracé votre ligne de conduite; ici, plus que partout ailleurs, vous êtes juges dans votre propre cause. Souvenez-vous qu'il vous sera pardonné selon que vous aurez pardonné vous-mêmes; par le pardon vous vous rapprochez de la Divinité, car la clémence est sœur de la puissance. Tant qu'une goutte de sang humain coulera sur la terre par la main des hommes, le vrai règne de Dieu ne sera pas encore arrivé, ce règne de pacification et d'amour qui doit à tout jamais bannir de votre globe l'animosité, la discorde, la guerre. Alors le mot duel n'existera plus dans votre langue que comme un lointain et vague souvenir d'un passé qui n'est plus ; les hommes ne connaîtront entre eux d'autre antagonisme que la noble rivalité du bien. (ADOLPHE, *évêque d'Alger*. Marmande, 1861.)

149. Le duel peut, sans doute, dans certain cas, être une preuve de courage physique, du mépris de la vie, mais c'est incontestablement la preuve d'une lâcheté morale, comme dans le suicide. Le suicidé n'a pas le courage d'affronter les vicissitudes de la vie ; le duelliste n'a pas celui d'affronter les offenses. Christ ne vous a-t-il point dit qu'il y a plus d'honneur et de courage à tendre la joue gauche à celui qui a frappé la joue droite, qu'à se venger d'une injure? Christ n'a-t-il point dit à Pierre au Jardin des Oliviers : « Remettez votre épée dans son fourreau, car celui qui tuera par l'épée périra par l'épée? » Par ces paroles Jésus ne condamne-t-il point à jamais le duel? En effet, mes enfants, qu'est-ce donc que ce courage né d'un tempérament violent, sanguin et colère, rugissant à la première offense? Où donc est la grandeur d'âme de celui qui, à la moindre injure, veut la laver dans le sang? Mais qu'il tremble ! car toujours, au fond de sa conscience, une voix lui criera : Caïn ! Caïn ! qu'as-tu fait de ton frère? Il m'a fallu du sang pour sauver mon honneur, dira-t-il à cette voix ; mais elle lui répondra : Tu as voulu le sauver devant les hommes pour quelques instants qui te restaient à vivre sur la terre, et tu n'as pas songé à le sauver devant Dieu ! Pauvre fou ! que de sang vous demanderait donc Christ pour tous les outrages qu'il a reçus ! Non-seulement vous l'avez blessé avec l'épine et la lance, non-seulement vous l'avez attaché à un gibet infamant, mais encore au milieu de son agonie,

CHAPITRE XII.

il a pu entendre les railleries qui lui étaient prodiguées. Quelle réparation, après tant d'outrages, vous a-t-il demandée? Le dernier cri de l'agneau fut une prière pour ses bourreaux. Oh! comme lui, pardonnez, et priez pour ceux qui vous offensent.

Amis, rappelez-vous ce précepte : « Aimez-vous les uns les autres, » et alors au coup donné par la haine vous répondrez par un sourire, et à l'outrage par le pardon. Le monde sans doute se dressera furieux, et vous traitera de lâche; levez la tête haute, et montrez alors que votre front ne craindrait pas, lui aussi, de se charger d'épines à l'exemple du Christ, mais que votre main ne veut point être complice d'un meurtre qu'autorise, soi-disant, un faux semblant d'honneur qui n'est que de l'orgueil et de l'amour-propre. En vous créant, Dieu vous a-t-il donné le droit de vie et de mort les uns sur les autres? Non, il n'a donné ce droit qu'à la nature seule, pour se réformer et se reconstruire; mais à vous, il n'a pas même permis de disposer de vous-mêmes? Comme le suicidé, le duelliste sera marqué de sang quand il arrivera à Dieu, et à l'un et à l'autre le souverain juge prépare de rudes et longs châtiments. S'il a menacé de sa justice celui qui dit à son frère *Racca*, combien la peine ne sera-t-elle pas plus sévère pour celui qui paraîtra devant lui les mains rougies du sang de son frère! (SAINT AUGUSTIN. Paris, 1862.)

150. Le duel est, comme autrefois ce qu'on appelait le jugement de Dieu, une de ces institutions barbares qui régissent encore la société. Que diriez-vous cependant si vous voyiez plonger les deux antagonistes dans l'eau bouillante ou soumis au contact d'un fer brûlant

AIMEZ VOS ENNEMIS. 169

pour vider leur querelle, et donner raison à celui qui subirait le mieux l'épreuve ? vous traiteriez ces coutumes d'insensées. Le duel est encore pis que tout cela. Pour le duelliste émérite, c'est un assassinat commis de sang-froid et avec toute la préméditation voulue ; car il est sûr du coup qu'il portera ; pour l'adversaire presque certain de succomber en raison de sa faiblesse et de son inhabileté, c'est un suicide commis avec la plus froide réflexion. Je sais que souvent on cherche à éviter cette alternative également criminelle en s'en remettant au hasard ; mais alors n'est-ce pas, sous une autre forme, en revenir au jugement de Dieu du moyen âge ? Et encore à cette époque était-on infiniment moins coupable ; le nom même de *jugement de Dieu* indique une foi, naïve il est vrai, mais enfin une foi en la justice de Dieu qui ne pouvait laisser succomber un innocent, tandis que dans le duel on s'en remet à la force brutale, de telle sorte que c'est souvent l'offensé qui succombe.

O amour-propre stupide, sotte vanité et fol orgueil, quand donc serez-vous remplacés par la charité chrétienne, l'amour du prochain et l'humilité dont Christ a donné l'exemple et le précepte ? Alors seulement disparaîtront ces préjugés monstrueux qui gouvernent encore les hommes, et que les lois sont impuissantes à réprimer, parce qu'il ne suffit pas d'interdire le mal et de prescrire le bien, il faut que le principe du bien et l'horreur du mal soient dans le cœur de l'homme.
(Un Esprit protecteur. Bordeaux, 1861.)

151. Quelle opinion aura-t-on de moi, dites-vous souvent, si je refuse la réparation qui m'est demandée, ou si

CHAPITRE XII.

je n'en demande pas une à celui qui m'a offensé? Les fous, comme vous, les hommes arriérés vous blâmeront; mais ceux qui sont éclairés par le flambeau du progrès intellectuel et moral diront que vous agissez selon la véritable sagesse. Réfléchissez un peu ; pour une parole souvent dite en l'air ou très inoffensive de la part d'un de vos frères, votre orgueil se trouve froissé, vous lui répondez d'une manière piquante, et de là une provocation. Avant d'arriver au moment décisif, vous demandez-vous si vous agissez en chrétien? quel compte vous devrez à la société si vous la privez d'un de ses membres? Pensez-vous au remords d'avoir enlevé à une femme son mari, à une mère son enfant, à des enfants leur père et leur soutien? Certainement celui qui a fait l'offense doit une réparation ; mais n'est-il pas plus honorable pour lui de la donner spontanément en reconnaissant ses torts, que d'exposer la vie de celui qui a droit de se plaindre? Quant à l'offensé, je conviens que quelquefois on peut se trouver gravement atteint, soit dans sa personne, soit par rapport à ceux qui nous tiennent de près; l'amour-propre alors n'est plus seulement en jeu, le cœur est blessé, il souffre; mais outre qu'il est stupide de jouer sa vie contre un misérable capable d'une infamie, est-ce que, celui-ci étant mort, l'affront, quel qu'il soit, n'existe plus? Le sang répandu ne donne-t-il pas plus de renommée à un fait qui, s'il est faux, doit tomber de lui-même, et qui, s'il est vrai, doit se cacher sous le silence? Il ne reste donc que la satisfaction de la vengeance assouvie; hélas ! triste satisfaction qui souvent laisse dès cette vie de cuisants regrets. Et si c'est l'offensé qui succombe, où est la réparation?

AIMEZ VOS ENNEMIS. 171

Quand la charité sera la règle de conduite des hommes, ils conformeront leurs actes et leurs paroles à cette maxime : « Ne faites point aux autres ce que vous ne voudriez pas qu'on vous fît ; » alors disparaîtront toutes les causes de dissensions, et avec elles celles des duels, et des guerres qui sont les duels de peuple à peuple. (FRANÇOIS-XAVIER. Bordeaux, 1861.)

152. L'homme du monde, l'homme heureux, qui, pour un mot blessant, une cause légère, joue sa vie qu'il tient de Dieu, joue la vie de son semblable qui n'appartient qu'à Dieu, celui-là est plus coupable cent fois que le misérable, qui, poussé par la cupidité, par le besoin quelquefois, s'introduit dans une demeure pour y dérober ce qu'il convoite et tue ceux qui s'opposent à son dessein. Ce dernier est presque toujours un homme sans éducation, n'ayant que des notions imparfaites du bien et du mal, tandis que le duelliste appartient presque toujours à la classe la plus éclairée ; l'un tue brutalement, l'autre avec méthode et politesse, ce qui fait que la société l'excuse. J'ajoute même que le duelliste est infiniment plus coupable que le malheureux qui, cédant à un sentiment de vengeance, tue dans un moment d'exaspération. Le duelliste n'a point pour excuse l'entraînement de la passion, car entre l'insulte et la réparation il a toujours le temps de réfléchir ; il agit donc froidement et de dessein prémédité ; tout est calculé et étudié pour tuer plus sûrement son adversaire. Il est vrai qu'il expose aussi sa vie, et c'est là ce qui réhabilite le duel aux yeux du monde, parce qu'on y voit un acte de courage et un mépris de sa propre vie ; mais y a-t il du vrai courage quand

172 CHAPITRE XII. — AIMEZ VOS ENNEMIS.

on est sûr de soi? Le duel, reste des temps de barbarie où le droit du plus fort faisait la loi, disparaîtra avec une plus saine appréciation du véritable point d'honneur, et à mesure que l'homme aura une foi plus vive en la vie future. (AUGUSTIN. Bordeaux, 1861.)

153. *Remarque*. — Les duels deviennent de plus en plus rares, et si l'on en voit encore de temps en temps de douloureux exemples, le nombre n'en est pas comparable à ce qu'il était autrefois. Jadis un homme ne sortait pas de chez lui sans prévoir une rencontre, aussi prenait-il toujours ses précautions en conséquence. Un signe caractéristique des mœurs du temps et des peuples est dans l'usage du port habituel, ostensible ou caché, des armes offensives et défensives; l'abolition de cet usage témoigne de l'adoucissement des mœurs, et il est curieux d'en suivre la gradation depuis l'époque où les chevaliers ne chevauchaient jamais que bardés de fer et armés de la lance, jusqu'au port d'une simple épée, devenue plutôt une parure et un accessoire du blason qu'une arme agressive. Un autre trait de mœurs, c'est que jadis les combats singuliers avaient lieu en pleine rue, devant la foule qui s'écartait pour laisser le champ libre, et qu'aujourd'hui on se cache; aujourd'hui la mort d'un homme est un événement, on s'en émeut; jadis on n'y faisait pas attention. Le Spiritisme emportera ces derniers vestiges de la barbarie, en inculquant aux hommes l'esprit de charité et de fraternité.

CHAPITRE XIII

QUE VOTRE MAIN GAUCHE NE SACHE PAS CE QUE DONNE VOTRE MAIN DROITE.

Faire le bien sans ostentation. — Denier de la veuve. — Convier les pauvres et les estropiés. Obliger sans espoir de retour. — La charité matérielle et la charité morale. — La bienfaisance. — La pitié. — Les orphelins. — Bienfaits payés par l'ingratitude. — Bienfaisance exclusive.

154. Prenez garde de ne pas faire vos bonnes œuvres devant les hommes pour en être regardés, autrement vous n'en recevrez point la récompense de votre Père qui est dans les cieux. — Lors donc que vous donnerez l'aumône, ne faites point sonner la trompette devant vous, comme font les hypocrites dans les synagogues et dans les rues pour être honorés des hommes. Je vous dis, en vérité, ils ont reçu leur récompense. — Mais *lorsque vous faites l'aumône, que votre main gauche ne sache pas ce que fait votre main droite;* — afin que l'aumône soit dans le secret; et votre Père, qui voit ce qui se passe dans le secret, vous en rendra la récompense. (Saint Matthieu, ch. VI, v. 1 à 4.)

155. Jésus étant descendu de la montagne, une grande foule de peuple le suivit; — et en même temps un lépreux vint à lui et l'adora en lui disant : Seigneur, si vous voulez, vous pouvez me guérir. — Jésus étendant la main, le toucha, et lui dit : Je le veux, soyez guéri ; et à l'instant la lèpre fut guérie.— Alors Jésus lui dit : *Gardez-vous bien de parler de ceci à personne;* mais allez vous montrer aux prêtres, et offrez le don prescrit par Moïse, afin que cela leur serve de témoignage. (Saint Matthieu, ch. VII, v. de 1 à 4.)

10.

CHAPITRE XIII.

156. Jésus étant assis vis-à-vis du tronc, considérait de quelle manière le peuple y jetait de l'argent, et que plusieurs gens riches y en mettaient beaucoup. — Il vint aussi une pauvre veuve qui y mit seulement deux petites pièces de la valeur d'un quart de sou. — Alors Jésus ayant appelé ses disciples, leur dit : Je vous dis en vérité, cette pauvre veuve a plus donné que tous ceux qui ont mis dans le tronc; car tous les autres ont donné de leur abondance, mais celle-ci a donné de son indigence, même tout ce qu'elle avait et tout ce qui lui restait pour vivre. (Saint Marc, ch. xvi, v. de 41 à 44. — Saint Luc, ch. xxi, v. de 1 à 4.)

157. Il dit aussi à celui qui l'avait invité : Lorsque vous donnerez à dîner ou à souper, n'y conviez ni vos amis, ni vos frères, ni vos parents, ni vos voisins qui seront riches, de peur qu'ils ne vous invitent ensuite à leur tour, et qu'ainsi ils ne vous rendent ce qu'ils avaient reçu de vous. — Mais lorsque vous faites un festin, conviez-y les pauvres, les estropiés, les boiteux et les aveugles; — et vous serez heureux de ce qu'ils n'auront pas le moyen de vous le rendre; car cela vous sera rendu dans la résurrection des justes.

Un de ceux qui étaient à table, ayant entendu ces paroles, lui dit : Heureux celui qui mangera du pain dans le royaume de Dieu ! (Saint Luc, ch. xiv, v. de 12 à 15.)

158. Faire le bien sans ostentation est un grand mérite; cacher la main qui donne est encore plus méritoire; c'est le signe incontestable d'une grande supériorité morale, car il faut voir les choses de plus haut que le vulgaire, il faut faire abstraction de la vie présente et s'identifier avec la vie future; il faut, en un mot, se placer au-dessus de l'humanité pour renoncer à la satisfaction que procure le témoignage des hommes et attendre l'approbation de Dieu. Celui qui prise le suffrage des hommes plus que celui de Dieu prouve

qu'il a plus de foi dans les hommes qu'en Dieu, et que la vie présente est plus pour lui que la vie future, ou même qu'il ne croit pas à la vie future; s'il dit le contraire, il agit comme s'il ne croyait pas à ce qu'il dit. Combien y en a-t-il qui n'obligent qu'avec l'espoir que l'obligé ira crier le bienfait sur les toits; qui, au grand jour, donneront une grosse somme, et dans l'ombre ne donneraient pas une pièce de monnaie! C'est pourquoi Jésus a dit : « Ceux qui font le bien avec ostentation ont déjà reçu leur récompense; » en effet, celui qui cherche sa glorification sur la terre par le bien qu'il fait, s'est déjà payé lui-même; Dieu ne lui doit plus rien ; il ne lui reste à recevoir que la punition de son orgueil.

Que la main gauche ne sache pas ce que donne la main droite, est une figure qui caractérise admirablement la bienfaisance modeste; mais s'il y a la modestie réelle, il y a aussi la modestie jouée, le simulacre de la modestie; il y a des gens qui cachent la main qui donne, en ayant soin d'en laisser passer un bout, regardant si quelqu'un ne la leur voit pas cacher. Indigne parodie des maximes du Christ! Si les bienfaiteurs orgueilleux sont dépréciés parmi les hommes, que sera-ce donc auprès de Dieu! Ceux-là aussi ont reçu leur récompense sur la terre. On les a vus; ils sont satisfaits d'avoir été vus : c'est tout ce qu'ils auront.

Quelle sera donc la récompense de celui qui fait peser ses bienfaits sur l'obligé, qui lui impose en quelque sorte des témoignages de reconnaissance, lui fait sentir sa position en exaltant le prix des sacrifices qu'il s'impose pour lui? Oh! pour celui-là, il n'a pas même la

176 CHAPITRE XIII.

récompense terrestre, car il est privé de la douce satisfaction d'entendre bénir son nom, et c'est là un premier châtiment de son orgueil; les larmes qu'il tarit au profit de sa vanité, au lieu de monter au ciel, sont retombées sur le cœur de l'affligé et l'ont ulcéré. Le bien qu'il fait est sans profit pour lui, puisqu'il le reproche, car tout bienfait reproché est une monnaie altérée et sans valeur.

L'obligeance sans ostentation a un double mérite; outre la charité matérielle, c'est la charité morale; elle ménage la susceptibilité de l'obligé; elle lui fait accepter le bienfait sans que son amour-propre en souffre, et en sauvegardant sa dignité d'homme, car tel acceptera un service qui ne recevrait pas l'aumône; or, convertir le service en aumône par la manière dont on le rend, c'est humilier celui qui le reçoit, et il y a toujours orgueil et méchanceté à humilier quelqu'un. La vraie charité, au contraire, est délicate et ingénieuse à dissimuler le bienfait, à éviter jusqu'aux moindres apparences blessantes, car tout froissement moral ajoute à la souffrance qui naît du besoin; elle sait trouver des paroles douces et affables qui mettent l'obligé à son aise en face du bienfaiteur, tandis que la charité orgueilleuse l'écrase. Le sublime de la vraie générosité, c'est lorsque le bienfaiteur, changeant de rôle, trouve le moyen de paraître lui-même l'obligé vis-à-vis de celui à qui il rend service. Voilà ce que veulent dire ces paroles : Que la main gauche ne sache pas ce que donne la main droite.

159. Dans les grandes calamités, la charité s'émeut, et l'on voit de généreux élans pour réparer les désas-

tres; mais, à côté de ces désastres généraux, il y a des milliers de désastres particuliers qui passent inaperçus, des gens qui gisent sur un grabat sans se plaindre. Ce sont ces infortunes discrètes et cachées que la vraie générosité sait aller découvrir sans attendre qu'elles viennent demander assistance.

Quelle est cette femme à l'air distingué, à la mise simple quoique soignée, suivie d'une jeune fille vêtue aussi modestement? Elle entre dans une maison de sordide apparence où elle est connue sans doute, car à la porte on la salue avec respect. Où va-t-elle? Elle monte jusqu'à la mansarde : là gît une mère de famille entourée de petits enfants; à son arrivée la joie brille sur ces visages amaigris; c'est qu'elle vient calmer toutes ces douleurs; elle apporte le nécessaire assaisonné de douces et consolantes paroles qui font accepter le bienfait sans rougir, car ces infortunés ne sont point des mendiants de profession; le père est à l'hôpital, et pendant ce temps la mère ne peut suffire aux besoins. Grâce à elle ces pauvres enfants n'endureront ni le froid ni la faim; ils iront à l'école chaudement vêtus, et le sein de la mère ne tarira pas pour les plus petits. S'il en est un de malade parmi eux, aucun soin matériel ne lui répugnera. De là elle se rend à l'hospice porter au père quelques douceurs et le tranquilliser sur le sort de sa famille. Au coin de la rue l'attend une voiture, véritable magasin de tout ce qu'elle porte à ses protégés qu'elle visite ainsi successivement; elle ne leur demande ni leur croyance, ni leur opinion, car pour elle tous les hommes sont frères et enfants de Dieu. Sa tournée finie, elle se dit : J'ai bien commencé ma journée. Quel est son nom? Où demeure-t-elle? Nul ne le sait; pour les malheureux, c'est un nom qui ne trahit rien ; mais c'est l'ange de consolation ; et, le soir, un concert de bénédictions s'élève pour elle vers le Créateur : catholiques, juifs, protestants, tous la bénissent.

Pourquoi cette mise si simple ? C'est qu'elle ne veut pas insulter à la misère par son luxe. Pourquoi se fait-elle accompagner par sa jeune fille ? C'est pour lui apprendre comment on doit pratiquer la bienfaisance. Sa fille aussi veut faire la charité, mais sa mère lui dit : Que peux-tu donner, mon enfant, puisque tu n'as rien à toi ? Si je te remets quelque chose pour le passer à d'autres, quel mérite auras-tu ? C'est en réalité moi qui ferais la charité et toi qui en aurais le mérite ; ce n'est pas juste. Quand nous allons visiter les malades, tu m'aides à les soigner ; or, donner des soins, c'est donner quelque chose. Cela ne te semble-t-il pas suffisant ? Rien n'est plus simple ; apprends à faire des ouvrages utiles, et tu confectionneras des vêtements pour ces petits enfants ; de cette façon tu donneras quelque chose venant de toi. C'est ainsi que cette mère vraiment chrétienne forme sa fille à la pratique des vertus enseignées par le Christ. Est-elle spirite ? Qu'importe !

Dans son intérieur, c'est la femme du monde, parce sa position l'exige ; mais on ignore ce qu'elle fait, parce qu'elle ne veut d'autre approbation que celle de Dieu et de sa conscience. Pourtant un jour le hasard conduit chez elle une de ses protégées qui lui rapportait de l'ouvrage ; celle-ci la reconnut et voulut bénir sa bienfaitrice ; Chut ! lui dit-elle ; *ne le dites à personne*. Ainsi parlait Jésus.

160. Beaucoup de gens regrettent de ne pouvoir faire autant de bien qu'ils voudraient, faute de ressources

suffisantes, et s'ils désirent la fortune, c'est, disent-ils, pour en faire un bon usage. L'intention est louable, sans doute, et peut être très sincère chez quelques-uns; mais est-il bien certain qu'elle soit chez tous complétement désintéressée? N'y en a-t-il pas qui, tout en souhaitant pouvoir faire du bien aux autres, seraient bien aises de commencer par s'en faire à eux-mêmes, de se donner quelques jouissances de plus, de se procurer un peu du superflu qui leur manque, sauf à donner le reste aux pauvres? Cette arrière-pensée, qu'ils se dissimulent peut-être, mais qu'ils trouveraient au fond de leur cœur s'ils voulaient y fouiller, annule le mérite de l'intention, car la vraie charité pense aux autres avant de penser à soi. Le sublime de la charité, dans ce cas, serait de chercher dans son propre travail, par l'emploi de ses forces, de son intelligence, de ses talents, les ressources qui manquent pour réaliser ses intentions généreuses; là serait le sacrifice le plus agréable au Seigneur. Malheureusement la plupart rêvent des moyens plus faciles de s'enrichir tout d'un coup et sans peine, en courant après des chimères, comme les découvertes de trésors, une chance aléatoire favorable, le recouvrement d'héritages inespérés, etc. Que dire de ceux qui espèrent trouver, pour les seconder dans les recherches de cette nature, des auxiliaires parmi les Esprits? Assurément ils ne connaissent ni ne comprennent le but sacré du spiritisme, et encore moins la mission des Esprits, à qui Dieu permet de se communiquer aux hommes; aussi en sont-ils punis par les déceptions. (*Livre des Médiums*, n⁰ˢ 294, 295.)

Ceux dont l'intention est pure de toute idée personnelle doivent se consoler de leur impuissance à faire

CHAPITRE XIII.

autant de bien qu'ils voudraient par la pensée que l'obole du pauvre, qui donne en se privant, pèse plus dans la balance de Dieu que l'or du riche qui donne sans se priver de rien. La satisfaction serait grande sans doute de pouvoir largement secourir l'indigence; mais si elle est refusée, il faut se soumettre et se borner à faire ce qu'on peut. D'ailleurs, n'est-ce qu'avec l'or qu'on peut tarir les larmes, et faut-il rester inactif parce qu'on n'en possède pas? Celui qui veut sincèrement se rendre utile à ses frères en trouve mille occasions; qu'il les cherche et il les trouvera; si ce n'est d'une manière, c'est d'une autre, car il n'est personne, ayant la libre jouissance de ses facultés, qui ne puisse rendre un service quelconque, donner une consolation, adoucir une souffrance physique ou morale, faire une démarche utile; à défaut d'argent, chacun n'a-t-il pas sa peine, son temps, son repos, dont il peut donner une partie? Là aussi est l'obole du pauvre, le denier de la veuve.

161. « Lorsque vous faites un festin, dit Jésus, n'y conviez pas vos amis, mais les pauvres et les estropiés. » Ces paroles, absurdes, si on les prend à la lettre, sont sublimes si l'on en cherche l'esprit. Jésus ne peut avoir voulu dire qu'au lieu de ses amis il faut réunir à sa table les mendiants de la rue; son langage était presque toujours figuré, et à des hommes incapables de comprendre les nuances délicates de la pensée, il fallait des images fortes, produisant l'effet des couleurs tranchantes. Le fond de sa pensée se révèle dans ces mots : « Vous serez heureux de ce qu'ils n'auront pas le moyen de vous le rendre; » c'est dire qu'on ne doit point faire le bien en vue d'un retour, mais pour le seul plaisir de

QUE VOTRE MAIN GAUCHE NE SACHE PAS... 181

le faire. Pour donner une comparaison saisissante, il dit : Conviez à vos festins les pauvres, car vous savez que ceux-là ne pourront rien vous rendre ; et par *festins* il faut entendre, non les repas proprement dits, mais la participation à l'abondance dont vous jouissez.

INSTRUCTIONS DES ESPRITS.

La charité matérielle et la charité morale.

162. « Aimons-nous les uns les autres et faisons à autrui ce que nous voudrions qui nous fût fait. » Toute la religion, toute la morale se trouvent renfermées dans ces deux préceptes; s'ils étaient suivis ici-bas, vous seriez tous parfaits : plus de haines, plus de dissentiments; je dirai plus encore : plus de pauvreté, car du superflu de la table de chaque riche, bien des pauvres se nourriraient, et vous ne verriez plus, dans les sombres quartiers que j'ai habités pendant ma dernière incarnation, de pauvres femmes traînant après elles de misérables enfants manquant de tout.

Riches! pensez un peu à cela ; aidez de votre mieux les malheureux ; donnez, pour que Dieu vous rende un jour le bien que vous aurez fait, pour que vous trouviez, au sortir de votre enveloppe terrestre, un cortége d'Esprits reconnaissants qui vous recevront au seuil d'un monde plus heureux.

Si vous pouviez savoir la joie que j'ai éprouvée en retrouvant là-haut ceux que j'avais pu obliger dans ma dernière vie!...

Aimez donc votre prochain; aimez-le comme vous-même, car vous le savez maintenant, ce malheureux

11

CHAPITRE XIII.

que vous repoussez est peut-être un frère, un père, un fils, un ami que vous rejetez loin de vous ; et alors quel sera votre désespoir en le reconnaissant dans le monde des Esprits !

Je souhaite que vous compreniez bien ce que peut être *la charité morale,* celle que chacun peut pratiquer ; celle qui ne *coûte rien* de matériel, et cependant celle qui est la plus difficile à mettre en pratique.

La charité morale consiste à se supporter les uns les autres, et c'est ce que vous faites le moins, en ce bas monde où vous êtes incarnés pour le moment. Il y a un grand mérite, croyez-moi, à savoir se taire pour laisser parler un plus sot que soi ; et c'est encore là un genre de charité. Savoir être sourd quand un mot moqueur s'échappe d'une bouche habituée à railler ; ne pas voir le sourire dédaigneux qui accueille votre entrée chez des gens qui, souvent à tort, se croient au-dessus de vous, tandis que, dans la vie spirite, *la seule réelle*, ils en sont quelquefois bien loin ; voilà un mérite, non pas d'humilité, mais de charité ; car ne pas remarquer les torts d'autrui, c'est la charité morale.

Cependant cette charité ne doit pas empêcher l'autre ; mais pensez surtout à ne pas mépriser votre semblable ; rappelez-vous ce que je vous ai déjà dit : Il faut se souvenir sans cesse que, dans le pauvre rebuté, vous repoussez peut-être un Esprit qui vous a été cher, et qui se trouve momentanément dans une position inférieure à la vôtre. J'ai revu un des pauvres de votre terre que j'avais pu, par bonheur, obliger quelquefois, et qu'il m'arrive *maintenant d'implorer* à mon tour.

Rappelez-vous que Jésus a dit que nous sommes frères, et pensez toujours à cela avant de repousser le lépreux ou le mendiant. Adieu ; pensez à ceux qui souffrent, et priez. (Sœur Rosalie. Paris, 1860.)

163. Mes amis, j'en ai entendu plusieurs d'entre vous se dire : Comment puis-je faire la charité ? Souvent je n'ai pas même le nécessaire.

La charité, mes amis, se fait de bien des manières ; vous pouvez faire la charité en pensées, en paroles et en actions. En pensées : en priant pour les pauvres délaissés qui sont morts sans avoir été à même de voir la lumière ; une prière du cœur les soulage. En paroles : en adressant à vos compagnons de tous les jours quelques bons avis ; dites aux hommes aigris par le désespoir, les privations, et qui blasphèment le nom du Très-Haut : « J'étais comme vous ; je souffrais, j'étais malheureux, mais j'ai cru au Spiritisme, et voyez, je suis heureux maintenant. » Aux vieillards qui vous diront : « C'est inutile ; je suis au bout de ma carrière ; je mourrai comme j'ai vécu. » Dites à ceux-là : « Dieu a pour nous tous une justice égale ; rappelez-vous les ouvriers de la dixième heure. » Aux petits enfants qui, déjà viciés par leur entourage, s'en vont rôder par les chemins, tout prêts à succomber aux mauvaises tentations, dites-leur : « Dieu vous voit, mes chers petits, » et ne craignez pas de leur répéter souvent cette douce parole ; elle finira par prendre germe dans leur jeune intelligence, et au lieu de petits vagabonds, vous aurez fait des hommes. C'est encore là une charité.

Plusieurs d'entre vous disent aussi : « Bah ! nous sommes si nombreux sur la terre, Dieu ne peut pas nous voir tous. » Écoutez bien ceci, mes amis : Quand vous êtes sur le sommet d'une montagne, est-ce que votre regard n'embrasse pas les milliards de grains de sable qui couvrent cette montagne? Eh bien! Dieu vous voit de même; il vous laisse votre libre arbitre, comme vous laissez ces grains de sable aller au gré du vent qui les disperse; seulement, Dieu, dans sa miséricorde infinie, a mis au fond de votre cœur une sentinelle vigilante qu'on appelle la *conscience*. Écoutez-la; elle ne vous donnera que de bons conseils. Parfois vous l'engourdissez en lui opposant l'esprit du mal; elle se tait alors; mais soyez sûrs que la pauvre délaissée se fera entendre aussitôt que vous lui aurez laissé apercevoir l'ombre du remords. Écoutez-la, interrogez-la, et souvent vous vous trouverez consolés du conseil que vous en aurez reçu.

Mes amis, à chaque régiment nouveau le général remet un drapeau; je vous donne, moi, cette maxime du Christ : « Aimez-vous les uns les autres. » Pratiquez cette maxime; réunissez-vous tous autour de cet étendard, et vous en recevrez le bonheur et la consolation. (UN ESPRIT PROTECTEUR. Lyon, 1860.)

La bienfaisance.

164. La bienfaisance, mes amis, vous donnera dans ce monde les plus pures et les plus douces jouissances, les joies du cœur qui ne sont troublées ni par le remords, ni par l'indifférence. Oh! puissiez-vous comprendre tout ce que renferme de grand et de doux la générosité des belles âmes, ce sentiment qui fait que l'on regarde autrui du même œil que l'on se regarde soi-même, qu'on se dépouille avec joie pour couvrir son frère. Puissiez-vous, mes amis, n'avoir de plus douce occupation que

celle de faire des heureux ! Quelles sont les fêtes du monde que vous puissiez comparer à ces fêtes joyeuses, quand, représentants de la Divinité, vous rendez la joie à ces pauvres familles qui ne connaissent de la vie que les vicissitudes et les amertumes ; quand vous voyez soudain ces visages flétris rayonner d'espérance, car ils n'avaient pas de pain, ces malheureux, et leurs petits enfants, ignorant que vivre c'est souffrir, criaient, pleuraient et répétaient ces paroles qui s'enfonçaient comme un glaive aigu dans le cœur maternel : J'ai faim !... Oh ! comprenez combien sont délicieuses les impressions de celui qui voit renaître la joie là où, un instant auparavant, il ne voyait que désespoir ! Comprenez quelles sont vos obligations envers vos frères ! Allez, allez au-devant de l'infortune ; allez au secours des misères cachées surtout, car ce sont les plus douloureuses. Allez, mes bien-aimés, et souvenez-vous de ces paroles du Sauveur : « Quand vous vêtirez un de ces petits, songez que c'est à moi que vous le faites ! »

Charité ! mot sublime qui résume toutes les vertus, c'est toi qui dois conduire les peuples au bonheur ; en te pratiquant, ils se créeront des jouissances infinies pour l'avenir, et pendant leur exil sur la terre, tu seras leur consolation, l'avant-goût des joies qu'ils goûteront plus tard quand ils s'embrasseront tous ensemble dans le sein du Dieu d'amour. C'est toi, vertu divine, qui m'as procuré les seuls moments de bonheur que j'ai goûtés sur terre. Puissent mes frères incarnés croire la voix de l'ami qui leur parle et leur dit : C'est dans la charité que vous devez chercher la paix du cœur, le contentement de l'âme, le remède contre les afflictions de la vie. Oh! quand vous êtes sur le point d'accuser Dieu, jetez un regard au-dessous de vous; voyez que de misères à soulager; que de pauvres enfants sans famille; que de vieillards qui n'ont pas une main amie pour les secourir et leur fermer les yeux quand la mort les réclame! Que de bien à faire! Oh! ne vous plaignez pas; mais, au contraire, remerciez Dieu, et prodiguez à pleines mains votre sympathie, votre amour, votre argent à tous ceux qui, déshérités des biens de ce monde, languissent dans la souffrance et dans l'isolement. Vous recueillerez ici-bas des joies bien douces, et plus tard... Dieu seul le sait!... (ADOLPHE, évêque d'Alger. Bordeaux, 1861.)

165. Soyez bons et charitables, c'est la clef des cieux que vous tenez en vos mains; tout le bonheur éternel est renfermé dans cette maxime : Aimez-vous les uns les autres. L'âme ne peut s'élever dans les régions spirituelles que par le dévoûment au prochain; elle ne trouve de bonheur et de consolation que dans les élans de la charité; soyez bons, soutenez vos frères, laissez de côté l'affreuse plaie de l'égoïsme; ce devoir rempli doit vous ouvrir la route du bonheur éternel. Du reste, qui d'entre vous n'a senti son cœur bondir, sa joie intérieure se dilater au récit d'un beau dévoûment, d'une œuvre vraiment charitable? Si vous ne recherchiez que la volupté que procure une bonne action, vous resteriez toujours dans le chemin du progrès spirituel. Les exemples ne vous manquent pas; il n'y a que les bonnes volontés qui sont rares. Voyez la foule des hommes de bien dont votre histoire vous rappelle le pieux souvenir.

Le Christ ne vous a-t-il pas dit tout ce qui concerne ces vertus de charité et d'amour? Pourquoi laisse-t-on de côté ses divins enseignements? Pourquoi ferme-t-on l'oreille à ses divines paroles, le cœur à toutes ses douces maximes? Je voudrais qu'on apportât plus d'intérêt, plus de foi, aux lectures évangéliques; on délaisse ce livre, on en fait un mot creux, une lettre close; on laisse ce code admirable dans l'oubli : vos maux ne proviennent que de l'abandon volontaire que vous faites de ce résumé des lois divines. Lisez donc ces pages toutes brûlantes du dévoûment de Jésus, et méditez-les.

Hommes forts, ceignez-vous; hommes faibles, faites-vous des armes de votre douceur, de votre foi; ayez plus de persuasion, plus de constance dans la propagation de votre nouvelle doctrine; ce n'est qu'un encouragement que nous sommes venus vous donner, ce n'est que pour stimuler votre zèle et vos vertus que Dieu nous permet de nous manifester à vous; mais si on voulait, on n'aurait besoin que de l'aide de Dieu et de sa propre volonté : les manifestations spirites ne sont faites que pour les yeux fermés et les cœurs indociles.

La charité est la vertu fondamentale qui doit soutenir tout l'édifice des vertus terrestres; sans elle les autres n'existent pas. Sans la charité point d'espoir dans un sort meilleur, pas d'intérêt moral qui nous guide; sans la charité, point de foi, car la foi n'est qu'un pur rayon qui fait briller une âme charitable.

La charité est l'ancre éternelle du salut dans tous les globes : c'est la plus pure émanation du Créateur lui-même; c'est sa propre vertu qu'il donne à la créature.

CHAPITRE XIII.

Comment voudrait-on méconnaître cette suprême bonté ? Quel serait, avec cette pensée, le cœur assez pervers pour refouler et chasser ce sentiment tout divin ? Quel serait l'enfant assez méchant pour se mutiner contre cette douce caresse : la charité ?

Je n'ose pas parler de ce que j'ai fait, car les Esprits ont aussi la pudeur de leurs œuvres ; mais je crois celle que j'ai commencée une de celles qui doivent le plus contribuer au soulagement de vos semblables. Je vois souvent des Esprits demander pour mission de continuer ma tâche ; je les vois, mes douces et chères sœurs dans leur pieux et divin ministère ; je les vois pratiquer la vertu que je vous recommande, avec toute la joie que procure cette existence de dévoûment et de sacrifices ; c'est un grand bonheur pour moi de voir combien leur caractère est honoré, combien leur mission est aimée et doucement protégée. Hommes de bien, de bonne et forte volonté, unissez-vous pour continuer grandement l'œuvre de propagation de la charité ; vous trouverez la récompense de cette vertu par son exercice même ; il n'est pas de joie spirituelle qu'elle ne donne dès la vie présente. Soyez unis ; aimez-vous les uns les autres selon les préceptes du Christ. Ainsi soit-il. (Saint Vincent de Paul. Paris, 1858.)

166. Je me nomme la charité, je suis la route principale qui conduit vers Dieu ; suivez-moi, car je suis le but où vous devez tous viser.

J'ai fait ce matin ma tournée habituelle, et le cœur navré, je viens vous dire : Oh ! mes amis, que de misères, que de larmes, et combien vous avez à faire pour les sécher toutes ! J'ai vainement cherché à consoler de pauvres mères ; je leur disais à l'oreille : Courage ! il y a de bons cœurs qui veillent sur vous ; on ne vous abandonnera pas ; patience ! Dieu est là ; vous êtes ses aimées, vous êtes ses élues. Elles paraissaient m'entendre et tournaient de mon côté de grands yeux égarés ; je lisais sur leur pauvre visage que leur corps, ce tyran de l'Esprit, avait faim, et que si mes paroles rassérénaient un peu leur cœur, elles ne remplissaient pas leur estomac. Je répétais encore courage ! courage ! alors une pauvre mère, toute jeune, qui allaitait un petit enfant, l'a pris dans ses bras et l'a tendu dans l'espace vide, comme pour me prier de protéger ce pauvre petit être qui ne prenait à un sein stérile qu'une nourriture insuffisante.

Ailleurs, mes amis, j'ai vu de pauvres vieillards sans travaux et bientôt sans asile, en proie à toutes les souffrances du besoin, et honteux de leur misère n'osant pas, eux qui n'ont jamais mendié, aller implorer la pitié des passants. Le cœur ému de compassion, moi qui n'ai rien, je me suis faite mendiante pour eux, et je vais de tous côtés stimuler la bienfaisance, souffler de bonnes pensées aux cœurs généreux et compatissants. C'est pourquoi je viens à vous, mes amis, et je vous dis : là-bas il y a des malheureux dont la huche est sans pain, le foyer sans feu et le lit sans couverture. Je ne vous dis pas ce que vous devez faire ; j'en laisse l'initiative à vos bons cœurs ; si je vous dictais votre ligne de conduite, vous n'auriez plus le mérite de votre bonne action ; je vous dis seulement : Je suis la charité, et je vous tends la main pour vos frères souffrants.

Mais si je demande, je donne aussi et je donne beaucoup ; je vous convie à un grand banquet, et je fournis

11.

l'arbre où vous vous rassasierez tous! Voyez comme il est beau, comme il est chargé de fleurs et de fruits! Allez, allez, cueillez, prenez tous les fruits de ce bel arbre qui s'appelle la bienfaisance. A la place des rameaux que vous aurez pris, j'attacherai toutes les bonnes actions que vous ferez, et je rapporterai cet arbre à Dieu pour qu'il le charge de nouveau, car la bienfaisance est inépuisable. Suivez-moi donc, mes amis, afin que je vous compte parmi ceux qui s'enrôlent sous ma bannière; soyez sans crainte; je vous conduirai dans la voie du salut, car je suis *la Charité*. (CARITA, *martyrisée à Rome*. Lyon, 1861.)

167. Il y a plusieurs manières de faire la charité que beaucoup d'entre vous confondent avec l'aumône; il y a pourtant une grande différence. L'aumône, mes amis, est quelquefois utile, car elle soulage les pauvres; mais elle est presque toujours humiliante et pour celui qui la fait et pour celui qui la reçoit. La charité, au contraire, lie le bienfaiteur et l'obligé, et puis elle se déguise de tant de manières! On peut être charitable même avec ses proches, avec ses amis, en étant indulgents les uns envers les autres, en se pardonnant ses faiblesses, en ayant soin de ne froisser l'amour-propre de personne; pour vous, spirites, dans votre manière d'agir envers ceux qui ne pensent pas comme vous; en amenant les moins clairvoyants à croire, et cela sans les heurter, sans rompre en visière avec leurs convictions, mais en les amenant tout doucement à nos réunions où ils pourront nous entendre, et où nous saurons bien trouver la brèche du cœur par où nous devrons pénétrer. Voilà pour un côté de la charité.

Écoutez maintenant la charité envers les pauvres, ces déshérités ici-bas, mais ces récompensés de Dieu, s'ils savent accepter leurs misères sans murmurer, et cela dépend de vous. Je vais me faire comprendre par un exemple.

Je vois plusieurs fois dans la semaine une réunion de dames : il y en a de tous les âges ; pour nous, vous le savez, elles sont toutes sœurs. Que font-elles donc ? Elles travaillent vite, vite ; les doigts sont agiles ; aussi voyez comme les visages sont radieux, et comme les cœurs battent à l'unisson ! mais quel est leur but ? c'est qu'elles voient approcher l'hiver qui sera rude pour les pauvres ménages ; les fourmis n'ont pas pu amasser pendant l'été le grain nécessaire à la provision, et la plupart des effets sont engagés ; les pauvres mères s'inquiètent et pleurent en songeant aux petits enfants qui, cet hiver, auront froid et faim ! Mais patience, pauvres femmes ! Dieu en a inspiré de plus fortunées que vous ; elles se sont réunies et vous confectionnent de petits vêtements ; puis un de ces jours, quand la neige aura couvert la terre et que vous murmurerez en disant : « Dieu n'est pas juste, » car c'est votre parole ordinaire à vous qui souffrez ; alors vous verrez apparaître un des enfants de ces bonnes travailleuses qui se sont constituées les ouvrières des pauvres ; oui, c'est pour vous qu'elles travaillaient ainsi, et votre murmure se changera en bénédiction, car dans le cœur des malheureux l'amour suit de bien près la haine.

Comme il faut à toutes ces travailleuses un encouragement, je vois les communications des bons Esprits leur arriver de toutes parts ; les hommes qui font partie de cette société apportent aussi leur concours

192   CHAPITRE XIII.

en faisant une de ces lectures qui plaisent tant ; et nous, pour récompenser le zèle de tous et de chacun en particulier, nous promettons à ces ouvrières laborieuses une bonne clientèle qui les payera, argent comptant, en bénédictions, seule monnaie qui ait cours au ciel, leur assurant en outre, et sans crainte de trop nous avancer, qu'elle ne leur manquera pas. (CARITA. Lyon, 1861.)

168. Mes chers amis, chaque jour j'en entends parmi vous qui disent : « Je suis pauvre, je ne puis pas faire la charité ; » et chaque jour je vous vois manquer d'indulgence pour vos semblables ; vous ne leur pardonnez rien, et vous vous érigez en juges souvent sévères, sans vous demander si vous seriez satisfaits qu'on en fît autant à votre égard. L'indulgence n'est-elle pas aussi de la charité ? Vous qui ne pouvez faire que la charité indulgente, faites-la au moins, mais faites-la grandement. Pour ce qui est de la charité matérielle, je veux vous raconter une histoire de l'autre monde.

Deux hommes venaient de mourir ; Dieu avait dit : tant que ces deux hommes vivront, on mettra dans un sac chacune de leurs bonnes actions, et à leur mort on pèsera ces sacs. Quand ces deux hommes arrivèrent à leur dernière heure, Dieu se fit apporter les deux sacs ; l'un était gros, grand, bien bourré, il résonnait le métal qui le remplissait ; l'autre était tout petit, et si mince qu'on voyait à travers les rares sous qu'il contenait, et chacun de ces hommes reconnut son sac : voici le mien, dit le premier ; je le reconnais ; j'ai été riche et j'ai beaucoup donné. Voilà le mien, dit l'autre ;

QUE VOTRE MAIN GAUCHE NE SACHE PAS...   193

j'ai toujours été pauvre, hélas! je n'avais presque rien à partager. Mais, ô surprise, les deux sacs mis dans la balance, le plus gros devint léger, et le petit s'alourdit, si bien qu'il emporta de beaucoup l'autre côté de la balance. Alors Dieu dit au riche : Tu as beaucoup donné, c'est vrai, mais tu as donné par ostentation, et pour voir ton nom figurer à tous les temples de l'orgueil, et de plus en donnant tu ne t'es privé de rien ; vas à gauche et sois satisfait que l'aumône te soit comptée encore pour quelque petite chose. Puis il dit au pauvre : Tu as bien peu donné, toi, mon ami ; mais chacun des sous qui sont dans cette balance représente une privation pour toi ; si tu n'as pas fait l'aumône, tu as fait la charité, et ce qu'il y a de mieux, tu as fait la charité naturellement, sans penser qu'on t'en tiendrait compte ; tu as été indulgent ; tu n'as pas jugé ton semblable, tu l'as au contraire excusé dans toutes ses actions : passe à droite, et va recevoir ta récompense. (UN ESPRIT PROTECTEUR. Lyon, 1861.)

169. La femme riche, heureuse, qui n'a pas besoin d'employer son temps aux travaux de son ménage, ne peut-elle consacrer quelques heures à des travaux utiles pour ses semblables? Qu'avec le superflu de ses joies elle achète de quoi couvrir le malheureux qui grelotte de froid ; qu'elle fasse, de ses mains délicates, de grossiers mais chauds vêtements; qu'elle aide la mère à couvrir l'enfant qui va naître; si son enfant, à elle, a quelques dentelles de moins, celui du pauvre aura plus chaud. Travailler pour les pauvres, c'est travailler à la vigne du Seigneur.

Et toi, pauvre ouvrière qui n'as pas de superflu,

CHAPITRE XIII.

mais qui veux, dans ton amour pour tes frères, donner aussi du peu que tu possèdes, donne quelques heures de ta journée, de ton temps ton seul trésor ; fais de ces ouvrages élégants qui tentent les heureux ; vends le travail de ta veille, et tu pourras aussi procurer à tes frères ta part de soulagement ; tu auras peut-être quelques rubans de moins, mais tu donneras des souliers à celui qui a les pieds nus.

Et vous, femmes vouées à Dieu, travaillez aussi à son œuvre, mais que vos ouvrages délicats et coûteux ne soient pas faits seulement pour orner vos chapelles, pour attirer l'attention sur votre adresse et votre patience ; travaillez, mes filles, et que le prix de vos ouvrages soit consacré au soulagement de vos frères en Dieu ; les pauvres sont ses enfants bien-aimés ; travailler pour eux, c'est le glorifier. Soyez-leur la Providence qui dit : Aux oiseaux du ciel Dieu donne la pâture. Que l'or et l'argent qui se tissent sous vos doigts se changent en vêtements et en nourriture pour ceux qui en manquent. Faites cela, et votre travail sera béni.

Et vous tous qui pouvez produire, donnez ; donnez votre génie, donnez vos inspirations, donnez votre cœur que Dieu bénira. Poëtes, littérateurs, qui n'êtes lus que par les gens du monde, satisfaites leurs loisirs, mais que le produit de quelques-unes de vos œuvres soit consacré au soulagement des malheureux ; peintres, sculpteurs, artistes en tous genres, que votre intelligence vienne aussi en aide à vos frères, vous n'en aurez pas moins de gloire, et il y aura quelques souffrances de moins.

Tous vous pouvez donner ; dans quelque classe que vous soyez, vous avez quelque chose que vous pouvez partager; quoi que ce soit que Dieu vous ait donné, vous en devez une partie à celui qui manque du nécessaire, parce qu'à sa place vous seriez bien aises qu'un autre partageât avec vous. Vos trésors de la terre seront un peu moindres, mais vos trésors dans le ciel seront plus abondants; vous y recueillerez au centuple ce que vous aurez semé en bienfaits ici-bas. (JEAN. Bordeaux, 1861.)

La pitié.

170. La pitié est la vertu qui vous rapproche le plus des anges; c'est la sœur de charité qui vous conduit vers Dieu. Ah! laissez votre cœur s'attendrir à l'aspect des misères et des souffrances de vos semblables; vos larmes sont un baume que vous versez sur leurs blessures, et lorsque, par une douce sympathie, vous parvenez à leur rendre l'espérance et la résignation, quel charme n'éprouvez-vous pas! Ce charme, il est vrai, a une certaine amertume, car il naît à côté du malheur; mais s'il n'a pas l'âcreté des jouissances mondaines, il n'a pas les poignantes déceptions du vide que celles-ci laissent après elles; il a une suavité pénétrante qui réjouit l'âme. La pitié, une pitié bien sentie, c'est de l'amour; l'amour, c'est du dévoûment; le dévoûment, c'est l'oubli de soi-même; et cet oubli, cette abnégation en faveur des malheureux, c'est la vertu par excellence, celle qu'a pratiquée toute sa vie le divin Messie, et qu'il a enseignée dans sa doctrine si sainte et si sublime; lorsque cette doctrine sera rendue à sa pureté primitive, qu'elle sera admise par tous les peuples, elle donnera le bonheur à la terre en y faisant régner enfin la concorde, la paix et l'amour.

CHAPITRE XIII.

Le sentiment le plus propre à vous faire progresser en domptant votre égoïsme et votre orgueil, celui qui dispose votre âme à l'humilité, à la bienfaisance et à l'amour de votre prochain, c'est la pitié ! cette pitié qui vous émeut jusque dans vos entrailles devant les souffrances de vos frères, qui vous fait leur tendre une main secourable et vous arrache de sympathiques larmes. N'étouffez donc jamais dans vos cœurs cette émotion céleste; ne faites pas comme ces égoïstes endurcis qui s'éloignent des affligés, parce que la vue de leur misère troublerait un instant leur joyeuse existence; redoutez de rester indifférents lorsque vous pouvez être utiles. La tranquillité achetée au prix d'une indifférence coupable, c'est la tranquillité de la mer Morte, qui cache au fond de ses eaux la vase fétide et la corruption.

Que la pitié est loin cependant de causer le trouble et l'ennui dont s'épouvante l'égoïste ! Sans doute l'âme éprouve, au contact du malheur d'autrui et en faisant un retour sur elle-même, un saisissement naturel et profond qui fait vibrer tout votre être et vous affecte péniblement; mais la compensation est grande, quand vous parvenez à rendre le courage et l'espoir à un frère malheureux qu'attendrit la pression d'une main amie, et dont le regard humide à la fois d'émotion et de reconnaissance, se tourne doucement vers vous avant de se fixer sur le ciel pour le remercier de lui avoir envoyé un consolateur, un appui. La pitié est le mélancolique, mais céleste précurseur de la charité, cette première des vertus dont elle est la sœur et dont elle prépare et ennoblit les bienfaits. (MICHEL. Bordeaux, 1862.)

Les orphelins.

171. Mes frères, aimez les orphelins; si vous saviez combien il est triste d'être seul et abandonné, surtout dans le jeune âge! Dieu permet qu'il y ait des orphelins pour nous engager à leur servir de pères. Quelle divine charité d'aider une pauvre petite créature délaissée, de l'empêcher de souffrir de la faim et du froid, de diriger son âme afin qu'elle ne s'égare pas dans le vice! Qui tend la main à l'enfant abandonné est agréable à Dieu, car il comprend et pratique sa loi. Pensez aussi que souvent l'enfant que vous secourez vous a été cher dans une autre incarnation; et si vous pouviez vous souvenir, ce ne serait plus de la charité, mais un devoir. Ainsi donc, mes amis, tout être souffrant est votre frère et a droit à votre charité, non pas cette charité qui blesse le cœur, non cette aumône qui brûle la main dans laquelle elle tombe, car vos oboles sont souvent bien amères! Que de fois elles seraient refusées si, au grenier, la maladie et le dénûment ne les attendaient pas! Donnez délicatement, ajoutez au bienfait le plus précieux de tous : une bonne parole, une caresse, un sourire d'ami; évitez ce ton de protection qui retourne le fer dans un cœur qui saigne, et pensez qu'en faisant le bien, vous travaillez pour vous et les vôtres. (Un Esprit familier. Paris, 1860.)

172. *Que faut-il penser des gens qui, ayant été payés de leurs bienfaits par l'ingratitude, ne font plus de bien de peur de rencontrer des ingrats?*

Ces gens-là ont plus d'égoïsme que de charité; car ne faire le bien que pour en recevoir des marques de

CHAPITRE XIII.

reconnaissance, ce n'est pas le faire avec le désintéressement, et le bienfait désintéressé est le seul qui soit agréable à Dieu. C'est aussi de l'orgueil, car ils se complaisent dans l'humilité de l'obligé qui vient mettre sa reconnaissance à leurs pieds. Celui qui cherche sur la terre la récompense du bien qu'il fait ne la recevra pas au ciel; mais Dieu tiendra compte à celui qui ne la cherche pas sur la terre.

Il faut toujours aider les faibles, quoique sachant d'avance que ceux à qui on fait le bien n'en sauront pas gré. Sachez que si celui à qui vous rendez service oublie le bienfait, Dieu vous en tiendra plus de compte que si vous étiez déjà récompensés par la reconnaissance de votre obligé. Dieu permet que vous soyez parfois payés d'ingratitude pour éprouver votre persévérance à faire le bien.

Que savez-vous, d'ailleurs, si ce bienfait, oublié pour le moment, ne portera pas plus tard de bons fruits? Soyez certains, au contraire, que c'est une semence qui germera avec le temps. Malheureusement vous ne voyez toujours que le présent; vous travaillez pour vous, et non en vue des autres. Les bienfaits finissent par amollir les cœurs les plus endurcis; ils peuvent être méconnus ici-bas, mais lorsque l'Esprit sera débarrassé de son voile charnel, il se souviendra, et ce souvenir sera son châtiment; alors il regrettera son ingratitude; il voudra réparer sa faute, payer sa dette dans une autre existence, souvent même en acceptant une vie de dévoûment envers son bienfaiteur. C'est ainsi que, sans vous en douter, vous aurez contribué à son avancement moral, et vous reconnaîtrez plus tard toute la vérité de cette maxime : Un bienfait n'est ja-

QUE VOTRE MAIN GAUCHE NE SACHE PAS... 199

mais perdu. Mais vous aurez aussi travaillé pour vous, car vous aurez le mérite d'avoir fait le bien avec désintéressement, et sans vous être laissé décourager par les déceptions.

Ah! mes amis, si vous connaissiez tous les liens qui, dans la vie présente, vous rattachent à vos existences antérieures; si vous pouviez embrasser la multitude des rapports qui rapprochent les êtres les uns des autres pour leur progrès mutuel, vous admireriez bien mieux encore la sagesse et la bonté du Créateur qui vous permet de revivre pour arriver à lui. (GUIDE PROTECTEUR. Sens, 1862.)

173. *La bienfaisance est-elle bien entendue quand elle est exclusive entre les gens d'une même opinion, d'une même croyance ou d'un même parti?*

Non, c'est surtout l'esprit de secte et de parti qu'il faut abolir, car tous les hommes sont frères. Le vrai chrétien ne voit que des frères dans ses semblables, et avant de secourir celui qui est dans le besoin, il ne consulte ni sa croyance, ni son opinion en quoi que ce soit. Suivrait-il le précepte de Jésus-Christ, qui dit d'aimer même ses ennemis, s'il repoussait un malheureux, parce que celui-ci aurait une autre foi que la sienne? Qu'il le secoure donc sans lui demander aucun compte de sa conscience, car si c'est un ennemi de la religion, c'est le moyen de la lui faire aimer; en le repoussant, on la lui ferait haïr. (SAINT LOUIS. Paris, 1860.)

CHAPITRE XIV

HONOREZ VOTRE PÈRE ET VOTRE MÈRE

Piété filiale. — Qui est ma mère et qui sont mes frères? — Liens de famille. — L'ingratitude des enfants.

174. Vous savez les commandements : vous ne commettrez point d'adultère; vous ne tuerez point ; vous ne déroberez point; vous ne porterez point de faux témoignage; vous ne ferez tort à personne ; *honorez votre père et votre mère.* (Saint Marc, ch. x, *v.* 19 ; saint Luc, ch. xviii, *v.* 20 ; saint Matthieu, ch. xix, *v.* 19.)

175. Honorez votre père et votre mère, afin que vous viviez longtemps sur la terre que le Seigneur votre Dieu vous donnera. (Décalogue; Exode, ch. xx, *v.* 12.)

176. Le commandement : « Honorez votre père et votre mère, » est une conséquence de la loi générale de charité et d'amour du prochain , car on ne peut aimer son prochain sans aimer son père et sa mère; mais le mot *honorez* renferme un devoir de plus à leur égard, celui de la piété filiale. Dieu a voulu montrer par là qu'à l'amour il faut ajouter le respect, les égards, la soumission et la condescendance, ce qui implique l'obligation d'accomplir envers eux d'une manière plus rigoureuse encore tout ce que la charité commande envers le prochain. Ce devoir s'étend naturellement aux personnes qui tiennent lieu de père et de mère, et qui en ont d'autant plus de mérite, que leur dévoûment

est moins obligatoire. Dieu punit toujours d'une manière rigoureuse toute violation de ce commandement.

Honorer son père et sa mère, ce n'est pas seulement les respecter, c'est aussi les assister dans le besoin ; c'est leur procurer le repos sur leurs vieux jours ; c'est les entourer de sollicitude comme ils l'ont fait pour nous dans notre enfance ; c'est surtout envers les parents sans ressources que se montre la véritable piété filiale. Satisfont-ils à ce commandement ceux qui croient faire un grand effort en leur donnant tout juste de quoi ne pas mourir de faim, alors qu'eux-mêmes ne se privent de rien? en les reléguant dans les taudis de la maison, pour ne pas les laisser dans la rue, alors qu'ils se réservent ce qu'il y a de mieux, de plus confortable? Heureux encore lorsqu'ils ne le font pas de mauvaise grâce et ne leur font pas acheter le temps qui leur reste à vivre en se déchargeant sur eux des fatigues du ménage. Est-ce donc aux parents vieux et faibles à être les serviteurs des enfants jeunes et forts? Leur mère leur a-t-elle marchandé son lait quand ils étaient au berceau? a-t-elle compté ses veilles quand ils étaient malades, ses pas pour leur procurer ce dont ils avaient besoin? Non, ce n'est pas seulement le strict nécessaire que les enfants doivent à leurs parents pauvres, ce sont aussi, autant qu'ils le peuvent, les petites douceurs du superflu, les prévenances, les soins délicats, qui ne sont que l'intérêt de ce qu'ils ont reçu, le payement d'une dette sacrée. Là seulement est la piété filiale acceptée par Dieu.

Malheur donc à celui qui oublie ce qu'il doit à ceux qui l'ont soutenu dans sa faiblesse, qui avec la vie matérielle lui ont donné la vie morale, qui souvent se sont imposé de dures privations pour assurer son bien-être ; malheur à l'ingrat, car il sera puni par l'ingratitude et l'abandon ; il sera frappé dans ses plus chères affections, *quelquefois dès la vie présente*, mais certainement dans une autre existence, où il endurera ce qu'il aura fait endurer aux autres.

Certains parents, il est vrai, méconnaissent leurs devoirs, et ne sont pas pour leurs enfants ce qu'ils devraient être ; mais c'est à Dieu de les punir et non à leurs enfants ; ce n'est pas à ceux-ci de le leur reprocher, parce que peut-être eux-mêmes ont mérité qu'il en fût ainsi. Si la charité fait une loi de rendre le bien pour le mal, d'être indulgent pour les imperfections d'autrui, de ne point médire de son prochain, d'oublier et de pardonner les torts, d'aimer même ses ennemis, combien cette obligation n'est-elle pas plus grande encore à l'égard des parents ! Les enfants doivent donc prendre pour règle de leur conduite envers ces derniers, tous les préceptes de Jésus concernant le prochain, et se dire que tout procédé blâmable vis-à-vis d'étrangers l'est encore plus vis-à-vis des proches, et que ce qui peut n'être qu'une faute dans le premier cas peut devenir crime dans le second, parce qu'alors au manque de charité se joint l'ingratitude.

177. Dieu a dit : « Honorez votre père et votre mère, afin que vous viviez longtemps sur la terre que le Seigneur votre Dieu vous donnera ; » pourquoi donc promet-il comme récompense la vie sur la terre et non la vie céleste ? L'explication en est dans ces mots : « Que Dieu vous donnera, » supprimés dans la formule moderne du décalogue, ce qui en dénature le sens. **Pour compren-**

HONOREZ VOTRE PÈRE ET VOTRE MÈRE.

dre cette parole, il faut se reporter à la situation et aux idées des Hébreux à l'époque où elle a été dite ; ils ne comprenaient pas encore la vie future ; leur vue ne s'étendait pas au delà de la vie corporelle ; ils devaient donc être plus touchés de ce qu'ils voyaient que de ce qu'ils ne voyaient pas ; c'est pourquoi Dieu leur parle un langage à leur portée, et, comme à des enfants, leur donne en perspective ce qui peut les satisfaire. Ils étaient alors dans le désert ; la terre que Dieu leur *donnera* était la Terre Promise, but de leurs aspirations ; ils ne désiraient rien de plus, et Dieu leur dit qu'ils y vivront longtemps, c'est-à-dire qu'ils la posséderont longtemps s'ils observent ses commandements.

Mais à l'avénement de Jésus, leurs idées étaient plus développées ; le moment étant venu de leur donner une nourriture moins grossière, il les initie à la vie spirituelle en leur disant : « Mon royaume n'est pas de ce monde ; c'est là et non sur la terre que vous recevrez la récompense de vos bonnes œuvres. » Sous ses paroles, la Terre Promise matérielle se transforme en une patrie céleste ; aussi, quand il les rappelle à l'observation du commandement : « Honorez votre père et votre mère, » ce n'est plus la terre qu'il leur promet, mais le ciel. (Chap. II et III.)

178. Et étant venu dans la maison, il s'y assembla une si grande foule de peuple qu'ils ne pouvaient pas même prendre leur repas. — Ce que ses proches ayant appris, ils vinrent pour se saisir de lui, car ils disaient *qu'il avait perdu l'esprit.*

Cependant sa mère et ses frères étant venus, et se tenant en dehors, envoyèrent l'appeler. — Or, le peuple était assis autour de lui, et on lui dit : Votre mère et vos frères sont là dehors qui vous demandent. — Mais il leur répondit : *Qui est ma mère, et qui sont mes frères?* — Et regardant ceux qui étaient assis autour de lui : Voici, dit-il, ma mère et mes frères ; — car quiconque fait la volonté de Dieu, celui-là est mon frère, ma sœur et ma mère. (Saint Marc, ch. III, v. 20, 21 et de 31 à 35 ; saint Matthieu, ch. XII, v. de 46 à 50.)

179. On s'étonne avec raison de voir, en une circonstance, Jésus montrer tant d'indifférence pour ses proches, et en quelque sorte renier sa mère. Pour ce qui est de ses frères, on sait qu'ils n'avaient jamais eu de sympathie pour lui; Esprits peu avancés, ils n'avaient point compris sa mission ; sa conduite, à leurs yeux, était bizarre, et ses enseignements ne les avaient point touchés, puisqu'il n'eut aucun disciple parmi eux; il paraîtrait même qu'ils partageaient jusqu'à un certain point les préventions de ses ennemis ; il est certain, du reste, qu'ils l'accueillaient plus en étranger qu'en frère quand il se présentait dans la famille, et saint Jean dit positivement (ch. XII, v. 5) « *qu'ils ne croyaient pas en lui.* » Quant à sa mère, nul ne saurait contester sa tendresse pour son fils ; mais il faut bien convenir aussi qu'elle ne paraît pas s'être fait une idée très juste de sa mission, car on ne l'a jamais vue suivre ses enseignements, ni lui rendre témoignage, comme l'a fait Jean-Baptiste; la sollicitude maternelle était, chez elle, le sentiment dominant. A l'égard de son fils, lui supposer d'avoir renié sa mère, ce serait méconnaître son caractère ; une telle pensée ne pouvait animer celui qui a dit : *Honorez votre père et votre mère.* Il faut donc chercher un autre sens à ses paroles, presque toujours voilées sous la forme allégorique.

Jésus ne négligeait aucune occasion de donner un

enseignement ; il saisit donc celle que lui offrait l'arrivée de sa famille pour établir la différence qui existe entre la parenté corporelle et la parenté spirituelle.

Les liens du sang n'établissent pas nécessairement les liens entre les Esprits. Le corps procède du corps, mais l'Esprit ne procède pas de l'Esprit, parce que l'Esprit existait avant la formation du corps ; ce n'est pas le père qui crée l'Esprit de son enfant, il ne fait que lui fournir une enveloppe corporelle, mais il doit aider à son développement intellectuel et moral pour le faire progresser. Les Esprits qui s'incarnent dans une même famille, surtout entre proches parents, sont le plus souvent des Esprits sympathiques, unis par des relations antérieures qui se traduisent par leur affection pendant la vie terrestre ; mais il peut arriver aussi que ces Esprits soient complétement étrangers les uns aux autres, divisés par des antipathies également antérieures, qui se traduisent de même par leur antagonisme sur la terre pour leur servir d'épreuve. Les véritables liens de famille ne sont donc pas ceux de la consanguinité, mais ceux de la sympathie et de la communion de pensées qui unissent les Esprits *avant*, *pendant* et *après* leur incarnation. D'où il suit que deux êtres issus de pères différents peuvent être plus frères par l'Esprit que s'ils l'étaient par le sang ; ils peuvent s'attirer, se rechercher, se plaire ensemble, tandis que deux frères consanguins peuvent se repousser, ainsi qu'on le voit tous les jours ; problème moral que le spiritisme seul pouvait résoudre par la pluralité des existences (38).

Il y a donc deux sortes de familles : *les familles par les liens spirituels, et les familles par les liens corporels ;* les premières durables, se fortifient par l'épuration, et

206   CHAPITRE XIV.

se perpétuent dans le monde des Esprits, à travers les diverses migrations de l'âme; les secondes, fragiles comme la matière, s'éteignent avec le temps et souvent se dissolvent moralement dès la vie actuelle. C'est ce qu'a voulu faire comprendre Jésus en disant de ses disciples : Voilà ma mère et mes frères, c'est-à-dire ma famille par les liens de l'Esprit, car quiconque fait la volonté de mon Père qui est dans les cieux est mon frère, ma sœur et ma mère.

L'hostilité de ses frères est clairement exprimée dans le récit de saint Marc, puisque, dit-il, ils se proposaient de se saisir de lui, sous le prétexte qu'il avait *perdu l'esprit*. A l'annonce de leur arrivée, connaissant leur sentiment à son égard, il était naturel qu'il dit en parlant de ses disciples, au point de vue spirituel : « Voilà mes véritables frères; » sa mère se trouvait avec eux, il généralise l'enseignement, ce qui n'implique nullement qu'il ait prétendu que sa mère selon le corps ne lui était rien comme Esprit, et qu'il n'eût pour elle que de l'indifférence; sa conduite, en d'autres circonstances, a suffisamment prouvé le contraire.

180. Certaines paroles semblent étranges dans la bouche de Jésus, et contrastent avec sa bonté et son inaltérable bienveillance pour tous. Les incrédules n'ont pas manqué de s'en faire une arme en disant qu'il se contredisait lui-même. Un fait irrécusable, c'est que sa doctrine a pour base essentielle, pour pierre angulaire, la loi d'amour et de charité; il ne pouvait donc détruire d'un côté ce qu'il établissait de l'autre; d'où il faut tirer cette conséquence rigoureuse, que, si certaines maximes sont en contradiction avec

le principe, c'est que les paroles qu'on lui prête ont été mal rendues, mal comprises, ou qu'elles ne sont pas de lui.

INSTRUCTIONS DES ESPRITS.

L'ingratitude des enfants et les liens de famille.

181. L'ingratitude est un des fruits les plus immédiats de l'égoïsme; elle révolte toujours les cœurs honnêtes; mais celle des enfants à l'égard des parents a un caractère encore plus odieux; c'est à ce point de vue plus spécialement que nous allons l'envisager pour en analyser les causes et les effets. Ici, comme partout, le spiritisme vient jeter la lumière sur un des problèmes du cœur humain.

Quand l'Esprit quitte la terre, il emporte avec lui les passions ou les vertus inhérentes à sa nature, et va dans l'espace se perfectionnant ou restant stationnaire jusqu'à ce qu'il veuille voir la lumière. Quelques-uns sont donc partis emportant avec eux des haines puissantes et des désirs de vengeance inassouvis; mais à quelques-uns de ceux-là, plus avancés que les autres, il est permis d'entrevoir un coin de la vérité; ils reconnaissent les funestes effets de leurs passions, et c'est alors qu'ils prennent de bonnes résolutions; ils comprennent que pour aller à Dieu, il n'est qu'un seul mot de passe : *charité;* or, pas de charité sans oubli des outrages et des injures; pas de charité avec des haines au cœur et sans pardon. Alors, par un effort inouï, ils regardent ceux qu'ils ont détestés sur la terre; mais à cette vue leur animosité se réveille; ils se révoltent à

CHAPITRE XIV.

l'idée de pardonner, encore plus qu'à celle de s'abdiquer eux-mêmes, à celle surtout d'aimer ceux qui ont détruit peut-être leur fortune, leur honneur, leur famille. Cependant le cœur de ces infortunés est ébranlé ; ils hésitent, ils flottent, agités par ces sentiments contraires ; si la bonne résolution l'emporte, ils prient Dieu, ils implorent les bons Esprits de leur donner la force au moment le plus décisif de l'épreuve. Enfin, après quelques années de méditations et de prières, l'Esprit profite d'une chair qui se prépare dans la famille de celui qu'il a détesté, et demande aux Esprits chargés de transmettre les ordres suprêmes, d'aller remplir sur la terre les destinées de cette chair qui vient de se former. Quelle sera donc sa conduite dans cette famille ? Elle dépendra du plus ou moins de persistance de ses bonnes résolutions. Le contact incessant des êtres qu'il a haïs est une épreuve terrible sous laquelle il succombe parfois, si sa volonté n'est pas assez forte. Ainsi, selon que la bonne ou la mauvaise résolution l'emportera, il sera l'ami ou l'ennemi de ceux au milieu desquels il est appelé à vivre. Par là s'expliquent ces haines, ces répulsions instinctives que l'on remarque chez certains enfants et qu'aucun acte antérieur ne semble justifier ; rien, en effet, dans cette existence, n'a pu provoquer cette antipathie ; pour s'en rendre compte, il faut porter son regard sur le passé.

O spirites ! comprenez aujourd'hui le grand rôle de l'humanité ; comprenez que quand vous produisez un corps, l'âme qui s'y incarne vient de l'espace pour progresser ; sachez vos devoirs, et mettez tout votre amour à rapprocher cette âme de Dieu : c'est la mission qui vous est confiée, et dont vous recevrez la récompense

HONOREZ VOTRE PÈRE ET VOTRE MÈRE.

si vous l'accomplissez fidèlement. Vos soins, l'éducation que vous lui donnerez aideront à son perfectionnement et à son bien-être futur. Songez qu'à chaque père et à chaque mère, Dieu demandera : qu'avez-vous fait de l'enfant confié à votre garde ? S'il est resté arriéré par votre faute, votre châtiment sera de le voir parmi les Esprits souffrants, tandis qu'il dépendait de vous qu'il fût heureux. Alors vous-mêmes, bourrelés de remords, vous demanderez à réparer votre faute; vous solliciterez une nouvelle incarnation pour vous et pour lui, dans laquelle vous l'entourerez de soins plus éclairés, et lui, plein de reconnaissance, vous entourera de son amour.

Ne rebutez donc point l'enfant au berceau qui repousse sa mère, ni celui qui vous paye d'ingratitude; ce n'est pas le hasard qui l'a fait ainsi et qui vous l'a donné. Une intuition imparfaite du passé se révèle, et de là jugez que l'un ou l'autre a déjà bien haï ou a été bien offensé; que l'un ou l'autre est venu pour pardonner ou pour expier. Mères ! embrassez donc l'enfant qui vous cause du chagrin, et dites-vous : l'un de nous deux a été coupable; méritez les jouissances divines que Dieu attache à la maternité, en apprenant à cet enfant qu'il est sur la terre pour se perfectionner, aimer et bénir. Mais, hélas ! beaucoup d'entre vous, au lieu de chasser par l'éducation les mauvais principes innés des existences antérieures, entretiennent, développent ces mêmes principes par une coupable faiblesse ou par insouciance, et, plus tard, votre cœur, ulcéré par l'ingratitude de vos enfants, sera pour vous, dès cette vie, le commencement de votre expiation.

La tâche n'est pas aussi difficile que vous pourriez

le croire; elle n'exige point le savoir du monde; l'ignorant comme le savant peut la remplir, et le spiritisme vient la faciliter en faisant connaître la cause des imperfections du cœur humain. Dès le berceau, l'enfant manifeste les instincts bons ou mauvais qu'il apporte de son existence antérieure; c'est à les étudier qu'il faut s'appliquer; tous les maux ont leur principe dans l'égoïsme et l'orgueil; épiez donc les moindres signes qui révèlent le germe de ces vices, et attachez-vous à les combattre sans attendre qu'ils aient pris des racines profondes; faites comme le bon jardinier, qui arrache les mauvais bourgeons à mesure qu'il les voit poindre sur l'arbre. Si vous laissez se développer l'égoïsme et l'orgueil, ne vous étonnez pas d'être plus tard payés par l'ingratitude. Quand des parents ont fait tout ce qu'ils doivent pour l'avancement moral de leurs enfants, s'ils ne réussissent pas, ils n'ont point de reproches à se faire, et leur conscience peut être en repos; mais au chagrin bien naturel qu'ils éprouvent de l'insuccès de leurs efforts, Dieu réserve une grande, une immense consolation, par la *certitude* que ce n'est qu'un retard, et qu'il leur sera donné d'achever dans une autre existence l'œuvre commencée dans celle-ci, et qu'un jour l'enfant ingrat les récompensera par son amour. (172.)

Dieu n'a point fait l'épreuve au-dessus des forces de celui qui la demande; il ne permet que celles qu'on peut accomplir; si l'on ne réussit pas, ce n'est donc pas la possibilité qui manque, mais la volonté, car combien y en a-t-il qui, au lieu de résister aux mauvais entraînements s'y complaisent; c'est à ceux-là que sont réservés les pleurs et les gémissements dans leurs existences postérieures; mais admirez la bonté de Dieu, qui

HONOREZ VOTRE PÈRE ET VOTRE MÈRE.

ne ferme jamais la porte du repentir. Un jour vient où le coupable est las de souffrir, où son orgueil est enfin dompté, c'est alors que Dieu ouvre ses bras paternels à l'enfant prodigue qui se jette à ses pieds. Les fortes épreuves, entendez-moi bien, sont presque toujours l'indice d'une fin de souffrance et d'un perfectionnement de l'Esprit, lorsqu'elles sont acceptées en vue de Dieu. C'est un moment suprême, et c'est là surtout qu'il importe de ne pas faillir en murmurant, si l'on ne veut en perdre le fruit et avoir à recommencer. Au lieu de vous plaindre, remerciez Dieu, qui vous offre l'occasion de vaincre pour vous donner le prix de la victoire. Alors quand, sorti du tourbillon du monde terrestre, vous entrerez dans le monde des Esprits, vous y serez acclamé comme le soldat qui sort victorieux du milieu de la mêlée.

De toutes les épreuves, les plus pénibles sont celles qui affectent le cœur; tel qui supporte avec courage la misère et les privations matérielles succombe sous le poids des chagrins domestiques, meurtri par l'ingratitude des siens. Oh! c'est une poignante angoisse que celle-là! Mais qui peut mieux, en ces circonstances, relever le courage moral que la connaissance des causes du mal, et la certitude que, s'il y a de longs déchirements, il n'y a point de désespoirs éternels, car Dieu ne peut vouloir que sa créature souffre toujours? Quoi de plus consolant, de plus encourageant que cette pensée qu'il dépend de soi, de ses propres efforts, d'abréger la souffrance en détruisant en soi les causes du mal? Mais pour cela il ne faut pas arrêter son regard sur la terre et ne voir qu'une seule existence; il faut s'élever, planer dans l'infini du passé et de l'avenir;

CHAPITRE XIV.

alors la grande justice de Dieu se révèle à vos regards, et vous attendez avec patience, parce que vous vous expliquez ce qui vous semblait des monstruosités sur la terre; les blessures que vous y recevez ne vous paraissent plus que des égratignures. Dans ce coup d'œil jeté sur l'ensemble, les liens de famille apparaissent sous leur véritable jour; ce ne sont plus les liens fragiles de la matière qui en réunissent les membres, mais les liens durables de l'Esprit qui se perpétuent et se consolident en s'épurant, au lieu de se briser par la réincarnation.

Les Esprits que la similitude des goûts, l'identité du progrès moral et l'affection portent à se réunir, forment des familles; ces mêmes Esprits, dans leurs migrations terrestres, se recherchent pour se grouper comme ils le font dans l'espace; de là naissent les familles unies et homogènes; et si, dans leurs pérégrinations, ils sont momentanément séparés, ils se retrouvent plus tard, heureux de leurs nouveaux progrès. Mais comme ils ne doivent pas travailler seulement pour eux, Dieu permet que des Esprits moins avancés viennent s'incarner parmi eux pour y puiser des conseils et de bons exemples dans l'intérêt de leur avancement; ils y causent parfois du trouble, mais là est l'épreuve, là est la tâche. Accueillez-les donc en frères; venez-leur en aide, et plus tard, dans le monde des Esprits, la famille se félicitera d'avoir sauvé des naufragés qui, à leur tour, pourront en sauver d'autres. (Saint Augustin. Paris, 1862.)

CHAPITRE XV

HORS LA CHARITÉ POINT DE SALUT.

Ce qu'il faut pour être sauvé. — Le plus grand commandement. — Parabole du bon Samaritain. — Nécessité de la charité, selon saint Paul.

182. Or, quand le Fils de l'homme viendra dans sa majesté, accompagné de tous les anges, il s'assoira sur le trône de sa gloire; — et toutes les nations étant assemblées devant lui, il séparera les uns d'avec les autres, comme un berger sépare les brebis d'avec les boucs, — et il placera les brebis à sa droite, et les boucs à sa gauche.

Alors le roi dira à ceux qui seront à sa droite : Venez, vous qui avez été bénis par mon Père, possédez le royaume qui vous a été préparé dès le commencement du monde; — car j'ai eu faim, et vous m'avez donné à manger; j'ai eu soif, et vous m'avez donné à boire; j'ai eu besoin de logement, et vous m'avez logé; — j'ai été nu, et vous m'avez revêtu; j'ai été malade, et vous m'avez visité; j'ai été en prison, et vous m'êtes venu voir.

Alors les justes lui répondront : Seigneur, quand est-ce que nous vous avons vu avoir faim, et que nous vous avons donné à manger, ou avoir soif, et que nous vous avons donné à boire? — Quand est-ce que nous vous avons vu sans logement et que nous vous avons logé; ou sans habits et que nous vous avons revêtu? — Et quand est-ce que nous vous avons vu malade ou en prison, et que nous sommes venus vous visiter? — Et le roi leur répondra : Je vous dis en vérité, autant de fois que vous l'avez fait à l'égard de l'un de ces plus petits de mes frères, c'est à moi-même que vous l'avez fait.

CHAPITRE XV.

Il dira ensuite à ceux qui seront à sa gauche : Retirez-vous de moi, maudits; allez au feu éternel, qui a été préparé pour le diable et pour ses anges ; — car j'ai eu faim et vous ne m'avez pas donné à manger ; j'ai eu soif, et vous ne m'avez pas donné à boire ; — j'ai eu besoin de logement et vous ne m'avez pas logé ; j'ai été sans habits, et vous ne m'avez pas revêtu ; j'ai été malade et en prison, et vous ne m'avez point visité.

Alors ils lui répondront aussi : Seigneur, quand est-ce que nous vous avons vu avoir faim, avoir soif, ou sans logement, ou sans habits, ou malade, ou dans la prison, et que nous avons manqué à vous assister ? — Mais il leur répondra : Je vous dis en vérité, autant de fois que vous avez manqué à rendre ces assistances à l'un de ces plus petits, vous avez manqué à me les rendre à moi-même.

Et alors ceux-ci iront dans le supplice éternel, et les justes dans la vie éternelle. (Saint Matthieu, ch. xxv, *v.* de 31 à 46.)

183. Mais les Pharisiens, ayant appris qu'il avait fermé la bouche aux Sadducéens, s'assemblèrent ; — et l'un d'eux qui était docteur de la loi, vint lui faire cette question pour le tenter : — Maître, quel est le grand commandement de la loi ? — Jésus lui répondit : Vous aimerez le Seigneur votre Dieu de tout votre cœur, de toute votre âme, et de tout votre esprit. — C'est là le plus grand et le premier commandement. — Et voici le second qui est semblable à celui-là : Vous aimerez votre prochain comme vous-même. — Toute la loi et les prophètes sont renfermés dans ces deux commandements. (Saint Matthieu, ch. xxii, *v.* de 34 à 40.)

184. Alors un docteur de la loi s'étant levé, lui dit pour le tenter : Maître, que faut-il que je fasse pour posséder la vie éternelle ? — Jésus lui répondit : Qu'y a-t-il d'écrit dans la loi ? Qu'y lisez-vous ? — Il lui répondit : Vous aimerez le Seigneur votre Dieu de tout votre cœur, de toute votre âme, de toutes vos forces et de tout votre esprit, et votre prochain

comme vous-même. — Jésus lui dit : Vous avez fort bien répondu ; faites cela et vous vivrez.

Mais cet homme, voulant faire paraître qu'il était juste, dit à Jésus : Et qui est mon prochain ? — Et Jésus prenant la parole lui dit :

Un homme, qui descendait de Jérusalem à Jéricho, tomba entre les mains des voleurs qui le dépouillèrent, le couvrirent de plaies, et s'en allèrent, le laissant à demi mort. — Il arriva ensuite qu'un prêtre descendait par le même chemin, lequel, l'ayant aperçu, passa outre. — Un lévite, qui vint aussi au même lieu, l'ayant considéré, passa outre encore. — Mais un Samaritain qui voyageait, étant venu à l'endroit où était cet homme, et l'ayant vu, en fut touché de compassion. — Il s'approcha donc de lui, versa de l'huile et du vin dans ses plaies, et les banda ; et l'ayant mis sur son cheval, il le mena dans une hôtellerie, et prit soin de lui. — Le lendemain il tira deux deniers qu'il donna à l'hôte, et lui dit : Ayez bien soin de cet homme, et tout ce que vous dépenserez de plus, je vous le rendrai à mon retour.

Lequel de ces trois vous semble-t-il avoir été le prochain de celui qui tomba entre les mains des voleurs ? — Le docteur lui répondit : Celui qui a exercé la miséricorde envers lui. — Allez donc, lui dit Jésus, et faites de même. (Saint Luc, ch. x, *v.* de 25 à 37.)

185. Quand je parlerais toutes les langues des hommes, et la langue des anges même, si je n'ai point la charité, je ne suis que comme un airain sonnant, et une cymbale retentissante ; — et quand j'aurais le don de prophétie, que je pénétrerais tous les mystères, et que j'aurais une parfaite science de toutes choses ; quand j'aurais encore toute la foi possible, jusqu'à transporter les montagnes, *si je n'ai point la charité, je ne suis rien.* — Et quand j'aurais distribué mon bien pour nourrir les pauvres, et que j'aurais livré mon corps pour être brûlé, si je n'ai point la charité, tout cela ne me sert de rien.

La charité est patiente ; elle est douce et bienfaisante ; la

CHAPITRE XV.

charité n'est point envieuse ; elle n'est point téméraire et précipitée ; elle ne s'enfle point d'orgueil ; — elle n'est point dédaigneuse ; elle ne cherche point ses propres intérêts ; elle ne se pique et ne s'aigrit de rien ; elle n'a point de mauvais soupçons ; — elle ne se réjouit point de l'injustice, mais elle se réjouit de la vérité ; elle supporte tout, elle croit tout, elle espère tout, elle souffre tout.

Maintenant ces trois vertus : la foi, l'espérance et la charité demeurent ; mais entre elles la plus excellente est *la charité*. (Saint Paul ; 1re Épître aux Corinthiens, ch. XIII, v. de 1 à 7 et 13.)

186. Toute la morale de Jésus se résume dans la charité et l'humilité, c'est-à-dire dans les deux vertus contraires à l'égoïsme et à l'orgueil. Dans tous ses enseignements, il montre ces vertus comme étant le chemin de l'éternelle félicité : Bienheureux, dit-il, les pauvres d'esprit, c'est-à-dire les humbles, parce que le royaume des cieux est à eux ; bienheureux ceux qui ont le cœur pur ; bienheureux ceux qui sont doux et pacifiques ; bienheureux ceux qui sont miséricordieux ; aimez votre prochain comme vous-même ; faites aux autres ce que vous voudriez qu'on vous fît ; aimez vos ennemis ; pardonnez les offenses, si vous voulez être pardonné ; faites le bien sans ostentation ; jugez-vous vous-même avant de juger les autres. Humilité et charité, voilà ce qu'il ne cesse de recommander et ce dont il donne lui-même l'exemple ; orgueil et égoïsme, voilà ce qu'il ne cesse de combattre ; mais il fait plus que de recommander la charité, il la pose nettement et en termes explicites comme la condition absolue du bonheur futur.

Dans le tableau que donne Jésus du jugement dernier, il faut, comme dans beaucoup d'autres choses, faire la part de la figure et de l'allégorie. A des hommes

HORS LA CHARITÉ POINT DE SALUT. 217

comme ceux à qui il parlait, encore incapables de comprendre les choses purement spirituelles, il devait présenter des images matérielles, saisissantes et capables d'impressionner; pour mieux être accepté, il devait même ne pas trop s'écarter des idées reçues, quant à la forme, réservant toujours pour l'avenir la véritable interprétation de ses paroles et des points sur lesquels il ne pouvait s'expliquer clairement. Mais à côté de la partie accessoire et figurée du tableau, il y a une idée dominante : celle du bonheur qui attend le juste et du malheur réservé au méchant.

Dans ce jugement suprême, quels sont les considérants de la sentence? sur quoi porte l'enquête? Le juge demande-t-il si l'on a rempli telle ou telle formalité, observé plus ou moins telle ou telle pratique extérieure? Non; il ne s'enquiert que d'une chose : la pratique de la charité, et il prononce en disant : Vous qui avez assisté vos frères, passez à droite; vous qui avez été durs pour eux, passez à gauche. S'informe-t-il de l'orthodoxie de la foi? fait-il une distinction entre celui qui croit d'une façon et celui qui croit d'une autre? Non, car Jésus place le Samaritain, regardé comme hérétique, mais qui a l'amour du prochain, au-dessus de l'orthodoxe qui manque de charité. Jésus ne fait donc pas de la charité seulement une des conditions du salut, mais la seule condition; s'il y en avait d'autres à remplir, il les aurait exprimées. S'il place la charité au premier rang des vertus, c'est qu'elle renferme implicitement toutes les autres : l'humilité, la douceur, la bienveillance, l'indulgence, la justice, etc.; et parce qu'elle est la négation absolue de l'orgueil et de l'égoïsme.

CHAPITRE XV.

Charité et humilité, telle est donc la seule voie du salut; égoïsme et orgueil, telle est celle de la perdition. Ce principe est formulé en termes précis dans ces paroles : « Vous aimerez Dieu de toute votre âme et votre prochain comme vous-même; *toute la loi et les prophètes sont renfermés dans ces deux commandements.* » Et pour qu'il n'y ait pas d'équivoque sur l'interprétation de l'amour de Dieu et du prochain, il ajoute : « Et voici le second commandement qui est semblable au premier; » c'est-à-dire qu'on ne peut vraiment aimer Dieu sans aimer son prochain, ni aimer son prochain sans aimer Dieu; donc tout ce que l'on fait contre le prochain, c'est le faire contre Dieu. Ne pouvant aimer Dieu sans pratiquer la charité envers le prochain, tous les devoirs de l'homme se trouvent résumés dans cette maxime : HORS LA CHARITÉ POINT DE SALUT.

Saint Paul a tellement compris cette grande vérité, qu'il dit : « *Quand j'aurais le langage des anges; quand j'aurais le don de prophétie, que je pénétrerais tous les mystères; quand j'aurais toute la foi possible jusqu'à transporter les montagnes, si je n'ai point la charité, je ne suis rien. Entre ces trois vertus : la foi, l'espérance et la charité, la plus excellente est la charité.* » Il place ainsi, sans équivoque, la charité au-dessus même de la foi; c'est que la charité est à la portée de tout le monde, de l'ignorant et du savant, du riche et du pauvre, et parce qu'elle est indépendante de toute croyance particulière. Tandis que la maxime : *Hors la charité point de salut*, s'appuie sur un principe universel, ouvre à tous les enfants de Dieu l'accès du bonheur suprême, le dogme : *Hors l'Église point de salut*, s'appuie, non pas sur la foi fondamentale en

HORS LA CHARITÉ POINT DE SALUT. 219

Dieu et en l'immortalité de l'âme, foi commune à toutes les religions, mais sur la foi spéciale en des dogmes particuliers; il est exclusif et absolu; au lieu d'unir les enfants de Dieu, il les divise; au lieu de les exciter à l'amour de leurs frères, il entretient et sanctionne l'irritation entre les sectaires des différents cultes qui se considèrent réciproquement comme maudits dans l'éternité, fussent-ils parents ou amis dans ce monde; méconnaissant la grande loi d'égalité devant la tombe, il les sépare même dans le champ du repos. La maxime : *Hors la charité point de salut*, est la consécration du principe de l'égalité devant Dieu et de la liberté de conscience; avec cette maxime pour règle, tous les hommes sont frères, et quelle que soit leur manière d'adorer le Créateur, ils se tendent la main et prient les uns pour les autres; avec le dogme : *Hors l'Église point de salut*, ils se lancent l'anathème, se persécutent et vivent en ennemis; le père ne prie pas pour le fils, ni le fils pour le père, ni l'ami pour l'ami, s'ils se croient réciproquement damnés sans retour. Ce dogme est donc essentiellement contraire aux enseignements du Christ et à la loi évangélique.

187. *Hors la vérité point de salut* serait l'équivalent de : *Hors l'Église point de salut*, et tout aussi exclusif, car il n'est pas une seule secte qui ne prétende avoir le privilége de la vérité. Quel est l'homme qui peut se flatter de la posséder tout entière, alors que le cercle des connaissances s'élargit sans cesse, et que les idées se rectifient chaque jour? La vérité absolue n'est le partage que des Esprits de l'ordre le plus élevé, et

CHAPITRE XV.

l'humanité terrestre ne saurait y prétendre, parce qu'il ne lui est pas donné de tout savoir; elle ne peut aspirer qu'à une vérité relative et proportionnée à son avancement. Si Dieu avait fait de la possession de la vérité absolue la condition expresse du bonheur futur, ce serait un arrêt de proscription générale; tandis que la charité, même dans son acception la plus large, peut être pratiquée par tous. Le spiritisme, d'accord avec l'Évangile, admettant que l'on peut être sauvé quelle que soit sa croyance, pourvu que l'on observe la loi de Dieu, ne dit point : *Hors le spiritisme point de salut;* et comme il ne prétend pas enseigner encore toute la vérité, il ne dit pas non plus : *Hors la vérité point de salut,* maxime qui diviserait au lieu d'unir, et perpétuerait l'antagonisme.

INSTRUCTIONS DES ESPRITS.

188. Mes enfants, dans la maxime : *Hors la charité point de salut,* sont contenues les destinées des hommes sur la terre et dans le ciel; sur la terre, parce qu'à l'ombre de cet étendard, ils vivront en paix; dans le ciel, parce que ceux qui l'auront pratiquée trouveront grâce devant le Seigneur. Cette devise est le flambeau céleste, la colonne lumineuse qui guide l'homme dans le désert de la vie pour le conduire à la Terre Promise; elle brille dans le ciel comme une auréole sainte au front des élus, et sur la terre elle est gravée dans le cœur de ceux à qui Jésus dira : Allez à droite, vous les bénis de mon Père. Vous les reconnaissez au parfum de charité qu'ils répandent autour d'eux. Rien n'exprime mieux la pensée de Jésus, rien ne résume

HORS LA CHARITÉ POINT DE SALUT.

mieux les devoirs de l'homme que cette maxime d'ordre divin ; le spiritisme ne pouvait mieux prouver son origine qu'en la donnant pour règle, car elle est le reflet du plus pur christianisme ; avec un tel guide, l'homme ne s'égarera jamais. Appliquez-vous donc, mes amis, à en comprendre le sens profond et les conséquences, à en chercher pour vous-mêmes toutes les applications. Soumettez toutes vos actions au contrôle de la charité, et votre conscience vous répondra ; non-seulement elle vous évitera de faire le mal, mais elle vous fera faire le bien : car il ne suffit pas d'une vertu négative, il faut une vertu active ; pour faire le bien, il faut toujours l'action de la volonté ; pour ne pas faire le mal, il suffit souvent de l'inertie et de l'insouciance.

Mes amis, remerciez Dieu qui a permis que vous pussiez jouir de la lumière du spiritisme ; non pas que ceux qui la possèdent puissent seuls être sauvés, mais parce qu'en vous aidant à mieux comprendre les enseignements du Christ, elle fait de vous de meilleurs chrétiens ; faites donc qu'en vous voyant on puisse dire que vrai spirite et vrai chrétien sont une seule et même chose, car tous ceux qui pratiquent la charité sont les disciples de Jésus à quelque culte qu'ils appartiennent. (PAUL, apôtre. Paris, 1860.)

CHAPITRE XVI

ON NE PEUT SERVIR DIEU ET MAMMON.

Salut des riches. — La richesse sur la terrre et la richesse devant Dieu. — Jésus chez Zachée. — Parabole du mauvais riche. — Parabole des talents. — Utilité providentielle de la fortune. Épreuves de la richesse et de la misère. — Inégalité des richesses. — La vraie propriété. — Emploi de la fortune. — Détachement des biens terrestres. — Transmission de la fortune.

189. Nul ne peut servir deux maîtres ; car ou il haïra l'un et aimera l'autre, ou il s'attachera à l'un et méprisera l'autre. Vous ne pouvez servir tout ensemble Dieu et Mammon. (Saint Luc, ch. XVI, v. 13.)

190. Alors un jeune homme s'approcha et lui dit : Bon maître, quel bien faut-il que je fasse pour acquérir la vie éternelle? — Jésus lui répondit : Pourquoi m'appelez-vous bon? Il n'y a que Dieu seul qui soit bon. Si vous voulez entrer dans la vie, gardez les commandements. — Quels commandements, lui dit-il ? Jésus lui dit : Vous ne tuerez point; vous ne commettrez point d'adultère; vous ne déroberez point; vous ne direz point de faux témoignages. — Honorez votre père et votre mère, et aimez votre prochain comme vous-même.

Ce jeune homme lui répondit : J'ai gardé tous ces commandements dès ma jeunesse; que me manque-t-il encore? — Jésus lui dit : Si vous voulez être parfait, allez, vendez ce que vous avez, et le donnez aux pauvres, et vous aurez un trésor dans le ciel ; puis venez et me suivez.

Ce jeune homme entendant ces paroles s'en alla tout triste, parce qu'il avait de grands biens. — Et Jésus dit à ses dis-

ON NE PEUT SERVIR DIEU ET MAMMON.

ciples : *Je vous dis en vérité qu'il est bien difficile qu'un riche entre dans le royaume des cieux. — Je vous le dis encore une fois : Il est plus aisé qu'un chameau passe par le trou d'une aiguille, qu'il ne l'est qu'un riche entre dans le royaume des cieux.* (Saint Matth., ch. XIX, v. de 16 à 24. — Saint Luc, ch. XVIII, v de 18 à 27. — Saint Marc, ch. X, v. de 17 à 27.)

191. Alors un homme lui dit du milieu de la foule : Maître, dites à mon frère qu'il partage avec moi la succession qui nous est échue. — Mais Jésus lui dit : O homme ! qui m'a établi pour vous juger, ou pour faire vos partages ? — Puis il leur dit : Ayez soin de vous garder de toute avarice ; car en quelque abondance qu'un homme soit, sa vie ne dépend point des biens qu'il possède.

Il leur dit ensuite cette parabole : Il y avait un homme riche dont les terres avaient extraordinairement rapporté ; — et il s'entretenait en lui-même de ces pensées : Que ferai-je, car je n'ai point de lieu où je puisse serrer tout ce que j'ai à recueillir ? — Voici, dit-il, ce que je ferai : J'abattrai mes greniers et j'en bâtirai de plus grands, et j'y mettrai toute ma récolte et tous mes biens ; — et je dirai à mon âme : Mon âme, tu as beaucoup de biens en réserve pour plusieurs années ; repose-toi, mange, bois, fais bonne chère. — Mais Dieu en même temps dit à cet homme : Insensé que tu es ! on va te reprendre ton âme cette nuit même ; et pour qui sera ce que tu as amassé ?

C'est ce qui arrive à celui qui amasse des trésors pour soi-même, et qui n'est point riche devant Dieu. (Saint Luc, ch. XII, v. 13 à 21.)

192. Jésus étant entré dans Jéricho, passait par la ville ; — et il y avait un homme nommé Zachée, chef des publicains et fort riche, — qui, ayant envie de voir Jésus pour le connaître, ne le pouvait à cause de la foule, parce qu'il était fort petit ; — c'est pourquoi il courut devant et monta sur un sycomore pour le voir, parce qu'il devait passer par là. —

224 CHAPITRE XVI.

Jésus étant venu en cet endroit, leva les yeux en haut ; et l'ayant vu, il lui dit : Zachée, hâtez-vous de descendre, parce qu'il faut que je loge aujourd'hui dans votre maison. — Zachée descendit aussitôt, et le reçut avec joie. — Tous voyant cela en murmuraient, disant : Il est allé loger chez un homme de mauvaise vie. (Voy. Introduction ; art. *Publicains*.)

Cependant Zachée, se présentant devant le Seigneur, lui dit : Seigneur, je donne la moitié de mon bien aux pauvres ; et si j'ai fait tort à quelqu'un en quoi que ce soit, je lui en rends quatre fois autant. — Sur quoi Jésus lui dit : Cette maison a reçu aujourd'hui le salut, parce que celui-ci est aussi enfant d'Abraham ; — car le Fils de l'homme est venu pour chercher et pour sauver ce qui était perdu. (Saint Luc, ch. xix, *v*. de 1 à 10.

193. Il y avait un homme riche, qui était vêtu de pourpre et de lin, et qui se traitait magnifiquement tous les jours. — Il y avait aussi un pauvre nommé Lazare, étendu à sa porte, tout couvert d'ulcères, — qui eût bien voulu se rassasier des miettes qui tombaient de la table du riche ; mais personne ne lui en donnait, et les chiens venaient lui lécher ses plaies. — Or il arriva que ce pauvre mourut, et fut emporté par les anges dans le sein d'Abraham. Le riche mourut aussi, et eut l'enfer pour sépulcre. — Et lorsqu'il était dans les tourments, il leva les yeux en haut, et vit de loin Abraham, et Lazare dans son sein ; — et s'écriant, il dit ces paroles : Père Abraham, ayez pitié de moi, et envoyez-moi Lazare, afin qu'il trempe le bout de son doigt dans l'eau pour me rafraîchir la langue, parce que je souffre d'extrêmes tourments dans cette flamme.

Mais Abraham lui répondit : Mon fils, souvenez-vous que vous avez reçu vos biens dans votre vie, et que Lazare n'y a eu que des maux ; c'est pourquoi il est maintenant dans la consolation, et vous dans les tourments.

De plus, il y a pour jamais un grand abîme entre nous et vous ; de sorte que ceux qui voudraient passer d'ici vers

ON NE PEUT SERVIR DIEU ET MAMMON. 225

vous ne le peuvent, comme on ne peut passer ici du lieu où vous êtes.

Le riche lui dit : Je vous supplie donc, père Abraham, de l'envoyer dans la maison de mon père, — où j'ai cinq frères, afin qu'il leur atteste ces choses, de peur qu'ils ne viennent aussi eux-mêmes dans ce lieu de tourments. — Abraham lui repartit : Ils ont Moïse et les prophètes ; qu'ils les écoutent. — Non, dit-il, père Abraham ; mais si quelqu'un des morts va les trouver, ils feront pénitence. — Abraham lui répondit : S'ils n'écoutent ni Moïse ni les prophètes, ils ne croiront pas non plus, quand même quelqu'un des morts ressusciterait. (Saint Luc, ch. XVI, v. de 19 à 31.)

194. Le Seigneur agit comme un homme qui devant faire un long voyage hors de son pays, appela ses serviteurs et leur mit son bien entre les mains. — Et ayant donné cinq talents à l'un, deux à l'autre, un à l'autre, selon la capacité différente de chacun, il partit aussitôt. — Celui donc qui avait reçu cinq talents, s'en alla ; il trafiqua avec cet argent, et il en gagna cinq autres. — Celui qui en avait reçu deux, en gagna de même encore deux autres. Mais celui qui n'en avait reçu qu'un, alla creuser dans la terre et y cacha l'argent de son maître. — Longtemps après, le maître de ces serviteurs étant revenu, leur fit rendre compte. — Et celui qui avait reçu cinq talents vint lui en présenter cinq autres, en lui disant : Seigneur, vous m'aviez mis cinq talents entre les main ; en voici, outre ceux-là, cinq autres que j'ai gagnés. — Son maître lui répondit : O bon et fidèle serviteur, parce que vous avez été fidèle en peu de chose, je vous établirai sur beaucoup d'autres ; entrez dans la joie de votre Seigneur. — Celui qui avait reçu deux talents vint aussitôt se présenter à lui et lui dit : Seigneur, vous m'aviez mis deux talents entre les mains ; en voici, outre ceux-là, deux autres que j'ai gagnés. — Son maître lui répondit : O bon et fidèle serviteur, parce que vous avez été fidèle en peu de chose, je vous établirai sur beaucoup d'autres ; entrez dans la joie de votre Seigneur. — Celui qui n'avait reçu qu'un talent vint

CHAPITRE XVI.

ensuite, et lui dit : Seigneur je sais que vous êtes un homme dur, que vous moissonnez où vous n'avez pas semé, et que vous recueillez où vous n'avez rien mis ; — c'est pourquoi, comme je vous appréhendais, j'ai été cacher votre talent dans la terre ; le voici, je vous rends ce qui est à vous. — Mais son maître lui répondit : Serviteur méchant et paresseux, vous saviez que je moissonne où je n'ai point semé, et que je recueille où je n'ai rien mis, — vous deviez donc mettre mon argent entre les mains des banquiers, afin qu'à mon retour je retirasse avec usure ce qui est à moi. — Qu'on lui ôte donc le talent qu'il a, et qu'on le donne à celui qui a dix talents; — car on donnera à tous ceux qui ont déjà, et ils seront comblés de biens ; mais pour celui qui n'a point, on lui ôtera même ce qu'il semble avoir ; et qu'on jette ce serviteur inutile dans les ténèbres extérieures : c'est là qu'il y aura des pleurs et des grincements de dents. (Saint Matthieu, ch. xxv, *v.* de 14 à 30.)

Utilité providentielle de la fortune.

195. Si la richesse devait être un obstacle absolu au salut de ceux qui la possèdent, ainsi qu'on pourrait en inférer de certaines paroles de Jésus interprétées selon la lettre et non selon l'Esprit, Dieu, qui la dispense, aurait mis entre les mains de quelques-uns un instrument de perdition sans ressources, pensée qui répugne à la raison. La richesse est sans doute une épreuve très glissante, plus dangereuse que la misère par ses entraînements, les tentations qu'elle donne, et la fascination qu'elle exerce ; c'est le suprême excitant de l'orgueil, de l'égoïsme et de la vie sensuelle ; c'est le lien le plus puissant qui attache l'homme à la terre et détourne ses pensées du ciel ; elle produit un tel vertige que l'on voit souvent celui qui passe de la misère à la fortune oublier vite sa première position, ceux qui l'ont partagée, ceux qui l'ont aidé, et devenir insensible, égoïste et vain. Mais de ce qu'elle rend la route difficile, il ne s'ensuit pas qu'elle la rende impossible, et ne puisse devenir un moyen de salut entre les mains de celui qui sait s'en servir, comme certains poisons peuvent rendre la santé s'ils sont employés à propos et avec discernement.

Lorsque Jésus dit au jeune homme qui l'interrogeait sur les moyens de gagner la vie éternelle : « Défaites-vous de tous vos biens et suivez-moi, » il n'entendait point poser en principe absolu que chacun doit se dépouiller de ce qu'il possède, et que le salut n'est qu'à ce prix, mais montrer que l'attachement aux biens terrestres est un obstacle au salut. Ce jeune homme, en effet, se croyait quitte parce qu'il avait observé certains commandements, et pourtant il recule à l'idée d'abandonner ses biens ; son désir d'obtenir la vie éternelle ne va pas jusqu'à ce sacrifice.

La proposition que lui fait Jésus était une épreuve décisive pour mettre à jour le fond de sa pensée ; il pouvait sans doute être un parfait honnête homme selon le monde, ne faire de tort à personne, ne point médire de son prochain, n'être ni vain ni orgueilleux, honorer son père et sa mère, mais il n'avait pas la vraie charité, car sa vertu n'allait pas jusqu'à l'abnégation. Voilà ce que Jésus a voulu démontrer ; c'était une application du principe : Hors la charité point de salut.

La conséquence de ces paroles prises dans leur acception rigoureuse, serait l'abolition de la fortune comme nuisible au bonheur futur, et comme source d'une foule de maux sur la terre ; ce serait de plus la

CHAPITRE XVI.

condamnation du travail qui peut la procurer; conséquence absurde qui ramènerait l'homme à la vie sauvage, et qui, par cela même, serait en contradiction avec la loi du progrès, qui est une loi de Dieu.

Si la richesse est la source de beaucoup de maux, si elle excite tant de mauvaises passions, si elle provoque tant de crimes même, il faut s'en prendre non à la chose, mais à l'homme qui en abuse, comme il abuse de tous les dons de Dieu; par l'abus, il rend pernicieux ce qui pourrait lui être le plus utile; c'est la conséquence de l'état d'infériorité du monde terrestre. Si la richesse ne devait produire que du mal, Dieu ne l'aurait pas mise sur la terre; c'est à l'homme d'en faire sortir le bien. Si elle n'est pas un élément direct du progrès moral, elle est, sans contredit, un puissant élément de progrès intellectuel.

En effet, l'homme a pour mission de travailler à l'amélioration matérielle du globe; il doit le défricher, l'assainir, le disposer pour recevoir un jour toute la population que comporte son étendue; pour nourrir cette population qui croît sans cesse, il faut augmenter la production; si la production d'une contrée est insuffisante, il faut aller la chercher au loin. Par cela même les relations de peuple à peuple deviennent un besoin; pour les rendre plus faciles, il faut détruire les obstacles matériels qui les séparent, rendre les communications plus rapides. Pour des travaux qui sont l'œuvre des siècles, l'homme a dû puiser des matériaux jusque dans les entrailles de la terre; il a cherché dans la science les moyens de les exécuter plus sûrement et plus rapidement; mais, pour les accomplir, il lui faut des ressources : la nécessité lui a fait créer la richesse, comme elle lui a fait découvrir la science. L'activité nécessitée par ces mêmes travaux grandit et développe son intelligence ; cette intelligence qu'il concentre d'abord sur la satisfaction des besoins matériels, l'aidera plus tard à comprendre les grandes vérités morales. La richesse étant le premier moyen d'exécution, sans elle plus de grands travaux, plus d'activité, plus de stimulant, plus de recherches ; c'est donc avec raison qu'elle est considérée comme un élément du progrès.

<small>Inégalité des richesses.</small>

196. L'inégalité des richesses est un de ces problèmes que l'on cherche en vain à résoudre, si l'on ne considère que la vie actuelle. La première question qui se présente est celle-ci : Pourquoi tous les hommes ne sont-ils pas également riches? Ils ne le sont pas par une raison très simple, c'est qu'ils ne sont pas également intelligents, actifs et laborieux pour acquérir, sobres et prévoyants pour conserver. C'est d'ailleurs un point mathématiquement démontré, que la fortune également répartie donnerait à chacun une part minime et insuffisante; qu'en supposant cette répartition faite, l'équilibre serait rompu en peu de temps par la diversité des caractères et des aptitudes; qu'en la supposant possible et durable, chacun ayant à peine de quoi vivre, ce serait l'anéantissement de tous les grands travaux qui concourent au progrès et au bien-être de l'humanité; qu'en supposant qu'elle donnât à chacun le nécessaire, il n'y aurait plus l'aiguillon qui pousse aux grandes découvertes et aux entreprises utiles. Si Dieu la concentre sur certains points, c'est pour que

CHAPITRE XVI.

de là elle se répande en quantité suffisante, selon les besoins.

Ceci étant admis, on se demande pourquoi Dieu la donne à des gens incapables de la faire fructifier pour le bien de tous. Là encore est une preuve de la sagesse et de la bonté de Dieu. En donnant à l'homme le libre arbitre, il a voulu qu'il arrivât, par sa propre expérience, à faire la différence du bien et du mal, et que la pratique du bien fût le résultat de ses efforts et de sa propre volonté. Il ne doit être conduit fatalement ni au bien ni au mal, sans cela il ne serait qu'un instrument passif et irresponsable. La fortune est un moyen de l'éprouver moralement; mais comme, en même temps, c'est un puissant moyen d'action pour le progrès, il ne veut pas qu'elle reste longtemps improductive, c'est pourquoi *il la déplace incessamment*. Chacun doit la posséder, pour s'essayer à s'en servir et prouver l'usage qu'il en sait faire; mais comme il y a impossibilité matérielle à ce que tous l'aient en même temps; que d'ailleurs si tout le monde la possédait, personne ne travaillerait, et l'amélioration du globe en souffrirait, *chacun la possède à son tour* : tel qui ne l'a pas aujourd'hui l'a déjà eue ou l'aura dans une autre existence, et tel qui l'a maintenant pourra ne plus l'avoir demain. Il y a des riches et des pauvres, parce que Dieu étant juste, chacun doit travailler à son tour; la pauvreté est pour les uns l'épreuve de la patience et de la résignation; la richesse est pour les autres l'épreuve de la charité et de l'abnégation.

On gémit avec raison de voir le pitoyable usage que certaines gens font de leur fortune, les ignobles passions que provoque la convoitise, et l'on se demande si Dieu

ON NE PEUT SERVIR DIEU ET MAMMON. 231

est juste de donner la richesse à de telles gens? Il est certain que si l'homme n'avait qu'une seule existence, rien ne justifierait une telle répartition des biens de la terre; mais si, au lieu de borner sa vue à la vie présente, on considère l'ensemble des existences, on voit que tout s'équilibre avec justice. Le pauvre n'a donc plus de motif d'accuser la Providence, ni d'envier les riches, et les riches n'en ont plus de se glorifier de ce qu'ils possèdent. S'ils en abusent, ce n'est ni avec les décrets, ni avec les lois somptuaires qu'on remédiera au mal; les lois peuvent momentanément changer l'extérieur, mais elles ne peuvent changer le cœur; c'est pourquoi elles n'ont qu'une durée temporaire, et sont toujours suivies d'une réaction plus effrénée. La source du mal est dans l'égoïsme et l'orgueil; les abus de toute nature cesseront d'eux-mêmes quand les hommes se régleront sur la loi de charité.

INSTRUCTIONS DES ESPRITS.

- La vraie propriété.

197. L'homme ne possède en propre que ce qu'il peut emporter de ce monde. Ce qu'il trouve en arrivant et ce qu'il laisse en partant, il en jouit pendant son séjour; mais puisqu'il est forcé de l'abandonner, il n'en a que la jouissance et non la possession réelle. Que possède-t-il donc? Rien de ce qui est à l'usage du corps, tout ce qui est à l'usage de l'âme : l'intelligence, les connaissances, les qualités morales; voilà ce qu'il apporte et ce qu'il emporte, ce qu'il n'est au pouvoir de personne de lui enlever, ce qui

CHAPITRE XVI.

lui servira plus encore dans l'autre monde que dans celui-ci; de lui dépend d'être plus riche à son départ qu'à son arrivée, car de ce qu'il aura acquis en bien dépend sa position future. Quand un homme va dans un pays lointain, il compose sa pacotille d'objets qui ont cours dans le pays; mais il ne se charge point de ceux qui lui seraient inutiles. Faites donc de même pour la vie future, et faites provision de tout ce qui pourra vous y servir.

Au voyageur qui arrive dans une auberge, on donne un beau logement s'il peut le payer; à celui qui a peu de chose, on en donne un moins agréable; quant à celui qui n'a rien, il couche sur la paille. Ainsi en est-il de l'homme à son arrivée dans le monde des Esprits : sa place y est subordonnée à son avoir; mais ce n'est pas avec de l'or qu'il la paye. On ne lui demandera point : Combien aviez-vous sur la terre? quel rang y occupiez-vous? étiez-vous prince ou artisan? Mais on lui demandera : Qu'en rapportez-vous? On ne supputera point la valeur de ses biens ni de ses titres, mais la somme de ses vertus; or, à ce compte, l'artisan peut être plus riche que le prince. En vain alléguera-t-il qu'avant son départ il a payé son entrée avec de l'or, on lui répondra : Les places ne s'achètent point ici, elles se gagnent par le bien qu'on a fait; avec la monnaie terrestre, vous avez pu acheter des champs, des maisons, des palais; ici tout se paye avec les qualités du cœur. Êtes-vous riche de ces qualités? soyez le bienvenu, et allez à la première place où toutes les félicités vous attendent; êtes-vous pauvre? allez à la dernière où vous serez traité en raison de votre avoir. (PASCAL. Genève, 1860.)

198. Les biens de la terre appartiennent à Dieu qui les dispense à son gré, et l'homme n'en est que l'usufruitier, l'administrateur plus ou moins intègre et intelligent. Ils sont si peu la propriété individuelle de l'homme, que Dieu déjoue souvent toutes les prévisions; que la fortune échappe à celui qui croit la posséder aux meilleurs titres.

Vous direz peut-être que cela se comprend pour la fortune héréditaire, mais qu'il n'en est pas de même de celle que l'on acquiert par son travail. Sans aucun doute, s'il est une fortune légitime, c'est celle-là, quand elle est acquise honnêtement, car une propriété n'est légitimement acquise que, lorsque, pour la posséder, on n'a fait de tort à personne. Il sera demandé compte d'un denier mal acquis au préjudice d'autrui. Mais de ce qu'un homme doit sa fortune à lui-même, en emporte-t-il davantage en mourant? Les soins qu'il prend de la transmettre à ses descendants ne sont-ils pas souvent superflus? car si Dieu ne veut pas qu'elle leur échoie, rien ne saurait prévaloir contre sa volonté. Peut-il en user et en abuser impunément pendant sa vie sans avoir de compte à rendre? Non; en lui permettant de l'acquérir, Dieu a pu vouloir récompenser en lui, pendant cette vie, ses efforts, son courage, sa persévérance; mais s'il ne la fait servir qu'à la satisfaction de ses sens ou de son orgueil; si elle devient une cause de chute entre ses mains, mieux eût valu pour lui qu'il ne la possédât pas; il perd d'un côté ce qu'il a gagné de l'autre en annulant le mérite de son travail, et quand il quittera la terre, Dieu lui dira qu'il a déjà reçu sa récompense. (M. ESPRIT PROTECTEUR. Bruxelles, 1861.)

CHAPITRE XVI.

Emploi de la fortune.

199. Vous ne pouvez servir Dieu et Mammon ; retenez bien ceci, vous que l'amour de l'or domine, vous qui vendriez votre âme pour posséder des trésors, parce qu'ils peuvent vous élever au-dessus des autres hommes et vous donner les jouissances des passions ; non, vous ne pouvez servir Dieu et Mammon ! Si donc vous sentez votre âme dominée par les convoitises de la chair, hâtez-vous de secouer le joug qui vous accable, car Dieu, juste et sévère, vous dira : Qu'as-tu fait, économe infidèle, des biens que je t'avais confiés ? Ce puissant mobile des bonnes œuvres, tu ne l'as fait servir qu'à ta satisfaction personnelle.

Quel est donc le meilleur emploi de la fortune ? cherchez dans ces paroles : « Aimez-vous les uns les autres, » la solution de ce problème ; là est le secret de bien employer ses richesses. Celui qui est animé de l'amour du prochain a sa ligne de conduite toute tracée ; l'emploi qui plaît à Dieu, c'est la charité ; non pas cette charité froide et égoïste qui consiste à répandre autour de soi le superflu d'une existence dorée, mais cette charité pleine d'amour qui cherche le malheur, qui le relève sans l'humilier. Riche, donne de ton superflu ; fais mieux : donne un peu de ton nécessaire, car ton nécessaire est encore du superflu, mais donne avec sagesse. Ne repousse pas la plainte de peur d'être trompé, mais va à la source du mal ; soulage d'abord, informe-toi ensuite, et vois si le travail, les conseils, l'affection même ne seront pas plus efficaces que ton aumône. Répands autour de toi, avec l'aisance, l'amour de Dieu, l'amour du travail, l'amour du prochain. Place tes richesses sur un fonds qui ne te manquera jamais et te rapportera de gros intérêts : les bonnes œuvres. La richesse de l'intelligence doit te servir comme celle de l'or ; répands autour de toi les trésors de l'instruction ; répands sur tes frères les trésors de ton amour, et ils fructifieront. (CHÉVERUS. Bordeaux, 1861.)

200. Lorsque je considère la brièveté de la vie, je suis douloureusement affecté de l'incessante préoccupation dont le bien-être matériel est pour vous l'objet, tandis que vous attachez si peu d'importance, et ne consacrez que peu ou point de temps à votre perfectionnement moral qui doit vous compter pour l'éternité. On croirait, à voir l'activité que vous déployez, qu'il s'y rattache une question du plus haut intérêt pour l'humanité, tandis qu'il ne s'agit presque toujours que de vous mettre à même de satisfaire à des besoins exagérés, à la vanité, ou de vous livrer à des excès. Que de peines, de soucis, de tourments l'on se donne, que de nuits sans sommeil, pour augmenter une fortune souvent plus que suffisante ! Pour comble d'aveuglement, il n'est pas rare de voir ceux qu'un amour immodéré de la fortune et des jouissances qu'elle procure, assujettit à un travail pénible, se prévaloir d'une existence dite de sacrifice et de mérite, comme s'ils travaillaient pour les autres et non pour eux-mêmes. Insensés ! vous croyez donc réellement qu'il vous sera tenu compte des soins et des efforts dont l'égoïsme, la cupidité ou l'orgueil sont le mobile, tandis que vous négligez le soin de votre avenir, ainsi

CHAPITRE XVI.

que les devoirs que la solidarité fraternelle impose à tous ceux qui jouissent des avantages de la vie sociale ! Vous n'avez songé qu'à votre corps ; son bien-être, ses jouissances étaient l'unique objet de votre sollicitude égoïste ; pour lui qui meurt, vous avez négligé votre Esprit qui vivra toujours. Aussi ce maître tant choyé et caressé est devenu votre tyran ; il commande à votre Esprit qui s'est fait son esclave. Était-ce là le but de l'existence que Dieu vous avait donnée ? (Un Esprit protecteur. Cracovie, 1861.)

201. L'homme étant le dépositaire, le gérant des biens que Dieu remet entre ses mains, il lui sera demandé un compte sévère de l'emploi qu'il en aura fait en vertu de son libre arbitre. Le mauvais emploi consiste à ne les faire servir qu'à sa satisfaction personnelle ; au contraire, l'emploi est bon toutes les fois qu'il en résulte un bien quelconque pour autrui ; le mérite est proportionné au sacrifice que l'on s'impose. La bienfaisance n'est qu'un mode d'emploi de la fortune ; elle soulage la misère actuelle ; elle apaise la faim, préserve du froid et donne un asile à celui qui n'en a pas ; mais un devoir tout aussi impérieux, tout aussi méritoire, consiste à prévenir la misère ; c'est là surtout la mission des grandes fortunes par les travaux de tous genres qu'elles peuvent faire exécuter; et dussent-elles en tirer un profit légitime, le bien n'en existerait pas moins, car le travail développe l'intelligence et rehausse la dignité de l'homme toujours fier de pouvoir dire qu'il a gagné le pain qu'il mange, tandis que l'aumône humilie et dégrade. La fortune concentrée dans une main doit être comme une source d'eau vive

ON NE PEUT SERVIR DIEU ET MAMMON. 237

qui répand la fécondité et le bien-être autour d'elle. O vous, riches, qui l'emploierez selon les vues du Seigneur, votre cœur, le premier, se désaltérera à cette source bienfaisante ; vous aurez en cette vie les ineffables jouissances de l'âme au lieu des jouissances matérielles de l'égoïste qui laissent le vide dans le cœur. Votre nom sera béni sur la terre, et quand vous la quitterez, le souverain maître vous adressera le mot de la parabole des talents : « O bon et fidèle serviteur, entrez dans la joie de votre Seigneur. » Dans cette parabole, le serviteur qui enfouit dans la terre l'argent qui lui a été confié, n'est-il pas l'image des avares entre les mains desquels la fortune est improductive ? Si cependant Jésus parle principalement des aumônes, c'est qu'en ce temps-là et dans le pays où il vivait on ne connaissait pas les travaux que les arts et l'industrie ont créés depuis, et auxquels la fortune peut être employée utilement pour le bien général. A tous ceux qui peuvent donner, peu ou beaucoup, je dirai donc : Faites l'aumône quand cela sera nécessaire, mais autant que possible convertissez-la en salaire, afin que celui qui la reçoit n'en rougisse pas. (FÉNELON. Alger, 1860.)

Détachement des biens terrestres.

202. Je viens, mes frères, mes amis, apporter mon obole pour vous aider à marcher hardiment dans la voie d'amélioration où vous êtes entrés. Nous nous devons les uns aux autres ; ce n'est que par une union sincère et fraternelle entre Esprits et incarnés que la régénération est possible.

Votre amour pour les biens terrestres est une des plus

CHAPITRE XVI.

fortes entraves à votre avancement moral et spirituel ; par cet attachement à la possession, vous brisez vos facultés aimantes en les reportant toutes sur les choses matérielles. Soyez sincères ; la fortune donne-t-elle un bonheur sans mélange? Quand vos coffres sont pleins, n'y a-t-il pas toujours un vide dans le cœur? Au fond de cette corbeille de fleurs, n'y a-t-il pas toujours un reptile caché? Je comprends que l'homme qui, par un travail assidu et honorable, a gagné la fortune, éprouve une satisfaction, bien juste du reste ; mais de cette satisfaction, très naturelle et que Dieu approuve, à un attachement qui absorbe tout autre sentiment et paralyse les élans du cœur, il y a loin ; aussi loin que de l'avarice sordide à la prodigalité exagérée, deux vices entre lesquels Dieu a placé la charité, sainte et salutaire vertu qui apprend au riche à donner sans ostentation, pour que le pauvre reçoive sans bassesse.

Que la fortune vous vienne de votre famille, ou que vous l'ayez gagnée par votre travail, il est une chose que vous ne devez jamais oublier, c'est que tout vient de Dieu, tout retourne à Dieu. Rien ne vous appartient sur la terre, pas même votre pauvre corps : la mort vous en dépouille comme de tous les biens matériels ; vous êtes dépositaires et non propriétaires, ne vous y trompez pas ; Dieu vous a prêté, vous devez rendre, et il vous prête à la condition que le superflu, au moins, revienne à ceux qui n'ont pas le nécessaire.

Un de vos amis vous prête une somme ; pour peu que vous soyez honnête, vous vous faites un scrupule de la lui rendre, et vous lui en gardez de la reconnaissance. Eh bien ! voilà la position de tout homme riche ; Dieu est l'ami céleste qui lui a prêté la richesse ; il ne demande pour lui que l'amour et la reconnaissance, mais il exige qu'à son tour le riche donne aux pauvres qui sont ses enfants au même titre que lui.

Le bien que Dieu vous a confié excite en vos cœurs une ardente et folle convoitise; avez-vous réfléchi quand vous vous attachez immodérément à une fortune périssable et passagère comme vous, qu'un jour viendra où vous devrez rendre compte au Seigneur de ce qui vient de lui? Oubliez-vous que, par la richesse, vous êtes revêtus du caractère sacré de ministres de la charité sur la terre pour en être les dispensateurs intelligents? Qu'êtes-vous donc quand vous usez à votre seul profit de ce qui vous a été confié, sinon des dépositaires infidèles? Que résulte-t-il de cet oubli volontaire de vos devoirs? La mort inflexible, inexorable, vient déchirer le voile sous lequel vous vous cachiez, et vous force à rendre vos comptes à l'ami même qui vous avait obligés, et qui à ce moment se revêt pour vous de la robe de juge.

C'est en vain que sur la terre vous cherchez à vous faire illusion à vous-mêmes, en colorant du nom de vertu ce qui souvent n'est que de l'égoïsme; que vous appelez économie et prévoyance ce qui n'est que de la cupidité et de l'avarice, ou générosité ce qui n'est que la prodigalité à votre profit. Un père de famille, par exemple, s'abstiendra de faire la charité, économisera, entassera or sur or, et cela, dit-il, pour laisser à ses enfants le plus de bien possible, et leur éviter de tomber dans la misère; c'est fort juste et paternel, j'en conviens, et on ne peut l'en blâmer; mais est-ce bien là toujours le seul mobile qui le guide! N'est-ce pas souvent un compromis avec sa conscience pour justifier à

CHAPITRE XVI.

ses propres yeux et aux yeux du monde son attachement personnel aux biens terrestres? Cependant j'admets que l'amour paternel soit son unique mobile; est-ce un motif pour oublier ses frères devant Dieu? Quand lui-même a déjà le superflu, laissera-t-il ses enfants dans la misère, parce qu'ils auront un peu moins de ce superflu? N'est-ce pas leur donner une leçon d'égoïsme et endurcir leur cœur? N'est-ce pas étouffer en eux l'amour du prochain? Pères et mères, vous êtes dans une grande erreur, si vous croyez par là augmenter l'affection de vos enfants pour vous; en leur apprenant à être égoïstes pour les autres, vous leur apprenez à l'être pour vous-mêmes.

Quand un homme a bien travaillé, et qu'à la sueur de son front il a amassé du bien, vous l'entendrez souvent dire que lorsque l'argent est gagné on en connaît mieux le prix : rien n'est plus vrai. Eh bien ! que cet homme qui avoue connaître toute la valeur de l'argent, fasse la charité selon ses moyens, il aura plus de mérite que celui qui, né dans l'abondance, ignore les rudes fatigues du travail. Mais qu'au contraire ce même homme qui se rappelle ses peines, ses travaux, soit égoïste, dur pour les pauvres, il est bien plus coupable que les autres; car plus on connaît par soi-même les douleurs cachées de la misère, plus on doit être porté à les soulager dans les autres.

Malheureusement il y a toujours dans l'homme qui possède un sentiment aussi fort que l'attachement à la fortune : c'est l'orgueil. Il n'est pas rare de voir le parvenu étourdir le malheureux qui implore son assistance du récit de ses travaux et de son savoir-faire, au lieu de lui venir en aide, et finir par lui dire : « Faites ce que j'ai fait. » D'après lui, la bonté de Dieu n'est pour rien dans sa fortune ; à lui seul en revient tout le mérite ; son orgueil met un bandeau sur ses yeux et bouche ses oreilles ; il ne comprend pas qu'avec toute son intelligence et son adresse, Dieu peut le renverser d'un seul mot.

Gaspiller sa fortune, ce n'est pas le détachement des biens terrestres, c'est de l'insouciance et de l'indifférence ; l'homme, dépositaire de ces biens, n'a pas plus le droit de les dilapider que de les confisquer à son profit ; la prodigalité n'est pas la générosité, c'est souvent une forme de l'égoïsme ; tel qui jette l'or à pleines mains pour satisfaire une fantaisie ne donnerait pas un écu pour rendre service. Le détachement des biens terrestres consiste à apprécier la fortune à sa juste valeur, à savoir s'en servir pour les autres et non pour soi seul, à n'y point sacrifier les intérêts de la vie future, à la perdre sans murmurer s'il plaît à Dieu de vous la retirer. Si, par des revers imprévus, vous devenez un autre Job, comme lui, dîtes : « Seigneur, vous me l'aviez donnée, vous me l'avez ôtée ; que votre volonté soit faite. » Voilà le vrai détachement. Soyez soumis d'abord ; ayez foi en celui qui vous ayant donné et ôté peut vous rendre ; résistez avec courage à l'abattement, au désespoir qui paralysent votre force ; n'oubliez jamais, quand Dieu vous frappera, qu'à côté de la plus grande épreuve, il place toujours une consolation. Mais songez surtout qu'il est des biens infiniment plus précieux que ceux de la terre, et cette pensée aidera à vous détacher de ces derniers. Le peu de prix qu'on attache à une chose fait qu'on est moins sensible à sa perte. L'homme qui s'attache aux biens

CHAPITRE XVI.

de la terre est comme l'enfant qui ne voit que le moment présent; celui qui n'y tient pas est comme l'adulte qui voit des choses plus importantes, car il comprend ces paroles prophétiques du Sauveur : Mon royaume n'est pas de ce monde.

Le Seigneur n'ordonne point de se dépouiller de ce qu'on possède pour se réduire à une mendicité volontaire, car alors on devient une charge pour la société; agir ainsi serait mal comprendre le détachement des biens terrestres; c'est un égoïsme d'un autre genre, car c'est s'affranchir de la responsabilité que la fortune fait peser sur celui qui la possède. Dieu la donne à qui bon lui semble pour la gérer au profit de tous; le riche a donc une mission, mission qu'il peut rendre belle et profitable pour lui; rejeter la fortune quand Dieu vous la donne, c'est renoncer au bénéfice du bien que l'on peut faire en l'administrant avec sagesse. Savoir s'en passer quand on ne l'a pas, savoir l'employer utilement quand on l'a, savoir la sacrifier quand cela est nécessaire, c'est agir selon les vues du Seigneur. Que celui à qui il arrive ce qu'on appelle dans le monde une bonne fortune, s'écrie : Mon Dieu, vous m'envoyez une nouvelle charge, donnez-moi la force de la remplir selon votre sainte volonté.

Voilà, mes amis, ce que j'entendais vous enseigner par le détachement des biens terrestres; je me résume en disant : Sachez vous contenter de peu. Si vous êtes pauvre, n'enviez pas les riches, car la fortune n'est pas nécessaire au bonheur; si vous êtes riche, n'oubliez pas que ces biens vous sont confiés, et que vous en devrez justifier l'emploi comme dans un compte de tutelle. Ne soyez pas dépositaire infidèle, en les faisant

ON NE PEUT SERVIR DIEU ET MAMMON. 243

servir à la satisfaction de votre orgueil et de votre sensualité ; ne vous croyez pas le droit de disposer pour vous uniquement de ce qui n'est qu'un prêt, et non un don. Si vous ne savez pas rendre, vous n'avez plus le droit de demander, et rappelez-vous que celui qui donne aux pauvres s'acquitte de la dette qu'il a contractée envers Dieu. (LACORDAIRE. Constantine, 1863.)

203. *Le principe en vertu duquel l'homme n'est que le dépositaire de la fortune dont Dieu lui permet de jouir pendant sa vie, lui ôte-t-il le droit de la transmettre à ses descendants?*

L'homme peut parfaitement transmettre après sa mort ce dont il a eu la jouissance pendant sa vie, parce que l'effet de ce droit est toujours subordonné à la volonté de Dieu qui peut, quand il veut, empêcher ses descendants d'en jouir ; c'est ainsi qu'on voit s'écrouler les fortunes qui paraissent le plus solidement assises. La volonté de l'homme pour maintenir sa fortune dans sa lignée est donc impuissante, ce qui ne lui ôte pas le droit de transmettre le prêt qu'il a reçu, puisque Dieu le retirera quand il le jugera à propos. (SAINT LOUIS. Paris, 1860.)

CHAPITRE XVII

SOYEZ PARFAITS.

Caractères de la perfection. — L'homme de bien. — Les bons spirites. — Parabole de la semence. — Le devoir. — La vertu. — Les supérieurs et les inférieurs. — L'homme dans le monde. — Soignez le corps et l'esprit.

204. Aimez vos ennemis; faites du bien à ceux qui vous haïssent, et priez pour ceux qui vous persécutent et qui vous calomnient; — car si vous n'aimez que ceux qui vous aiment, quelle récompense en aurez-vous? Les publicains ne le font-ils pas aussi? — Et si vous ne saluez que vos frères, que faites-vous en cela de plus que les autres? Les païens ne le font-ils pas aussi? — *Soyez donc, vous autres, parfaits, comme votre Père céleste est parfait.* (Saint Matthieu, ch. v, v. 44, 46, 47, 48.)

205. Puisque Dieu possède la perfection infinie en toutes choses, cette maxime : « Soyez parfaits comme votre Père céleste est parfait, » prise à la la lettre, présupposerait la possibilité d'atteindre à la perfection absolue. S'il était donné à la créature d'être aussi parfaite que le Créateur, elle lui deviendrait égale, ce qui est inadmissible. Mais les hommes auxquels s'adressait Jésus n'auraient point compris cette nuance; il se borne à leur présenter un modèle et leur dit de s'efforcer de l'atteindre.

Il faut donc entendre par ces paroles la perfection relative, celle dont l'humanité est susceptible et qui la rapproche le plus de la Divinité. En quoi consiste cette perfection? Jésus le dit : « Aimer ses ennemis, faire du bien à ceux qui nous haïssent, prier pour ceux qui nous persécutent. » Il montre par là que l'essence de la perfection, c'est la charité dans sa plus large acception, parce qu'elle implique la pratique de toutes les autres vertus.

En effet, si l'on observe les résultats de tous les vices, et même des simples défauts, on reconnaîtra qu'il n'en est aucun qui n'altère plus ou moins le sentiment de la charité, parce que tous ont leur principe dans l'égoïsme et l'orgueil, qui en sont la négation; car tout ce qui surexcite le sentiment de la personnalité détruit, ou tout au moins affaiblit les éléments de la vraie charité, qui sont : la bienveillance, l'indulgence, l'abnégation et le dévoûment. L'amour du prochain, porté jusqu'à l'amour de ses ennemis, ne pouvant s'allier avec aucun défaut contraire à la charité, est, par cela même, toujours l'indice d'une plus ou moins grande supériorité morale; d'où il résulte que le degré de la perfection est en raison de l'étendue de cet amour; c'est pourquoi Jésus, après avoir donné à ses disciples les règles de la charité dans ce qu'elle a de plus sublime, leur dit : « Soyez donc parfaits comme votre Père céleste est parfait. »

L'homme de bien.

206. Le véritable homme de bien est celui qui pratique la loi de justice, d'amour et de charité dans sa plus grande pureté. S'il interroge sa conscience sur ses propres actes, il se demande s'il n'a point violé cette loi; s'il n'a point fait de mal; s'il a fait tout le bien *qu'il*

CHAPITRE XVII.

a pu; s'il a négligé volontairement une occasion d'être utile ; si nul n'a à se plaindre de lui ; enfin s'il a fait à autrui tout ce qu'il eût voulu qu'on fît pour lui.

Il a foi en Dieu, en sa bonté, en sa justice et en sa sagesse ; il sait que rien n'arrive sans sa permission, et il se soumet en toutes choses à sa volonté.

Il a foi en l'avenir ; c'est pourquoi il place les biens spirituels au-dessus des biens temporels.

Il sait que toutes les vicissitudes de la vie, toutes les douleurs, toutes les déceptions, sont des épreuves ou des expiations, et il les accepte sans murmures.

L'homme pénétré du sentiment de charité et d'amour du prochain fait le bien pour le bien, sans espoir de retour, rend le bien pour le mal, prend la défense du faible contre le fort, et sacrifie toujours son intérêt à la justice.

Il trouve sa satisfaction dans les bienfaits qu'il répand, dans les services qu'il rend, dans les heureux qu'il fait, dans les larmes qu'il tarit, dans les consolations qu'il donne aux affligés. Son premier mouvement est de penser aux autres avant de penser à lui, de chercher l'intérêt des autres avant le sien propre. L'égoïste, au contraire, calcule les profits et les pertes de toute action généreuse.

Il est bon, humain et bienveillant pour tout le monde, sans acception de races ni de croyances, parce qu'il voit des frères dans tous les hommes.

Il respecte en autrui toutes les convictions sincères, et ne jette point l'anathème à ceux qui ne pensent pas comme lui.

En toutes circonstances la charité est son guide ; il se dit que celui qui porte préjudice à autrui par des paroles malveillantes, qui froisse la susceptibilité de quelqu'un par son orgueil et son dédain, qui ne recule pas à l'idée de causer une peine, une contrariété, même légère, quand il peut l'éviter, manque au devoir de l'amour du prochain, et ne mérite pas la clémence du Seigneur.

Il n'a ni haine, ni rancune, ni désir de vengeance; à l'exemple de Jésus, il pardonne et oublie les offenses, et ne se souvient que des bienfaits; car il sait qu'il lui sera pardonné comme il aura pardonné lui-même.

Il est indulgent pour les faiblesses d'autrui, parce qu'il sait qu'il a lui-même besoin d'indulgence, et se rappelle cette parole du Christ : Que celui qui est sans péché lui jette la première pierre.

Il ne se complaît point à rechercher les défauts d'autrui ni à les mettre en évidence. Si la nécessité l'y oblige, il cherche toujours le bien qui peut atténuer le mal.

Il étudie ses propres imperfections, et travaille sans cesse à les combattre. Tous ses efforts tendent à pouvoir se dire le lendemain qu'il y a en lui quelque chose de mieux que la veille.

Il ne cherche à faire valoir ni son esprit, ni ses talents aux dépens d'autrui; il saisit, au contraire, toutes les occasions de faire ressortir ce qui est à l'avantage des autres.

Il ne tire aucune vanité ni de sa fortune, ni de ses avantages personnels, parce qu'il sait que tout ce qui lui a été donné peut lui être retiré.

Il use, mais n'abuse point des biens qui lui sont accordés; parce qu'il sait que c'est un dépôt dont il devra compte, et que l'emploi le plus préjudiciable qu'il en puisse faire pour lui-même, c'est de les faire servir à la satisfaction de ses passions.

Si l'ordre social a placé des hommes sous sa dépendance, il les traite avec bonté et bienveillance, parce que ce sont ses égaux devant Dieu ; il use de son autorité pour relever leur moral, et non pour les écraser de son orgueil ; il évite tout ce qui pourrait rendre leur position subalterne plus pénible.

Le subordonné, de son côté, comprend les devoirs de sa position, et se fait un scrupule de les remplir consciencieusement.

L'homme de bien, enfin, respecte dans ses semblables tous les droits que donnent les lois de la nature, comme il voudrait qu'on les respectât envers lui.

Là n'est pas l'énumération de toutes les qualités qui distinguent l'homme de bien, mais quiconque s'efforce de posséder celles-ci est sur la voie qui conduit à toutes les autres.

Les bons spirites.

207. Le spiritisme bien compris, mais surtout bien senti, conduit forcément aux résultats ci-dessus, qui caractérisent le vrai spirite comme le vrai chrétien, l'un et l'autre ne faisant qu'un. Le spiritisme ne crée aucune morale nouvelle ; il facilite aux hommes l'intelligence et la pratique de celle du Christ, en donnant une foi solide et éclairée à ceux qui doutent ou qui chancellent.

Mais beaucoup de ceux qui croient aux faits des manifestations n'en comprennent ni les conséquences ni a portée morale, ou, s'ils les comprennent, ils ne se les appliquent point à eux-mêmes. A quoi cela tient-il ? Est-ce à un défaut de précision de la doctrine ? Non, car elle ne contient ni allégories, ni figures qui puissent donner lieu à de fausses interprétations ; son essence même est la clarté, et c'est ce qui fait sa puissance, parce qu'elle va droit à l'intelligence. Elle n'a rien de mystérieux, et ses initiés ne sont en possession d'aucun secret caché au vulgaire.

Faut-il donc, pour la comprendre, une intelligence hors ligne ? Non, car on voit des hommes d'une capacité notoire qui ne la comprennent pas, tandis que des intelligences vulgaires, des jeunes gens même à peine sortis de l'adolescence, en saisissent avec une admirable justesse les nuances les plus délicates. Cela vient de ce que la partie en quelque sorte *matérielle* de la science ne requiert que des yeux pour observer, tandis que la partie *essentielle* veut un certain degré de sensibilité qu'on peut appeler la maturité du sens moral, maturité indépendante de l'âge et du degré d'instruction, parce qu'elle est inhérente au développement, dans un sens spécial, de l'Esprit incarné. Chez les uns, les liens de la matière sont encore trop tenaces pour permettre à l'Esprit de se dégager des choses de la terre ; le brouillard qui les environne leur dérobe la vue de l'infini ; c'est pourquoi ils ne rompent facilement ni avec leurs goûts, ni avec leurs habitudes, ne comprenant pas quelque chose de mieux que ce qu'ils ont ; la croyance aux Esprits est pour eux un simple fait, mais ne modifie que peu ou point leurs tendances instinctives ; en un mot, ils ne voient qu'un rayon de la lumière, insuffisant pour les conduire et leur donner une aspiration puissante, capable de vaincre leurs pen-

CHAPITRE XVII.

chants. Ce sont les spirites imparfaits, dont quelques-uns restent en chemin ou s'éloignent de leurs frères en croyance, parce qu'ils reculent devant l'obligation de se réformer eux-mêmes. Cependant l'acceptation du principe de la doctrine est un premier pas qui leur rendra le second plus facile dans une autre existence.

Celui que l'on peut, avec raison, qualifier de vrai et sincère spirite, est à un degré supérieur d'avancement moral; l'Esprit qui domine plus complétement la matière lui donne une perception plus claire de l'avenir; les principes de la doctrine font vibrer en lui des fibres qui restent muettes chez les premiers; en un mot, *il est touché au cœur;* aussi sa foi est-elle inébranlable. L'un est comme le musicien qui s'émeut à certains accords, tandis qu'un autre n'entend que des sons. On reconnaît le vrai spirite à sa transformation morale, et aux efforts qu'il fait pour dompter ses mauvaises inclinations; tandis que l'un se complaît dans son horizon borné, l'autre qui comprend quelque chose de mieux, s'efforce de s'en détacher, et il y parvient toujours quand il en a la ferme volonté.

Parabole de la semence.

208. Ce même jour, Jésus, étant sorti de la maison, s'assit auprès de la mer; — et il s'assembla autour de lui une grande foule de peuple; c'est pourquoi il monta sur une barque, où il s'assit, tout le peuple se tenant sur le rivage; — et il leur dit beaucoup de choses en paraboles, leur parlant de cette sorte :

Celui qui sème s'en alla semer; — et pendant qu'il semait, quelque partie de la semence tomba le long du chemin, et les oiseaux du ciel étant venus la mangèrent.

SOYEZ PARFAITS. 251

Une autre tomba dans des lieux pierreux où elle n'avait pas beaucoup de terre ; et elle leva aussitôt, parce que la terre où elle était n'avait pas de profondeur. — Mais le soleil s'étant levé ensuite, elle en fut brûlée ; et comme elle n'avait point de racine, elle sécha.

Une autre tomba dans des épines, et les épines venant à croître l'étouffèrent.

Une autre enfin tomba dans de bonne terre, et elle porta du fruit, quelques grains rendant cent pour un, d'autres soixante, et d'autres trente.

Que celui-là entende, qui a des oreilles pour entendre. (Saint Matthieu, ch. XIII, *v.* de 1 à 9.)

Écoutez donc, vous autres, la parabole de celui qui sème.

Quiconque écoute la parole du royaume et n'y fait point d'attention, l'esprit malin vient et enlève ce qui avait été semé dans son cœur ; c'est celui-là qui a reçu la semence le long du chemin.

Celui qui reçoit la semence au milieu des pierres, c'est celui qui écoute la parole, et qui la reçoit à l'heure même avec joie ; mais il n'a point en soi de racine, et il n'est que pour un temps ; et lorsqu'il survient des traverses et des persécutions à cause de la parole, il en prend aussitôt un sujet de scandale et de chute.

Celui qui reçoit la semence parmi les épines, c'est celui qui entend la parole ; mais ensuite les sollicitudes de ce siècle et l'illusion des richesses étouffent en lui cette parole et la rendent infructueuse.

Mais celui qui reçoit la semence dans une bonne terre, c'est celui qui écoute la parole, qui y fait attention et qui porte du fruit, et rend cent, ou soixante, ou trente pour un. (Saint Matthieu, ch. XIII, *v.* de 18 à 23.)

209. La parabole de la semence représente parfaitement les nuances qui existent dans la manière de mettre à profit les enseignements de l'Évangile. Combien est-il

CHAPITRE XVII.

de gens, en effet, pour lesquels ce n'est qu'une lettre morte qui, pareille à la semence tombée sur le roc, ne produit aucun fruit!

Elle trouve une application non moins juste dans les différentes catégories de spirites. N'est-elle pas l'emblème de ceux qui ne s'attachent qu'aux phénomènes matériels, et n'en tirent aucune conséquence, parce qu'ils n'y voient qu'un objet de curiosité? De ceux qui ne cherchent que le brillant dans les communications des Esprits, et ne s'y intéressent qu'autant qu'elles satisfont leur imagination, mais qui, après les avoir entendues, sont aussi froids et indifférents qu'auparavant? qui trouvent les conseils fort bons et les admirent, mais en font l'application aux autres et non à eux-mêmes? de ceux, enfin, pour qui ces instructions sont comme la semence tombée dans la bonne terre, et produisent des fruits?

INSTRUCTIONS DES ESPRITS.

Le devoir.

210. Le devoir est l'obligation morale, vis-à-vis de soi d'abord, et des autres ensuite. Le devoir est la loi de la vie; il se retrouve dans les plus infimes détails, aussi bien que dans les actes élevés. Je ne veux parler ici que du devoir moral, et non de celui qu'imposent les professions.

Dans l'ordre des sentiments, le devoir est très difficile à remplir, parce qu'il se trouve en antagonisme avec les séductions de l'intérêt et du cœur; ses victoires n'ont pas de témoins, et ses défaites n'ont pas de répression. Le devoir intime de l'homme est abandonné à son libre arbitre; l'aiguillon de la conscience, cette gardienne de la probité intérieure, l'avertit et le soutient, mais elle demeure souvent impuissante devant les sophismes de la passion. Le devoir du cœur, fidèlement observé, élève l'homme; mais ce devoir, comment le préciser? Où commence-t-il? où s'arrête-t-il? Il commence précisément au point où vous menacez le bonheur ou le repos de votre prochain; il se termine à la limite que vous ne voudriez pas voir franchir pour vous-même.

Dieu a créé tous les hommes égaux pour la douleur; petits ou grands, ignorants ou éclairés, souffrent par les mêmes causes, afin que chacun juge sainement le mal qu'il peut faire. Le même criterium n'existe pas pour le bien, infiniment plus varié dans ses expressions. L'égalité devant la douleur est une sublime prévoyance de Dieu, qui veut que ses enfants, instruits par l'expérience commune, ne commettent pas le mal en arguant de l'ignorance de ses effets.

Le devoir est le résumé pratique de toutes les spéculations morales; c'est une bravoure de l'âme qui affronte les angoisses de la lutte; il est austère et souple; prompt à se plier aux complications diverses, il demeure inflexible devant leurs tentations. L'homme qui remplit son devoir aime Dieu plus que les créatures, et les créatures plus que lui-même; il est à la fois juge et esclave dans sa propre cause.

Le devoir est le plus beau fleuron de la raison; il relève d'elle, comme le fils relève de sa mère. L'homme doit aimer le devoir, non parce qu'il préserve des maux de la vie, auxquels l'humanité ne peut se soustraire,

CHAPITRE XVII.

mais parce qu'il donne à l'âme la vigueur nécessaire à son développement. L'homme ne peut détourner le calice de ses épreuves; le devoir est pénible dans ses sacrifices; le mal est amer dans ses résultats, mais ces douleurs presque égales ont des conclusions très différentes : l'une est salutaire comme ces poisons qui rendent la santé, l'autre est nuisible comme les festins qui ruinent le corps.

Le devoir grandit et rayonne sous une forme plus élevée dans chacune des étapes supérieures de l'humanité; l'obligation morale ne cesse jamais de la créature à Dieu; elle doit refléter les vertus de l'Éternel qui n'accepte pas une ébauche imparfaite, parce qu'il veut que la beauté de son œuvre resplendisse devant lui. (LAZARE. Paris, 1863.)

La vertu.

211. La vertu, à son plus haut degré, comporte l'ensemble de toutes les qualités essentielles qui constituent l'homme de bien. Être bon, charitable, laborieux, sobre, modeste, sont de l'homme vertueux. Malheureusement ces qualités sont souvent accompagnées de petites infirmités morales qui les déparent et les atténuent. Celui qui fait parade de sa vertu n'est pas vertueux, puisqu'il lui manque la qualité principale : la modestie, et qu'il a le vice le plus contraire : l'orgueil. La vertu vraiment digne de ce nom n'aime pas à s'étaler; on la devine, mais elle se dérobe dans l'obscurité et fuit l'admiration des foules. Saint Vincent de Paul était vertueux; le digne curé d'Ars était vertueux, et beaucoup d'autres peu connus du monde, mais connus de Dieu. Tous ces

SOYEZ PARFAITS. 255

hommes de bien ignoraient eux-mêmes qu'ils fussent vertueux ; ils se laissaient aller au courant de leurs saintes inspirations, et pratiquaient le bien avec un désintéressement complet et un entier oubli d'eux-mêmes.

C'est à la vertu ainsi comprise et pratiquée que je vous convie, mes enfants ; c'est à cette vertu vraiment chrétienne et vraiment spirite que je vous engage à vous consacrer ; mais éloignez de vos cœurs la pensée de l'orgueil, de la vanité, de l'amour-propre qui déparent toujours les plus belles qualités. N'imitez pas cet homme qui se pose comme un modèle et prône lui-même ses propres qualités à toutes les oreilles complaisantes. Cette vertu d'ostentation dérobe souvent une foule de petites turpitudes et d'odieuses lâchetés.

En principe, l'homme qui s'exalte lui-même, qui élève une statue à sa propre vertu, annihile par ce fait seul tout le mérite effectif qu'il peut avoir. Mais que dirai-je de celui dont toute la valeur est de paraître ce qu'il n'est pas ? Je veux bien admettre que l'homme qui fait le bien en ressente au fond du cœur une satisfaction intime, mais dès que cette satisfaction se traduit au dehors pour en recueillir des éloges, elle dégénère en amour-propre.

O vous tous que la foi spirite a réchauffés de ses rayons, et qui savez combien l'homme est loin de la perfection, ne donnez jamais dans un pareil travers. La vertu est une grâce que je souhaite à tous les sincères spirites, mais je leur dirai : Mieux vaut moins de vertus avec la modestie que beaucoup avec de l'orgueil. C'est par l'orgueil que les humanités successives se sont perdues, c'est par l'humilité qu'elles doivent se racheter un jour. (FRANÇOIS, NICOLAS, MADELEINE. Paris, 1863.)

CHAPITRE XVII.

Les supérieurs et les inférieurs.

212. Mes amis, la perfection est tout entière, comme l'a dit le Christ, dans la pratique de la charité absolue; mais les devoirs de la charité s'étendent à toutes les positions sociales, depuis le plus petit jusqu'au plus grand. L'homme qui vivrait seul n'aurait pas de charité à exercer; ce n'est que dans le contact de ses semblables, dans les luttes les plus pénibles qu'il en trouve l'occasion. Celui donc qui s'isole se prive volontairement du plus puissant moyen de perfection; n'ayant à penser qu'à lui, sa vie est celle d'un égoïste.

Nous allons envisager cette question à un point de vue spécial, celui des rapports de supérieur à inférieur, et réciproquement.

L'autorité, de même que la fortune, est une délégation dont il sera demandé compte à celui qui en est revêtu; ne croyez pas qu'elle lui soit donnée pour lui procurer le vain plaisir de commander, ni, ainsi que le croient faussement la plupart des puissants de la terre, comme un droit, une propriété. Dieu, cependant, leur prouve assez que ce n'est ni l'un ni l'autre, puisqu'il la leur retire quand cela lui plaît. Si c'était un privilége attaché à leur personne, elle serait inaliénable. Nul ne peut donc dire qu'une chose lui appartient, quand elle peut lui être ôtée sans son consentement. Dieu la donne à titre de *mission* ou d'épreuve quand cela lui convient, et la retire de même.

Quiconque est dépositaire de l'autorité, de quelque étendue qu'elle soit, depuis le maître sur son serviteur jusqu'au souverain sur son peuple, ne doit pas se dissimuler qu'il a charge d'âmes ; il répondra de la bonne ou de la mauvaise direction qu'il aura donnée à ses subordonnés, et les fautes que ceux-ci pourront commettre, les vices auxquels ils seront entraînés par suite de cette direction ou des mauvais exemples, retomberont sur lui, tandis qu'il recueillera les fruits de sa sollicitude pour les amener au bien. Tout homme a sur la terre une mission petite ou grande ; quelle qu'elle soit, elle est toujours donnée pour le bien ; c'est donc y faillir que de la fausser dans son principe.

Si Dieu demande au riche : Qu'as-tu fait de la fortune qui devait être entre tes mains une source répandant la fécondité tout à l'entour ? il demandera à celui qui possède une autorité quelconque : Quel usage as-tu fait de cette autorité ? quel mal as-tu arrêté ? quel progrès as-tu fait faire ? Si je t'ai donné des subordonnés, ce n'était pas pour en faire les esclaves de ta volonté, ni les instruments dociles de tes caprices ou de ta cupidité ; je t'ai fait fort, et je t'ai confié des faibles pour les soutenir et les aider à monter vers moi.

Le supérieur qui est pénétré des paroles du Christ ne méprise aucun de ceux qui sont au-dessous de lui, parce qu'il sait que les distinctions sociales n'en établissent pas devant Dieu. Le spiritisme lui apprend que s'ils lui obéissent aujourd'hui, ils ont pu lui commander, ou pourront lui commander plus tard, et qu'alors il sera traité comme il les aura traités lui-même.

Si le supérieur a des devoirs à remplir, l'inférieur en a de son côté qui ne sont pas moins sacrés. Si ce dernier est spirite, sa conscience lui dira mieux encore qu'il n'en est pas dispensé, alors même que son chef

CHAPITRE XVII.

ne remplirait pas les siens, parce qu'il sait qu'on ne doit pas rendre le mal pour le mal, et que les fautes des uns n'autorisent pas les fautes des autres. S'il souffre de sa position, il se dit qu'il l'a sans doute méritée, parce que lui-même a peut-être abusé jadis de son autorité, et qu'il doit ressentir à son tour les inconvénients de ce qu'il a fait souffrir aux autres. S'il est forcé de subir cette position, faute d'en trouver une meilleure, le spiritisme lui apprend à s'y résigner comme à une épreuve pour son humilité, nécessaire à son avancement. Sa croyance le guide dans sa conduite; il agit comme il voudrait que ses subordonnés agissent envers lui s'il était chef. Par cela même il est plus scrupuleux dans l'accomplissement de ses obligations, car il comprend que toute négligence dans le travail qui lui est confié est un préjudice pour celui qui le rémunère et à qui il doit son temps et ses soins; en un mot, il est sollicité par le sentiment du devoir que lui donne sa foi, et la certitude que toute déviation du droit chemin est une dette qu'il faudra payer tôt ou tard. (François, Nicolas, Madeleine. Paris, 1863.)

L'homme dans le monde.

213. Un sentiment de piété doit toujours animer le cœur de ceux qui se réunissent sous les yeux du Seigneur et implorent l'assistance des bons Esprits. Purifiez donc vos cœurs; n'y laissez séjourner aucune pensée mondaine ou futile; élevez votre esprit vers ceux que vous appelez, afin que, trouvant en vous les dispositions nécessaires, ils puissent jeter à profusion

la semence qui doit germer dans vos cœurs et y porter des fruits de charité et de justice.

Ne croyez pas pourtant qu'en vous excitant sans cesse à la prière et à l'évocation mentale, nous nous engagions à vivre d'une vie mystique qui vous tienne en dehors des lois de la société où vous êtes condamnés à vivre. Non, vivez avec les hommes de votre époque, comme doivent vivre des hommes ; sacrifiez aux besoins, aux frivolités même du jour, mais sacrifiez-y avec un sentiment de pureté qui puisse les sanctifier.

Vous êtes appelés à vous trouver en contact avec des esprits de nature différente, des caractères opposés : ne heurtez aucun de ceux avec lesquels vous vous trouvez. Soyez gais, soyez heureux, mais de la gaieté du disciple des bons Esprits, du bonheur de l'héritier du ciel qui compte les jours qui le rapprochent de son héritage.

L'austérité de conduite et de cœur ne consiste pas à revêtir un aspect sévère, à repousser les plaisirs que vos conditions humaines permettent ; il suffit de rapporter toujours tous les actes de sa vie au Créateur qui a donné cette vie ; il suffit, quand on commence ou achève une œuvre, de reporter sa pensée vers ce Créateur qui a donné naissance à votre Esprit, et de lui demander, dans un élan de l'âme, soit sa protection pour réussir, soit sa bénédiction pour l'œuvre achevée. Ne faites jamais rien sans remonter vers la source de toutes choses ; ne faites jamais rien sans que le souvenir de Dieu ne vienne purifier et sanctifier vos actes.

Ne vous imaginez donc pas que pour vivre en communication constante avec nous, pour vivre sous l'œil

260 CHAPITRE XVII.

du Seigneur, il faille revêtir le cilice et se couvrir de cendres; non, non, encore une fois; soyez heureux suivant les nécessités de l'humanité, mais que dans votre bonheur il n'entre jamais ni une pensée, ni un acte qui puisse l'offenser, ou faire voiler la face de ceux qui vous aiment et qui vous dirigent. Dieu est amour et bénit ceux qui aiment saintement. (Un Esprit protecteur. Bordeaux, 1863.)

Soigner le corps et l'esprit.

214. La perfection morale consiste-t-elle dans la macération du corps? Pour résoudre cette question, je m'appuie sur les principes élémentaires, et je commence par démontrer la nécessité de soigner le corps, qui, selon les alternatives de santé et de maladie, influe d'une manière très-importante sur l'âme, qu'il faut considérer comme captive dans la chair. Pour que cette prisonnière vive, s'ébatte et conçoive même les illusions de la liberté, le corps doit être sain, dispos, vaillant. Suivons la comparaison : Les voici donc en parfait état tous les deux; que doivent-ils faire pour maintenir l'équilibre entre leurs aptitudes et leurs besoins si différents? Une lutte semble inévitable, et le secret de leur pondération bien difficile à trouver.

Ici deux systèmes sont en présence : celui des ascétiques, qui veulent terrasser le corps, et celui des matérialistes, qui veulent abaisser l'âme : deux violences qui sont presque aussi insensées l'une que l'autre. A côté de ces grands partis fourmille la nombreuse tribu des indifférents, qui, sans conviction et sans passion, aiment avec tiédeur et jouissent avec économie. Où donc est la sagesse? Où donc est la science de vivre? Nulle part; et ce grand problème resterait tout entier à résoudre si le spiritisme ne venait en aide aux chercheurs en leur démontrant les rapports qui existent entre le corps et l'âme, et en disant que, puisqu'ils sont nécessaires l'un à l'autre, il faut les soigner tous les deux. Aimez donc votre âme, mais soignez aussi le corps, instrument de l'âme; méconnaître les besoins qui sont indiqués par la nature elle-même, c'est méconnaître la loi de Dieu. Ne le châtiez pas pour les fautes que votre libre arbitre lui a fait commettre, et dont il est aussi irresponsable que l'est le cheval mal dirigé, des accidents qu'il cause. Serez-vous donc plus parfaits si, tout en martyrisant le corps, vous n'en restez pas moins égoïstes, orgueilleux et peu charitables pour votre prochain? Non, la perfection n'est pas là; elle est tout entière dans les réformes que vous ferez subir à votre Esprit; pliez-le, soumettez-le, humiliez-le, mortifiez-le : c'est le moyen de le rendre docile à la volonté de Dieu et le seul qui conduise à la perfection. (GEORGES, ESPRIT PROTECTEUR. Paris, 1863.)

CHAPITRE XVIII

BEAUCOUP D'APPELÉS ET PEU D'ÉLUS.

Parabole du festin de noces. — La porte étroite. — Ceux qui disent Seigneur! Seigneur! n'entreront pas tous dans le royaume des cieux. — On donnera à celui qui a déjà. — On demandera beaucoup à celui qui a beaucoup reçu. — Celui qui voit est plus coupable que celui qui est aveugle. — Application au spiritisme. — On reconnaît le chrétien à ses œuvres.

215. Jésus parlant encore en parabole, leur dit :

Le royaume des cieux est semblable à un roi, qui voulant faire les noces de son fils, — envoya ses serviteurs pour appeler aux noces ceux qui y étaient conviés; mais ils refusèrent d'y venir. — Il envoya encore d'autres serviteurs avec ordre de dire de sa part aux conviés : J'ai préparé mon dîner; j'ai fait tuer mes bœufs et tout ce que j'avais fait engraisser; tout est prêt, venez aux noces. — Mais eux, ne s'en mettant point en peine, s'en allèrent, l'un à sa maison des champs, et l'autre à son négoce. — Les autres se saisirent de ses serviteurs, et les tuèrent après leur avoir fait plusieurs outrages. — Le roi l'ayant appris en fut ému de colère, et ayant envoyé ses armées, il extermina ces meurtriers et brûla leur ville.

Alors il dit à ses serviteurs : Le festin de noces est tout prêt; mais ceux qui y avaient été appelés n'en ont pas été dignes. Allez donc dans les carrefours, et appelez aux noces tous ceux que vous trouverez. — Ses serviteurs s'en allant alors par les rues, assemblèrent tous ceux qu'ils trouvèrent, bons et mauvais; et la salle des noces fut remplie de personnes qui se mirent à table.

Le roi entra ensuite pour voir ceux qui étaient à table, et

BEAUCOUP D'APPELÉS ET PEU D'ÉLUS.

y ayant aperçu un homme qui n'était pas revêtu de la robe nuptiale, — il lui dit : Mon ami, comment êtes-vous entré ici sans avoir la robe nuptiale? Et cet homme resta muet. — Alors le roi dit à ses gens : Liez-lui les mains et les pieds, et jetez-le dans les ténèbres extérieures ; c'est là qu'il y aura des pleurs et des grincements de dents ; — car *il y en a beaucoup d'appelés et peu d'élus.* (Saint Matthieu, ch. XXII, v. de 1 à 14).

216. L'incrédule sourit à cette parabole qui lui semble d'une puérile naïveté, car il ne comprend qu'on pas puisse faire tant de difficultés pour assister à un festin, et encore moins que des invités poussent la résistance jusqu'à massacrer les envoyés du maître de la maison. « Les paraboles, dit-il, sont sans doute des figures, mais encore faut-il qu'elles ne sortent pas des limites du vraisemblable. »

On peut en dire autant de toutes les allégories, des fables les plus ingénieuses, si on ne les dépouille pas de leur enveloppe pour en chercher le sens caché. Jésus puisait les siennes dans les usages les plus vulgaires de la vie, et les adaptait aux mœurs et au caractère du peuple auquel il parlait; la plupart ont pour but de faire pénétrer dans les masses l'idée de la vie spirituelle ; le sens n'en paraît souvent inintelligible que parce qu'on ne part pas de ce point de vue.

Dans cette parabole, Jésus compare le royaume des cieux, où tout est joie et bonheur, à un festin. Par les premiers conviés, il fait allusion aux Hébreux que Dieu avait appelés les premiers à la connaissance de sa loi. Les envoyés du maître sont les prophètes qui venaient les exhorter à suivre la route de la vraie félicité ; mais leurs paroles étaient peu écoutées ; leurs avertissements étaient méprisés; plusieurs même furent massacrés comme les serviteurs de la parabole. Les invités qui s'excusent sur les soins à donner à leurs champs et à leur négoce, sont l'emblème des gens du monde qui, absorbés par les choses terrestres, sont indifférents sur les choses célestes.

C'était une croyance, chez les Juifs d'alors, que leur nation devait acquérir la suprématie sur toutes les autres. Dieu n'avait-il pas, en effet, promis à Abraham que sa postérité couvrirait toute la terre? Mais toujours, prenant la forme pour le fond, ils croyaient à une domination effective et matérielle.

Avant la venue du Christ, à l'exception des Hébreux, tous les peuples étaient idolâtres et polythéistes. Si quelques hommes supérieurs au vulgaire conçurent l'idée de l'unité divine, cette idée resta à l'état de système personnel, mais nulle part elle ne fut acceptée comme vérité fondamentale, si ce n'est par quelques initiés qui cachaient leurs connaissances sous un voile mystérieux impénétrable aux masses. Les Hébreux furent les premiers qui pratiquèrent publiquement le monothéisme; c'est à eux que Dieu transmit sa loi, d'abord par Moïse, puis par Jésus; c'est de ce petit foyer qu'est partie la lumière qui devait se répandre sur le monde entier, triompher du paganisme, et donner à Abraham une postérité *spirituelle* « aussi nombreuse que les étoiles du firmament. » Mais les Juifs, tout en repoussant l'idolâtrie, avaient négligé la loi morale pour s'attacher à la pratique plus facile des formes extérieures. Le mal était à son comble; la nation asservie était déchirée par les factions, divisée par les sectes; l'incrédulité même avait pénétré jusque dans le sanctuaire. C'est alors que parut Jésus, envoyé pour les rappeler à l'observation de la loi, et leur ouvrir les horizons nouveaux de la vie future; conviés des *premiers* au grand banquet de la foi universelle, ils repoussèrent la parole du céleste Messie, et le firent périr; c'est ainsi qu'ils perdirent le fruit qu'ils eussent recueilli de leur initiative.

Il serait injuste, toutefois, d'accuser le peuple entier de cet état de choses; la responsabilité en incombe principalement aux Pharisiens et aux Sadducéens qui ont perdu la nation, par l'orgueil et le fanatisme des uns, et par l'incrédulité des autres. Ce sont eux surtout que Jésus assimile aux invités qui refusent de se rendre au repas de noces. Puis il ajoute : « Le Maître voyant cela, fit convier tous ceux que l'on trouva dans les carrefours, bons et mauvais; » il entendait par là que la parole allait être prêchée à tous les autres peuples, païens et idolâtres, et que ceux-ci l'acceptant seraient admis au festin à la place des premiers conviés.

Mais il ne suffit pas d'être invité; il ne suffit pas de porter le nom de chrétien, ni de s'asseoir à la table pour prendre part au céleste banquet; il faut avant tout, et de condition expresse, être revêtu de la robe nuptiale, c'est-à-dire avoir la pureté du cœur, et pratiquer la loi selon l'esprit; or cette loi est tout entière dans ces mots : *Hors la charité point de salut.* Mais parmi tous ceux qui entendent la parole divine, combien peu en est-il qui la gardent et la mettent à profit! Combien peu se rendent dignes d'entrer dans le royaume des cieux ! C'est pourquoi Jésus dit : « *Il y aura beaucoup d'appelés et peu d'élus.* »

CHAPITRE XVIII.

217. Entrez par la porte étroite, parce que la porte de la perdition est large, et le chemin qui y mène est spacieux, et il y en a beaucoup qui y entrent. — Que la porte de la vie est petite! que la voie qui y mène est étroite! et qu'il y en a peu qui la trouvent! (Saint Matthieu, ch. vii, v. 13, 14.)

218. Quelqu'un lui ayant fait cette demande : Seigneur, y en aura-t-il peu de sauvés? Il leur répondit : — Faites effort pour entrer par la porte étroite, car je vous assure que plusieurs chercheront à y entrer, et ne le pourront pas. — Et quand le père de famille sera entré et aura fermé la porte, et que vous, étant dehors, vous commencerez à heurter, en disant : Seigneur, ouvrez-nous ; il vous répondra : Je ne sais d'où vous êtes. — Alors vous commencerez à dire : Nous avons mangé et bu en votre présence, et vous avez enseigné dans nos places publiques. — Et il vous répondra : Je ne sais d'où vous êtes ; retirez-vous de moi, vous tous qui commettez l'iniquité.

Ce sera alors qu'il y aura des pleurs et des grincements de dents, quand vous verrez qu'Abraham, Isaac, Jacob et tous les prophètes seront dans le royaume de Dieu, et que vous autres vous serez chassés dehors. — Il en viendra d'Orient et d'Occident, du Septentrion et du Midi, qui auront place au festin dans le royaume de Dieu. — Alors ceux qui sont les derniers seront les premiers, et ceux qui sont les premiers seront les derniers. (Saint Luc, ch. xiii, v. de 23 à 30.)

219. La porte de la perdition est large, parce que les mauvaises passions sont nombreuses, et que la route du mal est fréquentée par le plus grand nombre. Celle du salut est étroite, parce que l'homme qui veut la franchir doit faire de grands efforts sur lui-même pour vaincre ses mauvaises tendances, et que peu s'y résignent; c'est le complément de la maxime : Il y a beaucoup d'appelés et peu d'élus. Tel est l'état actuel

BEAUCOUP D'APPELÉS ET PEU D'ÉLUS.   267

de l'humanité terrestre, parce que la terre étant un monde d'expiation, le mal y domine; quand elle sera transformée, la route du bien sera la plus fréquentée. Ces paroles doivent donc s'entendre dans le sens relatif et non dans le sens absolu. Si tel devait être l'état normal de l'humanité, Dieu aurait volontairement voué à la perdition l'immense majorité de ses créatures; supposition inadmissible, dès lors qu'on reconnaît que Dieu est toute justice et toute bonté.

Mais de quels méfaits cette humanité aurait-elle pu se rendre coupable pour mériter un sort si triste, dans son présent et dans son avenir, si elle était toute reléguée sur la terre, et si l'âme n'avait pas eu d'autres existences? Pourquoi tant d'entraves semées sur sa route? Pourquoi cette porte si étroite qu'il est donné au plus petit nombre de franchir, si le sort de l'âme est fixé pour jamais après la mort? C'est ainsi qu'avec l'unité d'existence on est incessamment en contradiction avec soi-même et avec la justice de Dieu. Avec l'antériorité de l'âme et la pluralité des mondes, l'horizon s'élargit; la lumière se fait sur les points les plus obscurs de la foi; le présent et l'avenir sont solidaires du passé; alors seulement on peut comprendre toute la profondeur, toute la vérité et toute la sagesse des maximes du Christ.

220. Ceux qui me disent : Seigneur! Seigneur! n'entreront pas tous dans le royaume des cieux; mais celui-là seulement entrera qui fait la volonté de mon Père qui est dans les cieux. — Plusieurs me diront ce jour-là : Seigneur! Seigneur! n'avons-nous pas prophétisé en votre nom? n'avons-nous pas chassé les démons en votre nom, et n'avons-nous pas fait plusieurs miracles en votre nom? — Et alors je leur

CHAPITRE XVIII.

dirai hautement : Retirez-vous de moi, vous qui faites des œuvres d'iniquité. (Saint Matthieu, ch. vii, v. 21, 22, 23.)

221. Tous ceux qui confessent la mission de Jésus disent Seigneur ! Seigneur ! Mais à quoi sert de l'appeler maître ou Seigneur si l'on ne suit pas ses préceptes ? Sont-ils chrétiens ceux qui l'honorent par des actes extérieurs de dévotion et sacrifient en même temps à l'orgueil, à l'égoïsme, à la cupidité et à toutes leurs passions ? Sont-ils ses disciples ceux qui passent des journées en prières et n'en sont ni meilleurs, ni plus charitables, ni plus indulgents pour leurs semblables ? Non, car, ainsi que les Pharisiens, ils ont la prière sur les lèvres et non dans le cœur. Avec la forme, ils peuvent en imposer aux hommes, mais non à Dieu. C'est en vain qu'ils diront à Jésus : « Seigneur, nous avons prophétisé, c'est-à-dire enseigné en votre nom ; nous avons chassé les démons en votre nom ; nous avons bu et mangé avec vous ; » il leur répondra : « Je ne sais qui vous êtes ; retirez-vous de moi, vous qui commettez des iniquités, vous qui démentez vos paroles par vos actions, qui calomniez votre prochain, qui spoliez les veuves et commettez l'adultère ; retirez-vous de moi, vous dont le cœur distille la haine et le fiel, vous qui répandez le sang de vos frères en mon nom, qui faites couler des larmes au lieu de les sécher. Pour vous il y aura des pleurs et des grincements de dents, car le royaume de Dieu est pour ceux qui sont doux, humbles et charitables. N'espérez pas fléchir la justice du Seigneur par la multiplicité de vos paroles et de vos génuflexions ; la seule voie qui vous est ouverte pour trouver grâce devant lui, c'est la pratique sincère de la loi d'amour et de charité. »

BEAUCOUP D'APPELÉS ET PEU D'ÉLUS.

222. Ses disciples s'approchant, lui dirent : Pourquoi leur parlez-vous en paraboles? Et leur répondant, il leur dit : C'est parce que pour vous autres, il vous a été donné de connaître les mystères du royaume des cieux, mais pour eux, il ne leur a pas été donné. — Car quiconque a déjà, on lui donnera encore, et il sera dans l'abondance; mais pour celui qui n'a point, on lui ôtera même ce qu'il a. (Saint Matthieu, ch. XIII, v. 10 à 13.)

223. Le serviteur qui aura su la volonté de son maître, et qui néanmoins ne se sera pas tenu prêt et n'aura pas fait ce qu'il désirait de lui, sera battu rudement; — mais celui qui n'aura pas su sa volonté, et qui aura fait des choses dignes de châtiment, sera moins battu. On demandera beaucoup à celui à qui on aura beaucoup donné, et on fera rendre un plus grand compte à celui à qui on aura confié plus de choses. (Saint Luc, ch. XII, v. 47, 48.)

224. Je suis venu dans ce monde pour exercer un jugement, afin que ceux qui ne voient point voient, et que ceux qui voient deviennent aveugles. — Quelques pharisiens qui étaient avec lui entendirent ces paroles et lui dirent : Sommes-nous donc aussi aveugles? — Jésus leur répondit : Si vous étiez aveugles, vous n'auriez point de péché; mais maintenant vous dites que vous voyez, et c'est pour cela que votre péché demeure en vous. (Saint Jean, ch. IX, v. 39, 40, 41.)

225. Ces maximes trouvent surtout leur application dans l'enseignement des Esprits. Quiconque connaît les préceptes du Christ est coupable assurément de ne pas les pratiquer; mais outre que l'Évangile qui les contient n'est répandu que dans les sectes chrétiennes, parmi celles-ci, combien est-il de gens qui ne le lisent pas, et parmi ceux qui le lisent, combien en est-il qui ne le comprennent pas! Il en résulte que les paroles même de Jésus sont perdues pour le plus grand nombre.

270 CHAPITRE XVIII.

L'enseignement des Esprits qui reproduit ces maximes sous différentes formes, qui les développe et les commente pour les mettre à la portée de tous, a cela de particulier qu'il n'est point circonscrit, et que chacun, lettré ou illettré, croyant ou incrédule, chrétien ou non, peut le recevoir, puisque les Esprits se communiquent partout; nul de ceux qui le reçoivent, directement ou par entremise, ne peut prétexter ignorance; il ne peut s'excuser ni sur son défaut d'instruction, ni sur l'obscurité du sens allégorique. Celui donc qui ne les met pas à profit pour son amélioration, qui les admire comme choses intéressantes et curieuses sans que son cœur en soit touché, qui n'en est ni moins vain, ni moins orgueilleux, ni moins égoïste, ni moins attaché aux biens matériels, ni meilleur pour son prochain, est d'autant plus coupable que souvent il écrit sa propre condamnation sans se l'appliquer.

La première pensée de tout spirite sincère doit être de chercher, dans les conseils donnés par les Esprits, s'il n'y a pas quelque chose qui puisse le concerner.

Le spiritisme vient multiplier le nombre des *appelés;* par la foi qu'il donne, il multipliera aussi le nombre des *élus.*

INSTRUCTIONS DES ESPRITS.

On donnera à celui qui a.

226. « On donne à celui qui a déjà et on retire à celui qui n'a pas; » méditez ces grands enseignements qui vous ont souvent semblé paradoxaux. Celui qui a reçu est celui qui possède le sens de la parole divine;

il n'a reçu que parce qu'il a tenté de s'en rendre digne, et que le Seigneur, dans son amour miséricordieux, encourage les efforts qui tendent au bien. Ces efforts soutenus, persévérants, attirent les grâces du Seigneur; c'est un aimant qui appelle à lui le mieux progressif, les grâces abondantes qui vous rendent forts pour gravir la montagne sainte, au sommet de laquelle est le repos après le travail.

« On ôte à celui qui n'a rien, ou qui a peu ; » prenez ceci comme une opposition figurée. Dieu ne retire pas à ses créatures le bien qu'il a daigné leur faire. Hommes aveugles et sourds ! ouvrez vos intelligences et vos cœurs; voyez par votre esprit; entendez par votre âme, et n'interprétez pas d'une manière aussi grossièrement injuste les paroles de celui qui a fait resplendir à vos yeux la justice du Seigneur. Ce n'est pas Dieu qui retire à celui qui avait peu reçu, c'est l'Esprit lui-même qui, prodigue et insouciant, ne sait pas conserver ce qu'il a, et augmenter, en la fécondant, l'obole tombée dans son cœur.

Celui qui ne cultive pas le champ que le travail de son père lui a gagné et dont il hérite, voit ce champ se couvrir d'herbes parasites. Est-ce son père qui lui reprend les récoltes qu'il n'a pas voulu préparer? S'il a laissé les graines destinées à produire dans ce champ moisir faute de soin, doit-il accuser son père si elles ne produisent rien? Non, non; au lieu d'accuser celui qui avait tout préparé pour lui, de reprendre ses dons, qu'il accuse le véritable auteur de ses misères, et qu'alors, repentant et actif, il se mette à l'œuvre avec courage; qu'il brise le sol ingrat par l'effort de sa volonté; qu'il le laboure jusqu'au cœur à l'aide du repentir et de l'espérance; qu'il y jette avec confiance la graine qu'il aura

272   CHAPITRE XVIII.

choisie bonne entre les mauvaises, qu'il l'arrose de son amour et de sa charité, et Dieu, le Dieu d'amour et de charité, donnera à celui qui a déjà reçu. Alors il verra ses efforts couronnés de succès, et un grain en produire cent, et un autre mille. Courage, laboureurs; prenez vos herses et vos charrues; labourez vos cœurs; arrachez-en l'ivraie; semez-y le bon grain que le Seigneur vous confie, et la rosée d'amour lui fera porter des fruits de charité. (UN ESPRIT AMI. Bordeaux, 1862.)

On reconnaît le chrétien à ses œuvres.

227. « Ceux qui me disent : Seigneur, Seigneur, n'entreront pas tous au royaume des cieux, mais celui-là seul qui fait la volonté de mon Père qui est dans les cieux. »

Écoutez cette parole du maître, vous tous qui repoussez la doctrine spirite comme une œuvre du démon. Ouvrez vos oreilles, le moment d'entendre est arrivé.

Suffit-il de porter la livrée du Seigneur pour être un fidèle serviteur ? Suffit-il de dire : « Je suis chrétien, » pour suivre Christ ? Cherchez les vrais chrétiens et vous les reconnaîtrez à leurs œuvres. « Un bon arbre ne peut porter de mauvais fruits, ni un mauvais arbre porter de bons fruits. » — « Tout arbre qui ne porte pas de bons fruits est coupé et jeté au feu. » Voilà les paroles du maître; disciples de Christ, comprenez-les bien. Quels sont les fruits que doit porter l'arbre du christianisme, arbre puissant dont les rameaux touffus couvrent de leur ombre une partie du monde, mais n'ont pas encore abrité tous ceux qui doivent se ranger autour de lui? Les fruits de l'arbre de vie sont des fruits de vie, d'espérance et de foi. Le christianisme, tel qu'on l'a fait depuis bien des siècles, prêche toujours ces divines vertus ; il cherche à répandre ses fruits, mais combien peu les cueillent! L'arbre est toujours bon, mais les jardiniers sont mauvais. Ils ont voulu le façonner à leur idée ; ils ont voulu le modeler suivant leurs besoins ; ils l'ont taillé, rapetissé, mutilé ; ses branches stériles ne portent pas de mauvais fruits, mais elles n'en portent plus. Le voyageur altéré qui s'arrête sous son ombre pour chercher le fruit d'espérance qui doit lui rendre la force et le courage, n'aperçoit que des branches arides faisant pressentir la tempête. En vain il demande le fruit de vie à l'arbre de vie ; les feuilles tombent desséchées ; la main de l'homme les a tant maniées qu'elle les a brûlées !

Ouvrez donc vos oreilles et vos cœurs, mes bien-aimés! Cultivez cet arbre de vie dont les fruits donnent la vie éternelle.. Celui qui l'a planté vous engage à le soigner avec amour, et vous le verrez porter encore avec abondance ses fruits divins. Laissez-le tel que Christ vous l'a donné : ne le mutilez pas ; son ombre immense veut s'étendre sur l'univers : ne raccourcissez pas ses rameaux. Ses fruits bienfaisants tombent en abondance pour soutenir le voyageur altéré qui veut atteindre le but ; ne les ramassez pas, ces fruits, pour les enfermer et les laisser pourrir afin qu'ils ne servent à aucun. « Il y a beaucoup d'appelés et peu d'élus ; » c'est qu'il y a des accapareurs pour le pain de vie, comme il y en a souvent pour le pain matériel. Ne vous rangez pas de ce nombre ; l'arbre qui porte de bons fruits doit les répandre pour tous. Allez donc chercher ceux qui sont altérés; amenez-les sous les rameaux de l'arbre et partagez avec eux l'abri qu'il vous offre. — « On ne cueille pas de raisins sur les épines. » Mes frères, éloignez-vous donc de ceux qui vous appellent pour vous présenter les ronces du chemin, et suivez ceux qui vous conduisent à l'ombre de l'arbre de vie.

Le divin Sauveur, le juste par excellence, l'a dit, et ses paroles ne passeront pas : « Ceux qui me disent : Seigneur, Seigneur, n'entreront pas tous dans le royaume des cieux, mais ceux-là seuls qui font la volonté de mon Père qui est dans les cieux. »

Que le Seigneur de bénédiction vous bénisse; que le Dieu de lumière vous éclaire; que l'arbre de vie répande sur vous ses fruits avec abondance! Croyez et priez. (SIMÉON. Bordeaux, 1863.)

CHAPITRE XIX

LA FOI TRANSPORTE LES MONTAGNES.

Puissance de la foi. Condition de la foi inébranlable. — Parabole du figuier desséché. — La foi, mère de l'espérance et de la charité. — La foi divine et la foi humaine.

228. Lorsqu'il fut venu vers le peuple, un homme s'approcha de lui, qui se jeta à genoux à ses pieds, et lui dit : Seigneur, ayez pitié de mon fils qui est lunatique, et qui souffre beaucoup, car il tombe souvent dans le feu et souvent dans l'eau. Je l'ai présenté à vos disciples, mais ils n'ont pu le guérir. — Et Jésus répondit en disant : O race incrédule et dépravée, jusqu'à quand serai-je avec vous? jusqu'à quand vous souffrirai-je? Amenez-moi ici cet enfant. — Et Jésus ayant menacé le démon, il sortit de l'enfant, lequel fut guéri au même instant. — Alors les disciples vinrent trouver Jésus en particulier, et lui dirent : Pourquoi n'avons-nous pu, nous autres, chasser ce démon? — Jésus leur répondit : C'est à cause de votre incrédulité. Car je vous le dis en vérité, *si vous aviez de la foi comme un grain de sénevé, vous diriez à cette montagne : Transporte-toi d'ici là, et elle s'y tranporterait,* et rien ne vous serait impossible. (Saint Matthieu, ch. xvii, *v.* de 14 à 19.)

229. Au sens propre, il est certain que la confiance en ses propres forces rend capable d'exécuter des choses matérielles qu'on ne peut faire quand on doute de soi; mais ici c'est uniquement dans le sens moral qu'il faut entendre ces paroles. Les montagnes que la foi soulève sont les difficultés, les résistances, le mauvais vouloir,

276 CHAPITRE XIX.

en un mot, que l'on rencontre parmi les hommes, alors même qu'il s'agit des meilleures choses ; les préjugés de la routine, l'intérêt matériel, l'égoïsme, l'aveuglement du fanatisme, les passions orgueilleuses sont **autant de montagnes qui barrent le chemin de quiconque travaille au progrès de l'humanité.** La foi robuste donne la persévérance, l'énergie et les ressources qui font vaincre les obstacles, dans les petites choses comme dans les grandes ; celle qui est chancelante donne l'incertitude, l'hésitation dont profitent ceux que l'on veut combattre ; elle ne cherche pas les moyens de vaincre, parce qu'elle ne croit pas pouvoir vaincre.

230. Dans son acception restreinte, la foi est la croyance en certains dogmes religieux particuliers ; toutes les religions ont leurs articles de foi. Dans un sens moins spécial, elle est synonyme de confiance, certitude d'atteindre un but ; c'est à ce point de vue qu'elle trouve son utile application dans les circonstances ordinaires de la vie ; elle donne une sorte de lucidité qui fait voir, dans la pensée, le terme vers lequel on tend et les moyens d'y arriver, de sorte que celui qui la possède marche pour ainsi dire à coup sûr. Dans l'un et l'autre cas elle peut faire accomplir de grandes choses.

Mais cette puissance est surtout l'attribut de la foi éclairée et raisonnée ; la foi aveugle, n'examinant rien, accepte sans contrôle, le faux comme le vrai, et se heurte à chaque pas contre la raison ; poussée à l'excès, elle produit le fanatisme. Quand la foi repose sur l'erreur, elle se brise tôt ou tard ; celle qui a pour base la vérité est seule assurée de l'avenir, parce qu'elle n'a rien à redouter du progrès des lumières, attendu que ce qui est vrai dans l'ombre l'est également au grand jour.

La foi sincère et vraie est toujours calme ; elle donne la patience qui sait attendre, parce qu'ayant son point d'appui sur l'intelligence et la compréhension des choses, elle est certaine d'arriver ; la foi douteuse sent sa propre faiblesse ; quand elle est stimulée par l'intérêt, elle devient furibonde, et croit suppléer à la force par la violence. Le calme dans la lutte est toujours un signe de force et de confiance ; la violence, au contraire, est une preuve de faiblesse et de doute de soi-même.

231. Il faut se garder de confondre la foi avec la présomption. La vraie foi s'allie à l'humilité ; celui qui la possède met sa confiance en Dieu plus qu'en lui-même, parce qu'il sait que, simple instrument de la volonté de Dieu, il ne peut rien sans lui, c'est pourquoi les bons Esprits lui viennent en aide. La présomption est moins la foi que l'orgueil, et l'orgueil est toujours châtié tôt ou tard par la déception et les échecs qui lui sont infligés.

232. La puissance de la foi reçoit une application directe et spéciale dans l'action magnétique ; par elle l'homme agit sur le fluide, agent universel ; il en modifie les qualités, et lui donne une impulsion pour ainsi dire irrésistible. C'est pourquoi celui qui, à une grande puissance fluidique normale, joint une foi ardente, peut, par la seule volonté dirigée vers le bien, opérer ces phénomènes étranges de guérisons et autres qui jadis passaient pour des prodiges, et ne sont cependant que les conséquences d'une loi naturelle. Tel est le motif pour lequel Jésus dit à ses apôtres : si vous n'avez pas guéri, c'est que vous n'aviez pas la foi.

CHAPITRE XIX.

233. On dit vulgairement que la foi ne se commande pas ; de là beaucoup de gens disent que ce n'est pas leur faute s'ils n'ont pas la foi. Sans doute la foi ne se commande pas, et ce qui est encore plus juste, elle ne s'impose pas. Non, elle ne se commande pas, mais elle s'acquiert, et il n'est personne à qui il soit refusé de la posséder, même parmi les plus réfractaires. Ce n'est pas à la foi à aller à eux, c'est à eux à aller au-devant de la foi, et s'ils la cherchent avec sincérité, ils la trouveront. Il ne s'agit point ici de telle ou telle croyance particulière, mais des vérités fondamentales. Tenez donc pour certain que ceux qui disent : « Nous ne demanderions pas mieux de croire, mais nous ne le pouvons pas, » le disent des lèvres et non du cœur, car en disant cela ils se bouchent les oreilles. Les preuves cependant abondent autour d'eux ; pourquoi donc refusent-ils de les voir ? Chez les uns c'est insouciance ; chez d'autres la crainte d'être forcés de changer leurs habitudes ; chez la plupart c'est l'orgueil qui refuse de reconnaître une puissance supérieure. L'orgueil est sans contredit le plus grand obstacle à la foi, car il n'y a point de foi sincère sans humilité.

Chez certaines personnes, la foi semble en quelque sorte innée ; une étincelle suffit pour la développer. Cette facilité à s'assimiler les vérités spirituelles est un signe évident de progrès antérieur ; chez d'autres, au contraire, elles ne pénètrent qu'avec difficulté, signe non moins évident d'une nature en retard. Les premières ont déjà cru et compris ; elles apportent en *renaissant* l'intuition de ce qu'elles ont su : leur éducation est faite ; les secondes ont tout à apprendre : leur éducation est

LA FOI TRANSPORTE LES MONTAGNES. 279

à faire; elle se fera, et si elle n'est pas terminée dans cette existence, elle le sera dans une autre.

La résistance de l'incrédule, il faut en convenir, tient souvent moins à lui qu'à la manière dont on lui présente les choses. A la foi il faut une base, et cette base c'est l'intelligence parfaite de ce que l'on doit croire; pour croire il ne suffit pas de *voir*, il faut surtout *comprendre*. La foi aveugle n'est plus de ce siècle; or, c'est précisément le dogme de la foi aveugle qui fait aujourd'hui le plus grand nombre des incrédules, parce qu'elle veut s'imposer, et qu'elle exige l'abdication d'une des plus précieuses prérogatives de l'homme : le raisonnement et le libre arbitre. C'est cette foi contre laquelle surtout se roidit l'incrédule, et dont il est vrai de dire qu'elle ne se commande pas; n'admettant pas de preuves, elle laisse dans l'esprit un vague d'où naît le doute. La foi raisonnée, celle qui s'appuie sur les faits et la logique, ne laisse après elle aucune obscurité; on croit, parce qu'on est certain, et l'on n'est certain que lorsqu'on a compris; voilà pourquoi elle est inébranlable.

C'est à ce résultat que conduit le spiritisme, aussi triomphe-t-il de l'incrédulité toutes les fois qu'il ne rencontre pas d'opposition systématique et intéressée.

234. Lorsqu'ils sortaient de Béthanie, il eut faim; — et voyant de loin un figuier, il alla pour voir s'il pourrait y trouver quelque chose, et, s'en étant approché, il n'y trouva que des feuilles, car ce n'était pas le temps des figues. — Alors Jésus dit au figuier : Que nul ne mange de toi aucun fruit; ce que ses disciples entendirent. — Le lendemain ils virent en passant le figuier qui était devenu sec jusqu'à la racine. — Et Pierre, se souvenant de la parole de Jésus, lui dit : Maître, voyez comme le figuier que vous avez maudit

CHAPITRE XIX.

est devenu sec. — Jésus, prenant la parole, leur dit : Ayez la foi en Dieu. — Je vous dis en vérité, que quiconque dira à cette montagne : Ote-toi de là et te jette dans la mer, et cela sans hésiter dans son cœur, mais croyant fermement que tout ce qu'il aura dit arrivera, il le verra en effet arriver. (Saint Marc, ch. xi, *v.* 12, 13, 14, et de 20 à 23.)

235. Le figuier desséché est le symbole des gens qui n'ont que les apparences du bien, mais en réalité ne produisent rien de bon; leurs paroles ont le vernis de la surface; elles plaisent aux oreilles, mais quand on les scrute, on n'y trouve rien de substantiel pour le cœur; après les avoir entendues, on se demande quel profit on en a retiré. C'est encore l'emblème de tous les gens qui ont les moyens d'être utiles et ne le sont pas; de toutes les utopies, de tous les systèmes vides, de toutes les doctrines sans base solide. Ce qui manque, la plupart du temps, c'est la vraie foi, la foi féconde, la foi qui remue les fibres du cœur, en un mot la foi qui transporte les montagnes. Ce sont des arbres qui ont des feuilles, mais point de fruits; c'est pourquoi Jésus les condamne à la stérilité, car un jour viendra où ils seront desséchés jusqu'à la racine; c'est-à-dire que tous les systèmes, toutes les doctrines qui n'auront produit aucun bien pour l'humanité, tomberont dans le néant; que tous les hommes volontairement inutiles, faute d'avoir mis en œuvre les ressources qui étaient en eux, seront traités comme le figuier desséché.

236. Les médiums sont les interprètes des Esprits; ils suppléent aux organes matériels qui leur manquent pour nous transmettre leurs instructions; c'est pour-

LA FOI TRANSPORTE LES MONTAGNES. 281

quoi ils sont doués de facultés à cet effet. En ces temps de rénovation sociale, ils ont une mission particulière ; ce sont des arbres qui doivent donner la nourriture spirituelle à leurs frères ; ils sont multipliés, pour que la nourriture soit abondante ; il s'en trouve partout, dans toutes les contrées, dans tous les rangs de la société, chez les riches et chez les pauvres, chez les grands et chez les petits, afin qu'il n'y ait point de déshérités, et pour prouver aux hommes que tous sont appelés. Mais s'ils détournent de son but providentiel la faculté précieuse qui leur est accordée, s'ils la font servir à des choses futiles ou nuisibles, s'ils la mettent au service des intérêts mondains, si au lieu de fruits salutaires ils en donnent de malsains, s'ils refusent de la rendre profitable pour les autres, s'ils n'en tirent pas profit pour eux-mêmes en s'améliorant, ils sont comme le figuier stérile ; Dieu leur retirera un don qui devient inutile entre leurs mains : la semence qu'ils ne savent pas faire fructifier, et les laissera devenir la proie des mauvais Esprits.

INSTRUCTIONS DES ESPRITS.

La foi mère de l'espérance et de la charité.

237. La foi, pour être profitable, doit être active ; elle ne doit pas s'engourdir. Mère de toutes les vertus qui conduisent à Dieu, elle doit veiller attentivement au développement des filles qu'elle enfante.

L'espérance et la charité sont une conséquence de la foi ; ces trois vertus sont une trinité inséparable.

16.

N'est-ce pas la foi qui donne l'espoir de voir accomplir les promesses du Seigneur; car si vous n'avez pas la foi, qu'attendrez-vous? N'est-ce pas la foi qui donne l'amour; car si vous n'avez pas la foi, quelle reconnaissance aurez-vous, et par conséquent quel amour?

La foi, divine inspiration de Dieu, éveille tous les nobles instincts qui conduisent l'homme au bien; c'est la base de la régénération. Il faut donc que cette base soit forte et durable, car si le moindre doute vient l'ébranler, que devient l'édifice que vous construisez dessus? Élevez donc cet édifice sur des fondations inébranlables; que votre foi soit plus forte que les sophismes et les railleries des incrédules, car la foi qui ne brave pas le ridicule des hommes n'est pas la vraie foi.

La foi sincère est entraînante et contagieuse; elle se communique à ceux qui ne l'avaient pas, ou même ne voudraient pas l'avoir; elle trouve des paroles persuasives qui vont à l'âme, tandis que la foi apparente n'a que des paroles sonores qui laissent froid et indifférent. Prêchez par l'exemple de votre foi pour en donner aux hommes; prêchez par l'exemple de vos œuvres pour leur faire voir le mérite de la foi; prêchez par votre espoir inébranlable pour leur faire voir la confiance qui fortifie et met à même de braver toutes les vicissitudes de la vie.

Ayez donc la foi dans tout ce qu'elle a de beau et de bon, dans sa pureté, dans son raisonnement. N'admettez pas la foi sans contrôle, fille aveugle de l'aveuglement. Aimez Dieu, mais sachez pourquoi vous l'aimez; croyez en ses promesses, mais sachez pourquoi vous y croyez; suivez nos conseils, mais rendez-vous compte du but que nous vous montrons et des moyens que nous vous apportons pour l'atteindre. Croyez et espérez sans jamais faiblir : les miracles sont l'œuvre de la foi. (Joseph, Esprit protecteur. Bordeaux, 1862.)

La foi divine et la foi humaine.

238. La foi est le sentiment inné en l'homme de ses destinées futures; c'est la conscience qu'il a des facultés immenses dont le germe a été déposé chez lui, à l'état latent d'abord, et qu'il doit faire éclore et grandir par sa volonté agissante.

Jusqu'à présent la foi n'a été comprise que sous le côté religieux, parce que le Christ l'a préconisée comme levier puissant, et que l'on n'a vu en lui que le chef d'une religion. Mais le Christ, qui a accompli des miracles matériels, a montré, par ces miracles mêmes, ce que peut l'homme quand il a la foi, c'est-à-dire *la volonté de vouloir*, et la certitude que cette volonté peut recevoir son accomplissement. Les apôtres, à son exemple, n'ont-ils pas aussi fait des miracles? Or, qu'étaient ces miracles, sinon des effets naturels dont la cause était inconnue aux hommes d'alors, mais qu'on s'explique en grande partie aujourd'hui, et que l'on comprendra complétement par l'étude du spiritisme et du magnétisme?

La foi est humaine ou divine, selon que l'homme applique ses facultés aux besoins terrestres ou à ses aspirations célestes et futures. L'homme de génie qui poursuit la réalisation de quelque grande entreprise réussit s'il a la foi, parce qu'il sent en lui qu'il peut et doit arriver, et cette certitude lui donne une force immense.

284   CHAPITRE XIX.

L'homme de bien qui, croyant à son avenir céleste, veut remplir sa vie de nobles et belles actions, puise dans sa foi, dans la certitude du bonheur qui l'attend, la force nécessaire, et là encore s'accomplissent des miracles de charité, de dévoûment et d'abnégation. Enfin, avec la foi, il n'est pas de mauvais penchants qu'on ne parvienne à vaincre.

Le magnétisme est une des plus grandes preuves de la puissance de la foi mise en action; c'est par la foi qu'il guérit et produit ces phénomènes étranges qui jadis étaient qualifiés de miracles.

Je le répète, la foi est *humaine* et *divine;* si tous les incarnés étaient bien persuadés de la force qu'ils ont en eux, et s'ils voulaient mettre leur volonté au service de cette force, ils seraient capables d'accomplir ce que, jusqu'à présent, on a appelé des prodiges, et qui n'est simplement qu'un développement des facultés humaines. (UN ESPRIT PROTECTEUR. Paris, 1863.)

CHAPITRE XX

LES OUVRIERS DE LA DERNIÈRE HEURE.

Les derniers seront les premiers. — Mission des spirites. — Les ouvriers du Seigneur.

239. Le royaume des cieux est semblable à un père de famille, qui sortit dès le grand matin, afin de louer des ouvriers pour travailler à sa vigne; — étant convenu avec les ouvriers qu'ils auraient un denier pour leur journée, il les envoya à la vigne. — Il sortit encore sur la troisième heure du jour, et en ayant vu d'autres qui se tenaient dans la place sans rien faire, — il leur dit: Allez-vous-en aussi, vous autres, à ma vigne, et je vous donnerai ce qui sera raisonnable; — et ils s'en allèrent. Il sortit encore sur la sixième et sur la neuvième heure du jour, et fit la même chose. — Et étant sorti sur la onzième heure, il en trouva d'autres qui étaient là sans rien faire, auxquels il dit: Pourquoi demeurez-vous là tout le long du jour sans travailler? — C'est, lui dirent-ils, que personne ne nous a loués, et il leur dit: Allez-vous-en aussi, vous autres, à ma vigne.

Le soir étant venu, le maître de la vigne dit à celui qui avait le soin de ses affaires: Appelez les ouvriers, et payez-les, en commençant depuis les derniers jusqu'aux premiers. — Ceux donc qui n'étaient venus à la vigne que vers la onzième heure s'étant approchés, reçurent chacun un denier. — Ceux qui avaient été loués les premiers venant à leur tour, crurent qu'en leur donnerait davantage, mais ils ne reçurent non plus qu'un denier chacun; — et en le recevant ils murmuraient contre le père de famille, — en disant: Ces derniers n'ont travaillé qu'une heure et vous les rendez

CHAPITRE XX.

égaux à nous qui avons porté le poids du jour et de la chaleur.

Mais pour réponse il dit à l'un d'eux : Mon ami, je ne vous fais point de tort; n'êtes-vous pas convenu avec moi d'un denier pour votre journée? — Prenez ce qui vous appartient, et vous en allez; pour moi, je veux donner à ce dernier autant qu'à vous. — Ne m'est-il donc pas permis de faire ce que je veux? et votre œil est-il mauvais, parce que je suis bon?

Ainsi, *les derniers seront les premiers et les premiers seront les derniers, parce qu'il y en a beaucoup d'appelés et peu d'élus.* (Saint Matthieu, ch. xx, v. de 1 à 16.)

INSTRUCTIONS DES ESPRITS.

Les ouvriers de la dernière heure.

240. L'ouvrier de la dernière heure a droit au salaire, mais il faut que sa bonne volonté l'ait tenu à la disposition du maître qui devait l'employer, et que ce retard ne soit pas le fruit de sa paresse ou de sa mauvaise volonté. Il a droit au salaire, parce que, depuis l'aube, il attendait impatiemment celui qui, enfin, l'appellerait à l'œuvre; il était laborieux, l'ouvrage seul lui manquait.

Mais s'il avait refusé l'ouvrage à chaque heure du jour; s'il avait dit : Prenons patience, le repos m'est doux; quand la dernière heure sonnera, il sera temps de penser au salaire de la journée. Qu'ai-je besoin de me déranger pour un maître que je ne connais pas, que je n'aime pas! Le plus tard sera le mieux. Celui-là, mes amis, n'eût pas trouvé le salaire de l'ouvrier, mais celui de la paresse.

Que sera-ce donc de celui qui, au lieu de rester sim-

LES OUVRIERS DE LA DERNIÈRE HEURE. 287

plement dans l'inaction, aura employé les heures destinées au labeur du jour à commettre des actes coupables; qui aura blasphémé Dieu, versé le sang de ses frères, jeté le trouble dans les familles, ruiné les hommes confiants, abusé de l'innocence, qui se seront enfin vautrés dans toutes les ignominies de l'humanité; que sera-ce donc de celui-là? Lui suffira-t-il de dire à la dernière heure : Seigneur, j'ai mal employé mon temps; prenez-moi jusqu'à la fin du jour, que je fasse un peu, bien peu de ma tâche, et donnez-moi le salaire de l'ouvrier de bonne volonté? Non, non; le maître lui dira : Je n'ai point d'ouvrage pour toi quant à présent; tu as gaspillé ton temps; tu as oublié ce que tu avais appris, tu ne sais plus travailler à ma vigne. Recommence donc à apprendre, et lorsque tu seras mieux disposé, tu viendras vers moi, je t'ouvrirai mon vaste champ, et tu pourras y travailler à toute heure du jour.

Bons spirites, mes bien-aimés, vous êtes tous des ouvriers de la dernière heure. Bien orgueilleux serait celui qui dirait : J'ai commencé l'œuvre à l'aurore et ne la terminerai qu'au déclin du jour. Tous vous êtes venus quand vous avez été appelés, un peu plus tôt, un peu plus tard, pour l'incarnation dont vous portez la chaîne; mais depuis combien de siècles entassés le maître ne vous a-t-il pas appelés à sa vigne sans que vous ayez voulu y entrer! Vous voilà au moment de toucher le salaire; employez bien cette heure qui vous reste, et n'oubliez jamais que votre existence, si longue qu'elle vous paraisse, n'est qu'un moment bien fugitif dans l'immensité des temps qui forment pour vous l'éternité.
(CONSTANTIN, ESPRIT PROTECTEUR. Bordeaux, 1863.)

CHAPITRE XX.

241. Jésus affectionnait la simplicité des symboles, et, dans son mâle langage, les ouvriers arrivés à la première heure sont les prophètes, Moïse, et tous les initiateurs qui ont marqué les étapes du progrès, continuées à travers les siècles par les apôtres, les martyrs, les Pères de l'Église, les savants, les philosophes, et enfin les spirites. Ceux-ci, venus les derniers, ont été annoncés et prédits dès l'aurore du Messie, et ils recevront la même récompense; que dis-je? une plus haute récompense. Derniers venus, les spirites profitent des labeurs intellectuels de leurs devanciers, parce que l'homme doit hériter de l'homme, et que ses travaux et leurs résultats sont collectifs : Dieu bénit la solidarité. Beaucoup d'entre eux revivent d'ailleurs aujourd'hui, ou revivront demain, pour achever l'œuvre qu'ils ont commencée jadis; plus d'un patriarche, plus d'un prophète, plus d'un disciple du Christ, plus d'un propagateur de la foi chrétienne se retrouve parmi eux, mais plus éclairés, plus avancés, travaillant, non plus à la base, mais au couronnement de l'édifice; leur salaire sera donc proportionné au mérite de l'œuvre.

La réincarnation, ce beau dogme, éternise et précise la filiation spirituelle. L'Esprit, appelé à rendre compte de son mandat terrestre, comprend la continuité de la tâche interrompue, mais toujours reprise; il voit, il sent qu'il a saisi au vol la pensée de ses devanciers; il rentre dans la lice, mûri par l'expérience, pour avancer encore; et tous, ouvriers de la première et de la dernière heure, les yeux dessillés sur la profonde justice de Dieu, ne murmurent plus et adorent.

Tel est un des vrais sens de cette parabole qui renferme, comme toutes celles que Jésus a adressées au

LES OUVRIERS DE LA DERNIÈRE HEURE. 289

peuple, le germe de l'avenir, et ausi, sous toutes les formes, sous toutes les images, la révélation de cette magnifique unité qui harmonise toutes choses dans l'univers, de cette solidarité qui relie tous les êtres présents au passé et à l'avenir. (HENRI HEINE. Paris, 1863.)

Mission des spirites.

242. N'entendez-vous pas déjà fermenter la tempête qui doit emporter le vieux monde et engloutir dans le néant la somme des iniquités terrestres? Ah! bénissez le Seigneur, vous qui avez mis votre foi en sa souveraine justice, et qui, nouveaux apôtres de la croyance révélée par les voix prophétiques supérieures, allez prêcher le dogme nouveau de la *réincarnation* et de l'élévation des Esprits, suivant qu'ils ont bien ou mal accompli leurs missions, et supporté leurs épreuves terrestres.

Ne tremblez plus! les langues de feu sont sur vos têtes. O vrais adeptes du Spiritisme, vous êtes les élus de Dieu! Allez et prêchez la parole divine. L'heure est venue où vous devez sacrifier à sa propagation vos habitudes, vos travaux, vos occupations futiles. Allez et prêchez; les Esprits d'en haut sont avec vous. Certes vous parlerez à des gens qui ne voudront point écouter la voix de Dieu, parce que cette voix les rappelle sans cesse à l'abnégation; vous prêcherez le désintéressement aux avares, l'abstinence aux débauchés, la mansuétude aux tyrans domestiques comme aux despotes: paroles perdues, je le sais; mais qu'importe! Il faut arroser de vos sueurs le terrain que vous devez ense-

CHAPITRE XX.

mencer, car il ne fructifiera et ne produira que sous les efforts réitérés de la bêche et de la charrue évangélique. Allez et prêchez!

Oui, vous tous, hommes de bonne foi, qui croyez à votre infériorité en regardant les mondes espacés dans l'infini, partez en croisade contre l'injustice et l'iniquité. Allez et renversez ce culte du veau d'or, chaque jour de plus en plus envahissant. Allez, Dieu vous conduit! Hommes simples et ignorants, vos langues seront déliées, et vous parlerez comme aucun orateur ne parle. Allez et prêchez, et les populations attentives recueilleront avec bonheur vos paroles de consolation, de fraternité, d'espérance et de paix.

Qu'importent les embûches qui seront jetées sur votre chemin! les loups seuls se prendront aux piéges à loup, car le pasteur saura défendre ses brebis contre les bouchers sacrificateurs.

Allez, hommes grands devant Dieu, qui, plus heureux que saint Thomas, croyez sans demander à voir, et acceptez les faits de la médianimité quand même vous n'avez jamais réussi à en obtenir vous-mêmes; allez, l'Esprit de Dieu vous conduit.

Marche donc en avant, phalange imposante par ta foi! et les gros bataillons des incrédules s'évanouiront devant toi comme les brouillards du matin aux premiers rayons du soleil levant.

La foi est la vertu qui soulèvera les montagnes, vous a dit Jésus; mais plus lourdes que les plus lourdes montagnes gisent dans le cœur des hommes l'impureté et tous les vices de l'impureté. Partez donc avec courage pour soulever cette montagne d'iniquités que les générations futures ne doivent connaître qu'à l'état de

LES OUVRIERS DE LA DERNIÈRE HEURE. 291

légende, comme vous ne connaissez vous-mêmes que très imparfaitement la période des temps antérieurs à la civilisation païenne.

Oui, les bouleversements moraux et philosophiques vont éclater sur tous les points du globe ; l'heure approche où la lumière divine apparaîtra sur les deux mondes.

Allez donc, et portez la parole divine : aux grands qui la dédaigneront, aux savants qui en demanderont la preuve, aux petits et aux simples qui l'accepteront, car c'est surtout parmi les martyrs du travail, cette expiation terrestre, que vous trouverez la ferveur et la foi. Allez ; ceux-ci recevront avec des cantiques d'actions de grâce et en chantant les louanges de Dieu la consolation sainte que vous leur apporterez, et ils s'inclineront en le remerciant du lot de leurs misères terrestres.

Que votre phalange s'arme donc de résolution et de courage ! A l'œuvre ! la charrue est prête ; la terre attend ; il faut labourer.

Allez, et remerciez Dieu de la tâche glorieuse qu'il vous a confiée ; mais songez que parmi les appelés au Spiritisme beaucoup se sont fourvoyés ; regardez donc votre route et suivez la voie de la vérité.

D. Si beaucoup d'appelés au Spiritisme se sont fourvoyés, à quel signe reconnaître ceux qui sont dans la bonne voie ? — *R.* Vous les reconnaîtrez aux principes de véritable charité qu'ils professeront et pratiqueront ; vous les reconnaîtrez au nombre des affligés auxquels ils auront apporté les consolations ; vous les reconnaîtrez à leur amour pour leur prochain, à leur abnégation, à leur désintéressement personnel ; vous

292 CHAPITRE XX.

les reconnaîtrez enfin au triomphe de leurs principes, car Dieu veut le triomphe de sa loi ; ceux qui suivent sa loi sont ses élus, et il leur donnera la victoire, mais il écrasera ceux qui faussent l'esprit de cette loi et s'en font un marchepied pour satisfaire leur vanité et leur ambition. (ÉRASTE, ange gardien du médium. Paris, 1863.)

Les ouvriers du Seigneur.

243. Vous touchez au temps de l'accomplissement des choses annoncées pour la transformation de l'humanité ; heureux seront ceux qui auront travaillé au champ du Seigneur avec désintéressement et sans autre mobile que la charité ! Leurs journées de travail seront payées au centuple de ce qu'ils auront espéré. Heureux seront ceux qui auront dit à leurs frères : « Frères, travaillons ensemble, et unissons nos efforts afin que le maître trouve l'ouvrage fini à son arrivée, » car le maître leur dira : « Venez à moi, vous qui êtes de bons serviteurs, vous qui avez fait taire vos jalousies et vos discordes pour ne pas laisser l'ouvrage en souffrance ! » Mais malheur à ceux qui, par leurs dissensions, auront retardé l'heure de la moisson, car l'orage viendra et ils seront emportés par le tourbillon ! Ils crieront : « Grâce ! grâce ! » Mais le Seigneur leur dira : « Pourquoi demandez-vous grâce, vous qui n'avez pas eu pitié de vos frères, et qui avez refusé de leur tendre la main, vous qui avez écrasé le faible au lieu de le soutenir ? Pourquoi demandez-vous grâce, vous qui avez cherché votre récompense dans les joies de la terre et dans la satisfaction de votre orgueil ? Vous l'avez déjà reçue, votre

récompense, telle que vous l'avez voulue ; n'en demandez pas davantage : les récompenses célestes sont pour ceux qui n'auront pas demandé les récompenses de la terre. »

Dieu fait en ce moment le dénombrement de ses serviteurs fidèles, et il a marqué de son doigt ceux qui n'ont que l'apparence du dévoûment, afin' qu'ils n'usurpent pas le salaire des serviteurs courageux, car c'est à ceux qui ne reculeront pas devant leur tâche qu'il va confier les postes les plus difficiles dans la grande œuvre de la régénération par le spiritisme, et cette parole s'accomplira : « Les premiers seront les derniers, et les derniers seront les premiers dans le royaume des cieux ! » (L'Esprit de vérité. *Paris, 1862.)

CHAPITRE XXI

IL Y AURA DE FAUX CHRISTS ET DE FAUX PROPHÈTES.

On connaît l'arbre à son fruit. — Il s'élèvera de faux christs et de faux prophètes. — Ne croyez point à tous les Esprits. — Mission des prophètes. — Des faits miraculeux. — Phénomènes spirites. — Les faux prophètes. — Caractère du vrai prophète. — Les faux prophètes de l'erraticité. — Jérémie et les faux prophètes.

244. *Gardez-vous des faux prophètes* qui viennent à vous couverts de peaux de brebis, et qui au dedans sont des loups ravissants. — Vous les connaîtrez par leurs fruits. *Peut-on cueillir des raisins sur des épines ou des figues sur des ronces?* — Ainsi tout arbre qui est bon produit de bons fruits, et tout arbre qui est mauvais produit de mauvais fruits. — *Un bon arbre ne peut produire de mauvais fruits, et un mauvais arbre ne peut en produire de bons.* — Tout arbre qui ne produit point de bons fruits sera coupé et jeté au feu. — Vous les connaîtrez donc à leurs fruits. (Saint Matthieu, ch. VII, v. de 15 à 20.)

245. Prenez garde que quelqu'un vous séduise ; — parce que plusieurs viendront sous mon nom, disant : « Je suis le Christ, » et ils en séduiront plusieurs.

Il s'élèvera plusieurs faux prophètes qui séduiront beaucoup de personnes ; — et parce que l'iniquité abondera, la charité de plusieurs se refroidira. — Mais celui-là sera sauvé qui persévérera jusqu'à la fin.

Alors si quelqu'un vous dit : Le Christ est ici, ou il est là, ne le croyez point ; — car *il s'élèvera de faux Christs et de faux prophètes qui feront de grands prodiges* et des choses étonnantes, jusqu'à séduire, s'il était possible, les élus

IL Y AURA DE FAUX PROPHÈTES. 295

même. (Saint Matthieu, ch. xxiv, *v.* 4, 5, 11, 12, 13, 23, 24. — Saint Marc, ch. xiii, *v.* 5, 6, 21, 22.)

246. Mes bien-aimés, *ne croyez point à tout Esprit,* mais éprouvez si les Esprits sont de Dieu, car plusieurs faux prophètes se sont élevés dans le monde. (Saint Jean, épître 1re, ch. vi, *v.* 1.)

Mission des prophètes.

247. On attribue vulgairement aux prophètes le don de révéler l'avenir, de sorte que les mots *prophéties* et *prédictions* sont devenus synonymes. Dans le sens évangélique, le mot *prophète* a une signification plus étendue; il se dit de tout envoyé de Dieu avec mission d'instruire les hommes et de leur révéler les choses cachées et les mystères de la vie spirituelle. Un homme peut donc être prophète sans faire de prédictions; cette idée était celle des Juifs au temps de Jésus; c'est pourquoi, lorsqu'il fut amené devant le grand prêtre Caïphe, les scribes et les anciens, étant assemblés, lui crachèrent au visage, le frappèrent à coups de poing et lui donnèrent des soufflets, en disant : « Christ, prophétise-nous, et dis qui est celui qui t'a frappé. » Cependant il est arrivé que des prophètes ont eu la prescience de l'avenir, soit par intuition, soit par révélation providentielle, afin de donner aux hommes des avertissements; ces événements s'étant accomplis, le don de prédire l'avenir a été regardé comme un des attributs de la qualité de prophète.

Des faits miraculeux.

248. « Il s'élèvera de faux christs et de faux prophètes qui feront de grands prodiges et des choses étonnantes

à séduire les élus même. » Ces paroles donnent le véritable sens du mot prodige. Dans l'acception théologique, les prodiges et les miracles dont des phénomènes exceptionnels, en dehors des lois de la nature. Les lois de la nature étant l'œuvre de Dieu *seul*, il peut sans doute y déroger si cela lui plaît, mais le simple bon sens dit qu'il ne peut avoir donné à des êtres inférieurs et pervers un pouvoir égal au sien, et encore moins le droit de défaire ce qu'il a fait. Jésus ne peut avoir consacré un tel principe. Si donc, selon le sens que l'on attache à ces paroles, l'Esprit du mal a le pouvoir de faire des prodiges tels que les élus même y soient trompés, il en résulterait que, pouvant faire ce que Dieu fait, les prodiges et les miracles ne sont pas le privilége exclusif des envoyés de Dieu, et ne prouvent rien, puisque rien ne distingue les miracles des saints des miracles du démon. Il faut donc chercher un sens plus rationnel à ces paroles.

Au yeux du vulgaire ignorant, tout phénomène dont la cause est inconnue passe pour surnaturel, merveilleux et miraculeux ; la cause une fois connue, on reconnaît que le phénomène, si extraordinaire qu'il paraisse, n'est autre chose que l'application d'une loi de nature. C'est ainsi que le cercle des faits surnaturels se rétrécit à mesure que s'élargit celui de la science. De tous temps des hommes ont exploité, au profit de leur ambition, de leur intérêt et de leur domination, certaines connaissances qu'ils possédaient, afin de se donner le prestige d'un pouvoir soi-disant surhumain ou d'une prétendue mission divine. Ce sont là de faux christs et de faux prophètes ; la diffusion des lumières tue leur crédit, c'est pourquoi le nombre en diminue à

IL Y AURA DE FAUX PROPHÈTES.   297

mesure que les hommes s'éclairent. Le fait d'opérer ce qui, aux yeux de certaines gens, passe pour des prodiges, n'est donc point le signe d'une mission divine, puisqu'il peut résulter de connaissances que chacun peut acquérir, ou de facultés organiques spéciales, que le plus indigne peut posséder aussi bien que le plus digne. Le vrai prophète se reconnaît à des caractères plus sérieux, et exclusivement moraux.

Phénomènes spirites.

249. Les phénomènes spirites, loin d'accréditer les faux christs et les faux prophètes, comme quelques-uns affectent de le dire, viennent au contraire leur porter un dernier coup. Ne demandez pas au spiritisme des miracles ni des prodiges, car il déclare formellement qu'il n'en produit point; comme la physique, la chimie, l'astronomie, la géologie sont venues révéler les lois du monde matériel, il vient révéler d'autres lois inconnues, celles qui régissent les rapports du monde visible et du monde invisible, et qui, comme leurs aînées de la science, n'en sont pas moins des lois de nature; en donnant l'explication d'un certain ordre de phénomènes incompris jusqu'à ce jour, il détruit ce qui restait encore dans le domaine du merveilleux. Ceux donc qui seraient tentés d'exploiter ces phénomènes à leur profit, en se faisant passer pour des messies de Dieu, ne pourraient abuser longtemps de la crédulité, et seraient bientôt démasqués. D'ailleurs, ainsi qu'il a été dit, ces phénomènes seuls ne prouvent rien, la mission se prouve par des effets moraux qu'il n'est pas donné au premier venu de produire. C'est là un des ré-

CHAPITRE XXI.

sultats du développement de la science spirite ; en scrutant la cause de certains phénomènes, elle lève le voile sur bien des mystères. Ceux qui préfèrent l'obscurité à la lumière ont seuls intérêt à la combattre; mais la vérité est comme le soleil : elle dissipe les plus épais brouillards.

Le spiritisme vient révéler une autre catégorie, bien plus dangereuse, de faux Christs et de faux prophètes, qui se trouvent, non parmi les hommes, mais parmi les désincarnés : c'est celle des Esprits trompeurs, hypocrites, orgueilleux et faux savants qui, de la terre, sont passés dans l'erraticité, et se parent de noms vénérés pour chercher, à la faveur du masque dont ils se couvrent, à accréditer les idées souvent les plus bizarres et les plus absurdes. Avant que les rapports médianimiques ne fussent connus, ils exerçaient leur action d'une manière moins ostensible, par l'inspiration, la médiumnité inconsciente, auditive ou parlante. Le nombre de ceux qui, à diverses époques, mais dans ces derniers temps surtout, se sont donnés pour quelques-uns des anciens prophètes, pour le Christ, pour Marie, mère du Christ, et même pour Dieu, est considérable. Saint Jean met en garde contre eux quand il dit : « Mes bien-aimés, ne croyez point à tout Esprit, mais éprouvez si les Esprits sont de Dieu; car plusieurs faux prophètes se sont élevés dans le monde. » Le spiritisme donne les moyens de les éprouver en indiquant les caractères auxquels on reconnaît les bons Esprits, caractères *toujours moraux et jamais matériels* [1]. C'est au

---

[1] Voir, pour la distinction des Esprits, *Livre des Médiums*, chap. 24 et suiv.

discernement des bons et des mauvais Esprits que peuvent surtout s'appliquer ces paroles de Jésus : « On reconnaît la qualité de l'arbre à son fruit; un bon arbre ne peut produire de mauvais fruits, et un mauvais arbre ne peut en produire de bons. »

INSTRUCTIONS DES ESPRITS.

Les faux prophètes.

250. Si l'on vous dit : « Christ est ici, » n'y allez pas, mais, au contraire, tenez-vous sur vos gardes, car les faux prophètes seront nombreux. Mais ne voyez-vous pas les feuilles du figuier qui commencent à blanchir ; ne voyez-vous pas leurs pousses nombreuses attendant l'époque de la floraison, et Christ ne vous a-t-il pas dit : On reconnaît un arbre à son fruit? Si donc les fruits sont amers, vous jugez que l'arbre est mauvais; mais s'ils sont doux et salutaires, vous dites : Rien de pur ne peut sortir d'une souche mauvaise.

C'est ainsi, mes frères, que vous devez juger; ce sont les œuvres que vous devez examiner. Si ceux qui se disent revêtus de la puissance divine sont accompagnés de toutes les marques d'une pareille mission, c'est-à-dire s'ils possèdent au plus haut degré les vertus chrétiennes et éternelles : la charité, l'amour, l'indulgence, la bonté qui concilie tous les cœurs ; si, à l'appui des paroles, ils joignent les actes, alors vous pourrez dire : Ceux-ci sont bien réellement les envoyés de Dieu.

Mais méfiez-vous des paroles mielleuses, méfiez-vous des scribes et des pharisiens qui prient dans les places publiques, vêtus de longues robes. Méfiez-vous de ceux

CHAPITRE XXI.

qui prétendent avoir le seul et unique monopole de la vérité !

Non, non, Christ n'est point là, car ceux qu'il envoie propager sa sainte doctrine, et régénérer son peuple, seront, à l'exemple du Maître, doux et humbles de cœur par-dessus toutes choses ; ceux qui doivent, par leurs exemples et leurs conseils, sauver l'humanité courant à sa perte et vagabondant dans des routes tortueuses, ceux-là seront par-dessus tout modestes et humbles. Tout ce qui révèle un atome d'orgueil, fuyez-le comme une lèpre contagieuse qui corrompt tout ce qu'elle touche. Rappelez-vous que chaque créature porte sur son front, mais dans ses actes surtout, le cachet de sa grandeur ou de sa décadence.

Allez donc, mes enfants bien-aimés, marchez sans tergiversations, sans arrière-pensées, dans la route bénie que vous avez entreprise. Allez, allez toujours sans crainte ; éloignez courageusement tout ce qui pourrait entraver votre marche vers le but éternel. Voyageurs, vous ne serez que bien peu de temps encore dans les ténèbres et les douleurs de l'épreuve, si vous laissez aller vos cœurs à cette douce doctrine qui vient vous révéler les lois éternelles, et satisfaire toutes les aspirations de votre âme vers l'inconnu. Dès à présent, vous pouvez donner un corps à ces sylphes légers que vous voyiez passer dans vos rêves, et qui, éphémères, ne pouvaient que charmer votre esprit, mais ne disaient rien à vos cœurs. Maintenant, mes aimés, la mort a disparu pour faire place à l'ange radieux que vous connaissez, l'ange du revoir et de la réunion ! Maintenant, vous qui avez bien accompli la tâche imposée par le Créateur, vous n'avez plus rien à craindre de sa justice, car il est père et pardonne toujours à ses enfants égarés qui crient miséricorde. Continuez donc, avancez sans cesse ; que votre devise soit celle du progrès, du progrès continu et en toutes choses, jusqu'à ce que vous arriviez enfin à ce terme heureux où vous attendent tous ceux qui vous ont précédés. (Louis. Bordeaux, 1861.)

Caractères du vrai prophète.

251. *Défiez-vous des faux prophètes*. Cette recommandation est utile dans tous les temps, mais surtout dans les moments de transition où, comme dans celui-ci, s'élabore une transformation de l'humanité, car alors une foule d'ambitieux et d'intrigants se posent en réformateurs et en messies. C'est contre ces imposteurs qu'il faut se tenir en garde, et il est du devoir de tout honnête homme de les démasquer. Vous demanderez sans doute comment on peut les reconnaître ; voici leur signalement :

On ne confie le commandement d'une armée qu'à un général habile et capable de la diriger ; croyez-vous donc que Dieu soit moins prudent que les hommes ? Soyez certains qu'il ne confie les missions importantes qu'à ceux qu'il sait capables de les remplir, car les grandes missions sont de lourds fardeaux qui écraseraient l'homme trop faible pour les porter. Comme en toutes choses le maître doit en savoir plus que l'écolier, pour faire avancer l'humanité moralement et intellectuellement, il faut des hommes supérieurs en intelligence et en moralité ; c'est pourquoi ce sont toujours des Esprits déjà très avancés ayant fait leurs preuves dans d'autres existences, qui s'incarnent dans ce but ; car s'ils

CHAPITRE XXI.

ne sont pas supérieurs au milieu dans lequel ils doivent agir, leur action sera nulle.

Ceci posé, concluez que le vrai missionnaire de Dieu doit justifier sa mission par sa supériorité, par ses vertus, par la grandeur, par le résultat et l'influence moralisatrice de ses œuvres. Tirez encore cette conséquence, que s'il est, par son caractère, par ses vertus, par son intelligence, au-dessous du rôle qu'il se donne, ou du personnage sous le nom duquel il s'abrite, ce n'est qu'un histrion de bas étage qui ne sait pas même copier son modèle.

Une autre considération, c'est que la plupart des vrais missionnaires de Dieu s'ignorent eux-mêmes; ils accomplissent ce à quoi ils sont appelés, par la force de leur génie secondé par la puissance occulte qui les inspire et les dirige à leur insu, mais sans dessein prémédité. En un mot, les vrais prophètes, se révèlent par leurs actes : on les devine; tandis que les faux prophètes se posent eux-mêmes comme les envoyés de Dieu; le premier est humble et modeste; le second est orgueilleux et plein de lui-même; il parle avec hauteur, et, comme tous les menteurs, il semble toujours craindre de n'être pas cru. On a vu de ces imposteurs se donner pour les apôtres du Christ, d'autres pour le Christ lui-même, et ce qui est à la honte de l'humanité, c'est qu'ils ont trouvé des gens assez crédules pour ajouter foi à de pareilles turpitudes. Une considération bien simple cependant devrait ouvrir les yeux du plus aveugle, c'est que si le Christ se réincarnait sur la terre, il y viendrait avec toute sa puissance et toutes ses vertus, à moins d'admettre, ce qui serait absurde, qu'il eût dégénéré ; or, de même que si vous ôtez à Dieu un seul de ses attributs vous n'aurez plus Dieu, si vous ôtez une seule des vertus du Christ, vous n'avez plus le Christ. Ceux qui se donnent pour le Christ ont-ils toutes ses vertus ? Là est la question ; regardez ; scrutez leurs pensées et leurs actes, et vous reconnaîtrez qu'ils manquent par-dessus tout des qualités distinctives du Christ : l'humilité et la charité, tandis qu'ils ont ce qu'il n'avait pas : la cupidité et l'orgueil. Remarquez d'ailleurs qu'il y a dans ce moment, et dans différents pays, plusieurs prétendus Christs, comme il y a plusieurs prétendus Élie, saint Jean ou saint Pierre, et que nécessairement ils ne peuvent être tous véritables. Tenez pour certain que ce sont des gens qui exploitent la crédulité et trouvent commode de vivre aux dépens de ceux qui les écoutent.

.Défiez-vous donc des faux prophètes, surtout dans un temps de rénovation, parce que beaucoup d'imposteurs se diront les envoyés de Dieu ; ils se procurent une vaniteuse satisfaction sur la terre, mais une terrible justice les attend, vous pouvez en être certains. (Éraste. Paris, 1862.)

Les faux prophètes de l'erraticité.

252. Les faux prophètes ne sont pas seulement parmi les incarnés ; ils sont aussi, et en bien plus grand nombre, parmi les Esprits orgueilleux qui, sous de faux semblants d'amour et de charité, sèment la désunion et retardent l'œuvre émancipatrice de l'humanité, en jetant à la traverse leurs systèmes absurdes qu'ils font accepter par leurs médiums ; et pour mieux fasciner ceux qu'ils veulent abuser, pour donner plus de poids

304 CHAPITRE XXI.

à leurs théories, ils se parent sans scrupule de noms que les hommes ne prononcent qu'avec respect.

Ce sont eux qui sèment des ferments d'antagonisme entre les groupes, qui les poussent à s'isoler les uns des autres, et à se voir d'un mauvais œil. Cela seul suffirait pour les démasquer ; car, en agissant ainsi, ils donnent eux-mêmes le plus formel démenti à ce qu'ils prétendent être. Aveugles donc sont les hommes qui se laissent prendre à un piége aussi grossier.

Mais il y a bien d'autres moyens de les reconnaître. Des Esprits de l'ordre auquel ils disent appartenir, doivent être non-seulement très bons, mais en outre, éminemment logiques et rationnels. Eh bien! passez leurs systèmes au tamis de la raison et du bon sens, et vous verrez ce qui en restera. Convenez donc avec moi que, toutes les fois qu'un Esprit indique, comme remède aux maux de l'humanité, ou comme moyens d'arriver à sa transformation, des choses utopiques et impraticables, des mesures puériles et ridicules; quand il formule un système contredit par les plus vulgaires notions de la science, ce ne peut être qu'un Esprit ignorant et menteur.

D'un autre côté, croyez bien que si la vérité n'est pas toujours appréciée par les individus, elle l'est toujours par le bon sens des masses, et c'est encore là un criterium. Si deux principes se contredisent, vous aurez la mesure de leur valeur intrinsèque en cherchant celui qui trouve le plus d'écho et de sympathie; il serait illogique, en effet, d'admettre qu'une doctrine qui verrait diminuer le nombre de ses partisans, fût plus vraie que celle qui voit les siens s'augmenter. Dieu, voulant que la vérité arrive à tous, ne la confine pas dans un cercle

IL Y AURA DE FAUX PROPHÈTES. 305

étroit et restreint : il la fait surgir par différents points, afin que partout la lumière soit à côté des ténèbres.

Repoussez impitoyablement tous ces Esprits qui se donnent comme conseils exclusifs, en prêchant la division et l'isolement. Ce sont presque toujours des Esprits vaniteux et médiocres, qui tendent à s'imposer aux hommes faibles et crédules, en leur prodiguant des louanges exagérées, afin de les fasciner et de les tenir sous leur domination. Ce sont généralement des Esprits affamés de pouvoir, qui, despotes publics ou privés de leur vivant, veulent avoir encore des victimes à tyranniser après leur mort. En général, défiez-vous des communications qui portent un caractère de mysticisme et d'étrangeté, ou qui prescrivent des cérémonies et des actes bizarres ; il y a toujours alors un motif légitime de suspicion.

D'un autre côté, croyez bien que lorsqu'une vérité doit être révélée à l'humanité, elle est pour ainsi dire instantanément communiquée dans tous les groupes sérieux qui possèdent de sérieux médiums, et non pas à tels ou tels à l'exclusion des autres. Nul n'est parfait médium s'il est obsédé, et il y a obsession manifeste lorsqu'un médium n'est apte qu'à recevoir les communications d'un Esprit spécial, si haut que celui-ci cherche à se placer lui-même. En conséquence, tout médium, tout groupe qui se croient privilégiés par des communications que seuls ils peuvent recevoir, et qui, d'autre part, sont assujettis à des pratiques qui frisent la superstition, sont indubitablement sous le coup d'une obsession des mieux caractérisées, surtout quand l'Esprit dominateur se targue d'un nom que tous, Esprits et incarnés, nous devons honorer et respecter, et ne pas laisser commettre à tout propos.

Il est incontestable qu'en soumettant au creuset de la raison et de la logique toutes les données et toutes les communications des Esprits, il sera facile de repousser l'absurdité et l'erreur. Un médium peut être fasciné, un groupe abusé; mais le contrôle sévère des autres groupes, mais la science acquise, et la haute autorité morale des chefs de groupes, mais des communications des principaux médiums qui reçoivent un cachet de logique et d'authenticité de nos meilleurs Esprits, feront rapidement justice de ces dictées mensongères et astucieuses émanées d'une tourbe d'Esprits trompeurs ou méchants. (ÉRASTE, disciple de saint Paul. Paris, 1862.)

Remarque. Un des caractères distinctifs de ces Esprits qui veulent s'imposer et faire accepter des idées bizarres et systématiques, c'est de prétendre, fussent-ils seuls de leur avis, avoir raison contre tout le monde. Leur tactique est d'éviter la discussion, et quand ils se voient combattus victorieusement par les armes irrésistibles de la logique, ils refusent dédaigneusement de répondre, et prescrivent à leurs médiums de s'éloigner des centres où leurs idées ne sont pas accueillies. Cet isolement est ce qu'il y a de plus fatal pour les médiums, parce qu'ils subissent, sans contre-poids, le joug de ces Esprits obsesseurs qui les conduisent, comme des aveugles, et les mènent souvent dans des voies pernicieuses.

(Voir à l'Introduction le paragraphe II : *Contrôle universel de l'enseignement des Esprits*. — Livre des médiums, chap. XXIII, de *l'obsession*.)

Jérémie et les faux prophètes.

253. Voici ce que dit le Seigneur des armées : N'écoutez point les paroles des prophètes qui vous prophétisent et qui vous trompent. Ils publient les visions de leur cœur, et non ce qu'ils ont appris de la bouche du Seigneur. — Ils disent à ceux qui me blasphèment : Le Seigneur l'a dit, vous aurez la paix; et à tous ceux qui marchent dans la corruption de leur cœur : Il ne vous arrivera point de mal. — Mais qui d'entre eux a assisté au conseil de Dieu; qui l'a vu et qui a entendu ce qu'il a dit? — Je n'envoyais point ces prophètes, et ils couraient d'eux-mêmes; je ne leur parlais point, et ils prophétisaient de leur tête. — J'ai entendu ce qu'ont dit ces prophètes qui prophétisent le mensonge en mon nom, en disant: J'ai songé, j'ai songé.—Jusques à quand cette imagination sera-t-elle dans le cœur des prophètes qui prophétisent le mensonge, et dont les prophéties ne sont que les séductions de leur cœur? —Si donc ce peuple, ou un prophète, ou un prêtre vous interroge et vous dit : Quel est le fardeau du Seigneur? Vous lui direz : C'est vous-mêmes qui êtes le fardeau, et je vous jetterai bien loin de moi, dit le Seigneur. (JÉRÉMIE, ch. XXIII, v. 16, 17, 18, 21, 25, 26, 33.)

C'est sur ce passage du prophète Jérémie que je vais vous entretenir, mes amis. Dieu, parlant par sa bouche, dit : « C'est la vision de leur cœur qui les fait parler. » Ces mots indiquent clairement que déjà, à cette époque, les charlatans et les exaltés abusaient du don de prophétie et l'exploitaient. Ils abusaient, par conséquent, de la foi simple et presque aveugle du peuple en prédi-

CHAPITRE XXI.

sant *pour de l'argent* de bonnes et agréables choses. Cette sorte de tromperie était assez générale chez la nation juive, et il est facile de comprendre que le pauvre peuple, dans son ignorance, était dans l'impossibilité de distinguer les bons d'avec les mauvais, et il était toujours plus ou moins dupe de ces soi-disant prophètes qui n'étaient que des imposteurs ou des fanatiques. Y a-t-il rien de plus significatif que ces paroles : « Je n'ai point envoyé ces prophètes-là, et ils ont couru d'eux-mêmes ; je ne leur ai point parlé, et ils ont prophétisé ? » Plus loin il dit : « J'ai entendu ces prophètes qui prophétisent le mensonge en mon nom, en disant : J'ai songé, j'ai songé ; » il indiquait ainsi un des moyens employés pour exploiter la confiance qu'on avait en eux. La multitude, toujours crédule, ne pensait point à contester la véracité de leurs songes ou de leurs visions ; elle trouvait cela tout naturel et invitait toujours ces prophètes à parler.

Après les paroles du prophète, écoutez les sages conseils de l'apôtre saint Jean, quand il dit : « Ne croyez point à tout Esprit, mais éprouvez si les Esprits sont de Dieu ; » car parmi les invisibles il en est aussi qui se plaisent à faire des dupes quand ils en trouvent l'occasion. Ces dupes sont, bien entendu, les médiums qui ne prennent pas assez de précautions. Là est sans contredit un des plus grands écueils contre lequel beaucoup viennent se briser, surtout quand ils sont novices dans le spiritisme. C'est pour eux une épreuve dont ils ne peuvent triompher que par une grande prudence. Apprenez donc, avant toutes choses, à distinguer les bons et les mauvais Esprits, pour ne pas devenir vous-mêmes de faux prophètes. (Luoz, *Esp. protect*. Carlsruhe, 1861.)

CHAPITRE XXII

NE SÉPAREZ PAS CE QUE DIEU A JOINT.

Indissolubilité du mariage. — Divorce.

254. Les Pharisiens vinrent aussi à lui pour le tenter, et ils lui dirent : Est-il permis à un homme de renvoyer sa femme pour quelque cause que ce soit ? — Il leur répondit : N'avez-vous point lu que celui qui créa l'homme dès le commencement, les créa mâle et femelle, et qu'il est dit : —.Pour cette raison, l'homme quittera son père et sa mère, et s'attachera à sa femme, et ils ne feront plus tous deux qu'une seule chair. — Ainsi ils ne seront plus deux, mais une seule chair. Que l'homme donc ne sépare pas ce que Dieu a joint.
Mais pourquoi donc, lui dirent-ils, Moïse a-t-il ordonné qu'on donne à sa femme un écrit de séparation, et qu'on la renvoie ? — Il leur répondit : C'est à cause de la dureté de votre cœur que Moïse vous a permis de renvoyer vos femmes ; mais cela n'a pas été dès le commencement. — Aussi je vous déclare que quiconque renvoie sa femme, si ce n'est en cas d'adultère, et en épouse une autre, commet un adultère ; et que celui qui épouse celle qu'un autre a renvoyée, commet aussi un adultère. (Saint Matthieu, ch. xix, *v.* de 3 à 9.)

255. Il n'y a d'immuable que ce qui vient de Dieu ; tout ce qui est l'œuvre des hommes est sujet à changement. Les lois de la nature sont les mêmes dans tous les temps et dans tous les pays ; les lois humaines changent

CHAPITRE XXII.

selon les temps, les lieux et le progrès de l'intelligence. Dans le mariage, ce qui est d'ordre divin, c'est l'union des sexes pour opérer le renouvellement des êtres qui meurent; mais les conditions qui règlent cette union sont d'ordre tellement humain, qu'il n'y a pas dans le monde entier, et même dans la chrétienté, deux pays où elles soient absolument les mêmes, et qu'il n'y en a pas un où elles n'aient subi des changements avec le temps; il en résulte qu'aux yeux de la loi civile, ce qui est légitime dans une contrée et à une époque, est adultère dans une autre contrée et dans un autre temps; et cela, parce que la loi civile a pour but de régler les intérêts des familles, et que ces intérêts varient selon les mœurs et les besoins locaux; c'est ainsi, par exemple, que dans certains pays le mariage religieux est seul légitime, dans d'autres il faut en plus le mariage civil, dans d'autres, enfin, le mariage civil seul suffit.

Mais dans l'union des sexes, à côté de la loi divine matérielle, commune à tous les êtres vivants, il y a une autre loi divine, immuable comme toutes les lois de Dieu, exclusivement morale, c'est la loi d'amour. Dieu a voulu que les êtres fussent unis, non-seulement par les liens de la chair, mais par ceux de l'âme, afin que l'affection mutuelle des époux se reportât sur leurs enfants, et qu'ils fussent deux, au lieu d'un, à les aimer, à les soigner et à les faire progresser. Dans les conditions ordinaires du mariage, est-il tenu compte de cette loi d'amour? Nullement; ce que l'on consulte, ce n'est pas l'affection de deux êtres qu'un mutuel sentiment attire l'un vers l'autre, puisque le plus souvent on brise cette affection; ce que l'on cherche, ce n'est pas la satisfaction du cœur, mais celle de l'orgueil, de **la vanité,** de la cupidité, en un mot de tous les intérêts matériels; quand tout est pour le mieux selon ces intérêts, on dit que le mariage est convenable, et quand les bourses sont bien assorties, on dit que les époux le sont également, et doivent être bien heureux. Mais ni la loi civile, ni les engagements qu'elle fait contracter ne peuvent suppléer la loi d'amour si cette loi ne préside pas à l'union; il en résulte que souvent ce que l'on a uni de force se sépare de soi-même; que le serment que l'on prononce au pied de l'autel devient un parjure si on le dit comme une formule banale; de là les unions malheureuses, qui finissent par devenir criminelles; double malheur que l'on éviterait si, dans les conditions du mariage, on ne faisait pas abstraction de la seule qui le sanctionne aux yeux de Dieu : la loi d'amour. Quand Dieu a dit : « Vous ne ferez qu'une même chair; » et quand Jésus a dit : « Vous ne séparerez pas ce que Dieu a uni, » cela doit s'entendre de l'union selon la loi immuable de Dieu, et non selon la loi changeante des hommes.

La loi civile est-elle donc superflue, et faut-il en revenir aux mariages selon la nature? Non certainement; la loi civile a pour but de régler les rapports sociaux et les intérêts des familles, selon les exigences de la civilisation, voilà pourquoi elle est utile, nécessaire, mais variable; elle doit être prévoyante, parce que l'homme civilisé ne peut vivre comme le sauvage; mais rien, absolument rien ne s'oppose à ce qu'elle soit le corollaire de la loi de Dieu; les obstacles à l'accomplissement de la loi divine viennent des préjugés et non de la loi civile. Ces préjugés, bien qu'encore vivaces, ont déjà perdu de leur empire chez les peuples éclairés;

CHAPITRE XXII.

ils disparaîtront avec le progrès moral, qui ouvrira enfin les yeux sur les maux sans nombre, les fautes, les crimes même qui résultent des unions contractées en vue des seuls intérêts matériels; et l'on se demandera un jour s'il est plus humain, plus charitable, plus moral de river l'un à l'autre des êtres qui ne peuvent vivre ensemble, que de leur rendre la liberté; si la perspective d'une chaîne indissoluble n'augmente pas le nombre des unions irrégulières.

Le divorce est une loi humaine qui a pour but de séparer légalement ce qui est séparé de fait; elle n'est point contraire à la loi de Dieu, puisqu'elle ne réforme que ce que les hommes ont fait, et qu'elle n'est applicable que dans les cas où il n'a pas été tenu compte de la loi divine; si elle était contraire à cette loi, l'Église elle-même serait forcée de regarder comme prévaricateurs ceux de ses chefs qui, de leur propre autorité, et au nom de la religion, ont, en plus d'une circonstance, imposé le divorce; double prévarication alors, puisque c'était en vue d'intérêts temporels seuls, et non pour satisfaire à la loi d'amour.

Mais Jésus lui-même ne consacre pas l'indissolubilité absolue du mariage. Ne dit-il pas : « C'est à cause de la dureté de votre cœur que Moïse vous a permis de renvoyer vos femmes? » Ce qui signifie que, dès le temps de Moïse, l'affection mutuelle n'étant pas le but unique du mariage, la séparation pouvait devenir nécessaire. Mais, ajoute-t-il, « cela n'a pas été dès le commencement; » c'est-à-dire qu'à l'origine de l'humanité, alors que les hommes n'étaient pas encore pervertis par l'égoïsme et l'orgueil, et qu'ils vivaient selon la loi de Dieu, les unions fondées sur la sympathie et non sur la vanité ou l'ambition, ne donnaient pas lieu à répudiation.

Il va plus loin : il spécifie le cas où la répudiation peut avoir lieu, c'est celui d'adultère; or, l'adultère n'existe pas là où règne une affection réciproque sincère. Il défend, il est vrai, à tout homme d'épouser la femme répudiée, mais il faut tenir compte des mœurs et du caractère des hommes de son temps. La loi mosaïque, dans ce cas, prescrivait la lapidation; voulant abolir un usage barbare, il fallait néanmoins une pénalité, et il la trouve dans la flétrissure que devait imprimer l'interdiction d'un second mariage. C'était en quelque sorte une loi civile substituée à une autre loi civile, mais qui, comme toutes les lois de cette nature, devait subir l'épreuve du temps.

CHAPITRE XXIII

DEMANDEZ ET VOUS OBTIENDREZ.

Qualités de la prière. — Action de la prière. Transmission de la pensée. — Efficacité de la prière. — De la prière pour les morts et les Esprits souffrants. — De la prière pour les malades et les obsédés. — Prières intelligibles. — Instructions des Esprits.

256. Quoi que ce soit que vous demandiez dans la prière, croyez que vous l'obtiendrez, et il vous sera accordé. (Saint Marc, ch. xi, v. 24.)

257. Lorsque vous priez, ne ressemblez pas aux hypocrites qui affectent de prier en se tenant debout dans les synagogues et aux coins des rues pour être vus des hommes. Je vous dis en vérité, ils ont reçu leur récompense. — Mais lorsque vous voudrez prier, entrez dans votre chambre, et la porte étant fermée, priez votre Père dans le secret; et votre Père, qui voit ce qui se passe dans le secret, vous en rendra la récompense.

N'affectez point de prier beaucoup dans vos prières, comme font les Païens, qui s'imaginent que c'est par la multitude des paroles qu'ils sont exaucés. — Ne vous rendez donc pas semblables à eux, parce que votre Père sait de quoi vous avez besoin avant que vous le lui demandiez. (Saint Matthieu, ch. vi, v. de 5 à 8.)

258. Lorsque vous vous présentez pour prier, si vous avez quelque chose contre quelqu'un, pardonnez-lui, afin que votre Père, qui est dans les cieux, vous pardonne aussi vos péchés. — Si vous ne pardonnez, votre Père, qui est dans les cieux, ne vous pardonnera point non plus vos péchés. (Saint Marc, ch. xi, v. 25, 26.)

DEMANDEZ ET VOUS OBTIENDREZ. 315

259. Il dit aussi cette parabole à quelques-uns qui mettaient leur confiance en eux-mêmes, comme étant justes, et méprisaient les autres :

Deux hommes montèrent au temple pour prier ; l'un était pharisien et l'autre publicain. — Le pharisien, se tenant debout, priait ainsi en lui-même : Mon Dieu, je vous rends grâce de ce que je ne suis point comme le reste des hommes, qui sont voleurs, injustes et adultères, ni même comme ce publicain. — Je jeûne deux fois la semaine ; je donne la dîme de tout ce que je possède.

Le publicain, au contraire ; se tenant éloigné, n'osait pas même lever les yeux au ciel ; mais il frappait sa poitrine, en disant : Mon Dieu, ayez pitié de moi qui suis un pécheur.

Je vous déclare que celui-ci s'en retourna chez lui justifié, et non pas l'autre ; car quiconque s'élève sera abaissé, et quiconque s'abaisse sera élevé. (Saint Luc, ch. XVIII, v. de 9 à 14.)

260. Les qualités de la prière sont clairement définies par Jésus ; lorsque vous priez, dit-il, ne vous mettez point en évidence, mais priez dans le secret ; n'affectez point de prier beaucoup, car ce n'est pas par la multiplicité des paroles que vous serez exaucés, mais par leur sincérité ; avant de prier, si vous avez quelque chose contre quelqu'un, pardonnez-lui, car la prière ne saurait être agréable à Dieu si elle ne part d'un cœur purifié de tout sentiment contraire à la charité ; priez enfin avec humilité, comme le publicain, et non avec orgueil, comme le pharisien.

Action de la prière.

261. La prière est une invocation ; par elle on se met en rapport de pensée avec l'être auquel on s'adresse. Elle peut avoir pour objet une demande, un remerci-

CHAPITRE XXIII.

ment ou une glorification. On peut prier pour soi-même ou pour autrui, pour les vivants ou pour les morts. Les prières adressées à Dieu sont entendues des Esprits chargés de l'exécution de ses volontés; celles qui sont adressées aux bons Esprits sont reportées à Dieu. Lorsqu'on prie d'autres êtres que Dieu, ce n'est qu'à titre d'intermédiaires, d'intercesseurs, car rien ne peut se faire sans la volonté de Dieu.

262. Le Spiritisme fait comprendre l'action de la prière en expliquant le mode de transmission de la pensée, soit que l'être prié vienne à notre appel, soit que notre pensée lui parvienne. Pour se rendre compte de ce qui se passe en cette circonstance, il faut se représenter tous les êtres incarnés et désincarnés plongés dans le fluide universel qui occupe l'espace, comme ici-bas nous le sommes dans l'atmosphère. Ce fluide reçoit une impulsion de la volonté; c'est le véhicule de la pensée, comme l'air est le véhicule du son, avec cette différence que les vibrations de l'air sont circonscrites, tandis que celles du fluide universel s'étendent à l'infini. Lors donc que la pensée est dirigée vers un être quelconque, sur la terre ou dans l'espace, d'incarné à désincarné, ou de désincarné à incarné, un courant fluidique s'établit de l'un à l'autre, transmettant la pensée, comme l'air transmet le son.

L'énergie du courant est en raison de celle de la pensée et de la volonté. C'est ainsi que la prière est entendue des Esprits à quelque endroit qu'ils se trouvent, que les Esprits communiquent entre eux, qu'ils nous transmettent leurs inspirations, que des rapports s'établissent à distance entre les incarnés.

DEMANDEZ ET VOUS OBTIENDREZ. 317

Cette explication est surtout en vue de ceux qui ne comprennent pas l'utilité de la prière purement mystique ; elle n'a point pour but de matérialiser la prière, mais d'en rendre l'effet intelligible, en montrant qu'elle peut avoir une action directe et effective ; elle n'en reste pas moins subordonnée à la volonté de Dieu, juge suprême en toutes choses, et qui seul peut rendre son action efficace.

Efficacité de la prière.

263. Il y a des gens qui contestent l'efficacité de la prière, et ils se fondent sur ce principe que, Dieu connaissant nos besoins, il est superflu de les lui exposer. Ils ajoutent encore que, tout s'enchaînant dans l'univers par des lois éternelles, nos vœux ne peuvent changer les décrets de Dieu. Sans aucun doute, il y a des lois naturelles et immuables que Dieu ne peut abroger selon le caprice de chacun ; mais de là à croire que toutes les circonstances de la vie sont soumises à la fatalité, la distance est grande. S'il en était ainsi, l'homme ne serait qu'un instrument passif, sans libre arbitre et sans initiative. Dans cette hypothèse, il n'aurait qu'à courber la tête sous le coup de tous les événements, sans chercher à les éviter ; il n'aurait pas dû chercher à détourner la foudre. Dieu ne lui a pas donné le jugement et l'intelligence pour ne pas s'en servir, la volonté pour ne pas vouloir, l'activité pour rester dans l'inaction. L'homme étant libre d'agir dans un sens ou dans un autre, ses actes ont pour lui-même et pour autrui des conséquences subordonnées à ce qu'il fait ou ne fait pas ; par son initiative, il y a donc des événements qui échappent forcément à la fatalité, et qui

ne détruisent pas plus l'harmonie des lois universelles, que l'avance ou le retard de l'aiguille d'une pendule ne détruit la loi du mouvement sur laquelle est établi le mécanisme. Dieu peut donc accéder à certaines demandes sans déroger à l'immuabilité des lois qui régissent l'ensemble, son accession restant toujours subordonnée à sa volonté.

264. Il serait illogique de conclure de cette maxime : « Quoi que ce soit que vous demandiez par la prière, il vous sera accordé, » qu'il suffit de demander pour obtenir, et injuste d'accuser la Providence si elle n'accède pas à toute demande qui lui est faite, car elle sait mieux que nous ce qui est pour notre bien. Ainsi en est-il d'un père sage qui refuse à son enfant les choses contraires à l'intérêt de celui-ci. L'homme, généralement, ne voit que le présent ; or, si la souffrance est utile à son bonheur futur, Dieu le laissera souffrir, comme le chirurgien laisse le malade souffrir d'une opération qui doit amener la guérison. Ce que Dieu lui accordera, s'il s'adresse à lui avec confiance, c'est le courage, la patience et la résignation. Ce qu'il lui accordera encore, ce sont les moyens de se tirer lui-même d'embarras, à l'aide des idées qu'il lui fait suggérer par les bons Esprits, lui en laissant ainsi le mérite ; il assiste ceux qui s'aident eux-mêmes, selon cette maxime : « Aide-toi, le ciel t'aidera, » et non ceux qui attendent tout d'un secours étranger sans faire usage de leurs propres facultés ; mais la plupart du temps on préférerait être secouru par un miracle sans avoir rien à faire.

265. Prenons un exemple. Un homme est perdu dans un désert; il souffre horriblement de la soif; il se sent défaillir, se laisse tomber à terre; il prie Dieu de l'assister, et attend; mais aucun ange ne vient lui apporter à boire. Cependant un bon Esprit lui *suggère* la pensée de se lever, de suivre un des sentiers qui se présentent devant lui; alors, par un mouvement machinal, rassemblant ses forces, il se lève et marche à l'aventure. Arrivé sur une hauteur, il découvre au loin un ruisseau; à cette vue il reprend courage. S'il a la foi, il s'écriera : « Merci, mon Dieu, de la pensée que vous m'avez inspirée, et de la force que vous m'avez donnée. » S'il n'a pas la foi, il dira : « Quelle bonne pensée *j'ai eue* là ! Quelle *chance* j'ai eue de prendre le sentier de droite plutôt que celui de gauche ; le hasard nous sert vraiment bien quelquefois ! Combien je me félicite de *mon* courage et de ne m'être pas laissé abattre ! »

Mais, dira-t-on, pourquoi le bon Esprit ne lui a-t-il pas dit clairement : Suis ce sentier, et au bout tu trouveras ce dont tu as besoin? Pourquoi ne s'est-il pas montré à lui pour le guider et le soutenir dans sa défaillance? De cette manière il l'aurait convaincu de l'intervention de la Providence. C'était d'abord pour lui apprendre qu'il faut s'aider soi-même et faire usage de ses propres forces. Puis, par l'incertitude, Dieu met à l'épreuve la confiance en lui et la soumission à sa volonté. Cet homme était dans la situation d'un enfant qui tombe, et qui, s'il aperçoit quelqu'un, crie et attend qu'on vienne le relever; s'il ne voit personne, il fait des efforts et se relève tout seul.

Si l'ange qui accompagna Tobie lui eût dit : « Je suis envoyé par Dieu pour te guider dans ton voyage

CHAPITRE XXIII.

et te préserver de tout danger, » Tobie n'aurait eu aucun mérite; se fiant sur son compagnon, il n'aurait même pas eu besoin de penser; c'est pourquoi l'ange ne s'est fait connaître qu'au retour.

266. Par la prière, l'homme appelle à lui le concours des bons Esprits qui viennent le soutenir dans ses bonnes résolutions, et lui inspirer de bonnes pensées; il acquiert ainsi la force morale nécessaire pour vaincre les difficultés et rentrer dans le droit chemin s'il s'en est écarté; et par là, aussi, il peut détourner de lui les maux qu'il s'attirerait par sa propre faute. Un homme, par exemple, voit sa santé ruinée par les excès qu'il a commis, et traîne, jusqu'à la fin de ses jours, une vie de souffrance; a-t-il droit de se plaindre s'il n'obtient pas sa guérison ? Non, car il aurait pu trouver, dans la prière, la force de résister aux tentations.

267. Si l'on fait deux parts des maux de la vie, l'une de ceux que l'homme ne peut éviter, l'autre des tribulations dont il est lui-même la première cause par son incurie et ses excès (n° 44), on verra que celle-ci l'emporte de beaucoup en nombre sur la première. Il est donc bien évident que l'homme est l'auteur de la plus grande partie de ses afflictions, et qu'il se les épargnerait s'il agissait toujours avec sagesse et prudence.

Il n'est pas moins certain que ces misères sont le résultat de nos infractions aux lois de Dieu, et que si nous observions ponctuellement ces lois, nous serions parfaitement heureux. Si nous ne dépassions pas la limite du nécessaire dans la satisfaction de nos besoins, nous n'aurions pas les maladies qui sont la suite des excès, et les vicissitudes qu'entraînent ces maladies ; si nous mettions des bornes à notre ambition, nous ne craindrions pas la ruine ; si nous ne voulions pas monter plus haut que nous ne le pouvons, nous ne craindrions pas de tomber ; si nous étions humbles, nous ne subirions pas les déceptions de l'orgueil abaissé ; si nous pratiquions la loi de charité, nous ne serions ni médisants, ni envieux, ni jaloux, et nous éviterions les querelles et les dissensions ; si nous ne faisions de mal à personne, nous ne craindrions pas les vengeances, etc.

Admettons que l'homme ne puisse rien sur les autres maux ; que toute prière soit superflue pour s'en préserver, ne serait-ce pas déjà beaucoup d'être affranchi de tous ceux qui proviennent de son fait ? Or, ici l'action de la prière se conçoit aisément, parce qu'elle a pour effet d'appeler l'inspiration salutaire des bons Esprits, de leur demander la force de résister aux mauvaises pensées dont l'exécution peut nous être funeste. Dans ce cas, *ce n'est pas le mal qu'ils détournent, c'est nous-mêmes qu'ils détournent de la pensée qui peut causer le mal ; ils n'entravent en rien les décrets de Dieu, ils ne suspendent point le cours des lois de la nature, c'est nous qu'ils empêchent d'enfreindre ces lois, en dirigeant notre libre arbitre ;* mais ils le font à notre insu, d'une manière occulte, pour ne pas enchaîner notre volonté. L'homme se trouve alors dans la position de celui qui sollicite de bons conseils et les met en pratique, mais qui est toujours libre de les suivre ou non ; Dieu veut qu'il en soit ainsi pour qu'il ait la responsabilité de ses actes et lui laisser le mérite du choix entre le bien et le mal. C'est là ce que l'homme est toujours cer-

CHAPITRE XXIII.

tain d'obtenir s'il le demande avec ferveur, et ce à quoi peuvent surtout s'appliquer ces paroles : Demandez et vous obtiendrez.

L'efficacité de la prière, même réduite à cette proportion, n'aurait-elle pas un résultat immense? Il était réservé au spiritisme de nous prouver son action par la révélation des rapports qui existent entre le monde visible et le monde invisible. Mais là ne se bornent pas seulement ses effets.

La prière est recommandée par tous les Esprits ; renoncer à la prière, c'est méconnaître la bonté de Dieu ; c'est renoncer pour soi-même à leur assistance, et pour les autres au bien qu'on peut leur faire.

268. En accédant à la demande qui lui est adressée, Dieu a souvent en vue de récompenser l'intention, le dévoûment et la foi de celui qui prie ; voilà pourquoi la prière de l'homme de bien a plus de mérite aux yeux de Dieu, et toujours plus d'efficacité, car l'homme vicieux et mauvais ne peut prier avec la ferveur et la confiance que donne seul le sentiment de la vraie piété. Du cœur de l'égoïste, de celui qui prie des lèvres, ne sauraient sortir que *des mots*, mais non les élans de charité qui donnent à la prière toute sa puissance. On le comprend tellement que, par un mouvement instinctif, on se recommande de préférence aux prières de ceux dont on sent que la conduite doit être agréable à Dieu, parce qu'ils en sont mieux écoutés.

269. Si la prière exerce une sorte d'action magnétique, on pourrait en croire l'effet subordonné à la puissance fluidique ; or il n'en est point ainsi. Puisque les

Esprits exercent cette action sur les hommes, ils suppléent, quand cela est nécessaire, à l'insuffisance de celui qui prie, soit en agissant directement *en son nom*, soit en lui donnant momentanément une force exceptionnelle, lorsqu'il est jugé digne de cette faveur, ou que la chose peut être utile.

L'homme qui ne se croit pas assez bon pour exercer une influence salutaire, ne doit pas s'abstenir de prier pour autrui, par la pensée qu'il n'est pas digne d'être écouté. La conscience de son infériorité est une preuve d'humilité toujours agréable à Dieu qui tient compte de l'intention charitable qui l'anime. Sa ferveur et sa confiance en Dieu sont un premier pas vers le retour au bien dans lequel les bons Esprits sont heureux de l'encourager. La prière qui est repoussée est celle de *l'orgueilleux qui a foi en sa puissance et ses mérites, et croit pouvoir se suppléer à la volonté de l'Éternel.*

De la prière pour les morts et les Esprits souffrants.

270. La prière est réclamée par les Esprits souffrants ; elle leur est utile, parce qu'en voyant qu'on pense à eux, ils se sentent moins délaissés, ils sont moins malheureux. Mais la prière a sur eux une action plus directe : elle relève leur courage, excite en eux le désir de s'élever par le repentir et la réparation, et peut les détourner de la pensée du mal ; c'est en ce sens qu'elle peut, non-seulement alléger, mais abréger leurs souffrances.

271. Certaines personnes n'admettent pas la prière pour les morts, parce que, dans leur croyance, il n'y a

324 CHAPITRE XXIII.

pour l'âme que deux alternatives : être sauvée ou condamnée aux peines éternelles, et que, dans l'un et l'autre cas, la prière est inutile. Sans discuter la valeur de cette croyance, admettons pour un instant la réalité de peines éternelles et irrémissibles, et que nos prières soient impuissantes pour y mettre un terme. Nous demandons si, dans cette hypothèse, il est logique, il est charitable, il est chrétien de rejeter la prière pour les réprouvés? Ces prières, tout impuissantes qu'elles seraient pour les délivrer, ne sont-elles pas pour eux une marque de pitié qui peut adoucir leur souffrance? Sur la terre, lorsqu'un homme est condamné à perpétuité, alors même qu'il n'y aurait aucun espoir d'obtenir sa grâce, est-il défendu à une personne charitable d'aller soutenir ses fers pour lui en alléger le poids? Lorsque quelqu'un est atteint d'un mal incurable, faut-il, parce qu'il n'offre aucun espoir de guérison, l'abandonner sans secours, sans consolations, et n'apporter à sa douleur aucun soulagement? Songez que parmi les réprouvés peut se trouver une personne qui vous a été chère, un ami, peut-être un père, une mère ou un fils, et parce que, selon vous, il ne pourrait espérer sa grâce, vous lui refuseriez un verre d'eau pour étancher sa soif? un baume pour sécher ses plaies? Vous ne feriez pas pour lui ce que vous feriez pour un galérien? Vous ne lui donneriez pas un témoignage d'amour, une consolation? Non, cela ne serait pas chrétien.

La non-éternité des peines n'implique point la négation d'une pénalité temporaire, car Dieu, dans sa justice, ne peut confondre le bien et le mal; or, nier, dans ce cas, l'efficacité de la prière, serait nier l'efficacité de la consolation, des encouragements et des bons conseils;

DEMANDEZ ET VOUS OBTIENDREZ. 325

ce serait nier la force que l'on puise dans l'assistance morale de ceux qui nous veulent du bien.

272. D'autres se fondent sur une raison plus spécieuse : l'immuabilité des décrets divins. Dieu, disent-ils, ne peut changer ses décisions à la demande de ses créatures, sans cela rien ne serait stable dans le monde. L'homme n'a donc rien à demander à Dieu ; il n'a qu'à se soumettre et à l'adorer.

Il y a dans cette idée une fausse application de l'immuabilité de la loi divine, ou mieux, ignorance de la loi en ce qui concerne la pénalité future. Cette loi est révélée par les Esprits du Seigneur, aujourd'hui que l'homme est mûr pour comprendre ce qui, dans la foi, est conforme ou contraire aux attributs divins.

Selon le dogme de l'éternité absolue des peines, il n'est tenu au coupable aucun compte de ses regrets ni de son repentir ; pour lui, tout désir de s'améliorer est superflu : il est condamné à rester dans le mal à perpétuité. S'il est condamné pour un temps déterminé, la peine cessera quand le temps sera expiré ; mais qui dit qu'alors il sera revenu à de meilleurs sentiments ? qui dit qu'à l'exemple de beaucoup de condamnés de la terre, à leur sortie de prison, il ne sera pas aussi mauvais qu'auparavant ? Dans le premier cas, ce serait maintenir dans la douleur du châtiment un homme revenu au bien ; dans le second, gracier celui qui est resté coupable. La loi de Dieu est plus prévoyante que cela ; toujours juste, équitable et miséricordieuse, elle ne fixe aucune durée à la peine, quelle qu'elle soit ; elle se résume ainsi :

CHAPITRE XXIII.

273. « L'homme subit toujours la conséquence de ses
« fautes; il n'est pas une seule infraction à la loi de
« Dieu qui n'ait sa punition.

« La sévérité du châtiment est proportionnée à la
gravité de la faute.

« La durée du châtiment pour toute faute quelconque
« est *indéterminée; elle est subordonnée au repentir du*
« *coupable et à son retour au bien;* la peine dure autant
« que l'obstination dans le mal; elle serait perpétuelle
« si l'obstination était perpétuelle; elle est de courte
« durée si le repentir est prompt.

« Dès que le coupable crie miséricorde! Dieu l'entend
« et lui envoie l'espérance. Mais le simple regret du
« mal ne suffit pas : il faut la réparation; c'est pourquoi
« le coupable est soumis à de nouvelles épreuves dans
« lesquelles il peut, toujours par sa volonté, faire le
« bien en réparation du mal qu'il a fait.

« L'homme est ainsi constamment l'arbitre de son
« propre sort; il peut abréger son supplice ou le pro-
« longer indéfiniment; son bonheur ou son malheur
« dépend de sa volonté de faire le bien. »

Telle est la loi; loi *immuable* et conforme à la bonté
et à la justice de Dieu.

L'Esprit coupable et malheureux peut ainsi toujours
se sauver lui-même : la loi de Dieu lui dit à quelle condition il peut le faire. Ce qui lui manque le plus souvent, c'est la volonté, la force, le courage; si, par nos
prières, nous lui inspirons cette volonté, si nous le sou-
tenons et l'encourageons; si, par nos conseils, nous lui
donnons les lumières qui lui manquent, au lieu de sol-
liciter Dieu de déroger à sa loi, nous devenons les instruments pour l'exécution de sa loi d'amour et de cha-

rité, à laquelle il nous permet ainsi de participer en donnant nous-mêmes une preuve de charité.

Prières intelligibles.

274. L'efficacité de la prière est dans la pensée; elle ne tient ni aux paroles, ni au lieu, ni au moment où on la fait. On peut donc prier partout et à toute heure, seul ou en commun. L'influence du lieu ou du temps tient aux circonstances qui peuvent favoriser le recueillement. *La prière en commun a une action plus puissante quand tous ceux qui prient s'associent de cœur à une même pensée et ont un même but*, car c'est comme si beaucoup crient ensemble et à l'unisson; mais qu'importe d'être réunis en grand nombre si chacun agit isolément et pour son compte personnel! Cent personnes réunies peuvent prier comme des égoïstes, tandis que deux ou trois, unies dans une commune aspiration, prieront comme de véritables frères en Dieu, et leur prière aura plus de puissance que celle des cent autres.

275. La prière n'a de valeur que par la pensée qu'on y attache; or il est impossible d'attacher une pensée à ce que l'on ne comprend pas, car ce que l'on ne comprend pas ne peut toucher le cœur. Pour l'immense majorité, les prières en une langue incomprise ne sont que des assemblages de mots qui ne disent rien à l'esprit. Pour que la prière touche, il faut que chaque mot réveille une idée, et si on ne la comprend pas, elle ne peut en réveiller aucune. On la répète comme une simple formule qui a plus ou moins de vertu selon

CHAPITRE XXIII.

le nombre de fois qu'elle est répétée; beaucoup prient par devoir, quelques-uns même pour se conformer à l'usage, c'est pourquoi ils se croient quittes quand ils ont dit une prière un nombre de fois déterminé et dans tel ou tel ordre. Dieu lit au fond des cœurs; il voit la pensée et la sincérité, et c'est le rabaisser de le croire plus sensible à la forme qu'au fond.

INSTRUCTIONS DES ESPRITS.

276. Le premier devoir de toute créature humaine, le premier acte qui doit signaler pour elle le retour à la vie active de chaque jour, c'est la prière. Vous priez presque tous, mais combien peu savent prier! Qu'importe au Seigneur les phrases que vous reliez les unes aux autres machinalement, parce que vous en avez l'habitude, que c'est un devoir que vous remplissez, et que, comme tout devoir, il vous pèse.

La prière du chrétien, du *spirite* de quelque culte qu'il soit, doit être faite dès que l'Esprit a repris le joug de la chair; elle doit s'élever aux pieds de la majesté divine avec humilité, avec profondeur, dans un élan de reconnaissance pour tous les bienfaits accordés jusqu'à ce jour : pour la nuit écoulée et pendant laquelle il vous a été permis, quoique à votre insu, de retourner près de vos amis, de vos guides, pour puiser dans leur contact plus de force et de persévérance. Elle doit s'élever humble aux pieds du Seigneur, pour lui recommander votre faiblesse, lui demander son appui, son indulgence, sa miséricorde. Elle doit être profonde, car c'est votre âme qui doit s'élever vers le Créateur, qui doit se transfigurer comme Jésus au Thabor, et parvenir blanche et rayonnante d'espoir et d'amour.

Votre prière doit renfermer la demande des grâces dont vous avez besoin, mais un besoin réel. Inutile donc de demander au Seigneur d'abréger vos épreuves, de vous donner les joies et la richesse; demandez-lui de vous accorder les biens plus précieux de la patience, de la résignation et de la foi. Ne dites point, comme cela arrive à beaucoup d'entre vous : « Ce n'est pas la peine de prier, puisque Dieu ne m'exauce pas. » Que demandez-vous à Dieu, la plupart du temps? Avez-vous souvent pensé à lui demander votre amélioration morale? Oh! non, très peu; mais vous songez plutôt à lui demander la réussite dans vos entreprises terrestres, et vous vous êtes écriés : « Dieu ne s'occupe pas de nous; s'il s'en occupait, il n'y aurait pas tant d'injustices. » Insensés! ingrats! si vous descendiez dans le fond de votre conscience, vous trouveriez presque toujours en vous-mêmes le point de départ des maux dont vous vous plaignez; demandez donc, avant toutes choses, votre amélioration, et vous verrez quel torrent de grâces et de consolations se répandra sur vous.

Vous devez prier sans cesse, sans pour cela vous retirer dans votre oratoire ou vous jeter à genoux dans les places publiques. La prière de la journée, c'est l'accomplissement de vos devoirs, de vos devoirs sans exception, de quelque nature qu'ils soient. N'est-ce pas un acte d'amour envers le Seigneur que d'assister vos frères dans un besoin quelconque, moral ou physique? N'est-ce pas faire un acte de reconnaissance que d'élever votre pensée vers lui quand un bonheur vous arrive, qu'un accident est évité, qu'une contrariété même

CHAPITRE XXIII.

vous effleure seulement, si vous dites par la pensée : *Soyez béni, mon Père!* N'est-ce pas un acte de contrition que de vous humilier devant le juge suprême quand vous sentez que vous avez failli, ne fût-ce que par une pensée fugitive, et de lui dire : « *Pardonnez-moi, mon Dieu, car j'ai péché (par orgueil, par égoïsme ou par manque de charité); donnez-moi la force de ne plus faillir et le courage de réparer?* »

Ceci est indépendant des prières régulières du matin et du soir, et des jours consacrés; mais, comme vous le voyez, la prière peut être de tous les instants, sans apporter aucune interruption à vos travaux; ainsi dite, elle les sanctifie, au contraire. Et croyez bien qu'une seule de ces pensées partant du cœur est plus écoutée de votre Père céleste que les longues prières dites par habitude, souvent sans cause déterminante, et auxquelles l'heure convenue vous rappelle machinalement. (V. Monod. Bordeaux, 1862.)

277. Venez, vous qui voulez croire : les Esprits célestes accourent et viennent vous annoncer de grandes choses; Dieu, mes enfants, ouvre sa large poitrine pour vous donner tous ses bienfaits. Hommes incrédules! si vous saviez combien la foi fait de bien au cœur et porte l'âme au repentir et à la prière! La prière! ah! combien sont touchantes les paroles qui sortent de la bouche à l'heure où l'on prie! La prière, c'est la rosée divine qui détruit la trop grande chaleur des passions; fille aînée de la foi, elle nous mène dans le sentier qui conduit à Dieu. Dans le recueillement et la solitude, vous êtes avec Dieu; pour vous, plus de mystère : il se dévoile à vous. Apôtres de la pensée, pour vous c'est la

vie; votre âme se détache de la matière et roule dans ces mondes infinis et éthérés que les pauvres humains méconnaissent.

Marchez, marchez dans les sentiers de la prière, et vous entendrez les voix des anges. Quelle harmonie ! Ce n'est plus le bruit confus et les accents criards de la terre; ce sont les lyres des archanges; ce sont les voix douces et suaves des séraphins, plus légères que les brises du matin quand elles se jouent dans la feuillée de vos grands bois. Dans quelles délices ne marcherez-vous pas ! vos langues ne pourront définir ce bonheur, tant il entrera par tous les pores, tant la source à laquelle on boit en priant est vive et rafraîchissante ! Douces voix, enivrants parfums que l'âme entend et savoure quand elle s'élance dans ces sphères inconnues et habitées par la prière ! Sans mélange de désirs charnels, toutes les aspirations sont divines. Et vous aussi, priez comme Christ portant sa croix du Golgotha au Calvaire; portez votre croix, et vous sentirez les douces émotions qui passaient dans son âme, quoique chargé d'un bois infamant; il allait mourir, mais pour vivre de la vie céleste dans le séjour de son Père. (SAINT AUGUSTIN. Paris, 1861.)

CHAPITRE XXIV

RECUEIL DE PRIÈRES SPIRITES.

Préambule.

278. Les Esprits ont toujours dit : « La forme n'est rien, la pensée est tout. Priez chacun selon vos convictions et le mode qui vous touche le plus; une bonne pensée vaut mieux que de nombreuses paroles où le cœur n'est pour rien. »

Les Esprits ne prescrivent aucune formule absolue de prières; lorsqu'ils en donnent, c'est afin de fixer les idées, et surtout pour appeler l'attention sur certains principes de la doctrine spirite. C'est aussi pour venir en aide aux personnes qui sont embarrassées pour rendre leurs idées, car il en est qui ne croiraient pas avoir réellement prié si leurs pensées n'étaient pas formulées.

Le recueil de prières contenues dans ce chapitre est un choix fait parmi celles qui ont été dictées par les Esprits en différentes circonstances; ils ont pu en dicter d'autres, et en d'autres termes, appropriées à certaines idées ou à des cas spéciaux; mais peu importe la forme, si la pensée fondamentale est la même. Le but de la prière est d'élever notre âme à Dieu; la diversité des formules ne doit établir aucune différence entre ceux qui croient en lui, et encore moins entre les adeptes du

RECUEIL DE PRIÈRES SPIRITES.   333

spiritisme, car Dieu les accepte toutes lorsqu'elles sont sincères.

Dans le but d'appeler plus particulièrement l'attention sur l'objet de chaque prière, et d'en mieux faire comprendre la portée, elles sont toutes précédées d'une instruction préliminaire, sorte d'exposé des motifs, sous le titre de *préface*.

Il ne faut donc point considérer ce recueil comme un formulaire absolu, mais comme une variété parmi les instructions que donnent les Esprits. C'est une application des principes de la morale évangélique développés dans ce livre, et un complément à leurs dictées sur les devoirs envers Dieu et le prochain.

Le spiritisme reconnaît comme bonnes les prières de tous les cultes quand elles sont dites par le cœur et non par les lèvres; il n'en impose aucune et n'en blâme aucune; Dieu est trop grand, selon lui, pour repousser la voix qui l'implore ou qui chante ses louanges, parce qu'il le fait d'une manière plutôt que d'une autre. Quiconque lancerait l'anathème contre les prières qui ne sont pas dans son formulaire prouverait qu'il méconnaît la grandeur de Dieu. Croire que Dieu tient à une formule, c'est lui prêter la petitesse et les passions de l'humanité.

I. Prières générales.

ORAISON DOMINICALE.

279. Préface. Les Esprits ont recommandé de placer *l'oraison dominicale* en tête de ce recueil, non-seulement comme prière, mais comme symbole. De toutes

19.

CHAPITRE XXIV.

les prières, c'est celle qu'ils mettent au premier rang, soit parce qu'elle vient de Jésus lui-même, soit parce qu'elle peut les suppléer toutes, selon la pensée qu'on y attache; en effet, malgré sa brièveté, elle renferme une profession de foi, un acte d'adoration et de soumission, la demande des choses nécessaires à la vie, et le principe de la charité envers le prochain. La dire à l'intention de quelqu'un, c'est demander pour lui ce qu'on demanderait pour soi.

Christ, après avoir développé les qualités de la prière, et recommandé de ne pas faire comme ceux qui s'imaginent que c'est par la multiplicité des paroles qu'ils méritent d'être exaucés (n° 257), ajoute : Vous prierez donc de cette manière :

PRIÈRE. Notre Père qui êtes aux cieux, que votre nom soit sanctifié ;

Que votre règne arrive; que votre volonté soit faite sur la terre comme au ciel.

Donnez-nous notre pain de chaque jour.

Remettez-nous nos dettes, comme nous les remettons nous-mêmes à ceux qui nous doivent (51).

Ne nous abandonnez point à la tentation, mais délivrez-nous du mal. Ainsi soit-il. (SAINT MATTHIEU, ch. v, *v.* de 9 à 13.)

RÉUNIONS SPIRITES.

280. En quelque lieu que se trouvent deux ou trois personnes assemblées en mon nom, je m'y trouve au milieu d'elles. (Saint Matthieu, ch. XVIII, *v.* 20.)

281. Préface. Être assemblés au nom de Jésus ne veut pas dire qu'il suffit d'être réunis matériellement, mais de l'être spirituellement, par la communauté d'intention et de pensées pour le bien ; alors Jésus se trouve au milieu de l'assemblée, lui ou les purs Esprits qui le représentent. Le spiritisme nous fait comprendre comment les Esprits peuvent être parmi nous. Ils y sont avec leur corps fluidique ou périsprit, et avec l'apparence qui nous les ferait reconnaître s'ils se rendaient visibles. Plus ils sont élevés dans la hiérarchie, plus est grande leur puissance de rayonnement ; c'est ainsi qu'ils possèdent le don d'ubiquité et qu'ils peuvent se trouver sur plusieurs points simultanément : il suffit pour cela d'un rayon de leur pensée.

Par ces paroles, Jésus a voulu montrer l'effet de l'union et de la fraternité ; ce n'est pas le plus ou moins grand nombre qui l'attire, puisqu'au lieu de deux ou trois personnes, il aurait pu dire dix ou vingt, mais le sentiment de charité qui les anime à l'égard les unes des autres ; or, pour cela, il suffit qu'il y en ait deux. Mais si ces deux personnes prient chacune de leur côté, bien qu'elles s'adressent à Jésus, il n'y a point entre elles communion de pensées, si surtout elles ne sont pas mues par un sentiment de bienveillance mutuelle ; si même elles se voient d'un mauvais œil, avec haine, envie ou jalousie, les courants fluidiques de leurs pensées se repoussent au lieu de s'unir par un commun élan de sympathie, et alors *Elles ne sont point assemblées au nom de Jésus;* Jésus n'est que le *prétexte* de la réunion, et non le véritable mobile.

Ceci n'implique point qu'il soit sourd à la voix d'une seule personne ; s'il n'a point dit : « Je viendrai vers

336 CHAPITRE XXIV.

quiconque m'appellera, » c'est qu'il exige avant tout l'amour du prochain dont on peut donner plus de preuves quand on est plusieurs que dans l'isolement, et que tout sentiment personnel l'éloigne; il s'ensuit que si, dans une assemblée nombreuse, deux ou trois personnes seulement s'unissent de cœur par le sentiment d'une véritable charité, tandis que les autres s'isolent et se concentrent dans des pensées égoïstes ou mondaines, il sera avec les premières et non avec les autres. Ce n'est donc pas la simultanéité des paroles, des chants ou des actes extérieurs qui constitue la réunion au nom de Jésus, mais la communion de pensées conformes à l'esprit de charité personnifié dans Jésus (108, 113, 258).

Tel doit être le caractère des réunions spirites sérieuses, qui ont à cœur d'appeler à elles le concours des bons Esprits.

282. En vain allègue-t-on l'utilité de certaines expériences curieuses, frivoles et amusantes pour convaincre les incrédules : c'est à un résultat tout opposé qu'on arrive. L'incrédule, déjà porté à se railler des croyances les plus sacrées, ne peut voir une chose sérieuse dans ce dont on fait une plaisanterie; il ne peut être porté à respecter ce qui ne lui est pas présenté d'une manière respectable; aussi, des réunions futiles et légères, de celles où il n'y a ni ordre, ni gravité, ni recueillement, il emporte toujours une mauvaise impression. Le moyen de vaincre son incrédulité n'est pas de lui faire voir des choses surprenantes qu'il ne comprend pas; c'est son cœur plus que son esprit qu'il faut toucher; voilà la corde qu'il faut chercher à

faire vibrer en lui. Ce qui peut le convaincre, c'est la preuve de la présence d'êtres dont la mémoire lui est chère; c'est devant leurs paroles graves et solennelles, c'est devant les révélations intimes qu'on le voit s'émouvoir et pâlir. Mais, par cela même qu'il a plus de respect, de vénération, d'attachement pour la personne dont l'âme se présente à lui, il est choqué, scandalisé de la voir venir dans une assemblée irrespectueuse, au milieu des tables qui dansent et des lazzis des Esprits légers; tout incrédule qu'il est, sa conscience repousse cette alliance du sérieux et du frivole, du religieux et du profane, c'est pourquoi il taxe tout cela de jonglerie, et sort souvent moins convaincu qu'il n'était entré. C'est pis encore s'il ne peut se dire que personne n'avait intérêt à le tromper et à jouer la comédie.

Les réunions de cette nature font toujours plus de mal que de bien, car elles éloignent de la doctrine plus de personnes qu'elles n'en amènent. Les spirites et les médiums sérieux doivent donc, dans l'intérêt même du spiritisme, éviter tout ce qui tendrait à les favoriser. (207.)

283. Prière. (Au commencement de la réunion.) — Nous prions le Seigneur, Dieu Tout-Puissant, de nous envoyer de bons Esprits pour nous assister, d'éloigner ceux qui pourraient nous induire en erreur, et de nous donner la lumière nécessaire pour distinguer la vérité de l'imposture.

Écartez aussi les Esprits malveillants, incarnés ou désincarnés, qui pourraient tenter de jeter la désunion parmi nous, et nous détourner de la charité et de l'amour du prochain. Si quelques-uns cherchaient à s'introduire ici, faites qu'ils ne trouvent accès dans le cœur d'aucun de nous.

Bons Esprits qui daignez venir nous instruire, rendez-nous dociles à vos conseils; détournez-nous de toute pensée d'égoïsme, d'orgueil, d'envie et de jalousie; inspirez-nous l'indulgence et la bienveillance pour nos semblables présents ou absents, amis ou ennemis; faites enfin qu'aux sentiments de charité, d'humilité, d'abnégation et de dévoûment dont nous serons animés, nous reconnaissions votre salutaire influence.

Donnez aux médiums que vous chargerez de nous transmettre vos enseignements, la conscience de la sainteté du mandat qui leur est confié et de la gravité de l'acte qu'ils vont accomplir, afin qu'ils y apportent la ferveur et le recueillement nécessaires.

Si, dans l'assemblée, il se trouvait des personnes qui y fussent attirées par d'autres sentiments que celui du bien, ouvrez leurs yeux à la lumière, et que Dieu leur pardonne si elles venaient avec des intentions malveillantes.

Nous prions notamment l'Esprit de N..., notre guide spirituel, de nous assister et de veiller sur nous.

284. (A la fin de la réunion.) — Nous remercions les bons Esprits qui ont bien voulu venir se communiquer à nous; nous les prions de nous aider

RECUEIL DE PRIÈRES SPIRITES.   339

à mettre en pratique les instructions qu'ils nous ont données, et de faire qu'en sortant d'ici, chacun de nous se sente fortifié dans la pratique du bien et de l'amour du prochain.

Nous désirons également que ces instructions soient profitables aux Esprits souffrants, ignorants ou vicieux, qui ont pu assister à cette réunion, et sur lesquels nous appelons la miséricorde de Dieu.

PAR LES MÉDIUMS.

285. PRÉFACE. Le Seigneur a voulu que la lumière se fît pour tous les hommes et pénétrât partout par la voix des Esprits, afin que chacun pût acquérir la preuve de l'immortalité ; c'est dans ce but que les Esprits se manifestent aujourd'hui sur tous les points de la terre.

Les médiums sont les interprètes chargés de transmettre aux hommes les enseignements des Esprits ; ou mieux, *ce sont les organes matériels par lesquels s'expriment les Esprits pour se rendre intelligibles aux hommes.* Leur mission est sainte, car elle a pour but d'ouvrir les horizons de la vie éternelle. Ce serait se méprendre de croire qu'ils ne sont que des instruments propres à satisfaire la curiosité.

La médiumnité est une faculté précieuse ; ceux qui en sont doués doivent en remercier Dieu, car il leur a fait un don plus précieux que la vue du corps ; ils doivent donc la cultiver soigneusement comme une plante délicate, en évitant tout ce qui pourrait en ternir l'éclat ;

c'est pourquoi elle doit être dirigée avec sagesse et prudence.

286. Pour connaître les choses du monde visible et découvrir les secrets de la nature matérielle, Dieu a donné à l'homme la vue du corps, les sens et des instruments spéciaux ; avec le télescope il plonge ses regards dans les profondeurs de l'espace, et avec le microscope il a découvert le monde des infiniment petits. Pour pénétrer dans le monde invisible, il lui a donné la médiumnité. Elle ne peut suppléer les instruments de la science, comme ceux-ci ne peuvent la suppléer, parce qu'ils opèrent sur des éléments et dans des milieux complétement différents. A chaque chose les qualités et les propriétés afférentes à sa destination ; ce serait donc détourner la médiumnité de son but providentiel de vouloir la faire servir pour les choses de la terre. Les Esprits viennent instruire l'homme sur ses destinées futures, afin de le ramener dans la voie du bien, et non pour lui épargner le travail matériel qu'il doit accomplir ici-bas pour son avancement, ni pour favoriser son ambition et sa cupidité. Voilà ce dont les médiums doivent se bien pénétrer, pour ne pas mésuser de leur faculté. Celui qui comprend la gravité du mandat dont il est investi, l'accomplit religieusement ; sa conscience lui reprocherait, comme un acte sacrilége, de faire un amusement et une distraction, *pour lui et les autres*, d'une faculté donnée dans un but aussi sérieux, et qui le met en rapport avec les êtres d'outre-tombe. Les incrédules eux-mêmes se font un scrupule de respecter les restes mortels de ceux qui ont vécu, à plus forte raison doit-on respecter leur âme. Ce n'est jamais im-

RECUEIL DE PRIÈRES SPIRITES. 341

punément qu'on joue avec ces choses-là, et tôt ou tard celui qui en abuse en subit les conséquences, même dès cette vie.

287. La médiumnité consiste dans l'aptitude à recevoir les communications des êtres du monde invisible, par les divers moyens dont ceux-ci peuvent disposer. Mais cette aptitude n'implique nullement pour les Esprits l'obligation de se manifester quand on les appelle ; comme ils ont leur libre arbitre, ils se communiquent quand ils le veulent, ou quand ils le peuvent ; à qui leur plaît, et de la manière qui leur convient ; il n'est ainsi pas un seul médium, quelque bien doué qu'il soit, qui puisse répondre de faire venir à sa volonté, ou à un moment donné, tel ou tel Esprit, ou même un Esprit quelconque. L'exercice de la médiumnité est donc toujours subordonné à la volonté des Esprits ; elle peut faire défaut au moment où l'on s'y attend le moins, et celui qui la possède aujourd'hui n'est jamais certain de la posséder demain. Elle peut être retirée momentanément ou définitivement, soit dans l'intérêt du médium, soit pour lui prouver que, n'en étant pas le maître, il ne doit ni en abuser ni en tirer vanité.

Si le médium peut recevoir les communications des bons Esprits, il peut aussi recevoir celles des mauvais, des Esprits légers, moqueurs, menteurs ou pervers, qui se plaisent à tromper, à mystifier ou à obséder celui qui n'est pas sur ses gardes ; là est l'écueil de la médiumnité, et il n'est pas un seul médium qui puisse se flatter d'être complétement à l'abri de l'influence des mauvais Esprits. C'est à distinguer la qualité de ceux qui se manifestent, et à se concilier la sympathie

342 CHAPITRE XXIV.

des bons, que le médium doit apporter tous ses soins, s'il veut que sa faculté soit profitable à lui et aux autres.

Ce qui fait le mérite d'un médium, ce n'est donc pas son plus ou moins de facilité à communiquer avec les Esprits, car cette facilité peut s'étendre à toutes les catégories ; un médium n'est réellement bon que s'il est utile ; or, il ne peut être utile s'il reçoit d'habitude les communications des Esprits trompeurs ; s'il ne peut s'en débarrasser, mieux vaut pour lui renoncer à l'exercice de sa faculté que d'en faire un instrument de mensonge.

288. Le bon médium est celui qui, à la facilité d'exécution, joint l'assistance habituelle des bons Esprits. Le médium parfait serait celui qui ne serait jamais trompé, et sur lequel les mauvais n'auraient aucune action. C'est à approcher le plus possible de ce résultat que doivent tendre les efforts de tout médium sérieux, et désireux de mériter la qualification d'interprète fidèle. Les qualités morales pouvant seules lui assurer le concours permanent des bons Esprits, c'est à sa propre amélioration qu'il doit s'appliquer. L'expérience prouve que, chez les médiums les mieux doués sous le rapport de l'aptitude, la pureté et la sincérité des communications sont en raison de la pureté des sentiments et de l'intention ; que chez ceux qui ne mettent pas à profit les conseils qu'ils reçoivent, les communications, après avoir jeté quelque éclat pendant un certain temps, dégénèrent peu à peu, et finissent par tomber dans l'erreur, le verbiage ou le ridicule, signe incontestable de l'éloignement des bons Esprits, et prélude ordinaire des

plus cruelles déceptions ; elles grandissent au contraire en vérité et en profondeur avec le développement des qualités morales.

Les bons Esprits vont où ils sont attirés par le bien; le mal les repousse, de même que le bien repousse les mauvais. Si les bons se servent parfois d'instruments imparfaits, c'est pour donner de bons conseils et tâcher de ramener au bien ; mais s'ils trouvent des cœurs endurcis, et si leurs avis ne sont pas écoutés, ils se retirent, et les mauvais ont alors le champ libre.

Les qualités les plus propres à concilier au médium la sympathie et l'assistance des bons Esprits, sont : la pureté du cœur, la piété, l'humilité, le désintéressement matériel et moral, le dévoûment, toutes celles, en un mot, qui tendent à élever l'âme. Les causes qui les éloignent sont l'orgueil, l'égoïsme, l'envie, la jalousie, la sensualité, toutes les basses passions, le manque de charité envers le prochain, la prétention de n'être jamais trompé, l'emploi de sa faculté pour des choses futiles, de pure curiosité, et des intérêts matériels. Le médium qui veut voir grandir et développer sa faculté, doit lui-même grandir moralement, et s'abstenir de tout ce qui tendrait à la détourner de son but providentiel.

289. Un des travers les plus fréquents chez les médiums, et l'un de ceux qui pervertissent le plus leur faculté, c'est l'orgueil qui les abuse sur leur importance personnelle, sur la valeur de leurs communications, sur l'infaillibilité des Esprits qui se manifestent à eux, et qui leur fait, par cela même, prendre en mauvaise part les conseils qu'on peut donner, ou ne pas s'appliquer ceux qu'ils reçoivent des bons Esprits.

CHAPITRE XXIV.

C'est ce même sentiment qui excite chez quelques-uns la jalousie à l'égard des autres médiums, et les porte à dénigrer ce que ceux-ci obtiennent. Comme tout mauvais sentiment ne peut être inspiré par un bon Esprit, on peut être certain que tout médium qui se trouve dans un de ces cas subit une mauvaise influence, et ne peut, par conséquent, être rangé dans la catégorie des médiums vraiment utiles.

290. Comme interprètes de l'enseignement des Esprits, les médiums doivent jouer un rôle important dans la transformation morale qui s'opère ; les services qu'ils peuvent rendre sont en raison de la bonne direction qu'ils donnent à leur faculté, car ceux qui sont dans une mauvaise voie sont plus nuisibles qu'utiles à la cause du spiritisme ; par les mauvaises impressions qu'ils produisent, ils retardent plus d'une conversion. C'est pourquoi il leur sera demandé compte de l'usage qu'ils auront fait d'une faculté qui leur avait été donnée pour le bien de leurs semblables. Il est donc du devoir de tous les spirites sincères et désireux du progrès de la doctrine, d'aider de leurs conseils ceux qui en ont besoin, et de remettre dans le bon chemin, autant qu'il dépend d'eux, ceux qui s'en écartent ; s'ils n'y peuvent parvenir, ils doivent s'abstenir de tout ce qui pourrait tendre à leur donner du crédit ; autrement ce serait les encourager, et se rendre soi-même solidaire du mal qu'ils peuvent faire. Si les conseils sont impuissants, l'éloignement des spirites sérieux leur sera un avertissement plus profitable ; quand ils se verront délaissés au lieu d'être recherchés, ils comprendront mieux qu'ils ne sont pas dans la bonne voie.

291. Obtenir l'assistance des bons Esprits, écarter les Esprits légers et menteurs, tel doit être l'objet des efforts constants de tous les médiums sérieux, sans cela la médiumnité est une faculté stérile, qui peut même tourner au préjudice de celui qui la possède, car elle peut dégénérer en obsession dangereuse. Le médium qui comprend son devoir, au lieu de s'enorgueillir d'une faculté qui ne lui appartient pas, puisqu'elle peut lui être retirée, rapporte à Dieu les bonnes choses qu'il obtient. Si ses communications méritent des éloges, il n'en tire pas vanité, parce qu'il sait qu'elles sont indépendantes de son mérite personnel, et il remercie Dieu d'avoir permis que de bons Esprits vinssent se manifester à lui. Si elles donnent lieu à la critique, il ne s'en offense pas, parce qu'elles ne sont pas l'œuvre de son propre Esprit; il se dit qu'il n'a pas été un bon instrument, et qu'il ne possède pas toutes les qualités nécessaires pour s'opposer à l'immixtion des mauvais Esprits; c'est pourquoi il cherche à acquérir ces qualités, et demande, par la prière, la force qui lui manque.

292. Prière. Dieu Tout-Puissant, permettez aux bons Esprits de m'assister dans la communication que je sollicite. Préservez-moi de la présomption de me croire à l'abri des mauvais Esprits; de l'orgueil qui pourrait m'abuser sur la valeur de ce que j'obtiens; de tout sentiment contraire à la charité à l'égard des autres médiums. Si je suis induit en erreur, inspirez à quelqu'un la pensée de m'en avertir, et à moi l'humilité qui me fera accepter la critique avec

reconnaissance, et prendre pour moi-même, et non pour les autres, les conseils que voudront bien me dicter les bons Esprits.

Si j'étais tenté d'abuser en quoi que ce soit, ou de tirer vanité de la faculté qu'il vous a plu de m'accorder, je vous prie de me la retirer, plutôt que de permettre qu'elle soit détournée de son but providentiel, qui est le bien de tous, et mon propre avancement moral.

II. Prières personnelles.

Aux anges gardiens et aux Esprits protecteurs.

293. Préface. Nous avons tous un bon Esprit qui s'est attaché à nous dès notre naissance et nous a pris sous sa protection. Il remplit auprès de nous la mission d'un père auprès de son enfant : celle de nous conduire dans la voie du bien et du progrès à travers les épreuves de la vie. Il est heureux quand nous répondons à sa sollicitude ; il gémit quand il nous voit succomber.

Son nom nous importe peu, car il peut n'avoir point de nom connu sur la terre ; nous l'invoquons alors comme notre ange gardien, notre bon génie ; nous pouvons même l'invoquer sous le nom d'un Esprit supérieur quelconque pour lequel nous nous sentons plus particulièrement de la sympathie.

Outre notre ange gardien, qui est toujours un Esprit supérieur, nous avons des Esprits protecteurs qui, pour être moins élevés, n'en sont pas moins bons et bienveillants ; ce sont ou des parents ou des amis, ou quelquefois des personnes que nous n'avons pas connues dans notre existence actuelle. Ils nous assistent par leurs conseils, et souvent par leur intervention dans les actes de notre vie.

Les Esprits sympathiques sont ceux qui s'attachent à nous par une certaine similitude de goûts et de penchants ; ils peuvent être bons ou mauvais, selon la nature des inclinations qui les attirent vers nous.

Les Esprits séducteurs s'efforcent de nous détourner de la voie du bien, en nous suggérant de mauvaises pensées. Il profitent de toutes nos faiblesses comme d'autant de portes ouvertes qui leur donnent accès dans notre âme. Il en est qui s'acharnent après nous comme sur une proie, et ne *s'éloignent que lorsqu'ils reconnaissent leur impuissance à lutter contre notre volonté.*

Dieu nous a donné un guide principal et supérieur dans notre ange gardien, et des guides secondaires dans nos Esprits protecteurs et familiers ; il ne leur adjoint pas forcément un mauvais Esprit pour contre-balancer leur influence ; les mauvais Esprits viennent volontairement et selon qu'ils trouvent prise sur nous par notre faiblesse ou notre négligence à suivre les inspirations des bons Esprits ; de là la conséquence qu'on n'est jamais privé de l'assistance des bons Esprits, et qu'il dépend toujours de nous d'écarter les mauvais.

294. Prière. Esprits sages et bienveillants, messagers de Dieu, dont la mission est d'assister les hommes et de les conduire dans la bonne voie, soutenez-moi dans les épreuves de cette vie ; donnez-

348   CHAPITRE XXIV.

moi la force de les subir sans murmure ; détournez de moi les mauvaises pensées, et faites que je ne donne accès à aucun des mauvais Esprits qui tenteraient de m'induire au mal. Éclairez ma conscience sur mes défauts, et levez de dessus mes yeux le voile de l'orgueil qui pourrait m'empêcher de les apercevoir et de me les avouer à moi-même.

Vous surtout, N..., mon ange gardien, qui veillez plus particulièrement sur moi, et vous tous, Esprits protecteurs qui vous intéressez à moi, faites que je me rende digne de votre bienveillance. Vous connaissez mes besoins, qu'il y soit satisfait selon la volonté de Dieu.

295. (*Autre.*) Mon Dieu, permettez aux bons Esprits qui m'entourent de venir à mon aide lorsque je suis dans la peine, et de me soutenir si je chancelle. Faites, Seigneur, qu'ils m'inspirent la foi, l'espérance et la charité ; qu'ils soient pour moi un appui, un espoir et une preuve de votre miséricorde ; faites enfin que je trouve près d'eux la force qui me manque dans les épreuves de la vie, et, pour résister aux suggestions du mal, la foi qui sauve et l'amour qui console.

296. (*Autre.*) Esprits bien-aimés, anges gardiens, vous à qui Dieu, dans son infinie miséricorde, permet de veiller sur les hommes, soyez nos protecteurs dans les épreuves de notre vie terrestre. Donnez-nous la force, le courage et la résignation ;

inspirez-nous tout ce qui est bon, retenez-nous sur la pente du mal ; que votre douce influence pénètre notre âme ; faites que nous sentions qu'un ami dévoué est là, près de nous, qu'il voit nos souffrances et partage nos joies.

Et vous, mon bon ange, ne m'abandonnez pas ; j'ai besoin de toute votre protection pour supporter avec foi et amour les épreuves qu'il plaira à Dieu de m'envoyer.

Pour éloigner les mauvais Esprits.

297. Préface. Les mauvais Esprits ne vont que là où ils trouvent à satisfaire leur perversité ; pour les éloigner, il ne suffit pas de le demander, ni même de le leur commander : il faut ôter de soi ce qui les attire. Les mauvais Esprits flairent les plaies de l'âme, comme les mouches flairent les plaies du corps ; de même que vous nettoyez le corps pour éviter la vermine, nettoyez aussi l'âme de ses impuretés pour éviter les mauvais Esprits. Comme nous vivons dans un monde où pullulent les mauvais Esprits, les bonnes qualités du cœur ne mettent pas toujours à l'abri de leurs tentatives, mais elles donnent la force de leur résister.

298. Prière. Au nom de Dieu Tout-Puissant, que les mauvais Esprits s'éloignent de moi, et que les bons me servent de rempart contre eux !

Esprits malfaisants qui inspirez aux hommes de mauvaises pensées ; Esprits fourbes et menteurs qui

CHAPITRE XXIV.

les trompez ; Esprits moqueurs qui vous jouez de leur crédulité, je vous repousse de toutes les forces de mon âme et ferme l'oreille à vos suggestions ; mais j'appelle sur vous la miséricorde de Dieu.

Bons Esprits qui daignez m'assister, donnez-moi la force de résister à l'influence des mauvais Esprits, et les lumières nécessaires pour n'être pas dupe de leurs fourberies. Préservez-moi de l'orgueil et de la présomption ; écartez de mon cœur la jalousie, la haine, la malveillance et tout sentiment contraire à la charité, car ce sont autant de portes ouvertes à l'Esprit du mal.

Pour demander un conseil.

299. PRÉFACE. Lorsque nous sommes indécis de faire ou de ne pas faire une chose, nous devons avant tout nous poser à nous-mêmes les questions suivantes :

1º La chose que j'hésite à faire peut-elle porter un préjudice quelconque à autrui ?

2º Peut-elle être utile à quelqu'un ?

3º Si quelqu'un faisait cette chose à mon égard, en serais-je satisfait ?

Si la chose n'intéresse que soi, il est permis de mettre en balance la somme des avantages et des inconvénients personnels qui peuvent en résulter.

Si elle intéresse autrui, et qu'en faisant du bien à l'un elle puisse faire du mal à un autre, il faut également peser la somme du bien et du mal pour s'abstenir ou agir.

Enfin, même pour les meilleures choses, il faut encore considérer l'opportunité et les circonstances accessoires, car une chose bonne en elle-même peut avoir de mauvais résultats si elle n'est pas conduite avec prudence et circonspection. Avant d'entreprendre une chose, il convient de consulter ses forces et ses moyens d'exécution.

Dans tous les cas, on peut toujours réclamer l'assistance de ses Esprits protecteurs en se souvenant de cette sage maxime : *Dans le doute, abstiens-toi* (319).

300. PRIÈRE. Au nom de Dieu Tout-Puissant, bons Esprits qui me protégez, inspirez-moi la meilleure résolution à prendre dans l'incertitude où je suis. Dirigez ma pensée vers le bien, et détournez l'influence de ceux qui tenteraient de m'égarer.

Pour demander à se corriger d'un défaut.

301. PRÉFACE. Nos mauvais instincts sont le résultat de l'imperfection de notre propre Esprit, et non de notre organisation, autrement l'homme échapperait à toute espèce de responsabilité. Notre amélioration dépend de nous, car tout homme qui a la jouissance de ses facultés a, pour toutes choses, la liberté de faire ou de ne pas faire; il ne lui manque, pour faire le bien, que la volonté (188, 238).

302. PRIÈRE. Vous m'avez donné, ô mon Dieu, l'intelligence nécessaire pour distinguer ce qui est bien de ce qui est mal; or, du moment que je recon-

CHAPITRE XXIV.

nais qu'une chose est mal, je suis coupable de ne pas m'efforcer d'y résister.

Préservez-moi de l'orgueil qui pourrait m'empêcher de m'apercevoir de mes défauts, et des mauvais Esprits qui pourraient m'exciter à y persévérer.

Parmi mes imperfections, je reconnais que je suis particulièrement enclin à . . . . , et si je ne résiste pas à cet entraînement, c'est par l'habitude que j'ai contractée d'y céder.

Vous ne m'avez pas créé coupable, parce que vous êtes juste, mais avec une aptitude égale pour le bien et pour le mal ; si j'ai suivi la mauvaise voie, c'est par un effet de mon libre arbitre. Mais par la raison que j'ai eu la liberté de faire le mal, j'ai celle de faire le bien, par conséquent j'ai celle de changer de route.

Mes défauts actuels sont un reste des imperfections que j'ai gardées de mes précédentes existences ; c'est mon péché originel dont je puis me débarrasser par ma volonté et avec l'assistance des bons Esprits.

Bons Esprits qui me protégez, et vous surtout mon ange gardien, donnez-moi la force de résister aux mauvaises suggestions, et de sortir victorieux de la lutte.

Les défauts sont les barrières qui nous séparent de Dieu, et chaque défaut dompté est un pas de fait dans la voie de l'avancement qui doit me rapprocher de lui.

Le Seigneur, dans son infinie miséricorde, a daigné m'accorder l'existence actuelle pour qu'elle servît à mon avancement; bons Esprits, aidez-moi à la mettre à profit, afin qu'elle ne soit pas perdue pour moi, et que, lorsqu'il plaira à Dieu de m'en retirer, j'en sorte meilleur que je n'y suis entré (206).

Pour demander à résister à une tentation.

303. Préface. Toute mauvaise pensée peut avoir deux sources : la propre imperfection de notre âme, ou une funeste influence qui agit sur elle; dans ce dernier cas, c'est toujours l'indice d'une faiblesse qui nous rend propres à recevoir cette influence, et par conséquent d'une âme imparfaite; de telle sorte que celui qui faillit ne saurait invoquer pour excuse l'influence d'un Esprit étranger, puisque cet Esprit ne l'aurait point sollicité au mal, s'il l'avait jugé inaccessible à la séduction.

Quand une mauvaise pensée surgit en nous, nous pouvons donc nous représenter un Esprit malveillant nous sollicitant au mal, et auquel nous sommes tout aussi libres de céder ou de résister que s'il s'agissait des sollicitations d'une personne vivante. Nous devons en même temps nous représenter notre ange gardien, ou Esprit protecteur qui, de son côté, combat en nous la mauvaise influence, et attend avec anxiété la décision que nous allons prendre. Notre hésitation à faire le mal est la voix du bon Esprit qui se fait entendre par la conscience.

On reconnaît qu'une pensée est mauvaise quand elle s'écarte de la charité, qui est la base de toute vraie morale; quand elle a pour principe l'orgueil, la vanité

354   CHAPITRE XXIV.

ou l'égoïsme; quand sa réalisation peut causer un préjudice quelconque à autrui; quand, enfin, elle nous sollicite à faire aux autres ce que nous ne voudrions pas qu'on nous fît.

304. Prière. Dieu Tout-Puissant, ne me laissez pas succomber à la tentation que j'ai de faillir. Esprits bienveillants qui me protégez, détournez de moi cette mauvaise pensée, et donnez-moi la force de résister à la suggestion du mal. Si je succombe, j'aurai mérité l'expiation de ma faute en cette vie et en l'autre, parce que je suis libre de choisir.

Action de grâce pour une victoire obtenue sur une tentation.

305. Préface. Celui qui a résisté à une tentation le doit à l'assistance des bons Esprits dont il a écouté la voix. Il doit en remercier Dieu et son bon génie.

306. Prière. Mon Dieu, je vous remercie de m'avoir permis de sortir victorieux de la lutte que je viens de soutenir contre le mal; faites que cette victoire me donne la force de résister à de nouvelles tentations.

Et vous, mon ange gardien, je vous remercie de l'assistance que vous m'avez donnée. Puisse ma soumission à vos conseils me mériter de nouveau votre protection.

RECUEIL DE PRIÈRES SPIRITES.

Dans les afflictions de la vie et pour demander une faveur spéciale.

307. Préface. Nous pouvons demander à Dieu des faveurs terrestres, et il peut nous les accorder lorsqu'elles ont un but utile et sérieux; mais comme nous jugeons l'utilité des choses à notre point de vue, et que notre vue est bornée au présent, nous ne voyons pas toujours le mauvais côté de ce que nous souhaitons. Dieu, qui voit mieux que nous, et ne veut que notre bien, peut donc nous refuser, comme un père refuse à son enfant ce qui pourrait lui nuire. Si ce que nous demandons ne nous est pas accordé, nous ne devons en concevoir aucun découragement; il faut penser, au contraire, que la privation de ce que nous désirons nous est imposée comme épreuve ou comme expiation, et que notre récompense sera proportionnée à la résignation avec laquelle nous l'aurons supportée (263 et suiv.).

308. Prière. — Dieu Tout-Puissant qui voyez nos misères, daignez écouter favorablement les vœux que je vous adresse en ce moment. Si ma demande est inconsidérée, pardonnez-la-moi; si elle est juste et utile à vos yeux, que les bons Esprits qui exécutent vos volontés me viennent en aide pour son accomplissement.

Quoi qu'il en advienne, mon Dieu, que votre volonté soit faite. Si mes désirs ne sont pas exaucés, c'est qu'il entre dans vos desseins de m'éprouver, et je me soumets sans murmure. Faites que je n'en

356   CHAPITRE XXIV.

conçoive aucun découragement, et que ni ma foi ni ma résignation n'en soient ébranlées.

(Formuler et mentionner sa demande.)

Action de grâce pour une faveur spéciale obtenue.

309. Préface. Il ne faut point considérer seulement comme des événements heureux les choses de grande importance ; les plus petites en apparence sont souvent celles qui influent le plus sur notre destinée. L'homme oublie aisément le bien, et se souvient plutôt de ce qui l'afflige. Si nous enregistrions jour par jour les bienfaits dont nous sommes l'objet, sans les avoir demandés, nous serions souvent étonnés d'en avoir tant reçu qui se sont effacés de notre mémoire, et humiliés de notre ingratitude.

Chaque soir, en élevant notre âme à Dieu, nous devons rappeler en nous-mêmes les faveurs qu'il nous a accordées pendant la journée, et l'en remercier. C'est surtout au moment même où nous éprouvons l'effet de sa bonté et de sa protection que, par un mouvement spontané, nous devons lui en témoigner notre gratitude ; il suffit pour cela d'une pensée lui reportant le bienfait, sans qu'il soit besoin de se détourner de son travail.

Les bienfaits de Dieu ne consistent pas seulement dans les choses matérielles ; il faut également le remercier des bonnes idées, des inspirations heureuses qui nous sont suggérées. Tandis que l'orgueilleux s'en fait un mérite, que l'incrédule les attribue au hasard, celui qui a la foi en rend grâce à Dieu et aux bons Esprits.

RECUEIL DE PRIÈRES SPIRITES.   357

Pour cela, de longues phrases sont inutiles : « *Merci, mon Dieu, de la bonne pensée qui m'est inspirée,* » en dit plus que beaucoup de paroles. L'élan spontané qui nous fait reporter à Dieu ce qui nous arrive de bien, témoigne d'une habitude de reconnaissance et d'humilité qui nous concilie la sympathie des bons Esprits (265, 276).

310. Prière. — Dieu, infiniment bon, que votre nom soit béni pour les bienfaits que vous m'avez accordés ; j'en serais indigne si je les attribuais au hasard des événements ou à mon propre mérite.

Bons Esprits qui avez été les exécuteurs des volontés de Dieu, et vous surtout, mon ange gardien, je vous remercie. Détournez de moi la pensée d'en concevoir de l'orgueil, et d'en faire un usage qui ne serait pas pour le bien.

Je vous remercie notamment de . . . .

Acte de soumission et de résignation.

311. Préface. Quand un sujet d'affliction nous arrive, si nous en cherchons la cause, nous trouverons souvent qu'il est la suite de notre imprudence, de notre imprévoyance ou d'une action antérieure ; dans ce cas, nous ne devons nous en prendre qu'à nous-mêmes. Si la cause d'un malheur est indépendante de toute participation qui soit notre fait, c'est ou une épreuve pour cette vie, ou l'expiation d'une existence passée, et, dans ce dernier cas, la nature de l'expiation peut nous faire

358   CHAPITRE XXIV.

connaître la nature de la faute, car nous sommes toujours punis par où nous avons péché (**44** et suiv.).

Dans ce qui nous afflige, nous ne voyons en général que le mal présent, et non les conséquences ultérieures favorables que cela peut avoir. Le bien est souvent la suite d'un mal passager, comme la guérison d'un malade est le résultat des moyens douloureux que l'on emploie pour l'obtenir. Dans tous les cas, nous devons nous soumettre à la volonté de Dieu, supporter avec courage les tribulations de la vie, si nous voulons qu'il nous en soit tenu compte, et que cette parole du Christ nous soit appliquée : Bienheureux ceux qui souffrent (**55**).

312. Prière. — Mon Dieu, vous êtes souverainement juste ; toute souffrance ici-bas doit donc avoir sa cause et son utilité. J'accepte le sujet d'affliction que je viens d'éprouver comme une expiation de mes fautes passées et une épreuve pour l'avenir.

Bons Esprits qui me protégez, donnez-moi la force de le supporter sans murmure ; faites qu'il soit pour moi un avertissement salutaire ; qu'il accroisse mon expérience ; qu'il combatte en moi l'orgueil, l'ambition, la sotte vanité et l'égoïsme, et qu'il contribue ainsi à mon avancement.

313. (*Autre.*) — Je sens, ô mon Dieu, le besoin de vous prier pour me donner la force de supporter les épreuves qu'il vous a plu de m'envoyer. Permettez que la lumière se fasse assez vive en mon esprit pour que j'apprécie toute l'étendue d'un amour qui m'afflige pour vouloir me sauver. Je me soumets avec résignation, ô mon Dieu ; mais, hélas ! la créature est si faible que, si vous ne me soutenez, je crains de succomber. Ne m'abandonnez pas, Seigneur, car sans vous je ne puis rien.

314. (*Autre.*) J'ai levé mes regards vers toi, ô Éternel, et je me suis senti fortifié. Tu es ma force, ne m'abandonne pas ; ô Dieu ! je suis écrasé sous le poids de mes iniquités ! aide-moi ; tu connais la faiblesse de ma chair, et tu ne détournes pas tes regards de dessus moi !

Je suis dévoré d'une soif ardente ; fais jaillir la source d'eau vive, et je serai désaltéré. Que ma bouche ne s'ouvre que pour chanter tes louanges et non pour murmurer dans les afflictions de ma vie. Je suis faible, Seigneur, mais ton amour me soutiendra.

O Éternel ! toi seul es grand, toi seul es la fin et le but de ma vie. Ton nom soit béni, si tu me frappes, car tu es le maître et moi le serviteur infidèle ; je courberai mon front sans me plaindre, car toi seul es grand, toi seul es le but.

Dans un péril imminent.

315. PRÉFACE. Par les dangers que nous courons, Dieu nous rappelle notre faiblesse et la fragilité de notre existence. Il nous montre que notre vie est entre ses mains, et qu'elle tient à un fil qui peut se briser au

moment où nous nous y attendons le moins. Sous ce rapport, il n'y a de privilége pour personne, car le grand et le petit sont soumis aux mêmes alternatives.

Si l'on examine la nature et les conséquences du péril, on verra que le plus souvent ces conséquences, si elles se fussent accomplies, auraient été la punition d'une faute commise ou d'*un devoir négligé*.

316. Prière. — Dieu Tout-Puissant, et vous, mon ange gardien, secourez-moi! Si je dois succomber, que la volonté de Dieu soit faite. Si je suis sauvé, que le reste de ma vie répare le mal que j'ai pu faire et dont je me repens.

Action de grâce après avoir échappé à un danger.

317. Préface. Par le danger que nous avons couru, Dieu nous montre que nous pouvons d'un moment à l'autre être appelés à rendre compte de l'emploi que nous avons fait de la vie ; il nous avertit ainsi de rentrer en nous-mêmes et de nous amender.

318. Prière. — Mon Dieu, et vous, mon ange gardien, je vous remercie du secours que vous m'avez envoyé dans le péril qui m'a menacé. Que ce danger soit pour moi un avertissement, et qu'il m'éclaire sur les fautes qui ont pu me l'attirer. Je comprends, Seigneur, que ma vie est entre vos mains, et que vous pouvez me la retirer quand il vous plaira. Inspirez-moi, par les bons Esprits qui

RECUEIL DE PRIÈRES SPIRITES.   361

m'assistent, la pensée d'employer utilement le temps que vous m'accordez encore ici-bas.

Mon ange gardien, soutenez-moi dans la résolution que je prends de réparer mes torts et de faire tout le bien qui sera en mon pouvoir, afin d'arriver chargé de moins d'imperfections dans le monde des Esprits quand il plaira à Dieu de m'y appeler.

Au moment de s'endormir.

319. Préface. Le sommeil est le repos du corps, mais l'Esprit n'a pas besoin de repos. Pendant que les sens sont engourdis, l'âme se dégage en partie de la matière, et jouit de ses facultés d'Esprit. Le sommeil a été donné à l'homme pour la réparation des forces organiques et pour celle des forces morales. Pendant que le corps récupère les éléments qu'il a perdus par l'activité de la veille, l'Esprit va se retremper parmi les autres Esprits; il puise dans ce qu'il voit, dans ce qu'il entend et dans les conseils qu'on lui donne, des idées qu'il retrouve au réveil à l'état d'intuition; c'est le retour temporaire de l'exilé dans sa véritable patrie; c'est le prisonnier momentanément rendu à la liberté.

Mais il arrive, comme pour le prisonnier pervers, que l'Esprit ne met pas toujours à profit ce moment de liberté pour son avancement; s'il a de mauvais instincts, au lieu de chercher la compagnie des bons Esprits, il cherche celle de ses pareils, et va visiter les lieux où il peut donner un libre cours à ses penchants.

Que celui qui est pénétré de cette vérité élève sa pensée au moment où il sent les approches du sommeil;

21

362   CHAPITRE XXIV.

qu'il fasse appel aux conseils des bons Esprits et de ceux dont la mémoire lui est chère, afin qu'ils viennent se réunir à lui dans le court intervalle qui lui est accordé, et au réveil il se sentira plus de force contre le mal, plus de courage contre l'adversité.

320. Prière. — Mon âme va se trouver un instant avec les autres Esprits. Que ceux qui sont bons viennent m'aider de leurs conseils. Mon ange gardien, faites qu'à mon réveil j'en conserve une impression durable et salutaire.

En prévision de sa mort prochaine.

321. Préface. La foi en l'avenir, l'élévation de la pensée, pendant la vie, vers les destinées futures, aident au prompt dégagement de l'Esprit, en affaiblissant les liens qui le retiennent au corps, et souvent la vie corporelle n'est point encore éteinte que déjà l'âme, impatiente, a pris son essor vers l'immensité. Chez l'homme, au contraire, qui concentre toutes ses pensées sur les choses matérielles, ces liens sont plus tenaces, *la séparation est pénible et douloureuse*, et le réveil d'outre-tombe est plein de trouble et d'anxiété.

322. Prière. — Mon Dieu, je crois en vous et en votre bonté infinie; c'est pourquoi je ne puis croire que vous ayez donné à l'homme l'intelligence de vous connaître et l'aspiration vers l'avenir pour le plonger dans le néant.

Je crois que mon corps n'est que l'enveloppe pé-

RECUEIL DE PRIÈRES SPIRITES. 363

rissable de mon âme, et que, lorsqu'il aura cessé de vivre, je me réveillerai dans le monde des Esprits.

Dieu Tout-Puissant, je sens se briser les liens qui unissent mon âme à mon corps, et bientôt je vais avoir à rendre compte de l'emploi de la vie que je quitte.

Je vais subir les conséquences du bien et du mal que j'ai fait; là, il n'y a plus d'illusion, plus de subterfuge possible; tout mon passé va se dérouler devant moi, et je serai jugé selon mes œuvres.

Je n'emporterai rien des biens de la terre; honneurs, richesses, satisfactions de la vanité et de l'orgueil, tout ce qui tient au corps enfin va rester ici-bas; pas la moindre parcelle ne me suivra, et rien de tout cela ne me sera du moindre secours dans le monde des Esprits. Je n'emporterai avec moi que ce qui tient à l'âme, c'est-à-dire les bonnes et les mauvaises qualités qui seront pesées dans la balance d'une rigoureuse justice, et je serai jugé avec d'autant plus de sévérité que ma position sur la terre m'aura donné plus d'occasions de faire le bien que je n'ai pas fait (197).

Dieu de miséricorde, que mon repentir parvienne jusqu'à vous! Daignez étendre sur moi votre indulgence.

S'il vous plaisait de prolonger mon existence, que le reste soit employé à réparer autant qu'il est en moi le mal que j'ai pu faire. Si mon heure est sonnée sans retour, j'emporte la pensée consolante qu'il me sera permis de me racheter par de nouvelles épreuves, afin de mériter un jour le bonheur des élus.

S'il ne m'est pas donné de jouir immédiatement de cette félicité sans mélange qui n'est le partage que du juste par excellence, je sais que l'espoir ne m'est pas interdit pour toujours, et qu'avec le travail j'arriverai au but, plus tôt ou plus tard, selon mes efforts.

Je sais que de bons Esprits et mon ange gardien sont là, près de moi, pour me recevoir ; dans peu je les verrai comme ils me voient. Je sais que je retrouverai ceux que j'ai aimés sur la terre, *si je l'ai mérité*, et que ceux que j'y laisse viendront me rejoindre pour être un jour tous à jamais réunis, et qu'en attendant je pourrai venir les visiter.

Je sais aussi que je vais retrouver ceux que j'ai offensés ; puissent-ils me pardonner ce qu'ils peuvent avoir à me reprocher : mon orgueil, ma dureté, mes injustices, et ne pas m'accabler de honte par leur présence !

Je pardonne à ceux qui m'ont fait ou voulu du mal sur la terre ; je n'emporte aucune haine contre eux, et je prie Dieu de leur pardonner.

Seigneur, donnez-moi la force de quitter sans regrets les joies grossières de ce monde qui ne sont rien auprès des joies pures du monde où je vais entrer. Là, pour le juste, il n'est plus de tourments, plus de souffrances, plus de misères; le coupable seul souffre, mais il lui reste l'espérance.

Bons Esprits, et vous, mon ange gardien, ne me laissez pas faillir en ce moment suprême; faites luire à mes yeux la divine lumière, afin de ranimer ma foi si elle venait à s'ébranler.

III. Prières pour autrui.

Pour quelqu'un qui est dans l'affliction.

323. S'il est dans l'intérêt de l'affligé que son épreuve suive son cours, elle ne sera pas abrégée à notre demande; mais ce serait faire acte d'impiété si l'on se décourageait parce que la demande n'est pas exaucée; d'ailleurs, à défaut de cessation de l'épreuve, on peut espérer obtenir quelque autre consolation qui en tempère l'amertume. Ce qui est véritablement utile pour celui qui est dans la peine, c'est le courage et la résignation, sans lesquels ce qu'il endure est sans profit pour lui, parce qu'il sera obligé de recommencer l'épreuve. C'est donc vers ce but qu'il faut surtout diriger ses efforts, soit en appelant les bons Esprits à son aide, soit en remontant soi-même le moral de l'affligé par des conseils et des encouragements, soit enfin en l'assistant matériellement, si cela se peut. La prière, dans ce cas, peut en outre avoir un effet direct, en dirigeant sur la personne un courant fluidique en vue de fortifier son moral (64, 262, 263).

CHAPITRE XXIV.

324. Prière. — Mon Dieu, dont la bonté est infinie, daignez adoucir l'amertume de la position de N..., si telle peut être votre volonté.

Bons Esprits, au nom de Dieu Tout-Puissant, je vous supplie de l'assister dans ses afflictions. Si, dans son intérêt, elles ne peuvent lui être épargnées, faites-lui comprendre qu'elles sont nécessaires à son avancement. Donnez-lui la confiance en Dieu et en l'avenir qui les lui rendra moins amères. Donnez-lui aussi la force de ne pas succomber au désespoir qui lui en ferait perdre le fruit et rendrait sa position future encore plus pénible. Conduisez ma pensée vers lui, et qu'elle aide à soutenir son courage.

Pour les malades.

325. Préface. Les maladies font partie des épreuves et des vicissitudes de la vie terrestre; elles sont inhérentes à la grossièreté de notre nature matérielle et à l'infériorité du monde que nous habitons. Les passions et les excès de tous genres sèment en nous des germes malsains souvent héréditaires. Dans les mondes plus avancés physiquement et moralement, l'organisme humain, plus épuré et moins matériel, n'est pas sujet aux mêmes infirmités, et le corps n'est pas miné sourdement par le ravage des passions (23). Il faut donc se résigner à subir les conséquences du milieu où nous place notre infériorité, jusqu'à ce que nous ayons mérité d'en changer. Cela ne doit pas nous empêcher, en attendant, de faire ce qui dépend de nous pour améliorer notre

RECUEIL DE PRIÈRES SPIRITES. 367

position actuelle ; mais si, malgré nos efforts, nous n'y pouvons parvenir, le spiritisme nous apprend à supporter avec résignation nos maux passagers.

Si Dieu n'avait pas voulu que les souffrances corporelles fussent dissipées ou adoucies, dans certains cas, il n'aurait pas mis des moyens curatifs à notre disposition. Sa prévoyante sollicitude à cet égard, d'accord en cela avec l'instinct de conservation, indique qu'il est de notre devoir de les rechercher et de les appliquer (214). A côté de la médication ordinaire, élaborée par la science, le magnétisme nous a fait connaître la puissance de l'action fluidique ; puis le spiritisme est venu nous révéler une autre force dans *la médiumnité guérissante* et l'influence de la prière (262).

326. *La médiumnité guérissante* consiste dans la faculté de guérir ou de soulager par l'imposition des mains, et quelquefois par l'action seule de la volonté. Il faut, pour cela, pénétrer le malade d'un fluide réparateur dont la vertu est en raison de sa pureté. Le fluide des incarnés participe toujours plus ou moins des qualités matérielles du corps, en même temps qu'il est altéré par les passions et subit l'influence morale de l'Esprit. Il est donc impossible que le fluide propre d'un incarné soit d'une pureté absolue ; c'est pourquoi son action curative est toujours lente et souvent nulle ; celui des Esprits supérieurs seul est dépouillé des impuretés de la matière ; il est en quelque sorte quintessencié ; son action, par conséquent, doit être plus salutaire et plus prompte : c'est le fluide bienfaisant par excellence. C'est à ce fluide que le médium guérisseur sert de *conducteur*. Ce qui distingue le magnétiseur

CHAPITRE XXIV.

ordinaire du médium guérisseur, c'est que le premier magnétise avec son propre fluide, tandis que le second magnétise avec le fluide épuré des bons Esprits. Ce sont ainsi deux genres de magnétisme, distincts par leur origine : *le magnétisme humain et le magnétisme spirituel*.

La médiumnité guérissante requiert donc, comme condition absolue, le concours des bons Esprits. Mais il n'est pas de liqueur, si pure qu'elle soit, qui ne s'altère en passant par un vase impur ; ainsi en est-il du fluide des Esprits supérieurs en passant par les incarnés ; de là, pour les médiums en qui se révèle cette précieuse faculté, et qui veulent la voir grandir et *non se perdre*, la nécessité de travailler incessamment à leur amélioration morale.

Puisque ces fluides bienfaisants sont le propre des Esprits supérieurs, c'est donc le concours de ces derniers qu'il faut obtenir ; c'est pour cela que la prière et l'invocation sont nécessaires. Mais pour prier, et surtout prier avec ferveur, il faut la foi ; pour que la prière soit écoutée, il faut qu'elle soit faite avec *humilité* et dictée par un sentiment ardent de *bienveillance et de charité ;* or, il n'y a point de vraie charité sans dévoûment, et point de dévoûment sans désintéressement matériel et moral. Sans ces conditions, le magnétiseur, privé de l'assistance des bons Esprits, en est réduit à ses propres forces, souvent insuffisantes, tandis qu'avec leur concours elles peuvent être centuplées en puissance et en efficacité.

S'il est une faculté donnée par Dieu dans un but saint, c'est sans contredit celle de la médiumnité guérissante, puisqu'elle exige impérieusement le concours des Esprits supérieurs, et que ce concours ne peut être acquis au charlatanisme, à la cupidité et à l'orgueil. Cette faculté se révèle par des résultats positifs ; le désir de la posséder dans un but utile peut la développer ; *la prétention de l'avoir ne la donne pas.* L'orgueil, l'égoïsme, la cupidité, l'ambition, et tous les sentiments contraires à la véritable charité la font perdre ; *elle peut être retirée instantanément ou graduellement.* De toutes les facultés médianimiques, c'est une de celles qui se prêtent le moins à l'exploitation (393 et suiv.).

327. La foi, chez le malade, n'est pas absolument nécessaire, mais elle seconde puissamment ; car, s'il prie de son côté, il appelle à lui les bons Esprits, qui peuvent vouloir récompenser sa confiance en Dieu, tandis qu'ils peuvent aussi vouloir le punir de son incrédulité. C'est pourquoi Jésus disait souvent à ceux qu'il guérissait : « Allez ! votre foi vous a sauvés. »

328. Si la médiumnité guérissante, dans le sens rigoureux du mot, est le privilége de certaines personnes spécialement douées à cet effet, il est au pouvoir de tout le monde, médium ou non, d'appeler sur un malade l'assistance des bons Esprits, et d'exercer soi-même une action directe plus ou moins salutaire par la pensée fortifiée par la volonté, la prière fervente et un ardent désir de soulager.

On comprend aisément qu'en pareille circonstance la foi et l'intention peuvent seules donner à la prière les qualités nécessaires, mais que des prières banales, dites des lèvres et non du cœur, comme de simples formules, sont sans efficacité, par le double motif qu'elles

CHAPITRE XXIV.

ne sont point corroborées par la volonté, et qu'elles n'ont rien qui soit de nature à appeler le concours des bons Esprits. Ils n'écoutent que la pensée, qui franchit les espaces et les attire, et non les paroles dont le bruit ne parvient pas jusqu'à eux.

Pour que l'action soit plus efficace, il est utile de se rendre compte de la manière dont elle se produit, et afin de donner une base à la pensée, de se représenter le courant fluidique qui s'établit en cette circonstance entre celui qui prie et le patient qui reçoit l'effluve bienfaisante.

La puissance de l'action est nécessairement augmentée lorsque plusieurs personnes s'unissent d'intention pour obtenir le même résultat[1].

[1]. La médiumnité guérissante a différents degrés de puissance ; ceux qui la possèdent au plus haut degré obtiennent des guérisons presque instantanées par un simple attouchement, quelquefois par le seul regard ; quelques-uns même agissent efficacement à distance en dirigeant leur pensée sur le malade. Certains médiums guérisseurs sont en même temps doués d'une seconde vue qui, sans qu'ils soient en sommeil magnétique, leur permet de voir le mal interne et de le décrire. Toutes les guérisons ne s'obtiennent pas avec la même promptitude, ce qui peut dépendre, soit de la nature de la maladie, soit de la puissance du médium ; il est des cas où il faut plusieurs émissions fluidiques, mais rarement de plus de cinq à dix minutes chacune.

La médiumnité guérissante vient ouvrir de nouveaux horizons à la science en lui prouvant qu'il y a quelque chose en dehors de ce qu'elle sait et de ce qu'elle enseigne. C'est en vue de la faire sortir de l'ornière du matérialisme, et de frapper les incrédules par des faits nombreux et authentiques, que les phénomènes de ce genre tendent à se multiplier aujourd'hui, ainsi que cela a été annoncé. Pour qu'il fût bien démontré que cette faculté n'est ni une exception, ni un don merveilleux, mais l'application d'une force naturelle, d'une loi inconnue jusqu'à ce jour, il fallait mul-

329. La prière, dans de telles conditions, est souvent toute-puissante ; mais si elle ne l'était pas assez pour amener une guérison complète, alors même que le malade succomberait, il n'en faudrait pas conclure qu'elle

tiplier les instruments. C'est un des mille moyens providentiels employés pour hâter l'établissement du spiritisme, et qui aura en outre pour résultat de faire entrer la médecine dans une nouvelle voie. Si elle échoue si souvent, c'est qu'elle ne voit partout que la matière ; quand elle tiendra compte de l'action de l'élément spirituel sur l'économie, et que les médecins sauront se faire assister par de bons Esprits, elle triomphera là où elle est forcée de reconnaître son impuisssance.

Le médecin matérialiste, ne voyant dans son malade qu'une matière désorganisée, ne cherche qu'à restaurer la matière par la matière ; comme il ne tient aucun compte de l'âme, il ne s'en préoccupe pas. Mais s'il connaissait le rôle physiologique de l'âme et de son périsprit, les rapports fluidiques qui existent entre l'Esprit et la matière, il comprendrait la réaction salutaire qu'il peut opérer sur les organes en agissant sur l'âme par la pensée, et se ferait à la fois le médecin de l'âme et du corps. Les pulsations, les oscillations, ne sont pour lui que des symptômes matériels ; mais si sa pensée ne s'arrêtait pas à la matière tangible, tout en tâtant le pouls il pourrait faire courir dans les veines du malade une effluve bienfaisante plus efficace que les médicaments ; par le regard, il le pénétrerait d'un fluide réparateur qui hâterait la guérison. En un mot, avec la foi et l'assistance des bons Esprits, il déculperait les ressources de la science, et opérerait des prodiges. La médiumnité guérissante ne vient donc détrôner ni la médecine ni les médecins en général, mais seulement la médecine et les médecins matérialistes. La facilité avec laquelle beaucoup de médecins acceptent les idées spirites, prouve que le matérialisme n'est pas une déduction forcée de la science médicale, non plus que des autres sciences. On peut être certain qu'avant qu'il soit longtemps on verra surgir de nombreux *médecins-médiums-guérisseurs* qui se révèleront, *non point par la réclame*, mais par les résultats qu'ils obtiendront.

CHAPITRE XXIV.

a été sans résultat. N'eût-elle fait que procurer le calme moral, qu'adoucir les souffrances des derniers instants, ce serait déjà quelque chose ; mais elle a un autre effet plus important encore, c'est de rendre le passage d'une vie à l'autre moins pénible en aidant au dégagement de l'âme. Puis, la vie ne fût-elle prolongée que de quelques heures, cela peut provoquer chez le malade des réflexions salutaires pour son avenir. (Voy. n° 65.)

330. Prière. — Mon Dieu, vos vues sont impénétrables, et dans votre sagesse vous avez cru devoir affliger N... par la maladie. Jetez, je vous en supplie, un regard de compassion sur ses souffrances, et daignez y mettre un terme.

Bons Esprits, ministres du Tout-Puissant, secondez, je vous prie, mon désir de le soulager ; faites que ma prière aille verser un baume salutaire sur son corps et la consolation dans son âme.

Quoi qu'il en advienne, donnez-lui la patience et la force de supporter ses douleurs avec une résignation chrétienne.

331. *Autre*. (Par le médium guérisseur.) — Mon Dieu, si vous daignez vous servir de moi, tout indigne que je suis, je puis guérir cette souffrance, si telle est votre volonté, parce que j'ai foi en vous ; mais sans vous je ne puis rien. Permettez à de bons Esprits de me pénétrer de leur fluide salutaire, afin que je le transmette à ce malade, et détournez de moi toute

pensée d'orgueil et d'égoïsme qui pourrait en altérer la pureté.

332. *Autre.* (Par le malade.) — Seigneur, vous êtes toute justice ; la maladie qu'il vous a plu de m'envoyer, j'ai dû la mériter, parce que vous n'affligez jamais sans cause. Je m'en remets, pour ma guérison, à votre infinie miséricorde ; s'il vous plaît de me rendre la santé, que votre saint nom soit béni ; si, au contraire, je dois encore souffrir, qu'il soit béni de même ; je me soumets sans murmurer à vos divins décrets, car tout ce que vous faites ne peut avoir pour but que le bien de vos créatures.

Faites, ô mon Dieu, que cette maladie soit pour moi un avertissement salutaire, et me fasse faire un retour sur moi-même ; je l'accepte comme une expiation du passé, et comme une épreuve pour ma foi et ma soumission à votre sainte volonté.

Pour les obsédés.

333. Les observations faites ci-dessus au sujet des maladies, et surtout des médiums guérisseurs, s'appliquent également à la délivrance des obsédés, des subjugués et des possédés ; mais ici ce n'est plus seulement une affection matérielle qu'il s'agit de combattre, c'est un être intelligent et malfaisant qu'il faut écarter. Le patient est sous l'influence du fluide pernicieux dont il est imprégné ; c'est ce fluide dont il faut le débarrasser ; or, un mauvais fluide ne peut être repoussé par un

CHAPITRE XXIV.

mauvais fluide. Par une action identique à celle du médium guérisseur dans les cas de maladie, il faut expulser le fluide mauvais à l'aide d'un fluide meilleur qui produit en quelque sorte l'effet d'un réactif. Ceci est l'action mécanique, mais qui ne suffit pas; il faut aussi et surtout agir sur l'être intelligent auquel il faut avoir le droit de parler avec autorité, et cette autorité n'est donnée qu'à la supériorité morale; plus celle-ci est grande, plus l'autorité est grande.

Ce n'est pas tout encore; pour assurer la délivrance, il faut amener l'Esprit pervers à renoncer à ses mauvais desseins; il faut faire naître en lui le repentir et le désir du bien, à l'aide d'instructions habilement dirigées, dans des évocations particulières faites en vue de son éducation morale; alors on peut avoir la double satisfaction de délivrer un incarné et de convertir un mauvais Esprit.

En pareil cas, l'action morale est tout; il faut bien se pénétrer de cette vérité capitale, confirmée par l'expérience aussi bien que par la logique, c'est de *la complète inefficacité des exorcismes, formules, paroles sacramentelles, amulettes, talismans, pratiques extérieures ou signes matériels quelconques*. Toute la vertu de l'exorcisme est dans l'*ascendant moral*.

La tâche est rendue plus facile quand l'obsédé, comprenant sa situation, apporte son concours de volonté et de prière; il n'en est pas ainsi quand celui-ci, séduit par l'Esprit trompeur, se fait illusion sur les qualités de l'Esprit qui le domine, et se complaît dans l'erreur où ce dernier le plonge; car alors, loin de seconder, il repousse toute assistance. C'est le cas de la fascination toujours infiniment plus rebelle que la subjugation la plus violente. (Voir le livre des Médiums, ch. XXIII, de l'obsession.)

L'obsession, comme les maladies et toutes les tribulations de la vie, est toujours une épreuve ou une expiation, et doit être acceptée comme telle. Par cela même elle est toujours le résultat d'une imperfection morale ; c'est pourquoi l'obsédé doit, de son côté, travailler sérieusement à son amélioration, *ce qui suffit souvent pour le délivrer sans le secours de personnes étrangères*. Ce secours est surtout nécessaire quand l'obsession dégénère en subjugation et en possession, car alors le patient perd parfois sa volonté et son libre arbitre [1].

> 1. L'influence du milieu est très grande dans tous les cas d'obsession grave. Lorsque le patient est entouré de personnes sympathiques et bienveillantes, s'unissant d'intention avec celles qui cherchent à le délivrer, la guérison est plus rapide et presque toujours certaine. Il n'en est pas de même quand le milieu est contraire ; si l'entourage, au lieu de seconder, oppose un mauvais vouloir ; s'il agit en sens négatif, il neutralise l'action des courants fluidiques salutaires ; non-seulement alors la tâche est plus difficile, mais parfois impossible. Le cas est exactement le même que pour un malade placé dans un air insalubre, et pour lequel on ne suit pas les prescriptions des médecins.
>
> Les cas d'obsession grave, de subjugation et de possession, ont existé à toutes les époques, et les apparences les ont presque toujours fait confondre avec la folie organique. Il est certain aujourd'hui que, parmi les gens que l'on croit atteints d'aliénation, il y a plus d'obsédés que de véritables fous, et auxquels, par conséquent, les traitements ordinaires sont plus nuisibles qu'utiles. Le Spiritisme, en faisant connaître la cause de ce genre d'affection, en indique le remède. La science, reconnue impuissante en pareil cas, devra tôt ou tard se rendre à l'évidence devant le nombre sans cesse croissant des cures obtenues sans son concours.

CHAPITRE XXIV.

334. Prière. — Dieu Tout-Puissant, daignez me donner le pouvoir de délivrer N... du mauvais Esprit qui l'obsède ; s'il entre dans vos desseins de mettre un terme à cette épreuve, accordez-moi la grâce de parler à cet Esprit avec autorité.

Bons Esprits qui m'assistez, et vous, son ange gardien, prêtez-moi votre concours ; aidez-moi à le débarrasser du fluide impur dont il est enveloppé.

Au nom de Dieu Tout-Puissant, j'adjure l'Esprit malfaisant qui le tourmente de se retirer.

(Pour l'Esprit obsesseur, voir ci-après la prière pour les mauvais Esprits, 369.)

335. *Autre.* (Par l'obsédé.) — Mon Dieu, permettez aux bons Esprits de me délivrer de l'Esprit malfaisant qui s'est attaché à moi. Si c'est une vengeance qu'il exerce pour des torts que j'aurais eus jadis envers lui, vous le permettez, mon Dieu, pour ma punition, et je subis la conséquence de ma faute. Puisse mon repentir me mériter votre pardon et ma délivrance ! Mais, quel que soit son motif, j'appelle sur lui votre miséricorde ; daignez lui faciliter la route du progrès qui le détournera de la pensée de faire le mal. Puissé-je, de mon côté, en lui rendant le bien pour le mal, l'amener à de meilleurs sentiments.

Mais je sais aussi, ô mon Dieu, que ce sont mes imperfections qui me rendent accessible aux influences des mauvais Esprits. Donnez-moi la lumière nécessaire pour les connaître ; combattez surtout en moi l'orgueil qui m'aveugle sur mes défauts.

Quelle ne doit donc pas être mon indignité, puisqu'un être malfaisant peut me maîtriser !

Faites, ô mon Dieu, que cet échec porté à ma vanité me serve de leçon à l'avenir ; qu'il me fortifie dans la résolution que je prends de m'épurer par la pratique du bien, de la charité et de l'humilité, afin d'opposer désormais une barrière à l'influence des mauvais Esprits.

Action de grâce pour un bienfait accordé à autrui.

336. Préface. Celui qui n'est pas dominé par l'égoïsme se réjouit du bien qui arrive à son prochain, alors même qu'il ne l'aurait pas sollicité par la prière.

337. Prière. — Mon Dieu, soyez béni pour le bonheur qui est arrivé à N…

Bons Esprits, faites qu'il y voie un effet de la bonté de Dieu. Si le bien qui lui arrive est une épreuve, inspirez-lui la pensée d'en faire un bon usage et ne pas en tirer vanité, afin que ce bien ne tourne pas à son préjudice pour l'avenir.

Vous, mon bon génie qui me protégez et désirez mon bonheur, écartez de ma pensée tout sentiment d'envie et de jalousie.

CHAPITRE XXIV.

Pour nos ennemis et ceux qui nous veulent du mal.

338. Préface. Jésus a dit : *Aimez même vos ennemis*. Cette maxime est le sublime de la charité chrétienne ; mais par là Jésus n'entend point que nous devons avoir pour nos ennemis la tendresse que nous avons pour nos amis ; il nous dit, par ces paroles, d'oublier leurs offenses, de leur pardonner le mal qu'ils nous font, de leur rendre le bien pour le mal. Outre le mérite qui en résulte aux yeux de Dieu, c'est montrer aux yeux des hommes la véritable supériorité (142).

339. Prière. — Mon Dieu, je pardonne à N... le mal qu'il m'a fait et celui qu'il a voulu me faire, comme je désire que vous me pardonniez et qu'il me pardonne lui-même les torts que je puis avoir. Si vous l'avez placé sur ma route comme une épreuve, que votre volonté soit faite.

Détournez de moi, ô mon Dieu, l'idée de le maudire et tout souhait malveillant contre lui. Faites que je n'éprouve aucune joie des malheurs qui pourraient lui arriver, ni aucune peine des biens qui pourront lui être accordés, afin de ne point souiller mon âme par des pensées indignes d'un chrétien.

Puisse votre bonté, Seigneur, en s'étendant sur lui, le ramener à de meilleurs sentiments envers moi.

Bons Esprits, inspirez-moi l'oubli du mal et le souvenir du bien. Que ni la haine, ni la rancune, ni le désir de lui rendre le mal pour le mal n'entrent dans mon cœur, car la haine et la vengeance n'appartiennent qu'aux mauvais Esprits incarnés et désincarnés! Que je sois prêt, au contraire, à lui tendre une main fraternelle, à lui rendre le bien pour le mal, et à lui venir en aide si cela est en mon pouvoir!

Je désire, pour éprouver la sincérité de mes paroles, que l'occasion me soit offerte de lui être utile; mais surtout, ô mon Dieu, préservez-moi de le faire par orgueil ou ostentation, en l'accablant par une générosité humiliante, ce qui me ferait perdre le fruit de mon action, car alors je mériterais que cette parole du Christ me fût appliquée: *Vous avez déjà reçu votre récompense.*

Action de grâce pour le bien accordé à nos ennemis.

340. Préface. Ne point souhaiter de mal à ses ennemis, c'est n'être charitable qu'à moitié; la vraie charité veut que nous leur souhaitions du bien, et que nous soyons heureux de celui qui leur arrive.

341. Prière. — Mon Dieu, dans votre justice, vous avez cru devoir réjouir le cœur de N... Je vous en remercie pour lui, malgré le mal qu'il m'a fait ou qu'il a cherché à me faire. S'il en profitait pour m'humilier, je l'accepterais comme une épreuve pour ma charité (141, 146).

Bons Esprits qui me protégez, ne permettez pas

CHAPITRE XXIV.

que j'en conçoive aucun regret; détournez de moi l'envie et la jalousie qui abaissent; inspirez-moi, au contraire, la générosité qui élève. L'humiliation est dans le mal et non dans le bien, et nous savons que, tôt ou tard, justice sera rendue à chacun selon ses œuvres.

Pour les ennemis du spiritisme.

342. Bienheureux ceux qui sont affamés de justice, parce qu'ils seront rassasiés.

Bienheureux ceux qui souffrent persécution pour la justice, parce que le royaume des cieux est à eux.

Vous serez heureux lorsque les hommes vous chargeront de malédictions, et qu'ils vous persécuteront, et qu'ils diront faussement toutes sortes de mal contre vous à cause de moi. — Réjouissez-vous alors, parce qu'une grande récompense vous est réservée dans les cieux, car c'est ainsi qu'ils ont persécuté les prophètes qui ont été avant vous. (Saint Matthieu, ch. v, v. 6, 10, 11, 12.)

343. Ne craignez point ceux qui tuent le corps et qui ne peuvent tuer l'âme; mais craignez plutôt celui qui peut perdre l'âme et le corps dans l'enfer. (Saint Matthieu, ch. x, v. 28.)

344. Alors Jésus dit à ses disciples : Si quelqu'un veut venir avec moi, qu'il se charge de sa croix, et qu'il me suive; — car celui qui voudra sauver sa vie la perdra, et celui qui perdra sa vie pour moi la retrouvera. — Et que servirait-il à un homme de gagner tout le monde et de perdre son âme; ou par quel échange l'homme pourra-t-il racheter son âme après qu'il l'aura perdue? (Saint Matthieu, ch. xvi, v. 24, 25, 26.)

345. Celui qui ne prend pas sa croix et ne me suit pas (c'est-à-dire ne suit pas mes commandements) n'est pas

digne de moi. — Celui qui conserve sa vie la perdra (c'est-à-dire qui tient plus à la vie du corps qu'à celle de l'âme, aux choses du monde qu'aux choses du ciel); et celui qui aura perdu sa vie pour l'amour de moi (c'est-à-dire les biens terrestres à cause de la vérité) la retrouvera. (Saint Matthieu, ch. x, *v.* 38, 39.)

346. Quiconque donc me confessera et me reconnaîtra devant les hommes (c'est-à-dire aura *le courage de son opinion* pour soutenir et défendre la vérité), je le reconnaîtrai et confesserai aussi moi-même devant mon Père qui est dans les cieux; — et quiconque me renoncera devant les hommes, je le renoncerai aussi devant mon Père qui est dans les cieux. (Saint Matthieu, ch, x, *v.* 32, 33.)

347. PRÉFACE. De toutes les libertés, la plus inviolable est celle de penser, qui comprend aussi la liberté de conscience. Jeter l'anathème à ceux qui ne pensent pas comme nous, c'est réclamer cette liberté pour soi et la refuser aux autres, c'est violer le premier commandement de Jésus : la charité et l'amour du prochain. Les persécuter pour leur croyance, c'est attenter au droit le plus sacré qu'a tout homme de croire à ce qui lui convient, et d'adorer Dieu comme il l'entend. Les contraindre à des actes extérieurs semblables aux nôtres, c'est montrer qu'on tient plus à la forme qu'au fond, aux apparences qu'à la conviction. L'abjuration forcée n'a jamais donné la foi: elle ne peut faire que des hypocrites. C'est un abus de la force matérielle, qui ne prouve pas la vérité; *la vérité est sûre d'elle-même : elle convainc et ne persécute pas, parce qu'elle n'en a pas besoin.*

Le spiritisme est une opinion, une croyance; fût-il même une religion, pourquoi n'aurait-on pas la liberté de se dire spirite comme on a celle de se dire catholique, juif ou protestant, partisan de telle ou telle doctrine philosophique, de tel ou tel système économique? Cette croyance est fausse ou elle est juste; si elle est fausse, elle tombera d'elle-même, parce que l'erreur ne peut prévaloir contre la vérité quand la lumière se fait dans les intelligences; si elle est juste, la persécution ne la rendra pas fausse.

La persécution est le baptême de toute idée nouvelle grande et juste; elle croît avec la grandeur et l'importance de l'idée. L'acharnement et la colère des ennemis de l'idée est en raison de la crainte qu'elle leur inspire. C'est pour cette raison que le Christianisme fut persécuté jadis et que le spiritisme l'est aujourd'hui, avec cette différence, toutefois, que le Christianisme le fut par les païens, tandis que le spiritisme l'est par des chrétiens. Le temps des persécutions sanglantes est passé, il est vrai, mais si on ne tue plus le corps, on torture l'âme; on l'attaque jusque dans ses sentiments les plus intimes, dans ses affections les plus chères; on divise les familles, on excite la mère contre la fille, la femme contre le mari; on attaque même le corps dans ses besoins matériels en lui ôtant son gagne-pain pour le prendre par la famine.

Spirites, ne vous affligez point des coups qu'on vous porte, car ils prouvent que vous êtes dans la vérité, sans cela on vous laisserait tranquilles, et l'on ne vous frapperait pas. C'est une épreuve pour votre foi; car c'est à votre courage, à votre résignation, à votre persévérance que Dieu vous reconnaîtra parmi ses fidèles serviteurs dont il fait aujourd'hui le dénombrement, pour faire à chacun la part qui lui revient selon ses œuvres.

A l'exemple des premiers chrétiens, soyez donc fiers de porter votre croix. Croyez en la parole du Christ qui a dit : « Bieuheureux ceux qui souffrent persécution pour la justice, parce que le royaume des cieux est à eux. Ne craignez point ceux qui tuent le corps, mais ne peuvent tuer l'âme. » Il a dit aussi : « Aimez vos ennemis, faites du bien à ceux qui vous font du mal et priez pour ceux qui vous persécutent. » Montrez que vous êtes ses véritables disciples et que votre doctrine est bonne en faisant ce qu'il dit, et ce qu'il a fait lui-même.

La persécution n'aura qu'un temps; attendez donc patiemment le lever de l'aurore, car déjà l'étoile du matin se montre à l'horizon.

348. Prière.—Seigneur, vous nous avez fait dire par la bouche de Jésus, votre Messie : « Bienheureux ceux qui souffrent persécution pour la justice; pardonnez à vos ennemis; priez pour ceux qui vous persécutent ; » et lui-même nous a montré le chemin en priant pour ses bourreaux.

A son exemple, mon Dieu, nous appelons votre miséricorde sur ceux qui méconnaissent vos divins préceptes, les seuls qui puissent assurer la paix en ce monde et en l'autre. Comme Christ, nous vous disons : « Pardonnez-leur, mon Père, car ils ne savent ce qu'ils font. »

Donnez-nous la force de supporter avec patience et résignation, comme des épreuves pour notre foi et notre humilité, leurs railleries, leurs injures, leurs calomnies et leurs persécutions; détournez-

384 CHAPITRE XXIV.

nous de toute pensée de représailles, car l'heure de votre justice sonnera pour tous, et nous l'attendons en nous soumettant à votre sainte volonté.

Prière pour un enfant qui vient de naître.

349. PRÉFACE. Les Esprits n'arrivent à la perfection qu'après avoir passé par les épreuves de la vie corporelle; ceux qui sont errants attendent que Dieu leur permette de reprendre une existence qui doit leur fournir un moyen d'avancement, soit par l'expiation de leurs fautes passées au moyen des vicissitudes auxquelles ils sont soumis, soit en remplissant une mission utile à l'humanité. Leur avancement et leur bonheur futur seront proportionnés à la manière dont ils auront employé le temps qu'ils doivent passer sur la terre. La charge de guider leurs premiers pas, et de les diriger vers le bien, est confiée à leurs parents qui répondront devant Dieu de la manière dont ils auront accompli leur mandat. C'est pour en faciliter l'exécution que Dieu a fait de l'amour paternel et de l'amour filial une loi de la nature, loi qui n'est jamais violée impunément (181).

350. PRIÈRE. (Par les parents.)—Esprit qui s'est incarné dans le corps de notre enfant, sois le bienvenu parmi nous. Dieu Tout-Puissant qui l'avez envoyé, soyez béni.

C'est un dépôt qui nous est confié et dont nous devrons compte un jour. S'il appartient à la nouvelle génération des bons Esprits qui doivent peupler la terre, merci, ô mon Dieu, de cette faveur ! Si c'est une âme imparfaite, notre devoir est de l'aider à progresser dans la voie du bien par nos conseils et par nos bons exemples ; s'il tombe dans le mal par notre faute, nous en répondrons devant vous, car nous n'aurons pas accompli notre mission envers lui.

Seigneur, soutenez-nous dans notre tâche, et donnez-nous la force et la volonté de la remplir. Si cet enfant doit être un sujet d'épreuves pour nous, que votre volonté soit faite !

Bons Esprits qui êtes venus présider à sa naissance et qui devez l'accompagner pendant la vie, ne l'abandonnez pas. Écartez de lui les mauvais Esprits qui tenteraient de l'induire au mal ; donnez-lui la force de résister à leurs suggestions, et le courage de subir avec patience et résignation les épreuves qui l'attendent sur la terre.

351. *Autre.* — Mon Dieu, vous m'avez confié le sort d'un de vos Esprits ; faites, Seigneur, que je sois digne de la tâche qui m'est imposée ; accordez-moi votre protection ; éclairez mon intelligence, afin que je puisse discerner de bonne heure les tendances de celui que je dois préparer à entrer dans votre paix.

352. *Autre.* — Dieu très bon, puisqu'il t'a plu de permettre à l'Esprit de cet enfant de venir de nouveau subir les épreuves terrestres destinées à le

386 CHAPITRE XXIV.

faire progresser, donne-lui la lumière, afin qu'il apprenne à te connaître, à t'aimer et à t'adorer. Fais, par ta toute-puissance, que cette âme se régénère à la source de tes divines instructions; que, sous l'égide de son ange gardien, son intelligence grandisse, se développe et le fasse aspirer à se rapprocher de plus en plus de toi; que la science du spiritisme soit la brillante lumière qui l'éclaire à travers les écueils de la vie; qu'il sache enfin apprécier toute l'étendue de ton amour qui nous éprouve pour nous purifier.

Seigneur, jette un regard paternel sur la famille à laquelle tu as confié cette âme; puisse-t-elle comprendre l'importance de sa mission, et faire germer en cet enfant les bonnes semences jusqu'au jour où il pourra, par ses propres aspirations, s'élever seul vers toi.

Daigne, ô mon Dieu, exaucer cette humble prière au nom et par les mérites de celui qui a dit : Laissez venir à moi les petits enfants, car le royaume des cieux est à ceux qui leur ressemblent.

Pour un agonisant.

353. Préface. L'agonie est le prélude de la séparation de l'âme et du corps; on peut dire qu'à ce moment l'homme n'a plus qu'un pied en ce monde, et qu'il en a déjà un dans l'autre. Ce passage est quelquefois pénible pour ceux qui tiennent à la matière et ont plus vécu pour les biens de ce monde que pour

ceux de l'autre, ou dont la conscience est agitée par les regrets et les remords ; pour ceux, au contraire, dont les pensées se sont élevées vers l'infini, et se sont détachées de la matière, les liens sont moins difficiles à rompre, et les derniers moments n'ont rien de douloureux ; l'âme alors ne tient au corps que par un fil, tandis que, dans l'autre position, elle y tient par de profondes racines ; dans tous les cas, l'action de la prière peut aider à la délivrance (329).

354. Prière. — Dieu puissant et miséricordieux, voilà une âme qui quitte son enveloppe terrestre pour retourner dans le monde des Esprits, sa véritable patrie ; puisse-t-elle y rentrer en paix et votre miséricorde s'étendre sur elle.

Bons Esprits qui l'avez accompagnée sur la terre, ne l'abandonnez pas à ce moment suprême ; donnez-lui la force de supporter les dernières souffrances qu'elle doit endurer ici-bas pour son avancement futur ; inspirez-la pour qu'elle consacre au repentir de ses fautes les dernières lueurs d'intelligence qui lui restent, ou qui pourraient momentanément lui revenir.

IV. Prières pour ceux qui ne sont plus sur la terre.

Pour quelqu'un qui vient de mourir.

355. Préface. Les prières pour les Esprits qui viennent de quitter la terre n'ont pas seulement pour but

388   CHAPITRE XXIV.

de leur donner un témoignage de sympathie, mais elles ont encore pour effet d'aider à leur dégagement, et, par là, d'abréger le trouble qui suit toujours la séparation, et de rendre le réveil plus calme. Mais là encore, comme en toute autre circonstance, l'efficacité est dans la sincérité de la pensée, et non dans l'abondance de paroles dites avec plus ou moins de pompe, et auxquelles, le plus souvent, le cœur n'a aucune part.

356. Prière. — Dieu Tout-Puissant, que votre miséricorde s'étende sur l'âme de N..., que vous venez de rappeler à vous. Puissent les épreuves qu'il a subies sur la terre lui être comptées, et nos prières adoucir et abréger les peines qu'il peut encore endurer comme Esprit!

Bons Esprits qui êtes venus le recevoir, et vous surtout son ange gardien, assistez-le pour l'aider à se dépouiller de la matière; donnez-lui la lumière et la conscience de lui-même, afin de le tirer du trouble qui accompagne le passage de la vie corporelle à la vie spirituelle. Inspirez-lui le repentir des fautes qu'il a commises, et le désir qu'il lui soit permis de les réparer pour hâter son avancement vers la vie éternelle bienheureuse.

N..., vous venez de rentrer dans le monde des Esprits, et cependant vous êtes ici présent parmi nous; vous nous voyez et nous entendez, car il n'y a de moins entre vous et nous que le corps périssable que vous venez de quitter et qui bientôt sera réduit en poussière.

RECUEIL DE PRIÈRES SPIRITES. 389

Ce corps, instrument de tant de douleurs, est encore là, à côté de vous ; vous le voyez comme le prisonnier voit les chaînes dont il vient d'être délivré. Vous avez quitté la grossière enveloppe sujette aux vicissitudes et à la mort, et vous n'avez conservé que l'enveloppe éthérée, impérissable et inaccessible aux souffrances. Si vous ne vivez plus par le corps, vous vivez de la vie des Esprits, et cette vie est exempte des misères qui affligent l'humanité.

Vous n'avez plus le voile qui dérobe à nos yeux les splendeurs de la vie future ; vous pourrez désormais contempler de nouvelles merveilles, tandis que nous sommes encore plongés dans les ténèbres.

Vous allez parcourir l'espace et visiter les mondes en toute liberté, tandis que nous rampons péniblement sur la terre, où nous retient notre corps matériel, semblable pour nous à un lourd fardeau.

L'horizon de l'infini va se dérouler devant vous, et en présence de tant de grandeur vous comprendrez la vanité de nos désirs terrestres, de nos ambitions mondaines et des joies futiles dont les hommes font leurs délices.

La mort n'est entre les hommes qu'une séparation matérielle de quelques instants. Du lieu d'exil où nous retient encore la volonté de Dieu, ainsi que les devoirs que nous avons à remplir ici-bas, nous vous suivrons par la pensée jusqu'au moment où il nous sera permis de vous rejoindre comme vous avez rejoint ceux qui vous ont précédé.

22.

390   CHAPITRE XXIV.

Si nous ne pouvons aller auprès de vous, vous pouvez venir auprès de nous. Venez donc parmi ceux qui vous aiment et que vous avez aimés ; soutenez-les dans les épreuves de la vie ; veillez sur ceux qui vous sont chers ; protégez-les selon votre pouvoir, et adoucissez leurs regrets par la pensée que vous êtes plus heureux maintenant, et la consolante certitude d'être un jour réunis à vous dans un monde meilleur.

Dans le monde où vous êtes, tous les ressentiments terrestres doivent s'éteindre. Puissiez-vous, pour votre bonheur futur, y être désormais inaccessible ! Pardonnez donc à ceux qui ont pu avoir des torts envers vous, comme ils vous pardonnent ceux que vous avez pu avoir envers eux.

Nota. On peut ajouter à cette prière générale une invocation plus spéciale de l'Esprit du défunt, selon les circonstances particulières de familles ou de relations.

357. *Autre* [1]. — Seigneur Tout-Puissant, que votre miséricorde s'étende sur nos frères qui viennent de quitter la terre ! que votre lumière luise à leurs yeux ! Sortez-les des ténèbres ; ouvrez leurs yeux et leurs oreilles ! que vos bons Esprits les entourent et leur fassent entendre des paroles de paix et d'espérance !

[1] Cette prière a été dictée à un médium de Bordeaux au moment où passait devant ses fenêtres le convoi d'un inconnu.

RECUEIL DE PRIÈRES SPIRITES. 391

Seigneur, quelque indignes que nous soyons, nous osons implorer votre miséricordieuse indulgence en faveur de celui de nos frères qui vient d'être rappelé de l'exil ; faites que son retour soit celui de l'enfant prodigue. Oubliez, ô mon Dieu! les fautes qu'il a pu commettre, pour vous souvenir du bien qu'il a pu faire. Votre justice est immuable, nous le savons, mais votre amour est immense ; nous vous supplions d'apaiser votre justice par cette source de bonté qui découle de vous.

Que la lumière se fasse pour vous, mon frère, qui venez de quitter la terre! que les bons Esprits du Seigneur descendent vers vous, vous entourent et vous aident à secouer vos chaînes terrestres! Comprenez et voyez la grandeur de notre maître ; soumettez-vous sans murmure à sa justice, mais ne désespérez jamais de sa miséricorde. Frère! qu'un sérieux retour sur votre passé vous ouvre les portes de l'avenir en vous faisant comprendre les fautes que vous laissez derrière vous, et le travail qui vous reste à faire pour les réparer! Que Dieu vous pardonne, et que ses bons Esprits vous soutiennent et vous encouragent! Vos frères de la terre prieront pour vous et vous demandent de prier pour eux.

Pour les personnes que l'on a affectionnées.

358. PRÉFACE. Qu'elle est affreuse l'idée du néant! Qu'ils sont à plaindre ceux qui croient que la voix de l'ami qui pleure son ami se perd dans le vide et ne

392 CHAPITRE XXIV.

trouve aucun écho pour lui répondre ! Ils n'ont jamais connu les pures et saintes affections, ceux qui pensent que tout meurt avec le corps; que le génie qui a éclairé le monde de sa vaste intelligence est un jeu de la matière qui s'éteint à tout jamais comme un souffle; que de l'être le plus cher, d'un père, d'une mère ou d'un enfant adoré il ne reste qu'un peu de poussière que le temps dissipe sans retour !

Comment un homme de cœur peut-il rester froid à cette pensée? Comment l'idée d'un anéantissement absolu ne le glace-t-elle pas d'effroi et ne lui fait-elle pas au moins désirer qu'il n'en soit pas ainsi? Si jusqu'à ce jour sa raison n'a pas suffi pour lever ses doutes, voilà que le spiritisme vient dissiper toute incertitude sur l'avenir par les preuves matérielles qu'il donne de la survivance de l'âme et de l'existence des êtres d'outre-tombe. Aussi partout ces preuves sont-elles accueillies avec joie; la confiance renaît, car l'homme sait désormais que la vie terrestre n'est qu'un court passage qui conduit à une vie meilleure; que ses travaux d'ici-bas ne sont pas perdus pour lui, et que les plus saintes affections ne sont pas brisées sans espoir. (38, 58.)

359. Prière. — Daignez, ô mon Dieu, accueillir favorablement la prière que je vous adresse pour l'Esprit de N...; faites-lui entrevoir vos divines clartés, et rendez-lui facile le chemin de la félicité éternelle. Permettez que les bons Esprits lui portent mes paroles et ma pensée.

Toi qui m'étais cher en ce monde, entends ma

voix qui t'appelle pour te donner un nouveau gage de mon affection. Dieu a permis que tu fusses délivré le premier : je ne saurais m'en plaindre sans égoïsme, car ce serait regretter pour toi les peines et les souffrances de la vie. J'attends donc avec résignation le moment de notre réunion dans le monde plus heureux où tu m'as précédé.

Je sais que notre séparation n'est que momentanée, et que, si longue qu'elle puisse me paraître, sa durée s'efface devant l'éternité de bonheur que Dieu promet à ses élus. Que sa bonté me préserve de rien faire qui puisse retarder cet instant désiré, et qu'il m'épargne ainsi la douleur de ne pas te retrouver au sortir de ma captivité terrestre.

Oh! qu'elle est douce et consolante la certitude qu'il n'y a entre nous qu'un voile matériel qui te dérobe à ma vue! que tu peux être là, à mes côtés, me voir et m'entendre comme autrefois, et mieux encore qu'autrefois; que tu ne m'oublies pas plus que je ne t'oublie moi-même; que nos pensées ne cessent pas de se confondre, et que la tienne me suit et me soutient toujours.

Que la paix du Seigneur soit avec toi.

Pour les âmes souffrantes qui demandent des prières.

360. **Préface.** Pour comprendre le soulagement que la prière peut procurer aux Esprits souffrants, il faut se rapporter à son mode d'action qui est expliqué ci-dessus (262, 270, 271). Celui qui est pénétré de

394 CHAPITRE XXIV.

cette vérité prie avec plus de ferveur par la certitude de ne pas prier en vain.

361. PRIÈRE. — Dieu clément et miséricordieux, que votre bonté s'étende sur tous les Esprits qui se recommandent à nos prières, et notamment sur l'âme de N...

Bons Esprits, dont le bien est l'unique occupation, intercédez avec moi pour leur soulagement. Faites luire à leurs yeux un rayon d'espérance, et que la divine lumière les éclaire sur les imperfections qui les éloignent du séjour des bienheureux. Ouvrez leur cœur au repentir et au désir de s'épurer pour hâter leur avancement. Faites-leur comprendre que, par leurs efforts, ils peuvent abréger le temps de leurs épreuves.

Que Dieu, dans sa bonté, leur donne la force de persévérer dans leurs bonnes résolutions !

Puissent ces paroles bienveillantes adoucir leurs peines en leur montrant qu'il est sur la terre des êtres qui savent y compatir, et qui désirent leur bonheur.

362. *Autre*. — Nous vous prions, Seigneur, de répandre sur tous ceux qui souffrent, soit dans l'espace comme Esprits errants, soit parmi nous comme Esprits incarnés, les grâces de votre amour et de votre miséricorde. Prenez en pitié nos faiblesses. Vous nous avez faits faillibles, mais vous nous avez donné la force de résister au mal et de le vaincre.

RECUEIL DE PRIÈRES SPIRITES. 395

Que votre miséricorde s'étende sur tous ceux qui n'ont pu résister à leurs mauvais penchants, et sont encore entraînés dans une mauvaise voie. Que vos bons Esprits les entourent; que votre lumière luise à leurs yeux, et, qu'attirés par sa chaleur vivifiante, ils viennent se prosterner à vos pieds, humbles, repentants et soumis.

Nous vous prions également, père de miséricorde, pour ceux de nos frères qui n'ont pas eu la force de supporter leurs épreuves terrestres. Vous nous donnez un fardeau à porter, Seigneur, et nous ne devons le déposer qu'à vos pieds; mais notre faiblesse est grande, et le courage nous manque quelquefois en route. Ayez pitié de ces serviteurs indolents qui ont abandonné l'œuvre avant l'heure; que votre justice les épargne et permette à vos bons Esprits de leur apporter le soulagement, les consolations et l'espoir de l'avenir. La vue du pardon est fortifiante pour l'âme; montrez-le, Seigneur, aux coupables qui désespèrent, et, soutenus par cette espérance, ils puiseront des forces dans la grandeur même de leurs fautes et de leurs souffrances, pour racheter leur passé et se préparer à conquérir l'avenir.

Pour un ennemi mort.

363. PRÉFACE. La charité envers nos ennemis doit les suivre au delà de la tombe. Il faut songer que le mal qu'ils nous ont fait a été pour nous une épreuve qui a pu être utile à notre avancement si nous avons su

en profiter. Elle a pu nous être encore plus profitable que les afflictions purement matérielles, en ce que, au courage et à la résignation, elle nous a permis d'y joindre la charité et l'oubli des offenses.

364. PRIÈRE. — Seigneur, il vous a plu de rappeler avant moi l'âme de N... Je lui pardonne le mal qu'il m'a fait et ses mauvaises intentions à mon égard; puisse-t-il en avoir du regret, maintenant qu'il n'a plus les illusions de ce monde.

Que votre miséricorde, mon Dieu, s'étende sur lui, et éloignez de moi la pensée de me réjouir de sa mort. Si j'ai eu des torts envers lui, qu'il me les pardonne, comme j'oublie ceux qu'il a eus envers moi.

Pour un criminel.

365. PRÉFACE. Si l'efficacité des prières était proportionnée à leur longueur, les plus longues devraient être réservées pour les plus coupables, parce qu'ils en ont plus besoin que ceux qui ont saintement vécu. Les refuser aux criminels, c'est manquer de charité et méconnaître la miséricorde de Dieu; les croire inutiles, parce qu'un homme aura commis telle ou telle faute, c'est préjuger la justice du Très-Haut.

366. PRIÈRE. — Seigneur, Dieu de miséricorde, ne repoussez pas ce criminel qui vient de quitter la terre; la justice des hommes a pu le frapper, mais elle ne l'affranchit pas de votre justice, si son cœur n'a pas été touché par le remords.

RECUEIL DE PRIÈRES SPIRITES. 397

Levez le bandeau qui lui cache la gravité de ses fautes; puisse son repentir trouver grâce devant vous et alléger les souffrances de son âme! Puissent aussi nos prières et l'intercession des bons Esprits lui porter l'espérance et la consolation; lui inspirer le désir de réparer ses mauvaises actions dans une nouvelle existence, et lui donner la force de ne pas succomber dans les nouvelles luttes qu'il entreprendra!

Seigneur, ayez pitié de lui!

Pour un suicidé.

367. PRÉFACE. L'homme n'a jamais le droit de disposer de sa propre vie, car à Dieu seul appartient de le tirer de la captivité terrestre quand il le juge à propos. Toutefois la justice divine peut adoucir ses rigueurs en faveur des circonstances, mais elle réserve toute sa sévérité pour celui qui a voulu se soustraire aux épreuves de la vie. Le suicidé est comme le prisonnier qui s'évade de sa prison avant l'expiration de sa peine, et qui, lorsqu'il est repris, est tenu plus sévèrement. Ainsi en est-il du suicidé qui croit échapper aux misères présentes, et se plonge dans des malheurs plus grands (52, 53).

368. PRIÈRE. — Nous savons, ô mon Dieu, le sort réservé à ceux qui violent vos lois en abrégeant volontairement leurs jours; mais nous savons aussi que votre miséricorde est infinie : daignez l'étendre

23

398   CHAPITRE XXIV.

sur l'âme de N... Puissent nos prières et votre commisération adoucir l'amertume des souffrances qu'il endure pour n'avoir pas eu le courage d'attendre la fin de ses épreuves !

Bons Esprits, dont la mission est d'assister les malheureux, prenez-le sous votre protection ; inspirez-lui le regret de sa faute, et que votre assistance lui donne la force de supporter avec plus de résignation les nouvelles épreuves qu'il aura à subir pour la réparer. Écartez de lui les mauvais Esprits qui pourraient de nouveau le porter au mal, et prolonger ses souffrances en lui faisant perdre le fruit de ses futures épreuves.

Vous, dont le malheur fait l'objet de nos prières, puisse notre commisération en adoucir l'amertume, et faire naître en vous l'espérance d'un avenir meilleur ! Cet avenir est entre vos mains ; confiez-vous en la bonté de Dieu, dont le sein est ouvert à tous les repentirs, et ne reste fermé qu'aux cœurs endurcis.

Pour les mauvais Esprits et les Esprits obsesseurs.

369. PRÉFACE. Il serait injuste de ranger dans la catégorie des mauvais Esprits les Esprits souffrants et repentants qui demandent des prières ; ceux-là ont pu être mauvais, mais ils ne le sont plus du moment qu'ils reconnaissent leurs fautes et les regrettent : ils ne sont que malheureux.

Les mauvais Esprits sont ceux que le repentir n'a

RECUEIL DE PRIÈRES SPIRITES. 399

point encore touchés ; qui se plaisent au mal et n'en conçoivent aucun regret; qui sont insensibles aux reproches, repoussent la prière et souvent blasphèment le nom de Dieu. Ce sont ces âmes endurcies qui, après la mort, se vengent sur les hommes des souffrances qu'elles endurent, et poursuivent de leur haine ceux à qui ils en ont voulu pendant leur vie, soit par l'obsession, soit par une funeste influence quelconque.

Parmi les Esprits pervers, il y a deux catégories bien distinctes : ceux qui sont franchement mauvais et ceux qui sont hypocrites. Les premiers sont infiniment plus faciles à ramener au bien que les seconds ; ce sont le plus souvent des natures brutes et grossières, comme on en voit parmi les hommes, qui font le mal plus par instinct que par calcul, et ne cherchent pas à se faire passer pour meilleurs qu'ils ne sont; mais il y a en eux un germe latent qu'il faut faire éclore, et l'on y parvient presque toujours avec la persévérance, la fermeté jointe à la bienveillance, par les conseils, les raisonnements et la prière. Dans la médianimité, la difficulté qu'ils ont à écrire le nom de Dieu est l'indice d'une crainte instinctive, d'une voix intime de la conscience qui leur dit qu'ils en sont indignes ; celui qui en est là est sur le seuil de la conversion, et l'on peut tout espérer de lui ; il suffit de trouver le point vulnérable du cœur.

Les Esprits hypocrites sont presque toujours très intelligents, mais ils n'ont au cœur aucune fibre sensible; rien ne les touche ; ils simulent tous les bons sentiments pour capter la confiance, et sont heureux quand ils trouvent des dupes qui les acceptent comme de saints Esprits et qu'ils peuvent gouverner à leur gré. Le nom de Dieu, loin de leur inspirer la moindre crainte, leur sert de masque pour couvrir leurs turpitudes. Dans le monde invisible, comme dans le monde visible, les hypocrites sont les êtres les plus dangereux, parce qu'ils agissent dans l'ombre, et qu'on ne s'en méfie pas. Ils n'ont que les apparences de la foi, mais point de foi sincère.

370. Prière. — Seigneur, daignez jeter un regard de bonté sur les Esprits imparfaits qui sont encore dans les ténèbres de l'ignorance et vous méconnaissent, et notamment sur celui de N....

Bons Esprits, aidez-nous à lui faire comprendre qu'en induisant les hommes au mal, en les obsédant et en les tourmentant, il prolonge ses propres souffrances ; faites que l'exemple du bonheur dont vous jouissez soit un encouragement pour lui.

Esprit qui vous complaisez encore au mal, vous venez d'entendre la prière que nous faisons pour vous ; elle doit vous prouver que nous désirons vous faire du bien, quoique vous fassiez du mal.

Vous êtes malheureux, car il est impossible d'être heureux en faisant le mal ; pourquoi donc rester dans cet état quand il dépend de vous d'en sortir? Regardez les bons Esprits qui vous entourent ; voyez combien ils sont heureux, et s'il ne serait pas plus agréable pour vous de jouir du même bonheur ?

Vous direz que cela vous est impossible ; mais rien n'est impossible à celui qui veut, car Dieu nous a donné, comme à toutes ses créatures, la liberté de choisir entre le bien et le mal, c'est-à-dire entre le bonheur et le malheur, et nul n'est condamné à faire le mal. Si vous avez la volonté de le faire, vous pouvez avoir celle de faire le bien et d'être heureux.

Tournez vos regards vers Dieu ; élevez-vous un seul instant vers lui par la pensée, et un rayon de sa divine lumière viendra vous éclairer. Dites avec nous ces simples paroles : *Mon Dieu, je me repens, pardonnez-moi*. Essayez du repentir et de faire le bien au lieu de faire le mal, et vous verrez qu'aussitôt sa miséricorde s'étendra sur vous, et qu'un bien-être inconnu viendra remplacer les angoisses que vous endurez.

Une fois que vous aurez fait un pas dans la bonne route, le reste du chemin vous semblera facile. Vous comprendrez alors combien de temps vous avez perdu par votre faute pour votre félicité ; mais un avenir radieux et plein d'espérance s'ouvrira devant vous et vous fera oublier votre misérable passé, plein de trouble et de tortures morales qui seraient pour vous l'enfer si elles devaient durer éternellement. Un jour viendra que ces tortures seront telles qu'à tout prix vous voudrez les faire cesser ; mais plus vous attendrez, plus cela vous sera difficile. Ne croyez pas que vous resterez toujours dans l'état où vous êtes ; non, cela est impossible ; vous avez devant vous deux perspectives : l'une de souffrir beaucoup plus que vous ne le faites maintenant, l'autre

CHAPITRE XXIV.

d'être heureux comme les bons Esprits qui sont autour de vous; la première est inévitable si vous persistez dans votre obstination; un simple effort de votre volonté suffit pour vous tirer du mauvais pas où vous êtes. Hâtez-vous donc, car chaque jour de retard est un jour de perdu pour votre bonheur.

Bons Esprits, faites que ces paroles trouvent accès dans cette âme encore arriérée, afin qu'elles l'aident à se rapprocher de Dieu. Nous vous en prions au nom de Jésus-Christ qui eut un si grand pouvoir sur les mauvais Esprits.

CHAPITRE XXV

MAXIMES DIVERSES.

CHERCHEZ ET VOUS TROUVEREZ.

Loi du travail. — Loi du progrès.

371. Demandez et l'on vous donnera; *cherchez et vous trouverez;* frappez à la porte et l'on vous ouvrira ; — car quiconque demande reçoit, et qui cherche trouve, et l'on ouvrira à celui qui frappe à la porte.
Aussi qui est l'homme d'entre vous qui donne une pierre à son fils lorsqu'il lui demande du pain? — ou s'il lui demande un poisson, lui donnera-t-il un serpent? — Si donc, étant méchants comme vous êtes, vous savez donner de bonnes choses à vos enfants, à combien plus forte raison votre Père qui est dans les cieux donnera-t-il les vrais biens à ceux qui les lui demandent. (Saint Matthieu, ch. VIII, *v.* de 7 à 11.)

372. Au point de vue terrestre, la maxime : *Cherchez et vous trouverez,* est l'analogue de celle-ci : *Aide-toi, le ciel t'aidera.* C'est le principe de la *loi du travail*, et par suite de la *loi du progrès*, car le progrès est fils du travail, parce que le travail met en action les forces de l'intelligence.
Dans l'enfance de l'humanité, l'homme n'applique son intelligence qu'à la recherche de sa nourriture, des moyens de se préserver des intempéries, et de se

CHAPITRE XXV.

défendre contre ses ennemis ; mais Dieu lui a donné de plus qu'à l'animal *le désir incessant du mieux ;* c'est ce désir du mieux qui le pousse à la recherche des moyens d'améliorer sa position, qui le conduit aux découvertes, aux inventions, au perfectionnement de la science, car c'est la science qui lui procure ce qui lui manque. Par ses recherches son intelligence grandit, son moral s'épure ; aux besoins du corps succèdent les besoins de l'esprit ; après la nourriture matérielle, il faut la nourriture spirituelle, c'est ainsi que l'homme passe de la sauvagerie à la civilisation.

Mais le progrès que chaque homme accomplit individuellement pendant la vie est bien peu de chose, imperceptible même chez un grand nombre ; comment alors l'humanité pourrait-elle progresser sans la préexistence et la *réexistence* de l'âme ? Les âmes s'en allant chaque jour pour ne plus revenir, l'humanité se renouvellerait sans cesse avec les éléments primitifs, ayant tout à faire, tout à apprendre ; il n'y aurait donc pas de raison pour que l'homme fût plus avancé aujourd'hui qu'aux premiers âges du monde, puisqu'à chaque naissance tout le travail intellectuel serait à recommencer. L'âme, au contraire, revenant avec son progrès accompli, et acquérant chaque fois quelque chose de plus, c'est ainsi qu'elle passe graduellement de la barbarie à *la civilisation matérielle*, et de celle-ci à *la civilisation morale* (36 et suiv.).

373. Si Dieu eût affranchi l'homme du travail du corps, ses membres seraient atrophiés ; s'il l'eût affranchi du travail de l'intelligence, son esprit serait resté dans l'enfance, à l'état d'instinct animal ; c'est pourquoi il lui a

fait une nécessité du travail ; il lui a dit : *Cherche et tu trouveras ; travaille et tu produiras ;* de cette manière tu seras le fils de tes œuvres, tu en auras le mérite, et tu seras récompensé selon ce que tu auras fait.

C'est par application de ce principe que les Esprits ne viennent pas épargner à l'homme le travail des recherches, en lui apportant des découvertes et des inventions toutes faites et prêtes à produire, de manière à n'avoir qu'à prendre ce qu'on lui mettrait dans la main, sans avoir la peine de se baisser pour ramasser, ni même celle de penser. S'il en était ainsi, le plus paresseux pourrait s'enrichir, et le plus ignorant devenir savant à bon marché, et l'un et l'autre se donner le mérite de ce qu'ils n'auraient point fait. Non, les Esprits ne viennent point affranchir l'homme de la loi du travail, mais lui montrer le but qu'il doit atteindre et la route qui y conduit, en lui disant : Marche et tu arriveras. Tu trouveras des pierres sous tes pas ; regarde, et ôte-les toi-même ; nous te donnerons la force nécessaire si tu veux l'employer.

374. C'est à ce point de vue que s'appliquent plus spécialement les autres parties de la maxime de Jésus. Demandez la lumière qui doit éclairer votre route, et elle vous sera donnée ; demandez la force de résister au mal, et vous l'aurez ; demandez l'assistance des bons Esprits, et ils viendront vous accompagner, et comme l'ange de Tobie, ils vous serviront de guides ; demandez de bons conseils, et ils ne vous seront jamais refusés ; frappez à notre porte, et elle vous sera ouverte ; mais demandez sincèrement, avec foi, ferveur et confiance ; présentez-vous avec humilité et non avec arrogance,

23.

sans cela vous serez abandonnés à vos propres forces, et les chutes même que vous ferez seront la punition de votre orgueil.

Tel est le sens de ces paroles : Cherchez et vous trouverez, frappez et l'on vous ouvrira.

CONSIDÉREZ LES OISEAUX DU CIEL.

375. Ne vous faites point de trésors dans la terre, où la rouille et les vers les mangent, et où les voleurs les déterrent et les dérobent ; — mais faites-vous des trésors dans le ciel, où ni la rouille ni les vers ne les mangent point ; — car où est votre trésor, là aussi est votre cœur.

C'est pourquoi je vous dis : Ne vous inquiétez point où vous trouverez de quoi manger pour le soutien de votre vie, ni d'où vous aurez des vêtements pour couvrir votre corps ; la vie n'est-elle pas plus que la nourriture, et le corps plus que le vêtement?

Considérez les oiseaux du ciel : ils ne sèment point, ils ne moissonnent point, et ils n'amassent rien dans des greniers ; mais votre Père céleste les nourrit ; n'êtes-vous pas beaucoup plus qu'eux ?— Et qui est celui d'entre vous qui puisse, avec tous ses soins, ajouter à sa taille la hauteur d'une coudée?

Pourquoi aussi vous inquiétez-vous pour le vêtement? Considérez comment croissent les lis des champs ; ils ne travaillent point, ils ne filent point ; — et cependant je vous déclare que Salomon, même dans toute sa gloire, n'a jamais été vêtu comme l'un d'eux. — Si donc Dieu a soin de vêtir de cette sorte une herbe des champs, qui est aujourd'hui et qui demain sera jetée dans le four, combien aura-t-il plus de soin de vous vêtir, ô hommes de peu de foi !

Ne vous inquiétez donc point, en disant : Que mangerons-nous, ou que boirons-nous, ou de quoi nous vêtirons-nous? — comme font les Païens qui recherchent toutes choses ; car votre Père sait que vous en avez besoin.

MAXIMES DIVERSES. 407

Cherchez donc premièrement le royaume de Dieu et sa justice, et toutes ces choses vous seront données par surcroît. — C'est pourquoi ne soyez point en inquiétude pour le lendemain, car le lendemain aura soin de lui-même. A *chaque jour suffit son mal.* (Saint Matthieu, ch. vi, *v.* de 25 à 34.)

376. Ces paroles prises à la lettre seraient la négation de toute prévoyance, de tout travail, et par conséquent de tout progrès. Avec un tel principe, l'homme se réduirait à une passivité expectante; ses forces physiques et intellectuelles seraient sans activité; si telle eût été sa condition normale sur la terre, il ne serait jamais sorti de l'état primitif, et s'il en faisait sa loi actuelle, il n'aurait plus qu'à vivre sans rien faire. Telle ne peut avoir été la pensée de Jésus, car elle serait en contradiction avec ce qu'il a dit ailleurs, avec les lois mêmes de la nature. Dieu a créé l'homme sans vêtements et sans abri, mais il lui a donné l'intelligence pour s'en fabriquer (180, 372).

Il ne faut donc voir dans ces paroles qu'une poétique allégorie de la Providence, qui n'abandonne jamais ceux qui mettent en elle sa confiance, mais elle veut qu'ils travaillent de leur côté. Si elle ne vient pas toujours en aide par un secours matériel, elle inspire les idées avec lesquelles on trouve les moyens de se tirer soi-même d'embarras (265).

Dieu connaît nos besoins, et il y pourvoit selon ce qui est nécessaire; mais l'homme, insatiable dans ses désirs, ne sait pas toujours se contenter de ce qu'il a ; le nécessaire ne lui suffit pas, il lui faut le superflu; c'est alors que la Providence le laisse à lui-même ; souvent il est malheureux par sa faute et pour avoir mé-

CHAPITRE XXV.

connu la voix qui l'avertissait par sa conscience, et Dieu lui en laisse subir les conséquences, afin que cela lui serve de leçon à l'avenir (44).

La terre produit assez pour nourrir tous ses habitants, quand les hommes sauront administrer les biens qu'elle donne, selon les lois de justice, de charité et d'amour du prochain ; quand la fraternité régnera entre les divers peuples, comme entre les provinces d'un même empire, le superflu momentané de l'un suppléera à l'insuffisance momentanée de l'autre, et chacun aura le nécessaire. Le riche alors se considérera comme un homme ayant une grande quantité de semences ; s'il les répand, elles produiront au centuple pour lui et pour les autres ; mais s'il mange ces semences à lui seul, et s'il gaspille et laisse perdre le surplus de ce qu'il mangera, elles ne produiront rien, et il n'y en aura pas pour tout le monde ; s'il les enferme dans son grenier, les vers les mangeront : c'est pourquoi Jésus a dit : Ne vous faites point de trésors dans la terre, qui sont périssables, mais faites-vous des trésors dans le ciel, parce qu'ils sont éternels. En d'autres termes, n'attachez pas aux biens matériels plus d'importance qu'aux biens spirituels, et sachez sacrifier les premiers au profit des seconds (193 et suiv.).

Ce n'est pas avec des lois qu'on décrète la charité et la fraternité ; si elles ne sont pas dans le cœur, l'égoïsme les étouffera toujours ; les y faire pénétrer est l'œuvre du spiritisme.

NE VOUS METTEZ POINT EN PEINE D'AVOIR DE L'OR.

377. Ne vous mettez point en peine d'avoir de l'or ou de l'argent, ou d'autre monnaie dans votre bourse. — Ne pré-

MAXIMES DIVERSES. 409

parez ni un sac pour le chemin, ni deux habits, ni souliers, ni bâtons, car celui qui travaille mérite qu'on le nourrisse.

378. En quelque ville ou en quelque village que vous entriez, informez-vous qui est digne de vous loger, et demeurez chez lui jusqu'à ce que vous vous en alliez. — En entrant dans la maison, saluez-la en disant : Que la paix soit dans cette maison. — Si cette maison en est digne, votre paix viendra sur elle ; et si elle n'en est pas digne, votre paix reviendra à vous.
Lorsque quelqu'un ne voudra point vous recevoir, ni écouter vos paroles, secouez, en sortant de cette maison ou de cette ville, la poussière de vos pieds. — Je vous dis en vérité, au jour du jugement, Sodome et Gomorrhe seront traitées moins rigoureusement que cette ville. (Saint Matthieu, ch. x, v. 9 à 15.)

379. Ces paroles que Jésus adressait à ses apôtres, lorsqu'il les envoya pour la première fois annoncer la bonne nouvelle, n'avaient rien d'étrange à cette époque ; elles étaient selon les mœurs patriarcales de l'Orient, où le voyageur était toujours reçu sous la tente ; mais alors les voyageurs étaient rares ; chez les peuples modernes l'accroissement de la circulation a dû créer de nouvelles mœurs ; on ne retrouve celles des temps antiques que dans les contrées retirées et où le grand mouvement n'a pas encore pénétré ; et si Jésus revenait aujourd'hui, il ne pourrait plus dire à ses apôtres : Mettez-vous en route sans provisions.
A côté du sens propre, ces paroles ont un sens moral très profond. Jésus apprenait ainsi à ses disciples à se confier à la Providence ; puis ceux-ci n'ayant rien, ils ne pouvaient tenter la cupidité de ceux qui les re-

cevaient ; c'était le moyen de distinguer les charitables des égoïstes ; c'est pourquoi il leur dit : « Informez-vous qui est digne de vous loger ; » c'est-à-dire qui est assez humain pour héberger le voyageur qui n'a pas de quoi payer, car ceux-là sont dignes d'entendre vos paroles ; c'est à leur charité que vous les reconnaîtrez.

Quant à ceux qui ne voudront ni les recevoir, ni les écouter, dit-il à ses apôtres de les maudire, de s'imposer à eux, d'user de violence et de contrainte pour les convertir? Non ; mais de s'en aller purement et simplement ailleurs, et de chercher les gens de bonne volonté.

Ainsi, dit aujourd'hui le spiritisme à ses adeptes : Ne violentez aucune conscience ; ne contraignez personne à quitter sa croyance pour adopter la vôtre ; ne jetez point l'anathème sur ceux qui ne pensent pas comme vous ; accueillez ceux qui viennent à vous et laissez en repos ceux qui vous repoussent. Souvenez-vous des paroles du Christ ; jadis le ciel se prenait par la violence, aujourd'hui, c'est par la douceur (37).

N'ALLEZ POINT VERS LES GENTILS.

380. Jésus envoya ses douze (les apôtres) après leur avoir donné les instructions suivantes : N'allez point vers les Gentils, et n'entrez point dans les villes des Samaritains ; — mais allez plutôt aux brebis perdues de la maison d'Israël ; — et dans les lieux où vous irez, prêchez en disant que le royaume des cieux est proche. (Saint Matthieu, ch. x, v. 5, 6, 7.)

381. Jésus prouve en maintes circonstances que ses vues ne sont point circonscrites au peuple juif, mais

MAXIMES DIVERSES. 411

qu'elles embrassent toute l'humanité. Si donc il dit à ses apôtres de ne point aller chez les Païens, ce n'est pas par dédain pour la conversion de ceux-ci, ce qui eût été peu charitable, mais parce que les Juifs, qui croyaient en l'unité de Dieu et attendaient le Messie, étaient préparés, par la loi de Moïse et les prophètes, à recevoir sa parole. Chez les Païens, la base même manquant, tout était à faire, et les apôtres n'étaient point encore assez éclairés pour une aussi lourde tâche; c'est pourquoi il leur dit : Allez aux brebis égarées d'Israël; c'est-à-dire, allez semer dans un terrain déjà défriché, sachant bien que la conversion des Gentils viendrait en son temps; plus tard, en effet, c'est au centre même du paganisme que les apôtres allèrent planter la croix.

382. Ces paroles peuvent s'appliquer aux adeptes et aux propagateurs du spiritisme. Les incrédules systématiques, les railleurs obstinés, les adversaires intéressés, sont pour eux ce qu'étaient les Gentils pour les apôtres. À l'exemple de ceux-ci, qu'ils cherchent d'abord des prosélytes parmi les gens de bonne volonté, ceux qui désirent la lumière, en qui on trouve un germe fécond, et le nombre en est grand, sans perdre leur temps avec ceux qui refusent de voir et d'entendre, et se roidissent d'autant plus, par orgueil, qu'on paraît attacher plus de prix à leur conversion. Mieux vaut ouvrir les yeux à cent aveugles qui désirent voir clair, qu'à un seul qui se complaît dans l'obscurité, parce que c'est augmenter le nombre des soutiens de la cause dans une plus grande proportion. Laisser les autres tranquilles n'est pas de l'indifférence, mais de la bonne

CHAPITRE XXV.

politique; leur tour viendra quand ils seront dominés par l'opinion générale, et qu'ils entendront la même chose sans cesse répétée autour d'eux; alors ils croiront accepter l'idée volontairement et d'eux-mêmes et non sous la pression d'un individu. Puis il en est des idées comme des semences : elles ne peuvent germer avant la saison, et seulement dans un terrain préparé, c'est pourquoi il est mieux d'attendre le temps propice, et de cultiver d'abord celles qui germent, de crainte de faire avorter les autres en les poussant trop.

Au temps de Jésus, et par suite des idées restreintes et matérielles de l'époque, tout était circonscrit et localisé; la maison d'Israël était un petit peuple; les Gentils étaient de petits peuples environnants; aujourd'hui les idées s'universalisent et se spiritualisent. La lumière nouvelle n'est le privilége d'aucune nation; pour elle il n'existe plus de barrières; elle a son foyer partout et tous les hommes sont frères. Mais aussi les Gentils ne sont plus un peuple, c'est une opinion que l'on rencontre partout, et dont la vérité triomphe peu à peu comme le christianisme a triomphé du paganisme. Ce n'est plus avec les armes de guerre qu'on les combat, mais avec la puissance de l'idée.

CE NE SONT PAS CEUX QUI SE PORTENT BIEN QUI ONT BESOIN DE MÉDECIN.

383. Jésus étant à table dans la maison de cet homme (Matthieu), il y vint beaucoup de publicains et de gens de mauvaise vie qui se mirent à table avec Jésus et ses disciples ; — ce que les Pharisiens ayant vu, ils dirent à ses disciples : Pourquoi votre Maître mange-t-il avec des publicains et des gens de mauvaise vie? — Mais Jésus les ayant

entendus, leur dit : Ce ne sont pas ceux qui se portent bien, mais les malades qui ont besoin de médecin. (Saint Matthieu, ch. ix, *v*. 10, 11, 12.)

384. Jésus s'adressait surtout aux pauvres et aux déshérités, parce que ce sont eux qui ont le plus besoin de consolations; aux aveugles dociles et de bonne foi, parce qu'ils demandent à voir, et non aux orgueilleux qui croient posséder toute lumière et n'avoir besoin de rien (voy. Introd., art. *Publicains, Péagers*).

Cette parole, comme tant d'autres, trouve son application dans le spiritisme. On s'étonne parfois que la médiumnité soit accordée à des gens indignes et capables d'en faire un mauvais usage; il semble, dit-on, qu'une faculté si précieuse devrait être l'attribut exclusif des plus méritants.

Disons d'abord que la médiumnité tient à une disposition organique dont tout homme peut être doué comme de celle de voir, d'entendre, de parler. Il n'en est pas une dont l'homme, en vertu de son libre arbitre, ne puisse abuser, et si Dieu n'avait accordé la parole, par exemple, qu'à ceux qui sont incapables de dire de mauvaises choses, il y aurait plus de muets que de parlants. Dieu a donné à l'homme des facultés; il le laisse libre d'en user, mais il punit toujours celui qui en abuse.

Si le pouvoir de communiquer avec les Esprits n'était donné qu'aux plus dignes, quel est celui qui oserait y prétendre? Où serait d'ailleurs la limite de la dignité et de l'indignité? La médiumnité est donnée sans distinction, afin que les Esprits puissent porter la lumière dans tous les rangs, dans toutes les classes de la société, chez le pauvre comme chez le riche; chez les

CHAPITRE XXV.

sages pour les fortifier dans le bien, chez les vicieux pour les corriger. Ces derniers ne sont-ils pas les malades qui ont besoin du médecin ? Pourquoi Dieu, qui ne veut pas la mort du pécheur, le priverait-il du secours qui peut le tirer du bourbier ? Les bons Esprits lui viennent donc en aide, et leurs conseils qu'il reçoit directement sont de nature à l'impressionner plus vivement que s'il les recevait par des voies détournées. Dieu, dans sa bonté, pour lui épargner la peine d'aller chercher la lumière au loin, la lui met dans la main ; n'est-il pas bien plus coupable de ne pas la regarder ? Peut-il s'excuser sur son ignorance, quand il aura écrit lui-même, vu de ses yeux, entendu de ses oreilles et prononcé de sa bouche sa propre condamnation ? S'il n'en profite pas, c'est alors qu'il est puni par la perte ou par la perversion de sa faculté dont les mauvais Esprits s'emparent pour l'obséder et le tromper.

La médiumnité n'implique pas nécessairement des rapports habituels avec les Esprits supérieurs ; c'est simplement une *aptitude* à servir d'instrument plus ou moins souple aux Esprits en général. Le bon médium n'est donc pas celui qui communique facilement, mais celui qui est sympathique aux bons Esprits et n'est assisté que par eux. C'est en ce sens seulement que l'excellence des qualités morales est toute-puissante sur la médiumnité (287 et suiv.).

LAMPE SOUS LE BOISSEAU.

385. On n'allume point une lampe pour la mettre sous le boisseau ; mais on la met sur un chandelier, afin qu'elle éclaire tous ceux qui sont dans la maison. (Saint Matthieu, ch. v, v. 15.)

MAXIMES DIVERSES. 415

386. Il n'y a personne qui, après avoir allumé une lampe, la couvre d'un vase ou la mette sous un lit; mais on la met sur le chandelier, afin que ceux qui entrent voient la lumière; — car il n'y a rien de secret qui ne doive être découvert, ni rien de caché qui ne doive être connu et paraître publiquement. (Saint Luc, ch. VIII, v. 16, 17.)

387. Ses disciples, s'approchant, lui dirent : Pourquoi leur parlez-vous en paraboles? — Et leur répondant, il leur dit : C'est parce que, pour vous autres, il vous a été donné de connaître les mystères du royaume des cieux; mais, pour eux, il ne leur a pas été donné. — Je leur parle en paraboles, parce qu'en voyant ils ne voient point, et qu'en écoutant ils n'entendent ni ne comprennent point. — Et la prophétie d'Isaïe s'accomplira en eux lorsqu'il dit : Vous écouterez de vos oreilles, et vous n'entendrez point ; vous regarderez de vos yeux, et vous ne verrez point. — Car le cœur de ce peuple s'est appesanti, et leurs oreilles sont devenues sourdes, et ils ont fermé leurs yeux de peur que leurs yeux ne voient, que leurs oreilles n'entendent, que leur cœur ne comprenne, et que, s'étant convertis, je ne les guérisse. (Saint Matthieu, ch. XIII, v. de 10 à 15.)

388. On s'étonne d'entendre Jésus dire qu'il ne faut pas mettre la lumière sous le boisseau, tandis que lui-même cache sans cesse le sens de ses paroles sous le voile de l'allégorie qui ne peut être comprise de tous. Il s'explique en disant à ses apôtres : Je leur parle en paraboles, parce qu'ils ne sont pas en état de comprendre certaines choses; ils voient, regardent, entendent et ne comprennent pas ; leur tout dire serait donc inutile pour le moment, mais à vous je vous le dis, parce qu'il vous est donné de comprendre ces mystères. Il agissait donc avec le peuple comme on le fait avec des enfants dont les idées ne sont pas encore dé-

veloppées. Par là il indique le véritable sens de la maxime : « Il ne faut pas mettre la lampe sous le boisseau, mais sur le chandelier afin que tous ceux qui entrent puissent la voir. » Elle ne signifie point qu'il faut inconsidérément révéler toutes les choses ; tout enseignement doit être proportionné à l'intelligence de celui à qui l'on s'adresse, car il est des gens qu'une lumière trop vive éblouit sans les éclairer.

Il en est des hommes en général comme des individus ; les générations ont leur enfance, leur jeunesse et leur âge mûr ; chaque chose doit venir en son temps, et la graine semée hors de saison ne fructifie pas. Mais ce que la prudence commande de taire momentanément doit tôt ou tard être découvert, parce que, arrivés à un certain degré de développement, les hommes recherchent eux-mêmes la lumière vive ; l'obscurité leur pèse. Dieu leur ayant donné l'intelligence pour comprendre et pour se guider dans les choses de la terre et du ciel, ils veulent raisonner leur foi ; c'est alors qu'il ne faut pas mettre la lampe sous le boisseau, car sans la lumière de la raison, la foi s'affaiblit.

389. Toutes les religions ont eu leurs mystères cachés au vulgaire en vue de le maîtriser ; mais tandis que ces religions restaient en arrière, la science et l'intelligence ont marché et ont déchiré le voile mystérieux ; le vulgaire devenu adulte a voulu pénétrer le fond des choses, et alors il a rejeté de sa foi ce qui était contraire à l'observation. *Il n'y a de foi inébranlable que celle qui peut être regardée face à face par la raison à tous les âges de l'humanité.*

Il ne peut y avoir de mystères absolus, et Jésus est

MAXIMES DIVERSES. 417

dans le vrai quand il dit qu'il n'y a rien de secret qui ne doive être connu. Tout ce qui est caché sera découvert un jour, et ce que l'homme ne peut encore comprendre sur la terre lui sera successivement dévoilé dans des mondes plus avancés, et lorsqu'il sera purifié ; ici-bas, il est encore dans le brouillard.

390. On se demande quel profit le peuple pouvait retirer de cette multitude de paraboles dont le sens restait caché pour lui ? Il est à remarquer que Jésus ne s'est exprimé en paraboles que sur les parties en quelque sorte abstraites de sa doctrine; mais ayant fait de la charité envers le prochain, et de l'humilité, la condition expresse du salut, tout ce qu'il a dit à cet égard est parfaitement clair, explicite et sans ambiguïté. Il en devait être ainsi, parce que c'était la règle de conduite, règle que tout le monde devait comprendre pour pouvoir l'observer ; c'était l'essentiel pour la multitude ignorante à laquelle il se bornait à dire : Voilà ce qu'il faut faire pour gagner le royaume des cieux. Sur les autres parties il ne développait sa pensée qu'à ses disciples ; ceux-ci étant plus avancés moralement et intellectuellement, Jésus avait pu les initier à des vérités plus abstraites ; c'est pourquoi il dit : A ceux qui ont déjà, il sera donné encore davantage. Cependant, même avec ses apôtres, il est resté dans le vague sur beaucoup de points dont la complète intelligence était réservée à des temps ultérieurs. Ce sont ces points qui ont donné lieu à des interprétations si diverses, jusqu'à ce que la science d'un côté et le spiritisme de l'autre soient venus révéler de nouvelles lois de nature qui en ont fait comprendre le véritable sens.

418   CHAPITRE XXV.

391. Le spiritisme vient aujourd'hui jeter la lumière sur une foule de points obscurs; cependant il ne la jette pas inconsidérément. Les Esprits procèdent dans leurs instructions avec une admirable prudence; ce n'est que successivement et graduellement qu'ils ont abordé les diverses parties connues de la doctrine, et c'est ainsi que les autres parties seront révélées au fur à mesure que le moment sera venu de les faire sortir de l'ombre. S'ils l'eussent présentée complète dès le début, elle n'eût été accessible qu'à un petit nombre; elle eût même effrayé ceux qui n'y étaient pas préparés, ce qui aurait nui à sa propagation. Si donc les Esprits ne disent pas encore tout ostensiblement, ce n'est point qu'il y ait dans la doctrine des mystères réservés à des privilégiés, ni qu'ils mettent la lampe sous le boisseau, mais parce que chaque chose doit venir en temps opportun; ils laissent à une idée le temps de mûrir et de se propager avant d'en présenter une autre, et aux événements celui d'en préparer l'acceptation.

DONNEZ GRATUITEMENT CE QUE VOUS AVEZ REÇU GRATUITEMENT.

392. Rendez la santé aux malades, ressuscitez les morts, guérissez les lépreux, chassez les démons. *Donnez gratuitement ce que vous avez reçu gratuitement.* (Saint Matthieu, ch. x, *v.* 8.)

393. « Donnez gratuitement ce que vous avez reçu gratuitement, » dit Jésus à ses disciples; par ce précepte il prescrit de ne point faire payer ce que l'on n'a pas

MAXIMES DIVERSES. 419

payé soi-même ; or, ce qu'ils avaient reçu gratuitement, c'était la faculté de guérir les malades et de chasser les démons, c'est-à-dire les mauvais Esprits ; ce don leur avait été donné gratuitement par Dieu pour le soulagement de ceux qui souffrent, et pour aider à la propagation de la foi, et il leur dit de ne point en faire un trafic, ni un objet de spéculation, ni un moyen de vivre.

394. Les médiums modernes, — car les apôtres aussi avaient la médiumnité, — ont également reçu de Dieu un don gratuit, celui d'être les interprètes des Esprits pour l'instruction des hommes, pour leur montrer la route du bien et les amener à la foi, et non pour leur vendre des paroles qui ne leur appartiennent pas, parce qu'elles ne sont pas le produit de leur *conception, ni de leurs recherches, ni de leur travail personnel*. Dieu veut que la lumière arrive à tout le monde ; il ne veut pas que le plus pauvre en soit déshérité et puisse dire : Je n'ai pas la foi, parce que je n'ai pas pu la payer ; je n'ai pas eu la consolation de recevoir les encouragements et les témoignages d'affection de ceux que je pleure, parce que je suis pauvre. Voilà pourquoi la médiumnité n'est point un privilége, et se trouve partout ; la faire payer, serait donc la détourner de son but providentiel.

395. Quiconque connaît tant soit peu les conditions dans lesquelles les bons Esprits se communiquent, leur répulsion pour tout ce qui est d'intérêt égoïste, et qui sait combien il faut peu de chose pour les éloigner, ne pourra jamais admettre que des Esprits supérieurs

soient à la disposition du premier venu qui les appellerait à tant la séance; le simple bon sens repousse une telle pensée. Ne serait-ce pas aussi une profanation d'évoquer à prix d'argent les êtres que nous respectons ou qui nous sont chers? Sans doute on peut avoir ainsi des manifestations, mais qui pourrait en garantir la sincérité? Les Esprits légers, menteurs, espiègles, et toute la cohue des Esprits inférieurs, fort peu scrupuleux, viennent toujours, et sont tout prêts à répondre à ce que l'on demande sans se soucier de la vérité. Celui donc qui veut des communications sérieuses doit d'abord les demander sérieusement, puis s'édifier sur la nature des sympathies du médium avec les êtres du monde invisible; or la première condition pour se concilier la bienveillance des bons Esprits, c'est l'humilité, le dévoûment, l'abnégation, le désintéressement *moral et matériel* le plus absolu (288).

396. A côté de la question morale se présente une considération effective non moins importante qui tient à la nature même de la faculté. La médiumnité sérieuse ne peut être et ne sera jamais une profession, non-seulement parce qu'elle serait discréditée moralement, et bientôt assimilée aux diseurs de bonne aventure, mais parce qu'un obstacle matériel s'y oppose; c'est une faculté essentiellement mobile, fugitive et variable, sur la permanence de laquelle nul ne peut compter. Ce serait donc, pour l'exploiteur, une ressource tout à fait incertaine, qui peut lui manquer au moment où elle lui serait le plus nécessaire. Autre chose est un talent acquis par l'étude et le travail, et qui, par cela même, est une propriété dont il

est naturellement permis de tirer parti. Mais la médiumnité n'est ni un art ni un talent, c'est pourquoi elle ne peut devenir une profession ; elle n'existe que par le concours de tiers ; si ces tiers font défaut, il n'y a plus de médiumnité ; l'aptitude peut subsister, mais l'exercice en est annulé ; aussi n'est-il pas un seul médium au monde qui puisse garantir l'obtention d'un phénomène spirite à un instant donné. Exploiter la médiumnité, c'est donc disposer d'une chose dont on n'est réellement pas maître ; affirmer le contraire, c'est tromper celui qui paye ; il y a plus, ce n'est pas de *soi-même* qu'on dispose, ce sont les Esprits, les âmes des morts dont le concours est mis à prix ; cette pensée répugne instinctivement.

397. La médiumnité est une chose sainte qui doit être pratiquée saintement, religieusement. S'il est un genre de médiumnité qui requière cette condition d'une manière encore plus absolue, c'est, ainsi que cela a été dit plus haut (326), la médiumnité guérissante. Le médecin donne le fruit de ses études, qu'il a faites au prix de sacrifices souvent pénibles ; le magnétiseur ordinaire donne son propre fluide, souvent même sa santé : ils peuvent y mettre un prix ; le médium guérisseur transmet le fluide salutaire des bons Esprits : il n'a pas le droit de le vendre. Jésus et les apôtres, quoique pauvres, ne faisaient point payer les guérisons qu'ils opéraient.

Que celui donc qui n'a pas de quoi vivre cherche des ressources ailleurs que dans la médiumnité ; qu'il n'y consacre, s'il le faut, que le temps dont il peut disposer matériellement. Les Esprits lui tiendront compte de son dévoûment et de ses sacrifices, tandis qu'ils se retirent de ceux qui espèrent s'en faire un marchepied.

398. Les Hébreux avaient importé d'Égypte la connaissance de l'évocation des âmes ou Esprits; or, cette pratique avait dégénéré en abus; elle était tombée dans le domaine du charlatanisme et de l'exploitation sacrilége. Confondue avec l'art prétendu de la divination, elle servait d'aliment à la superstition; c'est pourquoi Moïse l'avait sagement interdite à son peuple, incapable d'en comprendre la sainteté et d'en retirer de bons fruits pour son instruction, et à qui, par cela même, elle était plus nuisible qu'utile. La défense de Moïse, bonne pour son temps et le peuple qu'il conduisait, n'a plus de raison d'être aujourd'hui, pas plus que la plupart de ses autres lois que personne ne songerait à faire revivre.

399. Il dit ensuite à ses disciples en présence de tout le peuple qui l'écoutait : — Gardez-vous des scribes qui affectent de se promener en longues robes, qui aiment à être salués dans les places publiques, à occuper les premières chaires dans les synagogues et les premières places dans les festins ; — qui, *sous prétexte de longues prières, dévorent les maisons des veuves.* Ces personnes en recevront une condamnation plus rigoureuse. (Saint Luc, ch. xx, *v.* 45, 46, 47. — Saint Marc, ch. xii, *v.* 38, 39, 40. — Saint Matthieu, ch. xxiii, *v.* 14.)

400. Ils vinrent ensuite à Jérusalem, et Jésus étant entré dans le temple, commença par chasser ceux qui y vendaient et qui y achetaient; il renversa les tables des changeurs et les siéges de ceux qui vendaient des colombes; —

MAXIMES DIVERSES. 423

et il ne permettait pas que personne transportât aucun ustensile par le temple. — Il les instruisait aussi en leur disant : N'est-il pas écrit : Ma maison sera appelée la maison de prières pour toutes les nations? Et cependant vous en avez fait une caverne de voleurs. — Ce que les princes des prêtres ayant entendu, ils cherchaient un moyen de le perdre; car ils le craignaient, parce que tout le peuple était ravi en admiration de sa doctrine. (Saint Marc, ch. xi, *v.* de 15 à 18. — Saint Matthieu, ch, xxi, *v.* 12, 13.)

401. Jésus dit aussi : Ne faites point payer vos prières; ne faites point comme les scribes qui, « sous prétexte de longues prières, dévorent les maisons des veuves. » La prière est un acte de charité, un élan du cœur; faire payer celle que l'on adresse à Dieu pour autrui, c'est se transformer en intermédiaire salarié; la prière alors est une formule dont on proportionne la longueur à la somme qu'elle rapporte. Or, de deux choses l'une : Dieu mesure ou ne mesure pas ses grâces au nombre des paroles; s'il en faut beaucoup, pourquoi en dire peu ou pas du tout à celui qui ne peut pas payer? c'est un manque de charité; si une seule suffit, le surplus est inutile; pourquoi donc alors le faire payer? c'est une prévarication.

Dieu ne vend pas les bienfaits qu'il accorde; pourquoi donc celui qui n'en est pas même le distributeur, qui ne peut en garantir l'obtention, ferait-il payer une demande qui peut être sans résultat?

Les prières payées ont un autre inconvénient; c'est que celui qui les achète se croit, le plus souvent, dispensé de prier lui-même, parce qu'il se regarde comme quitte quand il a donné son argent. On sait que les Esprits sont touchés par la ferveur de la pensée de celui

424   CHAPITRE XXV.

qui s'intéresse à eux ; quelle peut être la ferveur de celui qui charge un tiers de prier pour lui en payant? quelle est la ferveur de ce tiers quand il délègue son mandat à un autre, celui-ci à un autre, et ainsi de suite? N'est-ce pas réduire l'efficacité de la prière à la valeur d'une monnaie courante?

402. Jésus a chassé les vendeurs du temple; par là il condamne le trafic des choses saintes sous quelque forme que ce soit. Dieu ne vend ni sa bénédiction, ni son pardon, ni l'entrée du royaume des cieux; l'homme n'a donc pas le droit de les faire payer.

CELUI QUI AIME SON PÈRE PLUS QUE MOI.

403. Quiconque aura quitté pour mon nom sa maison, ou ses frères, ou ses sœurs, ou son père, ou sa mère, ou sa femme, ou ses enfants, ou ses terres, en recevra le centuple, et aura pour héritage la vie éternelle. (Saint Matthieu, ch. xix, v. 29.)

404. Alors Pierre lui dit : Pour nous, vous voyez que nous avons tout quitté, et que nous vous avons suivi. — Jésus leur dit : Je vous dis en vérité, personne ne quittera pour le royaume de Dieu, ou sa maison, ou son père et sa mère, ou ses frères, ou sa femme, ou ses enfants, — qui ne reçoive dès ce monde beaucoup davantage, et dans le siècle à venir la vie éternelle. (Saint Luc, ch. xviii, v. 28, 29, 30.)

405. Un autre lui dit : Seigneur, je vous suivrai, mais permettez-moi de disposer auparavant de ce que j'ai dans ma maison. — Jésus lui répondit : Quiconque ayant la main à la charrue, regarde derrière lui, n'est pas propre au royaume de Dieu. (Saint Luc, ch. ix, v. 61, 62.)

MAXIMES DIVERSES. 425

406. Il dit à un autre : Suivez-moi; et il lui répondit : Seigneur, permettez-moi d'aller auparavant ensevelir mon père. — Jésus lui répondit : Laissez aux morts le soin d'ensevelir leurs morts ; mais pour vous, allez annoncer le royaume de Dieu. (Saint Luc, ch. ix, *v.* 59, 60.)

407. Celui qui aime son père ou sa mère plus que moi n'est pas digne de moi; celui qui aime son fils ou sa fille plus que moi n'est pas digne de moi. (Saint Matthieu, ch, x, *v.* 37.)

408. Une grande troupe de peuple marchant avec Jésus, il se retourna vers eux et leur dit : — Si quelqu'un vient à moi, et ne *hait* pas son père et sa mère, sa femme et ses enfants, ses frères et ses sœurs, et même sa propre vie, il ne peut être mon disciple. — Et quiconque ne porte pas sa croix, et ne me suit pas, ne peut être mon disciple. — Ainsi quiconque d'entre vous ne renonce pas à tout ce qu'il a ne peut être mon disciple. (Saint Luc, ch. xiv, *v.* 25, 26, 27, 33.)

409. Certaines paroles, très rares du reste, font un contraste si étrange dans la bouche du Christ, qu'instinctivement on en repousse le sens littéral, et la sublimité de sa doctrine n'en a subi aucune atteinte. Écrites après sa mort, puisque aucun évangile n'a été écrit de son vivant, il est permis de croire que, dans ce cas, le fond de sa pensée n'a pas été bien rendu, ou, ce qui n'est pas moins probable, c'est que le sens primitif a pu subir quelque altération en passant d'une langue à l'autre. Il a suffi qu'une erreur fût faite une première fois pour qu'elle ait été répétée par les reproducteurs, comme cela se voit si souvent dans les faits historiques.

Le mot *hait*, dans cette phrase de saint Luc : « *Si*

CHAPITRE XXV.

quelqu'un vient à moi et ne hait pas son père et sa mère, » est dans ce cas (180); il n'est personne qui ait eu la pensée de l'attribuer à Jésus; il serait donc superflu de le discuter, et encore moins de chercher à le justifier. Il faudrait savoir d'abord s'il l'a prononcé, et dans l'affirmative, savoir si, dans la langue dans laquelle il s'exprimait, ce mot avait la même valeur que dans la nôtre. La langue hébraïque n'était pas riche, et avait beaucoup de mots à plusieurs significations. Tel est par exemple celui qui, dans la Genèse, désigne les phases de la création, et servait à la fois pour exprimer une période de temps quelconque et la révolution diurne; de là, plus tard, sa traduction par le mot *jour*, et la croyance que le monde a été l'œuvre de six fois vingt-quatre heure. Tel est encore le mot qui se disait d'un *chameau* et d'un *câble*, parce que les câbles étaient faits de poil de chameau, et qui a été traduit par *chameau* dans l'allégorie du trou d'aiguille (190).

Il faut d'ailleurs tenir compte des mœurs et du caractère des peuples qui influent sur le génie particulier de leurs langues; sans cette connaissance le sens véritable de certains mots échappe; d'une langue à l'autre le même mot a plus ou moins d'énergie; il peut être une injure ou un blasphème dans l'une et insignifiant dans l'autre, selon l'idée qu'on y attache; dans la même langue certains mots perdent leur valeur à quelques siècles de distance; c'est pour cela qu'une traduction rigoureusement littérale ne rend pas toujours parfaitement la pensée, et que, pour être exact, il faut parfois employer, non les mots correspondants, mais des mots équivalents ou des périphrases.

MAXIMES DIVERSES. 427

Ces remarques trouvent une application spéciale dans l'interprétation des saintes Écritures, et des Évangiles en particulier. Si l'on ne tient pas compte du milieu dans lequel vivait Jésus, on est exposé à se méprendre sur la valeur de certaines expressions et de certains faits, par suite de l'habitude où l'on est d'assimiler les autres à soi-même. En tout état de cause, il faut donc écarter du mot *haïr* l'acception moderne, comme contraire à l'esprit de l'enseignement de Jésus.

410. A l'égard des autres expressions qui peuvent paraître choquantes dans les passages relatés ci-dessus, il faut également admettre qu'elles n'avaient pas à cette époque la valeur que nous leur attribuons. Il ne faut pas oublier non plus que tout était paraboles et allégories dans le langage de Jésus, et que pour impressionner plus vivement des auditeurs insensibles aux finesses et aux délicatesses du langage, il se servait de figures et de locutions énergiques qui ne les choquaient pas le moins du monde, et dont il ne se serait pas servi dans nos chaires modernes. Sans discuter les mots, il faut chercher la pensée qui était évidemment celle-ci : « Les intérêts de la vie future l'emportent sur tous les intérêts et toutes les considérations humaines, » parce qu'elle est d'accord avec le fond de sa doctrine, tandis que l'idée d'un renoncement à sa famille en serait la négation.

N'en voyons-nous pas l'application sous nos yeux dans le sacrifice des intérêts et des affections de famille pour la patrie? Blâme-t-on un fils de quitter son père, sa mère, ses frères, sa femme, ses enfants, pour marcher à la défense de son pays? Ne lui fait-on pas au contraire un mérite de s'arracher aux douceurs du foyer domestique, aux étreintes de l'amitié, pour accomplir un devoir? Il y a donc des devoirs qui l'emportent sur d'autres devoirs. La loi ne fait-elle pas une obligation à la fille de quitter ses parents pour suivre son époux? Le monde fourmille de cas où les séparations les plus pénibles sont nécessaires ; mais les affections n'en sont pas brisées pour cela ; l'éloignement ne diminue ni le respect, ni la sollicitude que l'on doit à ses parents, ni la tendresse pour ses enfants. On voit donc que, même prises à la lettre, sauf le mot *haïr*, ces paroles ne seraient pas la négation du commandement qui prescrit d'honorer son père et sa mère, ni du sentiment de tendresse paternelle, à plus forte raison si l'on en prend l'esprit. Elles avaient pour but de montrer, par une hyperbole, combien était impérieux le devoir de s'occuper de la vie future. Elles devaient d'ailleurs être moins choquantes chez un peuple et à une époque où, par suite des mœurs, les liens de famille avaient moins de force que dans une civilisation morale plus avancée ; ces liens, plus faibles chez les peuples primitifs, se fortifient avec le développement de la sensibilité et du sens moral. La séparation même est nécessaire au progrès ; il en est des familles comme des races ; elles s'abâtardissent s'il n'y a pas croisement, si elles ne se greffent pas les unes sur les autres ; c'est une loi de nature autant dans l'intérêt du progrès moral que dans celui du progrès physique.

Les choses ne sont envisagées ici qu'au point de vue terrestre ; le spiritisme nous les fait voir de plus haut, en nous montrant que les véritables liens d'affection sont ceux de l'Esprit et non ceux du corps; que ces liens ne sont brisés ni par la séparation, ni même par la mort du corps; qu'ils se fortifient dans la vie spirituelle par l'épuration de l'Esprit; vérité consolante qui donne une grande force pour supporter les vicissitudes de la vie (38, 179).

411. Que peuvent signifier ces paroles : « Laissez aux morts le soin d'ensevelir leurs morts? » Les considérations qui précèdent montrent d'abord que, dans la circonstance où elles ont été prononcées, elles ne pouvaient exprimer un blâme contre celui qui regardait comme un devoir de piété filiale d'aller ensevelir son père; mais elles renferment un sens profond qu'une connaissance plus complète de la vie spirituelle pouvait seule faire comprendre.

La vie spirituelle, en effet, est la véritable vie; c'est la vie normale de l'Esprit; son existence terrestre n'est que transitoire et passagère; c'est une sorte de mort si on la compare à la splendeur et à l'activité de la vie spirituelle. Le corps n'est qu'un vêtement grossier que revêt momentanément l'Esprit, véritable chaîne qui l'attache à la glèbe de la terre et dont il est heureux d'être délivré. Le respect que l'on a pour les morts ne s'attache pas à la matière, mais, par le souvenir, à l'Esprit absent; il est analogue à celui que l'on a pour les objets qui lui ont appartenu, qu'il a touchés, et que ceux qui l'affectionnent gardent comme des reliques. C'est ce que cet homme ne pouvait comprendre de lui-même; Jésus le lui apprend en lui disant : Ne vous inquiétez pas du corps, mais songez plutôt à l'Esprit; allez enseigner le royaume de Dieu,

430   CHAPITRE XXV.

c'est-à-dire la véritable vie; allez dire aux hommes que leur patrie n'est pas sur la terre, mais dans le ciel.

JE NE SUIS PAS VENU POUR APPORTER LA PAIX, MAIS LA DIVISION.

412. Ne pensez pas que je sois venu apporter la paix sur la terre; je ne suis pas venu apporter la paix, mais l'épée; — car je suis venu séparer l'homme d'avec son père, la fille d'avec sa mère, et la belle-fille d'avec sa belle-mère; — et l'homme aura pour ennemis ceux de sa maison. (Saint Matthieu, ch. x, v. 34, 35, 36.)

413. Je suis venu pour jeter le feu dans la terre; et que désiré-je, sinon qu'il s'allume? — Je dois être baptisé d'un baptême, et combien je me sens pressé qu'il s'accomplisse!

Croyez-vous que je sois venu apporter la paix sur la terre? Non, je vous assure, mais au contraire la division; — car désormais s'il se trouve cinq personnes dans une maison, elles seront divisées les unes contre les autres : trois contre deux et deux contre trois. — Le père sera en division avec le fils, et le fils avec le père; la mère avec la fille, et la fille avec la mère; la belle-mère avec la belle-fille, et la belle-fille avec la belle-mère. (Saint Luc, ch. xii, v. de 49 à 53.)

414. Est-ce bien Jésus, la personnification de la douceur et de la bonté, lui qui n'a cessé de prêcher l'amour du prochain, qui a pu dire : Je ne suis pas venu apporter la paix, mais l'épée; je suis venu séparer le fils du père, l'époux de l'épouse; je suis venu jeter le feu sur la terre, et j'ai hâte qu'il s'allume? Ces paroles ne sont-elles pas en contradiction flagrante avec son enseignement? N'y a-t-il pas blasphème à lui attribuer le langage d'un conquérant sanguinaire et dévastateur? Non, il n'y a ni blasphème ni contradiction dans ces paroles, car c'est bien lui qui les a prononcées, et elles témoignent de sa haute sagesse; seulement la forme un peu équivoque ne rend pas exactement sa pensée, ce qui fait qu'on s'est mépris sur leur sens véritable; prises à la lettre, elles tendraient à transformer sa mission toute pacifique en une mission de troubles et de discordes, conséquence absurde que le bon sens fait écarter, car Jésus ne pouvait se démentir. (N°s 179 et 180.)

415. Toute idée nouvelle rencontre forcément de l'opposition, et il n'en est pas une seule qui se soit établie sans luttes; or, en pareil cas, la résistance est toujours en raison de l'importance des résultats *prévus,* parce que plus elle est grande, plus elle froisse d'intérêts. Si elle est notoirement fausse, si on la juge sans conséquence, personne ne s'en émeut et on la laisse passer, sachant qu'elle n'a pas de vitalité. Mais si elle est vraie, si elle repose sur une base solide, si l'on entrevoit pour elle de l'avenir, un secret pressentiment avertit ses antagonistes qu'elle est un danger pour eux et pour l'ordre de choses au maintien duquel ils sont intéressés; c'est pourquoi ils frappent sur elle et sur ses partisans.

La mesure de l'importance et des résultats d'une idée nouvelle se trouve ainsi dans l'émotion qu'elle cause à son apparition, dans la violence de l'opposition qu'elle soulève, et dans le degré et la persistance de la colère de ses adversaires.

CHAPITRE XXV.

416. Jésus venait proclamer une doctrine qui sapait par leur base les abus dont vivaient les Pharisiens, les Scribes et les prêtres de son temps; aussi le firent-ils mourir, croyant tuer l'idée en tuant l'homme; mais l'idée survécut, parce qu'elle était vraie; elle grandit, parce qu'elle était dans les desseins de Dieu, et, sortie d'une obscure bourgade de la Judée, elle alla planter son drapeau dans la capitale même du monde païen, en face de ses ennemis les plus acharnés, de ceux qui avaient le plus d'intérêt à la combattre, parce qu'elle renversait des croyances séculaires auxquelles beaucoup tenaient bien plus par intérêt que par conviction. Là des luttes plus terribles attendaient ses apôtres; les victimes furent innombrables, mais l'idée grandit toujours et sortit triomphante, parce qu'elle l'emportait, comme vérité, sur ses devancières.

417. Il est à remarquer que le Christianisme est arrivé lorsque le Paganisme était à son déclin et se débattait contre les lumières de la raison. On le pratiquait encore pour la forme, mais la croyance avait disparu, l'intérêt personnel seul le soutenait. Or, l'intérêt est tenace; il ne cède jamais à l'évidence; il s'irrite d'autant plus que les raisonnements qu'on lui oppose sont plus péremptoires et lui démontrent mieux son erreur; il sait bien qu'il est dans l'erreur, mais ce n'est pas ce qui le touche, car la vraie foi n'est pas dans son âme; ce qu'il redoute le plus, c'est la lumière qui ouvre les yeux des aveugles; cette erreur lui profite, c'est pourquoi il s'y cramponne et la défend.

Socrate n'avait-il pas, lui aussi, émis une doctrine

analogue, jusqu'à un certain point, à celle du Christ ? Pourquoi donc n'a-t-elle pas prévalu à cette époque, chez un des peuples les plus intelligents de la terre ? C'est que le temps n'était pas venu ; il a semé dans une terre non labourée; le paganisme ne s'était pas encore USÉ. Christ a reçu sa mission providentielle au temps propice.

418. Malheureusement les adeptes de la nouvelle doctrine ne s'entendirent pas sur l'interprétation des paroles du maître, la plupart voilées sous l'allégorie et la figure ; de là naquirent, dès le début, les sectes nombreuses qui prétendaient toutes avoir la vérité exclusive, et que dix-huit siècles n'ont pu mettre d'accord. Oubliant le plus important des divins préceptes, celui dont Jésus avait fait la pierre angulaire de son édifice, et la condition expresse du salut : la charité, la fraternité et l'amour du prochain, ces sectes se renvoyèrent l'anathème, et se ruèrent les unes sur les autres, les plus fortes écrasant les plus faibles, les étouffant dans le sang, dans les tortures et dans la flamme des bûchers. Les chrétiens, vainqueurs du Paganisme, de persécutés se firent persécuteurs ; c'est avec le fer et le feu qu'ils ont été planter la croix de l'agneau sans tache dans les deux mondes. C'est un fait constant que les guerres de religion ont été les plus cruelles et ont fait plus de victimes que les guerres politiques, et que dans aucune il ne s'est commis plus d'actes d'atrocité et de barbarie.

La faute en est-elle à la doctrine du Christ ? Non certes, car elle condamne formellement toute violence. A-t-il dit quelque part à ses disciples : Allez, tuez, massacrez, brûlez ceux qui ne croiront pas comme vous? Non, car il leur a dit au contraire : Tous les hommes sont frères, et Dieu est souverainement miséricordieux; aimez votre prochain ; aimez vos ennemis; faites du bien à ceux qui vous persécutent. Il leur a dit encore : Qui tuera par l'épée périra par l'épée. La responsabilité n'en est donc point à la doctrine de Jésus, mais à ceux qui l'ont faussement interprétée, et en ont fait un instrument pour servir leurs passions ; à ceux qui ont méconnu cette parole : Mon royaume n'est pas de ce monde.

Jésus, dans sa profonde sagesse, prévoyait ce qui devait arriver ; mais ces choses étaient inévitables, parce qu'elles tenaient à l'infériorité de la nature humaine qui ne pouvait se transformer tout à coup. Il fallait que le christianisme passât par cette longue et cruelle épreuve de dix-huit siècles pour montrer toute sa puissance; car, malgré tout le mal commis en son nom, il en est sorti pur; jamais il n'a été mis en cause ; le blâme est toujours retombé sur ceux qui en ont abusé ; à chaque acte d'intolérance, on a toujours dit : Si le christianisme était mieux compris et mieux pratiqué, cela n'aurait pas lieu.

Lorsque Jésus dit : Ne croyez pas que je sois venu apporter la paix, mais la division, sa pensée était celle-ci :

« Ne croyez pas que ma doctrine s'établisse paisiblement; elle amènera des luttes sanglantes, dont mon nom sera le prétexte, parce que les hommes ne m'auront pas compris, ou n'auront pas voulu me comprendre ; les frères séparés par leur croyance, tireront l'épée l'un contre l'autre, et la division règnera entre

MAXIMES DIVERSES.   435

les membres d'une même famille qui n'auront pas la même foi. Je suis venu jeter le feu sur la terre pour la nettoyer des erreurs et des préjugés, comme on met le feu dans un champ pour en détruire les mauvaises herbes, et j'ai hâte qu'il s'allume pour que l'épuration soit plus prompte, car de ce conflit la vérité sortira triomphante ; à la guerre succèdera la paix ; à la haine des partis, la fraternité universelle ; aux ténèbres du fanatisme, la lumière de la foi éclairée. Alors, quand le champ sera préparé, je vous enverrai *le Consolateur, l'Esprit de vérité, qui viendra rétablir toutes choses ;* c'est-à-dire qu'en faisant connaître le vrai sens de mes paroles que les hommes plus éclairés pourront enfin comprendre, il mettra fin à la lutte fratricide qui divise les enfants d'un même Dieu. Las enfin d'un combat sans issue, qui ne traîne à sa suite que la désolation, et porte le trouble jusque dans le sein des familles, les hommes reconnaîtront où sont leurs véritables intérêts pour ce monde et pour l'autre ; ils verront de quel côté sont les amis et les ennemis de leur repos. Tous alors viendront s'abriter sous le même drapeau : celui de la charité, et les choses seront rétablies sur la terre selon la vérité et les principes que je vous ai enseignés. »

419. Le spiritisme vient réaliser au temps voulu les promesses du Christ ; cependant il ne peut le faire sans détruire les abus ; comme Jésus, il rencontre sur ses pas l'orgueil, l'égoïsme, l'ambition, la cupidité, le fanatisme aveugle, qui, traqués dans leurs derniers retranchements, tentent de lui barrer le chemin et lui suscitent des entraves et des persécutions ; c'est pour-

436 CHAPITRE XXV. MAXIMES DIVERSES.

quoi il lui faut aussi combattre ; mais le temps des luttes et des persécutions sanglantes est passé ; celles qu'il aura à subir sont toutes morales, et le terme en est rapproché ; les premières ont duré dix-huit siècles : celles-ci dureront à peine quelques années, parce que leurs adversaires seront aveuglés par la lumière.

420. Ces paroles de Jésus doivent donc s'entendre des colères qu'il prévoyait que sa doctrine va soulever, des conflits momentanés qui vont en être la conséquence, des luttes qu'elle va avoir à soutenir avant de s'établir, comme il en fut des Hébreux avant leur entrée dans la Terre Promise, et non d'un dessein prémédité de sa part de semer le désordre et la confusion. Le mal devait venir des hommes et non de lui. Il était comme le médecin qui vient guérir, mais dont les remèdes provoquent une crise salutaire en remuant les humeurs malsaines du malade.

FIN.

TABLE DES MATIÈRES

Nota. Les chiffres placés dans le cours des sommaires des chapitres sont les numéros d'ordre indicatifs des paragraphes.

PRÉFACE..................................

INTRODUCTION.............................. II

But de cet ouvrage. — Autorité de la doctrine spirite. Contrôle universel de l'enseignement des Esprits. — Notices historiques. — Socrate et Platon précurseurs de l'idée chrétienne et du spiritisme.

CHAPITRE I. JE NE SUIS POINT VENU DÉTRUIRE LA LOI.... 1

Les trois révélations. Moïse, Christ, le Spiritisme. 1 et suiv. — *Instructions des Esprits.* — L'ère nouvelle. 9.

CHAP. II. MON ROYAUME N'EST PAS DE CE MONDE......... 13

La vie future. 12 et suiv. — Le point de vue de la vie terrestre. 15, 16. — *Instructions des Esprits.* — Une ex-reine. 17.

CHAP. III. IL Y A PLUSIEURS DEMEURES DANS LA MAISON DE MON PÈRE................................... 20

Différents états de l'âme dans l'erraticité. — Différentes catégories de mondes. — Destination de la terre. — Cause des misères terrestres. 18 et suiv. — *Instructions des Esprits.* — Mondes supérieurs et mondes inférieurs. 22 et suiv. — Mondes d'expiations et d'épreuves. 27. — Mondes régénérateurs. 28. — Progression des mondes. 29.

438   TABEE DES MATIÈRES.

CHAP. IV. Personne ne peut voir le royaume de Dieu, s'il ne naît de nouveau............................ 33

    Réincarnation et résurrection. 30 et suiv. — Liens de famille fortifiés par la pluralité des existences et brisés par la non-réincarnation. 38. — *Instructions des Esprits.* — Limites de l'incarnation. 39. — L'incarnation est-elle un châtiment? 40.

CHAP. V. Bienheureux les affligés................ 47

    Causes actuelles et causes antérieures des afflictions terrestres. — But et résultat des afflictions. — Oubli du passé. — Motifs de consolation. — Remède au suicide. 41 et suiv. — *Instructions des Esprits.* — Bien et mal souffrir. 55. — Le mal et le remède. 56. — Le bonheur n'est pas de ce monde. 57. — Perte des personnes aimées. Morts prématurées. 58. — Si c'était un homme de bien, il se serait tué. 59. — Les tourments volontaires. 60. — Le malheur réel. 61. — La mélancolie. 62. — Épreuves volontaires. Le vrai cilice. 63. — Doit-on mettre un terme aux épreuves de son prochain? 64. — Est-il permis d'abréger la vie d'un malade qui souffre sans espoir de guérison? 65. — Sacrifice de sa propre vie. 67.

CHAP. VI. Le Christ consolateur................... 82

    Le spiritisme réalise la promesse du Christ consolateur. 68 et suiv. — *Enseignements des Esprits.* — L'Esprit de vérité. 71 et suiv.

CHAP. VII. Bienheureux les pauvres d'esprit......... 88

    Ce qu'il faut entendre par les pauvres d'esprit. 79. — Le plus grand dans le royaume des cieux. Que celui qui voudra devenir le premier soit le serviteur des autres. Quiconque s'élève sera abaissé. 80. — Mystères cachés aux sages et aux prudents. 81. — *Instructions des Esprits.* — Orgueil et humilité. 82, 83. — Mission de l'homme intelligent sur la terre. 84.

TABLE DES MATIÈRES. 439

CHAP. VIII. Bienheureux ceux qui ont le cœur pur.... 104

Laissez venir à moi les petits enfants. 85, 86, 87. — Péché en pensée. Adultère, 88, 89. — Vraie pureté. Mains non lavées. 88 et suiv. — Scandales. Si votre main est un sujet de scandale, coupez-la. 93, 94. — *Instructions des Esprits.* — Laissez venir à moi les petits enfants. 95, 96. — Bienheureux ceux qui ont les yeux fermés. 97.

CHAP. IX. Bienheureux ceux qui sont doux et pacifiques. 118

Injures et violences. 99. — *Instructions des Esprits.* — L'affabilité et la douceur. 100. — La patience. 101. — Obéissance et résignation. 102. — La colère. 103, 104.

CHAP. X. Bienheureux ceux qui sont miséricordieux... 126

Qualités du pardon. — Indulgence pour les fautes d'autrui. Que celui qui est sans péché lui jette la première pierre. 105 et suiv. — Vous voyez une paille dans l'œil de votre voisin, tandis que vous n'apercevez pas la poutre qui est dans le vôtre. 111, 115. — *Instructions des Esprits.* — Pardon et oubli des offenses. 116 et suiv. — L'indulgence. 120, 121. — Personne n'étant parfait, s'ensuit-il que personne n'a le droit de reprendre son voisin? 122. — Est-on répréhensible d'observer les imperfections des autres? 123. — Est-il des cas où il soit utile de dévoiler le mal d'autrui? 124.

CHAP. XI. Aimer son prochain comme soi-même........ 141

Charité et amour du prochain. — Faire pour les autres ce que nous voudrions que les autres fissent pour nous. — Parabole des créanciers et des débiteurs. 125 et suiv. — Rendez à César ce qui est à César. 128, 130. — *Instructions des Esprits.* — La loi d'amour. 131, 132, 133. — La foi et la charité. 134, 135, 136. — Charité envers les criminels. 137. — Doit-on exposer sa vie pour sauver celle d'un malfaiteur en danger de mort? 138.

TABLE DES MATIÈRES.

CHAP. XII. Aimez vos ennemis.................... 157

Rendre le bien pour le mal. 139 et suiv. — Si quelqu'un vous a frappé sur la joue droite, présentez-lui encore l'autre. 140, 146. — *Instructions des Esprits.* — La vengeance. 147. — Le duel. 148 et suiv.

CHAP. XIII. Que votre main gauche ne sache pas ce que donne votre main droite...................... 173

Faire le bien sans ostentation. 154, 155, 158. — Denier de la veuve. 156, 160. — Convier les pauvres et les estropiés. Obliger sans espoir de retour. 157, 161. — *Instructions des Esprits.* — La charité matérielle et la charité morale. 162, 163. — La bienfaisance. 164 et suiv. — La pitié. 170. — Les orphelins. 171. — Bienfaits payés par l'ingratitude. 172. — Bienfaisance exclusive. 173.

CHAP. XIV. Honorez votre père et votre mère....... 200

Piété filiale. 174, 177. — Texte du Décalogue. 175, 178. — Qui est ma mère et qui sont mes frères? Liens de famille. 176, 179, 180. — *Instructions des Esprits.* — L'ingratitude des enfants. 181.

CHAP. XV. Hors la charité point de salut........... 213

Ce qu'il faut pour être sauvé. 182. — Le plus grand commandement. 183. — Parabole du bon Samaritain. 184. — Nécessité de la charité selon saint Paul. 185. — Hors la charité point de salut. 186. — Hors la vérité point de salut. 187. — *Instructions des Esprits.* 188.

CHAP. XVI. On ne peut servir Dieu et Mammon....... 222

Salut des riches. 189, 190. — La richesse sur la terre et la richesse devant Dieu. 191. — Jésus chez Zachée. 192. — Parabole du mauvais riche. 193. — Parabole des talents. 194. — Utilité providentielle de la fortune. Épreuve de la richesse et de la misère. 195. — Inégalité des richesses. 196. — *Instructions des Es-*

TABLE DES MATIÈRES. 441

prits. — La vraie propriété. 197. — Emploi de la fortune. 199, 200, 201. — Détachement des biens terrestres. 202. — Transmission de la fortune. 203.

CHAP. XVII. Soyez parfaits 244

Caractères de la perfection. 204, 205. — L'homme de bien. 206. — Les bons spirites. 207. — Parabole de la semence. 208, 209. — *Instructions des Esprits.* — Le devoir. 210. — La vertu, 211. — Les supérieurs et les inférieurs. 212. — L'homme dans le monde. 213. — Soigner le corps et l'esprit. 214.

CHAP. XVIII. Beaucoup d'appelés et peu d'élus 262

Parabole du festin de noces. 215, 216. — La porte étroite. 217, 218, 219. — Ceux qui disent : Seigneur ! Seigneur! 220, 221. — On donnera à celui qui a déjà. — On demandera beaucoup à celui qui a beaucoup reçu. — Celui qui voit est plus coupable que celui qui est aveugle. 222 et suiv. — *Instructions des Esprits.* — On ôte à celui qui n'a rien. 226. — On reconnaît le chrétien à ses œuvres. 227.

CHAP. XIX. La foi transporte les montagnes 275

Puissance de la foi. Conditions de la foi inébranlable. 228 et suiv. — Parabole du figuier desséché. 234 et suiv. — *Instr. des Esprits.* — La foi mère de l'espérance et de la charité. 237. — La foi divine et la foi humaine. 238.

CHAP. XX. Les ouvriers de la dernière heure 285

Parabole. Les derniers seront les premiers. 239. — *Instr. des Esprits.* — Les ouvriers de la dernière heure. 240, 241. — Mission des spirites. 242. — Les ouvriers du Seigneur. 243.

CHAP. XXI. Il y aura de faux christs et de faux prophètes. 294

On connaît l'arbre à son fruit. 244. — Il s'élèvera de faux christs et de faux prophètes. 245. — Ne croyez point à tous les Esprits. 246. — Mission des prophètes.

247. — Des faits miraculeux. 248. — Phénomènes spirites. 249. — *Instr. des Esprits.* — Les faux prophètes. 250. — Caractère du vrai prophète. 251. — Les faux prophètes de l'erraticité. 252. — Jérémie et les faux prophètes. 253.

CHAP. XXII. NE SÉPAREZ PAS CE QUE DIEU A JOINT...... 309
 Indissolubilité du mariage. Divorce. 254, 255.

CHAP. XXIII. DEMANDEZ ET VOUS OBTIENDREZ........... 314
 Qualités de la prière. 256 et suiv. — Action de la prière. 261, 262. — Efficacité de la prière. 263 et suiv. — De la prière pour les morts et les Esprits souffrants. 270 et suiv.

CHAP. XXIV. RECUEIL DE PRIÈRES SPIRITES............ 332
 Préambule. 278. — Prières générales. 279 et suiv. — Prières personnelles. 293 et suiv. — Prières pour autrui. 323 et suiv. — Prières pour ceux qui ne sont plus sur la terre. 355 et suiv.

CHAP. XXV. MAXIMES DIVERSES................ 403
 Cherchez et vous trouverez. 371. — Considérez les oiseaux du ciel. 375. — Ne vous mettez point en peine d'avoir de l'or. 377. — N'allez point vers les Gentils. 380. — Ce ne sont pas ceux qui se portent bien qui ont besoin de médecins. 383. — Lampe sous le boisseau. 386. — Donnez gratuitement ce que vous avez reçu gratuitement. 392. — Celui qui aime son père plus que moi. 403. — Je ne suis pas venu apporter la paix, mais la division. 412.

FIN DE LA TABLE DES MATIÈRES.

ERRATUM :

Page 371, ligne 17e de la note; au lieu de : *oscillations* lisez : *auscultations*.

Paris. — Imp. de P.-A. BOURDIER et Cie, 30, rue Mazarine.

IMITATION

DE

L'ÉVANGILE

SELON LE SPIRITISME

CONTENANT

L'EXPLICATION DES MAXIMES MORALES DU CHRIST

LEUR CONCORDANCE AVEC LE SPIRITISME

ET LEUR APPLICATION AUX DIVERSES POSITIONS DE LA VIE

PAR ALLAN KARDEC

Auteur du *Livre des Esprits*.

> Il n'y a de foi inébranlable que celle qui peut regarder la raison face à face, à tous les âges de l'humanité.

PARIS

LES ÉDITEURS DU *LIVRE DES ESPRITS*
35, QUAI DES AUGUSTINS

LEDOYEN, DENTU, FRÉD. HENRI, libraires, au Palais-Royal
Et au bureau de la REVUE SPIRITE, 59, rue et passage Sainte-Anne

1864

Réserve de tous droits.

L'ÉVANGILE

SELON LE

SPIRITISME

PARTIE MORALE

CONTENANT

L'EXPLICATION DES MAXIMES MORALES DU CHRIST
LEUR CONCORDANCE AVEC LE SPIRITISME
ET LEUR APPLICATION AUX DIVERSES POSITIONS DE LA VIE

PAR ALLAN KARDEC
Auteur du *Livre des Esprits*.

> Il n'y a de foi inébranlable que celle
> qui peut regarder la raison face à face,
> à tous les âges de l'humanité.

DEUXIÈME ÉDITION

PARIS
LES ÉDITEURS DU *LIVRE DES ESPRITS*
35, QUAI DES AUGUSTINS
LEDOYEN, DENTU, FRÉD. HENRI, libraires au Palais-Royal
Et au Bureau de la REVUE SPIRITE, 59, rue et passage Sainte-Anne.

1865
Réserve de tous droits.

Folha de rosto da 2ª edição francesa – 1865

L'ÉVANGILE

SELON

LE SPIRITISME

CONTENANT

L'EXPLICATION DES MAXIMES MORALES DU CHRIST

LEUR CONCORDANCE AVEC LE SPIRITISME

ET LEUR APPLICATION AUX DIVERSES POSITIONS DE LA VIE

PAR ALLAN KARDEC

Auteur du *Livre des Esprits*.

Il n'y a de foi inébranlable que celle qui peut regarder la raison face à face, à tous les âges de l'humanité.

TROISIÈME ÉDITION
REVUE, CORRIGÉE ET MODIFIÉE.

PARIS

LES ÉDITEURS DU *LIVRE DES ESPRITS*
35, QUAI DES AUGUSTINS
DENTU, FRÉD. HENRI, libraires, au Palais-Royal
Et au bureau de la REVUE SPIRITE, 59, rue et passage Sainte-Anne
1866
Réserve de tous droits.

Nota explicativa

Hoje creem e sua fé é inabalável, porque assentada na evidência e na demonstração, e porque satisfaz à razão. [...] Tal é a fé dos espíritas, e a prova de sua força é que se esforçam por se tornarem melhores, domarem suas inclinações más e porem em prática as máximas do Cristo, olhando todos os homens como irmãos, sem acepção de raças, de castas, nem de seitas, perdoando aos seus inimigos, retribuindo o mal com o bem, a exemplo do divino modelo. (KARDEC, Allan. *Revista espírita de 1868*. Rio de Janeiro: FEB, 2005. p. 28, janeiro de 1868.)

A investigação rigorosamente racional e científica de fatos que revelavam a comunicação dos homens com os Espíritos, realizada por Allan Kardec, resultou na estruturação da Doutrina Espírita, sistematizada sob os aspectos científico, filosófico e religioso.

A partir de 1854 até seu falecimento, em 1869, seu trabalho foi constituído de cinco obras básicas: *O livro dos espíritos* (1857), *O livro dos médiuns* (1861), *O evangelho segundo o espiritismo* (1864), *O céu e o inferno* (1865), *A gênese* (1868), além da obra *O que é o espiritismo* (1859), de uma série de opúsculos e 136 edições da *Revista espírita* (de janeiro de 1858 a abril de 1869). Após sua morte, foi editado o livro *Obras póstumas* (1890).

O estudo meticuloso e isento dessas obras permite-nos extrair conclusões básicas:

   a) todos os seres humanos são Espíritos imortais criados por Deus em igualdade de condições, sujeitos às mesmas leis

naturais de progresso que levam todos, gradativamente, à perfeição;
b) o progresso ocorre através de sucessivas experiências, em inúmeras reencarnações, vivenciando necessariamente todos os segmentos sociais, única forma de o Espírito acumular o aprendizado necessário ao seu desenvolvimento;
c) no período entre as reencarnações o Espírito permanece no mundo espiritual, podendo comunicar-se com os homens;
d) o progresso obedece às leis morais ensinadas e vivenciadas por Jesus, nosso guia e modelo, referência para todos os homens que desejam desenvolver-se de forma consciente e voluntária.

Em diversos pontos de sua obra, o Codificador se refere aos Espíritos encarnados em tribos incultas e selvagens, então existentes em algumas regiões do Planeta, e que, em contato com outros polos de civilização, vinham sofrendo inúmeras transformações, muitas com evidente benefício para os seus membros, decorrentes do progresso geral ao qual estão sujeitas todas as etnias, independentemente da coloração de sua pele.

Na época de Allan Kardec, as ideias frenológicas de Gall, e as da fisiognomonia de Lavater, eram aceitas por eminentes homens de Ciência, assim como provocou enorme agitação nos meios de comunicação e junto à intelectualidade e à população em geral, a publicação, em 1859 — dois anos depois do lançamento de *O livro dos espíritos* — do livro sobre a *Evolução das espécies*, de Charles Darwin, com as naturais incorreções e incompreensões que toda ciência nova apresenta. Ademais, a crença de que os traços da fisionomia revelam o caráter da pessoa é muito antiga, pretendendo-se haver aparentes relações entre o físico e o aspecto moral.

O Codificador não concordava com diversos aspectos apresentados por essas assim chamadas ciências. Desse modo, procurou avaliar as conclusões desses eminentes pesquisadores à luz da revelação dos Espíritos, trazendo ao debate o elemento espiritual como fator decisivo no equacionamento das questões da diversidade e desigualdade humanas.

NOTA EXPLICATIVA

Allan Kardec encontrou, nos princípios da Doutrina Espírita, explicações que apontam para leis sábias e supremas, razão pela qual afirmou que o Espiritismo permite "resolver os milhares de problemas históricos, arqueológicos, antropológicos, teológicos, psicológicos, morais, sociais, etc." (*Revista espírita*, 1862, p. 401-402). De fato, as leis universais do amor, da caridade, da imortalidade da alma, da reencarnação, da evolução constituem novos parâmetros para a compreensão do desenvolvimento dos grupos humanos, nas diversas regiões do Orbe.

Essa compreensão das Leis divinas permite a Allan Kardec afirmar que:

> O corpo deriva do corpo, mas o Espírito não procede do Espírito. Entre os descendentes das raças apenas há consanguinidade. (*O livro dos espíritos*, item 207, p. 133.)

> [...] o Espiritismo, restituindo ao Espírito o seu verdadeiro papel na Criação, constatando a superioridade da inteligência sobre a matéria, faz com que desapareçam, naturalmente, todas as distinções estabelecidas entre os homens, conforme as vantagens corporais e mundanas, sobre as quais só o orgulho fundou as castas e os estúpidos preconceitos de cor. (*Revista espírita*, 1861, p. 432.)

> Os privilégios de raças têm sua origem na abstração que os homens geralmente fazem do princípio espiritual, para considerar apenas o ser material exterior. Da força ou da fraqueza constitucional de uns, de uma diferença de cor em outros, do nascimento na opulência ou na miséria, da filiação consanguínea nobre ou plebeia, concluíram por uma superioridade ou uma inferioridade natural. Foi sobre este dado que estabeleceram suas leis sociais e os privilégios de raças. Deste ponto de vista circunscrito, são consequentes consigo mesmos, porquanto, não considerando senão a vida material, certas classes parecem pertencer, e realmente pertencem, a raças diferentes. Mas se se tomar seu ponto de vista do ser espiritual, do ser essencial e progressivo, numa palavra, do Espírito, preexistente e sobrevivente a tudo cujo corpo não passa de um invólucro temporário, variando, como a roupa, de forma e de cor; se, além disso, do estudo dos seres espirituais ressalta a prova de que esses seres são de natureza e de

origem idênticas, que seu destino é o mesmo, que todos partem do mesmo ponto e tendem para o mesmo objetivo; que a vida corporal não passa de um incidente, uma das fases da vida do Espírito, necessária ao seu adiantamento intelectual e moral; que em vista desse avanço o Espírito pode sucessivamente revestir envoltórios diversos, nascer em posições diferentes, chega-se à consequência capital da igualdade de natureza e, a partir daí, à igualdade dos direitos sociais de todas as criaturas humanas e à abolição dos privilégios de raças. Eis o que ensina o Espiritismo. Vós que negais a existência do Espírito para considerar apenas o homem corporal, a perpetuidade do ser inteligente para só encarar a vida presente, repudiais o único princípio sobre o qual é fundada, com razão, a igualdade de direitos que reclamais para vós mesmos e para os vossos semelhantes. (*Revista espírita*, 1867, p. 230-231.)

Com a reencarnação, desaparecem os preconceitos de raças e de castas, pois o mesmo Espírito pode tornar a nascer rico ou pobre, capitalista ou proletário, chefe ou subordinado, livre ou escravo, homem ou mulher. De todos os argumentos invocados contra a injustiça da servidão e da escravidão, contra a sujeição da mulher à lei do mais forte, nenhum há que prime, em lógica, ao fato material da reencarnação. Se, pois, a reencarnação funda numa Lei da natureza o princípio da fraternidade universal, também funda na mesma lei o da igualdade dos direitos sociais e, por conseguinte, o da liberdade. (*A gênese*, cap. I, item 36, p. 43. Vide também Revista espírita, 1867, p. 373.)

Na época, Allan Kardec sabia apenas o que vários autores contavam a respeito dos selvagens africanos, sempre reduzidos ao embrutecimento quase total, quando não escravizados impiedosamente.

É baseado nesses informes "científicos" da época que o Codificador repete, com outras palavras, o que os pesquisadores Europeus descreviam quando de volta das viagens que faziam à África negra. Todavia, é peremptório ao abordar a questão do preconceito racial:

Nós trabalhamos para dar a fé aos que em nada creem; para espalhar uma crença que os torna melhores uns para os outros, que lhes ensina a perdoar aos inimigos, a se olharem como irmãos, sem distinção de raça, casta, seita, cor, opinião política ou religiosa; numa palavra, uma crença que faz nascer o verdadeiro sentimento de caridade, de fraternidade e deveres sociais. (KARDEC, Allan. *Revista espírita* de 1863. Rio de Janeiro: FEB, 2005. – janeiro de 1863.)

[O homem de bem] é bom, humano e benevolente para com todos, sem distinção de raças nem de crenças, porque em todos os homens vê irmãos seus. (*O evangelho segundo o espiritismo*, cap. XVII, item 3, p. 336.)

É importante compreender, também, que os textos publicados por Allan Kardec na *Revista espírita* tinham por finalidade submeter à avaliação geral as comunicações recebidas dos Espíritos, bem como aferir a correspondência desses ensinos com teorias e sistemas de pensamento vigentes à época. Em Nota ao capítulo XI, item 43, do livro *A gênese*, o Codificador explica essa metodologia:

Quando, na *Revista espírita* de janeiro de 1862, publicamos um artigo sobre a "interpretação da doutrina dos anjos decaídos", apresentamos essa teoria como simples hipótese, sem outra autoridade afora a de uma opinião pessoal controvertível, porque nos faltavam então elementos bastantes para uma afirmação peremptória. Expusemo-la a título de ensaio, tendo em vista provocar o exame da questão, decidido, porém, a abandoná-la ou modificá-la, se fosse preciso. Presentemente, essa teoria já passou pela prova do controle universal. Não só foi bem aceita pela maioria dos espíritas, como a mais racional e a mais concorde com a soberana Justiça de Deus, mas também foi confirmada pela generalidade das instruções que os Espíritos deram sobre o assunto. O mesmo se verificou com a que concerne à origem da raça adâmica. (*A gênese*, cap. XI, item 43, Nota, p. 290.)

Por fim, urge reconhecer que o escopo principal da Doutrina Espírita reside no aperfeiçoamento moral do ser humano, motivo pelo qual as indagações e perquirições científicas e/ou filosóficas ocupam posição secundária, conquanto importantes, haja vista o seu caráter provisório decorrente do progresso e do aperfeiçoamento geral. Nesse sentido, é justa a advertência do Codificador:

> É verdade que esta e outras questões se afastam do ponto de vista moral, que é a meta essencial do Espiritismo. Eis por que seria um equívoco fazê-las objeto de preocupações constantes. Sabemos, aliás, no que respeita ao princípio das coisas, que os Espíritos, por não saberem tudo, só dizem o que sabem ou que pensam saber. Mas como há pessoas que poderiam tirar da divergência desses sistemas uma indução contra a unidade do Espiritismo, precisamente porque são formulados pelos Espíritos, é útil poder comparar as razões pró e contra, no interesse da própria doutrina, e apoiar no assentimento da maioria o julgamento que se pode fazer do valor de certas comunicações. (*Revista espírita*, 1862, p. 38.)

Feitas essas considerações, é lícito concluir que na Doutrina Espírita vigora o mais absoluto respeito à diversidade humana, cabendo ao espírita o dever de cooperar para o progresso da humanidade, exercendo a caridade no seu sentido mais abrangente ("benevolência para com todos, indulgência para as imperfeições dos outros e perdão das ofensas"), tal como a entendia Jesus, nosso Guia e Modelo, sem preconceitos de nenhuma espécie: de cor, etnia, sexo, crença ou condição econômica, social ou moral.

A Editora

Referências

KARDEC, Allan. *A gênese*. Rio de Janeiro: FEB, 2009.

_____. *O evangelho segundo o espiritismo*. Rio de Janeiro: FEB, 2008.

_____. *O livro dos espíritos*. 4. ed. Rio de Janeiro: FEB, 2013.

_____. *Revista espírita*. Ano IV, out. 1861. Rio de Janeiro: FEB, 2007.

_____. *Revista espírita*. Ano V, jan. 1862. 3. Ed. Rio de Janeiro: FEB, 2009.

_____.*Revista espírita*. Ano V, out. 1862. 3. ed. Rio de Janeiro: FEB, 2009.

_____.*Revista espírita*. Ano VI, jan. 1863. Rio de Janeiro: FEB, 2005.

_____.*Revista espírita*. Ano X, jun. 1867. 3. ed. Rio de Janeiro: FEB, 2009.

_____.*Revista espírita*. Ano X, set. 1867. 3. ed. Rio de Janeiro: FEB, 2009.

_____. *Revista espírita*. Ano XI, jan.1868. Rio de Janeiro: FEB, 2005.

Conselho Editorial:
Antonio Cesar Perri de Carvalho — Presidente

Coordenação Editorial:
Geraldo Campetti Sobrinho

Produção Editorial:
Rosiane Dias Rodrigues

Revisão:
Davi Miranda

Digitalização de Originais:
Jorge Brito

Capa
Luiza Jannuzi Fonseca

Diagramação:
Rones José Silvano de Lima – www.bookebooks.com.br

Projeto gráfico:
Evelyn Yuri Furuta

Foto de Capa:
www.istock.com/duncan1890

Normalização Técnica:
Biblioteca de Obras Raras e Patrimônio do Livro

Esta edição foi impressa pela Lis Gráfica e Editora Ltda., Bonsucesso, SP, com tiragem de 3 mil exemplares, todos em formato fechado de 155x230 mm e com mancha de 117x182 mm. Os papéis utilizados foram Pólen Soft 70 g/m² para o miolo e o cartão Supremo 300 g/m² para a capa. O texto principal foi composto em Adobe Devanagari 12,5/15,5 e os títulos em Corda 27/32,4.